Friedrich von Schiller

Storia della guerra dei trent'anni

A&P edizioni - Milano

A&P Milano © 2015 aprile
Seconda edizione ISBN 978-88-98098-01-9

Apparato critico: Michele Ributti
Traduzione: Aurelio Picco
Revisione della traduzione: Paola Marletta

aepedizioni@studiopicco.it

Prima edizione 2010.

Indice

Premessa

La *Storia della guerra dei trent'anni* di Schiller è stata pubblicata per la prima volta in Italia nel 1822 (Tipografia Pezzati, Firenze) nella traduzione di Antonio Benci. La stessa traduzione è stata successivamente editata nella Svizzera italiana nel 1831 (Tipografia Elvetica, Capolago) e nel 1841 (C. Storm e L. Amiens, Lugano) ed ancora in Italia nel 1851 (Cugini Pomba, Torino) e, infine, nel 1867 (U.T.E.T., Torino, nuova denominazione assunta dall'editore Pomba nel 1854). Ciò significa che l'opera di Schiller è indisponibile per il lettore italiano e consultabile in biblioteca in una lingua che precede di quasi vent'anni *I promessi sposi*.

La situazione migliora – ma non troppo – per il lettore di cose storiche che voglia occuparsi della guerra dei trent'anni. Egli troverà nelle librerie solo la rapida monografia di Georg Schmidt (Il Mulino, 2005), il saggio di E.A. Beller nel IV volume della *Storia del mondo moderno* (Garzanti, 1971, cap. XI, pp.355-418) e il curioso lavoro di Luca Stefano Cristini (Isomedia, 2007). Potrà, inoltre, chiedere all'editore (Università Cattolica del Sacro Cuore, 1998) il prezioso volume di Angelo Turchini, che – però – non è una storia della guerra ma una silloge di documenti che la riguardano. Esauriti e non più disponibili sono i lavori in lingua italiana di Pages (Ecig, 1993), Polišensky (Einaudi,1982), Wegdwood (dall'Oglio, 1964 e Mondadori, 1991), come pure l'importantissimo volume collettaneo diretto da Geoffrey Parker (Vita e pensiero, 1994).

La considerazione di questo stato di cose ci ha indotti a ritenere editorialmente apprezzabile l'iniziativa di mettere a disposizione del lettore italiano una nuova traduzione di una delle rare opere storiche di Schiller (l'altra – *Storia della rivoluzione dei Paesi Bassi sotto il regno di Filippo II* – ha avuto una sola edizione pombiana nel 1852) e di arricchire l'esiguo numero di monografie dedicate alla guerra dei trent'anni.

Abbiamo pensato, inoltre, di dotare l'opera di un apparato critico diretto a fornire al lettore italiano qualche riferimento biografico delle persone citate nell'opera (per lo più perfettamente sconosciute ai non specialisti di storia tedesca) e le informazioni che l'autore ha dato per scontate nella sua narrazione. Le schede biografiche sono state redatte attingendo a fonti certificate come i *Dizionari biografici* dei vari Paesi, integrate – per quanto riguarda i militari – con i primi risultati della monumentale ricerca sulla generalità asburgica condotta dal gruppo di lavoro coordinato da Antonio Schmidt Brentano, presso l'Archivio di Stato di Vienna. Per le note esplicative e di approfondimento abbiamo privilegiato le fonti primarie (atti dei Concili, trattati, corrispondenze e dispacci di ambasciatori e nunzi apostolici). L'utilizzazione come fonte delle corrispondenze diplomatiche (soprattutto veneziane) non è una novità, ma pensiamo lo sia il sistematico riscontro degli avvenimenti della guerra dei trent'anni con i rapporti della diplomazia vaticana.

Crediamo con ciò di aver di aver portato quel piccolo contributo di novità "di fatti" che Croce considerava uno dei due requisiti (l'altro era la novità "di concetti") che doveva possedere un'opera per essere giudicata degna di pubblicazione.

Libro I

D opo l'inizio delle guerre di religione in Germania e fino alla pace di Münster, non è accaduto nulla di importante e rimarchevole, nel mondo politico, che non sia stato prodotto dalla Riforma di Lutero[1]. Tutti gli avvenimenti importanti di quest'epoca sono determinati dalla questione religiosa; se non si rifanno ad essa direttamente, sono almeno da questa preparati e i maggiori stati, come quelli più piccoli, ne hanno più o meno risentito l'influenza.

È contro la Riforma che l'Austria dirigerà tutte le sue forze politiche; è a causa della Riforma che scoppiò in Francia una guerra civile che, per quattro tempestosi regni, farà tremare le fondamenta di questo regno, porterà lo straniero nel suo territorio e lo trasformerà in uno scenario di distruzione e rovina; è la Riforma che rese insopportabile il giogo spagnolo nelle Fiandre e fece trovare il coraggio e la forza di liberarsene fornendo i mezzi per l'emancipazione di quel paese. È per la Riforma che Filippo II giustificò l'odio mortale verso Elisabetta, che si era messa alla testa di un partito religioso che egli voleva annientare e perché proteggeva apertamente i protestanti degli stati sottomessi alla Spagna.

Lo scisma religioso che si manifestò il Germania aprì la strada alle divisioni politiche che causarono oltre un secolo di disordini, ma che permisero a questo stato di diventare una diga formidabile contro ogni forma di oppressione e di ingiustizia. È ancora la Riforma che fornisce ad alcune potenze del nord, come la Danimarca e la Svezia, l'occasione di giocare, per la prima volta, un ruolo nel grande sistema politico dell'Europa, poiché il loro appoggio rinforzò l'alleanza dei protestanti e fornì loro il mezzo di espandersi. Fu così che dei regni che fino a quel momento non avevano tra loro alcuna relazione trovarono un punto di interesse comune e si sentirono avvicinati da simpatie politiche. La Riforma, quindi, non modificò solo i rapporti tra i cittadini e tra sudditi e regnanti, ma modificò il reciproco atteggiamento tra i diversi stati dell'Europa. La stranezza fu che il succedersi degli avvenimenti fece in modo che il riavvicinamento di questi stati fu la conseguenza delle dispute religiose nella Chiesa.

I primi effetti delle nuove simpatie politiche furono tremendi. Si annunciarono con una guerra, che durò trent'anni, che dal fondo della Boemia fino alla foce della Schelda, dalle rive del Po fino alle coste del mar Baltico, spopolerà delle intere contee; una guerra che distrusse le mietiture e trasformò le città e i villaggi in cumuli di cenere. Questa guerra fece perire migliaia di combattenti, riportò in vita i costumi selvaggi e barbari del passato e rallentò, per circa mezzo secolo, il cammino della civiltà mite e laboriosa le cui scintille incominciavano a illuminare la Germania.

Eppure, l'Europa uscì vittoriosa e libera da questa terribile guerra ed essa apparve, per la prima volta, con l'aspetto imponente di una grande associazione politica. La partecipazione di ogni stato al destino di tutti, conseguenza naturale di un simile conflitto, sarebbe stata sufficiente a far dimenticare il male che essa aveva prima causato, lo zelo dei popoli cancellò gradualmente le tracce della distruzione, quand'anche l'intelligenza e l'attività dei popoli non l'avessero prontamente rimarginato. Presto, di questa lunga lotta non restarono che il bene che quel germe aveva sviluppato e maturato e le comunanze politiche tra gli stati europei che, partite dal fondo della Boemia, divennero la garanzia della durata della pace che mise fine alla guerra.

Così come il fuoco della distruzione si accese in seno alla Boemia, attraversò la Moravia e l'Austria per appiccarsi alla Germania, alla Francia e, infine, a oltre metà dell'Europa, così la potente fiaccola della civiltà, seguendo la stessa rotta in senso inverso, porterà la sua suadente luminosità nelle contee da cui la guerra ebbe inizio.

Solo la religione ha potuto rendere possibili questi avvenimenti, ma non fu solo per questa che essi furono intrapresi. Se gli interessi privati e quelli pubblici non si fossero sovrapposti, né la voce dei teologi né quella delle genti avrebbero trovato dei principi così disponibili ad ascoltarle; mai nuove dottrine avrebbero armato tanto zelo e tanti valenti difensori. Una grande parte della rivoluzione della Chiesa è dovuta certamente alla forza vincente della verità o di ciò che fu considerato verità. Gli abusi che si erano consumati nella Chiesa romana e le eccessive esigenze dei suoi ministri avevano indignato gli spiriti più illuminati i quali, intravedendo la possibilità di una riforma, la desideravano ardentemente. Anche se non si può negare che l'amore per l'indipendenza e la prospettiva del ricco bottino che prometteva l'appropriazione dei monasteri e delle abbazie, accrescesse, agli occhi di molti principi, il merito delle dottrine di Lutero, per deciderli a difendere apertamente queste dottrine era necessario che la ragion di stato ne facesse per loro un dovere.

Se Carlo V, nell'ebbrezza della sua rapida fortuna, non avesse attentato alla libertà politica della Germania, difficilmente si sarebbe armata un'alleanza protestante a favore della libertà di religione. Fu lo spirito di dominazione dei Guisa[2] che mise i Condé[3] e i Coligny[4] alla testa dei calvinisti francesi. Roma perse i Paesi Bassi per gli esorbitanti tributi che impose a queste ricche province; i sovrani si armarono per difendere o per ingrandire i loro stati; il fanatismo religioso reclutò le loro armate e impegnò le loro ricchezze pubbliche, mentre una parte dei combattenti che non era stata attirata sotto i loro vessilli per la sola speranza di un bottino, versò il suo sangue per l'interesse dei monarchi, credendo di difendere una verità sacra.

Fortunatamente per i popoli, almeno in questa evenienza, la causa dei principi era anche la loro, e solo a questa comunanza devono la loro liberazione dal papato. Ma questa convergenza di interessi favorì, comunque, i principi poiché a quei tempi ciascuno di essi non regnava con sufficiente dispotismo per poter realizzare i suoi progetti senza il consenso dei sudditi: e quanto era difficile ottenere questo consenso e trasformarlo in azione! La ragion di stato non era in grado di muovere le masse perché queste non potevano comprenderla, anche se la politica cerca sempre di confondere le proprie ragioni con qualche interesse popolare e se questo interesse non esiste se lo inventa. La maggior parte dei sovrani che si erano dichiarati a favore della Riforma si ritrovarono in questa situazione. Per una strana concatenazione di eventi, le divisioni della Chiesa furono associate a due circostanze senza le quali, con ogni probabilità, avrebbero avuto una conclusione diversa: il potere crescente della casa d'Austria, che minacciava la libertà in Europa, e il suo zelo verso la vecchia religione. Il primo fece sollevare i principi e il secondo armò i sudditi.

La soppressione di un dominio straniero nei loro stati, la supremazia del potere spirituale su quello temporale e la speranza di impossessarsi dei domini degli stati ecclesiastici e di trattenere a proprio vantaggio le somme che la Chiesa faceva passare nelle casse della Santa Sede erano vantaggi indiscutibili per ogni sovrano. Perché, ci si può chiedere, non ebbero la stessa influenza sui sovrani della casa d'Austria?

Che cosa impediva ai principi della casa d'Austria, in particolare al ramo tedesco, di dare ascolto alle istanze della maggior parte del loro popolo e di rifiutare di arricchirsi e ingrandirsi a spese di un clero senza difesa? Sarebbe poco ragionevole attribuire la loro condotta alla convinzione dell'infallibilità della Chiesa romana, così come ritenere

11

che la resistenza dei sovrani protestanti sia il risultato della loro fede sulla supremazia delle dottrine di Lutero.

Ci sono diverse ragioni per cui i principi austriaci si sono fatti paladini del papa: la Spagna e l'Italia, alle quali l'Austria doveva gran parte della sua potenza, erano due paesi ciecamente devoti alla Santa Sede. Dai tempi più remoti la Spagna aveva dato prova di questa devozione; la più lieve simpatia del suo sovrano verso il protestantesimo gli sarebbe costata il favore dei suoi sudditi e, probabilmente, la stessa corona: un re di Spagna doveva essere un cattolico fervente o scendere dal trono. L'Italia richiedeva ancora più riguardo, poiché essa sopportava a malincuore la dominazione straniera e non le mancavano le occasioni per liberarsene. A questo proposito, le pretese della Francia e la vicinanza del Papa erano motivi sufficienti ad impedire all'imperatore di dichiararsi a favore di un partito che voleva annientare la superiorità papale e a mostrare il più fervente zelo verso la vecchia religione.

Le considerazioni generali che avevano guidato la condotta di tutti i re di Spagna valevano ancor di più per Carlo V[5]. In Italia questo re aveva un grande rivale nel re di Francia, sotto la cui protezione il paese si sarebbe rifugiato se Carlo si fosse attirato anche il minimo sospetto di eresia e se avesse sollecitato la diffidenza dei cattolici, gli ambiziosi progetti che stava perseguendo con tanto ardore sarebbero irrimediabilmente falliti. Del resto, quando scelse tra i due partiti, i protestanti non avevano fatto ancora nulla per meritare la sua stima ed era ancora possibile sperare che, con delle reciproche concessioni, si potesse evitare la separazione della Chiesa.

L'educazione monacale di Filippo II, insieme a un carattere cupo e dispotico, ne avevano fatto un nemico naturale di ogni riforma religiosa e il caso che i suoi più pericolosi avversari politici fossero nello stesso tempo nemici del cattolicesimo aumentò il suo odio contro la Riforma, i cui progressi divenivano per lui sempre più minacciosi, essendo i suoi possedimenti in Europa situati in tanti territori diversi e dunque esposti all'influenza di opinioni straniere. I suoi interessi immediati facevano di questo principe il più fermo sostenitore della Chiesa cattolica così da chiudere ogni fonte di contagio eretico. Le circostanze, dunque, fecero sì che questo principe si mettesse a capo della Lega che i cattolici formarono contro i riformati. La via tracciata sotto i regni così lunghi e così ricchi di avvenimenti da Carlo V e da Filippo II, doveva necessariamente divenire legge per i regni successivi. Così si spiega come l'attaccamento della Spagna per la Chiesa romana si accrebbe man mano che aumentavano le divisioni che lacerarono il regno di questa.

Per molti aspetti il ramo tedesco della casa d'Austria appariva più libero, ma esaminando più da vicino la sua posizione politica si è costretti a riconoscere che forti considerazioni limitavano egualmente la sua volontà. Un apostata della Chiesa romana non avrebbe potuto conservare la corona del Sacro Romano Impero, né si può pensare che mai qualcuno avrebbe osato mettere questa corona su una testa protestante. La dignità imperiale doveva quindi necessariamente legare alla Santa Sede tutti i successori di Ferdinando I, alla quale era egli stesso attaccato per motivi di coscienza attinti da sincere convinzioni religiose. Inoltre, i principi austriaci non erano così potenti da soli da fare a meno della protezione della Spagna, che avrebbero perso al minimo accenno di apertura alle nuove dottrine. Come membri della famiglia imperiale non potevano dispensarsi dal difendere un sistema che assicurava l'eredità dell'Impero al loro casato, privilegio del quale il protestantesimo cercava di privarli.

Se a tutte queste ragioni si aggiungono l'indifferenza dei principi protestanti dell'Impero per le necessità degli imperatori e per i pericoli che minacciavano il regno, il loro sconfinare negli affari temporali della Chiesa e la loro aggressività dimostrata dopo che avevano preso coscienza della loro forza, si comprenderà senza difficoltà come gli imperatori si siano fatti campioni dei papi, se non altro, perché i loro interessi erano gli stessi della Chiesa cattolica. L'influenza che la condotta dei principi austriaci esercitò sul destino di questa religione fece sì che essi fossero considerati da tutta l'Europa come le colonne del papato e li rese oggetto esclusivo dell'odio dei protestanti, che si abitueranno a confondere i protettori con l'oggetto della loro protezione.

Ma i calcoli ambiziosi e la forza schiacciante dell'Austria, irriducibile avversario del protestantesimo, la renderanno nello stesso tempo il più pericoloso nemico della libertà politica in Europa in generale e in ciascuno stato tedesco in particolare. Queste circostanze non mancarono di allertare questi ultimi circa la propria sicurezza e di renderli vigilanti nella propria autodifesa. Le loro risorse erano insufficienti per resistere a un potere così formidabile, sforzi straordinari venivano richiesti ai loro sudditi e quando si resero conto della propria inadeguatezza cercarono di rinforzarsi attraverso le

13

alleanze e giunsero così a formare un'unione capace di opporre una forza che soli non avrebbero avuto. I forti motivi politici che consigliavano i sovrani a contrapporsi all'Austria non trovavano riscontro nell'interesse dei sudditi. Sono solo i vantaggi o i pericoli immediati che mettono in moto i popoli. Però, una politica saggia e ben condotta non può attenderli per agire. Fortunatamente, i sovrani poterono far valere una ragione molto precisa per infiammare i popoli ed eccitare in essi un facile entusiasmo da mettere al servizio dei rischi della politica. Il motivo era l'odio dei popoli contro la religione che la casa d'Austria proteggeva con tutto il suo potere e l'attaccamento dimostrato da questi stessi popoli a una dottrina che questa casa cercava di annientare col ferro e col fuoco.

Il fanatismo religioso anticipa anche i pericoli più remoti e l'entusiasmo non tiene mai conto dei sacrifici che esso impone. Ciò che il pericolo più determinante per lo stato non aveva potuto sui cittadini fu reso possibile dall'entusiasmo religioso. Per l'interesse dello stato e del sovrano ben poche braccia si sarebbero armate volontariamente; per la religione, artisti, commercianti, coltivatori fecero a gara per arruolarsi. Per l'interesse dello stato e del principe, anche la minima tassa straordinaria appariva alla gente troppo pesante, per la religione sacrificavano con gioia la loro vita e tutti i loro beni. Somme immense alimentarono la finanza pubblica e i volontari ingrossarono incessantemente i ranghi dell'armata. L'esaltazione era tale che si percepivano appena sacrifici che in tempi normali sarebbe stati considerati impossibili. Il terrore dell'Inquisizione spagnola, il massacro di San Bartolomeo[6] divennero per il principe d'Orange[7], per l'ammiraglio di Coligny[8], per la regina Elisabetta d'Inghilterra[9] e per tutti i principi della Germania protestante una miniera dove attinsero risorse che ancora oggi ci sembrano inconcepibili.

La potenza dell'imperatore, tuttavia, era sufficiente per sfidare gli sforzi di qualunque principe singolo, anche se potente, e l'arte diplomatica era ancora troppo imperfetta per creare quei legami politici che, ai nostri giorni, uniscono tra loro i paesi più lontani. Ciascuno di essi costituiva allora un tutto separato dall'insieme delle altre nazioni, sempre insensibile alle sofferenze dei propri vicini e sovente geloso della loro prosperità. Infatti, la differenza di leggi, di formazione, di lingua e di costumi creava tra i diversi popoli europei una barriera insormontabile. Fu una ragione così potente e così generale, come la Riforma, che riuscì ad abbattere queste barriere. Fu la Riforma che, con un nuovo legame, più forte dello spirito nazionale e del patriottismo, riunì dapprima gli individui e poi i popoli. E questo interesse, indipendente da tutti gli interessi privati, avvicinò la nazioni più lontane mentre divideva i sudditi dello stesso regno. Fu così che il calvinista francese si sentì più vicino al riformato di Ginevra e d'Inghilterra, al protestante della Germania o dell'Olanda, che al suo compatriota cattolico. Il protestante, quindi, sotto molti e importanti aspetti, cessò di essere cittadino di un solo stato al quale dedicare tutte le sue attenzioni e le sue simpatie; la sua visione si allargò e gli fu possibile essere partecipe del destino di paesi stranieri, di vedervi l'auspicio di quello che a lui era riservato e di unire in questo modo gli interessi privati all'interesse generale.

Per la prima volta i principi poterono portare innanzi ai propri consigli questioni relative ad altri paesi. Per la prima volta poterono sperare in un ascolto benevolo verso le proprie istanze e in un aiuto immediato degli altri. La politica estera divenne una questione di politica interna ed era assicurato all'alleato religioso quell'aiuto che sarebbe stato negato a un semplice vicino e ancor più a uno stato lontano. L'abitante del Palatinato lasciò la sua patria per andare a sostenere i francesi contro i nemici della loro fede comune; e il francese, divenuto nemico della sua stessa patria, perché questa rifiutava la religione che aveva abbracciato, versò il suo sangue per la libertà olandese. Gli svizzeri si armarono contro gli svizzeri, i tedeschi contro i tedeschi; tutti si affrettarono ad andare a morire sulle sponde della Loira o della Senna, al fine di regolare i diritti di successione al trono di Francia; il danese passò l'Eider, gli svedesi attraversarono il Baltico per rompere le catene che legavano solo la Germania.

È impossibile stabilire dove si sarebbero fermati la Riforma e lo spirito di indipendenza dei sovrani dell'Impero, se la casa d'Austria non si fosse dichiarata nemica dell'una e dell'altro; ma è certo, per lo meno, che la feroce guerra scoppiata per questo duplice principio, è stata per i principi di questa casa il solo ostacolo insormontabile che si sia mai opposto alla loro aspirazione alla monarchia universale. In qualsiasi altra circostanza, i sovrani tedeschi non avrebbero potuto ottenere dai loro sudditi i sacrifici che furono obbligati a chiedere per resistere alla potenza austriaca e, in qualsiasi altra circostanza, questi sovrani avrebbero inutilmente cercato di aumentare le loro forze con delle alleanze.

Mai l'autorità dell'Austria era stata più grande e universalmente riconosciuta come dopo la battaglia di Mühlberg, dove Carlo V sconfisse i tedeschi. Ma la loro libertà, che la Lega di Smalcalda[10] sembrava aver distrutto per sempre[11], prese nuovamente vigore con Maurizio di Sassonia[12], il più pericoloso nemico di questa alleanza, e le conseguenze della vittoria di Mühlberg scomparirono con il congresso di Passau[13] e con la dieta di Augusta dove, attraverso reciproche concessioni, si credette di aver posto termine per sempre alle guerre civili e religiose[14]. La dieta di Augusta creò legalmente due politiche e due religioni e così i protestanti, considerati fino a quel momento dei ribelli, vennero riconosciuti fratelli non per benevolenza, ma per necessità e la religione di Augusta poteva essere vista, almeno in apparenza, come uguale a quella della Chiesa di Roma. Ciascun membro della dieta germanica aveva il diritto di scegliere tra le due religioni e di rendere quella che aveva scelto universale e dominante nei suoi stati e di impedire la professione dell'altra; ogni cittadino aveva il diritto di lasciare il paese dove la sua religione era oppressa o perseguitata.

Fu il primo riconoscimento autentico che ottenne la dottrina di Lutero. Se l'Austria e la Baviera la respinsero, poteva consolarsi per il fatto che regnava in Sassonia e in Turingia. Nondimeno, i sovrani avevano, in via esclusiva, il diritto di decidere quale religione praticare nel loro stato: la volontà e la coscienza dei sudditi non contavano nulla; la dieta, dove le popolazioni non avevano alcun rappresentante, non si era degnata di trattare con loro. L'imperatore Ferdinando I, che più degli altri aveva contribuito a questa pace aveva garantito per i sudditi protestanti degli stati ecclesiastici, dove il culto romano doveva necessariamente rimanere la religione dominante, il diritto di praticare liberamente la loro fede, ma questa richiesta, contestata dalla parte cattolica, e conservata nel trattato con questa contestazione, non poteva avere forza di legge.

Se la divisione religiosa fosse stata fondata unicamente sulle opinioni e sulle credenze sarebbe stata certamente vissuta in modo pacifico, ma divenne difficile e tormentata poiché ricchezze, dignità e privilegi accompagnavano queste opinioni e queste credenze.

Quando uno di due fratelli, che godono in comune il loro patrimonio, vuole lasciare la casa paterna, sente ovviamente il bisogno di regolare i propri conti con il fratello che da quel momento resterà solo nella dimora; ma questo accomodamento diviene ancora più difficile se il loro padre, non prevedendo la possibilità di una separazione, non ha stabilito nulla nel caso in cui questa divenisse necessaria. Questa era la situazione della Chiesa, arricchita dalle pie donazioni che le erano state fatte durante i primi dieci secoli dell'era cristiana e questi benefattori erano antenati sia del fratello che voleva partire, sia di colui che rimaneva. Il diritto di ereditarietà era dunque legato alla casa paterna o doveva essere esteso al legame di sangue? Le donazioni erano state fatte alla chiesa cattolica perché non vi era altra confessione, cioè al figlio primogenito perché non vi erano altri figli. Il diritto di primogenitura doveva essere ammesso nella chiesa come nelle famiglie nobili? Era giusto favorire una parte, perché l'altra al tempo della donazione non esisteva? Si potevano privare i luterani di una fortuna proveniente tanto da loro antenati come da cattolici? Si potevano considerare decaduti dai loro diritti perché all'epoca della creazione di questa fortuna il dissidio che più tardi separò la stessa Chiesa in cattolici e luterani era ancora sconosciuto? Le due parti trovarono sufficienti ragioni per sostenere lunghe discussioni che ancora sussistono, ma fu impossibile sia all'una sia all'altra provare la giustezza delle proprie pretese. Il diritto non può decidere che su casi ipotizzabili, ciò che non sono le vicende delle istituzioni religiose, soprattutto quando si basano su dei dogmi e degli articoli di fede. Come è possibile, per esempio, concepire una donazione eterna in favore di una fede necessariamente mutevole? Quando la giustizia è insufficiente per decidere una questione, la forza prende il suo posto ed è ciò che non tardò ad accadere nelle dispute che si accesero a questo proposito. Il partito protestante conservò tutto ciò che aveva avuto la fortuna di strappare al partito cattolico, che perseverò più che mai nel conservare la pienezza dei diritti e dei beni che gli erano rimasti. Quest'ultimo, costretto ad abbandonare le diocesi e le abbazie, secolarizzate prima della pace, si preservò l'avvenire stabilendo che i beni della Chiesa non avrebbero più potuto essere oggetto di secolarizzazione, poiché se l'abate, il vescovo e lo stesso elettore che possedeva questo stato o questo capitolo avessero abbracciato il protestantesimo, sarebbero stati dichiarati decaduti dai loro diritti e dalle loro dignità e si sarebbe proceduto immediatamente alla nomina di un sostituto come avviene in caso di morte. Questa clausola del trattato di Augusta, conosciuta sotto il nome di Riserva ecclesiastica, sottometteva l'esistenza temporale dei principi e dei capi della Chiesa alla loro fedeltà all'antica religione ed era l'ancora di salvezza della Chiesa Romana in Germania, ma che cosa sarebbe successo se l'ancora fosse stata strappata? I protestanti contestarono vivacemente la Riserva ecclesiastica, e non la lasciarono scrivere nel trattato di Augusta se non con la precisa menzione che le due parti non si erano sufficientemente accordate su questa clausola che non poteva, conseguentemente, essere considerata come vincolante per i protestanti rispetto alla garanzia di Ferdinando. Questa celebre pace di Augusta, che si credeva eterna, aveva dunque in sé due cause di discordia le cui conseguenze funeste non tardarono a manifestarsi. Le stesse difficoltà che si opponevano alla libertà religiosa e al possesso dei beni ecclesiastici gettarono scompiglio relativamente ai diritti e alle dignità. La Chiesa era divisa, la dieta era composta da due partiti religiosi e l'intero sistema politico doveva seguire le pressioni di una sola di queste parti? Fino ad allora gli imperatori erano stati figli della Chiesa romana, poiché fino ad allora questa Chiesa non aveva avuto rivali in Germania: ma i rapporti di un principe con Roma potevano creare un imperatore di Germania? E questa carica non apparteneva piuttosto alla stessa Germania che si rappresentava nella persona del suo capo? Il partito protestante non apparteneva anch'esso alla Germania? E come poteva sentirsi rappresentato da una serie di imperatori cattolici? Era per poter essere arbitri di loro stessi nell'alta dieta che gli stati germanici ne fornivano i membri, questo era lo spirito dell'istituzione, garantire giustizia uguale per tutti. Ma come si poteva garantire questo diritto non ammettendo che vi sedessero i membri delle due religioni? Per un caso del destino, in Germania vi era una sola religione quando si formò la dieta con lo scopo di impedire le prevaricazioni. Questo obiettivo fallì nel momento in cui una parte religiosa si arrogò il diritto di giudicare l'altra. Ma la finalità di un'istituzione così importante come la dieta germanica poteva subire le sorti del caso?

A furia di lotte e di combattimenti, i principi protestanti avevano infine ottenuto il diritto di sedere nella Camera imperiale, ma essendo in minoranza continuarono a essere esclusi dal diritto di giungere alla corona imperiale. Nonostante tutto ciò che si è detto sulla pretesa parità sancita tra le due Chiese dalla pace di Augusta, quella di Roma restò trionfante. Quella di Lutero non era che tollerata e le concessioni che le erano state fatte le doveva alla paura che aveva suscitato e non al riconoscimento legale dei suoi diritti.

Una simile pace, che l'imperatore Ferdinando I aveva preparato con fatica e pazienza, era, più che un trattato tra due poteri, un accordo tra un padrone irritato e un ribelle indomabile. Tutti gli atti della Chiesa cattolica contro i protestanti scaturiscono e scaturiranno da questo. Abbracciare il protestantesimo era sempre un crimine, poiché questa scelta era punita con la perdita di tutti i vantaggi di cui si era goduto in qualità di membro fedele della Chiesa romana, che preferì, anche successivamente, vedersi strappata ogni cosa con la forza piuttosto che acconsentire volontariamente alle più lievi concessioni. Poteva infatti sperare di riprendersi un giorno ciò che le era stato tolto con la violenza, mentre sarebbe stata minata nelle sue fondamenta se avesse accordato al protestantesimo qualsivoglia diritto.

Tutte le condizioni della pace erano basate su questo principio, cosicché nessuna concessione in favore dei protestanti era definitiva. Essi non dovevano esultare se non nel momento in cui si sarebbe riunito un nuovo concilio, specificatamente incaricato di riunire le due Chiese e solo nel caso in cui fosse stata riconosciuta l'impossibilità di questa riunione, il trattato di pace avrebbe cessato di essere provvisorio. È vero, le due parti non credevano alla possibilità di una riconciliazione, e il partito cattolico non vi sperava seriamente, ma si era stabilito che le basi fondamentali della pace fossero limitate da questa condizione.

La pace di Augusta, che doveva una volta per tutte soffocare le guerre intestine, fu dunque solo un espediente temporaneo, una conseguenza forzata di fatti compiuti e di necessità, non dettata dalla giustizia e non il frutto di idee sul diritto alla libertà di religione. Non era possibile ai papisti entrare nella logica di un trattato di questo tipo e, per essere onesti, i protestanti non erano in grado di sostenerlo. Lontani dal mostrarsi equi e imparziali, ovunque potevano, perseguitavano anche i calvinisti che, da parte loro, del resto, non cercavano di meritare una maggiore considerazione con una condotta moderata e con dei principi tolleranti.

Nuvole troppo dense avviluppavano ancora l'intelligenza umana perché una vera pace religiosa fosse possibile. Come poteva una parte chiedere all'altra qualcosa di cui essa stessa si sentiva incapace? I vantaggi che le due Chiese avevano ottenuto con il trattato di Augusta non erano che il risultato delle loro rispettive forze e ciò che arriva dalla forza non può essere mantenuto che con la forza. Per avere una pace duratura, quel rapporto tra le forze avrebbe dovuto essere stabile anche nel futuro. Era la spada nella mano che aveva tracciato i limiti dei loro diritti, era la spada nella mano che doveva vegliare su questi limiti, e sventura al partito che si fosse disarmato per primo! Nel seno di questa pace discutibile prendeva forma il germe di un avvenire terribile che minacciava la Germania.

L'impero godeva di un momento di calma, un tenue filo sembrava voler riunire i membri divisi di questo grande corpo e risvegliare il sentimento per il bene comune, ma questo corpo era stato attaccato al cuore e nulla poteva far rinascere la primitiva armonia. I diritti di entrambe le parti che il trattato di Augusta pensava di aver regolato restavano sottoposti alle più contraddittorie interpretazioni. Si era riusciti a fermare i due partiti nel mezzo della battaglia e a imporre loro una tregua, si era ricoperto di cenere il focolaio dell'incendio, ma non lo si era estinto. Le pretese di entrambe le parti non erano state soddisfatte. I cattolici credevano di aver perso troppo, i protestanti erano convinti di non aver ottenuto abbastanza e gli uni e gli altri si consolavano interpretando il trattato, che non osavano ancora violare, come meglio desideravano.

Gli stessi motivi che avevano convinto tanti principi ad abbracciare la dottrina di Lutero, cioè i benefici ecclesiastici, erano ancora fortemente sentiti dopo come prima del trattato. Inoltre, i protestanti si dimostravano più pronti che mai a impossessarsi di tutte le donazioni indirette che non erano ancora nelle loro mani e presto tutta la bassa Germania fu secolarizzata. Se nell'alta Germania il clero conservava ancora i suoi possedimenti era perché i cattolici erano più forti e ognuna delle due parti era dominante e dominata, ciò nondimeno, i sovrani ecclesiastici, i membri più indifesi dell'Impero, erano senza posa esposti al desiderio di conquista dei loro vicini protestanti. Quando non erano abbastanza potenti per rispondere con la forza alla forza si rifugiavano sotto le ali della giustizia. Le cancellerie dell'impero traboccavano di lamentele contro le spoliazioni dei protestanti e la dieta non risparmiava loro condanne ma, quasi sempre, era incapace di far eseguire le sentenze.

La clausola del trattato che accordava a tutti i membri dell'impero la libertà di coscienza, non aveva dimenticato i sudditi poiché permetteva loro di lasciare il paese dove la loro religione era oppressa. Questa clausola, tuttavia, non poteva garantirli contro le innumerevoli vessazioni che le autorità locali trovavano sempre il modo di far pesare sui cittadini poco graditi al governo, contro le indescrivibili sofferenze attraverso le quali rendevano difficile l'allontanamento a chi voleva andarsene, a tutti gli ostacoli espressamente costruiti, laddove la scaltrezza unita alla forza poteva confondere gli animi.

I sudditi cattolici dei principi protestanti si lamentavano molto di essere privati, della libertà di coscienza, i protestanti si lamentavano ancor di più dell'oppressione derivante dall'autorità ecclesiastica. E come se non ci fossero sufficienti motivi di discordia, lo spirito irascibile e litigioso dei teologi approfittava degli avvenimenti più banali per eccitare le passioni delle masse. Sarebbe stato meglio se questa violenza religiosa si fosse esaurita nei confronti del nemico comune, senza spargere il veleno anche fra i correligionari. Se i luterani fossero rimasti uniti tra loro, le forze dei due partiti sarebbero state bilanciate e la pace avrebbe avuto qualche possibilità di durare, ma per rendere la confusione totale la concordia si ruppe velocemente. Le dottrine predicate da Zwingli a Zurigo, e a Ginevra da Calvino non tardarono ad affermarsi in Germania, dove causarono così tante discussioni che ben presto i protestanti non si riconoscevano tra loro se non per l'odio contro i cattolici. Essi non avevano più nulla in comune con i protestanti che, cinquant'anni prima, avevano fatto la loro professione di fede ad Augusta e le cause di questo cambiamento andavano ricercate proprio in questa professione di fede. Questo trattato aveva posto precisi limiti alla religione protestante, prima che lo spirito critico che si era risvegliato avesse individuato e riconosciuto questi limiti.

Questo primo errore privò i protestanti di una parte dei vantaggi che avrebbero potuto ottenere dalla loro separazione dalla Chiesa romana. Anziché fare della lotta alle gerarchie ecclesiastiche, ai numerosi abusi che si erano creati in questa Chiesa il loro solo e unico motivo di unione, avevano cercato un nuovo sistema religioso nel quale incarnare le distinzioni, i privilegi e l'essenza della chiesa, e a questo si erano riferiti quando avevano firmato il trattato coi cattolici. Avevano raggiunto questo accordo solo in quanto aderenti a questa confessione, solo in questa veste avevano il diritto di godere dei suoi benefici. In ogni altro caso, dunque, la situazione dei protestanti era difficile. Ma se veniva richiesta un'obbedienza cieca ai dettami della confessione, si poneva un limite perenne allo spirito di ricerca, mentre se dissentivano dalla formula concordata si sarebbe perso il punto d'unione. Disgraziatamente entrambi i casi si presentarono ed ebbero conseguenze funeste. Un partito protestante restò pervicacemente attaccato alla sua prima dottrina e quando i calvinisti se ne allontanarono si separarono con l'intenzione di fondare, alle stesse condizioni, un nuovo sistema.

I protestanti non avrebbero potuto fornire al nemico comune un vantaggio migliore delle divisioni che scoppiarono tra i partigiani della Riforma e l'accanimento con il quale si perseguitavano tra loro, doveva sicuramente essere per i cattolici uno spettacolo divertente. Come si poteva dar torto ai cattolici, se trovavano che niente fosse più ridicolo, più disprezzabile del fatto che i protestanti, dopo aver proclamato che la religione da essi riformata era l'unica perfetta, si armassero per combattere dei protestanti? E che si appellassero, per decidere le loro dispute teologiche, alla Chiesa di Roma, alla quale erano costretti a riconoscere il primato dell'anzianità e della supremazia?

Del resto, questo non era il solo né il maggiore dei pericoli che i protestanti si stavano preparando con le loro dispute intestine. La pace era stata fatta solo con i correligionari dell'adunanza di Augusta; i cattolici chiedevano loro di dichiarare chi volevano fosse riconosciuto come aderente alla propria confessione. L'ipotesi era seria per i luterani: accettare tutti gli scismatici era mentire alla loro stessa coscienza; respingerli significava trasformare degli amici utili in nemici pericolosi. Questa divisione aprì la strada alle macchinazioni dei gesuiti per gettare la diffidenza tra le due parti e distruggere l'unità delle loro convinzioni. Spaventati dalla paura degli avversari e dai dissidenti presenti tra loro, i protestanti persero ogni opportunità di porre la loro chiesa sullo stesso piano di quella cattolica. Tutte queste difficoltà sarebbero state evitate e la defezione dei calvinisti non sarebbe stata un pregiudizio alla causa comune, se il punto di unione fosse stato semplicemente il distacco dal cattolicesimo, invece della confessione di Augusta. Sebbene divisi su tutto, era invece convinzione comune che dall'eguaglianza del potere dei due partiti religiosi dipendesse la tranquillità di tutti. Le continue riforme da una parte e le misure opposte dall'altra tenevano viva l'attenzione da entrambe le parti, mentre l'interpretazione del trattato era un continuo motivo di disputa. Ogni cambiamento della politica del partito avverso veniva guardato come una violazione del trattato, mentre ciascuno si sforzava di far passare come idonea al mantenimento di questo trattato ogni infrazione che permetteva a se stesso. Nondimeno, i cattolici erano lontani dall'agire sempre con intenzioni ostili, cosa di cui invece gli avversari li incolpavano: la maggior parte della loro politica era imposta dal bisogno di vegliare sulla loro sicurezza. I protestanti avevano loro mostrato chiaramente quale sarebbe stato il loro destino se avessero avuto la disgrazia di soccombere. In effetti, quale rispetto, quale generosità o tolleranza potevano sperare da un nemico che si dimostrava sempre più avido dei beni della Chiesa e sempre più accecato dall'odio?

Da parte loro i protestanti non mancavano di giusti motivi per diffidare della buona fede e della moderazione dei cattolici. La crudele condotta che avevano subito i loro correligionari in Francia, in Spagna e nei Paesi Bassi, la malvagità della quale molti principi cattolici si erano resi colpevoli facendosi esonerare dal papa dai giuramenti più sacri, fondandosi sul principio che *"nei confronti di un eretico non vi era né fede né onore da proteggere"*, erano dei motivi sufficienti per screditare il partito papista agli occhi dei protestanti e per togliere loro ogni fiducia rispetto alle promesse e anche ai giuramenti dei cattolici. Come si sarebbe potuto contare sulla durata della pace quando i gesuiti proclamarono per tutta la Germania che questa pace non era un patto definitivo, ma una convenzione momentanea, condannata e rigettata dalla corte di Roma!

Il concilio indicato nel trattato d'Augusta si era nel frattempo tenuto a Trento. Ma come ci si attendeva, neanche in apparenza, si operò un riavvicinamento, né si fece un solo passo verso una pacificazione[15]. I protestanti non vi furono rappresentati neanche indirettamente[16]. Solo la Chiesa romana aveva fornito i giudici che dovevano decidere tra essa e la confessione d'Augusta, e la confessione d'Augusta fu condannata. Quali garanzie, in avvenire, i protestanti potevano avere da un trattato ottenuto con la forza delle armi e che la decisione del concilio di Trento aveva annullato moralmente?

Almeno formalmente, i cattolici potevano sentirsi autorizzati a rompere la pace e nulla proteggeva ormai i protestanti se non la paura che incuteva la loro forza. Altri motivi ancora giustificavano la generale diffidenza: la Spagna, potente sostegno della Germania cattolica, conduceva nei Paesi Bassi una guerra[17] che aveva portato il suo esercito alle frontiere tedesche e se un qualunque avvenimento avesse posto l'imperatore nella necessità di reclamare la loro assistenza, numerose truppe spagnole avrebbero potuto trovarsi, in pochi giorni, nel cuore dell'impero germanico. Del resto, la Germania a quell'epoca era per tutti i principi europei una miniera di soldati.

La guerra di religione vi aveva attirato una folla d'uomini in armi che la pace d'Augusta aveva condannato all'inazione e alla miseria.

23

Per molti principi indipendenti era semplice riunire un'armata che successivamente, per il desiderio di vittoria e per interesse di parte, offrivano ad altre potenze. Così Filippo II combatteva i fiamminghi con truppe tedesche che si difendevano contro avversari della stessa nazionalità. Ogni arruolamento di truppe in Germania spaventava i due partiti religiosi, poiché poteva divenire funesto all'uno o all'altro; la comparsa di un ambasciatore o di un legato straordinario del papa, una riunione di principi, o tutti gli altri avvenimenti di questa natura erano e dovevano essere guardati come un presagio di disordine e di disgrazia.

Questa penosa situazione, che aveva ridotto la Germania ad avere sempre la mano sulla spada e a tremare al rumore di una foglia che cade, si prolungò per circa mezzo secolo. In questo periodo critico, le redini dell'impero si trovavano nelle mani di Ferdinando I, re d'Ungheria e, dopo di lui, passarono in quelle del suo eccellente figlio, Massimiliano II. Guidato dai sentimenti del suo cuore, tanto nobile quanto generoso, Ferdinando I era arrivato a concludere la pace di Augusta, ma a dispetto degli sforzi che egli fece al concilio di Trento, non poté nulla per la riconciliazione delle due chiese[18]. Tradito da Filippo II di Spagna, minacciato in Ungheria e in Transilvania dalle armi vittoriose dei turchi[19], non doveva desiderare di mantenere la pace in Germania e distruggere l'opera che faticosamente aveva compiuto? Gli stati ereditari d'Austria non potevano sopportare da soli il fardello delle spese che esigeva la guerra contro i Turchi e l'aiuto di tutti i sovrani dell'impero era per lui indispensabile. Solo la pace religiosa teneva unito l'impero diviso. Le necessità economiche rendevano ai suoi occhi i protestanti importanti quanto i cattolici e gli imponevano di trattare entrambe le parti con equità, impresa colossale in presenza di pretese così contraddittorie. Così, le nobili intenzioni di Ferdinando non ottennero i risultati sperati e la sua generosa imparzialità verso i protestanti non gli valse altro vantaggio se non quello di respingere dal suo regno una guerra che, sotto i suoi successori, scoppiò terribile e violenta.

Suo figlio, Massimiliano, che, se fosse vissuto più a lungo, avrebbe potuto elevare il protestantesimo al trono imperiale, non fu più fortunato. La necessità aveva insegnato al padre a gestire la Riforma, la necessità e la giustizia imponevano al figlio un condotta simile. Il nipote si mostrò sordo alla voce della necessità come a quella della giustizia, cosa che non tardò a espiare pesantemente. Rodolfo II[20], che era il maggiore dei sei figli di Massimiliano, divenne l'unico erede degli stati di suo padre e della corona imperiale. I suoi cinque fratelli ricevettero, a titolo di compensazione, qualche esiguo appannaggio[21]. Un solo ramo collaterale, del quale l'arciduca Carlo di Stiria era il capo, possedeva ancora qualche provincia dell'immenso patrimonio della casa d'Asburgo ma anche queste furono in seguito, sotto il regno di Ferdinando II, incorporate al resto dei domini della famiglia. A eccezione di questa porzione di stati ereditari, tutte le forze della casa d'Austria si trovavano riunite nelle mani di Rodolfo II, sfortunatamente troppo debole per un fardello così oneroso.

Rodolfo II, comunque, non era privo di virtù e sarebbe stato amato e riverito se la sorte l'avesse fatto nascere in una posizione meno elevata. Il suo carattere era pacifico, amava e coltivava le scienze: l'astronomia, la storia naturale, la chimica e lo studio delle antichità avevano per lui una tale attrazione che se ne occupava anche nei momenti in cui gli affari di stato reclamavano tutta la sua attenzione e sollecitudine e le sue finanze disastrate richiedevano la più rigida parsimonia. Questa inclinazione lo portava a spese considerevoli, mentre i suoi studi di astronomia, o piuttosto i suoi sogni astrologici, riempirono il suo spirito, naturalmente triste e timoroso. Con simili disposizioni, sostenute dai ricordi della prima giovinezza che aveva trascorso in Spagna, non poteva mancare di divenire l'oggetto dei perfidi consigli dei gesuiti e dell'influenza della corte spagnola dalla quale, infine, fu completamente dominato. Sempre occupato in lavori incompatibili con la sua alta posizione e sempre spaventato da predizioni assurde, egli divenne ben presto inaccessibile ai suoi sudditi. Circondato da pietre e antichità, rimaneva chiuso nel suo laboratorio mentre la discordia più pericolosa rompeva, a uno a uno, tutti i legami dell'impero, e la fiamma della rivolta lambiva il suo trono. Nessuno, senza eccezione, poteva avvicinarlo senza un ordine emanato direttamente da lui, così gli affari più urgenti restavano in sospeso e la speranza di una ricca eredità della monarchia spagnola svanì per sempre. Infatti, l'indolente Rodolfo non si decideva a offrire la sua mano all'infanta Isabella[22] e, dall'altra parte, la sua indifferenza a designare un successore al trono imperiale, fece piombare l'impero in una deprecabile anarchia.

I rappresentanti degli stati austriaci si rifiutarono di prestargli giuramento e di rendergli omaggio. L'Ungheria e la Transilvania si affrancarono dalla sua autorità e la Boemia non tardò a imitare il loro esempio. Fu così che la posterità dell'illustre Carlo V si vide minacciata nell'esistenza, da una parte dai turchi, dall'altra dai protestanti e infine per opera della formidabile coalizione che un grande monarca europeo[23] aveva formato contro di essa. In queste condizioni i membri della dieta germanica si comportarono come sempre avevano fatto quando il trono era senza imperatore, o quando l'imperatore si dimostrava indegno del trono: i partiti dovettero governarsi da soli e supplirono con delle alleanze alla mancanza di autorità dell'imperatore. La Germania si divise in due fazioni che discutevano gli interessi dell'impero con le armi in mano, mentre Rodolfo, avversario disprezzato dell'uno, protettore impotente dell'altro, restò inerte e incapace sia di condurre i suoi amici sia di domare i suoi nemici. Che cosa avrebbe potuto sperare l'impero da un principe incapace persino di difendere i suoi possedimenti ereditari contro i suoi nemici interni? Per evitare la rovina del suo stesso casato la sua famiglia si unì contro di lui e una parte della sua famiglia si schierò a favore di suo fratello. Cacciato dai suoi stati ereditari, ben presto non gli restò da perdere che la corona imperiale. La morte giunse in tempo per risparmiargli questo affronto.

La cattiva sorte della Germania aveva voluto che, in un momento di crisi e di pericolo, quando lo stato aveva bisogno di un capo fermo, coraggioso e, soprattutto, dotato di un'intelligenza superiore per salvare la pace, un Rodolfo salisse al trono imperiale. In un'epoca di calma e di tranquillità, l'impero sarebbe andato avanti da solo e Rodolfo avrebbe potuto, come tanti altri monarchi inetti, nascondere la sua insulsaggine dentro una mistica oscurità. L'urgente e universalmente sentita necessità delle qualità che a lui mancavano costrinse la sua pochezza ad evidenziarsi nel momento cruciale.

Del resto, la Germania si trovava, in quel momento, in una posizione così critica che aveva il diritto di pretendere che il suo imperatore, attraverso la propria forza, desse peso alle sue decisioni e i suoi stati ereditari, degni di attenzione quali erano, si trovavano in una situazione che mise nel più grande imbarazzo i suoi reggenti.

La devozione dei principi austriaci alla Chiesa di Roma non aveva potuto impedire al protestantesimo di penetrare nelle loro province. Tollerato dalla politica di Ferdinando I e protetto dalla bontà di Massimiliano II, esso vi aveva gettato radici così profonde che gli stati ereditari della casa d'Asburgo offrivano, in limiti più stretti, lo stesso quadro della Germania nella sua immensa estensione. Gran parte della nobiltà feudale, pressoché tutti i cavalieri e i principi delle città erano protestanti. E come sedevano nelle assemblee degli stati, così erano giunti a occupare i più importanti impieghi, per cui la voce di qualche prelato isolato era troppo flebile per opporsi a tale maggioranza. Questi prelati non avevano più neanche la forza di reprimere gli scherni indecenti e le grossolane allusioni di cui erano diventati l'oggetto e ciò li portò a decidere di non sedere più nelle assemblee di questi stati. Così la dieta austriaca era impercettibilmente divenuta protestante e la Riforma faceva rapidi passi avanti verso il riconoscimento pubblico, poiché gli imperatori dipendevano dagli stati che, nelle loro assemblee, rifiutavano o accordavano le imposte. I protestanti non mancarono di esercitare questa preziosa risorsa che faceva loro ottenere privilegi proporzionati alle necessità di danaro richieste da Ferdinando e dal figlio. In un momento di necessità, Massimiliano II aveva spinto la sua condiscendenza a permettere ai feudatari protestanti di professare apertamente la loro religione nelle loro terre e nei loro castelli. Incoraggiati da questa libertà, predicatori fanatici spinsero la loro audacia a predicare le dottrine della Riforma nelle assemblee degli stati austriaci e, persino, nelle strade di Vienna. La popolazione accorreva in massa per ascoltare questi predicatori la cui eloquenza evangelica consisteva in ingiurie grossolane contro la Chiesa di Roma e i servitori che le erano rimasti fedeli. In questo modo si nutrirono sempre più il fanatismo e l'odio tra due chiese, tra loro non così lontane, attraverso passioni perfide e velenose.

Di tutti gli stati ereditari dell'Austria[24], l'Ungheria e la Transilvania erano i meno sicuri e i più difficili da conservare. Già i reiterati attacchi dei turchi, che bramavano questi due paesi, avevano imposto a Ferdinando I delle umilianti condizioni che lo avevano impegnato a versare alla Porta un tributo annuale e a riconoscerne la sovranità in Transilvania. Questa vergognosa ammissione della sua impotenza era diventata per la nobiltà ungherese, naturalmente inquieta e bellicosa, un nuovo motivo di lagnanza contro un sovrano che non aveva accettato senza condizioni, poiché la corona d'Ungheria era elettiva e i nobili tenevano ostinatamente a tutti i vantaggi che potevano loro derivare dai loro voti. La vicinanza della Turchia, sempre pronta a sostenere le loro rivolte, facilitava il cambiamento di padrone e aumentava l'audacia dei maggiorenti che, quando si credevano offesi dal governo austriaco, si gettavano nelle braccia della Porta ottomana che poi, alla prima occasione di malcontento, abbandonavano per tornare all'autorità tedesca.

Questi repentini passaggi da una dominazione all'altra avevano esercitato una tale influenza nel loro animo che essi ondeggiavano incessantemente tra progetti di diserzione o di sottomissione. Il popolo, che vedeva il suo bel paese ridotto allo stato di provincia tributaria di una monarchia straniera, desiderava ardentemente un sovrano nazionale, e non era dunque difficile a un nobile intraprendente ottenere il suo appoggio, potendo contare sull'aiuto della Porta che, in queste occasioni, si affrettava a inviargli lo scettro e la corona. L'Austria, da parte sua, non mancava mai di riconoscere la signoria feudale ai combattenti audaci che erano accorsi a liberare una provincia dalla dominazione ottomana. Troppo felice di potere salvare, in questo modo, un'ombra di autorità e di elevare una barriera contro i turchi.

Fu così che Bathori, Boschkai[25], Rákóczi, Bethelen Gabor e numerosi altri maggiorenti erano arrivati a farsi incoronare re d'Ungheria o della Transilvania, senza aver avuto altro merito, in definitiva, che quello di essersi resi temibili al loro capo passando sotto la bandiera nemica.

Inutilmente Ferdinando I, Massimiliano II e Rodolfo II avevano consumate tutte loro risorse per garantire l'Ungheria e la Transilvania dalle invasioni dei turchi e dalle rivolte interne: questi due paesi erano rimasti il teatro di fatti sanguinosi intervallati da brevi tregue. Le terre erano incolte, le città prive di industrie e i vassalli non sapevano più chi erano gli amici e chi nemici, poiché gli uni e gli altri li trattavano con la stessa ingiustizia e la stessa crudeltà.

In mezzo a questi disordini permanenti e protetto dalla libertà degli stati, il protestantesimo era scivolato, per così dire, attraverso tutte le parti dell'Ungheria e della Transilvania, dove aveva fatto numerosi proseliti[26]. Anche qui venne incautamente contrastato e lo spirito di parte divenne più pericoloso a causa del fanatismo religioso. La nobiltà ungherese e della Transilvania innalzarono, guidati da un ribelle di nome Bocskay, lo stendardo della rivolta. In Ungheria, i capi di questo stesso partito cercarono di formare una lega con i protestanti d'Austria, della Moravia e della Boemia e di far insorgere questi territori. E questa minaccia non riguardava solo la religione cattolica in questo territorio, ma la stessa esistenza della casa d'Austria. Da tempo gli arciduchi d'Austria, fratelli dell'imperatore, guardavano con silenziosa indignazione il declino della propria casa e quest'ultimo evento li fece decidere ad intervenire. L'arciduca Mattia, secondo figlio dell'imperatore Massimiliano II, governatore d'Ungheria e probabile erede di suo fratello Rodolfo, decise di offrire il suo aiuto alla casa asburgica che stava decadendo. Nella sua prima giovinezza si era lasciato trascinare da un'avventata ambizione politica[27]. Una delegazione fiamminga l'aveva pregato di aiutare i Paesi Passi contro Filippo II. Nonostante la parentela che lo univa al re di Spagna, Mattia interpretò le voci di una piccola fazione per quelle del popolo fiammingo, rispose a questo appello ma fallì completamente e si ritirò da questa impresa imprudente in modo inglorioso, non avendo soddisfatto né le esigenze dei brabanti né le sue. Il desiderio di far dimenticare l'insuccesso della sua spedizione nei Paesi Bassi gli fece cogliere con sollecitudine l'occasione di una seconda gloriosa apparizione nel mondo politico.

Dopo aver esortato Rodolfo, più volte e sempre invano, a una condotta più consona al suo rango e più conforme ai suoi doveri, convocò gli arciduchi suoi zii, i suoi fratelli e i suoi cugini a un consiglio di famiglia che si tenne a Bratislava. In questo consiglio gli venne riconosciuto solennemente, in quanto fratello maggiore, il diritto di difendere gli interessi della casa d'Austria, gravemente compromessi dall'incapacità di Rodolfo. Gli vennero conferiti tutti i poteri e i diritti e lo investirono della completa autorità ad agire a propria discrezione per il bene comune. Mattia iniziò delle trattative con la Porta e con i ribelli ungheresi ed ebbe l'abilità e la fortuna di ottenere un trattato di pace che salvava le pretese dell'Austria sulle province ungheresi che aveva perduto[28]. Ma l'imperatore Rodolfo, tanto geloso delle sue prerogative quanto incapace di farne un degno uso, rifiutò di ratificare questo trattato, che egli guardava come una usurpazione dei suoi diritti. Accusò suo fratello di tradimento e lo incolpò di aspirare alla corona d'Ungheria.

L'attività di Mattia era, in verità, tutt'altro che disinteressata ma la condotta di suo fratello fu sufficiente ad accelerare i suoi progetti ambiziosi. Sicuro dell'affetto del popolo ungherese, al quale aveva donato la pace, e dell'obbedienza della nobiltà, sostenuto negli stati ereditari da un potente partito, egli si azzardò ad assumere un atteggiamento più audace e, armi alla mano, ad affrontare l'imperatore. I protestanti dell'Austria e della Moravia, ai quali aveva promesso libertà religiose illimitate, già pronti alla rivolta, si unirono a lui e la loro alleanza con i protestanti d'Ungheria e della Transilvania divenne infine una realtà.

Venne dunque pianificata una cospirazione contro l'imperatore, ma

Rodolfo decise troppo tardi di riparare ai suoi errori. L'impero era tutto in armi. Già l'Ungheria e la Moravia avevano prestato giuramento e atto di omaggio a Mattia, che avanzava verso la Boemia per inseguire l'imperatore fino al suo castello di Praga e rovesciare così l'ultimo pilastro del suo potere. Del resto, il regno di Boemia era per la casa d'Austria un possedimento contestato come quello d'Ungheria, con la differenza, tuttavia, che in quest'ultimo paese le agitazioni erano di carattere politico, mentre solo la religione agitava la Boemia. Fu là che, cento anni prima di Lutero, si accesero le prime scintille della discordia religiosa; fu ancora là che, cent'anni dopo Lutero, si accese il terribile fuoco della guerra dei trent'anni. La setta di Jan Hus[29] vi era sempre stata numerosa. Erano in accordo con la Chiesa cattolica sui riti e la dottrina, con la sola eccezione dell'amministrazione della comunione, perché gli hussiti comunicavano nelle due specie[30]. Questo diritto era loro stato accordato dal concilio di Basilea[31], con una speciale convenzione conosciuta con il nome di *"compactata di Praga"* e quantunque più tardi questo fosse loro contestato dai papi[32], essi continuarono a goderne sotto la protezione delle leggi dei loro paesi[33].

L'uso della coppa nelle cerimonie religiose aveva meritato loro il soprannome di *Utraquisti* e questo nome, che significa comunione sotto le due specie, ricordava loro un privilegio di cui andavano così fieri che lo conservarono a dispetto dei cambiamenti che subirono i loro princìpi[34]. Ma dietro questo nome si celavano anche le sette dei fratelli moravi e dei fratelli boemi, la cui dottrina era simile, pressoché in tutti i punti, a quella dei protestanti tedeschi[35]. Anche tra loro le opinioni tedesche e svizzere fecero rapidi progressi, essi tuttavia conservarono il nome di *Utraquisti* perché, grazie a questo nome, si trovavano al riparo dalle persecuzioni di cui erano oggetto i protestanti. Alla base l'unica cosa in comune con gli *Utraquisti* era il nome, poiché erano in tutto e per tutto protestanti.

Incoraggiati dal loro numero e, soprattutto, dalla tolleranza di Massimiliano II, gli hussiti o *Utraquisti* dimostrarono sotto il regno di questo principe quello che effettivamente erano. Seguendo l'esempio dei protestanti tedeschi, avevano formulato la loro confessione, nella quale sia i luterani sia i calvinisti riconoscevano le loro opinioni, e richiesto per questa gli stessi privilegi ottenuti dall'allora chiesa *Ultraquista*. Ma questa pretesa era stata contestata da tutti i membri cattolici all'assemblea dei loro stati e furono costretti ad accontentarsi di una promessa verbale dell'imperatore relativa alle loro libertà religiose[36]. Finché visse Massimiliano questa promessa ebbe per essi forza di legge ma, sotto il regno di Rodolfo, la scena del mondo politico e religioso aveva completamente cambiato aspetto. Un editto imperiale[37] interdisse ai fratelli boemi la pratica della loro religione e, allo stesso tempo, colpì quella degli hussiti che, almeno in apparenza, si confondeva con la loro. L'editto, pertanto, includeva nella condanna tutti gli aderenti alla confessione boema. Essi reclamarono all'assemblea degli stati contro questo editto, ma non fu loro possibile farlo revocare.

L'imperatore e gli stati cattolici si appigliarono alla decisione del concilio di Basilea e alla costituzione dello stato di Boemia, poiché si sapeva sin dall'inizio che era impossibile trovarvi delle clausole in favore di una religione che, all'epoca in cui datavano questi documenti, era ben lontana dall'avere la maggioranza della nazione. Ma come era cambiata la situazione da allora! Una setta al principio insignificante era divenuta una confessione numerosa e potente ed ora erano solo i sotterfugi a voler fissare i limiti dello sviluppo di questa confessione a partire dai trattati conclusi, quando questa non esisteva ancora? Invano i protestanti di Boemia invocarono la promessa dell'imperatore Massimiliano II e la libertà religiosa di cui godevano i tedeschi, alla quale credevano di avere lo stesso diritto. A loro nulla fu concesso.

Questa era la situazione in Boemia quando Mattia, già a capo dell'Ungheria, dell'Austria e della Moravia, si presentò davanti a Kolin, con l'esplicita intenzione di sollevare gli stati boemi contro l'imperatore. Questa ardita mossa rese la posizione dell'imperatore ancora più critica. Cacciato dai suoi stati ereditari, egli ormai sperava solo nell'appoggio degli stati di Boemia: era pertanto facile prevedere che essi avrebbero utilizzato la sua situazione per accrescere le loro pretese ed egli avrebbe ottenuto questo appoggio solo con delle concessioni immense.

Dopo essere stato chiuso per lunghi anni nel suo palazzo a Praga, Rodolfo si vide infine costretto a comparire in pubblico e ad assistere alla seduta dell'assemblea degli stati. Il popolo di Praga faceva fatica a credere che questo imperatore, invisibile da così tanto tempo, vivesse ancora e per convincerlo fu necessario aprire tutte le finestre delle gallerie dove il monarca doveva passare. Una prova sufficiente di quale fosse la situazione.

Accadde quello che aveva temuto: tronfi della loro importanza, i deputati dichiararono che non avrebbero votato alcuna misura in favore dell'imperatore, se non avendo prima ottenuto delle garanzie sufficienti a statuire irrevocabilmente le loro libertà civili e religiose. Il tempo delle vane promesse e dei perfidi voltafaccia era finito e Rodolfo fu costretto a cedere alle pretese dei rappresentanti, divenuti arbitri della sua sorte. Tuttavia, pur concedendo tutto ciò che d'altro avevano chiesto, trovò il modo di rimandare a una riunione successiva le questioni più delicate relative ai privilegi religiosi.

La Boemia prese le armi per il suo imperatore contro Mattia e una guerra sanguinosa stava per scoppiare tra i due fratelli. Rodolfo la evitò perché niente gli era più insopportabile di sapersi dipendente dai rappresentanti degli stati e pertanto iniziò subito dei negoziati di pace col fratello. Con un atto di abdicazione formale concesse a Mattia ciò che non si poteva togliergli: il possesso dell'Austria e dell'Ungheria e il diritto di successione al trono di Boemia. Ma appena Rodolfo uscì da questi pericoli se ne creò altri.

L'ordinamento definitivo delle libertà religiose della Boemia era stato rimandato a una successiva assemblea degli stati che si tenne nel 1609. I protestanti richiesero la libera professione del loro culto, di cui avevano goduto sotto l'imperatore precedente, un concistoro protestante e indipendente, la cessione dell'università di Praga e il diritto di scegliere tra loro delle persone che, sotto il titolo di *Difensore* delle libertà civili e religiose in Boemia, sarebbero state incaricate di vigilare sui loro interessi. La risposta fu la stessa. La condotta dell'imperatore era stata condizionata dal partito cattolico, del quale la sua timidezza lo rendeva schiavo, ed egli si rifiutò ostinatamente di accogliere le loro pretese. I deputati rinnovarono le loro richieste in modo formale e quasi minaccioso. Rodolfo rimase fermo e gli stati si separarono. Persuasi di non aver più alcunché da sperare dall'imperatore, essi si accordarono tra loro e convocarono una nuova assemblea a Praga con lo scopo di rendere giustizia al paese senza l'intervento della corona. Nonostante l'espresso divieto dell'imperatore, apparvero a Praga in gran numero, la seduta fu aperta, le discussioni proseguirono praticamente sotto i suoi occhi senza che egli potesse fermarle. La paura che incominciò a palesare, infine, gli strappò delle concessioni che, testimoniando la sua debolezza, accrebbero le pretese degli stati. Solo per le libertà religiose egli continuava a dimostrarsi inflessibile.

Mettendo in atto le proprie minacce, i deputati stabilirono, infine, con la sola loro autorità, il libero esercizio del protestantesimo e rifiutarono all'imperatore ogni aiuto in denaro e uomini fino a quando non avesse sancito questa decisione. Essi si spinsero oltre e procedettero all'elezione dei *Difensori* che Rodolfo non aveva voluto permettere. Ciascuno dei tre stati ne nominò dieci e per dare più autorità a questi *Difensori* crearono un'armata con a capo il conte di Thurn, con il titolo di maggiore generale.

L'imperatore riconobbe, infine, l'imminenza del pericolo che lo minacciava. La stessa Spagna lo consigliava di cedere e, così, con la paura che gli stati si gettassero tra le braccia del re d'Ungheria, firmò la famosa *Lettera di maestà* della quale i boemi si servirono più tardi per giustificare la loro ribellione contro i suoi successori. Con questa *Lettera di maestà*, che era stata presentata a Massimiliano II, la confessione della Boemia divenne in questo regno uguale alla Chiesa cattolica[38]. Gli Utraquisti, nome che i protestanti boemi continuarono a usare, ottennero l'università di Praga e un concistoro indipendente dall'arcivescovo di questa città. La proprietà delle chiese che avevano costruito in città e paesi veniva non solo da loro conservata, ma avevano il diritto di costruirne di nuove se i rappresentanti degli stati lo avessero giudicato necessario. Quest'ultimo privilegio non tardò a diventare il pretesto di un'esplosione che mise a fuoco l'Europa.

La *Lettera di maestà* aveva fatto della Boemia una sorta di vera repubblica; i rappresentanti degli stati avevano preso coscienza della forza che avevano ottenuto attraverso l'unione, la perseveranza e l'armonia. L'imperatore non aveva conservato che un'ombra di sovranità, al punto che lo spirito di rivolta si vide incoraggiato dall'autorità conferita a questi tribuni investiti del nome di *Difensori* civili e religiosi. Incoraggiati dall'esempio della Boemia, gli altri stati ereditari della casa d'Austria si preparavano a imitarla per ottenere privilegi analoghi e lo spirito di indipendenza si risvegliò in tutta la Germania. Poiché fu soprattutto la divisione tra i principi austriaci che aveva permesso ai protestanti di aumentare in modo così importante i loro vantaggi, ora i cattolici si adoperarono in tutti i modi per una riconciliazione tra l'imperatore e il re d'Ungheria.

Ma Rodolfo non perdonò mai sinceramente Mattia, che l'aveva offeso in modo così grave e continuò a nutrire un odio inestinguibile verso di lui. L'idea che un giorno lo scettro della Boemia sarebbe passato nelle sue mani gli procurava grande dolore ma anche le altre ipotesi non gli erano favorevoli. Infatti, se Mattia fosse morto senza figli, l'arciduca Ferdinando di Graz, figlio dell'arciduca Carlo di Stiria, diventava suo erede e Rodolfo aveva una grande antipatia per questo principe. Unendo in un solo e unico odio il fratello che si era ribellato a lui e il nipote che doveva succedergli, concepì il progetto di privarli entrambi della Boemia e di assicurare questa ricca parte della sua eredità all'arciduca Leopoldo[39], arcivescovo di Passau, uno dei fratelli di Ferdinando, il solo dei collaterali che non gli aveva mai fatto ombra e per lui il più caro e meritevole.

L'idea dei Boemi in favore della libertà di elezione e l'affetto che avevano per Leopoldo sembrava favorire questo progetto, che fu ispirato a Rodolfo da un odio cieco e interamente in contraddizione con gli interessi della sua dinastia. Ascoltando solo il suo risentimento egli riunì nel territorio della diocesi di Passau un corpo d'armata, la cui vera destinazione restò per lungo tempo misteriosa. Ma ben presto queste truppe, spinte dal bisogno per il ritardo nel pagamento del loro soldo, causarono disordini in Boemia, dove fecero numerose incursioni a sua insaputa. Gli eccessi di queste soldatesche finirono con esasperare gli spiriti contro l'imperatore, che inutilmente si sforzava sia di fermare le devastazioni della sua armata sia di convincere gli stati dell'innocenza delle sue intenzioni.

Persuasi che egli volesse revocare la *Lettera di maestà*, i *Difensori* misero in armi tutta la Boemia e chiamarono Mattia in loro aiuto. Le truppe di Passau fuggirono e l'imperatore rimase chiuso nel suo palazzo di Praga, senza alcun aiuto e guardato come un prigioniero di stato, separato da tutti i suoi consiglieri, mentre Mattia entrava trionfalmente in questa città, tra le acclamazioni di un popolo ebbro di gioia, mentre Rodolfo era così debole da doverlo riconoscere re di Boemia.

Fu così che lo sfortunato Rodolfo si vide costretto, in vita, a cedere il trono di Boemia al nemico, al quale non lo voleva lasciare neanche dopo la sua morte. Per il colmo della sua umiliazione si pretese che con un atto solenne egli sciogliesse i boemi, come gli abitanti della Slesia e della Lusazia, dal loro giuramento di fedeltà ed egli lo fece col cuore spezzato.

Abbandonato, tradito da tutti, anche da coloro che aveva pensato essere a lui più fedeli, non appena ebbe firmato il fatale atto, gettò violentemente per terra il suo cappello e ruppe tra i denti la penna della quale si era servito per consumare la sua stessa vergogna[40]. Se

Rodolfo era incapace di conservare i suoi stati ereditari, lo era ancora di più nel far rispettare la sua dignità imperiale. Ciascuno dei partiti religiosi che dividevano la Germania continuava a tentare di ingrandirsi a spese dell'altro e di difendersi dai suoi attacchi. Più la mano che teneva lo scettro imperiale era debole, più i partiti religiosi sentivano il bisogno di sorvegliarsi reciprocamente e più cresceva la loro diffidenza. Era sufficiente il fatto che l'imperatore fosse governato dai gesuiti e guidato dai consiglieri spagnoli per risvegliare la preoccupazione dei protestanti che vi vedevano un motivo di ostilità. I gesuiti sembravano assumere il compito di giustificare questa diffidenza continuando a sostenere, nei loro sermoni e nei loro scritti, che la pace d'Augusta non era che un accordo illegittimo. Ogni misura presa dai cattolici negli stati ereditari della casa d'Austria contro i luterani, risvegliava l'eccitazione di tutta la Germania protestante. Questa comunanza generale che i sudditi protestanti dell'Austria trovavano o si aspettavano di trovare nel resto della Germania, faceva crescere la loro fiducia e fu la causa dei successi straordinari di Mattia.

Convinti che i disordini che agitavano i possedimenti ereditari della casa d'Austria contribuissero al mantenimento del trattato d'Augusta, i cattolici e i protestanti degli altri stati credettero nel loro interesse non prendervi alcuna parte attiva. Tutte le questioni sottoposte alla dieta germanica erano rimaste senza soluzione sia per l'indolenza dell'imperatore sia per la cattiva volontà degli elettori protestanti, che si ostinavano a rifiutare il loro concorso agli affari pubblici fino a quando le loro richieste non avessero ricevuto piena e completa soddisfazione. Queste lagnanze riguardavano soprattutto l'incapacità dell'imperatore, il disprezzo delle clausole della pace e le usurpazioni del *Consiglio aulico* che, sotto il regno di Rodolfo, cercava di estendere la sua giurisdizione a spese di quella della *Camera imperiale*.

Un tempo le controversie dei sovrani dell'impero erano regolate dal *faustrecht*[41], e solo dopo avervi fatto inutilmente ricorso si reclamava l'intervento dell'imperatore che, nei casi più importanti, decideva solo e con la sua unica autorità. Nelle circostanze più gravi venivano associati dei giudici imperiali e si formava così un tribunale sovrano. Sul finire del XV secolo, gli imperatori erano stati costretti ad abbandonare questa giustizia suprema in favore di una corte regolare e stabile, conosciuta con il nome di *Camera imperiale*[42], la quale sedeva a Spira. Per rendersi indipendenti, gli stati dell'impero si erano riservati il diritto di nominare i membri di questa corte e di esaminarne i provvedimenti con periodiche verifiche, chiamate «*diritto di presentazione e verifica*». Il trattato di Augusta accordava ai luterani la loro parte di questo privilegio di verifica. Le due religioni godevano, dunque, di una apparente eguaglianza, almeno davanti a questa camera imperiale, poiché i protestanti vi trovavano dei giudici per decidere i loro diritti.

I nemici della Riforma e delle libertà germaniche non tardarono ad annullare tutto ciò che questa istituzione aveva di giusto ed equo. A poco a poco i membri della dieta divennero giudicabili dal consiglio privato dell'imperatore, consiglio che, nondimeno, era stato creato unicamente per guidarlo nell'esercizio delle sue prerogative *imperiali, personali* e *indiscusse,* e che era composto da uomini che, nominati e pagati da lui, non conoscevano altra legge che l'interesse del loro padrone e la preminenza della religione cattolica. Fu davanti a questo tribunale, conosciuto con il nome di *Consiglio aulico*[43], che si sottoposero le controversie religiose che solo la *Camera imperiale* aveva il diritto di giudicare.

Non bisognava allora meravigliarsi se le sentenze di questa corte richiamavano a stento la sua origine e se dei giudici cattolici, creature dell'imperatore, sacrificavano la giustizia ai capricci del loro sovrano e alle esigenze di Roma. Sebbene tutti gli stati tedeschi sembrassero avere ragione di resistere a un abuso così pericoloso, solo i protestanti, che lo sentivano in modo più sensibile, si opposero, sebbene tra loro non uniti, come difensori della libertà tedesca, che arbitrariamente un tribunale aveva scardinato nel suo punto più sacro, l'amministrazione della giustizia. Infatti la Germania aveva poco di cui essere fiera nell'aver abolito il *faustrecht* e aver istituito la *Camera imperiale,* nell'aver permesso a un tribunale arbitrario di interferire con essa. Gli stati tedeschi dimostravano di aver fatto pochi progressi rispetto all'epoca barbarica se la camera di giustizia nella quale sedevano con l'imperatore in qualità di giudici, e per la quale avevano abbandonato la loro prerogativa originaria, di fatto cessava di essere una corte.

Ma, in quest'epoca turbolenta, le idee più contraddittorie si facevano strada contemporaneamente nelle stesse teste: un bagliore di potere e di infallibilità era ancora attaccato a tutto ciò che proveniva dalla persona dell'imperatore o dalla corte di Roma e, nonostante il ridicolo contrasto che questo aveva con i reali diritti dei membri della dieta germanica, vi furono dei giuristi così servili da fare legge questo sentimento, agenti del dispotismo così impudenti da proclamarla e spiriti così deboli da uniformarvisi.

A queste generali disgrazie si aggiungevano delle circostanze particolari, che dovevano necessariamente accrescere le paure dei protestanti fino alla diffidenza più vigile. Nel corso delle persecuzioni religiose perpetrate dagli spagnoli nei Paesi Bassi, un grande numero di protestanti era stato costretto a fuggire e si era rifugiato ad Aquisgrana, città imperiale e cattolica, dove avevano fatto molti proseliti. Incoraggiati dall'essere riusciti con uno stratagemma a inserire alcuni membri nei consigli della città, i protestanti avevano richiesto l'autorizzazione a costruire una chiesa consacrata al loro culto che, però, era stata rifiutata. Tuttavia, appoggiati dal governo della città, erano riusciti a farsela concedere con la forza.

Questa importante città, caduta nel potere della Riforma, fu un colpo tanto imprevisto quanto terribile per il partito cattolico e per lo stesso imperatore che, dopo aver vanamente esaurite le minacce e gli ammonimenti, dovette ricorrere a mezzi estremi. Aquisgrana fu messa al bando[44] dall'impero dal *Consiglio aulico* di Vienna, tuttavia questa ordinanza ebbe esecuzione solo con il successivo regno.

Due altri tentativi dei protestanti di allargare il loro dominio ebbero delle conseguenze più gravi ancora. L'arcivescovo Gerardo[45], della casa di Truchsess di Waldburg, elettore di Colonia, fu preso da una violenta passione per la giovane contessa Agnese di Mansfeld, canonichessa di Gerresheim, la quale non ne rimase insensibile per lungo tempo. L'interesse che l'intera Germania ebbe per questa relazione obbligò i due fratelli della contessa, che erano zelanti calvinisti, a prendere apertamente le difese dell'onore della sorella, ma questo onore non poteva essere riparato se non da un matrimonio, che era impossibile fino a quando l'elettore rimaneva arcivescovo della Chiesa romana. Malgrado questa difficoltà, gli ordinarono di rompere immediatamente tutti i rapporti con la contessa o di sposarla, dichiarando che se fosse stata loro negata questa soddisfazione, avrebbero lavato nel suo sangue e in quello della sorella l'affronto fatto alla loro casa. L'arcivescovo, indifferente alle conseguenze che questo passo avrebbe portato, non ascoltò che la voce del cuore. Sia che l'arcivescovo si sentisse già disposto in favore della Riforma o che l'amore solo sia stato sufficiente per operare un miracolo, egli abiurò la fede cattolica e condusse la bella Agnese all'altare.

Questo fatto rivestì grandissima importanza. In base alla *Riserva ecclesiastiche*, l'arcivescovo aveva perduto tutti i diritti nell'elettorato di

Colonia e nulla contava di più per i cattolici che la rigorosa esecuzione di questa riserva. Da parte sua, Gerardo desiderava vivamente conservare la sua sovranità che sola gli permetteva di offrire alla sua giovane sposa un omaggio che avrebbe accresciuto il valore del suo cuore e della sua mano. La *Riserva* ecclesiastica era uno degli articoli più contestati del trattato d'Augusta e tutta la Germania protestante aveva interesse a sostenerlo nella sua lotta contro questa riserva, che era già stata combattuta con successo in qualche occasione dalle diocesi della bassa Germania.

La maggior parte dei canonici del capitolo di Colonia, aveva già abiurato la religione cattolica e si erano messi dalla parte dell'Elettore, che poteva contare nella stessa città in un supporto potente. Tutto, pertanto, incoraggiava Gerardo alla resistenza, poiché i suoi amici, i suoi parenti e la maggior parte dei sovrani protestanti promettevano di dargli sostegno. Ma egli fu costretto ben presto a riconoscere che la sua vittoria era in dubbio. Proponendo all'assemblea degli stati il libero esercizio del culto protestante nel territorio di Colonia, incontrò un'opposizione tanto più forte in quanto sostenuta dall'imperatore e giustificata dalla scomunica di Roma, che aveva dichiarato l'arcivescovo apostata decaduto da tutti i suoi diritti ordinari e temporali, tanto che i suoi stati e il capitolo si armarono contro di lui. L'elettore raccolse un'armata; il capitolo fece altrettanto e, per dare più peso alla sua resistenza, procedette immediatamente all'elezione di un nuovo vescovo.

L'arcivescovo di Liegi, principe bavarese, raccolse tutti i suffragi e divenne elettore di Colonia[46].

Da questo momento ebbe inizio una guerra civile che, visto l'interesse che vi avevano tutti e due i partiti religiosi, minacciò di rompere la pace di Augusta. I membri protestanti della dieta furono indignati soprattutto che il papa, con la sua sola autorità apostolica, avesse osato spodestare un sovrano che derivava la sua autorità unicamente alla costituzione dell'impero. Questo esorbitante diritto era stato contestato alla Santa Sede anche ai tempi della sua maggiore potenza e poteva essergli accordato in un'epoca in cui questa potenza era da una parte completamente caduta e dall'altra poggiata su deboli fondamenta? Anche l'imperatore si vide sommerso dalle vibrate proteste che i principi protestanti gli inviarono a questo proposito. Enrico IV di Francia, che all'epoca era ancora re di Navarra, non tralasciò nulla per incitare questi principi a difendere animatamente i loro diritti legittimi. Alla fine, tutto il mondo aveva capito che la libertà tedesca dipendeva dal risultato di questa lotta.

I protestanti, in maggioranza nel Consiglio degli elettori, quattro contro tre, avrebbero potuto assicurare il trionfo della loro causa e bloccare per sempre alla casa d'Austria la via del trono imperiale, ma l'elettore Gerardo, anziché abbracciare la religione luterana, era entrato nella Chiesa calvinista e questo errore fu causa della sua rovina. Questi due culti erano nemici giurati l'uno dell'altro e i principi luterani si sarebbero esposti ai rimproveri del loro partito se avessero trattato un calvinista come loro correligionario: benché avessero promesso di sostenerlo e di difenderlo, uno solo mantenne la parola.

Sprezzando gli ordini e le minacce dell'imperatore, il conte palatino Giovanni Casimiro[47] calvinista fanatico e principe per appannaggio della casa dell'elettore del Palatinato, condusse le sue truppe sul territorio di Colonia, ma non ottenne alcun risultato favorevole a Gerardo, privato di tutti gli aiuti, fu costretto ad abbandonare il suo unico alleato alle sue sole forze. Sostenuto dalla Baviera e dalla Spagna, il nuovo elettore non tardò a essere pacifico possessore dei suoi stati, dove le piazzeforti si erano arrese pressoché senza combattere, poiché i soldati che le occupavano avevano difeso fiaccamente un capo che non poteva più pagare il loro soldo.

Dopo essere rimasto per qualche tempo in Westfalia nei suoi possedimenti, l'anziano arcivescovo se ne vide allo stesso modo cacciato dai suoi nemici. Dopo molti vani tentativi in Olanda e in Inghilterra per ottenere supporto alla sua causa, si rifugiò nel capitolo di Strasburgo, del quale era decano, e dove la morte venne presto a mettere termine alle sue disgrazie. Così finì quest'uomo illustre che, si può dire a giusto titolo, può essere visto come la prima vittima delle *Riserve ecclesiastiche* e dei contrasti che dividevano i protestanti tedeschi.

Lo sconvolgimento che aveva portato preoccupazione e disordine nell'elettorato di Colonia, ebbe seguiti altrettanto incresciosi per la tranquillità del capitolo di Strasburgo. I canonici di Colonia che, come il loro arcivescovo, avevano abiurato il cattolicesimo, gelati dai fulmini di Roma, si erano rifugiati a Strasburgo, dove possedevano delle prebende. I loro colleghi, rimasti fedeli alla religione cattolica, si erano già appropriati di questi benefici e si rifiutavano di restituirli a degli scomunicati. A questo punto, questi ultimi si installarono a viva forza e, grazie all'appoggio di una parte della borghesia devota al protestantesimo, divennero presto i soli capi del capitolo.

I canonici cattolici fuggirono a Elsass Zabern dove, sotto la protezione del loro arcivescovo, si costituirono in un capitolo regolare e dichiararono non valido ed eretico quello di Strasburgo che, a dispetto di questo anatema, divenne ogni giorno più numeroso e potente. I protestanti di rango si disputavano l'onore di farne parte e si arrogarono anche il diritto di nominare un arcivescovo della loro religione, elevando a questa dignità il principe Giovanni Giorgio[48] di Brandeburgo. Da parte sua, il capitolo cattolico di Elsass Zabern, lontano dall'approvare questa nomina dei protestanti, diede il suo voto al vescovo di Metz, principe di Lorena, che si dispose ben presto a installarsi con la forza nella sua nuova residenza[49]. Ma gli abitanti di Strasburgo presero le armi per difendere il capitolo e l'arcivescovo protestante contro l'arcivescovo cattolico che, con l'aiuto delle sue numerose truppe lorene, tentò di impossessarsi dei suoi beni temporali. Si arrivò dunque ad una guerra lunga e complicata che, seguendo lo spirito dei tempi, fu accompagnata da devastazioni barbariche. Inutilmente, l'imperatore cercò di porre fine a questa lotta dando al partito cattolico tutto il peso della sua autorità. I possedimenti restarono a lungo divisi tra i due partiti fino al momento in cui il principe di Brandeburgo, sfinito e rovinato, rinunciò infine alle sue pretese accettando una forte somma di denaro, e anche in questo caso la chiesa cattolica ne uscì vincitrice.

Dopo questi due fallimenti, la Riforma ne provò un terzo a Donauwörth, città imperiale dello Schwaben. Sotto il regno di Ferdinando I, e sotto quello di suo figlio Massimiliano, la religione protestante aveva fatto molti progressi in questa città, al punto che i cattolici si videro ridotti alla sola chiesa del convento di Santa Croce, dove potevano a svolgere le pratiche del loro culto, poiché tutte le cerimonie pubbliche erano loro vietate. Nonostante questo divieto, l'abate di Santa Croce, spinto senza dubbio da uno zelo fanatico, decise di sfidare il popolo e un giorno uscì dal suo monastero alla testa di una pubblica processione preceduta dalla croce e da stendardi. Il popolo, indignato, lo costrinse subito a rientrare con il suo seguito.

Incoraggiato dall'apprezzamento dell'imperatore, l'abate rinnovò, l'anno successivo, in occasione della stessa festa, lo stesso tentativo. La popolazione, vedendolo spavaldo per la seconda volta, passò alla vie di fatto. La croce e i vessilli della processione furono calpestati e i monaci, ai quali il popolo aveva chiuso i cancelli del convento, vennero insultati e maltrattati[50].

L'imperatore citò i colpevoli davanti al suo tribunale imperiale e questo provvedimento colmò la loro irritazione. Minacciarono i commissari imperiali e, ascoltando solo il loro fanatismo, fecero fallire tutti i negoziati che i loro capi avevano avviato con l'imperatore. Donauwörth fu dunque messa al bando dall'impero e Massimiliano, elettore di Baviera, fu incaricato di eseguire questo provvedimento. All'avvicinarsi delle truppe bavaresi, l'audacia che il popolo aveva poc'anzi dimostrato si trasformò in terrore e gli fece deporre le armi senza provare a difendersi. Questa condotta fu seguita dalla totale soppressione del protestantesimo e dalla perdita di tutti i privilegi di cui godeva questa città. Così, dopo essere stata una delle prime città libere dell'impero, essa discese al rango di una semplice città della Baviera.

A questa disavventura si legano due circostanze che attirarono l'attenzione dei protestanti, anche se l'interesse per la religione fosse stato meno forte. Donauwörth era stata messa al bando dall'impero per un provvedimento del *Consiglio aulico*, tribunale arbitrario e interamente cattolico, la cui competenza in questo tipo di questione era tanto contestabile quanto contestata e l'esecuzione di questo provvedimento era stata affidata all'elettore di Baviera, che non aveva competenza sul territorio colpito[51]. Queste violazioni delle leggi dell'impero e del trattato d'Augusta autorizzarono i protestanti a sospettare i cattolici di aver concertato tra loro un nuovo piano di attacco, il cui obiettivo non poteva che essere la totale rovina delle libertà religiose in Germania.

Quando il diritto del più forte domina tutti gli altri diritti, quando la sicurezza di ciascuno dipende dalla sua forza, il partito più debole deve necessariamente essere il più sollecito a mettersi sulla difensiva. Questo accadde anche in Germania. In base a tutte le congetture fondate sulla ragionevolezza, se i cattolici effettivamente avevano formulato nuovi progetti ostili contro i protestanti, dovevano cercare di realizzarli innanzitutto nelle province meridionali. In queste province la Riforma aveva solo possedimenti isolati, circondati da territori cattolici, mentre la Germania del nord offriva un seguito ininterrotto di stati protestanti che, al primo segnale, potevano riunirsi e prestarsi mutuo soccorso. Era altrettanto presumibile che la parte cattolica dirigesse i suoi primi attacchi contro i calvinisti, questa

41

frazione della Riforma già debole di per sé e ancora di più per la sua anomala posizione, che non le permetteva di invocare in suo favore il trattato d'Augusta. Entrambe queste circostanze non tardarono ad avverarsi nell'elettorato del Palatinato, che aveva nell'elettore della Baviera un vicino preoccupante e che non poteva sperare nell'aiuto degli stati luterani né nella protezione della pace religiosa a causa della sua adesione al calvinismo. Nessun paese della Germania di quell'epoca aveva così frequentemente cambiato religione come il Palatinato. Pessimo scherzo della volubilità politica e religiosa dei suoi sovrani, era stato obbligato ad abbracciare per due volte due fedi nello spazio di sessant'anni: la dottrina di Lutero che dovette abbandonare due volte per quella di Calvino.

L'elettore Federico III[52] aveva per primo abbandonato la confessione d'Augusta, ma suo figlio, l'elettore Luigi, l'aveva ristabilita nei suoi stati con i mezzi più violenti e ingiusti. Dopo aver tolto ai calvinisti le loro chiese e aver esiliato tutti i ministri e gli insegnanti scolastici di questa fede, diede ulteriore prova della sua avversione con una clausola del testamento che stabiliva espressamente di affidare il giovane figlio solo a un luterano ortodosso. Ma il conte palatino Giovanni Casimiro, fratello del defunto elettore, fece annullare il testamento e, appellandosi alla *Bolla d'oro*[53], che gli accordava la tutela di suo nipote e la reggenza del paese durante la minore età di questi, prese con la forza il possesso dei suoi diritti. Come ovvio risultato di questa vittoria, l'educazione del principe Federico IV, che all'epoca aveva nove anni, fu affidata a degli istitutori calvinisti, che ricevettero l'ordine di strappare dall'animo del loro augusto allievo le *dottrine eretiche di Lutero*, con tutti i mezzi possibili, senza escludere le *bastonate*. È facile immaginare a quali estremi di crudeltà si giunse verso i sudditi, se non si aveva timore di esporre il futuro sovrano a un trattamento così ignobile[54].

Sotto il regno di Federico IV, la corte del Palatinato fece grandi sforzi per riunire tutti i membri protestanti della dieta contro la casa d'Austria e, laddove possibile, formare una confederazione generale. Questa condotta le era stata suggerita dalla Francia, avversaria naturale di questa casa e dalla necessità di assicurarsi la protezione, spesso incerta, dei luterani contro le crescenti vessazioni dei cattolici, per i quali il Palatinato era il bersaglio. Questo riavvicinamento era ancor più difficile da ottenere, visto che i luterani odiavano i calvinisti quasi quanto i cattolici. Così, Federico IV cercò invano di ristabilire l'armonia delle fedi religiose, nella speranza di facilitare le alleanze politiche. Questo tentativo servì solo a rafforzare i diversi partiti nella convinzione che ciascuno di essi era il solo a essere sulla giusta via. Costretti a far ricorso ad altri mezzi, i calvinisti sollecitarono le paure e le diffidenze dei luterani, ingigantendo i pericoli di cui erano minacciati e dando ai più insignificanti cambiamenti di politica dei cattolici le apparenze di piani vasti e perfidi, che mai erano stati nelle loro intenzioni.

La dieta di Ratisbona, impazientemente attesa dai partigiani della Riforma che speravano in un rinnovo della pace religiosa, non aveva dato risultati per loro soddisfacenti e alle passate offese si era aggiunta ora l'oppressione del Donauwörth. L'indignazione e la collera fecero rapidamente decidere i principi a giungere a un sodalizio che l'elettore del Palatinato aveva proposto loro. Nel 1608, questo elettore, il conte palatino di Neuburg, due margravi di Brandeburgo, il duca Johann Friedrich di Württemberg, gli uni luterani, gli altri calvinisti, diedero vita ad Anhausen, in Franconia, per loro e per i loro eredi, a una alleanza conosciuta con il nome di *Unione evangelica*.

In base a questo trattato, i *principi uniti* dovevano consultarsi e prestarsi aiuto, in tutte le questioni relative alla libertà religiosa e ai loro privilegi come membri della dieta. Tutti si impegnavano per ognuno, e ognuno per tutti, a soccorrere quello che fosse stato attaccato dai cattolici, a fornirgli truppe e ad aprire le sue città e le fortezze dell'Unione. Ciascun principe aveva diritto a una parte di ciò che veniva conquistato, proporzionata agli aiuti che aveva fornito. La direzione di questa alleanza era affidata, in tempi di pace, all'elettore del Palatinato con poteri limitati e fu depositato un fondo sociale per sostenere le spese comuni.

Le differenze di religione (tra calvinisti e luterani) non dovevano interferire in alcun modo su questa alleanza, valida per dieci anni, per la quale i *principi uniti* si erano impegnati a unire i loro sforzi per convincere gli altri sovrani a farne parte. L'elettore di Brandeburgo si lasciò convincere mentre quello della Sassonia rifiutò; l'Assia, il Brunswick e il Lüneburg tergiversarono, ma tre città libere dell'impero, Strasburgo, Norimberga e Ulm, entrarono nell'*Unione*[55] con grande soddisfazione dei *principi uniti*, poiché queste ricche città promettevano loro degli aiuti finanziari preziosi e facevano sperare che il loro esempio sarebbe stato seguito da altre città libere dell'impero.

I sovrani protestanti che, prima della firma del trattato di Anhausen, non avevano osato parlare perché si sentivano isolati e deboli, modificarono repentinamente il loro atteggiamento e incaricarono il principe di Anhalt di esporre con fermezza all'imperatore le loro lamentele e i loro reclami.

In primo luogo, esigevano la reintegrazione di Donauwörth nei suoi diritti e nei suoi privilegi di città libera dell'impero; l'abolizione del *Consiglio aulico* e la riforma dei consiglieri personali dell'imperatore.

Per parlare con questo tono a Rodolfo, si attese il momento in cui aveva appena ripreso fiato dopo i problemi nei suoi stati ereditari, aveva perso l'Ungheria e aveva accettato di firmare la *Lettera di maestà* per la Boemia. Il momento, infine, in cui la successione degli stati di Jülich e Clèves gli stava dando un nuovo motivo di preoccupazioni e di disordini. Non meraviglia che Rodolfo, incapace di prendere una decisione, come invece richiedeva la gravità delle circostanze, diede all'*Unione evangelica* il tempo di organizzarsi e prendere le armi prima che egli stesso riuscisse a decidersi.

I cattolici sorvegliavano i *principi uniti* e i *principi uniti* sorvegliavano i cattolici e l'imperatore, che diffidava degli uni e degli altri. Fu in quel momento, quando le ansie e gli odi erano a un così elevato livello, che la morte di Giovanni Guglielmo, duca di Jülich, fornì, fra tanti elementi di discordia, l'appiglio di una successione contestabile e contestata[56]. Otto pretendenti, senza contare l'imperatore, manifestarono con forza l'intenzione di impadronirsi di questa successione: essi, in quanto feudatari dell'impero, reclamavano gli stati di Clèves e di Jülich, la cui indivisibilità era stata sancita da più di un solenne trattato. L'elettore di Brandeburgo, il conte palatino di Neuburg, il conte palatino di Zweibrücken e il margravio di Burgau, principe della casa d'Austria, reclamavano questa successione in nome di quattro principesse, sorelle del duca e loro mogli. L'elettore di Sassonia, del ramo Albertino, e il duca di Sassonia, del ramo Ernestino, fondavano le loro pretese su un nesso più lontano nel tempo, poiché questi diritti erano stati riconosciuti dall'imperatore Federico III a questi due casati sassoni ed erano stati confermati dall'imperatore Massimiliano I[57-58].

Gli altri pretendenti appartenevano a delle potenze straniere e i loro titoli non furono neppure esaminati. Le pretese del Brandeburgo e del Neuburg apparivano egualmente giuste, così i sovrani di questi due stati, dapprima quello di Brandeburgo e successivamente quello di

Neuburg cominciarono a impadronirsi del territorio. Entrambi avevano cominciato questa lotta con la penna, ma questa guerra cartacea sarebbe certamente sfociata in armi se l'imperatore non avesse manifestato l'intenzione di avocare queste contestazioni davanti al suo tribunale e di mettere preventivamente il sequestro sugli stati contestati. Fu certamente per sottrarsi a questo pericoloso intervento che i duchi di Brandeburgo e Neuburg si affrettarono a firmare un trattato, in virtù del quale conservavano e governavano in comune i ducati di Clèves e di Jülich[59]. L'imperatore ordinò ai rappresentanti di questi ducati di rifiutare il giuramento di fedeltà ai nuovi signori e inviò loro un suo parente, l'arciduca Leopoldo[60], vescovo di Strasburgo e di Passau, nella speranza che la sua presenza rafforzasse il partito imperiale cattolico. Ma questo partito poteva contare solo sulla città di Jülich e si vide ben presto assediato dai protestanti, che si erano già impossessati di tutto il paese[61]. Questa contesa era importante per tutto l'impero e attirò l'attenzione di diversi stati europei, poiché non si trattava più di sapere a chi appartenessero i due ducati, poiché la questione era stata posta su un piano più vasto: si trattava di sapere se questi possedimenti avrebbero rafforzato il partito cattolico o quello protestante e quale delle due religioni avrebbe trionfato o perso in questo piccolo territorio; se l'Austria, il cui insaziabile bisogno di conquiste aveva provocato tanta inquietudine, sarebbe riuscita ad arricchirsi di questa nuova preda, o la libertà e l'equilibrio di potere della Germania sarebbero riuscite ad affermarsi contro le pressioni dell'Austria. La lotta per la successione di Jülich era un'opportunità per tutte le forze favorevoli alla libertà e ostili all'Austria.

L'*Unione evangelica*, l'Olanda, l'Inghilterra e lo stesso Enrico IV di Francia, presero dunque parte attiva nel conflitto. Questo grande monarca aveva speso più di metà della sua vita nel lottare contro l'Austria e la Spagna. Il suo coraggio eroico aveva abbattuto tutti gli ostacoli che i suoi nemici avevano eretto per impedirgli di salire sul trono di Francia e ormai da tempo la sua attenzione seguiva i disordini che agitavano l'impero germanico. Sapeva che la lotta tra gli stati e l'imperatore garantiva la pace alla Francia poiché l'Austria, minacciata a ovest dai protestanti e a est dai turchi, pensava solo alla sua conservazione, ma sarebbe ritornata minacciosa se queste pressioni fossero venute meno.

Ma una mente superiore come quella di Enrico IV non poteva

45

ignorare che nel momento in cui l'uno o l'altro di questi due contraltari della potenza della casa d'Asburgo avessero terminato di impegnarla, essa si sarebbe rivelata più minacciosa che mai. Enrico IV ebbe davanti agli occhi per metà della sua vita lo spettacolo ininterrotto dell'ambizione e della sete di dominio austriaci che né l'avversità, né la povertà di talento, che normalmente moderano le passioni più ardenti, potevano attenuare nelle vene in cui ancora scorreva qualche stilla del sangue di Federico d'Aragona.

La sete di dominio austriaca aveva distrutto già da un secolo la pace in Europa e provocato i cambiamenti più violenti nel cuore degli stati più importanti. I coltivatori erano stati costretti ad abbandonare i loro aratri, i mercanti i loro banconi, gli artigiani i loro laboratori per coprire la terra con enormi masse di combattenti, mai viste fino ad allora e per far solcare il mare del commercio da flotte nemiche. Tutti i principi d'Europa erano stati costretti a imporre ai propri sudditi tasse esorbitanti e ad esaurire nell'autodifesa le migliori forze dei propri stati, sacrificando così il benessere dei propri abitanti. La pace per l'Europa, il benessere degli stati, la sicurezza di una durevole felicità per i popoli non sarebbero stati che un sogno fino a quando l'Austria fosse stata abbastanza forte da agitare l'Europa secondo l'inclinazione dei suoi desideri.

Pensieri di questa natura agitavano senza dubbio Enrico IV sul finire della suo glorioso regno. Quanto gli era costato districare il caos in cui le lunghe guerre civili, fomentate dall'Austria, avevano gettato la Francia! Ma non è certo sul presente, è sull'eternità che i grandi uomini fissano il loro sguardo, è solo per questo che lavorano. Chi poteva rassicurare Enrico IV sulla durata della prosperità del suo paese fino a quando la casa d'Austria e la Spagna restavano una potenza unita, al momento senza forza, ma alla quale bastava solo un po' di fortuna per risollevarsi velocemente e ripresentarsi nella propria terribile minacciosità? Egli, quindi, comprese che solo disarmando per sempre questa pericolosa rivale poteva dare ai suoi successori un trono sicuro e al suo popolo una pace duratura. È così che dobbiamo spiegare l'odio di questo monarca contro la casa d'Asburgo. Odio irreconciliabile, ardente e giusto, come quello di Annibale per il popolo romano, ma più retto perché originato da una ragione più nobile e pura.

Tutti i sovrani d'Europa nutrivano pensieri simili a quelli di Enrico IV, ma nessuno di essi era un politico così perspicace, né disponeva di un coraggio abbastanza disinteressato per tradurli in azione. Gli spiriti comuni si lasciano lusingare da un immediato vantaggio personale, solo i grandi spiriti vengono mossi dal bene futuro.

Fino a quando la saggezza basa i suoi progetti solo su se stessa e conta solo sulle proprie forze per la loro esecuzione, questi progetti non restano che chimere e la saggezza, concependole, si espone a essere derisa dal mondo. Ma essa può contare sull'approvazione e anche sull'ammirazione di quello stesso mondo quando, nei suoi nobili disegni, assicura un ruolo alla barbarie, alla cupidigia, alla superstizione e, se trova il modo di farle contribuire alla realizzazione dei suoi disegni, il loro successo è certo.

Non bisogna quindi meravigliarsi se il progetto di Enrico IV, di togliere alla casa d'Austria i suoi immensi possedimenti, e di dividerli tra le diverse potenze europee, fu per lungo tempo considerato una chimera dagli uomini normali. Tuttavia, l'eccellente monarca non aveva mai pensato di realizzare questo progetto facendo leva unicamente sui nobili motivi che lo guidavano e che il solo Sully[62] era capace di assecondare e apprezzare. È per i più validi motivi di cui la politica possa disporre, che egli si sforzò di chiedere ai principi, del cui appoggio aveva bisogno, di farsi carico del ruolo che dovevano avere in questa grande impresa. Ai protestanti degli stati austriaci, come a quelli dei Paesi Bassi non domandò nulla che essi già non sperassero ardentemente, cioè di liberarsi gli uni dal gioco dell'Austria e gli altri da quello della Spagna.

Quanto al papa e alle repubbliche italiane, nulla poteva essere per loro più attraente e più utile della caduta della tirannia della Spagna nella penisola. Per l'Inghilterra nulla di più desiderabile di una rivoluzione che la liberasse dal suo acerrimo nemico. Ogni potenza poteva trovare qualche vantaggio nella spartizione dei possedimenti dell'Austria: territori o libertà, nuove proprietà o sicurezza, e poiché tutti avrebbero tratto vantaggi, l'equilibrio europeo non sarebbe stato turbato. La Francia poteva generosamente rifiutare la sua parte della spoliazione poiché la rovina dell'Austria le offriva un doppio vantaggio e sarebbe stata la più potente se anche non avesse aumentato il suo potere. Per ricompensarli per aver liberato l'Europa della loro presenza, sarebbe stata accordata ai discendenti degli Asburgo la libertà creare tanti stati quanti ne potevano conquistare in tutte le parti del globo già conosciuto o che potevano essere scoperte in seguito. Ma il pugnale di Ravaillac[63] liberò l'Austria da questo pericolo e ritardò di diversi secoli il raggiungimento della tranquillità in Europa.

La creazione dell'*Unione evangelica* e le controversie sulla successione di Jülich avevano convinto Enrico IV che era venuto il momento di fare un primo, decisivo passo per la realizzazione del suo progetto. Gli abili emissari che inviò in tutte le corti protestanti, senza esplicitare il piano politico del loro capo, ne lasciarono intuire quanto bastava per conquistare dei sovrani così infiammati dall'odio contro l'Austria e desiderosi di espandersi a spese di questo temuto nemico. Gli abili sforzi di Enrico rinsaldarono ancora di più i legami dell'*Unione* e i consistenti aiuti per i quali si impegnò personalmente accrebbero il coraggio e la fiducia dei confederati.

Una potente armata francese, comandata da Enrico IV in persona, doveva congiungersi a quella dell'*Unione sacra* sulle rive del Reno. Dopo aver conquistato e pacificato il ducato di Jülich e Clèves, queste due armate riunite sarebbero penetrate in Italia (dove, precedentemente, ci si era assicurati l'aiuto della Savoia, di Venezia e del Papato) per sconfiggere il dominio spagnolo in quelle terre. Rafforzati da queste alleanze, i francesi e i tedeschi dovevano, attraversando la Lombardia, penetrare negli stati ereditari della casa d'Asburgo dove, aiutati dalla sollevazione generale dei protestanti di questi stati, dovevano giungere in Boemia, in Ungheria, in Transilvania, e finire con lo spezzare in questo modo lo scettro austriaco. I Fiamminghi e gli Olandesi, sostenuti dalle truppe francesi, si sarebbe nel frattempo liberati dai tiranni spagnoli e questo torrente straniero, i cui cupi flutti minacciavano d'inghiottire la libertà dell'Europa, sarebbe stato ridotto a fluire, dimenticato e tranquillo, dietro la barriera dei Pirenei.

Fino a quel giorno i francesi si erano fatti notare per la loro rapidità, questa volta, tuttavia, i tedeschi li superarono: le truppe dell'*Unione* comparvero per prime in Alsazia, prima dell'arrivo di Enrico, dove dispersero l'armata austriaca che l'arcivescovo di Strasburgo e Passau si preparava a condurre nel ducato di Jülich.

Enrico IV che aveva concepito il suo piano come uomo di stato e re, ne affidò l'esecuzione a dei capi briganti. Per impedire ai principi cattolici di difendere l'Austria, voleva evitare, con grande prudenza, tutto ciò che poteva autorizzarli a credersi minacciati e, in ogni caso, la religione doveva restare completamente estranea a una guerra il cui unico scopo era la caduta del comune nemico.

Ma come potevano i principi tedeschi dimenticare i loro progetti personali per assecondare quelli del nobile Enrico? L'ambizione e il fanatismo erano il loro punto di partenza, come potevano cercare di non soddisfare il più possibile la loro passione? Così, li si vide piombare come uccelli da preda sugli stati ecclesiastici scegliendo quelli più ricchi, anche se questo significava allontanarsi notevolmente dal percorso previsto. Come se si trattasse di un paese nemico, chiesero delle contribuzioni di guerra, elevarono le imposte ordinarie e presero con la violenza ciò che non ottenevano volontariamente.

E, come se avessero timore di lasciare qualche dubbio ai cattolici sul reale scopo della loro spedizione, dichiararono con forza e chiarezza il destino che attendeva i beni ecclesiastici.

Enrico IV e i principi si erano capiti molto poco circa il piano da condurre e il re aveva completamente sbagliato la scelta degli esecutori. Quando, nell'interesse della giustizia e dell'umanità, si è costretti a usare la forza, bisogna innanzitutto evitare di affidare quest'arma a caratteri violenti. Solo coloro che ritengono l'ordine sacro possono essere incaricati di romperlo. La condotta dei *principi uniti*, che fu condannata anche da molti stati evangelici e la paura di un comportamento ancora più violento, fece sorgere nei cattolici qualcosa di più di una inattiva indignazione. Quanto all'imperatore, la sua autorità era scesa così in basso da non poter garantire loro alcuna protezione contro il nemico. Costretti a riconoscere che i loro nemici erano diventati così potenti e audaci grazie all'*Unione* che avevano stretto, compresero, infine, la necessità di opporvi mezzi analoghi. Fu l'arcivescovo di Würzburg[64] che ideò il piano dell'unione dei cattolici, conosciuto con il nome di *Lega*[65], le cui clausole e condizioni erano pressoché le stesse di quelle dell'*Unione evangelica*. Quasi interamente composta da vescovi, questa *Lega* si diede come capo Massimiliano, elettore di Baviera, il quale in considerazione del suo alto rango fu investito di un potere più esteso di quello che i protestanti avevano dato al loro capo.

Questa unità di comando e gli aiuti in denaro che i prelati erano sempre in grado di dare costantemente al loro partito, diedero alla *Lega cattolica* una forza e una prontezza che la rendevano superiore all'*Unione evangelica*. Anteponendo loro stessi a ogni altra cosa, i leghisti non si curarono di offrire all'imperatore il ruolo al quale il suo titolo di rappresentante degli stati cattolici aveva diritto e, come se avessero dimenticato che era il capo dell'impero, non giudicarono

49

nemmeno opportuno fargli sapere dell'esistenza di questa alleanza. Così apparvero improvvisamente minacciosi e temibili tanto da distruggere l'*Unione evangelica* e da operare sotto tre imperatori. La *Lega* combatterà per l'Austria in quanto avversaria dei principi protestanti, ma l'Austria stessa presto ebbe motivo di tremare davanti a essa.

L'esordio dei *principi uniti* era stato abbastanza fortunato nel ducato di Jülich e in Alsazia. Jülich fu assediata e la diocesi di Strasburgo cadde nelle loro mani, ma i loro successi non andarono oltre. L'armata francese, così impazientemente attesa sulle rive del Reno, non comparve del tutto, poiché il suo capo, l'ispiratore dell'impresa, Enrico IV era scomparso.

Il fondo sociale dell'*Unione* era esaurito e i deputati degli stati rifiutarono il voto a nuovi sussidi. Le città imperiali accusavano i *principi uniti* di ignorare le loro indicazioni chiedendo solo denaro. In particolare, erano irritati dal fatto che i fondi fossero stati impiegati per la spedizione a Jülich, che era stata espressamente esclusa dagli affari dell'Unione, per elargire importanti pensioni a se stessi e dal non presentare alcun rendiconto per il denaro impiegato. L'*Unione evangelica* era quindi già vicina alla sua rovina quando la *Lega*, giovane e vigorosa, le si levò contro.

La mancanza di denari non permise ai *principi uniti* di prolungare la campagna per molto tempo. Spaventati dai pericoli ai quali si esponevano deponendo le armi davanti a un nemico pronto a combattere, cercarono di nascondere la loro impotenza con un repentino accordo con l'arciduca Leopoldo. I due partiti acconsentirono a ritirare le loro truppe dall'Alsazia, a lasciare liberi i prigionieri e giurarono di dimenticare tutto ciò che era accaduto.

Fu così che questa promettente operazione terminò in nulla. Il tono minaccioso con il quale l'*Unione*, confidando nelle sue forze, si era scagliata contro la Germania cattolica, venne ora utilizzato dalla *Lega* contro l'*Unione* e le sue truppe. I *principi uniti* furono chiamati con gli epiteti più ingiuriosi, giustificati agli occhi dell'Europa dalla denuncia delle devastazioni di cui si erano resi colpevoli. I vescovi di Würzburg, di Strasburgo, di Magonza, di Treviri, di Colonia e molti altri stati che avevano sperimentato la loro presenza distruttiva, reclamavano risarcimenti proporzionati ai mali che avevano sofferto ed esigevano la restituzione dei passaggi via terra e via acqua (poiché i protestanti avevano occupato anche la navigazione sul Reno) e il ritorno alla situazione precedente. Ma soprattutto si pretendeva dai membri dell'*Unione* una dichiarazione chiara e inequivocabile delle intenzioni che li animavano. Erano ora i principi dell'Unione a dover cedere alla forza. Non avevano considerato un oppositore così forte, ma loro stessi avevano insegnato ai cattolici il segreto della forza e, malgrado ciò che costò al loro orgoglio, i *principi uniti* chiesero la pace che fu loro concessa alle condizioni più dure. Una parte promise la restituzione, l'altra il perdono. Tutti deposero le armi. La tempesta si allontanò ancora una volta e per un attimo l'orizzonte politico ridivenne calmo e sereno. Ma quasi subito scoppiò una rivoluzione in Boemia che privò l'imperatore dell'ultimo dei suoi stati ereditari: ma in questa disputa sia l'*Unione* sia la *Lega* restarono estranee.

Nel mezzo di questa nuova calamità, nel 1612, morì Rodolfo II. Questo monarca non era mai stato né amato né rispettato sul trono e nessun rimpianto l'accompagnò nella tomba. Sotto i regni successivi, disgrazie così grandi oppressero la Germania che le sventure di Rodolfo vennero dimenticate e una notte così terribile si abbatté sulla Germania che fu costretta a rimpiangere con lacrime e sangue un simile imperatore. Era stato impossibile forzare Rodolfo a designare un successore e tutti attendevano con ansia ciò che sarebbe accaduto. Ma superando ogni speranza, rapidamente e senza opposizione Mattia salì sul trono imperiale. I cattolici gli avevano dato il loro appoggio contando sulla sua solerzia e sul suo vigore; i protestanti l'avevano sostenuto nella ferma convinzione della sua debolezza. Questa apparente contraddizione si spiega facilmente poiché gli uni lo giudicavano per quello che era stato, gli altri per come si mostrava.

Il momento dell'elezione di un imperatore è sempre un momento di speranza importante e la sua prima dieta è sempre la prova più dura. Ogni rappresentante dell'impero rinnova vecchie lamentele e ne porta di nuove perché vengano accolte, come se ogni nuovo imperatore dovesse significare una nuova creazione. Gli importanti servizi che durante la sua insurrezione, i fratelli nella fede in Austria avevano reso a Mattia, erano ancora ben presenti nella mente delle città libere protestanti e, soprattutto, il prezzo che avevano riscosso per i loro servizi divenne per loro un modello.

Era stato grazie all'aiuto degli stati protestanti in Austria e in Moravia che Mattia era giunto al trono di suo fratello, ma l'ambizione gli aveva impedito di capire che sarebbe rimasto prigioniero di questo aiuto. Questa scoperta lo fece svegliare dall'ubriacatura del successo.

Accolto in trionfo dai sudditi austriaci, dopo la spedizione vittoriosa in Boemia, lo attendeva una umile supplica che fu sufficiente ad avvelenare il suo trionfo. Gli si chiedeva, prima del giuramento di fedeltà, completa libertà religiosa, perfetta eguaglianza dei diritti tra cattolici e protestanti e la completa ammissione di questi ultimi agli incarichi pubblici. Senza neanche attendere la sua risposta, numerose città si erano già poste nella condizione di usufruire di queste libertà e, contando sul cambio di governo, restaurarono la religione protestante dove l'imperatore precedente l'aveva soppressa. Mattia, che aveva trovato molto conveniente indirizzare il malcontento dei protestanti contro l'imperatore, non aveva mai avuto l'intenzione di rimuovere le cause di questo malcontento. Con un atteggiamento fermo e deciso sperava di spegnere sul nascere queste pretese. Parlava a questi territori del suo titolo ereditario e dichiarò che non avrebbe ascoltato alcuna condizione prima di aver ricevuto il giuramento di fedeltà.

I deputati dell'Austria, rammentandosi dell'ingratitudine dell'arciduca Ferdinando di Graz verso gli stati della Stiria, che gli avevano prestato giuramento e omaggio senza condizioni preliminari, rimasero fermi nel loro rifiuto. Per sfuggire alla costrizione di dover prestare giuramento avevano lasciato la città senza attendere la fine della sessione, chiedendo ai rappresentanti cattolici di imitare il loro esempio e incominciarono a radunare le truppe. Rinnovarono le loro precedenti relazioni con i deputati dell'Ungheria e di numerosi stati protestanti dell'impero e iniziarono a impegnarsi seriamente per raggiungere il loro obiettivo con l'uso delle armi. Mattia non ebbe alcuna esitazione ad accogliere le esorbitanti richieste dell'Ungheria in quanto poteva giustificare la sua condotta agli occhi del mondo cattolico sulla base della costituzione ungherese, che prevedeva il diritto di eleggere i suoi sovrani e di imporre loro delle condizioni. In Austria, al contrario, i suoi antenati avevano sempre esercitato un'autorità pressoché assoluta, alla quale non poteva rinunciare senza esporsi al malcontento dell'Europa cattolica, all'inimicizia della Spagna e di Roma e al disprezzo di tutti i sudditi cattolici. I suoi consiglieri, soprattutto Melchior Klesl[66], arcivescovo di Vienna, che aveva su di lui molta influenza, gli ripetevano che era meglio lasciare che i protestanti si impadronissero di tutte le chiese cattoliche piuttosto che cederne volontariamente una sola.

Sfortunatamente, questa situazione si verificò quando Rodolfo ancora viveva ed egli avrebbe potuto cercare di utilizzare le armi contro il proprio fratello, così come quest'ultimo aveva fatto, cioè allearsi con i sudditi ribelli. Per evitare questa rappresaglia Mattia si precipitò ad accettare l'aiuto della Moravia che si era offerta come mediatrice tra lui e l'Austria. I rappresentanti di entrambe le parti si incontrarono a Vienna, dove i deputati austriaci usarono un linguaggio che sarebbe apparso impudente anche nel parlamento inglese. «I protestanti – dissero questi deputati nelle loro conclusioni – non vogliono essere considerati da meno di una manciata di cattolici nella loro patria. È grazie alla nobiltà protestante che Mattia ha costretto l'imperatore a cedere. Rispetto a ottanta papisti noi siamo trecento baroni luterani. Mattia non dimentichi, l'esempio di Rodolfo gli serva da monito e gli ricordi che a forza di voler fare delle conquiste per il cielo si perdono tutti i beni sulla terra».

Minacciato così, da una parte dai rappresentanti dell'Austria e anche da quelli della Moravia che, dimenticando il loro ruolo di mediatori, si erano apertamente dichiarati in favore dei loro correligionari austriaci, dall'altra dall'*Unione evangelica* pronta ad appoggiarli e, soprattutto, dall'imperatore che riteneva l'occasione favorevole per impadronirsi almeno di una parte dei suoi stati ereditari, Mattia fu costretto a concedere la dichiarazione richiesta in favore della chiesa evangelica. Incoraggiati dal cambiamento di rotta degli stati austriaci nei confronti del loro duca, i deputati di tutti gli stati protestanti dell'impero speravano di ottenere dal loro imperatore gli stessi risultati, con gli stessi mezzi.

Nel 1613, alla dieta di Ratisbona, la prima del suo regno, quando erano necessari sussidi per continuare la guerra contro la Turchia e contro Bethlen Gabor che, sostenuto dalla Porta, si era fatto nominare sovrano della Transilvania e minacciava l'Ungheria, Mattia, senza aver avuto il tempo di esporre le sue preoccupazioni, fu subissato dai protestanti con domande e richieste nuove e inattese. Le decisioni della dieta si prendevano sempre con la partecipazione di tutti e il partito cattolico aveva la maggioranza dell'assemblea, anche nei rarissimi casi in cui i protestanti erano uniti. Ma ai cattolici fu chiesto a questo punto di rinunciare ai vantaggi di questa maggioranza, poiché nessun partito religioso poteva imporsi sull'altro attraverso la propria superiorità. Infatti, se l'unione evangelica doveva essere rappresentata nella dieta, era evidente che non potesse essere esclusa dalla possibilità di utilizzare questo privilegio garantito dalla costituzione della dieta stessa.

A questa richiesta, si aggiunsero lamentele contro il *Consiglio aulico*, sempre pronto a opprimere i protestanti, che dichiararono formalmente che non avrebbero più preso parte alle deliberazioni se non dopo aver ottenuto giustizia su questi punti. Questo incidente divise la dieta e minacciava di distruggere per sempre l'unità delle delibere.

Volendo ricalcare la saggia politica di suo padre Massimiliano II, Mattia aveva conservato fino a quel momento le apparenze di un atteggiamento imparziale nei confronti dei due partiti religiosi. Ora, i protestanti lo stavano mettendo nella situazione di fare una scelta così pericolosa che la sua posizione rendeva indispensabile l'appoggio di tutti i membri della dieta poiché, dichiarandosi per una parte non poteva che perdere il consenso dell'altra. I tumulti che agitavano costantemente gli stati ereditari gli imponevano di evitare, ad ogni costo, una guerra aperta con i protestanti e, nondimeno, non poteva accordare loro il più piccolo favore senza esporsi all'inimicizia dei cattolici e alla collera di Roma e della Spagna. Una situazione così critica che avrebbe messo in imbarazzo un'intelligenza più acuta di quella di Mattia e la sua prudenza lo avrebbe difficilmente fatto uscire da questo dilemma. Fortunatamente per lui, gli interessi dei cattolici erano strettamente connessi ai suoi e, soprattutto, i sovrani ecclesiastici avevano bisogno dell'appoggio della sua autorità contro i continui attacchi dei principi protestanti. Pertanto, si premurarono di porre fine alle esitazioni di Mattia rivelandogli i segreti della *Lega*, la sua costituzione, i suoi progetti, le sue risorse e il suo potere.

Il monarca non si nascose ciò che vi era di minaccioso per l'autorità imperiale in una simile associazione, ma in quel momento essa poteva servirgli contro i protestanti. Rifiutò, quindi, tutte le loro richieste e la dieta si sciolse senza aver deciso nulla. Il primo funesto effetto di questo passo ricadde proprio su di lui, poiché i protestanti gli rifiutarono gli aiuti che gli erano così necessari e gli fecero pagare il fatto che i cattolici fossero stati così inflessibili. La Turchia, tuttavia, si mostrò disposta a prolungare la tregua e Bethlen Gabor[67] parve accontentarsi della conquista della Transilvania, della quale fu lasciato indisturbato possessore.

Mattia non aveva dunque più nulla da temere dall'esterno e la pace interna si manteneva a dispetto delle pericolose diatribe che la agitavano e che il più lieve pretesto poteva far degenerare in aperta rivolta. Quanto alla successione di Jülich, un fatto imprevisto le diede un nuovo aspetto. Un matrimonio tra il conte palatino di Neuburg e la figlia dell'elettore di Brandeburgo avrebbe dovuto unire per sempre gli interessi di questi due casati, già uniti dal possesso comune del ducato di Jülich. Ma questo progetto fu mandato all'aria da un affronto che, in un eccesso di ubriachezza, l'elettore di Brandeburgo ebbe la disgrazia di fare al suo futuro genero. Da questo momento l'accordo tra i due casati si interruppe. Il principe di Neuburg si dichiarò per i cattolici e abbracciò la loro religione[68]. La mano di una principessa bavarese, la protezione di questo casato e quella della Spagna furono le prime ricompense della sua apostasia.

Ben presto le truppe spagnole che stavano combattendo nei Paesi Bassi entrarono nel ducato di Jülich per assicurarne il possesso esclusivo al conte palatino. Da parte sua, l'elettore di Brandeburgo si appellò agli olandesi che si era ingraziati divenendo calvinista. Ma questi eserciti si occupavano solo dei propri interessi e la guerra dei Paesi Bassi sembrò estendersi sul suolo tedesco e quale inesauribile detonatore la attendeva in quei territori!

Fu con terrore che i protestanti della Germania videro gli spagnoli appostarsi sulle rive del basso Reno e l'arrivo degli olandesi sul territorio dell'impero fu motivo di maggiore terrore per il partito cattolico. L'Europa era sul punto di vedere scoppiare, nelle contee occidentali della Germania, la mina da tempo posta nel territorio tedesco, ma fu da oriente che venne il tizzone che le diede fuoco.

La tranquillità di cui godeva la Boemia, in virtù della *Lettera di maestà* che aveva strappata a Rodolfo II, si mantenne sotto il regno di Mattia fino a quando egli non impose a questo regno un nuovo successore nella persona di suo nipote, Ferdinando di Graz. Questo principe, che più tardi sarebbe diventato celebre con il nome di Ferdinando II, imperatore di Germania, si era fatto conoscere subito per il suo odio per il protestantesimo, tanto da essere considerato come inesorabile difensore del Papato e, di conseguenza, come sostegno futuro per la loro chiesa dai cattolici della Boemia.

La malferma salute di Mattia peggiorava e, confidando in un appoggio così potente, i cattolici boemi incominciarono a trattare i protestanti con meno riguardo. I sudditi protestanti dei principi cattolici subirono i maltrattamenti più duri. Alcuni osarono manifestare apertamente le loro speranze, così da destare sfiducia e indignazione ovunque verso il futuro sovrano. Le ostilità, tuttavia, non sarebbero scoppiate se i cattolici romani si fossero limitati a espressioni generiche e non avessero fatto sorgere, attraverso attacchi individuali, il desiderio di alcuni nobili di mettersi a capo del partito in difesa del popolo.

Pur non essendo nato in Boemia, Enrico Mattia, conte di Thurn[69], vi possedeva numerosi domini, e grazie al suo attaccamento verso la patria adottiva e al fervore esaltato per la causa della Riforma, godeva della completa fiducia degli *Utraquisti,* che gli aprirono la strada verso le più importanti cariche. La gloria che aveva acquisito combattendo i turchi e le sue maniere affabili e gentili, gli avevano guadagnato tutti i cuori e la stima generale. Dotato di una mente fervida e di un carattere impetuoso, amava i disordini come un'arena dove le sue brillanti qualità potevano agire senza freni e senza ostacoli e il suo coraggio, che arrivava fino alla temerarietà, lo spingeva a imprese davanti alle quali tutti gli uomini posati e riflessivi si sarebbero tirati indietro. Per nulla coscienzioso quando si trattava di soddisfare le proprie passioni, era sempre pronto a sacrificare la vita di migliaia di individui. Ma il suo spirito sagace riusciva a tenere legata a sé una nazione come quella boema.

Il conte di Thurn passò, a giusto titolo, come l'autore della rivolta che aveva costretto Rodolfo a firmare la celebre *Lettera di maestà.* Per ricompensarlo di questo servizio, il suo partito gli aveva dato, in quanto burgravio di Karlstein, la carica di *difensore della corona e della Carta nazionale e della libertà religiosa in Boemia,* carica che rendeva colui che ne era investito il vero capo di questo regno. L'aristocrazia, che di fatto governava sull'imperatore, impruden-temente gli tolse la custodia dei morti per lasciargli totale influenza sui vivi. Lo privarono della dignità di burgravio, senza rifletter sul fatto che questa carica lo rendeva dipendente dalla corte. Così, toccato nella sua vanità di grande signore, che sola lo tratteneva ancora nel mettersi a capo del partito, egli immaginò solo la vendetta e il modo per soddisfarla non tardò a presentarsi.

Nella *Lettera di maestà,* che i boemi avevano estorto a Rodolfo, come nel trattato di Augusta, la redazione definitiva della clausola principale era stata rimandata a una successiva seduta. I privilegi che erano stati accordati ai protestanti riguardavano unicamente i membri degli stati, nulla era stato stipulato per i popoli, se si fa eccezione per i sudditi dei sovrani ecclesiastici, per i quali si era richiesta e ottenuta una libertà religiosa peraltro equivoca, poiché non aveva forza di legge.

Anche la *Lettera di maestà* boema parlava solo dei rappresentanti della Boemia e dei magistrati delle *città imperiali*, che avevano saputo arrogarsi gli stessi diritti dei deputati. Solo queste città potevano costruire scuole protestanti e praticare pubblicamente il loro culto, mentre la libertà religiosa di tutte le altre dipendeva dalla favorevole disposizione dei deputati della provincia.

I membri secolari della dieta germanica godevano senza contestazioni di questo privilegio, mentre in quanto i membri ecclesiastici, legati da una promessa verbale che l'imperatore Ferdinando I li aveva obbligati a fare ai sudditi protestanti, non potevano privarli dei loro benefici se non dichiarando che questa promessa non costituiva alcun obbligo. La stessa clausola che nel trattato di Augusta era vaga, era oscura nella *Lettera di maestà*. L'interpretazione non era dubbia, ma si poteva supporre che l'obbedienza non fosse una necessaria conseguenza della promessa verbale dell'imperatore; qui l'interpretazione era stata lasciata alla buona volontà dei rappresentanti delle province. I vassalli dei signori ecclesiastici della Boemia credevano di potersi attribuire privilegi simili a quelli che la promessa di Ferdinando I aveva accordato ai vassalli delle diocesi tedesche e si consideravano del tutto eguali ai vassalli delle città imperiali, poiché i beni ecclesiastici erano posti nella categoria dei beni della corona.

I protestanti delle cittadine di Klostergrab e Braunau, delle quali una apparteneva all'arcivescovo di Praga e l'altra all'abate del convento di Braunau, costruirono delle chiese, a dispetto dei reiterati veti dei loro signori e di quello dell'imperatore.

Il passare del tempo aveva un po' allentato l'attenzione dei *Difensori* della libertà civile e religiosa della Boemia e la corte imperiale credette di poter azzardare un deciso cambio di politica. Per ordine dell'imperatore fu demolita la chiesa di Klostergrab e si bloccò quella di Braunau. Tutti quelli che si opposero alla violenza di questi atti furono imprigionati. Un generale sommovimento da parte dei protestanti fu la conseguenza di questo passo, essi gridarono alla violazione della *Lettera di maestà* e il conte di Thurn, animato dallo spirito di vendetta e investito dal ruolo di difensore, aumentò questa irritazione invitando il popolo a inviare a Praga dei deputati straordinari, al fine di deliberare misure adatte a sventare il pericolo che minacciava la patria e la religione.

L'assemblea di questi deputati ebbe luogo a Praga e il suo primo atto fu una supplica all'imperatore nella quale si domandava, prima di tutto, la liberazione dei prigionieri. Nella sua risposta, offensiva anche nella forma perché indirizzata agli ufficiali della corona e non all'assemblea degli stati, l'imperatore rigettò la supplica come contraria alla legge, qualificava come rivoluzionaria la condotta dei rappresentanti e avallava le violenze perpetrate a Klostergrab e Braunau.

Il conte di Thurn fece tutto ciò che era in suo potere per aumentare la sgradevole impressione che questa risposta aveva suscitato nei deputati, esagerando il pericolo al quale si erano esposti firmando questa supplica e li convinse, attraverso il risentimento e la paura, a ricorrere ai mezzi estremi. Non rientrava nei suoi piani spingerli immediatamente alla rivolta, ma condurli a questa decisione attraverso fasi accuratamente preparate. Per prima cosa, per eccitare la loro collera contro gli ufficiali della corona, sparse la voce che la risposta imperiale era stata redatta nella cancelleria di Praga e inviata a Vienna per farla firmare.

Slawata[70], presidente di questa cancelleria, e il consigliere barone di Martinitz[71], nominato burgravio di Karlstein in sostituzione del conte di Thurn, si erano da tempo attirati l'odio del partito protestante rifiutandosi di partecipare alla seduta nella quale la *Lettera di maestà* era stata registrata tra gli statuti del regno. Da quel momento li si ritenne responsabili di tutti gli attacchi che la cancelleria si permetteva contro questo atto e, non senza ragione, dei torti che ne derivavano. Di tutti i nobili cattolici, questi due avevano trattato i loro sudditi protestanti con grande crudeltà. Rifiutando il battesimo ai loro figli, il sacramento del matrimonio ai loro giovani[72], i funerali ai loro morti li costringevano ad assistere alle cerimonie del cattolicesimo e dei cani addestrati appositamente li facevano andare con la forza alla messa. Furono questi due uomini, giustamente detestati, che i capi protestanti scelsero come prime vittime delle ostilità che stavano per scoppiare.

Il 23 maggio 1618, i deputati delle province protestanti si presentarono al castello di Praga, vestiti delle loro armature e seguiti da una formidabile scorta. Entrarono con la forza nella sala dove Slawata, Martinitz, Sternberg e Lobkowitz stavano tenendo consiglio e ingiunsero con tono minaccioso al presidente e ai consiglieri di dire se, in effetti, la risposta imperiale era stata redatta nei loro uffici e per loro ordine. Sternberg li affrontò con moderazione; Slawata e Martinitz reagirono con minacce e ingiurie che decisero della loro sorte.

Sternberg e Lobkowitz, meno odiati e più temuti, furono messi alla porta, mentre Slawata e Martinitz vennero gettati dalla finestra nel fossato del castello, che era profondo più di ottanta piedi. Alla stessa maniera ci si liberò del segretario Fabricius, loro creatura e complice.

Il mondo civilizzato, a buon diritto, si stupì di questo metodo selvaggio. I Boemi lo giustificarono assicurando che si trattava di un'antica usanza del paese e non trovarono nulla di straordinario in questo avvenimento se non il fatto che da un simile salto i giustiziati uscirono sani e salvi. Dovettero questa fortuna all'ammasso di immondizia sulla quale erano caduti che, attutendo l'impatto, li aveva salvati.

Questa esecuzione, non proprio adatta a far ritornare i deputati nelle grazie dell'imperatore, aveva reso la loro posizione più critica che mai. Era proprio dove il conte di Thurn voleva farli arrivare. Infatti, se la preoccupazione di un possibile pericolo li aveva spinti a un atto così temerario, la necessità di sottrarsi a una punizione certa doveva necessariamente portarli più lontano. Effettivamente, la violenza di cui si erano resi colpevoli li metteva nella condizione di sostenerla con una serie continua di azioni della stessa natura, per cui, non potendo considerare come non accaduto quanto commesso, bisognava disarmare l'autorità e metterla nella condizione di non poterli punire.

Tra i deputati furono scelti trenta capi incaricati di organizzare sotto forma legale la rivolta: si impossessarono di tutte le ammi-nistrazioni, percepirono le imposte, fecero prestare giuramento ai funzionari pubblici e ai soldati, diffusero dei proclami nei quali chiedevano a tutti i protestanti della Boemia di unirsi a questo movimento nazionale. I gesuiti, guardati come i veri responsabili delle loro sofferenze, furono cacciati dal regno, e i deputati ritennero di dovere giustificare questa misura con uno specifico manifesto. Venne dichiarato che tutti questi passi non avevano altra finalità se non quella di difendere l'autorità reale e le leggi. Linguaggio che tengono tutti i ribelli fino a quando la fortuna non decide in loro favore.

La rivolta in Boemia non produsse alla corte imperiale l'impressione che meritava un avvenimento così importante. L'imperatore Mattia non era più quel principe intrepido e risoluto che poco tempo prima aveva cercato il suo sovrano fin dentro al palazzo reale e in mezzo al suo popolo e, successivamente, l'aveva fatto discendere da tutti i troni ereditari. L'eroico coraggio che lo aveva felicemente condotto nella più temeraria delle imprese di usurpazione, lo abbandonò nella difesa dei suoi legittimi diritti.

Gli insorti erano armati, bisognava seguire il loro esempio, ma l'imperatore temeva di non poter mantenere la rivolta nei confini della Boemia. La forte comunanza che univa i protestanti dei suoi possedimenti ereditari, poteva trasformarsi in una generale confederazione alla quale non avrebbe avuto le forze per opporsi. Che cosa poteva opporre a un simile nemico se la parte protestante dei suoi sudditi si era separata da lui? Ed entrambe le parti non sarebbero uscite distrutte da una guerra civile così rovinosa? Quanto avrebbe messo in gioco se avesse perso e che altro avrebbe potuto distruggere, se non i suoi sudditi, se avesse vinto? Queste considerazioni spinsero l'imperatore e i suoi consiglieri a concessioni e a intraprendere misure pacifiche, ma fu proprio in questo spirito di concessione che altri videro la causa del male. L'arciduca Ferdinando di Graz andò a felicitarsi con Mattia dell'insurrezione della Boemia che avrebbe giustificato, agli occhi del mondo, le più severe misure contro i protestanti degli stati boemi. Nel gabinetto e alla corte si accusavano con vigore i protestanti di fomentare la disobbedienza, il disprezzo delle leggi, lo spirito di rivolta e di non vedere mai nelle concessioni della dieta e anche in quelle dell'imperatore altro motivo che quello di esigerne delle altre.

«Disobbedienza, mancanza di leggi e rivolta – si diceva – hanno sempre marciato mano nella mano con il protestantesimo, e tutte le libertà che si sono accordate ai protestanti sono servite unicamente ad accrescere la loro audacia. Tutti i loro sforzi tendono alla distruzione del potere legale, già lo sfidano armi alla mano, presto attaccheranno la persona dell'imperatore e solo l'uso delle armi può valere contro questo nemico. Fino a quando anche all'ultimo privilegio loro accordato non sarà abolito, non vi sarà per la Germania né benessere né tranquillità e la chiesa cattolica non potrà godere in pace dell'esercizio dei suoi sacri diritti. L'esito della guerra era incerto, ma certa sarebbe stata la rovina se non fosse stata intrapresa. Inoltre, i sacrifici in denaro saranno ampiamente compensati dalla confisca dei beni dei ribelli, le loro teste cadendo dal patibolo ispireranno un benefico terrore a tutti i loro complici, dimostrando che a loro non resta altro mezzo per sopravvivere che una pronta obbedienza». Sono forse da biasimare i boemi se fecero ogni sforzo per difendersi da tali dottrine? Nondimeno, le agitazioni della Boemia erano rivolte contro il successore dell'imperatore, non contro quest'ultimo, che nulla aveva fatto per giustificare l'allarme dei protestanti. L'obiettivo dichiarato era quello di bloccare per sempre la via del trono all'arciduca Ferdinando di Graz. E se i boemi protestavano a mano armata contro questa scelta, tuttavia conservavano le apparenze della sottomissione allo scopo di non avvelenare gli ultimi momenti dell'imperatore, la cui morte appariva prossima.

Ma i boemi avevano preso le armi e Mattia, disarmato, non poteva offrire loro la pace senza disonorarsi. La Spagna gli fornì i fondi necessari e mise a sua disposizione le truppe spagnole che stazionavano in Italia e nei Paesi Bassi. Ridotto a diffidare dei suoi sudditi, affidò il comando generale dell'esercito al conte di Bucquoi[73], fiammingo di nascita, e mise immediatamente sotto i suoi ordini il conte di Dampierre[74], egualmente straniero. Tuttavia, prima di permettere alle sue armate di combattere, fece ancora ricorso alla voce della conciliazione con un manifesto nel quale dichiarava che la *Lettera di maestà* rimaneva sempre sacra per lui, che mai aveva avuto l'intenzione di abolire i privilegi che aveva accordato alla Boemia: solo il loro atteggiamento minaccioso l'aveva obbligato a prepararsi alla guerra ma, se decidevano di deporre le armi, avrebbe prontamente congedate le truppe che aveva arruolato.

Ma questa lettera benevola non ebbe l'effetto sperato, poiché i ribelli si preoccuparono di impedire che il proclama arrivasse al popolo e per irritarlo ancora di più diffusero, sia dal pulpito che attraverso *pamphlet*, messaggi allarmanti e terrorizzarono la popolazione dicendo che la Riforma era minacciata da un *San Bartolomeo boemo*, che in realtà non esisteva se non nella loro mente. Tutta la Boemia prese parte alla rivolta ad eccezione delle città di Budweiss, Krummau e Pilsen, e solo queste città, le cui popolazione erano quasi interamente cattoliche, ebbero il coraggio di rimanere fedeli all'imperatore, che promise loro il suo aiuto.

Consapevole dell'importanza di queste tre piazze, che non poteva lasciare in mano nemica, rischiando che esse aprissero alle armi imperiali in qualunque momento l'ingresso nell'impero, il Conte di Thurn comparve davanti a Budweiss e Krummau con l'audacia e la temerarietà che caratterizzavano tutte le sue operazioni. Sgomentata da un attacco tanto violento quanto imprevisto, Krummau si sottomise, ma Budweiss gli oppose una ostinata resistenza. Questi avvenimenti, infine, decisero l'imperatore a mostrare una qualche reazione. Bucquoi e Dampierre ricevettero l'ordine di entrare in Boemia con due eserciti, dove questi due generali incontrarono più ostacoli di quanti se ne fossero attesi nella strada verso Praga. Costretti a espugnare ogni piazzaforte, le difficoltà aumentavano man mano che essi si avvicinavano alla capitale. D'altra parte, gli eccessi delle loro truppe, pressoché interamente composte da valloni e ungheresi, indignavano i sostenitori dell'imperatore e portavano alla disperazione i loro nemici.

Anche ora che le sue truppe erano entrate in Boemia, Mattia continuava a mostrarsi disponibile alla pace, ma le sue iniziative facevano sentire i ribelli più forti che mai. Gli stati della Moravia si erano dichiarati in loro favore, e uno dei più celebri combattenti della Germania, il conte di Mansfeld[75], si offrì a loro come un intrepido e inaspettato difensore. L'insurrezione della Boemia, sin dal suo inizio, aveva attirato l'attenzione dei capi dell'*Unione evangelica*. La causa per la quale si combatteva in questo paese era anche la loro, il nemico era lo stesso e il risultato doveva necessariamente influenzare il loro destino. La causa di questo popolo appariva come una questione di estrema importanza per tutta l'*Unione* tedesca. Fedeli ai loro principi, i protestanti sostenevano il coraggio dei ribelli con promesse di aiuto e un caso fortunato permise loro di portarle a compimento prima di quanto avessero sperato.

Il conte Pietro Ernesto di Mansfeld, figlio del valoroso ufficiale austriaco, conte Ernesto di Mansfeld, che aveva comandato gloriosamente l'armata spagnola nei Paesi Bassi, divenne lo strumento che, in questa situazione, doveva umiliare la casa d'Austria. Egli aveva svolto il suo apprendistato d'armi al servizio di questa casa e combattuto la Riforma e la libertà tedesca sotto la bandiera dell'arciduca Leopoldo, arcivescovo di Strasburgo, nei conflitti per la successione del ducato di Jülich. Ma, proprio combattendo i protestanti, si era inconsapevolmente permeato dei loro principi e fu così che quando l'arciduca Leopoldo si rifiutò di rifondergli le spese che aveva fatto al suo servizio e nel suo interesse, ruppe con lui e offrì all'*Unione* l'aiuto della sua esperienza e della sua spada vittoriosa.

Questa offerta fu accolta con entusiasmo poiché il duca di Savoia aveva richiesto all'*Unione*, della quale era alleato, aiuto in una guerra contro la Spagna e il conte di Mansfeld ricevette l'incarico di arruolare quattromila uomini in Germania con la necessaria sollecitudine e a spese del duca. Ma quando questa armata fu pronta a marciare scoppiò il conflitto in Boemia e il duca, che non ne aveva più bisogno, autorizzò i suoi alleati a farne l'uso che giudicavano più opportuno. I capi dell'*Unione* si affrettarono a mandarla in Boemia, molto felici di poter in questo modo aiutare questo paese senza che a loro costasse alcunché. Mansfeld ricevette l'ordine di entrare in Boemia con i quattromila uomini e una finta lettera d'ingaggio nascose agli occhi del mondo l'identità del vero mandante. Appena giunto, il conte di Mansfeld entrò in Boemia, si impadronì della città di Pilsen, la più forte del regno e la più devota all'imperatore. Il coraggio degli insorti aumentò poiché trovarono un aiuto dagli stati della Slesia. Questi ultimi inviarono loro delle truppe che non tardarono a scontrarsi con quelle dell'imperatore. La guerra si limitava ancora a scontri non decisivi, ma era impossibile non riconoscervi il preludio di combattimenti più seri. Per indebolire la forza delle sue operazioni militari, si intrapresero negoziati con l'imperatore. I ribelli finsero di accettare la mediazione della Sassonia ma, prima che avesse modo di capire che si era solo cercato di ingannarlo per guadagnare tempo, la morte tolse l'imperatore dalla scena.

Quali fatti di rilievo avevano giustificato la generale aspettativa che le imprese temerarie di Mattia avevano suscitato? Valeva la pena far scendere Rodolfo dal trono imperiale con un crimine, per occupare questo trono senza dignità e lasciarlo senza gloria? Tutta la durata del suo regno fu, per così dire, consacrata a espiare i mezzi poco onorevoli con i quali era arrivato all'impero. L'impazienza di impossessarsi della corona anzitempo l'aveva portato a sacrificarne l'indipendenza e il poco di autorità personale che possedeva, eredità della crescente potenza dell'impero tedesco, fu costantemente indebolita dalle contese dei suoi collaterali. Infermo e senza eredi diretti, ebbe il dolore di vedere tutte le sue speranze e le aspettative che aveva suscitato, indirizzarsi verso il suo giovane e brillante successore che, fiero del suo avvenire e impaziente di aspettare ancora, posò le prime pietre del suo regno prima che il vecchio decrepito avesse posto fine al suo.

Il ramo sovrano tedesco della casa d'Austria si era estinto con la morte di Mattia, poiché dei figli di Massimiliano II, rimaneva solo l'arciduca Alberto nei Paesi Bassi che, malaticcio e senza eredi, aveva rinunciato ai suoi diritti in favore del ramo di Stiria Graz. Con un accordo segreto, la corte di Spagna aveva riservato questa preferenza all'arciduca Ferdinando di Stiria, che veniva guardato come l'uomo predestinato a dare nuovi rampolli al ramo tedesco degli Asburgo e a riportare la casa d'Austria agli antichi splendori.

Ferdinando era figlio del più giovane dei fratelli di Massimiliano II, l'arciduca Carlo, duca di Carniola, Carinzia e Stiria, mentre sua madre era una principessa bavarese[76]. All'età di dodici anni, quando morì suo padre, la principessa ne affidò l'educazione a suo fratello, il duca Guglielmo di Baviera, che lo fece formare all'università di Ingolstadt, diretta dai gesuiti. È facile farsi un'idea dei principi che apprese in questa università e nel ristretto circolo di un principe[77] che per motivi legati alla sua devozione decise di abdicare alla corona. Per esaltare la giovane immaginazione di Ferdinando, gli si mostrava da una parte la sinistra immagine di Massimiliano II e del suo casato, che si era dimostrato indulgente verso gli eretici e, come conseguenza, la devastazione dei propri domini; dall'altra gli si presentava il quadro della Baviera, colma di tutte le benedizioni del cielo, e l'inflessibile zelo dei suoi sovrani. Lo si lasciò scegliere tra questi due esempi. Deciso a farsi difensore di Dio e strumento della Chiesa, lasciò la Baviera, dopo esservi stato per cinque anni, per andare a prendere possesso degli stati che suo padre gli aveva lasciati. Prima di prestargli giuramento di fedeltà, i deputati di Carniola, Carinzia e Stiria chiesero la garanzia delle libertà religiose. Ferdinando si limitò a dichiarare che queste libertà non avevano niente a che fare con la fedeltà che essi dovevano al loro sovrano legittimo così, i deputati prestarono il giuramento voluto senza condizioni. Trascorsero parecchi anni prima che egli prendesse in considerazione i progetti concepiti all'università di Ingolstadt. Prima di dichiararli apertamente, fece un pellegrinaggio a Nostra Signora di Loreto, allo scopo di assicurarsene i buoni auspici; andò poi a prostrarsi ai piedi di papa Clemente VIII, che lo rassicurò con la sua benedizione apostolica. Questa impresa aveva come obiettivo quello di cacciare il protestantesimo da una contea dove aveva la maggioranza e dove era divenuto una istituzione legale, grazie al *Decreto di tolleranza*[78] che suo padre, l'arciduca Carlo, aveva accordato alla nobiltà dei suoi stati. La revoca di questo giusto decreto poteva avere conseguenze funeste, ma nessun ostacolo poteva fermare il pio e degno allievo dei gesuiti. L'esempio degli stati dell'impero, sia cattolici che protestanti che si erano fatti arbitri della coscienza dei loro sudditi e, soprattutto, l'ampliamento illegale che i deputati della Stiria avevano dato alle loro libertà religiose, divennero il pretesto e la giustificazione di misure violente. Appellandosi alla lettera morta di una legge dispotica e insensata, Ferdinando credette di potersi liberare impunemente di tutti i doveri che la ragione e la giustizia imponevano e dimostrò in questa impresa criminale un coraggio non comune e una costanza degna di miglior causa.

Fu senza fragore e, bisogna aggiungere, senza crudeltà che soppresse il culto protestante in una città dopo l'altra e, con grande sorpresa della Germania, portò a compimento il suo pericoloso progetto. Ma più i cattolici lo proclamavano eroe della Chiesa romana, più i protestanti lo consideravano il loro più pericoloso nemico. Nonostante ciò, Mattia, proponendolo come suo successore, incontrò una minima o nulla opposizione da parte degli elettori dell'Austria. Anche i boemi accettarono di considerarlo il loro futuro re a condizioni molto favorevoli. Solo più tardi, quando compresero la nefasta influenza dei suoi consigli sull'amministrazione dell'imperatore, incominciarono a diventare diffidenti e la casuale conoscenza di alcuni scritti che contenevano alcune disposizioni che li riguardavano, portarono il timore dei boemi ai massimi livelli.

Furono allarmati in particolare da un patto di famiglia in base al quale, qualora Ferdinando fosse morto senza eredi maschi, avrebbe ceduto la Boemia alla Spagna, senza alcuna considerazione per la nazione e per le sue leggi fondamentali, secondo le quali ai boemi spettava il diritto di eleggere il proprio sovrano. I molti nemici che il principe si era creato tra i protestanti a seguito delle riforme attuate in Stiria, furono pregiudizievoli per i suoi interessi in Boemia e l'arrivo dei protestanti esiliati dalla Stiria, che cercavano di infondere in tutti gli animi sentimenti di odio e il bisogno di vendetta di cui erano animati, infiammò ancor di più la rivolta. Fu in questa condizione di prostrazione che Ferdinando trovò la Boemia, quando la morte di Mattia lo chiamò al trono.

Simili rapporti tra il popolo e il sovrano sarebbero stati sufficienti a provocare tumulti anche in tempi di calma, ancor di più in un momento di totale rivolta, in cui la nazione si era ripresa la propria sovranità e i suoi diritti naturali. In un momento in cui, armi alla mano, la nazione aveva preso piena coscienza della propria unità e consapevolezza delle proprie forze, i successi delle sue prime imprese e le manifestazioni di simpatia che riceveva da tutte le parti, l'autorizzavano a scambiare radiose speranze come fatti già compiuti.

Dimenticando o facendo finta di dimenticare che Ferdinando era stato eletto re di Boemia, i deputati dichiararono il trono vacante e si apprestarono a una nuova elezione. Tutte le speranze di sottomissione pacifica erano finite e se Ferdinando voleva riprendere il controllo della corona, bisognava rinunciasse a tutti i vantaggi che potevano renderla desiderabile o conquistarla con le armi. Ma con quali forze l'avrebbe conquistata? Ovunque guardasse, tutte le terre erano in fiamme. Già la Slesia si era lasciata trascinare nel moto della Boemia e la Moravia era sul punto di imitare il suo esempio; lo spirito di indipendenza iniziava ad alzare la testa nell'alta e nella bassa Austria, come era accaduto al tempo Rodolfo e nessuno stato volle sottomettersi. L'Ungheria era minacciata da Bethlen Gabor nella parte della Transilvania, i turchi che si stavano armando spargevano il terrore tra le province della parte orientale e, per completare le preoccupazioni di Ferdinando, i protestanti dei suoi stati ereditari di Stiria, Carinzia e Carniola, risvegliati dall'esempio comune, stavano alzando gli stendardi della rivolta.

In queste tre province, essi avevano non solo il vantaggio di essere più numerosi, ma disponevano anche degli introiti pubblici, senza i quali il sovrano non poteva fare la guerra. I neutrali incominciavano a vacillare, i fedeli a scoraggiarsi, solo i ribelli erano animati da coraggio. Metà della Germania li approvava e l'altra aspettava l'esito della lotta per schierarsi con il partito più forte. Da parte sua, la Spagna trattenne lontane le truppe che aveva messo a disposizione di Ferdinando e fu proprio nel momento in cui gli parve di poter realizzare le sue speranze che questo principe corse il rischio di perdere tutto ciò che possedeva.

Forzato dall'imperiosa legge della necessità, Ferdinando si rassegnò a proporre la pace ai ribelli della Boemia, ma la sua offerta fu sdegnosamente respinta. Il conte di Thurn era appena entrato in Moravia, a capo di un esercito, per costringere queste province che non si schieravano a prendere una decisione, il suo arrivo divenne per i protestanti il segnale della rivolta e la città di Brno fu conquistata. Il resto del paese si arrese senza combattere e accettò il nuovo governo e la sua religione.

Accrescendo incessantemente il suo impetuoso corso, il torrente rivoluzionario inondò l'alta Austria dove una parte della popolazione, avendo sentimenti simili, lo accolse con gioia. «Non deve più esistere alcuna differenza religiosa, stessi diritti per tutte le chiese cristiane. Si sente dire che una forza straniera sarebbe stata chiamata nel paese per opprimere i boemi, «che vengano cacciati, i nemici della libertà vengano inseguiti fino a Gerusalemme». Non un braccio si levò per difendere l'arciduca e gli insorti avanzarono verso Vienna per cingere d'assedio il suo sovrano. Ferdinando aveva appena mandato i suoi figli in Tirolo, ritenendo che non fossero abbastanza al sicuro a Graz. Poi attese, con calma e rassegnazione, i suoi nemici. Tutta la resistenza che poteva opporre era costituita da un pugno di soldati indisciplinati e poco entusiasti, visto che il capo per il quale dovevano rischiare la loro vita non poteva pagare il loro soldo, né dare loro del cibo. Del resto, la città di Vienna non era preparata a un lungo assedio: la parte protestante della popolazione, pronta in qualsiasi momento a unirsi a boemi, era quella preponderante nella città, gli abitanti della campagna, si erano uniti agli insorti. Già ci si aspettava di vedere l'arciduca rinchiuso in un convento, i suoi territori divisi e i suoi figli obbligati ad abbracciare la Riforma. Consigliato da nemici occulti, minacciato da nemici armati, il precipizio che doveva inghiottire le sue speranze e se stesso si ingrandiva ogni istante di più.

I proiettili boemi stavano penetrando nel *Burg*[79] quando, all'improvviso, sedici baroni austriaci si precipitarono nell'appartamento dell'arciduca, lo sommersero di rimproveri e minacce e gli intimarono di acconsentire a una confederazione dei protestanti d'Austria con quelli della Boemia. Uno dei baroni gli sottopose l'atto con il quale doveva autorizzare questa confederazione, lo afferrò per un bottone della giubba, urlando con voce alterata dal furore: «Lo firmerai, Ferdinando?».

Quale giudice avrebbe potuto condannarlo se avesse ceduto allo sgomento? Ma Ferdinando pensò che voleva diventare imperatore. Non sembrava rimasta altra soluzione che la fuga o la sottomissione, i suoi ufficiali gli consigliarono la prima, i sacerdoti la seconda soluzione. Se avesse lasciato la città questa sarebbe caduta nelle mani del nemico, se avesse perso Vienna avrebbe perso l'Austria e con l'Austria il trono imperiale. Così rimase fermo al suo posto e persistette nel rifiuto di firmare l'atto che gli veniva sottoposto.

Mentre teneva testa a dei rivoltosi, impazziti per la collera, uno squillo di trombe si udì all'improvviso e sparse lo stupore e la paura. Una pessima notizia circolava nel *Burg* per i rivoltosi, i deputati scomparvero uno dopo l'altro e molti nobili e cittadini si rifugiarono dal conte di Thurn.

Questo rovesciamento era stato determinato dall'arrivo di un reggimento di cavalleria che il generale Dampierre aveva inviato in soccorso dell'arciduca. Un numeroso distaccamento di fanteria l'aveva seguito da vicino e i cittadini cattolici, a cui si unirono anche gli studenti, incoraggiati da questi soccorsi, stavano prendendo le armi. Circa nello stesso momento si apprese che il generale Bucquoi aveva sconfitto il conte di Mansfeld vicino a Budweiss e si preparava ad assediare Praga. Quest'ultimo avvenimento significò la salvezza di Ferdinando, obbligando i boemi a levare l'assedio da Vienna per portare aiuto alla loro capitale. Da questo momento i passi di cui il nemico si era impossessato per impedire all'arciduca di giungere a Francoforte, dove si sarebbe decisa l'elezione a imperatore, ridivennero liberi. La corona imperiale era sempre stata il più ardente dei desideri di Ferdinando e ora la desiderava ancora di più, perché essa sola poteva dare la prova più decisiva e insospettabile della dignità della sua persona e della giustezza della sua causa e dargli la speranza dell'aiuto dell'impero.

Gli odi segreti, le aperte ostilità di cui era stato fatto bersaglio nei suoi stati ereditari, lo seguirono anche nella campagna per ottenere la dignità imperiale. I sovrani protestanti si erano ripromessi di escludere dal trono imperiale tutti i principi della casa d'Austria e, soprattutto, l'arciduca Ferdinando, nemico incarnato della loro religione, cieco strumento della Spagna, schiavo devoto dei gesuiti. Vivente lo stesso Mattia, avevano offerto la corona al duca di Baviera e, al suo rifiuto, al duca di Savoia. Non essendo riusciti a farla accettare a questi due principi alle condizioni che proponevano, avevano cercato di ritardare l'elezione fino al momento in cui la rivolta organizzata in Boemia e in Austria non avesse umiliato a tal punto l'arciduca Ferdinando, da renderlo indegno a diventare imperatore della Germania. L'*Unione evangelica* si era sforzata di far comprendere all'elettore di Sassonia, legato agli interessi austriaci, quali pericoli corressero i protestanti e la costituzione dell'impero appoggiando le convinzioni di questo principe e la sua alleanza con la Spagna. Elevando l'arciduca al trono imperiale, si sarebbe necessariamente trovato nella condizione di doverlo assecondare nei suoi interessi privati e, quindi, si sarebbe esposto a vedere arrivare sul suo territorio il sanguinoso epilogo del dramma della Boemia. Malgrado tutte queste minacce, infine, il giorno dell'elezione giunse. Ferdinando vi era stato convocato come legittimo re di Boemia, a dispetto delle proteste unanimi dei rappresentanti di questo regno. I tre elettori ecclesiastici erano dalla sua parte; la Sassonia era a suo favore e il Brandeburgo non si oppose alla sua nomina e la maggioranza della dieta di Francoforte del 1619 lo proclamò imperatore. Ma pochi giorni dopo aver afferrato lo scettro più incerto di quelli ai quali ambiva, perse quello di cui era legittimo possessore. Mentre a Francoforte lo si elevava al trono imperiale, a Praga gli si toglieva la corona di Boemia[80].

A quell'epoca, pressoché tutti gli stati ereditari tedeschi avevano formato una confederazione con i boemi che, dopo questo rafforzamento, non ponevano più limiti alla loro audacia. Nell'assemblea degli stati del 17 agosto 1619, i deputati dichiararono all'unanimità il nuovo imperatore il più crudele nemico della religione e delle libertà boeme, poiché egli aveva loro tolto i favori del precedente imperatore con consigli rovinosi, aveva lasciato il loro paese in balia delle malversazioni e degli eccessi di una soldatesca straniera arruolata per sottometterli e che, infine, egli aveva fatto della nazione oggetto di derisione vendendola alla Spagna con un trattato segreto. Aggrappandosi a tutte queste colpe, lo dichiararono indegno della corona e procedettero all'elezione di un nuovo re. La sua deposizione era stata pronunciata da dei protestanti, sicché non si sognavano neanche di dargli un successore cattolico. Per salvare le apparenze, qualche voce si levò in favore dei duchi di Baviera e di Savoia. Gli odi e le gelosie che dividevano i principi protestanti ritardarono la nomina definitiva fino al momento in cui l'attivismo e l'abilità dei calvinisti non trionfò sui luterani, che avevano su di loro solo il vantaggio del numero.

Di tutti i pretendenti alla corona di Boemia, l'elettore palatino, Federico V, aveva la maggiori possibilità di successo[81]. Aveva la fiducia e la stima dei boemi e la sua posizione politica gli permetteva di servire contemporaneamente l'interesse generale della nazione e l'interesse privato dei suoi rappresentanti. Era libero e vivace di spirito, buono e generoso fino alla prodigalità, era capo del partito calvinista in Germania e capo dell'*Unione evangelica* e la qualità di parente prossimo del duca di Baviera e di genero del re d'Inghilterra gli permetteva di contare sull'appoggio di questi due stati. Tutte queste considerazioni vennero sostenute con successo dai calvinisti e Federico V venne eletto re dall'assemblea di Praga. Ferventi preghiere e felici acclamazioni del popolo salutarono la sua elezione. Tuttavia, questa elezione era stata preparata troppo in anticipo e Federico stesso ne aveva preso parte troppo attiva perché l'incarico offerto dai boemi non potesse causargli qualche sorpresa. Inoltre, il successo di questa incoronazione lo spaventò. La grandezza della dignità raggiunta e l'enormità del suo crimine fecero tremare la debole personalità del nuovo re. Come tutti i caratteri deboli, chiedeva incessantemente consiglio agli amici, salvo respingerli quando non erano conformi ai suoi desideri, che non aveva mai il coraggio di confessare apertamente. Gli elettori della Sassonia e della Baviera, con i quali si consigliava, la maggior parte dei sovrani tedeschi e, infine, tutte le persone che confrontavano la grandezza del progetto con le sue capacità e le sue forze, lo avvisarono del pericolo che si apprestava a correre. Suo suocero, Giacomo d'Inghilterra, avrebbe preferito vedere il genero privato della corona, piuttosto che favorire un rovinoso attentato ai sacri diritti dei sovrani, avrebbe al contrario contribuito a farlo scendere dal trono di Boemia. Ma cosa può la fredda ragione contro l'attrazione tanto potente di una corona?

Una nazione libera che, nella sovreccitazione della sua potenza, stava stroncando il ramo di un'antica stirpe reale che l'aveva governata per due secoli, si getta nelle sue braccia. Colma di fiducia nel suo coraggio, questa nazione lo nomina suo capo per guidarla sulla rischiosa strada della libertà e della gloria; in lui, in quanto protettore, una religione oppressa cerca rifugio e aiuto contro i suoi persecutori. Poteva avere la debolezza di ascoltare i suoi timori, tradire questa fiducia e abbandonare vigliaccamente la causa della libertà e della religione?

Questa stessa nazione, d'altronde, gli offriva il modo di trionfare sui suoi nemici. I due terzi delle province austriache avevano formato una confederazione con gli insorti della Boemia e una formidabile lega, partita dal fondo della Transilvania, si preparava a rovesciare gli ultimi residui della potenza dell'Austria. Tutti questi fattori potevano non risvegliare la sua ambizione e queste speranze potevano non animare e infiammare la sua risolutezza?

Qualche istante di saggia e calma riflessione, tuttavia, sarebbe stato sufficiente per dimostrargli che il tentativo nel quale si stava impegnando lo esponeva a pericoli immensi e pesanti, ma gli offriva pochi vantaggi reali. Tuttavia, le voci che gli mostravano il pericolo si affacciarono solo alla sua ragione, quelle che facevano vedere i vantaggi alle sue passioni, e queste erano più numerose. La sua elevazione al trono della Boemia apriva una vasta arena all'ambizione e alla cupidigia di tutti quelli che circondavano la sua persona e preparava alla chiesa calvinista un trionfo eclatante. Poteva un spirito debole come quello di Federico resistere all'incalzare dei suoi consiglieri, che si sforzavano di ingrandire ai suoi occhi le risorse di cui disponeva e alle esortazioni dei suoi predicatori che diminuivano quelle degli avversari, che gli rappresentavano gli impulsi del suo zelo fanatico come precisi ordini del cielo? Le fantasticherie degli astrologi lo cullavano con predizioni brillanti. Anche l'amore sembrava voler contribuire alla sua rovina con la principessa sua moglie, che amava perdutamente. «Avesti sufficiente fiducia in te stesso – domandò l'elettrice – da prendere la mano della figlia di un re e hai paura di accettare una corona che ti viene offerta volontariamente?».

«Alla tavola reale – lei gli diceva – il pane secco mi sembrerà preferibile ai più suntuosi banchetti che potrai offrirmi nella tua casa d'elettore».

Federico accettò la corona boema[82].

L'incoronazione si fece a Praga con una pompa senza precedenti. Nulla parve troppo suntuoso alla nazione che, in questa circostanza, onorava la sua stessa opera. La Slesia, la Moravia e numerose province vicine inviarono dei deputati per prestare giuramento e omaggio al sovrano che si erano dati. La fede riformata venne introdotta in tutte le chiese del regno. La gioia pubblica toccò la follia e il sentimento che si esprimeva a Federico assomigliava all'adorazione. La Svezia, la Danimarca, Venezia, l'Olanda e numerosi stati tedeschi lo riconobbero legittimo re della Boemia e Federico si preparava a mantenere la sua nuova conquista.

Tutte le speranze di Federico a questo proposito riposavano sul trattato che aveva appena concluso con Bethlen Gabor. Questo irriducibile nemico dell'Austria e della Chiesa di Roma, lontano dal limitare la sua ambizione al possesso della Transilvania che, con l'aiuto dei turchi, aveva strappato al suo legittimo regnante Gabriel Bathori, colse con piacere questa opportunità di espandersi a spese dell'Austria, che aveva esitato a riconoscerlo sovrano della Transilvania. Venne concordato un attacco all'Ungheria e all'Austria con i ribelli boemi, dove entrambi gli eserciti avrebbero dovuto riunirsi per assediare Vienna.

Per meglio nascondere a Ferdinando II le ragioni del suo armarsi, Bethlen Gabor aveva finto di riconciliarsi con lui e aveva spinto il suo espediente e la sua perfidia a far apparire l'alleanza con boemi come una finta offerta di aiuto, per consegnare vivi i capi dell'insurrezione Ma, anziché realizzare le sue promesse, invase improvvisamente l'alta Ungheria. Preceduto dal terrore, non lasciò dietro di sé che

Friedrich von Schiller

devastazioni e catastrofi. Per sfuggire all'incendio, alla morte e al saccheggio, ben presto tutte le città si sottomisero e Bratislava lo incoronò re d'Ungheria[83].

Ridotto a temere per la capitale dell'Austria, uno dei fratelli dell'imperatore chiamò il generale Bucquoi in suo soccorso. La partenza delle truppe imperiali dalla Boemia permise agli insorti di questo regno di metter nuovamente sotto assedio Vienna. Aiutati da dodicimila transilvanici e, ben presto, anche dalla vittoriosa armata di Bethlen, si preparavano ad assaltare la città. I dintorni di Vienna vennero devastati, bloccarono il Danubio e tutte le comunicazioni degli assediati verso l'esterno. La fame fu il primo risultato di queste azioni. Ferdinando II, che l'imminenza del pericolo aveva fatto rientrare nella sua capitale, si vide per la seconda volta vicino alla rovina. Ma i rigori della stagione e la mancanza di viveri obbligarono gli insorti a ritornare in Boemia. Una sconfitta subita in Ungheria vi richiamò Bethlen e Ferdinando fu così nuovamente salvato per un caso della sorte[84].

In poche settimane tutto cambiò nuovamente. Con una politica saggia e prudente e un'infaticabile attività, l'imperatore seppe migliorare la sua posizione tanto quanto Federico rovinò la sua con misure sbagliate e intempestive.

Ai deputati della bassa Austria fu intimato di prestare giuramento di fedeltà al loro nuovo sovrano il quale, in questo caso, permetteva loro di conservare tutti i privilegi e dichiarava, allo stesso tempo, colpevoli di lesa maestà e del crimine di alto tradimento tutti coloro i quali non rispondevano al suo appello. L'effetto di questo provvedimento fu positivo e immediato. Così, rassicurato in una parte dei suoi stati ereditari, Ferdinando II cercò di assicurarsi l'aiuto dei sovrani dell'impero.

Durante il suo soggiorno alla dieta di Francoforte era riuscito a disporre in suo favore gli elettori ecclesiasti e il duca Massimiliano di Baviera. La sorte dell'impero e anche quella di Federico dipendevano interamente dal ruolo che l'*Unione evangelica* e la *Lega cattolica* avrebbero assunto nei disordini della Boemia. Se era dovere della Germania protestante sostenere Federico, la Germania cattolica non poteva dispensarsi dal difendere Ferdinando. Se i protestanti avessero vinto in Boemia, tutti i principi cattolici in Germania avrebbero temuto per i propri possedimenti; se avessero perso, l'imperatore avrebbe potuto affermare la propria legge nella Germania protestante. Così

72

Ferdinando si avvicinò alla *Lega*, mentre Federico fece di tutto per ottenere l'appoggio dell'*Unione evangelica*. Spinto da legami di famiglia, dall'affetto personale per il cognato con il quale aveva studiato a Ingolstadt, dal fanatismo per la religione cattolica, che sembrava in pericolo imminente, dai consigli dei gesuiti e anche dai movimenti sospetti dell'*Unione*, Massimiliano di Baviera e tutti i principi della Lega sposarono apertamente la causa di Ferdinando. Secondo i termini di un trattato[85] con l'imperatore, che assicurava al duca di Baviera il risarcimento di tutte le spese di guerra e di tutte le perdite che avrebbe potuto subire, Massimiliano prese, con pieni poteri, il comando delle truppe della *Lega*, che dovevano andare in aiuto all'imperatore contro i ribelli boemi.

I capi dell'*Unione*, lontani dall'ostacolare questa coalizione, fecero tutto il possibile per favorirla, sperando che questo esempio li autorizzasse a richiedere un aiuto altrettanto attivo e sincero alla loro parte. Senza un passo chiaro operato dai cattolici contro *l'Unione* non sarebbe stata possibile una vera alleanza dei poteri protestanti. Utilizzarono l'emergenza dei disordini in Boemia per intimare ai cattolici di dare soddisfazione completa a tutti i vecchi torti, che tante volte avevano subito e di fornire delle garanzie per l'avvenire della libertà religiosa in Germania.

Questa ingiunzione, redatta in termini minacciosi, fu indirizzata al duca di Baviera, nella sua qualità di capo del partito cattolico, pretendendo una risposta immediata e categorica. Massimiliano poteva decidere a favore o contro di loro, ma lo scopo sarebbe stato comunque raggiunto. Se il duca accettava le loro richieste, la *Lega* perdeva il suo più sicuro appoggio; se le rigettava, il partito protestante si sarebbe armato e la guerra che contavano di vincere sarebbe stata inevitabile. Massimiliano, fermamente attaccato ai cattolici per diverse ragioni, accolse l'ingiunzione dei *principi uniti* come una dichiarazione di guerra e adottò le misure conseguenti. Mentre la Baviera e la *Lega* si preparavano a sostenere l'imperatore, questi iniziava dei negoziati con la Spagna e, nonostante l'inerzia del gabinetto di questa corte, il conte di Khevenhüller[86], ambasciatore imperiale a Madrid, ottenne un sussidio di un milione di fiorini e la promessa che la truppe spagnole dei Paesi Bassi compissero un'incursione nel Palatinato. Mentre si tentava di riunire tutte le potenze cattoliche nella *Lega*, si lavorava per evitare che i protestanti si coalizzassero in una "contro-lega". Per ottenere questo risultato, era necessario rassicurare l'elettore di Sassonia e gli altri sovrani legati alla Riforma. Questo perché l'*Unione* aveva fatto circolare la voce che la *Lega* ricorreva alle armi unicamente per strappare loro i beni ecclesiastici dei quali si erano impadroniti. Un atto autenticato[87] che ne dimostrava la falsità rassicurò il duca di Sassonia che, a causa della gelosia personale contro il Palatino, delle insinuazioni del suo predicatore di corte[88], che si era venduto all'Austria, e della mortificazione di essere stato emarginato dai boemi nell'elezione a re, si sentì fortemente inclinato a favore dell'Austria.

I luterani di Sassonia non potevano perdonare ai calvinisti di essere arrivati a regnare su numerose province tedesche e affermavano con vigore che queste province *erano sfuggite agli artigli dell'anti-cristo di Roma per cadere in quelle dell'anti-cristo di Ginevra.*

Mentre l'imperatore faceva di tutto per superare le difficoltà della sua incresciosa situazione, il re di Boemia si privava dei vantaggi che gli offriva la giustezza della sua causa. La sua stretta e discutibile alleanza con il principe della Transilvania, l'amico dichiarato della Porta, scandalizzò le coscienze timorose che l'accusarono di consolidare il suo potere a spese della religione cristiana e di esporre il territorio tedesco alle invasioni dei turchi. Il suo fervore imprudente per le dottrine di Calvino irritò i luterani della Boemia; distruggendo in tutto il regno le immagini dei santi spinse i cattolici contro di lui e le imposte straordinarie che la situazione lo aveva costretto a imporre gli alienarono l'affetto del popolo.

Le speranze deluse dei nobili boemi ne raffreddarono lo zelo e l'assenza di aiuti stranieri abbatté la loro fiducia. Anziché consacrare il suo tempo agli affari di stato, Federico lo perdeva in feste e festeggiamenti. Invece di aumentare le sue risorse in denaro con una saggia economia, dissipava le entrate in sontuosità teatrali e in folli prodigalità. Tanto vanitoso quanto imprudente, si rimirava, per così dire, nello splendore della sua nuova dignità e la gioia di possedere una corona gli fece dimenticare la preoccupazione di consolidarla sulla sua testa.

Se i boemi si erano sbagliati nella scelta del loro sovrano, anche Federico si era illuso sugli aiuti che gli si erano fatti sperare. La maggior parte dei principi dell'*Unione* separò apertamente la propria causa da quella della Boemia, mentre altri, erano presi dal timore che loro incuteva la rinascente potenza dell'imperatore. Già Sassonia e Assia Darmstadt si erano dichiarate per Ferdinando II, la bassa

Austria, sulla quale i protestanti credevano di poter contare, si era sottomessa all'imperatore e Bethlen Gabor gli aveva appena concesso una tregua. Con abili negoziati, la corte di Vienna aveva convinto il re di Danimarca a rimanere neutrale e a tenere occupata la Svezia in una guerra contro la Polonia. L'Olanda aveva bisogno di tutte le sue forze per resistere alla Spagna; Venezia e la Savoia rimanevano neutrali e re Giacomo d'Inghilterra divenne egli stesso vittima della perfidia spagnola. Un alleato dopo l'altro si ritirò, le speranze si dissolsero una dopo l'altra e in pochi mesi tutto era cambiato!

Intanto i capi dell'*Unione* avevano raccolto un'armata. L'imperatore e la *Lega* avevano preso la stessa misura e riunite le truppe, comandate da Massimiliano si accamparono nei pressi di Donauwörth. Quelle dell'*Unione*, agli ordini del margravio di Ansbach[89], stazionavano presso Ulm. Il momento in cui doveva terminare la lunga lotta delle due chiese e stabilire la loro rispettiva posizione in Germania, sembrava, infine, essere giunto. Un'aspettativa nervosa teneva tutti gli animi sospesi, sennonché all'improvviso giunse la più sorprendente e inaspettata notizia: le due armate si stavano sciogliendo senza essersi scambiate un colpo di fucile! La pace era stata firmata!

Questa pace, che i due partiti accettarono prontamente, era stata raggiunta per l'intervento della Francia[90]. Questo paese, non più governato da un grande uomo quale era Enrico IV, i cui principi politici non erano forse più applicabili alle attuali condizioni del regno, temeva molto meno l'espansione della casa d'Austria rispetto al successo che avrebbero ottenuto i calvinisti se il casato del Palatinato si fosse mantenuto sul trono di Boemia. Sempre in guerra con i suoi sudditi ugonotti, il gabinetto francese riteneva che non vi fosse affare più importante dell'arrestare il trionfo dei protestanti in Boemia, al fine di impedire che in Francia si seguisse il loro pericoloso esempio. Con questa convinzione, si fecero mediatori tra la *Lega* e l'*Unione* e giunsero a far concludere un trattato di pace il cui articolo principale era: «che l'Unione abbandoni ogni interferenza negli affari boemi e limiti la protezione che aveva promessa al duca del Palatinato a garantirgli il pacifico possesso dei suoi stati ereditari». L'*Unione* fu spinta ad accettare questo trattato poco onorevole dalla fermezza di Massimiliano e dalla paura di essere schiacciata allo stesso tempo dalle truppe della *Lega* e da un nuovo esercito imperiale che marciava dalle Fiandre. L'imperatore aveva diretto tutte le forze fornite dalla Baviera e dalla *Lega*, contro la Boemia, abbandonata alle sue sole risorse dopo

75

la pace di Ulm.

Immediatamente prima che vi giungesse la notizia della pace di Ulm, Massimiliano penetrò nelle province dell'Alta Austria che, sorprese e impreparate ad affrontare un nemico, furono obbligate ad accettare il perdono del loro capo al prezzo di una sottomissione tanto pronta quanto completa. Il duca si congiunse nella Bassa Austria con le truppe del generale Bucquoi in arrivo dalle Fiandre e l'armata imperiale bavarese, che ammontava a oltre cinquantamila uomini, non tardò a entrare in Boemia. Disperdendo davanti a sé le truppe boeme che i ribelli avevano lasciato in Austria e in Moravia, questa armata prese d'assalto le città che incontrò sul suo passaggio e che osavano opporre resistenza. Le altre le aprirono le porte e nulla si oppose più alla marcia trionfale del duca Massimiliano.

L'armata boema, comandata dal coraggioso principe Cristiano d'Anhalt[91], ripiegò sin sotto le mura di Praga, dove il duca Massimiliano di Baviera la costrinse alla battaglia. Le pessime condizioni nelle quali sperava di sorprendere l'esercito dei ribelli giustificavano la rapidità dei movimenti del duca e gli assicurarono la vittoria. In effetti, tutte le forze di Federico non ammontavamo a trentamila uomini, compresi gli ottomila del corpo d'armata del principe Cristiano e i diecimila ungheresi inviati da Bethlen Gabor. Un'incursione dell'elettore di Sassonia nella Lusazia, privò i boemi degli aiuti che si attendevano da questa parte e dalla Slesia e la pacificazione dell'Austria vanificò le speranze che i boemi avevano riposte nelle province ribelli. Bethlen Gabor, il suo più potente alleato, rimase fermo in Transilvania e l'*Unione evangelica* aveva tradito la causa riconciliandosi con l'imperatore.

Al re di Boemia non restava, dunque, altra risorsa che il coraggio e la fedeltà dei suoi sudditi che, sfortunatamente, si dimostrarono ben poco affidabili. Soprattutto i magnati vedevano con insofferenza che a loro si erano preferiti dei generali tedeschi. Così il conte di Mansfeld si era allontanato dal quartier generale e si era accampato, inoperoso con il suo corpo d'armata[92], nei pressi di Pilsen, unicamente per non servire sotto gli ordini dei principi d'Anhalt e di Hohenlohe. I soldati, che mancavano del necessario, si scoraggiarono e la loro mancanza di disciplina li portò a saccheggiare le campagne, colmando l'indignazione del popolo. Inutilmente, lo sfortunato Federico si stabilì nel loro accantonamento nella speranza di rianimare il coraggio dei suoi soldati e il suo esempio non esercitò alcuna influenza sulla nobiltà.

I boemi avevano cominciato a trincerarsi sulla Montagna Bianca, nei pressi di Praga e fu là che l'armata imperiale bavarese li attaccò, l'8 novembre del 1620. All'inizio della battaglia, la cavalleria del principe d'Anhalt si trovò in vantaggio ma fu schiacciata dal numero degli avversari. Gli assalti dei bavaresi e dei valloni erano irresistibili. La cavalleria ungherese fu la prima a ritirarsi, la fanteria boema seguì dopo poco tempo e i tedeschi furono infine trascinati nella ritirata generale. Tutta l'artiglieria di Federico, che si componeva di soli dieci cannoni, cadde nelle mani del nemico e più di quattromila boemi morirono in questa battaglia, che costò all'imperatore solo qualche centinaio di uomini. In meno di un'ora quest'azione decisiva era compiuta.

Non aspettandosi di essere attaccato così presto, Federico quel giorno diede un grande pranzo e mentre i suoi soldati morivano per lui, era seduto a tavola! Un messaggero lo fece uscire informandolo di ciò che stava accadendo sulla Montagna Bianca e, dall'alto dei bastioni del suo castello, poté contemplare questo sanguinoso spettacolo. Incapace sul momento di prendere una qualunque decisione, sollecitò una tregua di ventiquattro ore, ma ne ottenne solo otto, delle quali approfittò per abbandonare la città nella notte. La regina e i suoi principali ufficiali lo seguirono in questa fuga, che si fece con tale fretta che il principe d'Anhalt dimenticò la sua corrispondenza segreta e Federico la sua corona![93]

Questo miserabile re, infine, comprese la sua posizione e tutte le consolazioni che ci si premurava di dargli non furono in grado di lenire il suo dolore.

«Sto imparando a conoscermi, – disse – ci sono virtù che solo le disgrazie ci possono insegnare ed è solo nelle avversità che i principi imparano a conoscere se stessi».

Quando la vigliaccheria di Federico l'aveva abbandonata al nemico, Praga non era ancora persa irrimediabilmente. Le truppe leggere di Mansfeld, che non avevano preso alcuna parte nella battaglia, erano ancora a Pilsen; Bethlen Gabor poteva ricominciare le sue ostilità contro l'imperatore, obbligandolo così a inviare parte delle sue forze in Ungheria; i boemi potevano, con un nuovo arruolamento, riorganizzare la loro armata; il rigore della stagione, la mancanza di viveri e le malattie che ne erano la conseguenza, potevano demoralizzare e annientare l'armata imperiale. Ma le speranze scomparvero davanti al pericolo immediato. Federico esagerava anche la sua diffidenza verso i boemi perché li credeva capaci di consegnarlo all'imperatore per avere il perdono di questo monarca furioso e vincitore.

Il conte di Thurn e tutti i capi dei ribelli non giudicarono opportuno attendere il loro castigo tra le mura di Praga, passarono dapprima in Moravia e poi cercarono rifugio nel fondo della Transilvania. Pensando di non essere abbastanza sicuro a Bratislava, dove prima aveva cercato rifugio, Federico si recò alla corte dell'elettore di Brandeburgo e finì con rifugiarsi in Olanda.

La battaglia della Montagna Bianca aveva deciso la sorte della Boemia. L'indomani Praga si arrese e tutte le altre città aprirono successivamente le loro porte. I rappresentanti degli stati prestarono giuramento e omaggio all'imperatore, senza alcuna condizione, e la Moravia e la Slesia imitarono questo esempio.

Erano trascorsi tre mesi senza che Ferdinando facesse un solo accenno a dei progetti di vendetta contro gli autori della rivolta, così la maggior parte dei capi, dopo essere fuggiti con terrore, furono rassicurati da questa tacita amnistia e ritornarono a Praga. Ma la tempesta scoppiò in un sol colpo. Nello stesso giorno e alla stessa ora, quarantotto boemi, tra i più attivi sostenitori della rivolta, furono arrestati e tradotti davanti a una corte marziale composta da boemi e austriaci. Di questi ventisette, e un numero enorme di gente comune, morirono sul patibolo[94]. Ai capi assenti fu intimato di presentarsi davanti al tribunale e chi non avesse risposto all'appello, sarebbe stato dichiarato colpevole di lesa maestà, i suoi beni confiscati e il suo nome affisso tra quelli dei ricercati. La confisca colpì tutti i ribelli condannati, qualunque fosse il grado della loro colpa e non risparmiò neppure quelli che erano caduti sul campo di battaglia[95].

Tuttavia, queste vessazioni non sollevarono troppe proteste, poiché cadevano su individui isolati e perché la spoliazione degli uni arricchiva gli altri. Non fu lo stesso per un altro provvedimento che scosse l'intero regno. Con questa disposizione tutti i ministri protestanti furono cacciati dal regno, prima i boemi e a seguire i tedeschi[96]. In una seduta solenne degli stati, lo stesso Ferdinando II strappò la *Lettera di maestà* e ne bruciò i pezzi e i sigilli. Sette anni dopo la battaglia di Praga, ai boemi non rimase nulla della precedente libertà religiosa. Malgrado tutte queste violenze, che annullavano autentici diritti accordati dai suoi predecessori, Ferdinando non osò cambiare la costituzione politica della Boemia. E mentre li privava della libertà di pensiero, generosamente lasciò loro quella di tassarsi da soli per il pagamento dei contributi.

La vittoria della Montagna Bianca aveva restituito all'imperatore tutti i suoi stati ereditari ed egli godeva di un potere ancor più grande di quello dei suoi predecessori, poiché ovunque si era prestato giuramento di fedeltà senza alcuna condizione e la *Lettera di maestà*, che limitava la sua autorità in Boemia era stata distrutta. Egli aveva raggiunto e superato tutto ciò che aveva sperato ed era venuto il momento di congedare i suoi alleati e di licenziare una parte delle sue truppe. Se fosse stato guidato dalla giustizia, la guerra sarebbe stata conclusa, se avesse ascoltato la voce dell'umanità, la sua vendetta sarebbe stata soddisfatta. Il futuro della Germania intera era nelle sue mani e la fortuna o la disgrazia di molti milioni di individui sarebbero state il risultato della condotta che avrebbe tenuto.

Mai una decisione tanto importante era dipesa da un solo uomo e mai la cecità di un solo uomo causò tanti disastri e devastazioni.

Libro II

L a strada che l'imperatore Ferdinando II aveva deciso di prendere diede alla guerra tutt'altra direzione, cambiandone il teatro e gli attori. Una semplice ribellione in Boemia e una spedizione per pacificarla si tramutarono in una guerra che coinvolse dapprima la Germania e poi tutta l'Europa. Prima di descrivere questa nuova fase della guerra, è indispensabile gettare uno sguardo sulla situazione in cui si trovavano all'epoca la Germania e l'intera Europa.

Il territorio tedesco e i privilegi dei membri della dieta presentavano forti ineguaglianze tra protestanti e cattolici. Nondimeno, se ciascuno di loro avesse saputo godersi i propri privilegi, se con una saggia politica ciascun partito avesse mantenuto l'armonia tra i suoi membri, avrebbe potuto essere abbastanza forte da tenere testa all'altro.

I cattolici erano i più numerosi e i più favoriti dalla costituzione dell'impero. Per contro, i protestanti possedevano le regioni più popolose, sovrani coraggiosi e aggressivi, una nobiltà guerriera, armate numerose, le più fiorenti città imperiali e il dominio del mare. Nei casi estremi, il partito protestante poteva contare sull'aiuto dei correligionari sparsi in tutti gli stati cattolici della Germania.

Se la Spagna e l'Italia si dimostravano sempre disposte a combattere per il cattolicesimo, Venezia, l'Olanda e l'Inghilterra non rifiutavano mai alla Riforma gli aiuti di cui aveva bisogno, così come gli Stati del Nord e la Turchia offrivano il supporto delle loro armi. Il Brandeburgo, la Sassonia e il Palatinato opponendo la loro voce a quella dei tre elettori ecclesiastici potevano mantenere l'equilibrio della dieta, e la dignità imperiale imponeva agli arciduchi d'Austria e al re di Boemia doveri che i protestanti avrebbero potuto sfruttare a loro vantaggio, se avessero saputo comprenderne l'importanza. La spada dell'*Unione evangelica* poteva costringere quella della *Lega* a rimanere nel fodero e, in ogni caso, l'*Unione* era abbastanza forte per sostenere una guerra.

Disgraziatamente gli interessi privati ebbero la meglio sugli interessi generali, che avrebbero dovuto tenere uniti i membri protestanti dell'impero. L'epoca era grande e di particolare rilievo, ma non produsse che spiriti mediocri. Così, l'istante cruciale trascorse senza che nulla fosse deciso, poiché i coraggiosi mancavano di potere e i potenti mancavano di coraggio, di discernimento e di fermezza.

L'estensione dei suoi possedimenti, l'importanza della sua voce nella dieta e la sua qualità di discendente dell'illustre Maurizio di Sassonia, posero Giovanni Giorgio, elettore di Sassonia[97], alla testa del partito protestante. Solo da lui dipendeva il trionfo o la sconfitta di questo partito, egli lo sapeva e non si mostrò insensibile ai vantaggi che poteva trarre dalla sua posizione. L'imperatore e l'*Unione evangelica* desideravano con lo stesso ardore vederlo passare al loro partito e Giovanni Giorgio voleva alimentare le loro speranze e approfittare delle loro paure, senza mai schierarsi apertamente né per l'uno né per l'altro.

L'entusiasmo cavalleresco e l'esaltazione religiosa che, a quell'epoca, si erano impadroniti di tutti i sovrani e che li spingevano a rischiare le loro corone e le loro vite sui campi di battaglia, non avevano esercitato alcuna influenza sul carattere calmo e sulle idee concrete di questo principe. Sperando unicamente di conservare i suoi stati e, se era possibile, di estenderli, si attirò i rimproveri dei contemporanei che lo accusarono di aver abbandonato, nel momento del più grave pericolo, la causa della Riforma e sacrificato la salvezza della patria all'accrescimento del suo casato. Infine, di aver esposto la chiesa evangelica alla rovina piuttosto che levarsi in difesa dei riformati. Ma fu un errore da parte dei principi non prendere esempio dalla saggia politica di Giovanni Giorgio.

Se noncuranti di questa saggia politica i sassoni si ribellarono contro i saccheggi con i quali le truppe imperiali segnavano il loro passaggio; se tutta la Germania si accorse che l'imperatore si prendeva gioco dell'elettore di Sassonia; se lui stesso, infine, fu costretto a riconoscerlo, la vergogna doveva ricadere interamente sull'imperatore, che aveva tradito la sua fiducia. Del resto, se Giovanni Giorgio aveva le mani legate dal legittimo desiderio di conservare i suoi possedimenti e dalla totale fiducia nell'Austria, il debole Giorgio Guglielmo di Brandeburgo[98] era ancora più bloccato dalla paura dell'Austria e dal terrore di perdere i propri territori. Tuttavia, proprio la condotta, che l'Europa rimproverò a questi due principi, avrebbe salvato l'elettore del Palatinato, la sua fama e il suo regno. Ma, confidando su forze di cui non conosceva la consistenza, disorientato dai consigli della Francia, abbagliato dallo splendore di una corona reale, lo sfortunato Federico V si era lasciato trascinare in un'impresa al di sopra della sua intelligenza e delle sue risorse. Così, la casa del Palatinato, che ancora per lungo tempo avrebbe potuto impedire l'esplosione della guerra, perse tutta la sua influenza e finì per essere divisa in numerosi stati a causa della discordia tra i suoi principi.

Fu allo stesso modo, per la divisione del suo territorio, che si indebolì il casato dell'Assia[99], già diviso dalle opinioni religiose che separavano il ramo di Assia Darmstadt da quello di Assia Kassel. Il primo, devoto alla confessione d'Augusta, si era rifugiato sotto le ali dell'imperatore che lo proteggeva a spese del secondo, divenuto calvinista. Ma, mentre i suoi correligionari versavano il loro sangue per la fede e la libertà, il langravio Giorgio di Assia Darmstadt[100] si metteva al soldo di Ferdinando II, il nobile Guglielmo di Assia Kassel[101], degno discendente del suo eroico predecessore che, cento anni prima, aveva osato difendere la libertà della Germania contro il temibile Carlo V[102], scelse il partito del pericolo e dell'onore. Senza la paura che piegò dei principi più potenti di lui sotto lo scettro imperiale, Guglielmo di Assia Kassel offrì per primo il suo aiuto e le sue capacità agli eroi della Svezia e così divenne, per tutti i sovrani protestanti quel nobile esempio che nessuno di essi aveva osato dare. Egli persistette fino al termine della sua vita sulla via che il coraggio gli aveva ispirato. Ponendosi audacemente di fronte al suo paese sanguinante, accolse con l'ironia del disprezzo le orde imperiali, le cui mani erano ancora coperte del sangue delle vittime di Magdeburgo.

Il langravio Guglielmo merita di rimanere immortale accanto all'eroica stirpe degli Ernestini. Sventurato Giovanni Federico, nobile, indimenticabile principe! Il giorno della vendetta si fece lungamente attendere, ma apparve alla fine radioso e glorioso. Per te, il tempo ritornò sui suoi passi e il tuo spirito eroico discese su tuo nipote. Una valente stirpe di principi uscì dal fondo della foresta della Turingia e le loro eccellenti e sublimi gesta cancellarono l'indegna sentenza che fece cadere la corona di elettore dalla tua nobile testa, e per placare la tua ombra così giustamente irritata, le loro braccia indomabili ti immolarono migliaia di vittime! Il vincitore levò loro gli stati, ma non le virtù patriottiche che li animavano, né il coraggio cavalleresco. Fu per vendicare te e tutta la Germania che la libertà diede loro la più affilata delle spade contro la stirpe degli Asburgo, e a questo brando sacro e invincibile, ciascuno dei tuoi discendenti ha dato un nuovo splendore. Come uomini hanno ottenuto ciò che da sovrani non avrebbero osato intraprendere. Sono morti della più gloriosa delle morti, come i più valorosi soldati della libertà! Non abbastanza forti per poter combattere l'oppressore alla testa delle proprie armate, hanno saputo indirizzare contro lui il fulmine dello straniero e hanno vinto sotto le bandiere alleate. I membri più potenti della dieta germanica, i cui interessi erano strettamente legati all'indipendenza dell'impero, avevano rinunciato a difendere la libertà della Germania, che non aveva altro appoggio se non quello dei principi minori, per i quali non aveva pressoché alcun valore. Il potere e l'orgoglio soffocarono il coraggio dei grandi sovrani, l'assenza di queste prerogative trasformò i piccoli in indomabili eroi. Mentre gli elettori della Sassonia, del Brandeburgo e quelli come loro, si ritirarono pavidamente dalla lotta, i Mansfeld, i principi d'Anhalt e di Weimar rischiarono la loro vita e le loro fortune in sanguinose battaglie. I duchi di Meclemburgo, di Pomerania, di Lüneburg, del Württemberg e delle città imperiali della alta Germania, abituati a tremare davanti al capo dell'impero, evitarono ogni conflitto con lui e si piegarono impauriti sotto il suo scettro di ferro.

Massimiliano di Baviera[103] era per tutta la Germania cattolica un protettore potente, abile e coraggioso. Per tutta la durata della guerra seguì, con ammirevole perseveranza, un unico obiettivo. Mai titubante quando si trattava di sacrificare gli interessi dello stato a delle opinioni religiose, mai schiavo dell'Austria, che ridusse a lavorare per la sua grandezza e a tremare davanti al suo braccio protettore, Massimiliano avrebbe meritato di ricevere da una mano più nobile le province e gli onori che furono la ricompensa dei suoi lunghi sforzi. Gli altri stati cattolici, quasi tutti ecclesiastici, la cui opulenza sollecitava lo spirito di rapina delle truppe protestanti, non erano animati da uno spirito guerriero da poter contrastare queste orde e diventarono uno dopo l'altro vittime della guerra, limitandosi a tramare nei gabinetti e tuonare dai pulpiti contro i nemici che non osavano affrontare in campo aperto. Schiavi dell'Austria e della Baviera, finirono per cercare rifugio all'ombra della gloria che Massimiliano diede al suo partito e non riacquistarono una qualche importanza politica sino al momento in cui questo principe acconsentì a riunirli tutti sotto il suo potente patronato.

Con sforzi incredibili, Carlo V e suo figlio erano giunti a elevare l'edificio di una monarchia gigantesca, le cui ramificazioni si estendevano non solo nei Paesi Bassi, nelle Due Sicilie e nel milanese, ma anche sulle più lontane terre delle Indie orientali e occidentali. Questo vasto impero, così contrario alle leggi naturali, non aveva alcuna possibilità di durata, iniziò a sgretolarsi sotto il regno di Filippo

III e si vide minacciato di rovina sotto quello di Filippo IV. Improvvisamente assurto a una fittizia grandezza per il potere infruttifero dell'oro che ricavava in America, vide questa stessa grandezza declinare per non aver favorito l'agricoltura, che è la reale ricchezza degli stati.

Le sue conquiste nel nuovo mondo avevano impoverito la Spagna, mentre arricchivano le piazze commerciali dell'Europa, poiché solo i banchieri di Anversa, di Venezia e di Genova sapevano far fruttare l'oro estratto nelle miniere del Perù. Per salvare l'India, la Spagna si era spopolata e ciò che le era rimasto di quest'oro l'aveva vanamente speso per riconquistare l'Olanda, inseguire la chimera di cambiare il diritto di successione al trono di Francia e attaccare senza successo l'Inghilterra. Ciò nonostante, l'orgoglio della monarchia spagnola sopravvisse alla sua grandezza, come l'odio dei suoi nemici sopravvisse alla sua potenza e il terrore sembrava ancora circondare la tana del lupo.

La sfiducia verso i protestanti mosse i ministri di Filippo III ad adottare la pericolosa politica già fatta dal padre di questo monarca. I cattolici tedeschi rimasero così inamovibili nella loro fiducia nella protezione della Spagna come nella loro fede nei miracoli operati dalle ossa dei martiri.

D'altro canto, la Spagna aveva cura di nascondere con magnifiche esteriorità le ferite che minacciavano la sua esistenza e conservò alta l'opinione che si aveva della sua forza, perché non modificò mai il tono di arroganza che aveva assunto durante i suoi giorni di prosperità. Schiavi nel loro paese, stranieri sul loro trono, i re spagnoli ai quali non restava che l'ombra della sovranità, dettavano ancora le leggi ai loro parenti tedeschi della Germania, benché ci sia da dubitare sul fatto che la loro protezione fosse ancora consona alla vergognosa dipendenza con la quale gli imperatori continuavano a pagarla.

Se dei favoriti ambiziosi e dei monaci ignoranti continuavano, al di là dei Pirenei, ad arrogarsi il diritto di decidere i destini dell'Europa è perché la monarchia spagnola, pur nel suo declino, era ancora temibile. Il suo estendersi equivaleva a quello dell'impero, la sua politica, più per consuetudine che per saggezza, era uguale. Le sue armate erano disciplinate e i suoi generali erano abili ed esperti. Inoltre, quando le armi non le furono più favorevoli, essa non temette di servirsi del pugnale dei sicari e di ridurre i suoi ambasciatori al ruolo di incendiari e assassini.

Per compensare le perdite che aveva subito in America, aspirava a dominare l'Europa e questo dominio si sarebbe realizzato nel momento in cui si fosse legata agli stati ereditari dell'Austria, stabilendosi nei paesi situati tra le Alpi e il mare Adriatico. Questo vasto e antico progetto aveva avuto un inizio perché la Spagna si era insinuata in Italia, dove faceva tremare tutti i sovrani dei quali desiderava gli stati.

La situazione del papa era ancora più critica, poiché i viceré di Napoli e di Milano lo sorvegliavano, per così dire, a vista, la repubblica di Venezia si sentiva pressata dal Tirolo austriaco e dalla Milano spagnola[104]; la Savoia univa a questi due temibili vicini la Francia, non meno minacciante. Questo giustifica l'imbarazzante politica che, dopo Carlo V, condussero tutti gli stati italiani. Infatti, la doppia funzione che i papi rappresentavano li metteva nella necessità di ondeggiare tra due sistemi politici completamente opposti. Il successore di San Pietro non poteva dispensarsi dal vedere nei principi spagnoli i suoi figli più fedeli e i più fermi difensori della Chiesa, tuttavia per il sovrano degli stati romani questi stessi principi erano dei cattivi vicini e degli avversari pericolosi. Se, nella sua qualità di pontefice, la distruzione dei protestanti e il trionfo della casa d'Austria era il suo più fervente desiderio, doveva applaudire, come sovrano, i successi dei protestanti che mettevano i suoi nemici nell'impossibilità di nuocergli.

L'uno o l'altro di questi due atteggiamenti dominava alla corte di Roma, in base alle inclinazioni dei papi verso gli interessi spirituali o temporali. Ma, in generale, questa corte seguiva gli impulsi suscitati dai pericoli del momento, condotta molto naturale poiché la paura di perdere un vantaggio che si possiede è sempre più forte del desiderio di riconquistarne uno perso da lungo tempo. Questa verità spiega chiaramente, senza dubbio, come i rappresentanti di Cristo abbiano potuto unirsi all'Austria per assicurare la sconfitta degli eretici e assecondare, nello stesso tempo, questi eretici per procurare la sconfitta dell'Austria.

Come è sorprendentemente intricato il filo che intreccia la storia del mondo! Chi oserebbe dire quale sarebbe stata la sorte della Riforma e della libertà della Germania se gli interessi del capo della Chiesa cattolica e del sovrano di Roma fossero stati gli stessi?

Perdendo il grande Enrico, la Francia aveva perduto il suo splendore e il suo peso nella bilancia dell'equilibrio europeo. Una tempestosa reggenza, successivamente, distruggeva tutto ciò che egli aveva fatto di utile e di glorioso. I tesori faticosamente accumulati dalla saggia amministrazione di Sully e dalla prudente condotta di Enrico IV, furono dissipati in pochi anni da ministri che dovevano le loro cariche non al merito, ma al favore e all'intrigo. Troppo occupati a difendere il loro potere dalle fazioni interne, non si sognavano neanche di occuparsi della politica europea. Le stesse motivazioni che armavano i tedeschi contro i tedeschi, sollevarono i francesi contro i francesi e Luigi XIII giunse al trono solo per dichiarare guerra a sua madre e ai suoi sudditi protestanti[105]. La saggia e illuminata politica di Enrico IV aveva saputo mantenere nei confini della giustizia questa importante parte della popolazione francese, mentre l'imprudenza e il fanatismo di Luigi XIII le offrì il pretesto per ricorrere nuovamente alle armi. Così, in pochi mesi, si videro i protestanti ridivenire una potenza. Condotti da capi abili e coraggiosi, giunsero a formare uno stato in mezzo a quello esistente e la piazzaforte di La Rochelle fu il centro di questo nascente impero. Luigi XIII non era abbastanza abile per soffocare, con una assennata tolleranza, sin dal suo inizio, questa guerra civile, né era abbastanza forte per affrontarla con successo. Non gli restava, quindi, altra via che acquisire la sottomissione dei ribelli con delle consistenti somme di denaro.

Sebbene fosse politicamente per lui un dovere sostenere i boemi contro l'Austria, il figlio di Enrico IV restò spettatore passivo della rovina di questo popolo, credendosi già fortunato per aver impedito ai calvinisti del suo paese di aiutare i correligionari al di là del Reno. Un grande uomo sul trono di Francia avrebbe saputo indurre i protestanti a obbedire alle leggi del loro paese e a combattere per la libertà dei loro fratelli in Germania. Ma Enrico IV non c'era più e fu solo con Richelieu che nel gabinetto francese tornarono a rivivere piani di questo livello.

Mentre l'influenza e la gloria della Francia diminuivano ogni giorno, l'Olanda, divenuta infine libera, completava l'edificio della sua grandezza. Non era ancora svanito il coraggio con cui i principi d'Orange avevano esaltato questa nazione mercantile al punto da trasformarla in un popolo di eroi che, per riconquistare la sua indipendenza, aveva ingaggiato una sanguinosa guerra con la Spagna. Questi nuovi repubblicani non si erano dimenticati che i fratelli tedeschi li avevano soccorsi e desideravano altrettanto vivamente vederli diventare liberi come lo erano loro, poiché erano opposti allo stesso nemico e poiché l'indipendenza della Germania era una formidabile garanzia della stessa indipendenza dell'Olanda. Tuttavia, una repubblica costretta ancora a guerreggiare per la sua esistenza e i cui sforzi erano appena sufficienti a contenere il nemico, sempre accampato sul suo territorio, non poteva, senza imprudenza, distaccare una parte delle sue forze, per seguire la generosa aspirazione politica di aiutare i suoi vicini.

L'Inghilterra, benché recentemente ingrandita dall'unione con la Scozia, sotto il debole re Giacomo[106] aveva perduto lo splendore e l'importanza che il genio superiore di Elisabetta aveva saputo darle. Persuasa che la sicurezza dei suoi stati dipendeva dalla sorte del protestantesimo, questa prudente regina si era imposta la regola di proteggere tutti i movimenti contrari agli interessi dell'Austria. Il suo successore mancava dell'acume per comprendere questa condotta e, di riflesso, della forza per portarla avanti. L'economa Elisabetta non aveva risparmiato i suoi tesori per soccorrere i Paesi Bassi contro la Spagna ed Enrico IV contro la *Lega*. Giacomo abbandonò suo genero, sua figlia e i suoi nipoti alla furia di un vincitore spietato[107]. Mentre questo re, male ispirato, spendeva la sua erudizione per cercare nel cielo l'origine della maestà reale, perse la sua autorità sulla terra. I suoi sforzi di eloquenza per provare i diritti illimitati della regalità, servirono solo a ricordare alla nazione inglese i propri. Dissipando denaro inutilmente, egli perse la più importante delle sue prerogative, quella di ridurre al silenzio la libertà, superando l'opposizione del parlamento. L'istintivo terrore che gli ispirava la vista di una spada lo faceva rifuggire davanti alla guerra più giusta e la sua debolezza lo rendeva lo zimbello del favorito Buckingham, e la vanitosa presunzione lo faceva cadere nei grossolani tranelli che gli tendeva il perfido gabinetto spagnolo.

Mentre si consumava la rovina di suo genero e altri si dividevano l'eredità dei suoi nipoti, questo inetto monarca gustava l'incenso che l'Austria e la Spagna gli prodigavano per distrarlo da questi gravi avvenimenti. Per questo scopo la Spagna gli mostrò una nuora a Madrid e questo padre, così visibilmente credulone, equipaggiò egli stesso il suo avventato figlio per questa burla che doveva assicurargli di impalmare l'illustre fidanzata spagnola[108]. Ma, per il figlio di Giacomo I, la fidanzata spagnola scomparve come la corona di Boemia e quella di elettore del Palatinato scomparvero per suo genero. La morte, infine, liberò questo povero re dalla necessità di terminare il suo regno con una guerra civile che egli non aveva avuto il coraggio di tenere a distanza. Preparata dalla sua reggenza, la tempesta rivoluzionaria obbligò il suo sfortunato figlio a restare al di fuori della guerra tedesca, per occuparsi solo delle fazioni che laceravano i suoi stati e delle quali divenne vittima egli stesso.

Nello stesso periodo, due monarchi eguali in potere e ambizione, ma non nel merito, attirarono l'attenzione e la considerazione del mondo sul nord Europa. Sotto il lungo e saggio regno di Cristiano IV, la Danimarca era divenuta una potenza[109]. Le qualità personali di questo principe, una marina eminente per valore e capacità, truppe intrepide e addestrate, finanze fiorenti e alleanze saggiamente intessute assicuravano la sua prosperità all'interno e la sua influenza all'estero. La Svezia, dal canto suo, era stata strappata alla schiavitù da Gustavo Wasa e una costituzione liberale l'aveva portata a un rango di rilievo tra i popoli degni di occupare un posto nella storia[110].

Spettò a Gustavo Adolfo il compito di proseguire l'opera della quale aveva posto le basi il suo illustre antenato. Costrette innaturalmente in un'unica monarchia, la Svezia e la Danimarca al tempo della Riforma si erano separate con la violenza e questa separazione fu il segnale di una nuova epoca. Così come era stata dannosa un'unione obbligata, così sarebbero state necessarie ad entrambi l'amicizia e l'armonia. La chiesa riformata si appoggiò sia all'una sia all'altra, entrambe avevano gli stessi mari da sorvegliare, l'uniformità dei loro interessi avrebbe dovuto unirle contro i comuni nemici, ma gli odi e le antipatie che avevano separato la monarchia continuarono a dividere le due nazioni, divenute indipendenti l'una dall'altra.

I re di Danimarca francamente non rinunciavano alle loro pretese sul regno di Svezia e gli svedesi non potevano dimenticare i mali che avevano sofferto sotto la dominazione danese. La prossimità delle frontiere, la gelosia mal repressa dei re, gli inevitabili scontri commerciali sui mari del nord alimentavano sempre gli odi nazionali e le dispute politiche. Gustavo Wasa, il restauratore del regno di Svezia, aveva cercato di consolidare la sua opera appoggiandola alle riforme religiose. Una legge dello stato vietava l'accesso ai cattolici a tutti i pubblici impieghi e vietava ai futuri sovrani tutti i cambiamenti di politica relativi alla situazione religiosa dello stato. Malgrado questo divieto, Giovanni[111], secondo figlio e secondo successore di Gustavo Wasa, abbracciò il cattolicesimo e suo figlio Sigismondo[112] che unì alla corona di Svezia quella della Polonia, operò pressoché apertamente per la distruzione della costituzione della Svezia e della religione riformata. Sostenuti da Carlo, duca di Südermanland[113], terzo figlio di Gustavo Wasa, gli stati della Svezia opposero una vigorosa resistenza che ben presto degenerò in una guerra civile tra lo zio e il nipote, tra la nazione e il re. Incaricato di governare il regno durante l'assenza di Sigismondo, il duca Carlo di Südermanland aveva approfittato del lungo soggiorno del re in Polonia per rendersi sempre più gradito alla nazione ed aprirsi la strada del trono.

Le mosse sbagliate di Sigismondo aumentarono il giusto risentimento degli stati. Un'assemblea generale, solennemente convocata, dichiarò Sigismondo e la sua discendenza decaduto dal trono e vi pose il duca Carlo di Südermanland, a dispetto della clausola della costituzione di Gustavo Wasa che aveva il diritto di primogenitura come base per la successione alla corona. Il nuovo re regnò con il nome di Carlo IX e suo figlio, Gustavo Adolfo, gli succedette[114]. Ciò nonostante i partigiani di Sigismondo vedevano in lui il figlio di un usurpatore e si rifiutarono di riconoscerlo.

Se è vero che gli obblighi tra sovrani e sudditi sono reciproci, se i popoli sono qualcosa di più di una massa immobile che si eredita senza altra condizione che quella che dettano le leggi di successione, deve essere permesso a un'intera nazione, quando agisce all'unanimità, deporre un re spergiuro per sostituirlo con colui che riconosce più degno di questa alta carica.

Gustavo Adolfo non aveva ancora compiuto diciassette anni quando perse suo padre e, tuttavia, gli stati, intuendo senza dubbio il suo genio precoce, lo dichiararono maggiorenne. Il giovane re iniziò il suo regno, durante il quale condusse il suo popolo di vittoria in vittoria, con una gloriosa vittoria su se stesso. Infatti, perdutamente innamorato della giovane contessa di Brahe, figlia di uno dei suoi sudditi, aveva accarezzato l'idea di portarla con sé sul trono, ma la ragion di stato ebbe il sopravvento sull'amore e presto, il suo cuore, troppo nobile per domandare alla vita unicamente le gioie di una felice esistenza famigliare, non ebbe altre passioni se non quelle che fanno grandi ed eroici i re.

Sconfinando continuamente nei territori della Svezia, Cristiano IV di Danimarca, che era salito al trono prima della nascita di Gustavo, aveva più di una volta sorpreso importanti piazzeforti e spinto le sue incursioni all'interno del paese. Con sagge concessioni, Gustavo

Adolfo acquistò la pace con i suoi vicini e, così, poté dirigere i suoi sforzi verso lo zar di Mosca. Mai l'equivoca gloria del conquistatore lo mosse a versare il sangue dei suoi sudditi in guerre ingiuste, ma non rifiutò mai una guerra giusta. Questa guerra fortunata contro la Russia fu vinta e ingrandì la Svezia delle sue più belle province orientali.

In quel periodo Sigismondo, il re di Polonia, indirizzò sul figlio l'odio che aveva dedicato al padre e non lasciò nulla di intentato per scuotere la fiducia dei suoi sudditi, raffreddare lo zelo dei suoi amici ed eccitare l'ardore dei suoi nemici. Né le grandi qualità del suo avversario, né la devozione che gli svedesi dimostravano al loro adorato re, potevano far morire la teorica speranza di riprendere il trono perduto. Persistette nel rifiutare con sdegno tutte le offerte di riconciliazione che gli venivano fatte e Gustavo Adolfo, nonostante la sua disponibilità a una pacificazione, si vide costretto a continuare una lunga guerra, che gli valse la conquista della Livonia e della Polonia prussiana.

Questa guerra tra Svezia e Polonia si colloca all'inizio della Guerra dei Trent'anni in Germania, con la quale è in qualche modo collegata. Benché sempre vincitore, egli fu costantemente il primo a offrire la pace che Sigismondo sempre rifiutò. Il suo titolo di re cattolico, che contendeva la corona a un principe protestante, gli dava diritto all'amicizia della Spagna e dell'Austria, e la sua doppia parentela con l'imperatore gli permetteva di contare sul suo appoggio. La certezza che questi potenti aiuti non gli sarebbero venuti a mancare fu, indubbiamente, la prima causa delle sue intenzioni bellicose che le corti di Vienna e Madrid alimentavano con grandi promesse.

Mentre l'imperatore, sempre trionfante, avanzava a grandi passi verso il dominio assoluto della Germania, Sigismondo perdeva una dietro l'altra le piazze della Livonia, della Curlandia e della Prussia. Queste numerose perdite accrebbero la sua avversione verso la pace e la sua cieca fiducia nella lealtà dell'imperatore non gli faceva vedere che il monarca lo spingeva alla guerra unicamente per tenere impegnato, a spese della Polonia, l'eroe della Svezia, poter sradicare indisturbato la libertà in Germania e portare a termine la grande impresa della conquista del nord, sfinito dalle guerre intestine. La superiore capacità di Gustavo Adolfo frustrò le perfide macchinazioni di Ferdinando II. La lotta che da oltre otto anni sosteneva contro la Polonia, lontana dall'esaurire la potenza svedese, aveva perfezionato il suo talento militare e forgiato le sue truppe a una nuova tattica che, più tardi, gli consentì di operare prodezze che meravigliarono tutta l'Europa.

Dopo questa lunga digressione sulla situazione in cui si trovavano all'epoca i principali stati europei, riprendo il mio racconto.

L'imperatore era rapidamente, e pressoché senza ostacoli, entrato nel pieno possesso di tutti i suoi stati ereditari, ma non aveva ottenuto un indennizzo sufficiente delle spese sostenute per salvarli. Le confische fatte in Boemia e in Moravia gli avevano reso oltre quaranta milioni di fiorini e questa somma sarebbe stata più che sufficiente a coprire tutte le spese della guerra per lui e i suoi alleati. Però, anziché usarla per questo, Ferdinando II la prodigò ai suoi favoriti e, soprattutto, ai gesuiti, dei quali niente poteva soddisfare l'insaziabile cupidigia. Il duca Massimiliano di Baviera, a cui andava il merito di aver fatto mantenere il possesso dei suoi stati all'imperatore e che per portargli soccorso aveva tradito gli interessi di un suo parente prossimo[115], era ancor più convinto di poter contare su una completa riconoscenza, visto che prima di prendere le armi gli aveva fatto firmare la promessa di rifondere generosamente tutte le spese e tutte le perdite alle quali il suo aiuto lo avrebbe esposto[116]. Ferdinando II comprendeva gli obblighi che gli imponeva questa promessa, ma voleva assolverli senza privarsi di nulla e a spese di un principe vinto, che era facile accusare di un crimine che giustificava, almeno in apparenza, tutte le violenze che ci si potevano permettere contro di lui[117]. Fu con questo obiettivo che continuò a perseguitare Federico V, la spogliazione del quale voleva destinare a Massimiliano di Baviera, e gli dichiarò una nuova guerra per pagare le spese di quella vecchia.

Una considerazione ancora più forte finì col rafforzare l'imperatore nella funesta decisione che aveva preso. Fino ad allora Ferdinando non aveva servito altro dovere che quello dell'autodifesa, ma le vittorie che aveva ottenuto l'avevano reso così potente da risvegliare in lui il desiderio di esaudire, nei suoi intendimenti, il voto per il quale si era impegnato a proclamare *Nostra Signora di Loreto* generalissima della sua armata e a promuovere il suo culto a dispetto di tutti i pericoli che potevano derivarne anche a lui. L'oppressione dei protestanti era strettamente legata a questa promessa e non potevano presentarsi circostanze più favorevoli a questo scopo di quelle che si verificarono alla fine della guerra in Boemia. Non gli mancavano né il potere né una parvenza di diritto per mettere il Palatinato nella mani dei cattolici e il peso di questo cambiamento negli interessi cattolici in Germania

94

sarebbe stato di importanza fondamentale. Così, gratificando il duca di Baviera, si procurava nello stesso tempo il crudele piacere di annientare un odiato nemico e la pia soddisfazione di compiere il voto che doveva dargli nuovi diritti alla corona celeste. Così anche la rovina di Federico V era stata da lungo tempo decisa nel gabinetto imperiale, ma non si osò lavorarvi apertamente fino a quando il destino non si pronunciò chiaramente contro di lui.

Una decisione dell'imperatore, priva di tutte le forme che la costituzione dell'impero rendeva indispensabili, dichiarò l'elettore del Palatinato e tre altri principi tedeschi che avevano combattuto per lui in Slesia e in Boemia, colpevoli di lesa maestà e della violazione della pace pubblica[118]. Questa decisione li privava nello stesso tempo di tutti i loro stati e delle relative dignità e li metteva al bando dall'impero. L'esecuzione di questa sentenza contro Federico, cioè la conquista dei suoi territori fu, in palese violazione della legge, affidata alla Spagna, in quanto sovrana del ducato di Borgogna, al duca di Baviera e alla *Lega*. Se l'*Unione evangelica* fosse stata degna del nome che portava e della causa che si era impegnata a difendere, l'esecuzione di questa sentenza sarebbe stata impedita da ostacoli insormontabili, ma non si poteva sperare da un potere che non riusciva a vincere nemmeno le truppe spagnole nel basso Palatinato, di volgersi con successo contro le forze unite dell'imperatore, della Baviera e della *Lega*. La sentenza di proscrizione pronunciata nei confronti dell'elettore fece staccare le città libere dall'*Unione* e i principi seguirono il loro esempio. Abbandonarono il loro vecchio capo al capriccio dell'imperatore e ruppero l'*Unione evangelica* con la solenne promessa di non cercare mai di ricostruirla.

Mentre i principi tedeschi abbandonavano vergognosamente l'elettore del Palatinato Federico e la Boemia, la Slesia e la Moravia si piegavano di nuovo sotto il giogo imperiale, un solo uomo, senza altra ricchezza che il suo coraggio, senza altra speranza se non la fortuna, osò sfidare la grande potenza imperiale nella città di Pilsen. Quest'uomo era il conte Ernesto di Mansfeld. Abbandonato alle sue sole forze dall'elettore al quale aveva prestato il suo servizio, dopo la battaglia di Praga si era chiuso nella città di Pilsen e, senza sapere se Federico V gli sarebbe stato grato della sua ostinazione, oppose una strenua resistenza fino al momento in cui i suoi soldati, esasperati per la mancanza di viveri e di denaro, non vendettero la città all'imperatore. Lontano dal lasciarsi abbattere da questo rovescio, lo si vide riparare ben presto nell'alto Palatinato, dove arruolò le truppe che l'*Unione* aveva congedato e oltre ventimila uomini si schierarono sotto le sue bandiere.

Questa armata, che non aveva altro mezzo di sussistenza che il saccheggio e la rapina, terrorizzava gli stati vicini e, soprattutto, i vescovi che tremavano per le loro ricchezze che costituivano un possibile bottino molto ambito. Massimiliano, che nella sua qualità di esecutore del bando imperiale, stava entrando nell'alto Palatinato, obbligò Mansfeld a lasciare il paese e incaricò il generale conte Tilly[119] di inseguirlo, ma Mansfeld gli sfuggì con abile mossa e invase il basso Palatinato dove impose ai vescovi sulle rive del Reno le punizioni che aveva progettato per quelli della Franconia.

Mentre l'armata imperiale bavarese invadeva la Boemia, il generale spagnolo Ambrogio Spinola[120] era penetrato dalle Fiandre nel basso Palatinato. Dopo il trattato di Ulm, l'*Unione* aveva il diritto di difendere questa regione, ma aveva usato questo diritto con tale negligenza e incapacità che, al momento della sua dissoluzione, gli spagnoli occupavano già pressoché tutte le città e le piazzeforti. Il generale Cordoba[121], che aveva sostituito il generale Spinola nel basso Palatinato, tolse bruscamente l'assedio a Frankenthal per andare ad affrontare Mansfeld. Ma invece di condurre gli spagnoli fuori da questa provincia, quest'ultimo passò il Reno ed entrò in Alsazia dove, per dare cibo e rifugio alle sue truppe, devastò le campagne e impose alle città dei contributi esorbitanti, che si affrettarono a pagargli come unico mezzo per liberarsi dall'incendio e dal saccheggio. Rafforzato da questa spedizione, Mansfeld ripassò il Reno e minacciò a sua volta gli spagnoli del basso Palatinato.

Fino a quando un tale guerriero combatteva per lui, Federico non era completamente perduto, del resto la sua sfortuna aveva risvegliato l'ardore dei suoi amici, da lungo tempo sopito. Giacomo d'Inghilterra, che aveva osservato con indifferenza la perdita della corona boema da parte di suo genero, si risvegliò dalla sua insensibilità quando si rese conto che la vita di sua figlia e di suo nipote erano in pericolo e che l'armata vittoriosa intendeva attaccare l'elettorato. Anche se tardi, decise di mettere mano al suo tesoro e mandò rifornimenti in denaro e uomini prima all'*Unione*, che in quel momento stava difendendo il basso Palatinato, e più tardi, quando questa si ritirò, al conte di Mansfeld. Vista la relazione che li legava, anche Cristiano, re di Danimarca, decise di fornire il suo aiuto. Questa causa, infatti, offriva ancor più possibilità di successo visto che la tregua tra l'Olanda e la Spagna stava giungendo alla fine, mettendo quest'ultima nell'impossibilità di assecondare ancora per molto tempo le smisurate ambizioni dell'imperatore.

Ancora più importante fu l'aiuto che il Palatinato ricevette dalla Transilvania e dall'Ungheria. La tregua tra Bethlen e l'imperatore stava per terminare, quando questo anziano e formidabile nemico dell'Austria invase nuovamente l'Ungheria e venne incoronato a Bratislava. La sua ascesa fu così rapida che per proteggere l'Austria e l'Ungheria, Bucquoi dovette lasciare la Boemia. Questo valoroso generale trovò la morte nell'assedio di Neuhausel e il non meno coraggioso Dampierre cadde vicino a Bratislava. Bethlen, trionfante, continuava ad avanzare verso le frontiere dell'Austria, dove il vecchio conte di Thurn e altri numerosi signori boemi, sfuggiti alla vendetta imperiale, gli offrirono l'aiuto della loro forza e del loro odio.

Un serio attacco da parte dei protestanti, mentre Bethlen premeva sull'impero dalla parte ungherese, avrebbe potuto rovesciare la sorte di Ferdinando II e ristabilire quella di Federico V ma, per una incredibile fatalità, i boemi e i tedeschi non furono in grado di presentarsi sul teatro di guerra, nel momento in cui la bellicosa Transilvania aveva esaurito tutte le sue risorse e si vedeva costretta a ritemprare le sue forze con un temporaneo riposo.

Federico nel frattempo non aveva esitato a gettarsi tra le braccia del suo nuovo protettore, Mansfeld, e raggiunse, con l'aiuto di un travestimento, il corpo d'armata di Mansfeld, che combatteva contro il generale Tilly nel basso Palatinato, avendo già conquistato da tempo l'alto Palatinato. Gli apparve un bagliore di speranza quando gli si manifestarono nuovi amici dalle file dell'Unione. Questo viaggio gli valse numerose testimonianze di entusiastica devozione. Il margravio del Baden, Giorgio Federico[122], già membro dell'Unione, arruolò delle truppe, che presto diventarono un vero esercito, delle quali nessuno conosceva la reale destinazione. Dopo aver abdicato in favore del figlio al fine di sottrarre i suoi stati alla vendetta dell'imperatore in caso di sconfitta, unì il suo corpo d'armata a quello del di Mansfeld.

Da parte sua, il suo vicino duca del Württemberg provvide ad armamenti straordinari e dichiarò solennemente l'intenzione di riorganizzare l'Unione evangelica. Giustamente spaventato da questi minacciosi preparativi, il generale Tilly chiamò le truppe spagnole in suo soccorso e mentre si rafforzava attraverso questo congiungimento,

Mansfeld si separava dal margravio del Baden il quale, abbandonato alle sue sole forze, fu sconfitto dai bavaresi, nel 1622, nel pressi di Wimpfen.

Un guerriero impavido senza ricchezza, la cui legittima discendenza era contestata dalla sua stessa famiglia[123], si era fatto difensore di un re, che nessuno dei suoi parenti aveva osato sostenere e che il suocero aveva abbandonato. Un sovrano rinunciò ai suoi stati, dove regnava in pace, per farsi campione di questo principe che gli era estraneo[124]. E ora un altro soldato di fortuna, con pochi possedimenti, ma di eroica stirpe, prese le difese di una causa che il primo aveva abbandonato. Cristiano, duca di Brunswick[125], amministratore di Halberstadt, sembrava aver imparato dal conte di Mansfeld il segreto di tenere sul campo un esercito di ventimila uomini senza avere i soldi per pagarli. Giovane e presuntuoso, questo principe vedeva in tale temeraria impresa l'occasione di acquisire un grande fama e un cospicuo bottino a spese del clero cattolico, verso il quale aveva indirizzato un odio cavalleresco e perciò riunì nella bassa Sassonia numerose truppe, arruolate in nome di Federico V e della libertà tedesca. I vasi d'oro e d'argento che aveva tolto alle chiese furono convertiti in monete sulle quali fece incidere il motto «*Amici di Dio e nemici dello zucchetto*» e le sue azioni corrispondevano a questa dichiarazione.

La sua armata, come tutte quelle dell'epoca, assomigliava più a un'orda di briganti che a delle truppe disciplinate. Arricchito dai bottini ottenuti in bassa Sassonia e in Westfalia, si portò nei vescovati dell'alto Reno per saccheggiarli, ma i nemici e gli amici, lo cacciarono da questa contea e l'amministratore si avvicinò al Meno presso la città di Höchst, e lo attraversò dopo un'azione sanguinosa con Tilly, che gli voleva impedire il passaggio del fiume. Fu solo sacrificando la metà delle sue truppe che riuscì a raggiungere l'altra riva, a raccogliere velocemente le sue truppe e a ricongiungersi con il conte di Mansfeld. Tutti e due, inseguiti senza tregua da Tilly, si riversarono nuovamente in Alsazia, dove devastarono le contee che avevano avuto la fortuna di scampare alla loro prima invasione.

Mentre Federico V vagava come un proscritto o un mendicante con il suo esercito che lo proclamava suo sovrano e si gloriava del suo nome, mentre i suoi amici lavoravano per una sua riconciliazione con l'imperatore. Ferdinando II, astuto fino alla perfidia, si preoccupò di non privarli della speranza di vedere il Palatinato ricongiungersi all'impero, fingeva di ascoltarli con benevolenza con la sola intenzione di raffreddare il loro ardore sul campo di battaglia e di evitare che portassero le loro intenzioni alle estreme conseguenze. Re Giacomo, come un giocattolo nelle mani dell'Austria, assecondava come sempre e senza volerlo l'espediente di Ferdinando, che esigeva che Federico, prima di ricevere il suo perdono, deponesse le armi. Ritenendo questa richiesta più che giusta costrinse suo genero a congedare il conte di Mansfeld e il duca Cristiano di Brunswick e a raggiungere l'Olanda per attendere qui gli effetti della clemenza imperiale.

Mansfeld e il duca Cristiano cercarono ora una nuova causa. Essi non si erano armati unicamente per Federico e il suo ritiro dal teatro della lotta non poteva disarmarli. La guerra era il loro unico scopo e per loro era secondario il partito contro o per il quale combattere. Dopo qualche approccio infruttuoso per entrare al servizio dell'imperatore, si ritirarono in Lorena, dove gli eccessi che commisero portarono il terrore sino all'interno della Francia. Qui attesero a lungo che qualcuno chiedesse il loro aiuto fino a quando gli olandesi, incalzati da vicino dal generale Spinola, li chiamarono, infine, in loro soccorso. Si misero subito in cammino e a Fleurus, con una sanguinosa battaglia sconfissero gli spagnoli che volevano sbarrare loro il passaggio. Raggiunsero quindi abbastanza velocemente l'Olanda per far togliere l'assedio a Berg-op-Zoom[126].

Ma l'indisciplina e le devastazioni di queste truppe erranti sfiancarono a tal punto gli olandesi che approfittarono del primo momento di calma per sbarazzarsi di questi ausiliari. Il conte di Mansfeld portò i suoi soldati nella ricca provincia dell'Ost-Friesland per prepararli e rafforzarli in vista di nuove avventure. Il duca Cristiano di Brunswick, divenuto amante della duchessa palatina, che aveva conosciuto in Olanda, e quindi più che mai desideroso di combattere, ritornò nella bassa Sassonia, portando un guanto della principessa attaccato al suo cappello e sulle sue insegne il motto cavalleresco «*Tutto per Dio e per lei*». Nessuno di questi avventurieri aveva terminato di svolgere il proprio ruolo in questa guerra.

Gli stati ereditari dell'Austria si erano alla fine sbarazzati dei nemici che li avevano conquistati. L'*Unione evangelica*, ancora una volta, aveva cessato di esistere, il margravio del Baden, il duca Cristiano e il conte di Mansfeld non potevano più sostenere la guerra e il Palatinato era in potere delle truppe incaricate di eseguire la sentenza che metteva questo paese e il suo sovrano al bando dall'impero. La Baviera aveva conquistato Mannheim e Heidelberg, una guarnigione spagnola occupava Franckenthal e Federico V, rifugiatosi in un angolo dell'Olanda, vi attendeva con rassegnazione il vergognoso consenso di placare, con una genuflessione, la collera di un impietoso vincitore. La sua sorte doveva essere decisa a Ratisbona, in una assemblea di elettori convocata per questo fine, ma nel gabinetto imperiale la sentenza era già stata presa da tempo[127]. Ora, per la prima volta, le circostanze erano favorevoli a rendere pubblica la decisione.

Dopo tutto ciò che era accaduto con l'elettore, Ferdinando non credeva che una sincera riconciliazione fosse possibile, essendo persuaso che una violenza cessa di essere pericolosa quando si portano a termine tutte le sue conseguenze[128]. Ciò che era stato perduto non poteva essere recuperato, pertanto Federico, essendo stato legittimamente espropriato dei suoi stati, non poteva più farvi ritorno e che un principe senza stati e senza popolo non poteva mantenere la corona elettorale. Così come Federico si era reso colpevole verso la Casa d'Austria, il Duca di Baviera ne aveva guadagnato la riconoscenza e se il partito cattolico aveva da temere la vendetta e l'odio religioso del primo, poteva contare sullo zelo e sulla devozione del secondo. Infine, concedendo il Palatinato alla Baviera si sarebbe assicurata alla religione cattolica la maggioranza nel consiglio elettorale e garantito un trionfo permanente in Germania.

Queste considerazioni convinsero i tre elettori ecclesiastici a sostenere il progetto dell'imperatore. Da parte protestante, solo la voce dell'elettore di Sassonia aveva una qualche rilevanza. Ma Giovanni Giorgio poteva contestare al capo dell'impero un diritto sul quale egli stesso fondava il lecito possesso della sua corona di elettore? Per un principe che ha posto la sua saggezza, la sua dignità e il suo potere politico a capo della chiesa protestante in Germania, nulla avrebbe dovuto essere più sacro della difesa dei diritti di quella chiesa contro le intromissioni della chiesa cattolica. Quanto alla questione religiosa, per lui non si trattava, in questo caso, dell'avvenire della Riforma, ma di decidere a quale delle due religioni, quella di Calvino o quella del papa, che egli detestava in egual misura, accordare la preferenza. In questa posizione critica, il protettore della libertà della Germania e della religione protestante ascoltò solo gli odi e gli interessi personali, e consigliò all'imperatore di disporre del Palatinato secondo il suo interesse e a dispetto delle indicazioni che la sua posizione formalmente poteva costringerlo a tenere in seno all'assemblea degli elettori. Se, successivamente, si rifiutò di ratificare le decisioni di

Ferdinando II fu perché l'imperatore lo aveva irritato cacciando i ministri protestanti della Boemia. Questa opposizione, però, non durò a lungo e la concessione del Palatinato alla Baviera gli parve un atto perfettamente legittimo dal giorno in cui gli si accordò la Lusazia a titolo di indennità di guerra per le spese sostenute e valutate nell'enorme somma di sei milioni di *reichsthalers*[129-130].

Fu in disprezzo della Germania protestante e violando la costituzione dell'impero, alla quale aveva giurato fedeltà, che Ferdinando II rimborsò Massimiliano con la concessione del Palatinato, aggiungendo una clausola, dai termini molto ambigui, per la quale i suoi discendenti potevano *un giorno* far valere i loro diritti per questo elettorato. Nondimeno, lo sfortunato Federico fu cacciato per sempre e senza aver potuto comparire a difendersi davanti al tribunale supremo che l'aveva condannato senza sentirlo. Ingiustizia che dei giudici ordinari non osavano permettersi neanche verso i più umili vassalli e i più vili malfattori. Questo atto violento alla fine aprì gli occhi del re d'Inghilterra, irritato anche per la rottura del matrimonio che gli era stato fatto sperare per suo figlio con una principessa spagnola, il re Giacomo prese infine le difese di suo genero. La Francia si risvegliò dal suo lungo sonno, poiché il cambiamento nel gabinetto vi mise a capo il cardinale Richelieu[131]. La condotta del governatore spagnolo di Milano, che voleva impossessarsi della Valtellina[132], come un punto di riunione tra la Spagna e gli stati ereditari austriaci, riaccese i vecchi timori dell'Europa e con questi le prospettive politiche di Enrico IV.

Il matrimonio del principe di Galles con Enrichetta di Francia[133], facilitò un'alleanza tra i due regni, della quale ben presto entrarono a far parte l'Olanda, la Danimarca e alcuni stati italiani. Scopo di questa unione era riprendere la Valtellina alla Spagna e costringere l'Austria a ristabilire l'elettore del Palatinato nei suoi stati[134]. Ma solo la prima parte di questo progetto fu perseguita con decisione, poiché re Giacomo morì e Carlo I fu troppo seriamente impegnato a casa sua per interessarsi degli affari dell'impero[135]. La Savoia e Venezia trovarono delle scuse per dispensarsi dal mantenere i loro impegni, mentre Richelieu credette più opportuno sottomettere prima gli ugonotti della Francia al loro re, che sostenere i protestanti della Germania contro il loro imperatore. Tutte le brillanti speranze che l'alleanza franco inglese aveva fatto nascere svanirono come fumo.

Il conte di Mansfeld, privato di ogni supporto, stazionava inoperoso nelle province del basso Reno; dopo qualche sfortunata spedizione, il duca di Brunswick era stato obbligato a lasciare il territorio dell'impero, mentre Bethlen era nuovamente penetrato fino in Moravia. Questa invasione, tuttavia, non trovò più l'appoggio del partito protestante tedesco, come tutte quelle che l'avevano preceduta e terminò con una completa riconciliazione tra l'imperatore e il sovrano della Transilvania[136].

L'*Unione evangelica* non esisteva più, tutti i principi protestanti avevano deposto le armi e il generale Tilly occupava i territori dei protestanti a capo di un'armata vittoriosa. I movimenti del duca di Brunswick lo avevano condotto in questo territorio e fino alla Bassa Sassonia, dove aveva infine occupato, la città di Lippstadt, sede della sua carica di amministratore di Halberstadt. L'esigenza di osservare questo nemico ed impedirgli nuove incursioni fu il pretesto per giustificare la permanenza di Tilly in questa regione. Ma Mansfeld e Cristiano avevano congedato il proprio esercito per mancanza di denaro, perché allora l'armata di Tilly, che non aveva più nemici da combattere, continuava a opprimere il paese con la sua presenza?

È difficile estrapolare la verità in mezzo alle voci appassionate dello spirito di partito ma certamente era motivo di allarme il fatto che la *Lega* non deponesse le armi. Anche le premature esultanze dei cattolici aumentavano l'apprensione. L'imperatore e la *Lega* continuavano a rimanere armati anche se i protestanti non erano nella condizione di difendersi da eventuali attacchi e dal possibile annullamento della pace religiosa. Anche se Ferdinando II non avesse avuto l'idea di abusare delle sue vittorie questa gli sarebbe stata suggerita comunque dalla debolezza e dalla divisione dei suoi nemici. I desueti trattati che proteggevano la Riforma non potevano fermare un monarca che doveva tutto alla religione cattolica e che guardava come giusto e santo tutto ciò che era favorevole a questa religione.

L'alta Germania era vinta e solo la bassa lottava ancora contro l'assolutismo imperiale. I protestanti vi si trovavano in maggioranza e la Chiesa romana vi aveva perso la maggior parte dei suoi insediamenti: il momento era quindi propizio per farseli restituire. Gli stati di quasi tutti i principi protestanti erano composti da beni strappati in passato al clero e restituendoli ai loro vecchi proprietari, l'imperatore rendeva un servizio non solo alla Chiesa cattolica, ma forniva anche un'ottima occasione di indebolire questi principi.

Sarebbe stata un'imperdonabile negligenza rimanere immobili di fronte a questo imminente pericolo che fece infine comprendere ai protestanti la necessità di pensare alla loro salvezza. Il ricordo delle violenze dell'esercito di Tilly in bassa Sassonia era troppo vivo per non far intraprendere a questi stati delle misure difensive. La bassa Sassonia si armò con sollecitudine, vennero imposti contributi straordinari, reclutate truppe e riempiti i magazzini. Contemporaneamente, trattava con Venezia, l'Olanda e l'Inghilterra per ottenere degli aiuti e decidere in anticipo sulla scelta del sovrano che si sarebbe data come capo. I re di Svezia e Danimarca, alleati naturali della bassa Sassonia, temevano che l'imperatore, impadronendosi di questo paese, divenisse un pericoloso vicino sulle coste del mare del Nord. Il duplice interesse dei loro stati e della loro religione imponeva loro il dovere di fermare l'avanzata di Ferdinando nella bassa Germania, della quale Cristiano IV, nella sua qualità di duca di Holstein[137], era uno dei sovrani.

Motivi ancor più pressanti autorizzavano Gustavo Adolfo a entrare a far parte della nuova alleanza. Così i due re fecero a gara nel chiedere l'onore di difendere la bassa Sassonia dallo strapotere austriaco. Ciascuno dei due offriva a questo scopo un'armata numerosa che si proponeva di comandare personalmente.

Gustavo Adolfo, grazie alle sue vittoriose campagne contro la Russia e la Polonia, era già diventato celebre in tutte le coste del Baltico e questo dava grande importanza alla sua alleanza nella politica dei protestanti tedeschi. Questa stessa gloria, però, aveva sollecitato l'invidia del vecchio re di Danimarca che si adoperò per restare il solo incaricato dell'impresa, dalla quale si riprometteva di ricavare una messe di allori tale da eclissare la fama del giovane eroe della Svezia.

Il gabinetto inglese fu incaricato di giudicare tra i due pretendenti e Cristiano IV l'ebbe vinta sul rivale perché la sua posizione gli permetteva di offrire condizioni più favorevoli. In effetti, se una battaglia persa lo avesse costretto a ritirarsi momentaneamente, avrebbe potuto riunire le proprie forze nell'Holstein e nello Jutland, che facevano parte dei suoi stati, mentre Gustavo Adolfo, che non possedeva alcunché in Germania, si sarebbe visto costretto a richiedere la concessione di qualche piazzaforte dove, in caso di rovesci, avrebbe potuto rifugiare le sue truppe.

Sempre più fremente di dare avvio alla campagna, il re di

Danimarca, nominato generalissimo della bassa Sassonia, riunì in poco tempo un'armata di sessantamila uomini, con la quale entrò in quel territorio[138]. L'amministratore di Magdeburgo e i duchi di Meclemburgo e di Brunswick si unirono a lui. Rafforzato dalla speranza di aiuti da parte dell'Inghilterra e dalla disponibilità di truppe così forti, si vantò di poter concludere la guerra con una sola battaglia. Per contro, il suo linguaggio con la corte di Vienna era pieno di moderazione perché voleva convincerla che era entrato nella bassa Sassonia unicamente per mantenervi l'ordine e la tranquillità. Ma i negoziati con Olanda, Inghilterra e persino Francia, gli straordinari sforzi della regione e la crescita di un esercito così formidabile sembravano manifestare intenzioni che andavano oltre le operazioni di difesa e contemplare niente di meno che la totale restaurazione dell'elettore del Palatinato e l'umiliazione dell'eccessivo potere dell'Austria. Ferdinando, dopo aver inutilmente fatto ricorso a negoziazioni, a proteste e minacce per convincere Cristiano a disarmarsi, iniziò egli stesso le ostilità e la bassa Germania divenne il teatro della guerra. Il generale Tilly avanzò sulla riva sinistra del Weser e si impossessò di tutti i passi fino a Münden. Dopo aver attaccato inutilmente Nienburg e aver cercato di passare il fiume, sparse le sue truppe nel principato di Calemberg. Il re di Danimarca schierò le sue truppe sulla riva destra del Weser, dove occupò tutto il territorio di Brunswick. Dividendo in questo modo le truppe si era però messo nella posizione di dover evitare un combattimento decisivo al quale il generale Tilly voleva costringerlo.

Fino a questo momento, l'imperatore aveva combattuto unicamente con le armate della Baviera e della *Lega*, fatta eccezione per qualche truppa spagnola giunta nella basso Palatinato dalle Fiandre. Massimiliano di Baviera conduceva da solo tutte le operazioni di guerra e Tilly era un generale bavarese.

Salvato e difeso dalla Baviera e dalla *Lega*, Ferdinando doveva tutto alla loro buona volontà nei suoi confronti e questa dipendenza male si confaceva ai suoi progetti di conquista che poteva sperare di vedere sostenuti dalla *Lega* solo alla condizione che fosse questa a raccogliere i frutti delle sue conquiste e dividesse con l'imperatore unicamente l'odio generale di cui sarebbe stata inevitabilmente oggetto.

Per sfuggire a questa incresciosa posizione gli restava un solo modo, e cioè di arruolare e mantenere una numerosa e potente armata, ma le precedenti guerre avevano talmente esaurito i suoi stati ereditari che dei nuovi sacrifici erano assolutamente impossibili[139]. Niente poteva essergli quindi più gradito dell'inattesa offerta che gli fece un ufficiale esperto, il conte di Wallenstein[140].

Questo signore, il più ricco della Boemia, aveva servito sin dalla sua prima giovinezza la casa d'Austria e dato prova di valore e di capacità in diverse campagne contro turchi, veneziani, boemi, ungheresi e transilvanici. Colonnello nella battaglia di Praga e ben presto maggiore generale, giustificò questo rapido avanzamento cacciando dalla Moravia le truppe ungheresi della quale si erano impadronita. L'imperatore l'aveva ricompensato del suo servizio con una parte dei domini confiscati ai ribelli della Boemia.

Divenuto così possessore di una immensa ricchezza, la sua smisurata ambizione, la fiducia nella sua buona stella e, soprattutto, l'approfondito studio che aveva fatto della situazione, gli suggerirono l'audace progetto di reclutare ed equipaggiare a spese sue e di suoi amici un'armata e di provvedere egli stesso al suo mantenimento, a condizione che gli fosse permesso di portarla a cinquantamila uomini. Questo proposito fu guardato come il sogno stravagante di una testa esaltata, tuttavia, Ferdinando lo incoraggiò, poiché comprese che gli sarebbe stato utile anche se parzialmente realizzato.

Si accordarono, quindi, al conte di Wallenstein, per i suoi primi tentativi, alcuni distretti della Boemia con il permesso di creare egli stesso le cariche di ufficiali. In meno di due mesi ventimila uomini erano ai suoi ordini. Lasciò le frontiere dell'Austria e quando comparve all'entrata della bassa Sassonia la sua armata ammontava già a trentamila combattenti. Per compiere quest'impresa straordinaria, l'imperatore aveva dato solo il suo nome.

La fama di Wallenstein, la speranza di un rapido avanzamento di carriera, l'attrattiva del bottino, avevano attirato da ogni luogo della Germania, non solo oscuri avventurieri, ma dei principi sovrani che erano arrivati con interi reggimenti per porsi sotto le bandiere austriache. Per la prima volta dall'inizio di questa guerra, un'armata imperiale comparve sul territorio dell'impero: apparizione terribile per i protestanti e poco piacevole per i cattolici.

Wallenstein aveva ricevuto l'ordine di congiungere la sua armata a quella della *Lega* e attaccare il re di Danimarca di concerto con Tilly. Ma era troppo invidioso della gloria di questo generale per dargli modo di accrescerla ancora di più e dividere con lui gli allori della gloria per cui, pur appoggiando le sue operazioni nel corso della campagna, continuò nella determinazione di agire senza il suo diretto apporto.

Non avendo, però, a disposizione le risorse e i mezzi di cui disponeva Tilly, fu costretto a portare la sua armata nelle province non ancora depredate dalla guerra. Disobbedendo all'ordine di congiungersi al generale della *Lega*, entrò nei territori di Halberstadt e di Magdeburgo. Penetrando fino a Dessau, divenne padrone dell'Elba e dei paesi situati sulle due rive, da dove poteva prendere alle spalle i danesi e impossessarsi di una via per entrare nei loro stati.

Cristiano IV, stretto tra le due armate nemiche, non si illuse sui pericoli della sua posizione e, per attenuarli, convinse il duca Cristiano di Brunswick, amministratore di Halberstadt, rientrato dall'Olanda, a unirsi a lui e si guadagnò l'appoggio di Mansfeld, che in precedenza aveva rifiutato di riconoscere, supportandolo con tutta la sua capacità. Questo valoroso condottiero lo ricompensò tenendo occupato Wallenstein sulle rive dell'Elba e impedendogli di ricongiungersi all'esercito di Tilly e di sferrare un attacco al re di Danimarca. Incurante della superiorità del nemico, questo intrepido generale, si spinse al ponte di Dessau, fino a puntare le proprie batterie contro quelle imperiali. Assalito alle spalle dall'esercito degli imperiali, fu costretto a soccombere sotto lo schiacciante numero dei nemici, non prima di aver lasciato sul campo di battaglia più di tremila dei suoi uomini.

Dopo questa sconfitta, riuscì a condurre la sua armata nella marca di Brandeburgo, dove dopo un breve riposo reclutò nuove truppe. Ritornato potente, entrò all'improvviso nella Slesia con la precisa intenzione di penetrare da questa provincia in Ungheria, con lo scopo di congiungersi con Bethlen e di portare, in questo modo, la guerra nel cuore delle province ereditarie dell'Austria.

Poiché i domini austriaci in quella regione non erano in grado di difendersi, Ferdinando inviò a Wallenstein l'ordine di non pensare più al re di Danimarca, ma di indirizzare tutte le sue forze contro Mansfeld, al fine di impedirgli di attraversare la Slesia. Questa diversione che le truppe di Wallenstein fecero per opporsi a Mansfeld consentì a Cristiano IV di inviare una parte delle sue truppe in Westfalia, dove si impossessarono dei vescovadi di Münster e di Osnabrück. Invano Tilly aveva lasciato velocemente il Weser, ma le manovre del duca Cristiano che minacciava i territori della Lega attraverso l'Assia, rischiando di portarvi il teatro della guerra, lo richiamarono velocemente a lasciare la Westfalia.

Per tenere aperta la comunicazione tra queste province e per evitare il ricongiungimento del nemico col langravio dell'Assia, Tilly operò per impadronirsi di tutte le piazzeforti sul Werra e sul Fulda, ivi compresa la città di Munden, situata all'imbocco delle montagne dell'Assia, dove i due fiumi confluiscono nel Weser. Subito dopo conquistò Gottinga, la chiave del Brunswick e dell'Assia.

Una simile sorte sembrava già attendere Nordheim, quando il re di Danimarca si portò in soccorso di questa città, la mise in condizione di sostenere un lungo assedio e cercò nuovamente un passaggio per entrare nei territori della *Lega* attraverso l'Eichsfeld e la Turingia. Tilly lo seguì a marce forzate e lo raggiunse nei pressi di Duderstadt. Il re non osando misurarsi con un nemico di cui conosceva la superiorità e che contava nei suoi ranghi numerosi reggimenti di Wallenstein, cercò di sfuggirgli con un'abile ritirata verso Brunswick, ma Tilly l'aveva circondato così bene che dopo tre giorni di scaramucce e di scontri insignificanti, si vide costretto ad affrontare la battaglia nei pressi del villaggio di Lutter, nel Barenberg.

I danesi attaccarono con intrepido coraggio e per tre volte il nemico, più numeroso, più agguerrito e meglio armato li respinse; per tre volte il coraggioso Cristiano IV li riportò in combattimento ma alla fine il numero e la disciplina degli imperiali prevalsero e il generale della *Lega* ottenne una totale vittoria. I danesi persero sessanta bandiere e stendardi, tutte le loro artiglierie, i loro materiali e le loro munizioni, quattromila soldati e numerosi ufficiali. Qualche reggimento di fanteria, che si era rifugiato nel villaggio di Lutter, depose le armi e fu fatto prigioniero. Il re, che era fuggito con una parte della sua cavalleria, non tardò a riorganizzarsi, ma Tilly lo incalzò a oltranza, conquistò Weser e Brunswick e lo obbligò a ritirarsi fino ai dintorni di Brema.

Benché scoraggiato per tale sconfitta, Cristiano IV voleva comunque continuare la guerra difensiva e impedire al nemico di passare l'Elba. Con questo obiettivo, inviò delle guarnigioni in tutte le piazzeforti e si ridusse così, con il resto della sua armata, a rimanere inattivo fino a che i distaccamenti che aveva sparpagliato in ogni luogo vennero sconfitti o dispersi. Le forze della *Lega*, che avevano conquistato il fiume Weser, disposero le truppe lungo l'Elba e l'Havel e dispersero i danesi. Anche Tilly attraversò l'Elba e invase tutto il Brandeburgo. Nello stesso tempo, Wallenstein penetrò nell'Holstein, portando così la

107

guerra sul territorio del re di Danimarca. Questo generale era appena tornato dall'Ungheria, dove aveva inseguito Mansfeld, senza averne potuto fermare la marcia o aver potuto impedire il suo ricongiungimento con Bethlen Gabor. Poco assistito dalla fortuna, i cui capricci gli erano stati spesso contrari, ma sempre superiore ad essa, aveva affrontato enormi difficoltà attraversando la Slesia e l'Ungheria, arrivando a unirsi al principe della Transilvania, dove non fu comunque il benvenuto.

Sedotto dalle promesse dell'Inghilterra e confidando in una importante diversione che questa doveva operare nella bassa Sassonia, il principe della Transilvania aveva nuovamente rotto la pace con l'Austria, ma invece degli aiuti e dei soldati attesi, Mansfeld gli chiese denaro per pagare le sue truppe e dei rinforzi per cacciare dall'Ungheria l'armata imperiale che egli stesso aveva attirata sui suoi passi. Questa mancanza di unione tra i principi protestanti raffreddò l'ardore di Bethlen che si affrettò, come sempre, a evitare l'ira imperiale con una pace veloce. Fermamente determinato comunque a romperla al primo bagliore di speranza, nel frattempo indusse Mansfeld a chiedere aiuto a Venezia.

Lontano dalla Germania e non in condizione di sostenere ciò che era rimasto delle sue truppe in Ungheria, Mansfeld licenziò i suoi soldati, vendette le loro armi e le munizioni e partì con un seguito poco numeroso, attraverso la Bosnia e la Dalmazia, verso Venezia. Nuovi progetti animavano il suo coraggio, ma la sua carriera era giunta al termine. La sfortuna, che aveva crudelmente segnato la sua vita, gli aveva preparato una tomba in Dalmazia, presso Zara, dove la morte lo sorprese nel 1626. Il duca Cristiano di Brunswick, suo compagno d'armi, l'aveva preceduto soltanto qualche mese prima. Fu così che finirono questi due uomini degni dell'immortalità se avessero combattuto i mali della loro epoca con lo stesso coraggio e la stessa fermezza che misero nel lottare contro l'avverso destino.

Se il re di Danimarca, con un'armata numerosa, non aveva potuto tener testa al generale Tilly, che cosa poteva sperare ora che non aveva da opporre, a due grandi generali, che i resti di un'armata vinta e demoralizzata?

Dopo aver cacciato i danesi dalle rive del Weser, dell'Elba e dell'Havel, l'armata imperiale si precipitò nel Brandeburgo, nel Meclemburgo, nell'Holstein e nello Schleswig come un fiume in piena. Wallenstein, troppo orgoglioso per combattere al fianco di qualcuno, aveva convinto il generale della *Lega* a passare l'Elba per sorvegliare gli olandesi e con questo abile espediente si era assicurato il modo di terminare la guerra da solo contro il re di Danimarca e di raccogliere così il frutto delle vittorie riportate da Tilly. Cristiano aveva perso tutte le piazzeforti dei suoi stati tedeschi, ad eccezione della sola Glückstadt, il suo esercito era stato sconfitto o distrutto e si vide completamente abbandonato. L'Inghilterra si degnò di inviargli qualche vaga consolazione e tutti i suoi alleati della bassa Sassonia furono vittime del furore dei vincitori. Subito dopo la battaglia di Lutter, il langravio dell'Assia Kassel era stato costretto dal generale Tilly a rinunciare all'alleanza con la Danimarca, e la subitanea apparizione di Wallenstein davanti a Berlino, obbligò l'elettore del Brandeburgo a riconoscere la legittimità dei diritti di Massimiliano di Baviera sul Palatinato. La maggior parte del Meclemburgo fu occupato dalle truppe imperiali e i suoi due duchi messi al bando dall'impero, come alleati del re di Danimarca.

Difendere le libertà civili e religiose della Germania contro il fanatismo e il potere assoluto era divenuto un tale crimine che nessun castigo pareva sufficientemente severo per punirlo. Questi eccessi dell'ambizione e dell'ingiustizia, tuttavia, non erano che il preludio di calamità ancora maggiori, che non tardarono a colmare le disgrazie dell'impero.

La Germania, alla fine, capì con quale mezzo Wallenstein intendeva mantenere la promessa che aveva fatto all'imperatore. Aveva imparato dal conte di Mansfeld e il discepolo superò l'insegnamento del maestro. Partendo dal principio che «*la guerra deve vivere della guerra*», il conte di Mansfeld e il duca Cristiano di Brunswick avevano mantenuto i loro soldati a spese dei paesi dove si trovavano, fossero essi amici o nemici, sistema che comportava tutti gli inconvenienti e la mancanza di sicurezza che accompagna i briganti. Simili a dei ladri di strada, tali truppe erano sempre sorvegliate e seguite dai nemici esasperati e attenti ed erano costrette a vagare da un confine all'altro della Germania, ad agire solo di nascosto o con l'astuzia e ad abbandonare le regioni più ricche quando erano difese da un esercito potente.

Nonostante tutti questi ostacoli, Cristiano e Mansfeld avevano ottenuto brillanti risultati. Non doveva quindi sperare la stessa cosa il capo che era riuscito ad arruolare un'armata così numerosa da penetrare nelle province più ricche e che, coprendosi con il nome dell'imperatore, si era assicurato il diritto all'impunità? Poteva egli avere una posizione più elevata se non quella di un uomo capace che, sotto l'egida della più alta autorità dell'impero e alla testa di una formidabile armata, avrebbe dato esecuzione al grande progetto che due avventurieri avevano tentato di realizzare con un pugno di soldati e sotto la loro unica responsabilità?

Wallenstein aveva in mente tutto questo quando aveva fatto la sua offerta all'imperatore, della quale nessuno fu stupito. Più le truppe diventavano numerose, meno aveva bisogno di occuparsi del loro mantenimento, poiché aumentava il terrore che ispiravano. Gli atti di violenza, quando sono sostenuti dalla forza, sono quasi sempre certi dell'impunità. Del resto, quando Wallenstein li esercitava contro i nemici dell'imperatore, avevano qualche apparenza di giustizia e la necessità gli serviva da scusa nei confronti dei suoi amici costretti, senza lagnarsi, a sopportarlo per la loro debolezza. L'oppressione che pesava tanto su un sovrano quanto sull'altro impediva loro non solo di unirsi, ma ebbe anche il vantaggio di indebolirli a tal punto che ben presto ogni resistenza divenne del tutto impossibile.

Fu così che l'intera Germania divenne un immenso depositi di viveri e di munizioni, ai quali le truppe imperiali potevano attingere in funzione delle loro necessità e l'imperatore fu in grado di trattare gli altri stati come i suoi domini ereditari. Violente proteste contro questi rivoltanti abusi assediavano il trono imperiale, ma Wallenstein era lungi dal preoccuparsi della possibile vendetta dei principi, poiché essi si appellavano solo alla giustizia. D'altra parte egli notava anche con piacere che una parte del rancore generale che si era creato contro lui cominciava a ricadere su Ferdinando, perché si rifiutava di fare giustizia delle lamentele che gli venivano indirizzate contro il suo generale. I principi chiesero all'imperatore protezione contro le violenze del generale; ma non appena Wallenstein si sentì abbastanza potente abbandonò l'ubbidienza verso l'imperatore. I nemici dell'Austria e della *Lega* erano talmente esausti che una pace prossima sembrava molto probabile e, nonostante ciò, Wallenstein continuava ad accrescere la sua armata che contava ormai più di centomila uomini[141]. Autorizzato a creare ufficiali di tutti i gradi, compreso quello di colonnello, un immenso stato maggiore lo circondava costantemente ed egli sfoggiava un lusso e una prodigalità regali. I suoi più piccoli doni non erano mai al di sotto di mille fiorini e somme immense venivano regolarmente inviate alla corte a Vienna per pagare gli agenti segreti incaricati di mantenervi alti il suo credito e la sua influenza. Queste enormi spese venivano fatte senza imporre all'imperatore il minimo sacrificio, poiché i contributi che venivano riscossi dalle province dell'Alta Germania, dagli amici come dai nemici, erano sufficienti per far fronte a tutto[142]. I territori di tutti i principi erano soggetti allo stesso sistema di oppressione e violenza, di invasione e acquartieramento.

Se si dà credito ad alcuni rapporti, può darsi esagerati, i contributi che Wallenstein impose ai sovrani di metà della Germania nei sette anni in cui fu alla testa dell'armata imperiale ammontarono a oltre sessanta miliardi di *reichsthalers*, maggiori erano le estorsioni, maggiori i premi per i suoi soldati[143].

L'abbondanza che regnava nel suo campo aumentava l'entusiasmo con il quale, da tutte le parti, ci si andava a porre sotto la sua bandiera. Il lustro e la prosperità della sua armata aumentavano nella stessa misura in cui le province di cui si serviva per nutrirla cadevano nella miseria e nella servitù. Le maledizioni delle popolazioni e le grida di dolore dei principi scivolavano sul suo cuore duro e ambizioso. I suoi soldati lo adoravano e l'enormità dei suoi misfatti lo metteva nella condizione di non badare alle conseguenze.

Non si può, ingiustamente, far pesare su Ferdinando tutta la responsabilità dei crimini delle truppe e del suo generale. Se avesse potuto prevedere che, accettando l'offerta di Wallenstein, l'autorizzava a taglieggiare le popolazioni a suo piacere, sarebbe certamente rifuggito da un generale così pericoloso Più forte diveniva la connessione tra l'ufficiale e l'esercito, più debole diventava quella con l'imperatore. D'altra parte, se Wallenstein compiva le sue rapine in nome dell'imperatore, si serviva del suo nome anche per sminuire i membri della dieta, rompere gli ingranaggi della costituzione e per elevare il potere dell'imperatore sopra ogni cosa. È vero, inoltre, che facendo dell'autorità imperiale la sola potenza della Germania, agiva più nel suo interesse che non in quello dell'imperatore, poiché sapeva che il suo potere cresceva con quello dell'autorità di cui si era fatto creatore e rappresentante.

Accecato dall'altezza alla quale il suo generale l'aveva elevato, Ferdinando non comprese che sarebbe stato obbligato a discendervi nel momento in cui la mano che ve lo aveva portato si fosse rifiutata di sostenerlo. Non senza ragione Wallenstein cercava di aumentare l'odio dei principi tedeschi contro l'imperatore, perché più forte era il loro

111

desiderio di rivolta, più risultava indispensabile all'imperatore l'uomo che poteva renderli impotenti. Il suo progetto era sicuramente quello di non far temere al suo sovrano nessuno in tutta la Germania, se non Wallenstein stesso, origine e motore del potere dispotico. Ferdinando nominò l'autore della sua fortuna duca di Friedland, probabilmente per elevare il suo generale sopra la Baviera. Questa ricompensa, per l'ambizioso Wallenstein era un favore insignificante e pretese, come garanzia delle somme che aveva anticipato al governo, la concessione del Meclemburgo, che aveva appena conquistato. La voce del consiglio imperiale si levò contro questa inusitata pretesa, che avrebbe potuto essere esaudita solo a spese di due principi dell'impero, e la Spagna, che egli non cessava di offendere con le sue maniere altezzose, vi si oppose apertamente. Il potente aiuto che Wallenstein aveva acquisito corrompendo i consiglieri imperiali alla fine prevalse e Ferdinando rimase nella determinazione di assicurarsi a qualunque costo la devozione di un servitore così indispensabile. Un decreto imperiale del 1628 spossessava gli eredi di uno dei più antichi casati principeschi della Germania per concederlo alla creatura di un imperatore[144].

Dopo questa vittoria, Wallenstein prese il titolo di *generalissimo* delle armate imperiali di terra e di mare, si impossessò della città di Wismar con lo scopo di estendersi sul mar Baltico e costringere la Polonia e le città anseatiche a fornirgli del naviglio, con il quale si proponeva di attaccare i danesi sul loro territorio e costringerli a una pace che poteva preparare la strada a molte altre conquiste. La comunicazione tra gli stati della bassa Germania e gli stati del nord sarebbe stata interrotta se l'imperatore avesse potuto installare i suoi domini nel mezzo e circondare la Germania dal Baltico al Sund[145] (essendo la Polonia già dipendente da lui) con un linea ininterrotta di territori. Anche se questo era il volere dell'imperatore, Wallenstein aveva concepito questo piano nel suo unico interesse[146]. Consolidandosi sul mar Baltico voleva conseguire un potenza sognata da lungo tempo e che doveva renderlo così indipendente da fare a meno dell'egida imperiale. In ogni caso il possesso di Stralsund gli era indispensabile. Questo vasto e sicuro porto, da dove gli era facile giungere alle coste della Svezia e della Danimarca, poteva, in caso di guerra con questi due paesi, divenire un'importante piazza d'armi e un prezioso magazzino.

Fino a quel momento, tuttavia, questa città, la sesta della Lega anseatica[147], era stata sotto la protezione del duca di Pomerania e non aveva preso alcuna parte nella guerra, ma la sua neutralità e i privilegi che le erano stati accordati non arrestarono le audaci imprese di Wallenstein. I magistrati rifiutarono, con una fermezza che non lasciava spazio a dubbi, di ricevere una guarnigione imperiale e la richiesta di accordare il libero passaggio alle truppe imperiali ebbe lo stesso esito. Indignato da questo doppio rifiuto, il duca di Friedland si preparò ad assediarla. La Svezia e la Danimarca erano egualmente interessate a mantenere la neutralità di Stralsund da cui dipendeva la libera navigazione del Belt[148]. Il pericolo comune vinse alla fine sugli interessi privati, che avevano a lungo diviso i due principi. Del resto, con il trattato di Copenaghen del 1628 si erano mutuamente ripromessi di riunire le loro forze per difendere questa città e il Baltico contro tutti i sovrani stranieri che avessero voluto impadronirsene[149]. Cristiano IV inviò una forte guarnigione a Stralsund e visitò la città al fine di infondere coraggio, con la sua presenza, agli abitanti, mentre la flotta danese affondava le navi che Sigismondo, re di Polonia, aveva fornito all'imperatore. La città di Lubecca aveva rifiutate le sue e così il generalissimo delle armate di terra e di mare non aveva più navi a sufficienza per bloccare questo porto.

Volersi impadronire di una città di mare, perfettamente fortificata e difesa da una flotta e da una valorosa guarnigione, senza avere il controllo del porto è, senza alcun dubbio, una delle imprese più avventurose che si possano immaginare.

Wallenstein non aveva ancora avuto dei rovesci e si credeva chiamato a fare l'impossibile e a superare ogni ostacolo che gli opponeva la natura. Libera dalla parte del mare, Stralsund poteva rifornirsi, senza alcuna difficoltà, dei viveri, delle munizioni e dei rinforzi di cui aveva bisogno. Il duca di Friedland si ostinò, comunque, a bloccarla dalla terra e non potendo opporre che minacce alla mancanza di mezzi disse: *"Prenderò questa loro città anche se fosse stata attaccata al cielo con catene di ferro"*. Ferdinando, che non poteva non dolersi di un'impresa che non prometteva risultati gloriosi, approfittò dell'apparente sottomissione e di una proposta accettabile che gli era stata fatta dalla città per ordinare al suo generale di togliere l'assedio. Ben lungi dall'obbedire all'ordine, egli continuò ad aggredire la guarnigione con continui assalti.

Queste lotte mortali esaurirono al tal punto le risorse di Cristiano IV che presto non ebbe più truppe da inviare a Stralsund e lo costrinsero ad accettare che questa città chiedesse aiuto al re di Svezia. Il comandante danese lasciò la piazza e fu sostituito da un generale svedese che la difese con più fortuna. Per la prima volta la stella di Wallenstein impallidì e il suo orgoglio dovette cedere alla necessità. Dopo diversi mesi, l'assedio di Stralsund gli era costato più di dodicimila uomini e non aveva avuto altro risultato se non quello di portare questa città nelle braccia della Svezia e ad aprire la strada che doveva portare Gustavo Adolfo in Germania.

Fino a quel momento le armate della *Lega* e dell'imperatore erano sempre state vittoriose e Cristiano IV, battuto in Germania, era stato obbligato a rifugiarsi nelle isole che formavano i suoi stati. Ma il corso degli eventi stava bruscamente cambiando sulle rive del Baltico. La mancanza totale di navi aveva impedito ai vincitori di proseguire nelle loro conquiste ma metteva in pericolo ciò che avevano già conquistato. Un trattato offensivo e difensivo univa i due monarchi del nord e questo impediva all'imperatore e al suo generale di restare sul Baltico o di entrare in Svezia. Rompere questo trattato e assicurarsi il supporto del re di Danimarca era, pertanto, l'unico modo per vincere facilmente contro gli svedesi.

La paura dell'intervento delle potenze straniere e, soprattutto, la tempesta che si stava nuovamente addensando su tutti gli stati protestanti tedeschi e gli enormi costi della guerra fecero propendere l'imperatore per la pace che anche Wallenstein, per motivi completamente opposti, aveva il desiderio di concludere. Egli era, comunque, lontano dal desiderare una tranquillità che, dalle brillanti sfere della gloria, lo rigettava nell'oscuro ambito della vita privata, ma voleva portare la guerra su un altro terreno e accrescere la generale confusione con una pace parziale.

L'amicizia con il re di Danimarca, del quale, in qualità di duca del Meclemburgo, era divenuto vicino, gli prometteva immensi vantaggi per il futuro che sognava, così non esitò ad acquisire questi vantaggi a discapito del suo capo. Nonostante il trattato di Copenaghen, che proibiva alla Danimarca di trattare una pace separata con l'Austria senza il consenso della Svezia, Cristiano IV, sedotto dalle proposte di Wallenstein, acconsentì alla pace. Il congresso che si tenne a Lubecca[150], nel 1629, regolò tutte le clausole di questa pace, con la quale l'imperatore rendeva alla Danimarca tutte le province che le aveva tolto. I plenipotenziari della Svezia, incaricati di intercedere in favore dei duchi spossessati del Meclemburgo, non ottennero alcuna soddisfazione.

Cristiano IV era stato costretto a promettere che in futuro non si sarebbe più interessato degli affari della Germania, nonostante il suo titolo di duca di Holstein glielo consentisse. Inoltre, non doveva infastidire, con nessun pretesto, i possedimenti ecclesiastici della bassa Germania e doveva abbandonare per sempre la causa dei duchi di Meclemburgo. Questi due poveri duchi erano stati trascinati nella guerra da lui, ma nonostante questo non si fece scrupolo di sacrificarli per ottenere la benevolenza del loro comune nemico. La reintegrazione di Federico V, suo parente, nel suo elettorato era stato uno dei principali motivi che avevano armato Cristiano IV, ma questo principe non venne neanche nominato nel trattato poiché una delle clausole della pace di Lubecca, riconosceva Massimiliano di Baviera come legittimo possessore del Palatinato. Fu per questa vergognosa concessione che il re di Danimarca si ritirò dal teatro di guerra.

La tranquillità dell'impero dipendeva per la seconda volta da Ferdinando II, che poteva fare della pace di Lubecca una pace generale. Le grida e i pianti degli sventurati che chiedevano di porre fine ai mali che la crudeltà dei soldati e la cupidigia dei capi li costringevano a sopportare, si levavano da tutte le parti. La Germania, devastata dalle orde erranti del conte di Mansfeld e del duca Cristiano di Brunswick, impoverita e affamata dalle armate di Tilly e Wallenstein; la Germania coperta di sangue, di rovine e di cenere; la Germania agonizzante chiedeva grazia ai suoi capi disumani e questi stessi capi sospiravano la pace.

Anche l'imperatore la desiderava, perché non poteva più far fronte alle enormi spese della guerra che stava conducendo in Italia contro la Francia[151]. Disgraziatamente tutto ciò era difficile ed era pressoché impossibile mettere d'accordo i due partiti religiosi sui termini della pace. I cattolici non volevano aver combattuto così a lungo senza guadagnare qualcosa e i protestanti non volevano perdere nulla. Ferdinando, invece di unire le parti con una mediazione prudente, fece pendere la bilancia dalla parte dei cattolici e precipitò nuovamente l'impero nell'orrore di una guerra disastrosa e sanguinosa.

Dopo la pacificazione della Boemia, aveva introdotto la controriforma nei suoi domini ereditari. Dapprima, in modo prudente e attento verso alcuni stati evangelici, ma successivamente le vittorie di Tilly e Wallenstein lo avevano reso più ardito. Così, i protestanti dei suoi stati ereditari ricevettero l'ordine di rinunciare alla loro religione o, in caso contrario, di lasciare la patria, alternativa crudele che sollevò una parte della popolazione dell'Austria. Nel Palatinato, subito dopo l'espulsione di Federico V, fece interamente sopprimere il culto calvinista e tutti i suoi ministri di culto furono banditi dall'università di Heidelberg. Questa vittoria aumentò le pretese e le esigenze dei cattolici. Alla riunione degli elettori che ebbe luogo a Mulhausen, domandarono come equo risarcimento dei danni che la guerra aveva loro provocato, la restituzione delle chiese, dei vescovadi, dei capitoli, delle abbazie e dei conventi dei quali i protestanti si erano impadroniti dopo la pace di Augusta[152].

Uno zelante cattolico come Ferdinando II non poteva non considerare questa richiesta, ma era un politico troppo attento per non capire che non era ancora venuto il momento di un cambiamento così radicale. Tutti i sovrani protestanti sarebbero stati privati di una parte dei loro possedimenti, poiché dove questi possedimenti non erano stati secolarizzati, erano stati donati alla chiesa protestante. Da queste proprietà molti principi traevano la gran parte dei guadagni e del loro potere. Tutti, senza eccezione, sarebbero stati irritati da questa richiesta di restituzione. Se nessuna clausola del trattato di Augusta contestava la legittimità di queste conquiste, nessuna altra le accordava in modo definitivo, ma i protestanti potevano vantare in loro favore una proprietà di un secolo, sanzionata dal silenzio di quattro imperatori e la legge di equità, che dava loro gli stessi diritti dei cattolici sui possedimenti dei loro antenati. Questa proprietà era per loro di estrema importanza, non solo per i vantaggi materiali che vi erano congiunti e per l'inevitabile confusione che un cambiamento come questo avrebbe portato, ma anche perché la restaurazione dei vescovi cattolici avrebbe aumentato la forza del loro partito nella dieta, attraverso un grande numero di voti. La richiesta di sacrifici così gravosi ai protestanti preoccupava Ferdinando che temeva un'opposizione formidabile e, fino a quando l'ardore militare non si fosse placato, preferiva non attirarsi l'odio di un partito che, se unito, avrebbe potuto essere pericoloso, soprattutto perché sostenuto fortemente dall'elettore di Sassonia. Con un parziale tentativo, volle saggiare gli effetti che avrebbe prodotto una misura generale. A questo fine, fece ordinare a numerose città imperiali in Alta Germania e al duca del Württemberg di restituire al clero alcuni dei domini che gli erano stati tolti. La situazione in Sassonia gli permise di osare qualche tentativo più audace. Le canoniche luterane dei vescovi di

Magdeburgo e di Halberstadt avevano rimpiazzato in queste città i vecchi vescovi cattolici con dei vescovi del loro culto.

Il primo di questi arcivescovadi era diventato vacante con la morte di Cristiano Guglielmo, principe della casa di Brandeburgo, il secondo con la morte di Cristiano di Brunswick. I territori di entrambi, a eccezione della città di Magdeburgo, erano temporaneamente occupati dalla truppe di Wallenstein. Ferdinando approfittò delle circostanze favorevoli per stabilire ad Halberstadt, non solo un vescovo cattolico, ma un principe del suo casato[153].

Volendo evitare una simile sorte, Magdeburgo si affrettò a eleggere il figlio dell'elettore di Sassonia, al posto del vescovo spodestato. Ma il papa, avocando a sé il diritto di intervenire in questo conflitto tra la due religioni, annullò l'elezione del clero protestante in favore del principe austriaco, che si trovò così possessore degli arcivescovadi di Halberstadt e di Magdeburgo. Anche lo stesso partito cattolico vide, in questo trionfo dell'imperatore, una nuova testimonianza che nel suo zelo verso la Chiesa di Roma non dimenticava gli interessi del suo casato.

La pace di Lubecca aveva fatto sparire tutti i pericoli che i cattolici potevano temere dal nord Europa. La Germania protestante, vinta più dai trattati che dalle armi, non sembrava in condizioni di opporre la benché minima resistenza a tutto ciò che si poteva fare per abbatterla definitivamente. La *Lega* rinnovava le sue richieste con un tono sempre più imperioso e Ferdinando firmò il famoso e funesto editto del 1629, conosciuto con il nome di *Editto di restituzione*[154], dopo averlo sottoposto all'approvazione dei quattro elettori cattolici.

Nel preambolo di quest'atto, egli si arrogava il diritto, «*in virtù dell'infallibilità del suo pieno potere imperiale*», di decidere con giudizio sovrano, tra i due partiti religiosi e di determinare la giusta interpretazione delle clausole del trattato di Augusta che, si affermava, per l'errata interpretazione che gli era stata data fino a quel momento, aveva causato tanti mali e disastri. Per giustificare con una parvenza di legalità un diritto così esorbitante, si rifece all'esempio dei suoi predecessori, che se lo erano del tutto attribuito, e all'adesione di numerosi membri protestanti della dieta.

In effetti, l'elettore di Sassonia aveva avuto l'imprudenza di accordare a Ferdinando II un tale privilegio e l'*Editto di restituzione* gli fece comprendere troppo tardi quale disgrazia la sua compiacenza verso la casa d'Austria stava portando alla causa protestante. Dopo quasi un secolo di lutti e di discordie era più che evidente che il trattato d'Augusta era suscettibile di contraddittorie interpretazioni, ma questo difetto di chiarezza non poteva in alcun modo autorizzare l'imperatore, che poteva essere cattolico o protestante, e quindi comunque una parte interessata, ad arrogarsi un ruolo diametralmente opposto a quello dello spirito del trattato. Infatti, ergendosi ad arbitro supremo dei membri cattolici e dei membri protestanti della dieta egli, capo dell'impero e principe cattolico, diventava giudice della sua stessa causa.

Questo abuso non poteva mancare di ridurre la libertà della Germania, a una parola priva di significato.

Forte del diritto che si era apertamente attribuito, Ferdinando dichiarò che «tutte le confische operate dai protestanti, dopo il giorno della firma della pace di Augusta, sui beni diretti e indiretti della Chiesa cattolica, costituiscono una violazione di questa pace e, conseguentemente, vengono considerate come nulle o mai avvenute». Nello stesso atto aggiunse che «il trattato di Augusta non imponeva ai sovrani cattolici verso i loro sudditi protestanti altro obbligo se non quello di permettere loro di emigrare». In conformità a questa decisione, tutti i detentori dei beni della Chiesa romana, vale a dire tutti i membri protestanti della dieta, senza alcuna eccezione, furono obbligati, sotto pena di essere messi al bando dall'impero, di porre immediatamente questi beni nelle mani dei commissari imperiali.

Questo celebre *Editto di restituzione* tolse ai sovrani della Germania protestante due arcivescovadi[155], dodici vescovadi[156] e un numero pressoché incalcolabile di abbazie e di conventi. Questo editto fu un terribile colpo per tutta la Germania protestante. Spaventoso per ciò che in sé significava, ancora più terribile per ciò che faceva presagire per il futuro. Da questo momento i protestanti furono costretti a riconoscere che l'imperatore e la *Lega* avevano giurato la rovina della Riforma e, con quella, di tutte le libertà germaniche. A dispetto di tutti i reclami e i clamori che si levarono da ogni parte, si procedette alla nomina dei commissari imperiali e si mise a loro disposizione un'armata, al fine di assicurar loro una pronta obbedienza.

La città, che aveva dato il suo nome al trattato, doveva subire per prima i funesti effetti di questo editto. Augusta fu restituita al suo vescovo cattolico[157], che manifestò il suo insediamento con la chiusura di sei chiese protestanti della diocesi. Contemporaneamente, il duca di Württemberg fu obbligato a restituire tutti i conventi e i monasteri di cui era entrato in possesso. Questo sopruso scosse tutti gli stati protestanti ma nessun principe si sognò di respingere la forza con la forza. L'imperatore aveva instillato un tale terrore che gran parte di loro cominciò a sottomettersi prontamente per meritare la sua benevolenza. Il partito cattolico, sperando di portare a termine il suo trionfo con mezzi pacifici, accordò un anno di tempo per la completa esecuzione dell'*Editto di restituzione* e questo salvò i protestanti. Poco prima che scadesse questo termine, il successo delle armi svedesi aveva completamente mutato la situazione. Per cercare di pacificare la Germania e mettere fine alle lamentele, Ferdinando convocò un'assemblea degli elettori che si riunì a Ratisbona nel 1630, alla quale partecipò personalmente. L'imperatore riconobbe che si era vanamente compiaciuto di aver soddisfatto i principi della *Lega*, e soprattutto il loro capo, con l'*Editto di restituzione* e con l'unione di gran parte del Palatinato con quello della Baviera. Ma il legame tra l'imperatore e i principi della Lega si era rapidamente deteriorato da quando era comparso Wallenstein. Abituato a dettar legge in Germania e perfino a decidere il destino dell'imperatore, l'orgoglioso elettore di Baviera si vide oscurato dal generale imperiale e la sua importanza, così come quella della Lega, completamente sminuita. Un altro era arrivato a godere dei frutti delle sue vittorie e a seppellire nell'oblio i suoi servizi. Wallenstein con il suo carattere altezzoso umiliava in continuazione tutti i principi dell'impero, volendo dare all'autorità imperiale un'immagine odiosa e aumentare l'irritazione dell'elettore.

Massimiliano[158], spinto dalla gelosia e dal disprezzo, si era alleato con il gabinetto francese e la maggior parte dei principi della *Lega* aveva seguito il suo esempio. Non solo l'insofferenza per la situazione presente, ma anche la paura dei progetti di espansione dell'imperatore avevano spento in ciascuno di loro qualunque spirito di gratitudine.

Le pretese di Wallenstein erano diventate intollerabili. Il Brandeburgo stimava le sue perdite a venti, la Pomerania a dieci, l'Assia Kassel a sette milioni di *reichsthalers* e i restanti stati in proporzione. Le grida di aiuto erano forti, urgenti e universali, superando tutti i pregiudizi, i cattolici e i protestanti erano uniti su questo punto. L'imperatore terrorizzato era assalito da tutte le parti da petizioni contro Wallenstein e le sue orecchie dovevano ascoltare continuamente la descrizione delle sue violenze. Ferdinando non aveva una natura crudele. Sebbene non fosse totalmente all'oscuro delle atrocità che venivano compiute in Germania in suo nome, non ne conosceva le dimensioni; non volendo rimanere inerte di fronte alle lamentele dei principi, ridusse la sua armata di diciottomila cavalieri. Mentre era in atto questa operazione, gli svedesi stavano preparando una spedizione in Germania e gran parte degli imperiali congedati si unì a loro. Le concessioni dell'imperatore incoraggiarono l'elettore di Baviera ad essere più esigente. Effettivamente, la vittoria di questo principe era incompleta, fino a quando il duca di Friedland rimaneva comandante in capo e, quindi, ne chiese la destituzione. La corte di Spagna[159] e tutti i sovrani che questo generale aveva offeso con il suo disprezzo, appoggiarono questa domanda con una autorevolezza e un calore che, in un primo momento, scossero Ferdinando, ma presto egli vide in questo astio passionale contro il suo generalissimo, la prova del suo valore e della sua importanza.

Da parte sua Wallenstein, informato degli intrighi che si ordivano nei suoi confronti, non tralasciava nulla per convincere l'imperatore delle reali intenzioni dell'elettore della Baviera. Fece anche la sua comparsa all'assemblea degli elettori di Ratisbona dove, per il suo lusso sfrenato, eclissò persino la corte imperiale e così colmò l'odio e la gelosia dei principi dell'impero[160].

Ferdinando, consapevole dell'importanza del sacrificio che gli si voleva imporre, continuava a esitare. Doveva al duca di Friedland la sua supremazia e sentiva quanto avrebbe perso sacrificandolo all'odio dei principi ma, per sua sfortuna, aveva più che mai necessità del concorso di tutti gli elettori, poiché cercava di assicurare a suo figlio Ferdinando, che già aveva fatto eleggere re d'Ungheria, la successione al trono imperiale. A questo scopo gli era indispensabile l'aiuto di Massimiliano ed egli non si fece scrupoli a sacrificare il suo più fedele servitore per mettere l'elettore della Baviera in condizioni di supportarlo[161].

Anche la Francia[162] aveva inviato plenipotenziari all'assemblea degli elettori di Ratisbona, con lo scopo di sventare la guerra nella quale temeva di essere coinvolta in occasione della successione del duca Vincenzo di Mantova e del Monferrato, che era deceduto senza figli. Il suo parente più prossimo, il duca Carlo di Nevers[163], si era impadronito di questi due principati senza prestare giuramento e omaggio all'imperatore che era il padrone del feudo. Contando sull'appoggio della Francia e di Venezia, aveva anche rifiutato di lasciare occupare questi paesi dai commissari imperiali fino al momento in cui i suoi diritti di possesso non fossero stati legalmente riconosciuti.

Sempre preoccupata per il suo ducato di Milano, la Spagna[164] vedeva con preoccupazione un vassallo francese diventare suo vicino e per evitare questo inconveniente e ingrandire, se fosse stato possibile, i suoi possedimenti, aveva fatto di tutto per eccitare la collera di Ferdinando contro il duca Carlo di Nevers. A dispetto di tutti gli sforzi di papa Urbano VIII[165] per allontanare la guerra dai territori a lui vicini, fece entrare un'armata tedesca attraverso le Alpi, la cui comparsa inaspettata terrorizzò tutti gli stati italiani. Il suo esercito aveva vinto in tutta la Germania e timori esagerati facevano rinascere l'apprensione del progetto austriaco di monarchia universale. Tutti gli orrori della guerra tedesca si sparsero come un diluvio sui paesi attraversati dal Po; Mantova venne conquistata con violenza e le terre circostanti dovettero cedere alle devastazioni di un esercito senza regole. Anche i principi italiani si unirono al coro di maledizioni contro l'imperatore che risuonava in tutta la Germania. Persino all'interno del concistoro si levarono preghiere in favore del successo dei protestanti.

Intimorito dal clamore generale sollevato dalla spedizione su Mantova, tempestato dagli elettori, che appoggiavano le lamentele della Francia, Ferdinando II, alla fine, promise di accordare l'investitura al duca di Nevers. Il cardinale Richelieu sapeva che doveva questo successo a Massimiliano[166] e cercò di testimoniargli la sua riconoscenza con un altro servizio. I suoi negoziati con l'imperatore, in relazione a Mantova, avevano dato modo ai suoi delegati di metter in atto intrighi che dovevano volgere contro questo sovrano tutte le decisioni dell'assemblea degli elettori. Per meglio ottenere questo scopo, aveva aggregato ai plenipotenziari della Francia un suo agente, dall'aspetto insignificante, ma che possedeva tutte le qualità necessarie per mettere in atto i suoi progetti segreti. Quest'uomo era il celebre padre Giuseppe[167], confidente e strumento del cardinale Richelieu. Lo scaltro cappuccino, seguendo gli ordini, iniziò a lavorare per la rovina di Wallenstein, con lo scopo di privare l'armata imperiale della sua forza principale. Numerosi eserciti non avrebbero potuto compensare la perdita di questo individuo. Sarebbe dunque stato un capolavoro politico riuscire, nel momento in cui un monarca vittorioso, assoluto protagonista delle sue vittorie si stava armando contro l'imperatore, eliminare dalle armate imperiali l'unico generale che per abilità ed esperienza militare era in grado di tener testa al re di Francia. Gli imperiosi reclami della Spagna e dell'elettore di Baviera non erano riusciti a far decidere Ferdinando a sacrificare il suo generalissimo, ma egli non ebbe la forza di resistere a padre Giuseppe. Il monaco gli ricordava senza tregua che, poiché voleva assicurare la nomina del suo successore al trono imperiale, doveva prima di tutto ingraziarsi gli elettori, concedendo loro ciò che desideravano sopra ogni cosa al mondo, cioè la destituzione di Wallenstein che, comunque, poteva essere richiamato in qualunque momento. L'astuto cappuccino era così sicuro dell'uomo che aveva di fronte da non dubitare della sua fiducia.

D'altro canto, la voce di un monaco era per Ferdinando la voce di Dio. Secondo la testimonianza del suo confessore, «niente sulla terra era più sacro di un prete e se avesse incontrato contemporaneamente su una strada un monaco e un angelo, avrebbe salutato per primo il monaco». L'allontanamento di Wallenstein venne deciso di conseguenza.

Per ricompensare la sua illimitata fiducia, padre Giuseppe lo ostacolò così abilmente che fece fallire il progetto che più gli stava a cuore, quello di assicurare a suo figlio, il re d'Ungheria, la successione della corona imperiale. Se, nel trattato di Ratisbona, la Francia si impegnò a osservare la più stretta neutralità verso tutti i nemici dell'imperatore, ciò nondimeno, Richelieu continuò a spingere Gustavo Adolfo alla guerra e a offrirgli l'alleanza del suo sovrano[168].

Quando l'inganno di padre Giuseppe ebbe prodotto l'atteso risultato, Richelieu lo accusò di aver oltrepassato le sue istruzioni e, per dare più peso a questo rimprovero, lo fece confinare nel suo monastero[169]. Ferdinando capì troppo tardi che ci si era preso gioco di lui[170]. «*Un perfido cappuccino* – diceva – *mi ha disarmato con il suo rosario e ha trovato il modo di cacciare nel suo stretto cappuccio sei corone di elettori*».

Fu così che l'inganno e la perfidia trionfarono sull'imperatore, in un momento in cui lo si credeva onnipotente, come era in effetti. Dopo aver congedato quindicimila cavalieri ed essersi privato di un generale il cui solo nome valeva un'armata, lasciò Ratisbona senza aver realizzato la speranza per la quale aveva fatto tutti questi sacrifici. Il terribile colpo che Massimiliano e padre Giuseppe gli avevano inferto doveva essere ben presto seguito da sconfitte ancor più crudeli. Quelle che l'armata svedese gli preparava sul campo di battaglia. La guerra tra la Svezia e l'Austria era stata decisa dagli elettori nella stessa assemblea di Ratisbona, dove si era messo termine anche a quella per il ducato di Mantova e dove i principi protestanti e i plenipotenziari dell'Inghilterra avevano inutilmente chiesto la clemenza del capo dell'impero per mitigare la sorte del duca di Meclemburgo e ottenere almeno una pensione per lo sfortunato palatino Federico V.

Nel momento in cui l'imperatore destituì il duca di Friedland, questo generale era a capo di un'armata di oltre centomila uomini, della quale tutti gli ufficiali erano sue creature e ciascun soldato vedeva in lui l'arbitro sovrano del suo destino. Tutti conoscevano la smisurata ambizione, l'orgoglio intransigente che lo rendevano incapace di sopportare un'umiliazione senza cercarne vendetta. È chiaro che se era stato difficile convincere l'imperatore a pronunciare una bruciante sentenza contro un tale uomo, ancor più difficile era far eseguire tale provvedimento. Si ebbe la cautela di incaricare due suoi amici di informarlo della decisione di Ferdinando, ammansendolo con promesse brillanti e solenni asserzioni della benevolenza di Ferdinando.

Quando si presentarono davanti a Wallenstein, egli già conosceva lo scopo della loro missione e aveva avuto il tempo di prepararsi a riceverli. Aveva un'aria calma e serena, ma la disperazione e il furore bollivano nel fondo della sua anima. Ma aveva deciso di obbedire. La decisione dell'imperatore lo aveva colto prima che le circostanze fossero mature o la sua preparazione fosse completa per mettere in atto le misure che aveva progettato. I suoi possedimenti erano in Boemia e in Moravia, confiscandoli l'imperatore avrebbe potuto distruggere il nucleo del suo potere. Guardava dunque al futuro come possibilità di vendicarsi e in questa speranza era incoraggiato dalle predizioni di un astrologo italiano, che governava il suo spirito imperioso come fosse quello di un bambino.

Seni[171], questo era il suo nome, aveva letto nelle stelle che la brillante carriera del suo padrone non si era ancora conclusa e che lo attendevano felici e brillanti prospettive. In effetti, non era necessario consultare le stelle per prevedere che contro un nemico come Gustavo Adolfo, l'imperatore non avrebbe fatto a meno dei servigi di un generale come Wallenstein.

«L'imperatore è stato tradito – disse – io lo piango e lo perdono. E' chiaro che lo spirito superbo della Baviera glielo impone. Mi affligge la facilità con la quale mi sacrifica, ma io obbedisco».

Dopo queste altezzose parole li congedò riempiendoli di doni magnifici. Dopodiché, scrisse a Ferdinando una lettera molto rispettosa, nella quale lo pregava di non negargli la sua augusta benevolenza e di conservargli le dignità che aveva acquisito difendendolo.

Quando fu annunciata all'armata la destituzione del generale, questa manifestò la sua indignazione e molti ufficiali abbandonarono sul campo le bandiere austriache. Molti seguirono il duca di Friedland in Boemia e Moravia, dove egli diede loro una pensione considerevole, per essere sicuro di ritrovarli se avesse avuto bisogno di loro. Ma il riposo era l'ultima cosa che Wallenstein contemplava quando ritornò alla vita privata. Infatti, si contornò di una pompa reale nella speranza, non v'è dubbio, di far ridere l'Europa del provvedimento che l'aveva voluto umiliare.

Sei portici conducevano al palazzo dove abitava e per ingrandire la corte di questo palazzo fece abbattere più di cento case. Magnifiche dimore si elevarono, come per incanto, sui suoi numerosi domini. I figli delle più illustri famiglie ambivano l'onore di servirlo e più di un ciambellano restituì all'imperatore la sua chiave d'oro per andare a occupare la stessa funzione presso il duca di Friedland. I più celebri professori dell'epoca dirigevano l'educazione di sessanta paggi che facevano parte della sua corte. Cinquanta guardie del corpo facevano la guardia incessantemente nelle sue anticamere. I suoi pranzi normali si componevano di cento portate e il suo *maître d'hotel* era uno dei più grandi signori dell'impero.

Quando si trasferiva da uno dei suoi castelli a un altro, cento carrozze da sei o quattro cavalli trasportavano i suoi parenti e i bagagli, mentre la sua corte lo seguiva su sessanta carrozze, circondate da cinquanta cavalli condotti a mano. La ricchezza delle livree, degli equipaggi e della mobilia era pari a questa magnificenza. Sei baroni dell'impero e altrettanti cavalieri erano addetti alla sua persona per far eseguire immediatamente anche il più piccolo dei suoi ordini. Dodici pattuglie a cavallo erano continuamente pronte ad allontanare qualsiasi disturbo dal palazzo dove abitava. Il suo genio aveva bisogno di silenzio. A Praga, nessuna vettura poteva avvicinarsi alla sua se prima non venivano bloccate le vie adiacenti con catene di ferro. Intorno a lui tutto era muto e silenzioso come lui. Cupo, taciturno, impenetrabile era più avaro di parole che del suo oro e le poche parole che uscivano dalle sue labbra erano sempre pronunciate con un tono secco e duro. Nessuno l'aveva mai visto ridere e le seduzioni dei sensi non avevano mai esercitato alcuna forza su di lui. Sempre dedicato ai suoi vasti disegni, disprezzava gli inutili divertimenti per i quali così tanti uomini sprecavano la loro vita.

Timoroso di confidare i suoi progetti anche agli amici più intimi, da solo si occupava della sua corrispondenza, pressoché europea, e scriveva di suo pugno le note, le osservazioni e i progetti che gli suggeriva l'evolversi degli avvenimenti. Il suo aspetto esteriore portava l'impronta del suo carattere; alto ma asciutto, l'incarnato giallognolo, i suoi capelli erano corti e rossi, i suoi occhi piccoli ma scintillanti. La sua fronte aveva una severità che respingeva e solo la sua prodigalità poteva tenergli vicina la folla di servitori tremanti.

Fu in questo orgoglioso ritiro e in una attività silenziosa che il duca di Friedland attese l'ora della vendetta e del suo ritorno al potere. La carriera vittoriosa di Gustavo Adolfo gli diede presto il presentimento della sua imminenza. L'ingratitudine di Ferdinando II aveva liberato la sua ambizione dell'unico freno che poteva trattenerla e anche il clamore della sua vita privata tradiva l'audacia delle sue speranze. Prodigo come un potente monarca, sembrava già occupare in realtà il posto supremo al quale voleva elevarsi.

La disgrazia di Wallenstein e, soprattutto, la comparsa di Gustavo Adolfo sul territorio tedesco, rendevano indispensabile la nomina di un nuovo generalissimo, incaricato nello stesso tempo di comandare le truppe imperiali e quelle della *Lega*. Massimiliano di Baviera ambiva a questo posto, che gli avrebbe permesso di comandare sull'imperatore, il quale, invece, lo voleva destinare a suo figlio, il re d'Ungheria. Nell'impossibilità di soddisfare queste due opposte pretese si fece ricorso a una terza via e si fece passare il conte di Tilly dal servizio della Baviera a quello dell'Austria[172]. Dopo l'uscita di scena di Wallenstein, l'armata imperiale si componeva di poco più di quarantamila uomini, quella della *Lega* era pressoché equivalente e anch'essa comandata da esperti ufficiali ed esperta dopo numerose campagne. Il ricordo delle vittorie che aveva riportato le dava una grande forza morale, così si vedevano senza alcuna inquietudine i preparativi ostili della Svezia anche grazie al possesso della Pomerania e del Meclemburgo, le due sole province dalle quali gli svedesi avrebbero potuto penetrare all'interno dell'impero.

Da quando il re di Danimarca aveva inutilmente provato a respingere il potere imperiale nei suoi limiti naturali, Gustavo Adolfo era diventato l'unica speranza delle libertà germaniche, l'unico che avesse caratteristiche personali per condurre questa impresa, che sia motivi politici sia torti subiti la giustificavano. Prima dell'inizio della guerra in bassa Sassonia, importanti interessi politici lo avevano spinto, come il re di Danimarca, a offrire i suoi servizi e il suo esercito per difendere la Germania, ma l'offerta di quest'ultimo era stata preferita alla sua. Il suo stesso interesse lo obbligava a difendere queste libertà. Da molto tempo l'orgoglio dell'imperatore e l'arroganza di Wallenstein non cessavano di dargli motivo di malcontento. Truppe imperiali erano venute in soccorso del re di Polonia, Sigismondo, contro la Svezia e quando chiese soddisfazione di questa mancanza di rispetto, il duca di Friedland gli fece dare questa offensiva risposta: «Poiché l'imperatore ha troppi soldati, bisognerà pure che ne presti ai suoi cari amici nel momento del bisogno».

Al congresso di Lubecca, dove agli ambasciatori svedesi Wallenstein aveva ordinato di allontanarsi, egli stesso aveva reagito con minacce violente verso coloro che coraggiosamente avevano deciso di restare. Ferdinando aveva insultato la bandiera svedese e intercettava i messaggi che il re inviava in Transilvania. Egli stesso proclamava con forza la legittimità delle pretese di Sigismondo e rifiutava a Gustavo Adolfo il titolo di re e non degnando di alcuna considerazione le ripetute rimostranze di Gustavo, aggravando l'offesa invece di sanare le vecchie ferite.

Simili offese personali, unite ad altre considerazioni politiche e rafforzate dalle urgenti richieste della Germania, non potevano mancare di influenzare le decisioni di un principe tanto geloso di quel titolo di re che gli si cercava di contestare. Di un principe il cui nobile orgoglio si era eccitato all'idea di divenire il salvatore della libertà tedesca e che amava con passione la guerra, come il solo elemento dove il suo genio poteva dimostrarsi. Ma non poteva considerare seriamente una nuova guerra prima di aver concluso con la Polonia, se non una pace durevole, almeno un lunga tregua. Non tardò a ottenere quest'ultimo risultato, grazie all'infaticabile attività del cardinale Richelieu.

Questo grande uomo di stato, dirigendo con una mano il timone della politica europea e contenendo con l'altra l'arroganza della nobiltà francese e il furore delle fazioni intestine, perseguiva con ammirevole perseveranza, in mezzo ai problemi di un'amministrazione tempestosa, il disegno di fermare la casa d'Austria sulla strada dell'espansione, sulla quale avanzava con tanta audacia. Ma questo disegno incontrava ostacoli sempre molto rilevanti, poiché anche le menti più grandi non potevano impunemente sfidare i pregiudizi dell'epoca.

Ministro di un re cattolico e principe della Chiesa romana, il cardinale non poteva allearsi apertamente con i nemici di questa chiesa contro un potenza che poneva le sue ambiziose vedute sotto il riverito mantello della religione. La deferenza esteriore che Richelieu doveva mostrare alle vedute limitate dei suoi contemporanei relegava la sua attività politica a negoziati segreti, per i quali doveva utilizzare emissari che portassero avanti i progetti della sua mente illuminata.

Era con questi mezzi che aveva cercato di impedire al re di Danimarca di concludere la pace con l'imperatore e, non avendo potuto ottenere questo scopo, si rivolse a Gustavo Adolfo, l'eroe del secolo. Nulla venne risparmiato per portare questo re ad una decisione favorevole e allo stesso tempo per favorirne l'esecuzione. Il barone di Charnacé[173], che il ministro cardinale aveva inviato a tal fine nella Polonia prussiana, occupata da Sigismondo e dagli svedesi, visitò sia l'uno sia l'altro di questi due monarchi per favorire una tregua o la pace tra loro. Gustavo era da tempo incline alla pace e il ministro francese riuscì, alla fine a far aprire gli occhi a Sigismondo su quale fosse il suo reale interesse e sulla pericolosa politica dell'imperatore. Riuscì, infine, a far firmare a Sigismondo una tregua di sei anni[174] che assicurava a Gustavo Adolfo il possesso di tutte le sue conquiste e lo mise nella condizione di volgere le sue armi vittoriose contro l'imperatore. Per arrivare a ottenere questa decisione, il barone di Charnacé gli offrì l'appoggio del suo capo e notevoli aiuti, ma pur apprezzando l'importanza di queste offerte, il re esitava ad accettare poiché riteneva di crearsi un vincolo che avrebbe potuto fermarlo nel momento del trionfo e di rendersi sospetto ai protestanti, alleandosi a una potenza cattolica.

La guerra che Gustavo Adolfo aveva deciso di intraprendere era giusta e necessaria e la situazione generale dell'Europa l'autorizzava a credere che avrebbe avuto un positivo risultato. Tuttavia, il nome dell'imperatore faceva tremare tutta la Germania, che credeva la sua potenza invincibile e le sue risorse inesauribili. Certamente, simile impresa avrebbe spaventato tutti, ma non Gustavo Adolfo che ben conosceva i mezzi con i quali sperava di poter vincere. La sua armata era poco numerosa, ma perfettamente disciplinata e la campagna della Polonia lo aveva indurito ai rigori della stagione e abituato alla vittoria.

La Svezia, benché povera di uomini e di denaro, spossata da una guerra di otto anni[175], aveva tale ammirazione per il suo re e fiducia nelle sue capacità, che egli poteva contare, in ogni caso, sull'appoggio dei suoi stati nella stessa misura in cui la Germania aveva votato a Ferdinando II un odio eguale al terrore che ispirava. I principi protestanti attendevano solo l'arrivo di un liberatore per rompere apertamente il giogo del dispotismo imperiale e gli stessi sovrani cattolici avrebbero salutato favorevolmente la comparsa di un avversario che potesse limitare la potenza dell'imperatore. In queste circostanze, era fondamentale per Gustavo Adolfo ottenere un prima vittoria. Era, in effetti, l'unico modo per far decidere i principi, che ancora esitavano tra lui e l'imperatore, per rafforzare il coraggio dei suoi sostenitori, per accrescere gli arruolamenti sotto la sua bandiera e per procurarsi i mezzi per far fronte alle spese di tale spedizione.

Le città anseatiche erano riuscite, anche se con grandi sforzi, ad allontanare dalle loro mura i disastri che desolavano tutte le province tedesche ed era probabile che, per evitare la totale rovina delle libertà dell'impero, queste ricche città fossero disposte ad accettare qualche piccolo sacrificio. Per annientare l'armata imperiale era sufficiente costringerla ad abbandonare le province che occupava, poiché non aveva altri mezzi di sussistenza che quelli che traeva da esse. Inoltre, Ferdinando aveva avuto l'imprudenza di dividere le sue forze inviando numerose truppe in Italia e nei Paesi Bassi. La Spagna, sempre più occupata nelle Fiandre e indebolita per la perdita della sua flotta americana, era in condizioni di sostenere l'imperatore solo in minima parte. Mentre l'Inghilterra prometteva al re di Svezia validi aiuti e la Francia, che con essa aveva appena conclusa la pace, rinnovava ufficialmente le offerte che aveva fatto in segreto.

La prudenza faceva un dovere a Gustavo Adolfo di assicurarsi l'appoggio delle potenze straniere, ma egli confidò soprattutto sulla sua superiore capacità, sul suo eroico coraggio e sulla certezza della bontà della sua causa. Egli non solo era il primo condottiero della sua epoca, ma anche il più valente soldato dell'armata che aveva formato. Conoscitore della tattica dei greci e dei romani, creò una nuova strategia di cui si sono serviti con successo, in tempi successivi, i più grandi generali[176]. Per facilitare i movimenti della cavalleria rese gli squadroni meno numerosi e mise i battaglioni a maggiore distanza.

A quei tempi, un'armata schierata in battaglia formava una sola fila, egli piazzò la sua su due, in modo tale che se la prima avesse ripiegato, la seconda poteva sostenerla. Per superare il problema di avere una cavalleria poco numerosa mise dei fanti tra i cavalieri, mossa che fu spesso decisiva per la vittoria e fece capire all'Europa i vantaggi che si potevano avere dalla fanteria, fino a quel momento trascurata Tutta la Germania rimase colpita dalla severa disciplina che all'inizio distingueva in modo così positivo l'esercito svedese.

Il re puniva severamente il sacrilegio, il saccheggio, il duello, il gioco e ogni specie d'accesso. La sobrietà e la tolleranza facevano parte delle leggi del suo codice militare, così sotto le tende degli svedesi, compresa quella del re, non si vedeva né oro, né argento. L'occhio del generale vegliava sui comportamenti dei soldati e sul loro coraggio in battaglia. Alla sera e alla mattina, ogni reggimento si riuniva attorno al suo cappellano e ripeteva con lui una breve preghiera. Lo stesso re dava l'esempio, poiché una devozione mite e illuminata scaldava il suo animo eroico.

Ma se aveva respinto quella miscredenza brutale che troppo sovente affranca i malvagi dal solo legame capace di mettere un freno ai loro disegni criminali, era lontano da quella bigotteria untuosa con la quale uomini come Ferdinando II si riducono davanti alla divinità alla vile condizione di un verme, nella speranza di acquisire in questo modo il diritto di innalzarsi fieramente su tutta l'umanità.

Nell'ebbrezza della sua brillante fortuna, Gustavo Adolfo seppe rimanere uomo e cristiano, come nell'esercizio della sua religiosità restò eroe e re. Lontano dal sottrarsi alle fatiche e alle privazioni della guerra vi si sottometteva come l'ultimo dei suoi soldati e manteneva calma e serenità anche nel mezzo della furia della battaglia. Il suo sguardo era onnipresente e coraggiosamente egli dimenticava la morte che lo circondava esponendosi ai più grandi pericoli. Il suo coraggio gli faceva spesso dimenticare la prudenza del capo supremo. Così morì, per la disgrazia del suo paese e del suo partito, della morte di un semplice soldato.

Ma un condottiero come lui veniva seguito alla vittoria dai coraggiosi come dai vigliacchi e alla sua vista da aquila non sfuggiva nessun atto di eroismo che il suo esempio aveva suscitato. Orgogliosa di un tale re, che la immortalava nel riflesso della sua gloria, tutta la nazione si animò di un nobile entusiasmo. I contadini della Finlandia e delle terre dei Goti erano orgogliosi di poter contribuire al successo della guerra con le contribuzioni volontarie che la loro povertà consentiva di offrire. Per la stessa causa il soldato versava fino all'ultima goccia del suo sangue. L'impulso che il genio di un solo uomo aveva dato a tutto un popolo sopravvisse alla sua morte e la Svezia, per molto tempo dopo la scomparsa del suo re, marciò sulla nobile rotta da lui tracciata.

Gli stati svedesi non avevano alcun dubbio sulla giustezza e la necessità della guerra nella quale Gustavo Adolfo aveva impegnato il suo paese, ma le opinioni si divisero all'infinito sul modo di farla. Il coraggioso cancelliere Oxenstierna[177], riteneva che sarebbe stato imprudente attaccare apertamente un potenza dispotica, che disponeva a suo gradimento di tutte le risorse della Germania, mentre quelle del povero e coscienzioso re di Svezia gli sembravano troppo inferiori per poter competere. L'audace intuizione dell'eroe ebbe la meglio, senza fatica, sulla timorosa prudenza dell'uomo di stato.

«Se noi attendiamo il nemico in Svezia – diceva Gustavo Adolfo al suo senato – in caso di sconfitta tutto sarà perduto, invece nel caso di un inizio fortunato in Germania, vinceremo tutto. Il mare è vasto e l'estensione delle nostre coste immensa, come sorvegliare tutti i movimenti della flotta nemica? Se ci sfugge o se, soprattutto, giunge ad avere qualche vantaggio sulla nostra, non c'è alcun potere umano che possa impedire uno sbarco sul territorio svedese. Mettiamo al sicuro Stralsund, fino a quando questo porto ci sarà aperto noi saremo i padroni del Baltico e potremo rientrare dalla Germania. Ma per conservare questa città è necessario proteggerla e, per farlo, non dobbiamo barricarci in Svezia. Bisogna inviare un'armata in Pomerania. Smettete, dunque, di parlarmi di una guerra difensiva che ci priverebbe di tutti i nostri vantaggi. Non sopporterei mai che una sola bandiera nemica sventolasse sul suolo di Svezia. Se il suolo tedesco tradisse le mie speranze, solo allora sarà il momento di seguire il vostro piano».

Gustavo decise di attraversare il Baltico e attaccare l'imperatore. Da questo momento, i preparativi si fecero tanto velocemente quanto intelligentemente. Per mettere la Svezia al riparo dai pericoli che potevano venirle dai suoi vicini, Gustavo Adolfo si assicurò l'amicizia del re di Danimarca, in una lunga conferenza che ebbe con lui a Markaröd[178]. Dalla parte della Russia raddoppiò le guarnigioni incaricate di sorvegliare le frontiere. La Polonia non gli dava alcuna preoccupazione poiché sapeva che gli sarebbe stato facile contenerla dalla parte della Germania, obbligandola così a rispettare la tregua, se avesse cercato di romperla.

Falkenberg, ambasciatore svedese, visitò le corti di Olanda e Germania e ottenne promesse di appoggio da diversi principi tedeschi, che tuttavia, non osavano ancora allearsi apertamente con lui. Le città di Amburgo e di Lubecca gli avevano fatto considerevoli offerte e preso l'impegno di accettare in pagamento la produzione delle miniere di rame della Svezia. Fedeli rappresentanti vennero inviati al sovrano della Transilvania con lo scopo di avvertire questo antico nemico dell'Austria che era giunto il momento di rientrare in campagna.

Una incessante attività regnava nei cantieri e negli arsenali, sia per riparare e armare le navi sia per costruirne nuove; i magazzini si riempivano di munizioni e di viveri, il denaro affluiva nelle casse dello stato; reclutatori svedesi percorrevano i Paesi Bassi e la Germania. In breve tempo trenta navi furono pronte a issare le vele. Un'armata di quindicimila uomini era in armi e duecento battelli da trasporto si preparavano a riceverla.

Queste forze erano certamente inferiori a quelle del nemico, ma Gustavo Adolfo non voleva condurre in Germania armamenti più consistenti che sarebbero stati sproporzionati alle risorse della Svezia. Del resto, queste truppe, che guardava come il nocciolo dell'armata più potente che si proponeva di arruolare in Germania, rimpiazzavano con il coraggio, l'esperienza e la disciplina quello che loro mancava in numero.

Il cancelliere Oxenstierna, che era anche un capace generale, si portò in Prussia con diecimila uomini, con lo scopo di difenderla dalla Polonia. Alcune truppe regolari e un considerevole corpo di miliziani che erano rimasti in Svezia servivano da riserva per l'esercito e, nello stesso tempo, erano un deterrente per le potenze vicine nel caso in cui, in disprezzo delle loro promesse, avessero tentato di invadere il paese, che non avrebbero trovato impreparato.

In questo modo la difesa del Paese era stata assicurata e altrettanta attenzione venne dedicata da Gustavo Adolfo alle questioni di governo. Nonostante l'amore sincero che lo legava alla regina, sapeva che non possedeva le qualità necessarie a una reggente, il governo venne pertanto affidato al Consiglio di Stato e le finanze al conte palatino Giovanni Casimiro[179], suo cognato.

Dopo aver terminato questi preparativi e sistemato i suoi affari privati come avrebbe potuto fare un morente, si recò, il 20 maggio 1630, all'assemblea degli stati per dare le ultime istruzioni e formulare il suo solenne addio. Entrò nella sala tenendo tra le braccia sua figlia Cristina, di quattro anni, che già in culla aveva proclamata sua erede. Dopo averla presentata al senato e ai rappresentanti degli stati come loro futura sovrana, li impegnò a prestarle giuramento di fedeltà, al fine di evitare tutte le contestazioni nel caso in cui il cielo avesse voluto che egli non rivedesse più il suo paese. Dopo questa cerimonia, diede lettura di un atto che egli stesso aveva redatto, contenete le sue volontà circa le misure da prendere durante la sua assenza o la minore età di Cristina. L'idea che, in effetti, sarebbe stato possibile che Gustavo Adolfo avrebbe pagato con la vita la guerra che stava per iniziare aveva talmente commosso che l'assemblea si profuse in lacrime. Lo stesso re ebbe la necessità di raccogliersi per alcuni minuti prima di poter riprendere la parola.

«Non mi sono impegnato con leggerezza – disse – nella pericolosa guerra che mi chiama lontano da voi e prendo il cielo a testimone che non è né per mia soddisfazione né per interesse personale che io vado a combattere. L'imperatore mi ha brutalmente offeso nelle persone dei miei ambasciatori, ha sostenuto i miei nemici e perseguitato i miei amici, ha gettato la mia religione nella polvere e ha allungato le mani per portarmi via la corona. Costretti a soccombere sotto il peso dell'oppressione che li affligge, i sovrani tedeschi ci chiedono aiuto e protezione e, se Dio vuole, noi daremo loro aiuto e protezione. Conosco tutti i pericoli che minacciano la mia vita, non li ho mai temuti, ma certamente non sfuggirò loro per sempre. Fino a oggi la Provvidenza mi ha miracolosamente protetto, nondimeno io finirò col morire difendendo il mio paese. Vi affido alla cura del cielo. Siate giusti, siate saggi, che tutte le vostre azioni siano esenti da rimproveri e noi ci ritroveremo nell'eternità».

«È a voi senatori che io mi rivolgo prima di tutto. Che Dio vi illumini e vi colmi di saggezza affinché voi possiate governare per il meglio il mio regno. Quanto a voi, mia valorosa nobiltà, vi raccomando alla protezione divina, continuate a dimostravi degni eredi degli eroici Goti, il cui indomabile coraggio un tempo fece cadere Roma nella polvere! Pastori della Chiesa, io vi chiedo la pace e la moderazione, siate il modello delle virtù che predicate e non abusate mai dell'influenza che il vostro ministero vi dà sul cuore dei miei sudditi. E voi, deputati della borghesia e dei contadini, possa il cielo benedire sempre i vostri opifici e il vostro lavoro. Ricchi raccolti riempiano i vostri granai e vi procurino in abbondanza tutti i beni della vita. Prego ardentemente il cielo per voi che mi ascoltate e per coloro che rappresentate. A voi tutti il mio affettuoso addio, ve lo porgo, forse, per l'eternità!».

L'imbarco ebbe luogo a Elfsnaben, dove tutto il popolo svedese era accorso per vedere questo grande e commovente spettacolo. Le emozioni più contraddittorie agitavano questa folta folla. Gli uni non vedevano che i pericoli della temeraria spedizione che si preparava sotto i loro occhi, mentre il pensiero degli altri si fermava sull'uomo che aveva osato impegnarvisi e sulla gloria riservata ai suoi nobili compagni d'armi. Tra gli ufficiali che comandavano questa armata si distinguevano Gustavo Horn, il ringravio Otto Ludwig, Enrico Mattia, conte di Thurn, Ortenburg, Baudissen, Banner, Teufel, Tott, Mutsenfahl, Falkenberg, Kniphausen e numerosi altri.

Trattenuta da venti contrari, la flotta poté alzare le vele solo nel mese di giugno e, il 24 di quello stesso mese, toccò l'isola di Rugen e le coste della Pomerania. Gustavo Adolfo scese a terra per primo, in ginocchio alla testa della sua armata, ringraziò il cielo della felice traversata che avevano compiuto. Appena informate di questo sbarco, le truppe imperiali che stazionavano nelle isole di Wollin e d'Usedom presero la fuga Il suo ingresso in Germania fu un successo e l'armata svedese avanzò con la rapidità della luce verso Stettino, per impadronirsi di questa città prima che gli imperiali potessero soccorrerla.

Da tempo il duca di Pomerania, Boghislao XIV, troppo anziano e debole per sognare un'aperta resistenza all'imperatore, si lamentava in segreto degli eccessi che i soldati imperiali si permettevano nei suoi stati. La comparsa degli svedesi, anziché dargli coraggio, accrebbe la sua paura e la sua incertezza[180]. Il suo paese aveva sofferto molto a causa dell'imperatore e la paura della possibile vendetta di quest'ultimo gli impediva di dichiararsi apertamente a favore degli svedesi. Gustavo Adolfo, accampato sotto i cannoni di Stettino, intimò alla città di accogliere una guarnigione svedese. Lo stesso Boghislao si recò sul campo per protestare contro questa ingiunzione. «Vengo da voi – disse Gustavo – non come nemico, ma come amico. Non voglio le guerra contro la Pomerania, né contro la Germania, ma contro i nemici di entrambe. La mia intenzione, al contrario, è quella di vegliare questo ducato come un luogo sacro e alla fine della campagna ve lo renderò più florido di quanto non sia mai stato. Guardate le devastazioni che gli imperiali hanno compiuto nei vostri stati e seguite le tracce del mio passaggio attraverso l'isola d'Usedom, e vi sarà più facile scegliere tra l'amicizia dell'imperatore e la mia. Che cosa vi accadrebbe se l'imperatore diventasse sovrano della vostra capitale? Vi tratterebbe in modo più benevolo di quanto non farei io? O la vostra intenzione è quella di fermare la mia avanzata? Le circostanze sono pressanti: decidete subito e non obbligatemi a ricorrere a misure più violente».

La situazione era difficile. Da una parte, il re di Svezia, accampato sotto le mura di Stettino con un'armata minacciosa, dall'altra l'imperatore la cui terribile vendetta aveva già ridotto più di un principe al deplorevole stato di fuggitivo senza risorse e senza asilo. Il pericolo più imminente ebbe la meglio su quello futuro, le porte di Stettino si aprirono e Gustavo Adolfo prese possesso della città e gli austriaci, che avanzavano rapidamente, vennero anticipati. L'occupazione di questo luogo diede al re un importante punto di appoggio in Pomerania, la navigazione sull'Oder e un rifugio per le sue truppe. Boghislao cercò di giustificarsi alla corte di Vienna assicurando che egli aveva ceduto solo alla forza[181]. Questa precauzione, tuttavia, non gli parve sufficiente per evitargli l'odio imperiale e concluse con il nuovo protettore un trattato in base al quale quest'ultimo si impegnava a difenderlo contro l'Austria. Da parte sua, Gustavo Adolfo si assicurava un primo alleato sul territorio tedesco che lo copriva alle spalle e garantiva le comunicazioni con la Svezia.

Le ostilità che le truppe imperiali avevano ingaggiato in Prussia contro gli svedesi erano più che sufficienti a dispensare il loro re da una dichiarazione di guerra formale. Ciò nonostante egli inviò a tutte le corti d'Europa un manifesto[182] nel quale esponeva le ragioni che lo avevano obbligato a ricorrere alle armi. Mentre avanzava per la Pomerania, gli ufficiali e i soldati che avevano servito sotto il conte di Mansfeld, sotto Cristiano di Brunswick, sotto il re di Danimarca e sotto il duca di Friedland si arruolavano in massa nella sua armata.

A Vienna, tuttavia, tutto rimaneva inerte e tranquillo. Una lunga serie di vittorie aveva talmente gonfiato l'orgoglio della casa d'Austria che essa guardava con poca considerazione un principe uscito da un angolo oscuro dell'Europa con un pugno di soldati e la cui fama acquisita si attribuiva all'incapacità dei nemici contro i quali aveva

134

combattuto fino a quel momento. Wallenstein aveva di proposito accreditato quest'opinione poco lusinghiera per il re di Svezia, perché avrebbe dovuto temere un nemico che il suo generale diceva di poter di *cacciare dalla Germania a colpi di verga?*

I rapidi successi di Gustavo Adolfo in Pomerania, lontani dal far vedere la situazione nella giusta prospettiva, davano adito a nuove canzonature da parte dei cortigiani, che lo soprannominavano *Maestà della neve*. Sostenevano che il freddo del nord l'aveva conservato fino a quel momento, ma che si sarebbe sciolto mentre avanzava nel clima più dolce della Germania. Gli elettori, ancora riuniti a Ratisbona, ostentavano un profondo disprezzo per le rimostranze che Gustavo Adolfo indirizzava loro e si lasciarono indurre dalla volontà imperiale fino a rifiutargli il titolo di re. Ma, mentre a Vienna e a Ratisbona si vedeva in lui solo un oggetto di derisione, egli attraversò vincitore la Pomerania e il Meclemburgo, dopo essersi impadronito di tutte le piazzeforti. Fu solo allora che l'imperatore giudicò opportuno iniziare dei negoziati per mettere fine ai conflitti con la Svezia e inviò dei delegati a questo scopo a Danzica. Dalle loro proposte si capì quanto il tentativo non fosse serio, dato che l'imperatore, che continuava a rifiutare a Gustavo Adolfo il titolo di re, sperava in questo modo di gettare sul re di Svezia la colpa di essere un aggressore e di conseguenza assicurarsi il supporto degli stati dell'impero. La riunione si sciolse senza aver decretato alcunché e l'irritazione dei due partiti, eccitata da uno scambio di dispacci burrascoso, era al colmo.

Il generale Torquato Conti[183], che comandava le truppe imperiali in Pomerania, aveva inutilmente cercato di riprendere Stettino e le altre fortezze e, battuto a Damm, Stargard, Camin, Wolgast, si vendicò contro il duca di Pomerania, permettendo alle sue truppe in ritirata di esercitare ogni barbarie sugli abitanti di questa regione, che, nella sua insaziabile avarizia, non aveva mai smesso di taglieggiare senza pietà. Con il pretesto di tagliare i viveri agli svedesi, spogliava e depredava le campagne e prima di lasciare le piazzeforti, che non poteva più difendere, vi appiccava il fuoco per lasciare al nemico solo un ammasso di rovine e di ceneri. Questi eccessi misero in risalto la moderazione e l'umanità delle truppe svedesi e conquistarono i cuori degli abitanti al loro re. I soldati svedesi pagavano generosamente tutto quello che prendevano e non si permettevano la minima intemperanza. Così, venivano accolte con un trasporto di gioia, allo stesso modo con cui si ammazzavano i soldati dell'imperatore, senza alcuna pietà. Gran parte della gioventù della Pomerania si arruolò sotto la bandiera di Gustavo Adolfo e i rappresentanti degli stati votarono per lui un contributo di centomila fiorini.

Torquato Conti, benché avaro e feroce, nondimeno era un buon generale e non tralasciò nulla per fermare il successo degli svedesi. Stabilendo il suo campo a Gartz, non lontano da Stettino, sulle rive dell'Oder, cercò di impadronirsi della navigazione di questo fiume e tagliare fuori la città dalle facili comunicazioni con l'interno della Germania. Nulla lo indusse ad attaccare il re di Svezia, che era superiore a lui come forza, né quest'ultimo intendeva attaccare i forti trinceramenti imperiali. Torquato, privo di truppe e denaro, pensava di dare il tempo al generale Tilly di unirsi a lui e di attaccare insieme un nemico divenuto così temibile che non poteva più vantarsi di battere da solo. Nell'attesa, approfittò dell'assenza momentanea del re per tentare di sorprendere Stettino, ma gli svedesi, sempre pronti al combattimento, lo respinsero e fu obbligato a ritirarsi, dopo aver perduto una parte dei soldati e delle munizioni.

Questo felice esordio delle armi di Gustavo Adolfo pareva più dovuto alla fortuna che non alle sue capacità. Il ritiro di Wallenstein aveva ridotto le truppe imperiali e, per contro, restava solo il ricordo della loro indegna condotta. In Pomerania, soprattutto, questo ricordo era così recente che il popolo si affrettò a vendicarsi degli odiosi oppressori. Devastata ed esaurita, questa terra non era più per loro una fonte di sussistenza.

Questa difficile situazione finì con lo sciogliere i legami di disciplina, le diserzioni divennero ogni giorno più numerose e le malattie contagiose, provocate dal freddo e dalla fame, decimarono i reggimenti rimasti fedeli. Il generale imperiale desiderava un po' di riposo per salvare il resto di questa sfortunata armata, ma era inseguito da un nemico per il quale la Germania non aveva inverno. Infatti, Gustavo Adolfo aveva fatto fare per tutti i suoi soldati delle pellicce di montone, affinché proseguissero la campagna anche con il gelo più forte. Quando il generale imperiale gli fece chiedere una tregua, ottenne questa risposta senza speranza: «Gli svedesi sono soldati in inverno come in estate e non hanno voglia di portare alla rovina un paese facendosi da questo nutrire per niente. In ogni caso, gli imperiali sono liberi di riposarsi, ma non credano di rimanere indisturbati nei loro accampamenti».

Torquato Conti lasciò il comando, che non gli offriva più né gloria da conquistare né denaro da estorcere e Gustavo Adolfo continuò le sue conquiste con impeto crescente. Gli imperiali venivano attaccati di continuo nei loro accampamenti. Greifenhagen, importante piazza sulle rive dell'Oder fu presa d'assalto, le città di Gartz e Pyritz si arresero senza combattere. Greifwalde, Demmin e Kolberg, le sole piazze della Pomerania che restavano agli imperiali, non tardarono a cadere in mano agli svedesi, così come i materiali e le artiglierie della rimanente dell'armata di Torquato Conti, che fuggì verso il Brandeburgo.

La conquista dei passi di Ribnitz e di Damgarten apriva a Gustavo Adolfo la via del ducato di Meclemburgo, dove si era fatto precedere da un proclama con il quale invitava gli abitanti di questo ducato a ritornare sotto il dominio dei loro legittimi sovrani e a cacciare tutti coloro che appartenevano al partito di Wallenstein. Un espediente che fece cadere Rostock nelle mani degli imperiali gli impedì di avanzare ulteriormente, essendo un generale troppo esperto per dividere le sue forze in un momento così decisivo.

Prima di questi avvenimenti, i duchi del Meclemburgo, spossessati dall'imperatore, avevano fatto ricorso alla dieta di Ratisbona e, volendo meritare il loro reintegro attraverso una totale sottomissione, avevano rifiutato l'aiuto degli svedesi. Tuttavia, lo sprezzante disdegno con il quale Ferdinando II si era opposto alle loro richieste, li aveva spinti ad abbracciare il partito di Gustavo Adolfo e ad arruolare delle truppe il cui comando fu affidato al duca Franz Karl di Sassonia Lüneburg[184]. Al suo esordio, questo nuovo comandante si era impadronito di numerose piazzeforti situate sull'Elba, che però gli erano state tolte ben presto dal generale imperiale Pappenheim[185]. Questo esperto generale gli aveva impedito così strettamente la via della ritirata che fu costretto ad arrendersi a Ratzeburg con tutta la sua armata. Questa sconfitta aveva tolto ai duchi del Meclemburgo tutte le speranze di riprendere possesso dei loro stati ed era alle vittoriose armate svedesi che era destinato il compito di rendere loro questa patente giustizia.

La marca del Brandeburgo, dove gli imperiali si erano rifugiati, divenne il teatro delle loro nefandezze. Le violenze venivano inflitte sui sudditi di un principe che non aveva mai offeso l'imperatore e che, quest'ultimo, incitava a prendere le armi contro il re di Svezia. Insoddisfatti degli esorbitanti contributi che chiedevano ai borghesi, obbligati anche a dare loro ospitalità e nutrimento, questi barbari mettevano al sacco anche le case e depredavano le città e le campagne, sgozzando tutti quelli che cercavano di resistere, disonorando le donne fino ai piedi dell'altare. La condotta degli imperiali indignò persino il loro generale, il conte di Schaumburg, che vergognandosi di vedersi ridotto al ruolo di capo di un'orda di briganti, chiese di lasciare il comando.

Senza soldati per difendere la sua terra, abbandonato dall'imperatore, che non si degnò nemmeno di rispondere alle sue pressanti richieste, l'elettore del Brandeburgo prese infine la decisione di opporre la violenza all'ingiustizia, ordinando ai suoi sudditi di uccidere senza alcuna pietà tutti i soldati imperiali sorpresi in flagranza di saccheggio. Bisognò che il male raggiungesse un ben alto livello, perché questo sovrano autorizzasse i suoi sudditi, con un atto pubblico, a farsi giustizia con le proprie mani.

Gli svedesi avevano inseguito gli imperiali nel territorio del Brandeburgo, dove avrebbero assediato Francoforte sull'Oder, ma l'elettore rifiutò loro il passaggio che chiedevano per andare a conquistare la fortezza di Cüstrin. Gustavo Adolfo dovette abbandonare il progetto di occupare questa piazza e decise, quindi, di ritornare sui suoi passi per completare la conquista della Pomerania attraverso la presa di Demmin e Kolberg. Il feldmaresciallo Tilly approfittò di questa ritirata per venire in soccorso del Brandeburgo. Il vincitore di Mansfeld, di Cristiano di Brunswick, del margravio del Baden[186] e del re di Danimarca, il più grande generale della sua epoca e il solo che non aveva ancora perso una battaglia, doveva infine trovare nel re di Svezia un avversario degno di lui.

Discendente da una nobile famiglia di Liegi, i suoi talenti militari si erano sviluppati nella guerra dei Paesi Bassi, la sola scuola dove, all'epoca, si potevano formare dei grandi comandanti. L'imperatore Rodolfo II non aveva tardato ad aprirgli, in Ungheria, una carriera che percorse brillantemente e lo vide salire di grado in grado fino a quando Massimiliano di Baviera, dopo la pace, lo nominò comandante generale della sua armata con poteri assoluti, posizione che egli ricoprì con tale successo da farlo considerare come il creatore della potenza bavarese.

Dopo la guerra di Boemia, divenne generalissimo della *Lega* e la destituzione di Wallenstein gli valse il comando in capo di tutte le armate imperiali. Tanto severo con i soldati, tanto crudele con i nemici e con un carattere cupo come Wallenstein, tuttavia decisamente superiore a quest'ultimo in onestà e disinteresse per la ricchezza. Il suo fanatismo cieco e sanguinario, unito a una naturale ferocia, lo avevano reso il terrore dei protestanti. Del resto, il suo aspetto strano e terribile corrispondeva alla sua natura. Era piccolo e magro, le sue guance scavate e pallide, il naso molto lungo, la fronte larga e segnata da rughe, gli zigomi sporgenti e le forme del viso angolose terminavano con un mento appuntito. Il suo abbigliamento abituale si componeva di una giubba in satin verde chiaro, a maniche «aperte» e un piccolo cappello all'insù sormontato da una larga piuma di struzzo di un rosso sfavillante, che gli ricadeva sulla schiena. Osservandolo non ci si poteva non ricordare del duca d'Alba[187], il carnefice dei fiamminghi, e ogni sua azione completava questa rassomiglianza. Questo era il vecchio guerriero che doveva misurarsi con l'eroe del nord, che egli era ben lontano dal disprezzare, come prova l'opinione che aveva espresso agli elettori riuniti alla dieta di Ratisbona.

«Il re di Svezia – aveva detto loro – è un nemico tanto saggio quanto valoroso. Benché ancora nel fiore degli anni, ha acquisito una lunga esperienza nell'arte della guerra e tutti i provvedimenti che prende sono eccellenti. Le sue risorse non sono deboli e i suoi soldati si sono dimostrati molto attaccati a lui. La sua armata, benché composta da svedesi, tedeschi, livoniani, finlandesi, inglesi e scozzesi forma un sol corpo per la disciplina severa alla quale ha saputo sottometterli. Non perdere nulla contro un tale avversario sarà già un buon successo».

Dopo i progressi di Gustavo Adolfo in Pomerania e in Brandeburgo, Tilly capì che era giunto il momento di opporgli una seria resistenza e riunì in fretta le truppe disperse in diverse parti della Germania ma, nonostante la sua solerzia, questi paesi, spossati dalle precedenti guerre, non potevano fornirgli così velocemente come avrebbe desiderato i viveri e le munizioni di cui aveva bisogno. Fu solo verso la metà dell'inverno che riuscì a raggiungere, a capo di ventimila uomini, Francoforte sull'Oder, dove si unì a lui Schaumburg[188].

Dopo aver affidato a questo generale la difesa della città con una guarnigione sufficientemente forte, si preparò a entrare in Pomerania con l'intenzione di soccorrere Demmin e Kolberg. Però, già la prima di queste città, difesa in modo assolutamente inadeguato dal duca di Savelli[189], si era arresa e la seconda stava per capitolare dopo aver sostenuto un assedio di cinque mesi. Poiché tutti i passaggi che portavano in Pomerania erano perfettamente sorvegliati e avendo Gustavo Adolfo talmente fortificato il suo campo nei pressi di Schwedt da renderlo impenetrabile, Tilly fu obbligato a rinunciare al piano di iniziare una grande offensiva e si ritirò sulle rive dell'Elba, dove non tardò a porre sotto assedio Magdeburgo.

La conquista di Demmin aprì al re un passaggio libero verso il Meclemburgo, ma un'impresa ancora più importante gli fece volgere il suo esercito in un'altra zona. Subito dopo la partenza di Tilly, Gustavo Adolfo levò il campo da Schwedt e si diresse a marce forzate verso Francoforte sull'Oder. Questa città, mal fortificata, era difesa da ottomila uomini agguerriti, ultimi rimasti delle sfrenate bande che avevano devastato la Pomerania e il Brandeburgo. Dopo un attacco durato tre giorni, gli svedesi la presero d'assalto, nonostante la guarnigione avesse chiesto due volte di arrendersi. Gli svedesi, sicuri della vittoria, avevano rifiutato per poter consumare una terribile vendetta .

Dopo il suo arrivo nel nuovo Brandeburgo il generale Tilly aveva sorpreso e fatto passare a fil di spada una guarnigione svedese che non voleva arrendersi. Il ricordo di questa crudeltà era ancora fresco nella memoria di Gustavo Adolfo e dei suoi e la risposta a ogni soldato imperiale che chiedeva di essere acquartierato, cioè di aver salva la vita era: «Sì, il quartiere del nuovo Brandeburgo!» e riceveva il colpo mortale. Numerose migliaia di soldati furono così massacrati o fatti prigionieri, altri morirono nell'Oder cercando di salvarsi a nuoto, il resto fuggì in Slesia. Tutte le munizioni di guerra caddero in mano degli svedesi, la cui esasperazione era tale che il re dovette accordare loro tre ore di saccheggio. I rapidi successi del re risvegliarono le speranze dei protestanti, che l'imperatore non cessava di innervosire proseguendo nell'esecuzione dell'Editto di restituzione e alienandosi tutti i membri degli stati, imponendo loro eccessive obbligazioni. Costretto dalle circostanze, continuò il corso violento che aveva cominciato per la sua arroganza; le difficoltà nelle quali il suo arbitrio l'avevano condotto potevano solo essere esorcizzate commettendo nuovi arbitri. Ma in uno stato complesso come era all'epoca l'impero tedesco, la palese azione del dispotismo poteva solo portare allo sconvolgimento.

Attaccato nei suoi privilegi con la violazione della costituzione dell'impero, ciascun membro della dieta comprese che non gli restava che difendere i suoi diritti armi alla mano. Le azioni intraprese dall'imperatore nei confronti della chiesa luterana avevano infine aperto gli occhi anche all'elettore di Sassonia, Giovanni Giorgio, che era stato per molto tempo oggetto di inganno della sua perfida politica. Il monarca, del resto, lo aveva personalmente offeso privando suo figlio dell'arcivescovado di Magdeburgo[190]. Inoltre, il feldmaresciallo Arnim[191], ministro e favorito dell'elettore, non tralasciava nulla per alimentare il risentimento del suo capo. Arnim era stato precedentemente un generale imperiale sotto Wallenstein ed essendo ancora profondamente attaccato a lui, desiderava vendicare il suo benefattore e se stesso contro l'imperatore, staccando la Sassonia dall'influenza austriaca.

La comparsa degli svedesi in Germania gli offriva gli strumenti per realizzare questo progetto. Con l'appoggio sicuro e sincero dei protestanti, Gustavo Adolfo poteva divenire invincibile e questa considerazione già faceva allarmare l'imperatore. L'esempio della Sassonia avrebbe probabilmente influenzato altri. Le sorti della causa imperiale sembravano pertanto, in quel momento, nelle mani di Giovanni Giorgio e così il suo ministro[192] esaltò l'ambizione del suo capo, facendogli sentire la sua importanza e lo consigliò di minacciare l'imperatore di un'alleanza con gli svedesi, con lo scopo di ottenere quelle concessioni che si rifiutava di accordargli come ricompensa dei suoi servizi. Il disegno del ministro non era di unirsi realmente con gli svedesi, ma di mantenere importanza e indipendenza. Seguendo questa idea, gli propose un piano che aveva soltanto bisogno di una mano più abile per essere portato a termine e che consisteva nel creare un terzo potere in Germania, unendo a sé il partito protestante, per mantenere l'equilibrio tra Svezia e Austria. Giovanni Giorgio era molto lusingato da questo progetto, poiché non voleva né accettare la protezione di Gustavo Adolfo né sopportare ancora per molto tempo la tirannia di Ferdinando. Non poteva vedere con indifferenza che un principe straniero gli togliesse il controllo della situazione in Germania. Sfortunatamente per lui, la natura non gli aveva dato le necessarie qualità per essere protagonista primario e la sua vanità gli impediva di accontentarsi di un ruolo secondario. Decise pertanto di ottenere ogni possibile vantaggio dalle vittorie di Gustavo e di seguire, indipendentemente, i suoi progetti. Con questa idea, iniziò dei negoziati con l'elettore di Brandeburgo che, per le sue stesse ragioni, si impegnò a sostenerlo e che era al tempo stesso geloso della Svezia. Con questo cambiamento di politica, convocò i deputati dei suoi stati a Torgau e fece loro approvare in anticipo le misure che stava per prendere. Subito dopo invitò i sovrani protestanti dell'impero a un'assemblea generale, che ebbe luogo a Lipsia il 6 febbraio 1631[193]. Brandeburgo, Assia Kassel con diversi principi, conti, stati dell'impero e vescovi protestanti vi presero parte personalmente o attraverso delegati e il dottor Hohë di Hohenegg[194], predicatore della corte della Sassonia, aprì la sessione con un accorato sermone.

L'imperatore aveva inutilmente cercato di impedire questa riunione, per la quale non era stato consultato e che poteva avere solo un fine contrario ai suoi interessi e che la presenza degli svedesi nell'impero rendeva ancora più allarmante. I principi protestanti, incoraggiati dai successi di Gustavo Adolfo, sostennero i loro diritti e, dopo due mesi di animate discussioni, si separarono per attuare la decisione che avevano preso, che pose l'imperatore in grave imbarazzo. Questa decisione consisteva nel chiedere collettivamente a Ferdinando la revoca dell'*Editto di restituzione*, di ritirare dai loro stati e dalle loro fortezze le truppe imperiali che le occupavano, di annullare le sentenze pronunciate contro i membri protestanti delle dieta e di riformare tutti gli abusi contrari alla costituzione dell'impero. In attesa della risposta a queste richieste, si erano ripromessi di arruolare un'armata di quarantamila uomini, per essere pronti a farsi giustizia da soli se Ferdinando avesse opposto un rifiuto.

Un ulteriore incidente contribuì non poco ad aumentare la determinazione dei principi protestanti. Il re di Svezia aveva alla fine vinto i timori che gli impedivano un'alleanza più stretta con la Francia. Dopo una seria disputa sul trattamento da riservare ai principi cattolici, che Richelieu pretendeva di avere sotto la sua protezione e ai quali il re di Svezia voleva far subire la legge del taglione e sul titolo di maestà che la vanità francese rifiutava a Gustavo Adolfo, e all'orgoglio svedese, il cardinale finì col cedere su quest'ultimo punto e il re fece delle concessioni sul primo così, il 13 gennaio 1631, il trattato fu firmato a Barwalde[195], nel Neumark.

Con questo trattato le due potenze si impegnavano a proteggersi reciprocamente, a difendere i loro amici comuni, a reintegrare nei loro stati i sovrani spodestati dall'imperatore e a ristabilire l'organizzazione dell'impero come era prima dell'inizio della guerra. A questo scopo la Svezia doveva mantenere, a sue spese, sul territorio tedesco un'armata di trentamila uomini, mentre la Francia si impegnava a pagarle un sussidio di quattrocentomila *reichthalers* all'anno. Gustavo Adolfo si obbligò, inoltre, qualsivoglia fosse stato il successo delle sue armi, a rispettare la religione cattolica e la

142

costituzione dell'impero e a non agire contro di esse nei territori conquistati. Ciascuna delle parti contraenti non poteva né dichiarare guerra né concludere la pace senza l'assenso dell'altra. Tutti i sovrani tedeschi, cattolici e protestanti, avevano il diritto di far parte di questa alleanza, che doveva durare cinque anni.

Il re di Svezia non tardò a raccogliere il frutto del sacrificio che si era imposto rinunciando alla illimitata libertà di cui aveva goduto fino a quel momento[196]. Vedendolo sostenuto da una delle più grandi potenze europee, i principi tedeschi non dubitarono più del successo della sua impresa. L'imperatore iniziò a temerlo e i sovrani cattolici, il cui interesse li portava a desiderare l'umiliazione della casa d'Austria, non si allarmarono più per le vittorie di un alleato di un monarca cattolico che gli aveva imposto il rispetto di questa religione.

Infine, se Gustavo Adolfo, entrando in Germania, offriva la libertà a questo paese e alla Riforma un potente appoggio contro il dispotismo di Ferdinando II, alleandosi con la Francia dava al partito cattolico garanzie contro gli eccessi che l'ebbrezza della vittoria avrebbe potuto fargli compiere.

La sua prima preoccupazione fu informare del trattato che aveva appena concluso tutti i principi che avevano partecipato alla riunione di Lipsia. Li esortò a unirsi a lui e promise di accontentarsi di un accordo segreto se non avessero osato dichiararsi apertamente in suo favore. La loro risposta, sebbene ancora evasiva, lo autorizzava a sperare che non avrebbero tardato ad accettare le sue offerte. Dall'altra parte, la Francia pressava l'elettore di Sassonia a entrare nel patto che aveva appena concluso con la Svezia, ma Giovanni Giorgio, sempre geloso e diffidente, rimaneva fermo nella politica che gli consigliava il suo ministro.

La decisione presa dai principi protestanti all'assemblea di Lipsia e il trattato tra la Francia e la Svezia erano per l'imperatore due avvenimenti egualmente funesti. Obbligato a dissimulare il suo risentimento contro il gabinetto francese, si rifece di questa contrarietà lanciando contro i principi della riunione di Lipsia tutti i fulmini della sua collera e ordini categorici che vietavano loro di arruolare delle truppe. I principi, anziché sottomettersi, risposero con nuove rimostranze, giustificarono la loro condotta impugnando il diritto alla difesa personale che era riconosciuto dal diritto naturale e continuarono ad armarsi con maggiore solerzia e sollecitudine di prima.

La situazione dei generali di Ferdinando, carenti di mezzi e di uomini, diventava ogni giorno più difficile. I preparativi ostili dei principi protestanti esigevano la loro presenza al centro dell'impero, mentre i progressi del re di Svezia in Brandeburgo, che minacciavano i possedimenti ereditari austriaci, li richiamavano in questa regione. Non potevano dividere le loro forze senza esporsi a una sconfitta certa. Dopo la conquista di Francoforte, Gustavo Adolfo si era diretto verso Landsberg, sul Warthe, dove Tilly l'aveva seguito. Ma, dopo un vano tentativo di salvare questa città, era ritornato a Magdeburgo, per riprendere, con un ardore che aveva più dell'ostinazione, l'assedio che aveva sospeso.

Da molto tempo il ricco arcivescovado di questa città era tenuto dai principi della casa di Brandeburgo che avevano introdotto la religione protestante in questa regione. Cristiano Guglielmo[197], l'ultimo amministratore[198], era stato messo al bando dall'impero a causa della sua alleanza con la Danimarca e il capitolo, per evitare di contraddire l'imperatore, lo aveva deposto. Al suo posto fu eletto Giovanni Augusto, secondo figlio del duca di Sassonia, che tuttavia l'imperatore rifiutò per conferire l'arcivescovado a suo figlio Leopoldo. L'elettore di Sassonia si era inutilmente lamentato verso la corte imperiale, ma Cristiano Guglielmo di Brandeburgo prese misure più forti.

Confidando nell'affetto dei magistrati e del popolo e mosso da speranze chimeriche, riteneva di poter superare gli ostacoli che il voto del capitolo, la competizione di due potenti rivali e l'*Editto di restituzione* ponevano alla sua restaurazione. Andò in Svezia, dove cercò di ottenere assistenza da Gustavo promettendo una diversione in Germania. Venne congedato dal re non senza speranze di una vera protezione, ma con il consiglio di agire con cautela. Non appena Cristiano Guglielmo venne a sapere che il suo protettore era entrato in Pomerania, si introdusse a Magdeburgo con l'aiuto di un travestimento. Comparendo all'improvviso all'assemblea dei magistrati, ricordò loro la crudeltà degli imperiali e i pericoli che correva la religione protestante, poi proclamò che il momento della liberazione era giunto e che il re di Svezia offriva il suo appoggio.

Questa città, una delle più ricche della Germania, godeva di una libertà repubblicana e, quando si trattava di difendere questa libertà, i pacifici borghesi diventavano uomini invincibili. Wallenstein stesso, attirato dalla loro ricchezza, aveva inutilmente cercato di taglieggiarli[199] ed essi avevano dato prova del loro valore. Il loro territorio aveva subito la furia delle sue truppe, ma il Magdeburgo era sfuggito alla sua vendetta. Abilmente ricordando questo fatto, Cristiano Guglielmo fece decidere i magdeburghesi a concludere un'alleanza con il re di Svezia. Secondo questo patto, Magdeburgo garantiva il libero passaggio al re attraverso le proprie porte e i propri territori, con la libertà di schierare le truppe nei propri confini. Dall'altra parte ottenne la promessa di una reale protezione per la propria religione e i propri privilegi.

L'amministratore incominciò immediatamente ad arruolare truppe e iniziò le ostilità prima che Gustavo Adolfo fosse abbastanza vicino per poterlo supportare. Favorito comunque dalla fortuna, Cristiano Guglielmo aveva sconfitto alcune guarnigioni imperiali, aveva ottenuto qualche conquista e spinto le sue incursioni fino alla città di Halle. Ma l'avvicinarsi dell'esercito imperiale lo costrinse a ritirarsi a Magdeburgo, non senza aver subito perdite. Benché poco soddisfatto di queste premature prodezze, Gustavo Adolfo gli mandò, per consigliarlo e guidarlo, Dietrich di Falkenberg[200], esperto ufficiale, che i magdeburghesi nominarono comandante della loro città per tutta la durata della guerra. Sotto i suoi ordini, l'armata di Cristiano Guglielmo fu accresciuta da tutti i giovani delle vicine città e divenne abbastanza forte da poter combattere per alcuni mesi contro gli imperiali con qualche successo. Giunse, per distruggere quest'armata, il generale Pappenheim, che aveva terminato la sua spedizione contro il duca di Sassonia Lüneburg. Costringendo le truppe dell'amministratore a uscire dalle proprie posizioni, tagliò le comunicazioni con la Sassonia e invase la città. Tilly, che non tardò a raggiungerlo, scrisse una lettera minacciosa a Cristiano Guglielmo nella quale gli intimava di non opporre ulteriore resistenza all'*Editto di restituzione* e di arrendersi a discrezione. La risposta del principe fu tagliente e audace, così da decidere il generale imperiale a mostrare il potere delle sue armi. Ma i rapidi successi del re di Svezia, lo obbligarono ben presto ad allontanarsi da Magdeburgo e la gelosia dei generali che comandavano le operazioni in sua assenza, valsero a questa città qualche mese di tregua.

Il 30 marzo 1631, Tilly ricomparve sotto le mura di Magdeburgo con la ferma intenzione di farle espiare caramente la sua lunga e inopinata resistenza. I forti esterni furono presi con tale rapidità che Falkenberg ebbe appena il tempo di salvare le guarnigioni e distruggere i ponti sull'Elba. Del resto, le sue truppe erano così poco numerose che, non solo non poteva difendere questi forti, ma fu costretto ad abbandonare i sobborghi di Sudenburg e di Neustadt, che il nemico si affrettò a ridurre in cenere. Dopo questo primo successo, Pappenheim si separò da Tilly e passò l'Elba nei pressi di Schönebeck, per attaccare la città dalla parte opposta.

Tutta la guarnigione di Magdeburgo, già spossata dalle precedenti lotte, non passava i duemila uomini di fanteria e qualche centinaio di cavalieri, un numero troppo piccolo per una fortezza così grande e irregolare. In questo estremo frangente, Falkenberg prese la decisione di armare i borghesi, ma questo provvedimento non rimediò alcun male anzi ne portò, perché i ricchi mandarono a combattere i loro domestici, mentre i poveri furono obbligati a presentarsi di persona. Questo malcontento venne ben presto apertamente manifestato, l'indifferenza subentrò allo zelo, svogliatezza e negligenza presero il posto di vigilanza e attenzione. La discordia, unita alla scarsità di mezzi, produsse gradualmente un sentimento di impotenza, molti incominciarono a tremare di fronte alla natura disperata della loro impresa e alla grandezza del potere al quale si opponevano. A dispetto di tutto questo, il fanatismo religioso, l'amore per la libertà e l'odio verso la dominazione imperiale allontanarono ogni idea di capitolazione. Gli assediati, divisi su tutto, erano comunque concordi nel difendersi fino allo stremo.

Peraltro, tutto li autorizzava a sperare che ben presto sarebbero stati soccorsi, poiché Gustavo Adolfo stava avanzando verso loro, la confederazione di Lipsia aveva reclutato un'armata ed era nel loro interesse e in quello del re di Svezia impedire la resa di Magdeburgo. Gli stessi motivi che sostenevano il loro coraggio eccitavano Tilly a sottometterli a ogni costo. A questo scopo aveva inviato un messaggero per offrire all'Amministrazione, al comandante e ai magistrati la capitolazione, ma essi dichiararono che erano risoluti a morire, piuttosto che cedere. Cosa che dimostrarono con parecchie sortite nella quali manifestarono uno straordinario coraggio.

L'arrivo del re di Svezia a Potsdam e le incursioni delle sue avanguardie, che si erano portate fino a Zerbst, decisero Tilly a ricorre a mezzi estremi, ma incoraggiò le speranze della guarnigione. Per cercare di illudere gli assediati con delle false speranze, inviò un parlamentare con un dispaccio per gli amministratori della città, il comandante e i magistrati. Il tono di questo dispaccio era così moderato che non poteva mancare di produrre i suoi effetti.

Gli imperiali, nel frattempo, avevano spinto i lavori dell'assedio fino ai fossati della città, contro la quale le loro batterie facevano costantemente fuoco. Una torre era crollata, ma senza vantaggi per gli assedianti, poiché, invece di crollare nel fossato si appoggiò al terrapieno. Nonostante il cannoneggiamento, il muro non si era molto rovinato e le precauzioni contro gli incendi erano state prese così bene che nessuna palla di fuoco ebbe effetto. Disgraziatamente le munizioni finirono e l'artiglieria dei bastioni non poteva più rispondere a quella del nemico. Prima che fosse stato possibile ottenere un nuovo rifornimento, Magdeburgo sarebbe stata salvata o conquistata. Questa incresciosa circostanza non alterò il coraggio degli assediati, i loro occhi erano ansiosamente rivolti verso la zona dove le truppe svedesi sarebbero dovute comparire e Gustavo Adolfo, con la sua armata, era a meno di tre giorni dalle loro mura.

La sicurezza cresceva con la speranza e tutto sembrava rafforzarla. Un'altra circostanza li rassicurava ulteriormente. Il 9 maggio il fuoco degli imperiali cessò all'improvviso e i cannoni vennero ritirati da diverse batterie. Il silenzio più profondo sostituì di colpo quell'attività fragorosa che era regnata nel campo imperiale. Persuasi che l'ora della liberazione era arrivata, i borghesi lasciarono i loro posti sui bastioni per abbandonarsi, dopo tante improbe fatiche, a un sonno liberatore. Ma quel sonno costò loro caro e il risveglio fu terribile!

Tilly aveva abbandonato la speranza di prendere la città, prima dell'arrivo degli svedesi, attraverso la tattica fino a quel momento adottata. Decise dunque di levare l'assedio senza attendere l'arrivo degli svedesi ma, prima di ritirarsi, voleva tentare un assalto generale, impresa tanto più difficile visto che non si era riusciti ad aprire alcuna breccia nei bastioni ancora intatti. Il consiglio di guerra che riunì lo rassicurò sul suo piano, ricordandogli l'esempio di Maastricht, che era stata presa d'assalto mentre la guarnigione e i borghesi, ingannati da una finta ritirata, si erano abbandonati al riposo.

L'attacco doveva essere portato su quattro punti contemporaneamente e i preparativi furono fatti in gran segreto, nella notte tra il 9 e il 10 maggio. Alle cinque del mattino, l'armata attendeva il segnale convenuto, che arrivò due ore più tardi, poiché Tilly, volendo mettere al riparo la sua responsabilità, aveva nuovamente convocato il consiglio di guerra che confermò la decisione della vigilia. Allora, Pappenheim ricevette l'ordine di attaccare la città dalla parte della città nuova. La scarpata dei bastioni e la poca profondità del fosso interamente secco, facilitarono la sua impresa e la prima azione fu salire senza problemi, poiché la maggior parte dei soldati e dei borghesi avevano lasciato le mura e i pochi rimasti si erano addormentati.

L'insolito rumore di un fuoco di moschetti avvertì il comandante svedese Falkenberg che qualcosa di strano stava accadendo. Lasciando subito la casa della città, dove era ancora occupato a rispondere al secondo messaggio di Tilly, raccolse in fretta tutti gli uomini che incontrava sul suo cammino e si portò dalla parte della città nuova. Obbligato a cedere al numero dei nemici che si erano impossessati della porta, il brillante generale si diresse subito verso un'altra parte della città, dove gli imperiali stavano penetrando. Anche là, la sua resistenza fu vana poiché una pallottola nemica lo stese senza vita all'inizio della sua azione.

Il fuoco dei plotoni che avanzavano ovunque, le campane che suonavano in tutte le parti della città, il tumulto sempre più crescente che avanzava di via in via, avvertirono, infine, gli assediati del pericolo imminente dal quale erano minacciati. Afferrando in fretta le loro armi, si precipitarono davanti al nemico che speravano di respingere, ma il loro comandante era stato ucciso, non avevano un piano, non disponevano di una cavalleria per mettere in rotta gli imperiali e mancava la polvere per continuare il fuoco. Due altre porte, che fino ad allora avevano resistito, vennero abbandonate dai difensori per soccorrere l'interno della città. Questa imprudenza fornì agli assedianti il modo di aprirsi dei nuovi passaggi. La resistenza fu forte e ostinata, fino a quando quattro reggimenti imperiali, essendosi impadroniti delle mura, presero alle spalle i magdeburghesi e completarono la loro caduta. In mezzo a questo disordine, solo il capitano Schmidt conservò la presenza di spirito e il coraggio e riallineò gli assediati, li riportò in combattimento e respinse il nemico fino alle porte della città, ma là fu raggiunto da una palla, morì, e con lui le ultime speranze di Magdeburgo!

Prima di mezzogiorno tutte le fortificazioni furono prese e la città cadde in mano agli imperiali. Le due porte principali si aprirono e Tilly fece entrare una parte della fanteria che occupò le vie e le piazze dove pose anche delle batterie d'artiglieria, per avvertire i borghesi che non restava loro che rifugiarsi nelle case per attendere la sentenza del vincitore. La loro incertezza non durò a lungo. Tilly decise il destino di Magdeburgo. Un generale sensibile avrebbe cercato, vanamente, di contenere la soldataglia avida e feroce che aveva preso d'assalto la più ricca città della Germania, o almeno ci avrebbe provato. Tilly non si diede questa pena.

Così, il resto dei suoi soldati, rimasto padrone della vita degli abitanti per il silenzio del suo generale, si precipita nelle case di Magdeburgo dove dà sfogo a tutte le passioni più brutali e vergognose. Tuttavia, se più di un tedesco si ferma davanti alle lacrime dell'innocente, i valloni di Pappenheim si dimostrano sempre e ovunque senza cuore e senza pietà. Il sacco di Magdeburgo è appena iniziato che si aprono tutte le porte della città per liberare il passaggio alla cavalleria e alle orde selvagge dei croati che si avventano su questa sfortunata città.

Da questo momento ha inizio una scena d'orrore per la quale la storia non ha lingua e la poesia non ha matita. Né la vecchiaia debilitata, la debole infanzia, la giovinezza, il sesso, il rango o la bellezza potevano disarmare la violenza dei vincitori. Sterili e vani furono tutti gli sforzi!

Le donne sono disonorate nelle braccia dei loro mariti, le ragazze subiscono la stessa sorte ai piedi dei loro genitori. Nessun luogo sacro o nascosto fu un rifugio per scappare a questa ferocia. In questo terribile momento il sesso più debole e più caro non ha altro privilegio se non quello di subire un doppio martirio. Cinquantatré giovani donne furono decapitate in una chiesa, dove si erano rifugiate. I croati gettano tra le fiamme, ridendo alle loro grida, infanti che inutilmente tendevano loro le braccia supplicanti. I valloni giocano a infilzare i poppanti che strappano dalle braccia delle madri.

Nauseati da tali atrocità, molti ufficiali della *Lega* supplicano Tilly di porre fine a questo efferato bagno di sangue, ma il generale risponde loro: «*Tornate tra un'ora, vedrò allora il da farsi. Del resto, bisogna pure che i soldati si divertano dopo tanto lavoro e fatica*».

Le scene di carneficina e di barbarie continuarono anche in mezzo al fumo e alle fiamme che si alzavano da ogni parte, poiché per aumentare il disordine e rendere la resistenza impossibile, gli imperiali avevano gettato tizzoni ardenti in tutte le case. Il vento furioso che si leva improvvisamente alimenta gli incendi e l'intera città è in fiamme. Si corre, ci si precipita attraverso cadaveri e nude spade, attraverso dei torrenti di sangue! L'aria è così ardente che i carnefici sono costretti a rifugiarsi nel loro campo, mentre l'incendio divora Magdeburgo in ogni luogo[201].

Erano passate solo dodici ore, ma già non restavano di questa città, così vasta e opulenta, che due chiese, qualche capanna e ceneri fumanti. Cristiano Guglielmo, coperto di ferite, era stato fatto prigioniero con tre borgomastri, la maggior parte degli ufficiali e dei magistrati aveva avuto la fortuna di morire combattendo. Quattrocento borghesi erano caduti in mano ad alcuni ufficiali della *Lega* che, nella speranza di un cospicuo riscatto, li tenevano in ostaggio, ma questa umanità era limitata agli ufficiali della Lega, che la barbarie degli imperialisti faceva considerare degli angeli custodi. L'incendio, che ormai non aveva più nulla che lo alimentasse, si spense e le orde imperiali, la cui sete di oro e di sangue nulla poteva soddisfare, accorsero nuovamente per rovistare nelle rovine fumanti. Numerosi di questi barbari morirono asfissiati per il calore e per il fumo, altri riportarono un ricco bottino, poiché i borghesi avevano nascosto i loro tesori nelle cantine.

Infine, il 13 maggio, Tilly comparve nella città, dove si era avuta l'attenzione di liberare le vie principali dalle rovine e dai cadaveri che le ingombravano. Malgrado questa precauzione, la scena che gli si presentò rifletteva da tutte le parti le immagini più orribili, più strazianti che si possono offrire all'occhio umano.

Sollevando dei morti ammassati, si vedevano dei vivi rialzarsi e domandare misericordia, dei bambini finiti sotto le macerie riempivano l'aria con le loro grida che cercavano i genitori e dei lattanti premevano ancora inutilmente il seno delle loro madri sgozzate. Più di seimila cadaveri furono gettati nell'Elba per sgombrare le strade, un gran numero era stato divorato dalle fiamme. Le vittime immolate in questo sacco furono più di trentamila.

Il 14 maggio 1631, il generale in capo fece la sua entrata solenne a Magdeburgo e questa cerimonia pose fine al saccheggio, al massacro e alla violenza. Circa mille borghesi erano stati rinchiusi nei sotterranei della cattedrale, dove avevano passato tre giorni e due notti in costante angoscia e senza alcun nutrimento. Tilly annunciò loro la grazia e fece distribuire del pane. L'indomani assistette al *Te Deum* che fu cantato nella stessa cattedrale, al suono delle salve di artiglieria. Poi, percorse a cavallo tutte le strade, con lo scopo di verificare con i propri occhi l'immensità del disastro. Per dare all'imperatore la giusta idea gli scrisse che *non si era mai visto nulla di simile dopo la distruzione di Troia e di Gerusalemme*, e questa espressione non è da considerarsi esagerata, data la grandezza, la prosperità e l'importanza della città e la furia dei suoi devastatori.

La notizia del sacco di Magdeburgo provocò una feroce gioia nel partito cattolico e sparse il terrore tra i protestanti. Tutti accusarono Gustavo Adolfo di avere abbandonato una città così importante e della quale si era eretto a protettore. Per non perdere per sempre la fiducia dei tedeschi fu costretto a giustificare la sua condotta con una difesa nella quale espose le motivazioni che gli avevano impedito di soccorrere Magdeburgo.

In effetti, quando fu avvertito dei pericoli che minacciavano la città, aveva appena conquistato Landsberg e, nonostante ciò, si mise in marcia, verso la Sprea, lo stesso giorno, il 16 aprile, con tutta la sua cavalleria e numerosi reggimenti di fanti, forze più che sufficienti per far togliere l'assedio. Ma la costante diffidenza di cui era oggetto in Germania, lo obbligava a procedere con estrema prudenza. L'odio dei suoi nemici era accanito, l'aiuto degli amici incerto e il più lieve errore poteva tagliargli le comunicazioni con la Svezia.

Già l'elettore di Brandeburgo gli aveva rifiutato il passaggio dalla fortezza di Cüstrin, che si era premurato di aprire agli imperiali fuggitivi. Vi era quindi da presumere che se il generale Tilly avesse ottenuto anche un minimo vantaggio, l'elettore avrebbe aperto la sua fortezza agli imperiali e il re, accerchiato dal nemico, sarebbe stato irrimediabilmente perso. Gustavo Adolfo era quindi stato costretto a esigere, prima di portare soccorso a Magdeburgo, di permettergli di occupare la piazze di Cüstrin e di Spandau, che promise di evacuare appena liberata la città. Una tale richiesta era ancor più giusta se rivolta all'elettore Giorgio Guglielmo, che le truppe svedesi avevano liberato dalle orde imperiale che devastavano il suo stato.

Questo principe non fu insensibile a queste importanti motivazioni, ma sentì anche che cedendo agli svedesi le fortezze richieste, faceva Gustavo Adolfo padrone del suo paese e si inimicava apertamente l'imperatore. Giorgio Guglielmo combatté una lunga e violenta guerra con se stesso, ma alla fine la pusillanimità e il proprio interesse prevalsero. Noncurante della sorte di Magdeburgo, dell'avvenire della Riforma e delle libertà in Germania, non vedeva altro che il suo pericolo e questa preoccupazione era fomentata anche da Schwartzenberg[202], suo primo ministro, stipendiato segretamente dall'Austria. Le truppe svedesi si avvicinavano a Berlino e Gustavo Adolfo, che si era stabilito nello stesso palazzo dell'elettore, espresse la sua indignazione per i timori di questo principe.

«Non è mio interesse – gli disse – ma per quello della Riforma e dell'impero tedesco che Magdeburgo mi chiama. Se i principi di questo impero, i figli di questa Riforma non vogliono aiutarmi, ritornerò a Stoccolma, dopo aver fatto la pace con Ferdinando e questa pace si farà alle vantaggiose condizioni per la Svezia che io vorrò dettare. Ma quando Magdeburgo sarà distrutta e il vostro imperatore liberato dalla paura che gli ispiro, non vi resterà che chinare il capo e sottomettervi al suo arbitrio».

Giorgio Guglielmo, dopo aver visto l'esercito svedese, che era abbastanza forte da ottenere con la forza ciò che rifiutava di concedere, cedette alle minacce e aprì Spandau agli svedesi. Da questo momento, Gustavo Adolfo poteva raggiungere Magdeburgo per due strade differenti. Una, a ponente, conduceva attraverso paesi distrutti e occupati dagli imperiali, che potevano ostacolargli il passaggio sull'Elba, mentre seguendo l'altra, attraverso Passau e Wittenberg, era sicuro di trovare un ponte per passare questo fiume e delle terre in Sassonia ancora abbastanza ricche da consentire ai suoi soldati di vivere. Ma non poteva prendere questa strada senza il consenso dell'elettore di Sassonia che, sordo a tutte le motivazioni che gli si prospettarono in nome delle libertà dell'impero, della religione e dell'umanità, restò fermo nella sua neutralità. Infine, Gustavo Adolfo sollecitò ancora, e sempre invano, il permesso di passare attraverso la Sassonia per andare a soccorrere Magdeburgo, allorquando apprese il sacco di questa città. Tilly lo annunciò ai principi protestanti con l'arroganza di un vincitore e non perse un istante per sfruttare il terrore che causava loro questa catastrofe. L'influenza dell'imperatore, che era sensibilmente diminuita con i progressi di Gustavo Adolfo, dopo questa vittoria decisiva ritornò ai massimi livelli e il cambiamento fu molto evidente nel tono imperioso che adottò nei confronti dei principi protestanti. Una disposizione imperiale annullò il patto di Lipsia e le decisioni che vi erano state prese. Tilly, incaricato di porre in atto questa decisione, citò a tutti i nemici dell'imperatore l'esempio di Magdeburgo e fece avanzare le truppe contro l'arcivescovo di Brema[203], membro della Lega di Lipsia, che aveva arruolato una piccola armata. Ma il prelato, terrorizzato, licenziò immediatamente le truppe e firmò la rinuncia al patto di Lipsia.

Il conte di Fürstenberg[204] appena giunto dall'Italia con un suo corpo d'armata, ottenne analoghi risultati impiegando gli stessi mezzi con l'amministratore del Wittenberg. Il duca fu anche costretto ad accettare solennemente l'*Editto di restituzione* e a pagare alle truppe imperiali centomila *reichthalers* al mese. Contribuzioni ancora più onerose furono imposte a Ulm, a Norimberga e a tutti i distretti della Svevia e della Franconia.

Fu così che la mano dell'imperatore, sempre più pesante e forte, si abbatté sull'intera Germania. Ma la sua arroganza e il suo dispotismo lo condussero oltre i confini della moderazione che aveva osservato fino a quel momento e lo portarono ad adottare misure odiose e violente che, alla fine, spinsero i membri della dieta a dichiararsi in favore di Gustavo Adolfo e la rovina di una città dell'impero dall'essere funesta per il partito protestante si trasformò in un evento favorevole. Al terrore causato da questo avvenimento si sostituì ben presto una giusta indignazione. La disperazione diede coraggio ai più indecisi, forza ai più deboli e dalle rovine di Magdeburgo le libertà tedesche risorsero trionfanti. L'elettore di Sassonia e il langravio dell'Assia Kassel erano troppo potenti perché l'imperatore, benché lo desiderasse, li punisse per il ruolo che avevano avuto nel patto di Lipsia. Per raggiungere quest'obiettivo era necessario disarmarli e Tilly ritenne opportuno iniziare dal langravio e, a tal fine, passò dal territorio di Magdeburgo a quello della Turingia. Le province sassoni di Ernest e Schwartzburg che attraversò furono devastate e fu sotto i suoi occhi che i soldati saccheggiarono e incendiarono la città di Franckenhausen. Lo sfortunato contadino pagò cara l'alleanza del suo signore con la Svezia. Erfurt, città chiave tra la Sassonia e la Franconia, evitò l'assedio con una somma di denaro e con delle forniture di viveri e munizioni.

Nel frattempo, un inviato di Tilly intimava al langravio dell'Assia Kassel di congedare le sue truppe, di rinunciare al patto di Lipsia, di ricevere e di nutrire una guarnigione imperiale e di pagare tutti i contributi che si fosse giudicato giusto imporgli e di dichiararsi amico o nemico. Queste insolenti richieste furono fatte a un sovrano dell'impero, a un membro della dieta, da una creatura di Tilly, da un servitore dell'imperatore. Anche se è vero, che per accreditare la sua insolenza era a capo di un'armata tanto numerosa quanto feroce e ancora lorda del sangue degli abitanti di Magdeburgo. Il langravio respinse la minaccia con nobile fierezza e ammirabile coraggio.

«Non sono per nulla disposto – rispose – a ricevere truppe straniere nelle mie fortezze e nella mia capitale. Quanto ai miei soldati, ne ho bisogno e lo proverò quando qualcuno cercherà di attaccarmi. Se il generale Tilly vuole denaro e viveri, se ne ritorni a Monaco, dove ha tutto in abbondanza».

Questa risposta fu immediatamente seguita dall'invasione del territorio dell'Assia da due orde imperiali, che l'abilità e l'ardimento delle truppe dell'Assia Kassel misero in fuga. Allora, lo stesso Tilly marciò contro il popolo della sfortunata Assia che, avrebbe senz'altro pagato caramente la nobile condotta del suo sovrano, se un nuovo movimento di Gustavo Adolfo non avesse cambiato radicalmente il corso degli eventi, chiamandolo in un'altra regione.

Gustavo Adolfo aveva appreso della caduta di Magdeburgo con grande dolore e la richiesta dell'elettore Giorgio Guglielmo di lasciare la città di Spandau, aumentava ulteriormente questo sentimento. La distruzione di questa città aveva aumentato, non diminuito, le ragioni che rendevano questa fortezza così importante. Da parte sua, infatti, il re di Svezia aveva più che mai bisogno di un luogo dove porre al riparo la sua armata in caso di rovesci, poiché una battaglia con Tilly diventava ogni giorno più probabile.

Dopo aver inutilmente esaurito le sue ragioni e anche le preghiere, e vedendo che la freddezza dell'elettore cresceva ogni giorno, ordinò al comandante di Spandau di lasciare la piazza, ma dichiarando, nello stesso tempo, che a far data da quel giorno l'elettore doveva essere considerato un nemico e per dare più forza a questa dichiarazione, comparve davanti a Berlino con tutta la sua armata. Preso dalla paura, Giorgio Guglielmo gli inviò plenipotenziari incaricati di sondare le sue intenzioni. L'eroe del nord le espose con una marziale franchezza:

«Non voglio – disse loro – che ci si permetta di trattarmi peggio dei generali imperiali. Il vostro capo li ha ricevuti nei suoi stati, li ha nutriti, pagato ed equipaggiato le loro truppe e aperto tutte le piazzeforti che hanno chiesto. Nonostante tanta compiacenza, non ha mai ottenuto che si trattasse il suo popolo, se non con riguardo, almeno con umanità. Io esigo solo un modesto contributo in denaro, un rifugio e del pane per i soldati. In cambio mi obbligo ad allontanare dalle sue province il teatro di guerra e a proteggerle contro tutte le aggressioni. Le mie pretese sono giuste, per cui non le cambierò in alcun modo. Che mio fratello, l'elettore, si decida e mi faccia sapere subito se vuole avermi per amico o se preferisce abbandonare al saccheggio la sua capitale».

Questo tono risoluto e, soprattutto, i cannoni svedesi puntati sulla città, l'ebbero vinta sulle indecisioni dell'elettore, che firmò nello stesso giorno un trattato in base al quale si impegnava a pagare al re di Svezia un contributo di trentamila *reichsthalers* al mese, a lasciare Spandau nelle sue mani e ad aprire le porte di Cüstrin, qualora fosse stato necessario. Questa alleanza dell'elettore di Brandeburgo con gli svedesi innervosì Vienna non meno di quando lo stesso era accaduto in Pomerania, ma il cambio di direzione che prese la fortuna costrinse l'imperatore a limitare il suo risentimento alle parole. La soddisfazione del re per questa nuova alleanza divenne ancora maggiore quando ricevette la notizia della resa di Greifswald, la sola fortezza della Pomerania che era rimasta in mano agli imperiali e della cacciata del nemico da questa terra. Subito si recò in questo ducato, dove l'attendevano festeggiamenti degni dell'artefice di questa gioia. Era trascorso un anno da quando Gustavo era entrato in Germania e questo evento venne celebrato in tutta la Pomerania con una festa nazionale.

Nel mezzo di queste clamorose testimonianze di riconoscenza e di ammirazione, giunsero degli inviati dello zar di Mosca che gli rinnovarono l'assicurazione della sincera amicizia del loro re e gli offrirono, in suo nome, truppe ausiliarie e aiuti. Aveva ragione a essere felice dell'atteggiamento amichevole della Russia, poiché era indispensabile per gli interessi della Svezia rimanere indisturbati da qualunque vicino pericoloso durante una guerra nella quale egli stesso era coinvolto.

Nello stesso periodo, sua moglie, la regina Maria Eleonora, sbarcò in Pomerania con un rinforzo di ottomila uomini. Anche l'Inghilterra inviò seimila uomini, comandati dal marchese di Hamilton[205], circostanza di rilievo poiché è stato l'unico intervento in Germania degli inglesi nel corso della guerra dei Trent'anni[206]. Prima di partire per la Turingia, Tilly aveva affidato a Pappenheim la difesa del distretto di Magdeburgo. Tutti gli sforzi di questo generale non avevano potuto impedire che gli svedesi passassero l'Elba. I distaccamenti imperiali che volevano fermarli furono ridotti in pezzi e gli svedesi si impadronirono anche di numerose piazzeforti.

Apprendendo che lo stesso Gustavo Adolfo si stava dirigendo verso di lui, Pappenheim reclamò con tanta insistenza dei rinforzi, che Tilly si mise in strada a marce forzate e stabilì il suo campo a Wolmirstädt, da questa parte dell'Elba. Gustavo Adolfo mise il proprio presso Werben, non lontano dalla confluenza dell'Elba con l'Havel. Il suo arrivo non fu un bene per gli imperiali, distrusse tre dei loro

155

Friedrich von Schiller

reggimenti che occupavano le città circostanti, si impossessò di metà dei loro bagagli e distrusse l'altra metà.

Tilly fece avanzare la sua armata a portata di cannone da quella degli svedesi, nella speranza di attaccare battaglia, ma il re svedese, consapevole della superiorità numerica degli imperiali, evitò con saggezza la trappola e rimase nel suo campo, troppo ben fortificato perché il nemico potesse pensare di attaccarlo. Dunque, tutto si limitò a qualche colpo di cannone e a dei combattimenti negli avamposti, dove gli svedesi rimasero in vantaggio. Obbligato a ritornare a Wolmirstädt, nel corso della ritirata, Tilly ebbe anche l'umiliazione di vedere assottigliarsi la sua armata per le costanti diserzioni dei soldati. Dopo le sanguinose giornate di Magdeburgo, la fortuna sembrava aver abbandonato Tilly, per schierarsi in favore del re di Svezia.

Mentre Gustavo Adolfo era accampato a Werben, Tott, uno dei suoi migliori generali, e il duca Adolfo Federico conquistavano il Meclemburgo, a eccezione di alcune città. Il re aveva promesso di restituire questo ducato ai suoi due legittimi sovrani e poté gioire per il piacere di realizzare questa promessa. Per dare più clamore alla cerimonia di reintegrazione, si recò a Güstrow, dove i due duchi fecero la loro entrata solenne marciando l'uno alla destra e l'altro alla sinistra del loro protettore. Li seguiva una numerosa coorte di principi e la gioia e la riconoscenza del popolo fecero di questa giornata una delle più toccanti feste nazionali che la storia possa ricordare.

Subito dopo il suo ritorno al Werben, il langravio d'Assia Kassel si recò da lui per proporgli un'alleanza offensiva e difensiva[207]. Fu questo il primo sovrano tedesco che, senza essere spinto da una necessità impellente, si staccò apertamente dall'imperatore per gettarsi nelle braccia degli svedesi.

Il langravio si impegnava a trattare i nemici di Gustavo Adolfo come suoi nemici personali, a mettere, in ogni caso, le sue città e le sue fortezze a sua disposizione e a fornirgli i viveri e le munizioni di cui avesse bisogno per le sue truppe. Con questo stesso trattato, Gustavo Adolfo si dichiarava amico e protettore del langravio e promise di rifiutare tutte le proposte di pace da parte dell'imperatore, che non dessero piena e completa soddisfazione alle pretese di questo principe. Le due parti osservarono entrambe religiosamente le clausole del trattato e, alla firma della pace di Westfalia, Guglielmo d'Assia Kassel venne ripagato per la sua costante fedeltà.

Indispettito dalla defezione del langravio, Tilly cercò, con promesse e minacce, di spingere i rappresentanti degli stati dell'Assia a ribellarsi al loro sovrano e ordinò al conte Fugger, uno dei suoi generali, di invadere il paese con il suo corpo d'armata. Ma le sue lettere fecero ben poca impressione, così come le sue truppe, che di conseguenza lo fecero fallire nella battaglia di Breintenfeld. Gli stati dell'Assia non esitarono a scegliere tra gli svedesi, che si erano fatti loro protettori, e gli imperiali che per loro erano sempre stati dei nemici e dei tiranni.

Ma il generale imperiale era molto preoccupato del comportamento dell'elettore di Sassonia, poiché a dispetto degli ordini dell'imperatore, Giovanni Giorgio continuava ad arruolare truppe e continuava a riconoscere la validità del patto di Lipsia. Prevedendo prossima una battaglia decisiva con il re di Svezia, Tilly vedeva con timore il fatto che la Sassonia fosse armata e pronta a passare dalla parte del nemico. Un rinforzo di venticinquemila uomini, che gli aveva portato il generale Fürstenberg, l'aveva reso più arrogante e, confidando nella sua forza, sperava di disarmare l'elettore con il solo terrore del suo arrivo o, altrimenti, di conquistarlo senza grande sforzo. Prima di lasciare il suo campo a Wolmestädt fece dire all'elettore di prepararsi ad accogliere le sue truppe e a licenziare le proprie, a meno che non volesse unirsi all'armata imperiale per aiutarlo a cacciare gli svedesi dalla Germania. Gli agenti incaricati di questo messaggio aggiunsero che la Sassonia, fino a quel momento, era stata trattata molto meglio degli altri stati dell'impero, e che si sarebbe fatta pagare duramente questa preferenza se il suo sovrano non si fosse sottomesso immediatamente alle intimazioni che gli stavano facendo.

Tilly aveva scelto male il momento per avere un linguaggio così altezzoso. Il crescente disprezzo con cui si trattavano i sovrani protestanti suoi amici, la distruzione di Magdeburgo, i saccheggi che gli imperiali commettevano in Lusazia fecero schierare Giovanni Giorgio contro l'imperatore. La sua precedente condotta non gli dava alcun diritto all'amicizia di Gustavo Adolfo, tuttavia la presenza di questo protettore della Riforma sulle frontiere della Sassonia gli ispirò il coraggio di rispondere con un formale rifiuto alle intimazioni del generale Tilly e dichiarò la sua ferma intenzione di continuare i suoi preparativi. Per quanto sorpreso, aggiunse che "gli svedesi tenevano già abbastanza occupata l'armata imperiale perché ci si occupasse di lui e, in ogni caso, era sicuro che non si potesse spingere l'ingratitudine fino a fargli pagare i suoi servigi con la distruzione dei suoi stati". Nel corso dello splendido pranzo che offrì agli inviati di

Tilly, con finta bonarietà disse loro: «Vedo bene, signori, che alla fine si vorrebbe servire il *confetto sassone* che si è pensato di risparmiare fino a oggi. Ma, attenzione, vi si trovano noci e ogni sorta di guarnizioni molto dure e pensando di gustarlo ci si potrebbero "rompere i denti"».

Al rientro degli inviati, Tilly tolse il campo, avanzò verso Halle, devastò ogni cosa al suo passaggio e fece a Giovanni Giorgio nuove intimidazioni ancor più minacciose.

Si fa fatica a comprendere la cecità di Ferdinando II e dei suoi agenti che, nel momento più critico, sembravano aver assunto il compito di esasperare un sovrano che sarebbe stato molto facile usare ancora una volta e i cui pensieri intimi, più ancora di quelli dei suoi ministri corrotti, erano stati per lungo tempo contrari ai suoi più sacri doveri e favorevoli al partito imperiale. Era questo che Tilly aveva voluto perseguire? Aveva voluto, forse, fare di un amico equivoco un nemico dichiarato e sbarazzarsi così di tutti gli obblighi verso un paese che il suo capo gli aveva segretamente raccomandato di risparmiare? Forse, lo stesso Ferdinando aveva cercato di spingere l'elettore alle aperte ostilità, con lo scopo di avere il diritto apparente di dimenticare i suoi vecchi servigi e di recidere il patto di riconoscenza che lo legava a questo principe? Quali che siano le congetture che si possono fare in merito, non si può non restare meravigliati della temeraria presunzione di Tilly che, nel momento di misurarsi con un nemico così temibile, ne provoca un altro e favorisce l'unione dei due.

Esasperato per l'invasione dei suoi stati, Giovanni Giorgio si gettò infine, senza riserve, nelle braccia del re di Svezia, e inviò a chiedere aiuto il suo favorito feldmaresciallo Arnim. Benché lusingato da questo risultato, da lungo tempo sperato, Gustavo Adolfo ricevette freddamente l'inviato dell'elettore: «Sono dispiaciuto – gli disse – che il vostro capo si trovi in questa dolorosa condizione. Se non avesse sempre rifiutato la mia assistenza, nessun nemico minaccerebbe i suoi stati e Magdeburgo sarebbe ancora in piedi. Adesso, quando non gli resta alcuna speranza di salvezza, chiede il mio aiuto. Bene, andate a dirgli che il re di Svezia non è disposto a compromettere la sua causa e quella dei suoi alleati per soccorre un principe del quale nulla garantisce la buona fede. In effetti, che cosa posso sperare da un principe il cui ministro è venduto all'Austria e che mi abbandonerà per ritornare all'imperatore quando questo monarca giudicherà opportuno ingannarlo con qualche nuova moina e che ritirerà le sue truppe dalle frontiere? Il generale Tilly, dite voi, ha accresciuto la sua armata con considerevoli rinforzi? Lo so, e questo non mi impedirà di incontrarlo senza timore quando avrò le spalle coperte».

Arnim non cercò nemmeno di giustificare il suo capo, supplicò il re di dimenticare uno sventurato passato e di porre chiaramente le condizioni alle quali poteva acconsentire a soccorrere la Sassonia e offrì di accettarle da subito.

«Ebbene – rispose Gustavo Adolfo – che il vostro padrone mi consegni la fortezza di Wittemberg, mi anticipi tre mesi di soldo per le mie truppe, mi consegni i suoi ministri, che sono venduti all'Austria, e mi mandi in ostaggio i suoi figli maggiori, e io lo trarrò dalle difficoltà».

Appena l'elettore ebbe ricevuta questa risposta, rimandò Arnim al campo di Gustavo Adolfo.

«Ditegli – esclamò – che non solo Wittemberg, anche Torgau e tutta la Sassonia sono a sua disposizione. Gli darò tutta la mia famiglia in ostaggio e, se questo non è sufficiente, andrò io stesso a consegnarmi a lui. Lascerò alla sua giusta collera i traditori che mi indicherà e gli darò tutto il denaro che chiede, poiché sono deciso a sacrificare tutto quello che possiedo, anche la mia vita, per la difesa della giusta causa!».

Ponendo a Giovanni Giorgio condizioni così dure, il re di Svezia aveva voluto solamente mettere alla prova la sincerità del suo pentimento. Persuaso che sarebbe stato ingiusto dubitarne ancora, cambiò repentinamente tono e linguaggio: «Rispondete al vostro padrone - disse al feldmaresciallo - che la sua diffidenza verso me, quando volevo soccorrere Magdeburgo, aveva provocato la mia. La fiducia che mi testimonia oggi mi fa dimenticare il passato. Gli chiedo solo un mese di soldo per le mie truppe e gli prometto che lo ricompenserò presto di questo piccolo sacrificio».

Quando il trattato di alleanza fu firmato[208], Gustavo Adolfo attraversò l'Elba e l'armata svedese si congiunse con quella della Sassonia. Anziché cercare di impedire questa unione, Tilly si era messo in marcia verso Lipsia per imporvi una guarnigione imperiale. Nella speranza di essere ben presto soccorso, il comandante Hans di la Pforta si preparò a una energica difesa e per essere più libero nelle sue operazioni fece dar fuoco alla periferia di Halle. Questa estrema misura, tuttavia, non riuscì a rimediare al cattivo stato dei bastioni e, dopo tre giorni, la città dovette arrendersi.

Durante l'assedio, Tilly aveva stabilito il suo quartier generale nella casa di un becchino, la sola nei sobborghi di Halle che fu risparmiata dal fuoco. Fu là che prese la decisione di attaccare il re di Svezia e, sempre là, firmò la capitolazione di Lipsia. Sistemando le clausole di questa capitolazione, i suoi occhi erano attirati dalla rappresentazione dei crani e delle ossa umane con i quali il becchino aveva avuto la singolare fantasia di decorare le mura di casa. Queste lugubri raffigurazioni avevano così fortemente scosso l'immaginazione del vecchio generale che, osservandoli, impallidì e tremò. Contrariamente a quanto ci si attendeva, Tilly trattò la guarnigione di Lipsia con moderazione.

Mentre il generalissimo dell'armata imperiale conquistava una delle prime città della Sassonia, l'elettore di questo paese e quello del Brandeburgo, tenevano il consiglio di guerra a Torgau, con il re di Svezia, sulle misure da prendere per decidere il destino della Germania e della religione protestante, la felicità delle nazioni e il destino dei loro principi. L'ansia che prima delle grandi decisioni opprime i cuori degli eroi, sembrò per un momento oscurare la grande mente di Gustavo Adolfo.

«Riflettete, miei fratelli – egli disse ai suoi alleati – noi stiamo mettendo sulla bilancia due corone di elettore e uno scettro reale. La fortuna è mutevole e il cielo, nei suoi misteriosi disegni, può, per punirci dei nostri peccati, concedere la vittoria ai nemici. Se anche il mio esercito fosse sconfitto e io perdessi la mia vita, il mio regno avrebbe una speranza. La Svezia, lontano dal teatro di guerra, difesa da una numerosa flotta a garanzia di tutte le nostre coste contro un'invasione straniera, si salverebbe dalle conseguenze peggiori di una sconfitta. Ma se noi perdiamo questa battaglia, quali risorse, quali speranze resteranno a voi, fratelli miei, che avete il nemico alle vostre porte?».

Con la sua moderazione Gustavo Adolfo dimostrò che la consapevolezza della sua forza non gli impediva di vedere il pericolo. Ma Giovanni Giorgio diede mostra della sicurezza avventata di un uomo debole che si sente sostenuto da un eroe. Non avendo antichi allori da far appassire, tutti i suoi intendimenti erano per una battaglia come unico mezzo per sbarazzare i suoi stati da entrambi gli eserciti. Così dichiarò che, se ve ne fosse stato bisogno, avrebbe marciato su Lipsia e attaccato Tilly anche solo con i suoi sassoni. Questa intenzione portò il re a prendere tutte le misure necessarie per attaccare battaglia prima che il nemico potesse ricevere i nuovi rinforzi che i generali Aldringen[209] e Tiefenbach[210] dovevano fornire.

L'armata svedese – sassone attraversò il Mulda e l'elettore di Brandeburgo ritornò nei suoi stati.

Nella mattina del 7 settembre 1631, l'armata imperiale e l'armata svedese si trovarono infine faccia a faccia.

Per riparare all'errore che aveva fatto permettendo il tranquillo ricongiungimento dell'armata di Gustavo Adolfo con quella di Giovanni Giorgio, il generale Tilly voleva aspettare, per attaccare battaglia, le truppe che dovevano giungere di rinforzo. A questo scopo si era ritirato non lontano da Lipsia, in una posizione molto vantaggiosa, dove pensava di riuscire a evitare la battaglia. Le reiterate richieste di Pappenheim, tuttavia, gli fecero prendere la decisione di uscire dal suo rifugio per occupare le colline che si stendono alla sinistra di Lipsia, tra i villaggi di Wahren e di Lindenthal. La sua armata era schierata su una sola linea ai piedi di queste colline, mentre l'artiglieria, piazzata sulle sommità, aveva sotto tiro la vasta pianura di Breitenfeld.

Fu attraverso questa pianura che l'armata svedese – sassone avanzò su due colonne e doveva passare il torrente Lober vicino a Podelwitz.

Tilly esitò a lungo prima di permettere al generale Pappenheim di andare a difendere questo passaggio con duemila corazzieri, ma nello stesso tempo gli ordinò di evitare tutte le ostilità che potevano portare a uno scontro generale. A dispetto di questo ordine, Pappenheim attaccò gli svedesi che lo obbligarono a cedere terreno. Per impedire loro di avanzare ulteriormente, incendiò il villaggio di Podelwitz. Nonostante questa dolorosa precauzione, il nemico continuò ad avanzare e prese le sue posizioni per la battaglia, che da quel momento divenne inevitabile.

Sulla destra gli svedesi formavano due linee il cui centro si componeva della fanteria, divisa in piccoli battaglioni, facili da manovrare e che, senza causare il minimo scompiglio, potevano prontamente eseguire le manovre più veloci. La cavalleria, posta alle estremità, era egualmente composta da più squadroni, intervallati da plotoni di moschettieri che, per la loro posizione, apparivano al nemico più numerosi di quanto fossero in realtà. Il centro di questa armata, così schierata in battaglia, era comandato dal generale Teufel, l'ala sinistra da Gustavo Horn e la destra, di fronte a Pappenheim, da Gustavo Adolfo.

Un lungo intervallo separava gli svedesi dai sassoni, il cui ordine di battaglia era stato stabilito dall'elettore e dal suo feldmaresciallo e a cui il re aveva dato il suo consenso. Il re aveva richiesto di tenere separate le due armate e la fortuna fece sì che non si confondessero. L'esperienza giustificava questa misura.

Verso sera, ai piedi delle colline occidentali, l'armata di Tilly, schierata su una sola linea, si estendeva ben al di là di quella degli svedesi, che superava abbondantemente. Tutte le truppe, sia a piedi sia a cavallo, formavano delle masse difficili da manovrare, inoltre, si trovavano sotto le batterie disposte sulle alture, per cui solo passando sopra le loro teste le palle potevano andare a colpire il nemico.

È evidente che da questa posizione egli non voleva attaccare, ma aspettare gli svedesi, poiché si era posto egli stesso nell'impossibilità di sfondare i loro ranghi senza esporsi al fuoco dei suoi stessi cannoni.

Le truppe imperiali, la cui ala sinistra era comandata dal generale Pappenheim, l'ala destra dal conte di Fürstenberg e il centro da Tilly, in questa memorabile giornata non erano più numerose di trentaquattro, trentacinquemila uomini. I sassoni e gli svedesi complessivamente erano all'incirca lo stesso numero, ma anche se milioni di combattenti si fossero trovati faccia a faccia, gli uni contro gli altri, la battaglia non avrebbe potuto essere più terribile, né più decisiva. Fu per ottenere il risultato che sperava da questo scontro che Gustavo Adolfo aveva attraversato il Baltico e affidato alla sorte della guerra la sua corona e la sua vita.

In questa celebre giornata, i due più grandi generali dell'epoca, fino a quel momento invincibili, si andavano a misurare in una lotta che entrambi avevano a lungo evitato e su questo campo di battaglia la gloria di uno dei due comandanti sarebbe caduta per sempre. I due partiti religiosi della Germania attendevano in egual misura con paura e speranza il risultato di questa lotta. L'Europa intera attendeva con ansia il suo esito che anche la posterità avrebbe benedetto o rimpianto.

La sicurezza che caratterizzava Tilly lo abbandonò in un sol colpo. Non potendo decidersi né ad attaccare battaglia né a evitarla a ogni costo, si lasciò trascinare, suo malgrado, da Pappenheim. Dubbi spaventosi, che non aveva mai provato opprimevano il suo petto, cupi presentimenti, che gli erano sconosciuti fino a quel giorno, oscuravano la sua fronte. Lo spirito vendicatore di Magdeburgo sembrava incombere sul suo capo. Il combattimento ebbe inizio con un cannoneggiamento che durò per due ore. Il vento soffiava da ovest e spingeva verso gli svedesi dense nuvole di fumo e di polvere che li accecavano. Questa circostanza obbligò il re a ordinare una conversione verso nord e la manovra fu eseguita con tale rapidità che il nemico non ebbe il tempo di impedirla.

Fu solamente allora che Tilly si decise a lasciare i piedi delle colline E il suo primo attacco fu sferrato contro gli svedesi, ma per evitare il loro fuoco ripiegò verso destra e si gettò sui sassoni con tale impeto che i loro ranghi si aprirono e il disordine e la paura furono tali che l'elettore riuscì a rimettere in riga i fuggitivi solo a Eilenburg. Nonostante ciò, qualche reggimento rimase sul campo di battaglia e con il suo eroico valore salvò l'onore del nome sassone.

Nei primi momenti della rotta, i croati, sempre avidi di bottino, si erano precipitati in avanti per darsi al saccheggio e così Tilly inviò a Vienna e a Monaco dei corrieri che annunciavano la vittoria che pensava già nelle sue mani. Nel frattempo, Pappenheim aveva attaccata l'ala destra degli svedesi, comandata da Gustavo Adolfo e dal suo secondo, il generale Banner. Sette volte era venuto alla carica e sette volte era stato respinto. Il grande numero di soldati caduti intorno a lui aveva talmente assottigliato i suoi ranghi che fu obbligato a lasciare il terreno ai vincitori. Da parte sua, Tilly, dopo aver sconfitto il resto dei sassoni, si gettò con tutte le sue forze sull'ala sinistra del nemico, nella speranza di schiacciarlo con la sua superiorità numerica. Ma il re, la cui abilità valeva più di ogni cosa, rinforzò con numerosi reggimenti questa parte dell'armata, che la sconfitta dei sassoni aveva lasciata alla mercé degli imperiali.

Gustavo Horn[211], al quale era stato affidato il comando dell'ala sinistra, oppose ai corazzieri di Tilly un'eroica resistenza, nella quale la fanteria, che intervallava gli squadroni, ebbe un ruolo tanto utile quanto glorioso. Il nemico incominciava a indebolire l'attacco quando Gustavo Adolfo comparve in questa parte del campo e decise la sorte della battaglia con una manovra rapida e audace. Dopo aver fatto fuggire l'ala sinistra le divisioni del re, non avendo più il nemico al quale opporsi, potevano rivolgere le armi dove era più opportuno. Muovendosi quindi con la sua ala destra e il corpo principale verso sinistra attaccò le colline dove Tilly aveva posto l'artiglieria e se ne impadronì dopo un breve scontro, facendo poi puntare i cannoni sulle truppe imperiali.

Posta tra le proprie batterie e quelle del nemico, assalita da tutte le parti dagli svedesi, l'armata soprannominata *l'invincibile* vacillò, i suoi ranghi si aprirono. Tilly fu costretto a ordinare la ritirata, ma anche la ritirata poteva essere fatta solo tra le colonne dei vincitori, che lo circondavano da tutte le parti.

Presa dal terrore e dalla disperazione, l'armata imperiale si sbandò e fuggì disordinatamente. Solo quattro reggimenti d'élite, composti da vecchi soldati che non avevano mai voltato le spalle al nemico, furono degni della loro vecchia reputazione. Dividendosi in piccoli plotoni serrati, avanzarono combattendo e si aprirono un varco attraverso i ranghi svedesi, giunsero armati e in buon ordine in un piccolo bosco dove si riunirono di nuovo, si volsero verso il nemico e combatterono fino alla notte, quando i quattro reggimenti furono ridotti a seicento uomini. Con loro fuggì anche ciò che era rimasto dell'esercito di Tilly e la battaglia fu decisa.

La prima espressione di gioia di Gustavo Adolfo fu una fervente preghiera che pronunciò a voce alta, circondato dai suoi e inginocchiato in mezzo ai morti e ai feriti.

La cavalleria svedese inseguì i fuggitivi fino a sera e le campane a martello si propagavano di villaggio in villaggio. A questo segnale, tutti abbandonarono le loro capanne e si misero alla ricerca dei fuggitivi e lo sventurato che cadeva nelle loro mani era perduto. Il re si accampò con il resto del suo esercito tra il campo di battaglia e Lipsia, poiché era impossibile attaccare la città la stessa sera. Settemila imperiali avevano perso la vita sul campo di battaglia e il numero dei feriti e dei prigionieri ammontava a oltre cinquemila. Tutta l'artiglieria, le casse di munizioni, i materiali, e più di cento tra bandiere e stendardi erano caduti in mano ai vincitori, che avevano subito perdite minime poiché se ai sassoni, questa giornata, era costata duemila uomini, gli svedesi avevano perso solo settecento soldati e qualche ufficiale.

La sconfitta degli imperiali fu tale, che nella sua fuga verso Halle e Halberstädt, Tilly riuscì a riunire solo seicento uomini, mentre Pappenheim millequattrocento. Fu così che una sola battaglia distrusse un'armata formidabile che aveva sparso il terrore per tutta la Germania e anche in Italia, fino a poco prima.

Il generale Tilly dovette la vita solo a un capriccio del caso. Inseguito nei primi momenti della fuga disordinata da un ufficiale della cavalleria svedese, si rifiutò di arrendersi, malgrado le numerose ferite ricevute. Ma l'ufficiale[212] che stava per colpirlo a morte cadde a terra ucciso da un colpo di pistola[213]. Ma più doloroso del pericolo e delle fatiche era l'essere sopravvissuto alla propria reputazione e l'aver perduto in un solo giorno tutti i frutti di una lunga vita. Tutte le vittorie precedenti erano nulla, poiché la battaglia che doveva coronarle tutte si era risolta con una umiliante sconfitta. Sapeva che questa sconfitta avrebbe fatto dimenticare al mondo i trionfi che l'avevano preceduta. Da questo memorabile giorno, Tilly rimase oppresso dalla tristezza e dai rimpianti. La sua fortuna l'aveva abbandonato per sempre e non gli lasciò neanche la speranza della vendetta poiché non tardò a ricevere da Ferdinando la formale proibizione di impegnarsi, in futuro, in un combattimento decisivo contro il re di Svezia.

La sconfitta di quel giorno è da ascriversi principalmente a tre errori. Posizionare i cannoni sulla collina dietro di lui, l'abbandono successivo di queste posizioni e quindi l'aver permesso al nemico, senza alcuna opposizione, di organizzarsi per la battaglia. Ma anche se questi errori fossero stati gravi e reali, egli avrebbe trovato il modo di porvi riparo se la fredda presenza di spirito e il genio superiore di Gustavo Adolfo non avessero previsto e ostacolato tutte le sue operazioni.

Appena giunto ad Halle, lo sfortunato generale si vide nuovamente cacciato dagli svedesi. Halberstädt gli offrì, finalmente, un asilo abbastanza sicuro per attendervi la guarigione delle sue ferite. Ma non si erano ancora completamente richiuse, quando lasciò questa città per recarsi sul Weser, nella speranza di riorganizzare un'armata con le guarnigioni imperiali della bassa Sassonia.

Quando Giovanni Giorgio ebbe acquisito la certezza della vittoria degli svedesi, si recò nella tenda di Gustavo Adolfo, che lo ringraziò vivamente d'aver avuto il coraggio d'insistere così da deciderlo ad attaccare l'armata imperiale. Incantato da una tale accoglienza, che era lontano dall'attendersi, l'elettore si abbandonò a uno slancio di riconoscenza nel quale, si dice, si impegnò a mettere la corona imperiale sul capo dell'eroe del nord. Lasciando a Giovanni Giorgio il compito di riprendere Lipsia, il re di Svezia si diresse verso Merseburg. Cinquemila imperiali che incontrò lungo il percorso furono uccisi o fatti prigionieri, la maggior parte dei quali si pose sotto le sue bandiere. Merseburg si arrese alla prima richiesta e Halle non tardò a imitare il suo esempio. Fu in quest'ultima città che l'elettore di Sassonia, ritornato in possesso di Lipsia, dalla quale il re di Svezia lo aveva incaricato di cacciare gli imperiali, si ricongiunse con lui per mettere a punto un nuovo piano di operazioni.

La vittoria di Lipsia era stata completa e brillante, ora bisognava saggiamente trarne tutti i possibili vantaggi. L'armata imperiale era distrutta, la Sassonia non aveva più nemici sul suo territorio e Tilly, sempre in fuga, si era ritirato a Brunswick. Portare il teatro di guerra in questa località sarebbe stata un'imprudenza, perché la bassa Sassonia era così esausta che non si potevano imporle nuovi sacrifici senza condannarla alla rovina totale.

I due sovrani decisero quindi di volgere le armi contro le ricche province che, rimaste senza difesa, offrivano al vincitore una via facile e agevole fin sotto le mura di Vienna. A destra si potevano invadere gli stati dei sovrani cattolici, a sinistra le province ereditarie dell'Austria. Era indispensabile sottometterle tutte, ma quali erano le più importanti e, quindi, quelle la cui conquista doveva essere affidata al re in persona?

Alla testa della sua vittoriosa armata, Gustavo Adolfo, senza dubbio, avrebbe trovato solo una debole resistenza da Lipsia fino a Praga, Vienna e Bratislava. La Boemia, la Moravia, l'Austria e l'Ungheria erano sguarnite di truppe e i protestanti oppressi di questi paesi non avrebbero mancato di assecondare l'eroe del nord che difendeva la loro causa. Con tutta probabilità, a Ferdinando sarebbe rimasta solo la fuga, Vienna avrebbe aperto le sue porte e l'imperatore, privato degli stati ereditari, che soli potevano dargli i mezzi per provvedere alla guerra, sarebbe stato obbligato a firmare quella pace che sarebbe stato ritenuto opportuno proporgli.

Questo audace progetto, il cui successo era quasi certo, avrebbe sedotto un conquistatore, ma Gustavo Adolfo era prima di tutto un uomo di stato e non un conquistatore. Aveva preso le armi con un scopo più nobile che non intendeva affidare né al solo coraggio né alla fortuna. Avanzando verso la Boemia, Gustavo doveva abbandonare la difesa della Franconia e dell'alto Reno all'elettore della Sassonia.

Ma Tilly aveva già riorganizzato la sua armata con le guarnigioni in Bassa Sassonia e si stava preparando a mettersi a capo di una formidabile forza sulle rive del Weser per non perdere tempo e marciare incontro al nemico. Nei confronti di un generale così esperto non serviva opporre un Arnheim, che aveva già dato una prova non convincente delle proprie doti militari nella battaglia di Lipsia, e a che cosa sarebbe servita al re una brillante e rapida conquista della Boemia e dell'Austria se Tilly fosse ritornato padrone di tutti gli stati dei principi protestanti dell'impero, avesse animato il coraggio dei cattolici e avesse disarmato, con una nuova serie di vittorie, gli alleati e confederati del re? A che cosa sarebbe servito espellere l'imperatore dai suoi domini ereditari, se Tilly fosse riuscito a conquistare per quello stesso imperatore il resto della Germania? Poteva farsi blandire dall'ipotesi di ridurre Ferdinando II a una posizione più critica di quella in cui l'aveva messo, dodici anni prima, l'insurrezione della Boemia. Insurrezione che sembrava averlo sconfitto solo per farlo rinascere più forte e temibile di prima? Invadere e occupare tutti gli stati della *Lega* gli offriva vantaggi meno eclatanti, ma più certi, in questa zona la sua presenza in armi sarebbe stata decisiva.

Il clamore generale provocato dell'*Editto di restituzione* aveva posto Ferdinando nella necessità di convocare a Francoforte una dieta straordinaria, nella quale dispiegò tutta la sua astuzia e la sua politica per persuadere i protestanti spaventati a giungere a un accordo veloce e svantaggioso. Solo l'avvicinarsi del re di Svezia poteva dare a questi principi la forza di resistere alle minacce e di deludere i progetti dell'imperatore. Gustavo Adolfo sperava, con la sua presenza, di unire tutti i principi scontenti o con il terrore delle sue armi di allontanare gli altri dal partito imperiale. Qui, nel centro della Germania, poteva paralizzare i nervi della potenza imperiale, che nulla poteva senza il concorso della *Lega*. Solo in questo modo, inoltre, poteva nello stesso tempo sorvegliare la Francia, che era autorizzato a vedere come un alleato equivoco. Del resto, i suoi segreti progetti gli rendevano indispensabile anche l'amicizia degli elettori cattolici e per ottenere questo doveva divenire l'arbitro del loro destino e, trattandoli come un vincitore umano e generoso, conquistare la loro riconoscenza.

Tutte queste considerazioni portarono Gustavo Adolfo a prendere la strada della Franconia e del Reno e ad affidare all'elettore di Sassonia la conquista della Boemia.

Libro III

L a battaglia di Lipsia[214], così gloriosa per Gustavo Adolfo, portò grandi cambiamenti nel carattere di questo monarca e nell'opinione che la Germania si era fatta sul suo conto. Si era misurato con i più grandi condottieri dell'epoca, le sue teorie militari e il coraggio dei suoi soldati avevano fronteggiato la tattica di un guerriero di grande esperienza e il valore dell'élite delle truppe imperiali, ed era uscito vittorioso da questo scontro.

Da questo momento lo si vide avere maggior fiducia in se stesso e la fiducia è sempre stata il motore di grandi azioni. La sue operazioni militari erano più ardite e sicure, conservava una maggiore determinazione anche nelle situazioni più critiche, un tono più fiero verso i nemici, una comprensione più dignitosa verso suoi alleati, la sua bontà, benché sempre inesauribile, prese l'impronta caratteristica della condiscendenza di un uomo superiore che si sente al di sopra di tutto ciò che lo circonda. L'istintiva pietà dava al suo coraggio il colore dell'esaltazione religiosa, che gli fece sovente confondere la sua causa con quella del cielo e lo spinse a vedere nella sconfitta di Tilly il volere della Provvidenza e a guardarsi come lo strumento della vendetta divina. Lasciando sempre più lontano da lui il suo trono e la sua terra natale avanzò, sulle ali della vittoria, fino al centro della Germania, dove da parecchi secoli nessun conquistatore straniero aveva potuto penetrare.

Questa grande porzione d'Europa, solcata da numerosi fiumi, dove pressoché a ogni passo si ergevano città fortificate o castelli circondati da formidabili bastioni, aveva saputo farsi temere e rispettare da tutti i suoi vicini, per il valore dei suoi abitanti e per il merito e l'attenzione dei numerosi sovrani che la governavano.

Più volte la tempesta era stata sulle frontiere dell'impero, ma il centro aveva avuto il singolare privilegio di non aver avuto altro nemico se non se stesso. Solo il fanatismo religioso aveva potuto rompere i legami che, unendo tutti i membri della dieta, li rendevano invulnerabili e senza questa circostanza Gustavo Adolfo non avrebbe mai potuto portare le sue armi vittoriose fin nel seno della Germania. Il legame di unione tra gli stati, che aveva reso l'impero invincibile, si era ora dissolto e Gustavo prese dalla Germania stessa il potere con cui la sottomise. È vero che riuscì a giungervi tanto per la sua abile condotta politica quanto per il suo valore sul campo di battaglia e perché la sua prudente politica, ancorché leale, spezzava abilmente le

171

reti che gli erano tese dalla perfidia dei suoi nemici, come il fuoco dei suoi cannoni distruggeva le mura delle loro città. Conseguendo le sue vittorie da un luogo all'altro della Germania, seppe sempre conservare il filo che solo poteva condurlo attraverso questo dedalo, senza isolare i suoi stati, sia che si trovasse sulle rive del Reno o alla foce del Lech.

Se la notizia della sconfitta di Tilly sparse il terrore nel partito cattolico, ai protestanti causò meno gioia che sorpresa e inquietudine. Le vittorie del re di Svezia sorpassavano ogni loro previsione e anche tutte le loro speranze. Il terribile esercito imperiale, che aveva ostacolato il suo cammino, posto dei limiti alla sua ambizione e che lo aveva reso dipendente da loro stessi, era stato distrutto. Stabilitosi nel cuore della Germania, senza rivali e senza avversari capaci di fermarlo, era per l'avvenire padrone di poter abusare della sua posizione. In effetti, se si era tremato per il potere assoluto dell'imperatore, perché non si doveva temere, non solo per la religione cattolica, ma anche per la costituzione dell'impero, un conquistatore protestante e straniero?

La sfiducia e la gelosia di alcuni alleati, che si erano sopite nel comune terrore verso l'imperatore, si risvegliarono e non appena Gustavo Adolfo ebbe conquistato col suo coraggio la loro fiducia, essi cercarono di ostacolare i suoi piani. Con il suo ardimento e la sua profonda saggezza, Gustavo Adolfo superò gli ostacoli che questo atteggiamento gli fece incontrare ovunque. Del resto, se il successo della sua armata inquietava i suoi più potenti amici, la Francia e la Sassonia, questo stesso successo dava ai piccoli sovrani il coraggio di abbracciare apertamente la sua causa poiché, troppo deboli per sperare di arrivare a un ruolo primario, non avevano nulla da temere dall'ambizione del re del nord, dalla quale potevano, invece, sperare la potente protezione e generosità. La sua forza copriva la loro debolezza e, essendo pressoché inconsistenti da soli, facendo causa comune con lui potevano acquisire importanza. Era questo il caso di gran parte delle città libere e degli stati protestanti più deboli; furono loro a facilitargli l'ingresso nel centro della Germania, coprendogli le spalle, approvvigionando le sue truppe e assicurando loro, rifugio nelle loro fortezze, anche esponendo le proprie vite al pericolo. La prudente politica con la quale sapeva gestire l'orgoglio tedesco, l'affabilità delle sue maniere, la sua giustizia, il suo rispetto per le leggi del paese dove si trovava non tardarono a guadagnargli l'affetto sincero di tutti i protestanti, mentre le atrocità degli imperialisti, degli spagnoli e delle truppe della Lorena contribuirono fortemente a porre la sua condotta e quella del suo esercito in una luce favorevole.

Se Gustavo Adolfo doveva il suo successo prevalentemente al suo genio, allo stesso tempo fu grandemente favorito dalla fortuna e dalle circostanze. Due grandi vantaggi gli diedero una superiorità decisiva sul nemico. Portando il teatro di guerra sul territorio dei sovrani della *Lega*, disponeva a suo piacere dei loro tesori, attirava i loro giovani sotto le sue bandiere, utilizzava le ricchezze dei principi fuggitivi e prendeva dal nemico i mezzi per la resistenza, mantenendo una guerra onerosa con lievissimi costi[215]. Questo risultato, tuttavia, l'ottenne solo perché i principi, divisi tra loro da interessi opposti, agivano senza umanità e ciascuno per proprio conto, dal che discende come naturale conseguenza che i generali erano senza potere, le truppe indisciplinate e il comandante dell'armata vedeva nel capo dello stato un avversario o un rivale. Gustavo Adolfo, al contrario, riuniva in sé tutte le leve del potere, era l'unico fine delle operazioni dei suoi generali, l'anima del suo partito e il creatore della strategia della guerra, di cui egli solo conosceva l'insieme e dirigeva le operazioni. Egli solo, infine, dava alla causa che difendeva l'unità e l'armonia che mancavano ai suoi avversari. Non c'è dunque da meravigliarsi se, favorito da questi vantaggi, a capo di un simile esercito e guidato da una tale prudenza, Gustavo Adolfo fosse irresistibile.

Tenendo in una mano la spada del conquistatore e nell'altra la palma del pacificatore, Gustavo Adolfo percorse la Germania come eroe, giudice e legislatore. Le capitali e le piazzeforti si aprivano davanti a lui e lo ricevevano con il rispetto e la sottomissione, come se fosse stato il loro legittimo sovrano. Nessuna fortezza era inaccessibile, nessun fiume fermò la sua corsa vittoriosa. Il terrore che il suo nome ispirava era sufficiente, il più delle volte, per aprirgli un passaggio. Gli stendardi svedesi sventolarono sulle due rive del Meno, il Palatinato fu libero, gli spagnoli e i lorenesi furono spinti al di là del Reno e della Mosella. Come un torrente impetuoso, le truppe della Svezia e dell'Assia invasero i territori dei capitoli di Magonza, di Würzburg e di Bamberga, così tre arcivescovi fuggitivi espiarono lontano dalle loro sedi la loro devozione alla casa d'Austria.

Ben presto il capo della *Lega*, Massimiliano, imparò a conoscere di persona le calamità che, da lungo tempo, aveva fatto pesare sugli avversari. Nonostante tutto, gli fu offerta la pace ma, né la generosità del suo nemico né la sconfitta da più parti dei suoi alleati, poterono vincere la sua ostinazione.

Il torrente della guerra raggiunse la Baviera. Le truppe svedesi si estendevano sulle due rive del Lech e del Danubio, come su quelle del Reno, mentre l'elettore, fuggendo di fortezza in fortezza, abbandonava i suoi stati e i suoi sfortunati sudditi che, per il loro cieco fanatismo, accrescevano il risentimento dei vincitori. Monaco aprì le sue porte all'invincibile eroe del nord[216] e Federico V, elettore del Palatinato da lungo tempo proscritto e fuggitivo, nella sicura dimora del suo rivale, per un istante si consolò della perdita della sua corona.

Mentre Gustavo Adolfo estendeva così le sue conquiste fino al limite meridionale dell'impero germanico, i suoi generali e i suoi alleati ottenevano, su tutti gli altri obiettivi, delle vittorie non meno decisive.

Tutta la bassa Sassonia si scosse dal giogo austriaco, gli imperiali furono cacciati da Meclemburgo e dalle due rive del Weser e dell'Elba. Guglielmo, langravio dell'Assia Kassel, liberò la Westfalia e l'alto Reno, i duchi di Weimar si impadronirono della Turingia, l'elettorato di Treviri cadde in mano francese[217] e la Sassonia si impadronì della Boemia. Non solo, i turchi si stavano preparando a invadere l'Ungheria e un'insurrezione, che da lungo tempo covava sordamente, scoppiò in seno all'Austria. Ferdinando II, tremante e disperato, chiese a tutti i sovrani d'Europa di soccorrerlo contro tanti pericoli uniti.

Invano, chiamò le truppe spagnole, che il valore dei fiamminghi tratteneva al di là del Reno. Inutilmente, chiese l'assistenza di Roma e di tutta la Chiesa cattolica. Il papa, offeso in precedenza dall'imperatore limitò le dimostrazioni della sua pena a pompose processioni e a vane scomuniche, mentre in risposta alle richieste di aiuto si mostravano all'imperatore le campagne di Mantova devastate dai suoi soldati[218]. La vasta monarchia austriaca era circondata ovunque da nemici che, penetrando negli stati della *Lega*, avevano distrutto i bastioni sui quali questa monarchia fondava la sua forza e la sua sicurezza duratura. I suoi più zelanti partigiani erano vinti. Il suo più forte sostegno, l'intrepido e fiero Massimiliano di Baviera, era caduto così in basso da non essere in grado di difendere le proprie province. Il suo esercito, indebolito da diserzioni e ripetute sconfitte e abbattuto nello spirito dai continui rovesci, aveva perso, al comando dei generali sconfitti, quell'impetuosità guerriera che è garanzia di successo. Il pericolo era estremo e solo mezzi straordinari potevano sollevare il potere imperiale dal degrado nel quale era precipitato. In mezzo a questa critica situazione, tutte le voci chiedevano un comandante abile e temibile, ma il solo uomo che possedeva queste qualità era stato allontanato dal servizio con l'intrigo e per l'invidia[219]. La sventura aveva così piegato l'orgoglio di Ferdinando che decise di iniziare per primo gli approcci con un suddito, un servitore offeso. Il monarca spinse la sua umiltà al punto di supplicare l'orgoglioso duca di Friedland di riprendere il rango e le dignità che gli erano così ingiustamente stati tolti.

Da questo momento un nuovo spirito incominciò ad animare il corpo agonizzante dell'Austria e un cambiamento improvviso del corso degli eventi annunciò che una mano abile e decisa lo dirigeva. Il potere del re di Svezia era alle prese con il potere illimitato del generalissimo imperiale. Un eroe sempre trionfante si trovava faccia a faccia con un altro eroe che pareva, anch'egli, aver fatto un patto con la vittoria. I due principi contrapposti ricominciarono una lotta incerta e il risultato della guerra, che Gustavo Adolfo pensava acquisito, fu messo a nuova prova.

La tempesta degli eventi si preparò intorno a Norimberga, le due armate nemiche si accamparono sotto le sue mura. Si osservavano in un rispettoso silenzio, temevano e desideravano nello stesso tempo il primo soffio della tempesta che doveva metterle in contatto. L'Europa intera aveva gli occhi fissi su Norimberga, e Norimberga aspettava, con un misto di ansia e di orgoglio, il momento in cui avrebbe dato il suo nome a una battaglia più decisiva ancora di quella di Lipsia.

Improvvisamente, l'orizzonte si rischiarò, le cupe nuvole della guerra si allontanarono dalla Franconia per entrare nelle pianure della Sassonia. Il fulmine che aveva minacciato Norimberga cadde su Lützen e la vittoria, indecisa, rispose all'ultimo appello di un re morente sul campo di battaglia. La fortuna, che questo re aveva saputo incatenare al suo fianco, gli restò fedele anche nella sua morte donandogli il raro privilegio di cadere nel pieno della gloria e della sua fama immacolata. Il suo buon destino, togliendo così presto Gustavo Adolfo da un mondo di cui era la speranza e l'orgoglio, ha voluto sottrarlo alla sorte dei comuni mortali, ai quali l'eccesso di potenza e di fortuna fa sempre dimenticare la giustizia e la moderazione. È lecito supporre che, se avesse avuto una più lunga carriera, l'eroe del nord forse non avrebbe meritato le lacrime che la Germania ha versato sulla sua tomba e l'ammirazione che i posteri hanno riservato alla sua memoria, considerandolo il primo e l'unico giusto conquistatore che il mondo abbia mai avuto.

Qualunque partito, perdendo il suo capo, può sentirsi vicino alla rovina, ma per la potenza suprema che dirige l'universo, non ci sono uomini indispensabili. Due grandi uomini di stato, Axel Oxenstierna in Germania e Armand Richelieu in Francia, presero in mano le redini che la morte aveva fatto cadere dalle mani del re di Svezia. Inflessibile, il destino continuò la sua marcia passando sopra la tomba di questo eroe e per sedici anni ancora, il fuoco distruttore della guerra si alzò sulle sue ceneri dimenticate.

Ci sia ora consentito seguire passo passo Gustavo Adolfo nella gloriosa arena dove egli solo dirige e domina tutto. Ritorneremo a Ferdinando II quando una lunga sequela di sfortune avrà abbattuto l'orgoglio austriaco e ridotto il capo di questo casato ai più disperati espedienti.

Il nuovo piano della campagna era stato concordato tra l'elettore di Sassonia e il re di Svezia a Halle, appena conclusa l'alleanza con i vicini principi di Weimar e di Anhalt e terminata la preparazione per la riconquista dell'arcivescovado di Magdeburgo, il re si preparò a penetrare all'interno dell'impero. Non vi era alcun terribile nemico da combattere. In questa parte della Germania, tutta cattolica, Ferdinando II era ancora potente e temuto. Le sue truppe occupavano la Franconia, lo Schwaben e il Palatinato e avrebbero combattuto spada alla mano per mantenerne il possesso. Gli spagnoli, stabiliti sul Reno, rendevano il passaggio di questo fiume impossibile e un'armata lorenese era vicina a congiungersi con quella che Tilly era riuscito ad arruolare sotto le sue bandiere. Ogni alleato del Papa era suo nemico, mentre il suo legame con la Francia non gli lasciava libertà di azione contro i cattolici romani.

Gustavo Adolfo era al corrente di questi ostacoli e la sua abilità gli fece trovare il modo di superarli. La forza degli imperiali venne divisa in diversi reggimenti, mentre egli avrebbe affrontato ognuno di questi con il suo intero esercito. Se doveva opporsi al fanatismo dei cattolici e al terrore con il quale alcuni stati guardavano al potere imperiale, doveva poter contare sull'aiuto dei protestanti e sul loro odio verso l'oppressione austriaca. Le violenze delle truppe imperiali e spagnole lo aiutarono in queste regioni, dove i cittadini cercavano un salvatore e dove il semplice cambio di giogo sembrava costituire un sollievo. Vennero inviati emissari per portare a fianco della Svezia le principali città libere, in particolare Norimberga e Francoforte. La prima città che si trovava sul cammino del re, e che quest'ultimo non poteva lasciare, era Erfurt. Qui un contratto favorevole con i cittadini protestanti gli aprì le porte della città. Là, come in tutte le piazzeforti di cui si era impadronito, si fece prestare giuramento di fedeltà e vi lasciò una numerosa guarnigione per vegliare sulla stretta osservanza di questo giuramento.

Dopo aver incaricato il suo alleato, il duca Guglielmo di Weimar, del comando del corpo d'armata che doveva essere reclutato in Turingia, lasciò la sua regina a Erfurt, promettendo di accrescere i privilegi di questa città, e divise le truppe svedesi in due colonne a Gotha e ad Arnstadt. Queste attraversarono le foreste della Turingia, tolsero agli imperiali la contea di Henneberg, e si riunirono, dopo tre giorni di marcia, a Königshof, sulla frontiera della Franconia.

Francesco, vescovo di Würzburg[220], acerrimo nemico dei protestanti e tra i membri più zelanti della *Lega* cattolica, risentì per primo gli effetti della presenza dei difensori della Riforma. Qualche minaccia fu sufficiente per far cadere nelle mani degli svedesi la fortezza di Königshof, chiave dei possedimenti del vescovo. Alla notizia di questa subitanea conquista, il terrore si impadronì di tutti i sovrani ecclesiastici della contea. I vescovi di Würtzburg e Bamberga, tremanti nei loro castelli, già vedevano i loro troni rovesciati, le loro chiese profanate, il loro culto spinto nella polvere, poiché i nemici di Gustavo Adolfo avevano sparso su questo monarca e sui suoi soldati calunnie così atroci che, nonostante le sue rassicurazioni e i più splendidi esempi di clemenza e umanità, gli fu impossibile cancellare interamente l'effetto che avevano prodotto sugli animi dei cattolici.

Persuasi che gli svedesi non avrebbero risparmiato né le loro persone, né le loro coscienze, né le loro fortune i più ricchi cattolici cercarono la salvezza nella fuga. Lo stesso vescovo aveva dato l'esempio poiché, abbandonando i suoi sudditi ai disastri ai quali la sua bigotteria li aveva esposti, si era rifugiato a Parigi, dove lavorava per aizzare Richelieu contro il nemico della loro religione.

Gustavo Adolfo estese le sue conquiste in tutto l'arcivescovado. Le città di Schweinfurt e di Würzburg capitolarono e Marienberg fu presa d'assalto. In quest'ultima piazza, reputata impenetrabile, i vincitori trovarono immense provviste di viveri e di munizioni, che gli imperiali vi avevano ammucchiato. La biblioteca dei gesuiti fu per il re una preziosa preda che si premurò di inviare all'università di Upsala. Anche i suoi soldati furono contenti dei deliziosi vini che trovarono nelle cantine del prelato. Quanto ai tesori e alle pubbliche casse, il vescovo aveva avuto il tempo di portarle con sé.

La sottomissione della capitale fu seguita da quella di tutto il territorio, Gustavo Adolfo ricevette il giuramento di fedeltà e nominò, in assenza del legittimo sovrano, un governo provvisorio, metà dei membri del quale era protestante. In tutte le città cattoliche che caddero successivamente in suo potere aprì chiese del culto riformato, ma non vendicò con alcuna rappresaglia la lunga e crudele oppressione che si era fatta subire ai suoi correligionari, combatteva solo contro chi rifiutava di sottomettersi ed egli non è certo da ritenersi responsabile per gli occasionali atti di violenza che alcuni dei suoi soldati commisero. Coloro i quali avevano un atteggiamento pacifico venivano trattati in modo mite. Era un sacro principio di Gustavo Adolfo quello di risparmiare il sangue dei suoi nemici come quello dei suoi soldati.

Immediatamente dopo l'invasione del suo territorio da parte degli svedesi, il vescovo di Würzburg aveva iniziato dei negoziati con il re, al solo scopo di dare il tempo a Tilly di giungere in suo soccorso. Il generale, che aveva concentrato sul Weser i resti della sua armata distrutta e rinforzato le sue armate con le guarnigioni della bassa Sassonia e con l'unione delle sue truppe in Assia con quelle dei generali Aldringer e Fugger[221], bruciava dal desiderio di cancellare l'onta della sua sconfitta con una eclatante vittoria e quindi attendeva con frenetica impazienza dal suo accampamento di Fulda, il permesso del duca di Baviera di attaccare il re di Svezia. Ma la *Lega*, che aveva ricostruita un'armata con incredibili sforzi, sentiva che le sarebbe stato impossibile riorganizzarla una seconda volta se fosse stata distrutta. Massimiliano, quindi, continuava a rifiutarsi di affidare tutto il futuro del suo partito al rischio di una sola battaglia.

Ricevendo l'ordine che lo condannava nuovamente all'inazione e a ritardare la sua marcia verso la Franconia, il vecchio generale pianse, mentre Gustavo Adolfo approfittò della timorosa prudenza della Baviera per estendere e rafforzare le sue conquiste. L'arrivo di dodicimila lorenesi al campo imperiale presso Aschaffenburg aveva ulteriormente aumentato l'armata del generale e gli sarebbe stato facile almeno salvare l'arcivescovado di Würzburg. Ma non ricevette il permesso di soccorrerlo se non quando era già caduto in mano agli svedesi e Massimiliano di Baviera fu ritenuto colpevole, non in modo ingiustificato, di aver causato la rovina del vescovato per la sua mancanza di determinazione. Con l'ordine di evitare una battaglia,

Tilly doveva accontentarsi di contenere l'avanzata del nemico, ma poté salvare soltanto poche città dall'impeto degli svedesi. Dopo aver inutilmente provato a inviare un rinforzo nella città di Hanau, il cui possesso dava al re un grande vantaggio, passò il Meno, nei pressi di Seligenstadt, e prese la strada per Berg, per garantire il Palatinato da un'invasione svedese.

Tilly, tuttavia, non fu il solo nemico che Gustavo Adolfo incontrò in Franconia. Fu in quel periodo che il duca Carlo di Lorena[222] osò attaccare Gustavo Adolfo. Questo principe, celebre per l'incostanza del suo carattere, la temerarietà dei suoi progetti e le disgrazie che si attirava senza sosta, ambiva da lungo tempo al titolo di elettore. Noncurante di seguire una politica ragionevole, seguì soltanto l'ambizione e divenuto paladino di Ferdinando II arrivò ad attirarsi l'inimicizia della Francia. Così, mentre inseguiva in terra straniera la corona elettorale, fantasma brillante che fuggiva davanti a lui, le truppe francesi prendevano possesso dei suoi stati.

Ferdinando gli accordò graziosamente il permesso di imitare gli altri principi della *Lega*, guadagnandosi la sua rovina spendendo le sue ultime risorse per lavorare alla gloria e alla potenza della casa d'Austria. Inebriato dalle promesse con le quali l'imperatore aveva accompagnato questo permesso, era giunto ad arruolare un'armata di diciassettemila uomini, che condusse egli stesso contro Gustavo Adolfo.

L'esperienza e la disciplina mancavano completamente a queste truppe, ma lo splendore delle loro uniformi[223] attirava tutti gli sguardi e se il nemico non ebbe mai modo di rendersi conto della loro capacità bellica, ne diedero però delle prove poco piacevoli ai poveri borghesi che erano stati chiamati a difendere. Un'armata ben vestita e animata da tale spirito non poteva lottare per molto contro l'intrepido valore e la disciplina degli svedesi. Una sola carica di cavalleria svedese fu sufficiente a generare in loro il panico e vennero cacciati con facilità dai loro accampamenti vicino a Würzburg, il terrore si impadronì degli altri che cercarono al di là del Reno un rifugio dagli incontenibili guerrieri del nord. Disprezzato dai tedeschi, disdegnato da tutti, il duca Carlo, passando per Strasburgo, fuggì in Lorena.

Dopo averlo cacciato dal campo di battaglia, Gustavo Adolfo gli fece chiedere la motivazione che l'aveva spinto a un'impresa così stravagante e il povero duca di Lorena si pensò fortunato di poter quietare la collera del vincitore, scrivendogli una umile lettera nella quale gli chiedeva perdono dell'errore nel quale era caduto per la foga del suo carattere. Si racconta che, durante la sua fuga, incontrò un contadino ai bordi della strada che, spronando il suo cavallo con un bastone gli disse sogghignando: «Attento, attento signore, bisogna correre più velocemente quando si scappa dal grande re di Svezia».

Il funesto esempio del suo vicino di Würzburg, fece adottare al vescovo di Bamberga[224] metodi più astuti e prudenti. Come lui, voleva guadagnare tempo affinché le truppe imperiali venissero in suo soccorso e, a tal fine, fece al re offerte di pace che Gustavo Adolfo, troppo leale per intuire facilmente le astuzie dei suoi nemici, accettò prontamente. A quel punto, Gustavo Adolfo, che fu alquanto modesto nelle pretese, giudicò più opportuno non perdere tempo nella conquista di Bamberga, per dirigersi nelle province sulle rive del Reno. La sua fiducia nella sincerità del prelato gli fece perdere i contributi che avrebbe facilmente ottenuto dal debole vescovo terrorizzato occupando le sue fortezze e le sue città. Questo perfido prelato ruppe l'alleanza nello stesso momento in cui la tempesta della guerra si era allontanata dai suoi territori. Non appena Gustavo Adolfo ebbe lasciato il suo territorio, egli si gettò sotto la protezione di Tilly e aprì le proprie città e fortezze alle truppe imperiali, dopo essersi mostrato pronto ad accogliere gli svedesi. Con questo stratagemma, tuttavia, semplicemente ritardò di poco la rovina del suo vescovato. Uno dei generali svedesi rimasti in Franconia si incaricò di punirlo[225]. Il suo territorio divenne dunque il teatro di una lotta sanguinosa, provò tutti gli orrori della guerra, poiché nemici e amici fecero a gara nel devastarlo.

Liberati dall'obbligo che imponeva loro la presenza delle truppe imperiali e rassicurati dalla generosità e dalla giustizia del re di Svezia, la nobiltà, la borghesia e i rappresentanti degli stati della Franconia si dichiararono in suo favore e la città di Norimberga si pose solennemente sotto la sua protezione[226]. Un manifesto indirizzato all'ordine dei cavalieri, nel quale Gustavo Adolfo spingeva la sua condiscendenza fino a spiegare le ragioni per le quali si era sentito autorizzato a entrare a mano armata in Franconia, gli guadagnò il sincero affetto di quest'ordine. Inoltre, la scrupolosa onestà dei suoi soldati nei loro rapporti con i borghesi e i contadini gli valse delle volontarie offerte che fecero regnare l'abbondanza nel suo campo. La stima e la fiducia che aveva saputo ispirare, il rispetto e l'ammirazione con i quali guardavano i suoi brillanti successi, la promessa di un ricco bottino che il servizio di questo monarca offriva furono tali che la gioventù accorreva in massa sotto le sue bandiere, un'esigenza che si era resa necessaria dopo aver distaccato così tanti reggimenti dal corpo principale. Al primo rullo di tamburo dei suoi reclutatori accorrevano uomini da tutte le zone della Franconia. Così il re conquistò la Franconia nello stesso tempo che avrebbe impiegato per visitarla.

Dopo aver affidato a Gustav Horn, uno dei suoi migliori generali, il compito di sorvegliare, con ottomila uomini, le sue conquiste, condusse egli stesso il grosso dell'armata, rinforzata dalle nuove reclute, sulle rive del Reno, per garantire le frontiere dell'impero contro gli spagnoli, per disarmare gli elettori ecclesiastici e per attingere, in queste ricche regioni, delle nuove risorse per continuare la guerra. Seguendo il corso del Meno, sottomise Seligenstadt, Aschaffenburg, Steinheim e tutte le province delle due rive. Raramente le guarnigioni austriache lo aspettavano e quasi neanche tentavano di resistergli. Un colonnello svedese[227] riuscì, con un abile attacco, a impadronirsi della città e della cittadella di Hanau, il cui possesso era particolarmente importante per il generale Tilly. Il sovrano di questa contea, felice di essersi sbarazzato del peso opprimente degli imperiali, subito si sottomise alla più moderata dominazione degli svedesi.

Dopo questi successi, Gustavo Adolfo concentrò la sua attenzione su Francoforte sul Meno, poiché il suo pensiero dominante era quello di coprirsi le spalle conquistando l'amicizia e il possesso delle città più importanti. Francoforte era una di queste città libere che, anche dalla Sassonia, aveva cercato di preparare al suo ingresso e ora richiese apertamente attraverso degli emissari inviati da Offenbach, dove si trovava, di lasciargli libero il passaggio e di far entrare una guarnigione svedese. Questa ingiunzione pose la città di fronte all'alternativa tra il re di Svezia e l'imperatore, scelta che avrebbe volentieri evitato poiché i suoi privilegi e il commercio sarebbero stati messi in pericolo in qualunque caso. L'ira di Ferdinando II non avrebbe mancato di scagliarsi contro di loro se si fossero sottomessi al re di Svezia e questi non fosse stato in grado di proteggerli. Allo stesso modo, la sua fedeltà alla causa imperiale poteva divenire altrettanto funesta, esponendola alla vendetta di un vincitore che presto si sarebbe accampato sotto i suoi bastioni e avrebbe potuto punirli per la loro resistenza a spese delle loro attività commerciali e del loro benessere. In tali frangenti, la città inviò al cospetto di Gustavo Adolfo una deputazione incaricata di esporre il vero motivo della sua esitazione: tutti i pericoli ai quali le fiere, i privilegi, forse anche la propria libertà sarebbero stati esposti se avessero provocato l'ira dell'imperatore schierandosi con gli svedesi. Il re la ricevette con sorpresa mista a sdegno. Fu molto meravigliato di apprendere che la città di Francoforte tenesse molto di più alle sue ricchezze che non ai doveri che le imponevano la religione e la patria. Trovava ben poco onorevole parlare delle sue botteghe e delle sue fiere quando si trattava della libertà della Germania e dell'avvenire della Riforma. Continuò dicendo di aver trovato le chiavi di ogni città e fortezza, dall'isola di Rügen fino alle rive del Reno, e sarebbe stato in grado di trovare anche quelle di Francoforte. L'onore della Germania e l'indipendenza della religione protestante erano l'unico motivo della sua invasione e nessun ostacolo lo avrebbe fatto arretrare perché aveva la coscienza della giustezza e della nobiltà della sua causa. Vedeva bene che "gli abitanti di Francoforte pensavano fosse sufficiente tendergli un dito, ma gli abbisognava la mano intera per avere qualcosa da afferrare". Poi, seguendo da vicino la deputazione, arrivò quasi insieme a essa alle porte della città dove, alla testa della sua armata, si schierò davanti a Sachsenhausen dove attese l'ultima decisione del consiglio. Se Francoforte esitava a sottomettersi agli svedesi, era soltanto per paura dell'imperatore, le loro inclinazioni non permettevano loro un attimo di dubbio tra l'oppressore della Germania e il suo protettore. Rassicurati da questo atteggiamento minaccioso che, alla bisogna, poteva loro servire come scusa davanti all'imperatore, i magistrati di Francoforte aprirono le porte e il re fece il suo ingresso nella città imperiale con una pompa imponente e un ordine ammirabile. Una guarnigione di seicento uomini venne lasciata a Saxenhausen, mentre la sera dello stesso giorno, entrò nel territorio di Magonza dove, prima della notte, prese la città di Höchst.

Mentre Gustavo Adolfo portava a termine queste brillanti conquiste sul Meno, i suoi generali e i suoi alleati furono altrettanto fortunati nel nord della Germania. Sotto la guida del generale Tott, Giovanni Alberto[228], duca di Meclemburgo, riprese Rostock, Wismar e Dömitz, le sole piazzeforti del ducato che fossero ancora nelle mani degli imperiali. L'arcivescovado di Halberstadt, del quale gli svedesi si erano impadroniti subito dopo la battaglia di Lipsia, restò in loro possesso, nonostante i costanti sforzi del generale imperiale Wolf conte di Mansfeld[229].

Lo stesso successo li attendeva sul territorio di Magdeburgo, dove il generale Banner[230] si stabilì con ottomila uomini, dopo aver fatto a pezzi i reggimenti imperiali inviati in soccorso di Magdeburgo. Il generale Wolf di Mansfeld la difese personalmente con grande determinazione, ma la sua guarnigione era troppo debole per essere opposta a lungo alla forza degli assalitori e quando era sul punto di capitolare, il generale Pappenheim lo soccorse, costringendo gli assedianti a volgere le loro armi altrove. Tuttavia, gli imperiali abbandonarono volontariamente Magdeburgo, dove misere capanne si alzavano sopra le rovine di questa città un tempo ricca e bella, e gli svedesi ne divennero pacifici padroni.

La bassa Sassonia, che Wallenstein e Tilly avevano duramente punito per la parte avuta nella sfortunata guerra danese, si sentiva ora, dopo le fortunate imprese del re, abbastanza forte da poter rialzare il capo. I rappresentanti degli stati di questa contea si riunirono ad Amburgo, dove decisero di arruolare tre reggimenti per cacciare le guarnigioni imperiali. Il vescovo protestante di Brema, parente di Gustavo Adolfo, non trovando questa decisione sufficientemente valida, reclutò per proprio conto delle truppe con le quali attaccò dei conventi senza difesa scacciandone degli inoffensivi monaci, ma non tardò a essere disarmato dal generale imperiale conte di Gronsfeld[231]. Anche Giorgio, duca di Lünenburg[232], un tempo colonnello al servizio dell'impero, prese ciò nondimeno le parti di Gustavo Adolfo e reclutò un piccolo corpo d'armata, che contribuì fortemente al successo degli svedesi nella bassa Sassonia. Guglielmo, langravio dell'Assia Kassel, rese loro dei servizi ancor più importanti. Infatti, da solo sottomise l'abbazia di Fulda e una parte della Westfalia e della bassa Sassonia. Le sue gesta portarono il terrore fino al palazzo dell'elettore arcivescovo di Colonia.

Non ci si è certo dimenticati che, immediatamente dopo l'alleanza che il langravio dell'Assia Kassel aveva stretto a Werben con Gustavo Adolfo, Tilly incaricò due suoi generali, Fugger e Aldringer, di punirlo per questa infedeltà. Il principe respinse il nemico con fermezza e coraggio, poiché i suoi sudditi consideravano i proclami di Tilly come un incitamento alla rivolta, fino al momento in cui la battaglia di Lipsia non lo liberò interamente dalla presenza degli imperiali. Approfittando dello spazio che gli lasciava questa fortunata coincidenza, il langravio conquistò rapidamente Bach, Meuden, Höxter, Fulda, Paderborn e tutti i possedimenti ecclesiastici limitrofi all'Assia, che si affrettarono ad affrancarsi dal saccheggio con delle cospicue somme di riscatto. Dopo questi successi, ricongiunse la sua vittoriosa armata con quella degli svedesi e si portò a Francoforte per stabilire, con Gustavo Adolfo, nuovi piani di operazioni.

Nel suo breve soggiorno in questa città, l'eroe del nord non cessò di ricevere visite di principi e di ambasciatori che venivano a rendere omaggio alla sua gloria, placare la sua collera o implorare il suo aiuto. Lo sfortunato palatino Federico V, questo re di Boemia per un giorno, non poteva mancare di essere nel numero dei postulanti. Accorso dall'Olanda per ringraziare il vendicatore dei suoi diritti e suo protettore, ebbe la soddisfazione di vedersi trattato come una testa coronata e consolato dal re che gli espresse nobile partecipazione alla sua sfortunata vicenda. Ma nessuna delle speranze che aveva risposte nella potente protezione e nella generosità del re di Svezia si realizzò e la possibilità di questo sfortunato principe di rimpossessarsi nel suo regno era sempre più distante. L'inazione e ancor più la dubbia politica dell'Inghilterra, avevano raffreddato lo zelo del re nei confronti di Federico V che, per la prima volta, dimenticò il nobile compito di difensore degli oppressi, che si era imposto dal suo arrivo in Germania.

Il terrore che ispiravano le armi svedesi aveva portato il langravio d'Assia Darmstadt a una pronta sottomissione, ciò nonostante la sua indifferenza per la causa protestante lo fece continuare a intrattenere rapporti con l'imperatore. Questo non era un segreto per Gustavo Adolfo, che si permetteva di deridere un nemico così innocuo. L'intenzione del langravio era portare i due partiti a concludere una pace attraverso di lui, questo perché si era fatto idee sbagliate sia della sua importanza sia della situazione generale. Così il re di Svezia gli diede, per deriderlo, il nome di *pacificatore*. Giocava sovente a carte con lui e quando vinceva gli diceva ridendo:

«Il vostro denaro mi fa ancor più piacere perché è moneta imperiale».

Questa grande indulgenza verso un principe del quale conosceva le intenzioni ostili, che si spingeva fino ad accontentarsi di una semplice promessa di neutralità e del permesso di mettere una guarnigione svedese nella fortezza di Russelsheim, si spiega con la parentela del langravio con l'elettore di Sassonia, del quale Gustavo Adolfo era costretto ad aver cura.

I conti del Westerwald e del Wetterau erano anch'essi giunti a Francoforte per offrire al re di Svezia un'alleanza contro gli spagnoli, che più tardi gli fu particolarmente utile.

La città di Francoforte non tardò a essere soddisfatta delle decisione di essersi messa sotto la protezione della Svezia. Le sue relazioni commerciali, che la guerra aveva interrotto, ricominciarono e le fiere, rese deserte dagli eccessi delle truppe imperiali, divennero più fiorenti che mai.

Rafforzato dai diecimila soldati assiani, che il langravio dell'Assia Kassel gli aveva condotto, Gustavo Adolfo prese le fortezze di Königstein, Kostheim e Florsheim (Fliershain). Divenuto così padrone delle due rive del Meno, si preparò a passare il Reno con dei battelli da trasporto che aveva fatto costruire in fretta a Höchst. Questi preparativi misero in allarme l'elettore Anselmo Casimiro[233], arcivescovo di Magonza, che non aveva dubbi sul fatto che la tempesta della guerra si sarebbe presto abbattuta su di lui. Come zelante partigiano dell'imperatore e membro attivo della *Lega*, questo prelato si aspettava di essere trattato con maggiore severità di quella dei vescovi di Würzburg e di Bamberga. La posizione di questo elettorato sulle rive del Reno obbligava Gustavo Adolfo a impadronirsene, così come l'abbondanza che vi regnava costituiva un'attrazione irresistibile per le necessità della sua armata.

Illudendosi sulle sue possibilità di resistenza, l'elettore arcivescovo si sentiva lusingato della sua capacità di respingere la forza con la forza e di sfiancare il valore degli svedesi con la robustezza delle sue fortezze. Fece frettolosamente riparare i bastioni della sua capitale, l'approvvigionò per sostenere un lungo assedio e aumentò la guarnigione con duemila spagnoli, comandati da don Felipe de Sylva[234]. Per ostacolare l'avvicinamento dei battelli da trasporto degli svedesi, fece ostruire la foce del Meno con enormi pali e vi fece affondare anche grandi barche, appesantite con pietre. Ma, preoccupato soprattutto di mettere al riparo la sua persona e i suoi tesori, l'arcivescovo, accompagnato dal vescovo di Worms[235], fuggì a Colonia con tutto ciò che aveva di più prezioso e abbandonò la sua casa, il suo paese e i suoi sudditi alla cupidigia e al dispotismo dei soldati stranieri incaricati di difenderli.

Tutti questi preparativi, fatti con più iattanza che coraggio, non impedirono a Gustavo Adolfo di avvicinarsi a Magonza e di accingersi ad assediarla.

Mentre un corpo d'armata invadeva il Rheingau, sterminava tutti i soldati spagnoli che incontrava e ovunque chiedeva contributi esorbitanti, un altro spogliava le città e i borghi cattolici del Westerwald e del Wetterau e l'armata principale stabiliva il suo campo presso Cassel, di fronte a Magonza.

Il duca Bernardo di Weimar[236] aveva spinto le sue incursioni ancora più lontano. Infatti si era impadronito della Torre dei topi (Mäusethurm) e del castello d'Ehrenfels, situato sulla riva opposta del Reno. Già Gustavo Adolfo si preparava a passare questo fiume, per circondare Magonza da tutte le parti, quando il successo che Tilly aveva avuto in Franconia, lo obbligò a sospendere l'assedio di Magonza e a dare una breve tregua all'elettore. Il re dovette immediatamente ritirarsi da Magonza per andare in soccorso di Norimberga poiché, approfittando della sua assenza, gli imperiali avevano intimato a quest'ultima di arrendersi, affermando che il più lieve tentativo di resistenza le sarebbe costato una sorte simile a quella di Magdeburgo.

Troppo sensibile e troppo politico per esporsi un'altra volta al rimprovero di avere abbandonato una città alleata alla furia di un vincitore spietato, si avviò in suo soccorso a marce forzate, ma al suo arrivo a Francoforte ebbe la soddisfazione di sapere che, con il loro eroico coraggio, i borghesi e la guarnigione avevano obbligato Tilly a levare l'assedio e ad abbandonare la contea. Questa positiva notizia gli permise di riprendere le sue operazioni contro Magonza. Dopo un vano tentativo di passare il Reno a Cassel, sotto il fuoco dei cannoni nemici, decise di attaccare la città da un altro punto. Con questo intendimento prese la strada della montagna, si impossessò di tutte le piazzeforti situate su questa strada e comparve, per la seconda volta, sulle rive del Reno nei pressi di Stockstadt, tra Gernsheim e Oppenheim.

Gli spagnoli avevano completamente abbandonato la strada della montagna ma, volendo comunque difendere la riva opposta del Reno, bruciarono o affondarono tutti i battelli nelle vicinanze e si ritirarono sulle rive del fiume con un atteggiamento minaccioso e dichiarando l'intenzione di combattere a oltranza, nel caso in cui gli svedesi fossero riusciti a passare il fiume.

Nel suo desiderio di conoscere le esatte posizioni che il nemico stava prendendo, il re commise un'imprudenza che rischiò di farlo cadere nelle sue mani. Salito su una piccola barca, ebbe la temerarietà di passare il fiume, ma mettendo piede a terra fu assalito da un gruppo di cavalieri spagnoli dai quali riuscì a liberarsi ritirandosi precipitosamente. Appena giunto sull'altra riva, con l'aiuto di alcuni barcaioli si procurò alcuni battelli da trasporto, su due dei quali fece imbarcare il conte di Brahe, con trecento soldati d'élite. Questo piccolo raggruppamento sbarcò sulla riva che il re aveva già ispezionato, ma prima di essere riusciti ad approntare le fortificazioni dietro cui trincerarsi, furono attaccati da quattordici compagnie di dragoni e corazzieri spagnoli.

Nonostante la grande superiorità numerica del nemico, il conte di Brahe[237] si difese con il suo piccolo gruppo con grande coraggio, dando al re il tempo di soccorrerlo con un nuovo distaccamento. Più di seicento spagnoli caddero sul campo di battaglia e i restanti si diedero alla fuga, alcuni si rifugiarono a Oppenheim, il resto fuggì e si rifugiò a Magonza. Un leone di marmo, con alla testa un elmo, e che tiene nella zampa destra una nuda spada è stato eretto, settant'anni dopo questo avvenimento, per ricordare ai passanti che lì l'eroe del nord si era fatto padrone del più importante fiume dell'antica Germania.

Immediatamente dopo questo primo successo, Gustavo Adolfo imbarcò la sua artiglieria e il grosso dell'armata per andare ad assediare la città di Oppenheim, che fu presa d'assalto l'8 dicembre del 1631. La guarnigione di cinquecento spagnoli che aveva difeso con forza questo luogo fu vittima della furia svedese e pagò con la vita il valore con il quale aveva difeso la piazza.

Apprendendo che il re di Svezia aveva passato il Reno, gli spagnoli e i lorenesi, stanziati nelle province sulla riva sinistra del fiume, dove pensavano di essere al riparo dalla vendetta dei vincitori, furono presi dal terrore e pensarono solo alla fuga e ogni luogo non difendibile venne abbandonato. Gli spagnoli si chiusero nella fortezza di Frankenthal, dove speravano di sconfiggere le armate vittoriose di Gustavo Adolfo, mentre i lorenesi lasciarono la città di Worms, non senza aver dato ai tranquilli borghesi una ulteriore prova della loro crudeltà e del loro spirito di rapina.

Era venuto il momento per Gustavo Adolfo di metter in atto i suoi piani per Magonza, che aveva accolto nelle sue mura il nocciolo delle truppe spagnole. Si dispose quindi ad attaccare la città dalla parte della riva sinistra del Reno, mentre il langravio dell'Assia Kassel avanzava dalla parte della riva destra dove, procedendo, sottomise tutte le piazzeforti che non avevano ancora riconosciuto l'autorità svedese.

Benché completamente circondati, gli spagnoli inizialmente

dimostrarono coraggio e risolutezza, e continuarono per parecchi giorni un cannoneggiamento che causò parecchie perdite nel campo svedese. In mezzo a questo fuoco distruttore, Gustavo Adolfo continuava a guadagnare terreno e riuscì a far arrivare la sua armata così vicino ai bastioni che non gli restava che ordinare l'assalto. Da questo momento l'audacia degli assediati scomparve. La presa di Marienberg, nei pressi di Würzburg, aveva dimostrato loro il valore degli svedesi e tutto li autorizzava a temere che se Magonza si fosse esposta a essere presa d'assalto, il re di Svezia avrebbe fatto di questa ricca e magnifica capitale di un arcivescovo cattolico, un olocausto espiatorio delle anime delle vittime di Magdeburgo. Dopo quattro giorni di resistenza, capitolarono, più per risparmiare la città dalla orribile sorte che credevano la minacciasse che non per salvare le loro vite.

Sempre umano e generoso, Gustavo Adolfo permise alla guarnigione di ritirarsi a Lussemburgo e le accordò una scorta sufficientemente numerosa per proteggerla lungo la strada. Ma la maggior parte di loro si arruolò sotto le sue bandiere, come era accaduto in molti altri casi. Il 13 dicembre 1631, fece il suo ingresso solenne nella città conquistata e stabilì il suo quartier generale nel palazzo dell'arcivescovo. Ottanta cannoni vennero presi come bottino, la borghesia si era riscattata dal saccheggio con una contribuzione di ottantamila fiorini, mentre il clero cattolico e gli ebrei, che non erano compresi in questo riscatto pagarono molto di più. La biblioteca dell'arcivescovo fu donata dal re al cancelliere Oxenstierna che, a sua volta, intendeva donarla al collegio di Westerachs, ma il vascello che doveva trasportarla in Svezia fece naufragio e il Baltico inghiottì un inestimabile tesoro.

Dopo la perdita di Magonza, la sfortuna continuò a perseguitare gli spagnoli sul Reno. Poco prima della conquista di questa città, il langravio dell'Assia Kassel aveva preso Falkenstein e Reifenberg e la fortezza di Königstein si arrese agli assiani. Il ringravio Otto Luigi[238], uno dei generali di Gustavo Adolfo, aveva fatto a pezzi nove squadroni spagnoli che volevano rinforzare la guarnigione di Frankenthal e soccorrere la altre piazzeforti sulle rive del Reno, da Boppart a Bacharach. Sostenuto dalle truppe svedesi, il conte del Wetterau era riuscito a cacciare gli spagnoli dalla fortezza di Braunfels che ben presto non riuscirono a salvare più alcunché in questa contea e in tutto il Palatinato, ad eccezione di Frankenthal e qualche città minore. Landau e Kronweissenburg si dichiararono apertamente per gli svedesi, Spira propose loro delle truppe, delle armi e delle munizioni, Mannheim fu conquistata grazie alla presenza di spirito e al valore del giovane duca Bernardo di Weimar[239], oltre che all'incapacità del comandante di questa piazza, che espiò duramente il suo errore poiché fu tradotto davanti al consiglio di guerra imperiale a Heidelberg e condannato alla decapitazione[240].

Gli svedesi avevano proseguito la campagna a dispetto della stagione il cui rigore aveva probabilmente contribuito alle loro costanti vittorie sul nemico. Ora anche le stesse truppe svedesi incominciavano a sentire la necessità del riposo. Il re diede loro come quartiere d'inverno i dintorni di Magonza e si stabilì in questa città, egli stesso utilizzò il periodo di inattività dovuto alla stagione per sistemare con il suo cancelliere gli affari del suo gabinetto, per trattare la neutralità di alcuni nemici e per gestire alcune dispute politiche che erano sorte con i vicini alleati. Aveva scelto la città di Magonza per i suoi quartieri invernali e la sistemazione dei suoi affari di stato, e mostrò un maggiore favore nei confronti di questa città, rispetto a quanto fosse coerente con gli interessi dei principi tedeschi o in armonia con la breve durata del suo soggiorno. Non solo rafforzò le sue fortificazioni, ma fece costruire, davanti alla città, nell'ansa che forma il Meno prima di gettarsi nel Reno, una cittadella alla quale fu dato il nome di Gustavburg, ma più conosciuta come Pfaffenraub o Pfaffenzwang, nome che prese in seguito.

Mentre Gustavo Adolfo diventava padrone del fiume Reno e dominava i tre elettorati confinanti con le sue armate vittoriose, i suoi nemici mettevano sul tavolo, a Parigi e a Saint Germain, tutti gli artifici di una sleale politica, con lo scopo di seminare discordia tra Francia e Svezia e di coinvolgere la Svezia, se possibile, in una guerra contro la Francia. Sfortunatamente, la condotta del re giustificava, almeno in parte, le accuse che si facevano pesare su di lui poiché la sua marcia improvvisa ed equivoca verso il Reno aveva sorpreso i suoi nemici. Dopo aver sottomesso l'arcivescovo di Würzburg e pressoché tutta la Franconia, era nelle condizioni di invadere la Baviera e l'Austria, attraverso Bamberga e il Palatinato superiore. Tutto il mondo attendeva che prendesse questa decisione, anche naturale poiché, attaccando Ferdinando e Massimiliano nel cuore stesso dei loro stati e impadronendosi delle loro capitali, avrebbe potuto porre fine immediatamente alla guerra.

189

Ma con sorpresa di entrambe le parti, Gustavo lasciò la strada che tutti si aspettavano prendesse e invece di avanzare sulla destra, si diresse a sinistra per conquistare anche i principati minori del Reno, dando così tempo ai suoi temibili nemici di raccogliere nuove forze.

I suoi sostenitori si erano prima compiaciuti di ritenere che, prima di tutto, desiderasse ristabilire il palatino Federico V nei suoi stati, dei quali l'ingiustizia dell'imperatore e il fanatismo religioso, lo avevano privato. Ma la loro speranza fu delusa, poiché il re continuò le sue conquiste sulle rive del Reno e rifiutò di restituire il Palatinato al suo legittimo sovrano. Invano l'Inghilterra gli ricordò le sue formali promesse in merito, egli non rispose alle richieste di questa potenza, alla quale rimproverava di essere rimasta inattiva durante questa guerra e si preparò a conquistare la Lorena e l'Alsazia.

Il senso di sfiducia verso il monarca svedese era ora evidente, mentre la malizia dei suoi nemici faceva circolare ingiuriosi rapporti relativamente alle sue intenzioni. Richelieu, ministro di Luigi XIII, guardava da tempo con preoccupazione i progressi del re verso la frontiera francese e il carattere sospettoso di Luigi lo rendeva facilmente accessibile alle maldicenze che gli venivano riferite. Infatti, la Francia, ancora lacerata dalla guerra civile tra protestanti e cattolici, aveva ragione di temere che la vicinanza di un eroe difensore della Riforma riaccendesse il fanatismo dei suoi calvinisti. Tuttavia, il re era ben lontano dal mostrarsi disposto a incoraggiarli o ad agire in modo sleale verso il suo alleato, il re di Francia. Nonostante la sua diffidenza e la timidezza, Luigi XIII non avrebbe mai avuto un tale pensiero se non fosse stato costantemente circondato dalle perfide macchinazioni dell'arcivescovo di Würzburg, sempre rifugiato a Saint Germain, dal clamore dei gesuiti e dalle assicurazioni che in tale senso gli facevano gli ambasciatori bavaresi.

Non solo alcuni politici cattolici, ma anche i più moderati e riflessivi, credettero fermamente che Gustavo Adolfo fosse sul punto di penetrare all'interno della Francia per rovesciarvi, con l'aiuto dei calvinisti, il culto della Chiesa romana. I fanatici già lo vedevano passare le Alpi, saccheggiare l'Italia e strappare dal suo trono sacro il rappresentante di Cristo.

Nonostante queste fantasie si potessero facilmente dimostrare irreali, non si può negare che Gustavo, attraverso le sue manovre sul Reno, diede adito ai nemici di pensare in modo malevolo e in qualche modo giustificò il sospetto che il suo esercito di rivolgesse non tanto contro l'imperatore o il duca di Baviera, quanto contro la stessa religione cattolica. Obbligato a cedere alle generali dicerie, il cardinale Richelieu si decise a fare un passo che doveva convincere il partito cattolico della sua fedeltà al culto romano e provare, nello stesso tempo, che solo l'interesse personale guidava la condotta dei sovrani ecclesiastici dell'impero tedesco.

Convinto che l'intenzione del re di Spagna, così come la sua, fosse quella di indebolire la casa d'Austria, promise a nome della Francia e a nome del re di Svezia, di accordare ai principi della lega una neutralità inviolabile, se volevano rompere la loro alleanza con l'imperatore e ritirare le loro truppe. Qualunque scelta avessero fatto i principi, Richelieu aveva ottenuto il suo scopo. Infatti, se i principi della *Lega* avessero preso le distanze dagli interessi austriaci, Ferdinando sarebbe stato esposto all'attacco combinato di Francia e Svezia e Gustavo Adolfo, libero da nemici in Germania, avrebbe potuto dirigere la sua forza contro i domini ereditari dell'Austria. In quel caso, la caduta dell'Austria sarebbe stata inevitabile e l'obiettivo di Richelieu sarebbe stato raggiunto senza alcun danno per la chiesa. Se, differentemente, i principi della *Lega* avessero continuato nella loro opposizione, e avessero aderito all'alleanza austriaca, il risultato sarebbe stato più incerto, ma la Francia avrebbe comunque provato a tutta l'Europa il suo sincero attaccamento alla causa cattolica e avrebbe fatto il proprio dovere in quanto membro della chiesa cattolica. I principi della *Lega* sarebbero rimasti i soli responsabili dei mali che la prosecuzione della guerra avrebbe potuto portare alla Germania, soltanto loro, attraverso l'ostinato attaccamento all'imperatore, avrebbero ostacolato le misure prese per la loro protezione, messo in pericolo la chiesa e portato se stessi alla rovina. In questo modo, inoltre, Richelieu si sbarazzava dell'azione molesta della Baviera, che non cessava di chiedere aiuto al gabinetto francese.

Come abbiamo già avuto occasione di dire, circa da quando era iniziata la guerra esisteva un trattato segreto tra la Francia e la Baviera[241] che garantiva a quest'ultima il possesso del Palatinato nel caso in cui Ferdinando avesse cercato di impadronirsene. Nonostante la chiarezza del trattato, che dava questa garanzia esclusivamente contro l'Austria, Massimiliano voleva intenderlo anche contro gli svedesi[242]. L'infondatezza di questa pretesa era palese, ma l'alleanza con due potenze tra loro nemiche, aveva messo Richelieu in una posizione tanto particolare che non gli restava altra alternativa che indurre queste due potenze a osservare una completa neutralità, fino a quando la guerra avesse investito gli interessi dell'Austria e non quelli dei loro stati.

Incaricato di questo delicato negoziato, il marchese di Brézé[243] si recò a Magonza da Gustavo Adolfo per conoscere il suo punto di vista e per ottenere condizioni più favorevoli per i principi alleati. Ma se Luigi XIII aveva forti motivazioni per desiderare la neutralità per questi ultimi, Gustavo Adolfo aveva importanti motivi per desiderare il contrario. L'esperienza aveva provato a questo monarca che l'odio dei principi della *Lega* contro lui e contro il protestantesimo era invincibile come il loro attaccamento alla causa dell'Austria e a quella della Chiesa romana. La loro aperta inimicizia gli parve quindi preferibile a una neutralità equivoca. Inoltre, la sua condizione lo metteva nella possibilità di sostenere la guerra a spese dei principi che difendevano l'imperatore e il cattolicesimo e se diminuiva il numero di questi principi, senza che si alleassero con lui, diminuivano le sue risorse senza alcuna reale utilità.

È, pertanto, ovvio che non volesse accordare ai sovrani della *Lega* il diritto di neutralità se non a condizioni molto dure. Esigendo prima di tutto la completa inazione, domandò loro di far cessare immediatamente tutte le ostilità, di ritirare le loro truppe dall'armata imperiale, di evacuare le piazzeforti e le province conquistate ai protestanti, di licenziare una parte delle loro truppe, di impedire agli imperiali di passare e soggiornare sui loro territori, con l'obbligo di non fornire loro né denaro, né viveri, né munizioni.

Per favorire i negoziati che il plenipotenziario francese sperava di portare a buon fine, malgrado le difficoltà, Gustavo Adolfo accordò ai cattolici una tregua di quattordici giorni. In questo tempo, il marchese di Brézé non cessò di rassicurarlo che tutto sarebbe stato concluso come desiderava, ma una lettera di Massimiliano al generale Pappenheim, che cadde nelle sue mani, gli provò che l'elettore di Baviera aveva solo finto di ascoltare le proposte della Francia e della Svezia, per terminare i preparativi di difesa. Lontano dall'idea di fermare le sue operazioni militari con una tregua con la Svezia, l'astuto principe accelerava i suoi preparativi e utilizzò il tempo che il suo nemico gli aveva accordato per dare tutte le disposizioni necessarie alla difesa. Fu così che questo progetto di neutralità naufragò, essendo solo servito ad accrescere l'inimicizia tra Baviera e Svezia.

I crescenti successi di Tilly, chiamavano il re di Svezia in Franconia ma, prima di giungervi, voleva cacciare gli spagnoli dalle rive del Reno e metterli nell'impossibilità di invadere le province tedesche dall'Olanda. Per affrettare l'esecuzione di questo piano fece offrire a Filippo Zeltner[244], arcivescovo elettore di Treviri, di trattarlo come una potenza neutrale se avesse accolto una guarnigione svedese a Hermanstein e lasciato passare la sua armata a Coblenza. L'elettore vedeva da tempo, con disappunto, i suoi stati in mano agli spagnoli, ma la loro protezione gli parve preferibile a quella di un eretico che sarebbe diventato il padrone dei loro destini.

Troppo debole per pensare di difendersi, cercò rifugio sotto le possenti ali della Francia e Richelieu si affrettò ad approfittare di questo incidente per assicurarsi un devoto alleato alle frontiere della Germania. Un'armata francese doveva occupare il territorio di Treviri, per garantirlo contro tutte le invasioni e una guarnigione francese venne ricevuta a Erenbreistein. Ma questa occupazione non realizzò affatto le speranze dell'arcivescovo, poiché aveva urtato la sensibilità di Gustavo Adolfo, che chiese e ottenne che gli venissero accordati gli stessi vantaggi dei francesi.

Durante queste dispute diplomatiche, i generali svedesi avevano cacciato dall'arcivescovado di Magonza le poche truppe spagnole che ancora vi erano rimaste e il re stesso portò a conclusione la conquista dell'elettorato con la presa di Kreuznach. Constatando che gli restava solo di conservare le brillanti conquiste che aveva fatto sul medio Reno, ne affidò la cura al suo cancelliere Oxenstierna e partì con la sua armata per la Franconia.

Il generale Horn, rimasto in questo paese con ottomila uomini, vi si era trattenuto a dispetto degli sforzi di Tilly per cacciarlo. Soprattutto il territorio dell'arcivescovo di Bamberga era stato l'obiettivo e il teatro della lotta dei due generali. Chiamato lontano dal Reno da altri progetti, il re aveva lasciato al suo generale l'incarico di punire il vescovo, la cui perfidia aveva infiammato la sua indignazione, e l'attività di Horn giustificava questa scelta. In poco tempo sottomise gran parte del vescovato e la capitale stessa, abbandonata dalla guarnigione imperiale, venne travolta dalla guerra. Il vescovo chiese urgentemente assistenza all'elettore di Baviera che infine si persuase a porre fine all'inattività di Tilly. Autorizzato dall'ordine di restaurare il vescovo nei suoi possedimenti, questo generale raccolse le truppe, dislocate in tutto il Palatinato, e con un esercito di ventimila uomini avanzò verso Bamberga. Gustavo Horn, ben deciso a mantenere le sue conquiste, si era chiuso nella città che sperava di difendere contro l'intera armata nemica, ma purtroppo era stato obbligato ad abbandonarla a un primo attacco degli avamposti imperiali, poiché una inspiegabile confusione si era sparsa nelle truppe e né il suo coraggio personale né la sua presenza di spirito erano stati in grado di radunarle. In mezzo a questo frenetico disordine si erano aperte le porte della città e gli furono necessari sforzi incredibili per salvare la sua artiglieria e i suoi materiali.

Bamberga rimase dunque in mano agli imperiali, ma il generale svedese si era ritirato al di là del Meno, dove Tilly non aveva potuto seguirlo. La comparsa del re svedese, al quale Horn aveva condotto il resto delle sue truppe, obbligò il vecchio generale a rinunciare ai suoi progetti di conquista per occuparsi unicamente della salvezza della sua armata attraverso una rapida ritirata.

Il re passò in rassegna le sue truppe ad Aschaffenburg. L'armata svedese, accresciuta dalle truppe dei generali Horn e Banner e da quelle del duca Bernardo di Weimar, ammontava a oltre quarantamila uomini. Nessun ostacolo si opponeva più alla sua marcia attraverso la Franconia, anche perché Tilly, sentendosi troppo debole per attaccare una simile armata, si era velocemente ritirato verso il Danubio.

Anche la Boemia e la Baviera si erano aperte davanti al vincitore e poiché era impossibile prevedere quale strada avrebbe scelto, Massimiliano rimase a lungo indeciso sulla posizione da far prendere a Tilly. Ordinargli di avvicinarsi alla Baviera, se lì lo chiamavano gli svedesi o mandarlo sulle frontiere della Boemia, il che significava lasciare i suoi stati senza difesa in presenza di un nemico formidabile come Gustavo Adolfo. Il timore del re lo consigliò alla prudenza dell'uomo di stato e il vecchio generalissimo ricevette l'ordine di andare a difendere le frontiere della Baviera.

Nel frattempo, il re di Svezia era giunto a Norimberga, dove fu accolto come protettore della religione protestante e della libertà tedesca da un clamoroso entusiasmo[245]. L'intera popolazione circondò il suo passaggio per testimoniargli la sua ammirazione e la sua riconoscenza. Lui stesso non poté reprimere l'emozione che provò vedendosi accolto in questo modo in una delle più importanti città del cuore della Germania, dove non aveva mai sperato di vedere ondeggiare i suoi stendardi. La grazia della sua persona e l'affettuosa gentilezza con la quale rispondeva alle lusinghiere dimostrazioni della folla, gli aprirono immediatamente il cuore di tutti. Rinnovando a viva voce l'alleanza che aveva contratto con questa città prima di lasciare le rive del Baltico, infiammò i magistrati e i borghesi di un eroico coraggio e fece loro comprendere la necessità di evitare ogni malinteso che avrebbe potuto rompere la fraterna unione che vi era tra loro.

Dopo un breve soggiorno a Norimberga, seguì il suo esercito verso il Danubio e comparve all'improvviso davanti a Donauwörth, difesa da una numerosa guarnigione bavarese. Rodolfo Massimiliano[246], duca di Sassonia Lünenburg, comandante di questa fortezza, si ripromise di sostenerne l'assedio fino a quando il generale Tilly non fosse venuto in suo soccorso. Gli svedesi lo attaccarono con una tale impetuosità che ben presto non gli rimase altra speranza di salvezza che un veloce ritirata, che ebbe l'avventura di effettuare in mezzo al fuoco delle batterie nemiche. La conquista di Donauwörth aprì al re il passaggio del Danubio e, ormai, solo il Lech, fiume di poca importanza, lo separava dalla Baviera.

L'imminente pericolo risvegliò l'attività di Massimiliano. Se fino a quel momento poteva sembrare che avesse quasi facilitato l'avvicinamento degli svedesi ai suoi stati, improvvisamente si mostrò deciso, a qualunque prezzo, a non far fare loro neanche un passo in più. Tilly mise il campo a Rain, sulla riva opposta del Lech, una piccola cittadina molto fortificata e circondata da tre fiumi. Furono distrutti tutti i ponti e le numerose guarnigioni furono inviate a proteggere tutto il corso del Lech fino ad Augusta. Provvedimenti che mettevano questa città, come aveva chiesto, al riparo della sorte toccata a Francoforte e Norimberga. La diffidenza si spinse sino a disarmare la borghesia, poiché si faceva conto solo sulla guarnigione per difenderla. Quanto all'elettore Massimiliano, arrivò con le truppe che aveva potuto reclutare, si acquartierò nel campo di Tilly, come se tutte le sue speranze fossero riposte in quel luogo e quel campo dovesse essere lo scoglio contro cui si sarebbe arenata la fortuna di Gustavo Adolfo.

Il re di Svezia aveva iniziato a impadronirsi del territorio di Augusta e fu solo dopo aver fatto scorte di viveri che condusse la sua armata di fronte al campo bavarese.

Era il mese di marzo, le frequenti piogge e lo scioglimento delle nevi accumulate sulla montagne del Tirolo avevano trasformato il Lech in un torrente impetuoso che minacciava morte certa agli audaci che sfidavano le onde schiumanti, che si infrangevano sulle ripide scarpate delle sue rive e dalla parte opposta i cannoni nemici mostravano le loro bocche di morte. Se, a dispetto della doppia difficoltà dell'acqua e del fuoco, il re di Svezia avesse tentato un passaggio pressoché impossibile, le sue truppe, sfinite dallo sforzo, sarebbero certamente cadute sotto i colpi nemici che li attendevano dall'altra parte. Inoltre, in questa critica posizione la più lieve sconfitta avrebbe necessariamente causato la perdita della sua armata, poiché lo stesso torrente che proteggeva gli svedesi, avrebbe resa impossibile la ritirata.

Il consiglio di guerra che il re aveva riunito fece valere tutte le motivazioni per dissuaderlo a tentare un'impresa così rischiosa. I più illustri generali, invecchiati al servizio della Svezia, non esitarono a manifestare le loro paure e la loro inquietudine. Il re fu irremovibile nella sua decisione: «Come? – disse a Gustavo Horn che parlava a nome di tutti gli altri – Abbiamo attraversato il Baltico, passato i più grandi fiumi della Germania e dovemmo fermarci davanti a un ruscello come il Lech?».

Mettendo in pericolo la sua stessa vita, fece personalmente una ricognizione sul terreno e si rese conto che la disparità di altezza delle due rive del Lech dava all'artiglieria svedese un grande vantaggio su quella dei nemici. Con prontezza seppe utilizzare questa scoperta, fece mettere in posizione tre batterie dove la sponda sinistra si curva su quella di destra e mentre il fuoco incrociato e continuo dei settantadue cannoni di queste batterie allontanava i bavaresi dalla riva del fiume, i suoi soldati costruivano un ponte. Lo spesso fumo prodotto da enormi ammassi di legno verde e di paglia bagnata, accatastati e incendiati, impediva ai Bavaresi la vista dei soldati che costruivano il ponte, mentre le detonazioni delle artiglierie coprivano il rumore dei martelli e delle asce. Per eccitare e sostenere l'ardore delle sue truppe, Gustavo Adolfo partecipò alle loro fatiche e al loro lavoro e lo si poteva vedere nei punti più pericolosi. Oltre settanta cannoni furono puntati e spararono grazie all'opera dello stesso re.

Le cannonate vennero restituite dai bavaresi con la stessa vivacità per due ore, anche se con minore effetto. Le batterie svedesi, erano superiori per numero e anche per la loro collocazione, essendo piazzate sulla riva più elevata del Lech, che dominava tutti i ridotti e, dietro alla quale, i tiratori trovavano un riparo naturale. I bavaresi lottarono con tutte le loro forze per distruggere l'opera del nemico sull'altra riva, ma la protezione degli svedesi li ostacolava, ed essi furono costretti a vedere sotto i propri occhi il ponte che veniva terminato. In questa terribile giornata, Tilly compì prodigi di valore, comandò personalmente le truppe e nessuna considerazione di pericolo poteva allontanarlo dal bordo della riva. Alla fine Tilly trovò la morte che certamente aveva cercato. Una palla di cannone gli tranciò una coscia e, quasi nello stesso momento, il generale Aldringer ricevette a sua volta una pericolosa ferita alla testa.

Privi dei loro principali comandanti, i bavaresi abbandonarono le loro postazioni e lo stesso Massimiliano non cercò più di trattenerli, poiché Tilly, morendo, si era sforzato di fargli comprendere l'inutilità di una ulteriore resistenza. Inoltre, Gustavo Adolfo aveva individuato un punto guadabile dal quale fece immediatamente passare una parte della sua cavalleria. Quest'ultima circostanza pose fine alle esitazioni dell'elettore, che abbandonò il campo, non potendo più sperare di difenderlo.

I primi cavalieri svedesi avevano appena messo piede sulla riva del Lech occupata dall'armata bavarese, quando quest'ultima, approfittando dell'oscurità della notte che stava scendendo, prese a ritirarsi in modo veloce e ordinato verso Neuberg e Ingolstadt, non lasciando al re il tempo di inseguirla. All'indomani, alle prime luci del giorno, Gustavo Adolfo fece passare il fiume dal resto delle sue truppe, ma con grande stupore non incontrò neanche un nemico che cercasse di fermarlo, il campo era deserto! I lavori di recinzione e tutte le fortificazioni del campo, che visitò con particolare attenzione, colpirono la sua ammirazione e la fuga dell'elettore gli parve inspiegabile.

«Se fossi stato al posto dei bavaresi – esclamò – mai e poi mai avrei abbandonato una simile posizione, anche se una palla infuocata mi avesse strappato la barba e il mento».

Da questo momento la Baviera si trovava alla mercé degli svedesi. Prima di avanzare in questo fiorente paese, che fino a quel momento era stato al riparo da tutte le calamità della guerra, Gustavo Adolfo liberò Augusta dal giogo dei bavaresi, ricevette il giuramento di fedeltà di questa città e, per impedirle di tradire, vi installò una forte guarnigione svedese[247]. Dopo questa saggia precauzione, portò le sue truppe sotto le mura di Ingolstadt, che era difesa dall'élite delle truppe imperiali, dove Gustavo Adolfo intendeva, conquistandola, assicurare tutti i territori che aveva già occupato in Baviera e ad avere un piede saldo sul Danubio.

Sempre in questa fortezza, era stato trasportato Tilly morente e qui aveva trovato fine la sua lunga e tempestosa vita. Vinto dal genio più grande e dal carattere più nobile di Gustavo Adolfo, sembrava essere arrivato alla vecchiaia solo per provare il dolore di vedere avvizzire a uno a uno gli allori insanguinati dei quali, un tempo, si era ricoperto e riscattò, con una serie di insuccessi, tutte le richieste di giustizia e il desiderio di vendetta di Magdeburgo. Con Tilly, l'armata imperiale e quella della *Lega* persero un esperto generale, la religione cattolica uno zelante e attivo partigiano e Massimiliano il più fedele dei suoi servitori, che sigillò la sua fedeltà con la morte e anche negli ultimi istanti di vita onorò i doveri di un generale. Il suo ultimo messaggio all'elettore fu il consiglio cogente di prendere possesso di Ratisbona per mantenere il comando del Danubio e tenere aperte le comunicazioni con la Boemia.

Animato da una grandissima sicurezza, che tanti trionfi rendevano giustificabile, Gustavo Adolfo attaccò Ingolstadt con la convinzione che poche ore gli sarebbero bastate per impadronirsene. Ma la solidità delle sue mura e la capacità della sua guarnigione gli opposero degli ostacoli che mai aveva incontrato dopo la battaglia di Breitenfeld e mancò poco che le mura di Ingolstadt fossero il limite alle sue conquiste. In una delle sue ricognizioni presso la fortezza, una palla da ventiquattro uccise il suo cavallo ed egli cadde a terra, mentre un'altra colpì a morte il giovane conte palatino di Baden, che era al suo fianco. Prontamente, l'intrepido Gustavo Adolfo si rialzò, rassicurò le truppe spaventate, si fece portare un altro cavallo e continuò la pericolosa missione che stava compiendo.

L'occupazione di Ratisbona da parte dei bavaresi che, consigliati da Tilly, avevano sorpreso questa città con un stratagemma e posto al suo interno un forte reggimento, cambiò velocemente i piani e le operazioni del re. Da parte sua, il re di Svezia si era lusingato di voler fare di questa città imperiale e protestante una alleato fedele come Norimberga, Augusta e Francoforte. La rapidità con la quale l'elettore se ne era impadronito lo obbligò a rimandare la realizzazione di questo importante progetto che prevedeva di diventare padrone del Danubio e tagliare tutti i rifornimenti dei suoi avversari dalla Boemia.

Tolse velocemente l'assedio a Ingolstadt[248], dove perdeva inutilmente il suo tempo e i suoi soldati, e penetrò all'interno della Baviera per portare l'elettore in quella zona a difendere i suoi territori, lasciando quindi libere le rive del Danubio. Moosburg, Landshut e tutto l'arcivescovado di Freysingen, si sottomisero senza opporre resistenza, poiché non trovò neanche un soldato che cercasse di fermarlo sul suo passaggio. Ma se il paese era senza difesa, il fanatismo religioso degli abitanti era stato talmente fomentato dai preti che incontrò in ogni bavarese un personale e accanito nemico. Vedere sul loro territorio dei soldati che non credevano all'infallibilità del papa era, per i bavaresi, una calamità tanto inaudita quanto terribile. Il cieco fanatismo degli ecclesiastici faceva sì che apparissero agli abitanti come dei mostri, degli scherani dell'inferno, che il loro re era l'anticristo e che il più lieve atto di umanità nei confronti di questa satanica genia era un atto di empietà, giustificando in questo modo le più selvagge atrocità nei loro confronti.

Non c'è da stupirsi se fecero subire a ogni svedese che cadeva nelle loro mani tutte le torture che la crudeltà più raffinata può inventare. La visione dei loro corpi mutilati, che spesso ritrovavano i loro compagni d'armi, li spingeva a terribili rappresaglie, nonostante le proteste e i divieti di Guastavo Adolfo il quale, in mezzo a questi orrori, conservava intatta e senza macchia la sua reputazione di eroe. Lontano dal credersi autorizzato a maltrattare degli uomini che vedevano in lui un emissario di Satana, si sforzò di provare loro, con la sua gentilezza e la sua moderazione, che conosceva e seguiva meglio di loro i precetti del Vangelo.

L'avvicinarsi del re di Svezia aveva sparso la costernazione e la paura nella capitale che, abbandonata dai suoi difensori e da gran parte dei suoi abitanti, pose tutta la sua speranza nella magnanimità del suo conquistatore. Con una resa incondizionata e volontaria, speravano di evitare la sua vendetta. Pertanto, fu inviata al suo cospetto una delegazione che lo incontrò a Freynsingen, dove depose umilmente ai suoi piedi le chiavi di Monaco. La feroce condotta dei bavaresi verso la sua armata e l'odio che il loro elettore gli aveva votato, avrebbero potuto autorizzarlo a esercitare pienamente il suo diritto di conquista. I suoi alleati, essi stessi tedeschi, lo scongiuravano di vendicare le vittime di Magdeburgo con la distruzione della capitale del sovrano il cui generalissimo aveva ordinato il sacco di questa disgraziata città. Il nobile cuore di Gustavo Adolfo si rifiutò di compiere un atto di inutile vendetta e il suo giusto risentimento scomparve davanti a un nemico senza difese. Fu come vincitore umano e clemente che fece il suo ingresso solenne a Monaco e, contento del suo nobile trionfo e circondando lo sfortunato palatino Federico V dello splendore di un grande sovrano, lo fece entrare al suo fianco come trionfatore nella capitale del nemico che l'aveva spogliato dei suoi stati. Massimiliano aveva avuto cura di far trasportare la maggior parte dei suoi tesori nel convento e nella fortezza di Werfen, così il re svedese, a Monaco, trovò solo un palazzo spoglio della maggior parte degli oggetti che ne facevano la ricchezza e il decoro. La magnificenza della costruzione lo colpì con sorpresa e ammirazione e chiese chi ne fosse stato l'architetto. L'intendente del palazzo che gli faceva visitare gli appartamenti gli disse: «Nessun altro, se non l'elettore stesso».

«In questo caso – disse il re – sarei ben felice di avere al mio servizio questo abile architetto. Lo manderei a Stoccolma, dove gli darei del lavoro».

«L'elettore architetto saprà ben garantirsi da un simile onore». Rispose l'intendente. L'arsenale, dove si sperava di trovare numerosi pezzi di artiglieria, conteneva solo degli affusti senza cannoni. Questi ultimi erano stati abilmente nascosti sotto il pavimento, così che non si vedesse alcuna traccia e senza il tradimento di uno dei collaboratori non si sarebbero mai scoperti.

«Voi che riposate nella terra, uscite dalle tomba e comparite davanti al vostro giudice!», gridò il re.

Subito ordinò di togliere l'impiantito e si scoprirono centoquaranta cannoni, alcuni di calibro straordinario, che erano stati portati via dalla Boemia e dal Palatinato. Trentamila ducati riposti nella cassa più grande resero la gioia completa perché era lontano dall'aspettarsi di trovare anche un tale tesoro.

Gustavo Adolfo era penetrato nel cuore della Baviera unicamente per attirare l'armata bavarese e, quindi, costringerla in questo modo a indebolire le guarnigioni sulle rive del Danubio e a Ratisbona. Ma non un solo soldato vi comparve. Né le pressanti richieste, né le preghiere dei suoi sudditi di venire in loro soccorso furono in grado di portare Massimiliano a esporre i resti della sua potente armata alla sorte di una battaglia. Rinchiuso a Ratisbona, cercò di fermare le operazioni del re di Svezia, rinnovando i suoi negoziati di neutralità, e sperando in questo modo di guadagnare il tempo necessario per vedere arrivare dalla Boemia i rinforzi richiesti al duca di Friedland. Ma i negoziati fallirono, poiché l'esperienza aveva insegnato a Gustavo Adolfo a diffidare delle offerte di pace dell'elettore e il calcolato ritardo di Wallenstein nel soccorrere la Baviera, abbandonarono questo paese alla mercé degli svedesi.

Marciando di vittoria in vittoria, l'eroe svedese era arrivato a un punto dove non poteva più incontrare nemici capaci di opporre resistenza. Lasciando dietro di lui, vinti e sottomessi, una parte della Baviera e dello Schwaben, tutti i vescovadi della Franconia, il Palatinato inferiore e l'arcivescovado di Magonza, la fortuna l'aveva condotto alle porte della monarchia austriaca e giustificato così il piano di operazioni che aveva tracciato dopo la vittoria di Breitenfeld. Se non era riuscito a unire in una stessa alleanza tutti i principi protestanti, nondimeno era arrivato a disarmare o indebolire i membri della *Lega* cattolica, a sostenere la guerra a loro spese a diminuire gli aiuti dell'imperatore, a rendere più forti gli stati più deboli e attraverso le terre saccheggiate degli alleati imperiali a trovare una strada verso gli stati dell'Austria.

Dove non aveva potuto ottenere una completa sottomissione, le città imperiali erano legate a lui da un doppio vincolo politico e religioso, gli rendevano immensi servizi e poteva aspettarsi la loro amicizia, fino a quando restava vittorioso sui campi di battaglia. Le sue conquiste sul Reno avevano messo gli spagnoli nell'impossibilità di mischiarsi negli affari della Germania, poiché erano i soldati del Palatinato inferiore e impegnati nella guerra dei Paesi Bassi che avevano ridotto il duca di Lorena a credersi fin troppo fortunato ad aver ottenuto il permesso di conservare la propria neutralità. Nonostante i combattimenti che aveva sostenuto e le numerose guarnigioni che era stato costretto ad abbandonare per sorvegliare le piazze conquistate, la sua armata non si era ridotta perché veniva incessantemente accresciuta da reclute volontarie, si trovava nel centro della Baviera, pronta a invadere gli stati austriaci, più forte e più determinata di quando era iniziata la campagna.

La fortuna, che era rimasta fedele al re di Svezia, non si era mostrata meno propizia al suo alleato[249], l'elettore di Sassonia, in un altro teatro di guerra. Ci si ricorda che durante le deliberazioni a Halle, dopo la vittoria di Lipsia, all'elettore di Sassonia era stato affidato il compito di conquistare la Boemia, mentre il re aveva tenuto per sé l'obiettivo di conquistare i territori delle *Lega*. I primi frutti che l'elettore aveva raccolto dalla battaglia di Breitenfeld fu la riconquista di Lipsia, che venne seguita poco dopo dall'espulsione delle guarnigioni austriache dall'intero circolo. Subito dopo ebbe la fortuna di sottomettere le guarnigioni imperiali che occupavano il distretto e che passarono, pressoché tutte, al suo servizio. Rafforzato da queste defezioni, il generale feldmaresciallo sassone Arnim, aveva condotto l'armata sassone verso la Lusazia. Il generale austriaco Rudolf von Tiefenbach aveva però già occupato questa provincia dove, con il pretesto di punire Giovanni Giorgio della sua alleanza con Gustavo Adolfo, aveva messo tutto a ferro e fuoco, conquistato la maggior parte delle città e sparso il terrore sin sotto le mura di Dresda. Solo un ordine dell'imperatore di cessare le ostilità contro le province sassoni gli aveva impedito di proseguire nelle sue conquiste.

Ferdinando II aveva riconosciuto troppo tardi che la sua politica errata aveva spinto l'elettore di Sassonia nelle braccia del re di Svezia. Voleva ora porre rimedio alle conseguenze della sua malvagità attraverso la moderazione e così commise un secondo errore, nel tentativo di riparare al primo. Per togliere al nemico un alleato così potente aveva richiesto e ottenuto l'intervento della Spagna e per rendere i negoziati più semplici si era deciso a ordinare al generale Tiefenbach di lasciare il territorio sassone. Questo cambiamento, tuttavia, servì solo a far capire a Giovanni Giorgio la debolezza dell'imperatore e la sua stessa importanza e questo lo rafforzò nella determinazione di non cedere alcuno dei vantaggi ottenuti. Come avrebbe potuto, senza disonorarsi agli occhi del mondo, tradire un monarca al quale aveva assicurato la propria fedeltà, la salvezza dei suoi stati e della sua corona?

Non dovendo più marciare verso la Lusazia, l'armata sassone marciò verso la Boemia, dove un concorso di fortunate circostanze sembrava preparare dei facili successi. In questo sfortunato regno, primo teatro di questa disastrosa guerra, il fuoco della discordia covava sempre sotto le ceneri non del tutto spente, e gli imperiali sembravano aver preso il compito di alimentarlo con delle vessazioni e un dispotismo insopportabili. Da ogni parte questa regione sfortunata mostrava segni di dolorosi cambiamenti. Interi distretti avevano cambiato proprietario e soffrivano sotto l'odiato giogo dei padroni cattolici, che il favore dell'imperatore e dei gesuiti aveva arricchito del bottino di spoliazioni e saccheggi dei beni degli esiliati protestanti. Altri erano stati acquistati a vile prezzo da spregiudicati avventurieri che sapevano sempre volgere a loro profitto le pubbliche calamità. I più nobili difensori delle libertà della Boemia erano morti sul patibolo o vagavano lontani dal loro paese, in preda a tutte le miserie della vita, mentre i servitori del potere imperiale dissipavano i beni di cui li avevano spogliati.

Più intollerabile della pressione di questi piccoli tiranni era la persecuzione delle coscienze, che gravava su tutti i protestanti di questo regno. Disprezzando tutti i pericoli e non badando alle lezioni dell'esperienza, lo spirito di proselitismo dei gesuiti non conosceva più freno. Là dove la persuasione non sortiva effetto alcuno, facevano ricorso alla forza delle armi per ricondurre le pecore smarrite all'ovile della Chiesa romana.

La valle di Joachim, posta nelle montagne che separano la Boemia dal Meissen, era diventata il teatro dei più crudeli eccessi che si possono commettere in nome del fanatismo religioso. Due commissari imperiali, accompagnati da due gesuiti e da quindici moschettieri, erano penetrati in questa pacifica vallata e si erano messi a predicare la religione cattolica agli eretici che l'abitavano. Laddove la parola dei primi non sortiva alcun effetto, i commissari imponevano forti ammende a tutti quelli che si rifiutavano di andarli ad ascoltare e i moschettieri, alloggiati nelle loro capanne, utilizzavano le minacce di bruciarle.

Ma in questa occasione prevalse la buona causa e la resistenza accorata di questa piccola regione costrinse l'imperatore a revocare il suo mandato di conversione. L'esempio della corte, tuttavia, costituiva un precedente per i cattolici dell'impero e sembrava giustificare ogni atto di oppressione che la loro insolenza li portava a compiere verso i protestanti. Non c'è da sorprendersi, dunque, se questa parte perseguitata fosse favorevole al cambiamento e vedesse di buon occhio il liberatore che avanzava. L'esercito sassone era già in marcia verso Praga, le guarnigioni imperiali si ritiravano ovunque di fronte a lui. Schlöcknau, Tetschen, Aussig, Leitmeritz caddero subito nelle mani dei nemici e ogni territorio cattolico venne abbandonato alla conquista e ai saccheggi. Queste rappresaglie misero loro il terror panico e, coscienti delle violenze che essi stessi avevano compiuto verso i protestanti, non osarono contrastare l'arrivo dell'esercito sassone. Tutti i cattolici che avevano qualcosa da perdere fuggirono verso la capitale, che però ben presto abbandonarono. Praga era impreparata a un attacco ed era difesa in modo troppo debole per sostenere un lungo assedio. Solo allora la corte di Vienna si decise a inviare delle truppe in soccorso alla Boemia, ma i sassoni erano già sotto le mura di Praga, prima che il generale Tiefenbach, che stazionava in Slesia, ricevesse l'ordine di difendere questa città. La debolezza della guarnigione e l'atteggiamento ostile dei protestanti, che erano la maggior parte della popolazione, non potevano far sperare di difendere a lungo la città. In questi frangenti i cattolici rivolsero tutte le loro speranze a Wallenstein, che abitava sempre a Praga come privato cittadino. Ma il generalissimo, lontano dall'idea di voler utilizzare la propria esperienza e il peso della propria persona per salvare la città, vide nel pericolo che la minacciava nient'altro che un messaggio del trionfo che doveva vendicare la sua disgrazia. Se non aveva invitato i sassoni a Praga, la sua condotta ne facilitò la conquista.

Se Praga non era in grado di sostenere un lungo assedio, non le mancavano i mezzi per tener testa al nemico fino all'arrivo del generale Tiefenbach. Il conte Maradas[250], colonnello imperiale, ne era talmente convinto che si offrì di incaricarsi della difesa della piazza, ma non avendo altro potere che la sua solerzia e il suo valore non trovò alcuno che lo assecondasse. Infine, si decise a reclamare l'appoggio di Wallenstein, una sola parola del quale, in questo momento, avrebbe avuto l'autorità di un ordine imperiale, anche perché i corpi d'armata dei generali occupati in Boemia avevano ricevuto la disposizione di chiedere un suo parere e di metterlo in atto immediatamente.

Ma questo parere Wallenstein si rifiutò di darlo, con il pretesto che non aveva un incarico ufficiale, era lontano dal mondo politico da tempo, mentre indeboliva la determinazione dei subalterni insinuando una preoccupazione che dipingeva a tinte molto forti[251]. Per portare al colmo lo scoraggiamento del partito imperiale, quasi subito lasciò la città con tutta la sua corte, benché sapesse di essere abbastanza forte da non aver nulla da temere dal nemico.

Lo si è calunniato accusandolo di aver attirato i sassoni in Boemia, ma è perlomeno certo che essi entrarono a Praga perché egli, abbandonandola, aveva tacitamente dichiarato che la perdita della città era inevitabile. La nobiltà cattolica, i generali, il clero e gli ufficiali della corona si affrettarono a imitare l'esempio del duca di Friedland. Dopo aver imballato, nel corso della notte, tutto ciò che avevano di più prezioso. Le strade fino a Vienna erano piene di fuggitivi, che si ripresero dalla paura solo quando scorsero i campanili della città imperiale. Anche il bravo colonnello Maradas lasciò Praga con la sua piccola truppa, che condusse a Tábor, deciso ad attendervi lo sviluppo degli eventi.

L'indomani di questa generale ritirata, la calma e il silenzio regnavano nella capitale della Boemia. I sassoni che erano avanzati per attaccare i bastioni li trovarono deserti, non un colpo di cannone partì dai forti. Gli abitanti uscirono dalle porte e si accalcarono attorno agli assedianti con una fiduciosa curiosità, sembrava un saluto amichevole, piuttosto che un'accoglienza ostile. I sassoni appresero dunque dalla popolazione che le autorità e la guarnigione erano partiti nel corso della notte e che il governo era fuggito a Budweiss.

Il generale Arnim, sapendo che delle truppe imperiali avanzavano a marce forzate in soccorso di Praga, intese questa mancanza inaspettata di difesa come un tranello. Raddoppiò la vigilanza e non osò entrare nella città appena abbandonata. Il maggiordomo del duca di Friedland, che egli scoprì in mezzo alla folla, alla quale si era mischiato, dichiarò solennemente che tutto ciò che dicevano gli abitanti era la pura verità.

«La città può essere nostra senza colpo ferire». Esclamò sorpreso ai suoi generali e immediatamente fece suonare le trombe.

La decisione degli abitanti era già stata presa e si limitarono a chiedere che si rispettassero la loro libertà e i loro averi in cambio della capitolazione. Arnim la firmò in nome del suo sovrano, le porte si aprirono davanti a lui e fece il suo ingresso solenne alla testa delle sue truppe l'11 novembre 1631.

Ben presto lo stesso elettore ricevette l'omaggio dei suoi nuovi *protetti*, poiché era con questo titolo che gli abitanti di Praga si erano sottomessi a lui, non avendo inteso spezzare con questa decisione il legame che li univa alla monarchia austriaca. I cattolici si erano attesi un trattamento duro da parte dei sassoni, ma furono piacevolmente sorpresi dalla moderazione dell'elettore e dalla corretta condotta delle truppe.

Il generale Arnim si impegnò a dare chiare prove del suo profondo rispetto per il duca di Friedland, così durante la sua marcia non si era permesso una sola volta di passare sui suoi possedimenti, dai quali aveva allontanato con ogni mezzo gli inconvenienti della guerra. A Praga, mise sentinelle a tutte le porte del palazzo del generale per evitare che venissero rubati i suoi beni. Il culto romano continuò a godere di una completa libertà e di tutte le chiese tolte ai protestanti solo quattro furono restituite. Questa tolleranza, tuttavia, non poté essere praticata nei confronti dei gesuiti che si erano attirati l'odio dell'intera nazione e, quindi, furono banditi dal regno.

Benché vincitore, Giovanni Giorgio non riuscì a liberarsi dalla venerazione che aveva per l'imperatore e non si permise nei suoi confronti alcuna delle umiliazioni che Tilly e Wallenstein gli avrebbero fatto subire senza scrupolo se si fossero trovati a Dresda nella sua stessa posizione. Operando una attenta distinzione tra il re di Boemia, che aveva testé vinto, e il capo dell'impero, che nella sua qualità di membro della dieta guardava come sacro, non osò usare per sé alcun oggetto che appartenesse all'imperatore, fino a far portare a Dresda i cannoni posti sui bastioni di Praga.

Dopo aver tolto un regno a Ferdinando II, avrebbe pensato di mancargli di rispetto abitando il suo palazzo di Praga e scelse come dimora il palazzo del Liechtenstein. Simile condotta da parte di un eroe avrebbe, giustamente, potuto essere vista come una prova di modestia degna di ammirazione, ma il carattere, ben conosciuto, di Giovanni Giorgio autorizzava a pensare che questo atteggiamento, in questa circostanza, non fosse il risultato di un lodevole sentimento, ma della sua debolezza e della sua ritrosia che, anche in seno alla libertà, non riuscivano a tranciare i ferri che l'abitudine aveva loro imposto di rispettare.

Dopo la presa di Praga e la sottomissione delle altre piazzeforti, che si affrettarono a imitare l'esempio della capitale, la situazione in Boemia subì nuovamente bruschi cambiamenti. I signori protestanti che avevano vagato in miseria fino ad allora ritornarono nella loro patria. Il celebre conte di Thurn, principale autore dell'insurrezione in Boemia, ebbe la soddisfazione di riapparire come vincitore sul teatro delle sue gesta e delle sue sfortune.

Quando, all'epoca della sua sconfitta, aveva attraversato fuggendo il ponte di Praga, le teste dei suoi complici, poste sul ponte in doppia fila su delle picche, si offrivano al suo sguardo come avvertimento della sorte che gli sarebbe toccata se fosse stato riconosciuto. Ora, che passava su questo stesso ponte come trionfatore, il suo primo atto fu quello di dare l'ordine di far togliere quegli orribili trofei.

Un numeroso gruppo di esuli ritornò con lui e tutti ottennero una completa riparazione, poiché rientrarono nei loro possedimenti, dati dall'imperatore ai suoi sostenitori, e anche in quelli che erano stati legalmente acquisiti dal fisco in pubbliche vendite[252]. Nessuno si sognò di indennizzare gli acquirenti, pur in buona fede, che furono espropriati, benché più di un esiliato avesse avuto l'ammontare della vendita dei suoi beni, la maggior parte dei quali erano stati migliorati da una saggia amministrazione. Dubbiosi della durata della loro fortuna inattesa, molti si affrettarono a vendere le loro terre e i loro castelli, che avevano lasciati vuoti e malandati, e che avevano ritrovati riparati, pieni di mobilio, di provviste, di bestiame e quant'altro. Le somme in denaro, benché molto inferiori al valore reale dei beni venduti, avevano il vantaggio di essere facilmente trasportabili in caso di rovesci. L'entusiasmo religioso dei protestanti venne rianimato dalla presenza dei sassoni. Gli abitanti delle città e delle campagne accorsero in folla nelle chiese che si erano aperte e tutti quelli che erano stati obbligati a riconoscere la Chiesa romana con la minaccia fecero pubblicamente atto di abiura. Il nuovo governo dava invano esempio di tolleranza e vietava severamente ogni genere di rappresaglia. Non fu in suo potere impedire a questo popolo, che era stato così crudelmente maltrattato, di far sentire il peso della sua collera a tutti coloro che li avevano privati della più cara delle sue libertà, quella di venerare il suo Dio in base alle proprie convinzioni. Il partito protestante, riacquistati i propri diritti, abusò a sua volta della forza e il suo odio contro la religione che gli era stata imposta, lo spinse a versare il sangue dei ministri e dei partigiani di questa religione.

In questa situazione, i generali Goetz[253] e Tiefenbach giunsero in Boemia con le truppe imperiali che avevano occupato la Slesia e con i reggimenti che Tilly aveva inviato loro dall'alto Palatinato.

Consapevole di dover respingere quest'armata prima dell'arrivo di nuovi rinforzi, Arnim lasciò Praga con una parte delle sue truppe, marciò davanti al nemico e l'attaccò nei pressi di Nimburg sull'Elba. Dopo un combattimento violento, che gli costò molte perdite, lo costrinse a lasciare i suoi triceramenti lo respinse al di là del fiume e distrusse il ponte che aveva faticosamente costruito per mantenersi sulle due rive.

Nonostante questo successo, il generale sassone non poté impedire agli imperiali di entrare in Boemia e di infastidirlo con continue scaramucce, anche i croati spesso spingevano le loro incursioni sotto le mura di Praga, saccheggiavano e razziavano tutto al loro passaggio e scomparivano senza che fosse possibile sorprenderli, né prevedere il loro ritorno.

Del resto, la spedizione sassone in Boemia non realizzò in nessun modo le speranze che il suo felice esordio aveva fatto nascere. Al posto di ricevere la sottomissione di questo paese e di ricongiungersi con gli svedesi per attaccare con loro il fulcro del potere austriaco, stancarono le loro armate e persero inutilmente del tempo prezioso in una continua guerriglia. Ma il comportamento di Giovanni Giorgio tradì i motivi che gli avevano impedito di portare avanti il proprio vantaggio nei confronti dell'imperatore e di assecondare i desideri del re di Svezia.

Minacciato da un lato da Gustavo Adolfo, che si era aperto una strada attraverso la Franconia, lo Schwaben e la Baviera fin sugli stati ereditari dell'impero, e dall'altra dai sassoni, che gli avevano tolto la Boemia, Ferdinando II era in una situazione ancor più critica poiché le precedenti guerre avevano esaurito le sue risorse e perché il ricordo delle sue antiche vittorie era oscurato dai brillanti successi del re di Svezia. La fiducia nel valore e nella disciplina delle sue truppe si era esaurita, la maggior parte dei suoi alleati era vinta e, di conseguenza, non poteva difenderlo. Gli altri, spaventati dai pericoli ai quali li esponeva la loro fedeltà alla sua causa, l'avevano abbandonato.

Lo stesso Massimiliano di Baviera, solido sostegno della casa d'Austria, giustificò i sospetti che il suo primo trattato con la Francia aveva fatto nascere, poiché non cercò più di nascondere il suo desiderio di essere, da quel momento, neutrale. L'arcivescovo elettore di Magonza, gli arcivescovi di Würzburg e di Bamberga e il duca di Lorena o erano stati cacciati dai loro stati o pericolosamente minacciati da Gustavo Adolfo. Treviri cercava apertamente di mettersi sotto la protezione della Francia, le truppe spagnole, cacciate dalle rive del Reno, stavano per esserlo anche dai Paesi Bassi dal valore degli olandesi e la tregua conclusa con il re di Svezia riduceva la Polonia all'inazione.

Il principe Rakoczy[254], successore di Bethlen ed erede del suo spirito irrequieto, minacciava l'Ungheria, mentre la Porta si apprestava seriamente a utilizzare il momento favorevole. La maggior parte dei principi protestanti dell'impero, incoraggiati dal successo delle armi svedesi, aveva pubblicamente abbandonato il partito imperiale.

Tutte le fonti di sostegno che la crudeltà di Tilly e Wallenstein avevano aperto attraverso pressioni violente, si erano prosciugate. Tutti i luoghi di reclutamento, le scorte, i rifugi per la fuga erano stati persi dall'imperatore e, d'ora in avanti, la guerra non poteva continuare a spese degli stranieri.

Ad accrescere le difficoltà di Ferdinando, una rivolta stava scoppiando nell'alta Austria, sulle rive dell'Enns. L'intolleranza del governo aveva abusato della longanimità della parte protestante degli abitanti di questa provincia. Oltrepassando i limiti della ragione e della giustizia, brandirono le torce del fanatismo nel momento in cui i nemici dell'imperatore minacciavano le frontiere dei loro possedimenti. Infine, dopo una lunga serie di vittorie conquistate a spese della miseria e del sangue del popolo, questo monarca si ritrovò sull'orlo dell'abisso che aveva minacciato di inghiottirlo nel momento della sua ascesa al trono.

Se in questo momento la Baviera avesse realizzato il suo progetto di neutralità, se l'elettore di Sassonia avesse resistito alle sollecitazioni con le quali si cercava di separarlo dal suo nuovo alleato, se la Francia si fosse decisa ad attaccare a sua volta gli Spagnoli nei Paesi Bassi, in Italia e in Catalogna, l'orgoglioso edificio della grandezza austriaca sarebbe crollato. Nulla avrebbe impedito alle potenze alleate di dividersi le spoglie della casa d'Asburgo e cambiare del tutto l'assetto dell'impero germanico. La catena di questi rovesci cominciò con la battaglia di Breitenfeld, che rese evidente il declino cominciato da molto tempo, che la potenza austriaca aveva celato sotto il lustro ingannevole di un grande nome.

Se noi risaliamo alla fonte che assicurò agli svedesi una così grande superiorità nei combattimenti, la troviamo principalmente nell'illimitato potere del suo capo. Centro unico di tutte le forze del suo partito, nessuna autorità superiore limitava la sua, così poteva approfittare di tutte le opportunità favorevoli e prendere immediatamente le misure necessarie per assicurare il successo dei suoi ampi progetti.

Dopo la sostituzione di Wallenstein e la disfatta di Tilly, il partito imperiale era in una situazione completamente opposta. I generali, rivestiti di un potere limitato, si trovavano nell'impossibilità di agire prontamente e di guadagnare, con delle giuste e immediate misure, la fiducia delle loro truppe. Le operazioni dei differenti corpi d'armata mancavano di unità, i soldati di disciplina e di obbedienza, i membri della dieta di buona volontà, i capi dei diversi governi di prontezza nel prendere decisioni e di fermezza nell'eseguirle.

Non era la superiorità delle forze, ma il miglior utilizzo di esse che dava al nemico dell'imperatore un vantaggio decisivo, il partito imperiale conservava ancora abbastanza risorse, ma per impiegarle nel giusto modo, aveva bisogno di un uomo di genio investito di un potere discrezionale. Se anche il conte di Tilly non avesse perso la sua gloria, la sfiducia nei confronti della Baviera non avrebbe permesso di lasciare il destino della monarchia nelle mani di un uomo che non aveva mai negato la propria vicinanza all'elettore di Baviera. L'esigenza di Ferdinando era quella di trovare un generale esperto, che sapesse formare e guidare l'esercito e che dedicasse tutti i suoi servizi alla casa d'Austria. Il suo consiglio segreto si occupava segretamente della scelta di un simile generale, ma fu impossibile per i membri del consiglio mettersi d'accordo su una questione così importante. In un momento di entusiasmo l'imperatore aveva avuto l'idea di mettersi egli stesso alla guida della sua armata, al fine di incitare con la sua presenza il coraggio dei soldati e di opporre al re di Svezia un monarca più grande e più illustre di lui. Non fu difficile fargli abbandonare questo progetto. Il compito del quale non poteva caricarsi sembrava appartenere di diritto a suo figlio, giovane principe pieno di coraggio e di vitalità, al quale i sudditi austriaci guardavano con grandi speranze.

Destinato per nascita a difendere una monarchia della quale già due corone, quella di Boemia e quella d'Ungheria, erano sul suo capo, questo principe, che più tardi regnò con il nome di Ferdinando III, univa al rispetto che ispirava la sua qualità di erede del trono imperiale, la stima dei soldati e l'amore del popolo, senza la cui dedizione era impossibile continuare la guerra. Nessun altro, se non l'erede al trono, poteva osare di chiedere nuovi sacrifici a un popolo già duramente provato. La sua presenza nell'esercito avrebbe potuto eliminare qualunque gelosia dei diversi comandanti e, attraverso l'importanza del suo nome, restaurare la disciplina delle truppe riportandola all'antico rigore. Se la sua estrema giovinezza autorizzava a dubitare sulla maturità del suo giudizio, sulla sua saggezza e sulla sua esperienza di guerra, che solo l'esercizio poteva portare, si poteva circondarlo di generali esperti che agissero sotto il suo nome. Erano queste le ragioni per cui una parte dei ministri sosteneva questa proposta, ma vennero opposte grandi difficoltà, tra cui la mancanza di fiducia, forse anche la gelosia dell'imperatore e la situazione complicata che si aveva di fronte.

In effetti, sarebbe stato imprudente affidare i destini dell'impero a un giovane principe che aveva ancora bisogno di guida e di appoggio, sarebbe stato pericoloso opporre al più grande condottiero del secolo un principiante che non aveva ancora affrontato nessuna impresa e il cui nome, non ancora divenuto famoso, era troppo debole per garantire a un esercito scoraggiato la vittoria. Di quale fardello si sarebbe dovuto caricare il popolo riducendolo a dover fornire quel lusso sfrenato che, secondo i costumi del tempo, il capo di un'armata, quando appartiene alla casa reale, non può dispensarsi di esibire! Per lo stesso principe sarebbe stato increscioso iniziare la sua carriera politica con un ruolo che l'avrebbe messo nella necessità taglieggiare i popoli sui quali sarebbe stato chiamato a regnare un giorno. Inoltre, non era sufficiente dare un capo all'armata, più difficile era trovare un'armata per questo capo.

Dopo la destituzione di Wallenstein, l'imperatore aveva fronteggiato i suoi nemici con i soldati della *Lega* e della Baviera. Per liberarsi da tale dipendenza Ferdinando aveva bisogno di un'armata sua e di nominare un suo generale, ma come poteva far nascere un'armata dal nulla? Infatti, per crearla gli mancavano totalmente i due principali elementi: il denaro e un generale abbastanza celebre per ispirare la fiducia, di polso per farsi obbedire e, soprattutto, un'armata di qualità superiori e indispensabili per combattere con successo le truppe vittoriose e aguerrite dell'eroe del nord.

C'era un solo uomo in Europa che esaudisse queste condizioni e quest'uomo era stato rimosso dal comando in maniera umiliante. Il momento in cui, per la prima volta, l'imperatore rimpianse il duca di Friedland fu anche quello in cui per questo generale iniziò l'eclatante risarcimento che lo aspettava. Il destino sembrava essersi incaricato di questa vendetta, poiché dal giorno della sua destituzione un lunga serie di rovesci aveva incessantemente oppresso la casa d'Austria, così da spingere l'imperatore a dover umilmente riconoscere di aver perso con questo generale il suo braccio destro.

A ogni sconfitta, a ogni piazza perduta, Ferdinando si rammaricava sempre di più per la sua ingratitudine verso il generale che l'aveva elevato così in alto e che solo poteva mantenerlo a quell'altezza. Tuttavia, Ferdinando avrebbe potuto essere felice se avesse perso solo il capo del suo esercito, il difensore dei suoi stati, ma in lui si era fatto il più pericoloso dei nemici, poiché era lontano dal poter supporre i progetti di vendetta che questo meditava contro lui.

Lontano dal teatro di guerra e costretto a una dolorosa inattività, mentre i suoi rivali si coprivano di allori sui campi di battaglia, l'orgoglioso duca fingeva di guardare il suo cambiamento di fortuna con indifferenza e nascondeva i cupi progetti del suo spirito intrepido con un aspetto brillante e la pompa affettata di un eroe di teatro. Divorato da un' ardente passione, mentre si sforzava di darsi le apparenze di un ozio spensierato, maturava nell'ombra e nel mistero la più nera creazione della vendetta e dell'ambizione e si avvicinava lentamente ma sicuro al suo obiettivo.

Tutto quello che doveva all'imperatore si era completamente cancellato dalla sua memoria, solo i servizi che gli aveva reso erano rimasti incisi con segni di fuoco. L'ingratitudine di questo monarca, rompendo il solo freno che avrebbe potuto trattenere Wallenstein, quello della riconoscenza, giustificava ai suoi occhi il piano che aveva concepito e che gli sembrava una giusta rappresaglia. Più il cerchio della sua attività si era chiuso, più si era ingrandita la sfera delle sue speranze e la sua immaginazione sognava un avvenire che solo la demenza avrebbe potuto far nascere in tutte altre teste che nella sua.

Se si era elevato senza altro aiuto del suo merito e della sua forza morale, era costretto a confessare che la fortuna gli aveva accordato tutto ciò che un grande cittadino può sperare di raggiungere entro i limiti del suo dovere. Nessuno ostacolo si era opposto alle sue aspirazioni e nessun limite aveva frenato la sua ambizione fino al momento della sua destituzione, ma questo colpo, che lo aveva colto all'assemblea degli elettori di Ratisbona, gli aveva provato, infine, la differenza che esiste tra il potere *primario* e il potere *concesso*, tra il sovrano e i suoi sudditi. Bruscamente strappato, per questo mutamento subìto, dall'ebbrezza della gloria, si mise a paragonare il potere di cui aveva pienamente goduto, con quello che aveva potuto toglierlo a lui, e la sua ambizione vide il gradino che ancora doveva salire per essere il fautore della sua fortuna. Da questo momento il suo spirito sconsiderato contò i gradini che gli restavano ancora per salire la scala sociale per non dover più temere alcuna caduta.

Fu solo dopo aver appreso, con una dolorosa esperienza, tutto il prezzo del potere supremo, che si sentì preso dalla sete di questo potere. La spogliazione di cui era stato vittima lo rese spogliatore. Se nessuna ingiustizia l'avesse irritato, avrebbe tranquillamente seguito la sua orbita nel raggio della maestà imperiale, soddisfatto di essere il più brillante dei suoi satelliti. Ma quando fu strappato dalla sua orbita disconobbe il sistema planetario al quale apparteneva e si precipitò con tutta la violenza di una forza distruttiva contro il sole al quale doveva il suo primo splendore.

Gustavo Adolfo aveva attraversato il nord della Germania marciando di vittoria in vittoria e quella di Lipsia aveva, infine, scosso la potenza imperiale nel cuore. Wallenstein, che nel suo magnifico ritiro di Praga studiava l'andamento e i risultati della guerra, apprese la notizia di questa vittoria e tutto ciò che portava il terrore nel partito cattolico era per lui presagio certo di grandezza e fortuna. Pareva, in effetti, che Gustavo Adolfo lavorasse a suo favore. Non appena quest'ultimo aveva cominciato a farsi notare per le sue imprese, Wallenstein aveva cercato di stabilire una relazione diretta con il felice avversario della casa d'Austria, con lo scopo di fare causa comune con lui. Il conte di Thurn, dal lungo tempo al servizio del re di Svezia, si era fatto carico di questa trattativa il cui scopo era togliere all'imperatore la Boemia e la Moravia, cacciarlo da Vienna e relegarlo nel fondo dell'Italia. Per realizzare questo enorme progetto, Wallenstein domandava solo quindicimila svedesi per formare il nocciolo dell'armata che era sicuro di arruolare a sue spese[255].

Questa inattesa offerta e promesse così brillanti resero diffidente Gustavo Adolfo, che era tuttavia un conoscitore troppo acuto dei possibili vantaggi che poteva trarne, da trattare un amico così importante con freddezza. Ma quando Wallenstein, incoraggiato dal primo tentativo che non era stato respinto, rinnovò la proposta dopo la battaglia di Breitenfeld e cercò un chiarimento, il re cominciò a temere di affidare la sua gloria alle temerarie imprese di una mente esaltata e lasciare quindicimila dei suoi soldati alla lealtà di un uomo che si era presentato a lui come il traditore del suo legittimo sovrano. Tuttavia, non volendo opporre un chiaro rifiuto, gli fece dire che la sua armata era ancora troppo debole per distaccarne un corpo così considerevole. Questa prudenza, forse eccessiva, l'aveva privato del solo mezzo possibile per terminare velocemente una guerra disastrosa. Lo capì più tardi, ma cercò inutilmente di riprendere i rapporti con Wallenstein, il momento favorevole era passato e l'orgoglioso duca non gli perdonò mai la scarsa attenzione che aveva dato alle sue offerte.

Invero, la condotta del re di Svezia in questo frangente non aveva fatto che anticipare una rottura che i caratteri dei due uomini avrebbero reso inevitabile. Nati l'uno e l'altro per dettare legge, e non per ricevere ordini, non avrebbero mai potuto operare di concerto in un'impresa che richiedeva reciproche concessioni e sacrifici. Per essere utile Wallenstein aveva bisogno di una libertà illimitata. Diventava *nulla* quando non poteva essere *tutto*.

Da parte sua, Gustavo Adolfo aveva una tale avversione per ogni tipo di dipendenza, di qualunque natura fosse, che era stato tentato più di una volta di rompere il trattato con la Francia, che gli assicurava aiuto, semplicemente perché talvolta infastidiva il suo spirito dinamico

213

e indipendente. In una parola, Wallenstein era inutile per il partito di cui non era l'anima; Gustavo Adolfo rifiutava per principio tutte le indicazioni che non fossero nate dalla sua mente. L'ambizioso duca di Friedland avrebbe potuto, per un attimo, sottomettersi alle esigenze del suo augusto alleato, ma l'avrebbe fatto ripromettendosi di non tenerne conto quando si sarebbe trattato di dividere le spoglie del vinto. L'orgoglioso monarca avrebbe potuto decidere di accettare, contro l'imperatore, l'aiuto di uno dei suoi sudditi ribelli e a ricompensarlo regalmente, ma non avrebbe mai acconsentito a nobilitare il tradimento pagandolo con una corona.

Era quello il premio cui aspirava Wallenstein, ma comprese che non soltanto non l'avrebbe mai ottenuto con l'aiuto di Guastavo Adolfo, ma che, anche se l'Europa intera avesse taciuto, il re di Svezia, nell'interesse della dignità regale, da solo avrebbe protestato contro l'elevazione al trono di Boemia di un servitore del capo dell'impero che aveva tradito il suo monarca. E l'autorevolezza alla quale era arrivato a godere questo re in Germania e anche in Europa, facevano di tale protesta un ostacolo insormontabile alle aspirazioni che Wallenstein da tempo segretamente nutriva. È a questo convincimento dell'anziano generalissimo, e non alla pretesa allusione ai progetti che il re di Svezia avrebbe avuto di appropriarsi del trono imperiale, che bisogna attribuire le parole sfuggite al duca di Friedland quando venne a sapere della morte di Gustavo Adolfo.

«È una fortuna per lui e per me – disse – perché l'impero tedesco non è sufficientemente grande per contenere due teste come la sua e la mia».

Il suo primo progetto contro l'Austria era fallito, ma il suo desiderio rimase intatto, soltanto la scelta dei mezzi era cambiata.

Persuaso che l'elettore di Sassonia poteva offrirgli maggiori vantaggi, senza opporgli gli stessi ostacoli, si servì dell'influenza che conservava sul suo vecchio amico, il feldmaresciallo Arnim, per convincere Giovanni Giorgio a concludere con lui un'alleanza, che doveva renderlo temibile sia a Ferdinando II sia a Gustavo Adolfo.

Giovanni Giorgio era troppo debole e geloso della gloria del re di Svezia per non lasciarsi facilmente convincere a un'impresa il cui scopo riconosciuto era quello di diminuire l'influenza di questo re in Germania. Wallenstein lo sapeva e non dubitava dell'assenso dell'elettore di Sassonia a un'alleanza che doveva dar vita a un terzo partito nell'impero ed essere così l'arbitro dei risultati della guerra. In questo modo sarebbe riuscito a vendicarsi dell'imperatore, a vendicarsi della non considerazione del re di Svezia e, sulle rovine di entrambi, a costruire l'edificio della propria grandezza. Ma per qualunque strada volesse raggiungere questo scopo, gli serviva prima di tutto un'armata fedele della quale poter offrire i servizi.

Organizzare quest'armata senza che la corte di Vienna ne fosse informata avrebbe creato sospetti e frustrato in questo modo i suoi progetti sul nascere. Gli intenti ribelli avrebbero dovuto essere tenuti nascosti all'armata stessa fino al momento della loro realizzazione, poiché non era ragionevolmente pensabile che essa avrebbe ascoltato la voce di un traditore e agito contro il proprio legittimo sovrano. L'autorizzazione di questo monarca gli era pertanto indispensabile e questa autorizzazione non poteva ottenerla se non riprendendo la dignità di generalissimo. Ma come poteva accadere che gli venisse restituito il ruolo di generale e la conduzione assoluta della guerra? Il suo orgoglio non gli permetteva di sollecitarla e la sua prudenza gli impediva egualmente di accettarla a titolo di favore, poiché in tal caso sarebbe stato costretto in limiti troppo stretti. Per ottenere l'autorità senza limiti di cui aveva bisogno, bisognava attendere che l'imperatore lo chiamasse. Questo fu il consiglio che ricevette da Arnim e a questo fine lavorò con un'attività incessante e una politica astuta. Politico troppo esperto per non sapere che Ferdinando si sarebbe deciso solo all'ultimo a un cambiamento al quale la Baviera e la Spagna non cessavano di opporsi, favorì tutte le imprese dei nemici della casa d'Austria ed è quasi certo che fu per i suoi suggerimenti che i Sassoni, sulla strada verso la Lusazia e la Slesia, si erano invece diretti verso la Boemia, dove avevano conquistato il regno indifeso e dove le rapide conquiste erano in parte il risultato delle sue misure. Attraverso la paura che finse di avere e di trasmettere, paralizzò ogni tentativo di resistenza e la sua precipitosa ritirata provocò la consegna della capitale al nemico. Tutto porta a credere che l'incontro che aveva avuto con il generale sassone Arnim a Kaunitz, con il pretesto di iniziare dei negoziati di pace, abbia dato il sigillo alla congiura e alla conquista della Boemia. Inoltre, i successi degli svedesi sulle rive del Reno autorizzavano i suoi agenti a Vienna a sostenere con forza che tutte queste disgrazie non sarebbero accadute se Wallenstein avesse conservato il comando dell'armata. Ben presto, migliaia di voci ripeterono queste affermazioni che finirono per trovare eco anche nel consiglio privato dell'imperatore.

Le numerose rimostranze non erano necessarie per convincere l'imperatore dei meriti del suo generale e del suo errore. La dipendenza dalla Baviera e dalla *Lega* erano diventate insopportabili, ma questa dipendenza gli permetteva di non mostrare la sua sfiducia o di irritare l'elettore richiamando Wallenstein. Ma ora che le necessità diventavano sempre più pressanti e la debolezza della Baviera si palesava sempre di più, non poté non ascoltare gli amici del duca e considerare la possibilità di riportarlo al comando.

Le immense ricchezze che Wallenstein possedeva, la reputazione universale di cui godeva, la rapidità con la quale sei anni prima aveva costruito un esercito di quarantamila uomini, le minime spese con le quali aveva mantenuto questa formidabile armata, le azioni che aveva compiuto al suo comando e, infine, la fedeltà e lo zelo che aveva dimostrato nei confronti dell'onore del suo capo, erano ancora vive nella memoria dell'imperatore e fecero sì che Wallenstein sembrasse lo strumento più adatto a restaurare l'equilibrio tra i poteri belligeranti, a salvare l'Austria e a difendere la religione cattolica.

Per quanto l'orgoglio imperiale fosse ferito dall'umiliazione di dover ammettere un errore passato e una necessità presente, per quanto fosse doloroso dover compiere un atto di umiltà dall'alto del trono imperiale, per quanto dubitasse della fedeltà di un personaggio così profondamente ferito e d'altro canto implacabile, per quanto il ministro spagnolo e l'elettore di Baviera protestassero contro questa iniziativa, la pressione immediata della necessità alla fine superò ogni altra considerazione e gli amici del duca vennero incaricati di consultarlo e di prospettargli un possibile richiamo. Informato di tutto ciò che accadeva a Vienna, il duca di Friedland prese la totale padronanza di se stesso, così da nascondere il proprio trionfo e giocare il ruolo dell'indifferente. Il tempo della vendetta era giunto e il suo cuore orgoglioso gioiva della prospettiva di far pagare all'imperatore l'offesa subita. Fingendo di volersi dedicare per sempre alla quiete della vita privata, dichiarò con enfasi che nulla lo avrebbe convinto a sacrificare all'evanescente fantasma della gloria e all'incostanza del favore dell'imperatore, l'indipendenza e il riposo di cui godeva nel suo ritiro. Tutta la sua smania di grandezza e potere era svanita e la tranquillità era l'unico fine dei suoi desideri. Rifiutò l'invito di recarsi a Vienna, ma andò a stare a Znaim, piccola città della Moravia, dalla quale poteva facilmente comunicare con la corte imperiale.

All'inizio si cercò di limitare il potere che gli sarebbe stato affidato attraverso la presenza di un "custode" e attraverso questa soluzione mettere a tacere l'elettore di Baviera. A questo scopo, Werdenberg[256] e Questenberg[257], che la loro posizione di amici di Wallenstein rendeva adatti a trattare questa delicata questione, ricevettero l'ordine di sondare la sua opinione sul desiderio di Ferdinando II che suo figlio, il re d'Ungheria, facesse parte dell'armata, al fine di apprendere l'arte della guerra sotto un così grande comandante. Questa ipotesi, benché fatta cautamente e con grande abilità, fu così male accolta che rischiò di rompere tutte le trattative appena iniziate. Il duca bruscamente rispose:

«Io non condividerò mai il comando di un'armata con qualsivoglia, neanche con Dio in persona».

Obbligato a cedere su questo punto, l'imperatore incaricò il suo primo ministro e uomo di fiducia, il principe d'Eggenberg[258], di spianare gli altri ostacoli che Wallenstein frapponeva a suo ritorno al potere. Questo nuovo emissario approfittò dell'amicizia che lo univa al duca per fare appello ai sentimenti di generosità di cui lo credeva capace:

«L'imperatore – gli disse – sa che allontanandovi dal servizio ha staccato la pietra più preziosa dalla sua corona. Ma è stato obbligato a questa decisione contro il proprio desiderio, nulla ha mai potuto intaccare l'alta opinione che si era fatto di voi. Del resto, in questo momento ve ne dà una prova inconfutabile, poiché fa affidamento sulla vostra fedeltà e sul vostro genio per porre riparo agli errori che sono stati compiuti dopo il vostro allontanamento e per modificare completamente la rappresentazione delle cose. Sarebbe considerato grande e nobile gesto se sacrificaste alla salvezza della patria il vostro giusto risentimento e rispondeste alle calunnie dei vostri avversari raddoppiando l'ardore per la gloria del vostro capo. Se riportate su voi stesso questa nobile vittoria, essa coronerà degnamente tutte quelle che già vi danno lustro e farà di voi il più grande uomo della nostra epoca».

Queste umilianti ammissioni e queste eccessive adulazioni sembravano alla fine aver disarmato le ire del duca, ma non prima di aver liberato il suo cuore di tutti i rimproveri contro l'imperatore, di aver fatto una enfatica enumerazione dei suoi vecchi servigi e aver umiliato il monarca che ora aveva bisogno del suo aiuto, porse l'orecchio alle richieste lusinghiere del ministro. Come se cedesse solo alla forza di queste ragioni, che erano invece il suo desiderio più ardente, permise al principe di ritornare a Vienna per portarvi un motivo di speranza. Ma lontano dal porre fine all'imbarazzo dell'imperatore con una totale concessione, accettò solo una parte della sua richiesta per dare un prezzo più alto alla restante parte. Aveva accettato il grado di generale per soli tre mesi e aveva promesso di reclutare un'armata, ma non di comandarla.

Con questa condotta voleva dare all'imperatore una nuova prova del suo potere e delle sue capacità, mostrandogli, prima di tutto, l'ampiezza degli aiuti che poteva dargli e che nello stesso tempo era arbitro di accordargli o rifiutargli. Convinto che un'armata creata dal nulla vi sarebbe ritornata nel momento in cui avesse cessato di condurla, bisognava iniziare a crearla per convincere l'imperatore ad accettare le condizioni esorbitanti che era deciso a chiedere.

L'impegno che si era preso di organizzare un'imponente armata nell'arco di tre mesi, divenne motivo di derisione per l'intera Germania e lo stesso Gustavo Adolfo ritenne che non fosse possibile realizzare tale impresa. Tuttavia, Wallenstein fece fronte al suo impegno addirittura in anticipo sui tempi che si era prefissato. Il fatto è che da tempo erano state prese tutte le misure necessarie a questa impresa e gli rimaneva solo muovere risorse che già aveva pronte da molto tempo.

Alle prime voci del compito di cui si era fatto carico, orde di avventurieri giunsero da tutte le parti dell'impero, attirate dalla certezza che sotto un simile generale, la fortuna doveva essere sempre favorevole. Gli ufficiali e i soldati che già erano stati ai suoi ordini e avevano sperimentato i risultati della sua munificenza, lasciarono i loro ritiri per venire a dividere, per una seconda volta, la gloria di questo illustre comandante e il ricco bottino che si era certi di fare sotto le sue bandiere. La grandezza del soldo promesso attirò migliaia di soldati e il vitto, che veniva in parte pagato dai contadini, era per questi ultimi un motivo per diventare soldati, piuttosto che essere sottoposti alla oppressione di altri.

Le enormi spese di questa grande impresa avevano obbligato l'imperatore a chiedere dei contributi straordinari e a sottoporre tutti i sudditi degli stati ereditari, senza distinzione di rango e dignità, a un'imposta personale. La corte spagnola, come quella d'Ungheria, furono d'accordo nel contribuire con somme considerevoli. I grandi e i ministri accrebbero il tesoro pubblico con doni volontari. Wallenstein diede da parte sua e dal suo personale patrimonio duecentomila talleri in moneta, per accelerare la preparazione del suo equipaggiamento, senza contare gli aiuti e le gratifiche che accordò agli ufficiali senza patrimonio. Inoltre, sollecitò i ricchi con il suo esempio e con brillanti promesse ad arruolare truppe a loro spese. Chiunque reclutava e armava una compagnia o un reggimento ne era il comandante. La ricchezza, messa così a disposizione delle necessità dell'armata, valeva più della fede, del talento e della capacità. I protestanti erano accolti in questa nuova armata allo stesso modo dei cattolici più ferventi. D'altro canto, sin dall'inizio aveva dichiarato che non vi era alcun rapporto con la religione, misura prudente che rassicurò i protestati e li dispose a sostenere una guerra comune. Ma la sua politica non si limitò a crearsi delle risorse all'interno.

Pieno di fiducia nelle capacità di Wallenstein, il duca di Lorena acconsentì ad armarsi una seconda volta per combattere per l'imperatore. La Polonia gli inviò dei cosacchi e l'Italia lo rifornì di munizioni di guerra. Così i tre mesi non erano ancora trascorsi, che già un'armata di quarantamila uomini, perfettamente equipaggiata e approvvigionata con profusione era riunita in Moravia sotto il comando di Wallenstein. Gli uomini provenivano per la maggior parte dalla Boemia, dalla Moravia, dalla Slesia e dalle province tedesche della casa d'Austria. Ciò che sembrava impossibile era stato compiuto da Wallenstein in pochissimo tempo, con grande stupore di tutta l'Europa. Così tante migliaia di uomini erano stati chiamati alle armi dal suo nome, dai suoi tesori e dal suo genio, laddove l'Austria in precedenza ne aveva arruolati solo centinaia. Equipaggiata anche col superfluo, la comandavano ufficiali di grande merito e l'entusiasmo che la animava dimostrava che attendeva solo una parola del suo capo per rendersi degna di lui con delle vittorie straordinarie.

Wallenstein aveva appena portato a compimento la sua promessa e l'esercito era pronto sul campo, quando il duca annunciò all'imperatore l'intenzione di ritornare al suo ritiro e chiese di nominare un generale. Sapeva che sarebbe stato più facile per lui creare una seconda armata altrettanto brillante e numerosa che a Ferdinando farla operare agli ordini di un altro che non fosse il suo creatore. Quest'armata, ultima speranza dell'Austria, era l'opera, per così dire, di un fascino ingannevole, destinata a scomparire nel momento stesso in cui lo stregone che le aveva dato vita cessava di animarla.

La maggior parte dei generali e degli ufficiali erano legati agli interessi di Wallenstein e alla continuazione del suo potere, o erano suoi amici, parenti o debitori. Lui solo, del resto, poteva mantenere le esorbitanti promesse con le quali aveva portato tanti combattenti sotto i suoi stendardi. La sua parola era la loro unica garanzia e la loro cieca fiducia nelle sue capacità e nella sua fortuna era l'unico legame che poteva forzare tanti interessi diversi e indirizzarli verso un unico e solo scopo. La fortuna di ogni singolo sarebbe terminata, se si fosse ritirato colui che solo poteva portarla a compimento.

Sebbene non fosse del tutto serio nel suo rifiuto, Wallenstein utilizzò questa minaccia per mettere l'imperatore nella necessità di comprare i suoi servigi al prezzo che la sua ambizione voleva farli pagare. I progressi del nemico rendevano il pericolo ogni giorno più imminente e l'aiuto era così vicino, la possibilità di mettere fine velocemente all'emergenza comune dipendeva da una sola persona. Il principe di Eggenberg fu incaricato per la terza e ultima volta di recarsi dal suo tenace amico e di non indietreggiare davanti ad alcun sacrificio pur di deciderlo a mantenere il comando delle truppe imperiali. Wallenstein ricevette l'inviato del suo capo a Znaim, dove aveva stabilito il suo quartier generale, ed esibì ai suoi occhi tutto il fasto militare di un grande conquistatore. Dopo aver freddamente ascoltato le insistenti richieste e le preghiere che il principe gli rivolse a nome di Ferdinando, rispose, con orgoglio:

«No, mai crederò alla lealtà di un'offerta che non devo alla sincerità di Ferdinando, ma allo spaventoso frangente in cui è ridotto. Egli mi cerca perché si aspetta da me e dal mio esercito aiuti che non può sperare da nessuno, quando il pericolo sarà passato dimenticherà il braccio che lo avrà salvato. Ritornando tranquillo e potente, rividerà ingiusto e ingrato. Se la sorte tradisce il mio coraggio e frustra i miei progetti, io perdo per sempre la gloria che ho acquisito con i miei precedenti servigi, se la vittoria mi resta fedele, metto a rischio la mia fortuna e il mio riposo, perché i miei nemici non mancheranno di assediare nuovamente il trono imperiale con le loro proteste. E il debole re crederà, una seconda volta, di essere obbligato da loro a sacrificare un servitore che, per aver troppo nobilmente compiuto il suo dovere, avrà cessato di essere indispensabile. No, no, è meglio per lui e per me che lasci immediatamente e di mia volontà un posto che, prima o poi, l'intrigo e l'invidia mi toglieranno ignominiosamente. Posso trovare la felicità solo nella vita privata ed è solo per rispetto della triste situazione del mio sovrano che mi sono deciso a uscire momentaneamente dalla piacevole oscurità che per me è divenuta un bisogno».

Stanco di questa lunga farsa il ministro, principe d'Eggenberg, prese alla fine un tono più serio e minacciò l'ostinato duca dell'ira dell'imperatore se avesse persistito nel suo rifiuto.

«Sua maestà imperiale – disse – ha spinto la sua dignità fin troppo in basso. Aveva ritenuto che questa condiscendenza avrebbe risvegliato in voi dei sentimenti nobili e generosi. Vedo adesso, che la sua fiducia è servita solo a incoraggiare la vostra vanità e ad accrescere la vostra ostinazione. Se questo sacrificio è stato fatto invano, colui che oggi supplica può agire da sovrano e vendicare la sua dignità offesa sul suo suddito ribelle. Se Ferdinando ha avuto dei torti verso di voi, non dimenticate che il sovrano resta nondimeno il vostro capo e che gli dovete rispetto e sottomissione, l'uomo può sbagliare, ma il monarca non può confessare il proprio errore. Se il duca di Friedland ha sofferto per un trattamento ingiusto, potrà essere ricompensato per ciò che ha perduto, non vi sono ferite procurate da una mano imperiale che questa stessa mano non possa guarire. Domandate garanzie per le vostre ricchezze e per la vostra persona l'imperatore vi accorderà tutto ciò che è ragionevole. Una maestà offesa non può prevedere alcuna riconciliazione, la disobbedienza ai suoi comandi cancellerebbe anche i servizi più brillanti. L'imperatore ha necessità dei vostri servizi, ha il diritto di esigerli e pertanto vi permette di mettere un prezzo alla vostra obbedienza. Ma obbedite o temete la collera di un capo che, esasperato dall'ostinata resistenza di un suddito orgoglioso, si vedrà costretto ad annientarlo!».

Wallenstein sapeva che non era difficile mettere in atto queste minacce poiché tutti i suoi immensi possedimenti erano negli stati austriaci, ma era nello stesso tempo convinto che contro di lui non si sarebbero mai impiegate misure violente e non fu il timore che gli fece vincere la sua ostinazione. Il linguaggio del principe, quindi, fu ai suoi occhi la prova che stava giungendo a realizzare il suo scopo, poiché l'imperatore accettava in anticipo le condizioni alle quali acconsentiva di restare al suo posto.

Fingendo di cedere alla persuasione di Eggenberg, si ritirò a redigere le clausole del loro trattato. Il principe d'Eggenberg, non senza inquietudine, attese il contenuto di un documento nel quale uno dei più fieri sudditi stava dettando condizioni al più orgoglioso dei sovrani. Si aspettava quindi delle pretese eccessive, ma esse, tuttavia, superarono le sue previsioni e i suoi timori.

Wallenstein chiedeva il comando assoluto di tutte le armate tedesche della casa d'Austria e della Spagna e il diritto di punire e di ricompensare senza controllo. Proibiva a tutti i principi di sangue imperiale, al re d'Ungheria e allo stesso imperatore non soltanto di esercitare qualsivoglia autorità relativa all'armata, ma anche di farvi la loro comparsa, se non a titolo di spettatori. Le nomine, gli avanzamenti, tutti gli atti relativi alle ricompense e alle punizioni, dovevano avere la firma di Wallenstein e senza questa firma neanche l'imperatore in persona aveva diritto di dare la grazia. Egli solo, inoltre, voleva disporre a suo piacimento e senza l'intervento di alcuna corte di giustizia, nominata dall'imperatore o dalla dieta, delle conquiste e delle confische dovute ai successi che le sue armi potevano acquisire su tutta l'estensione del territorio dell'impero. Per assicurare un rifugio alle sue truppe in caso di rovesci, esigeva che Ferdinando ordinasse a tutte le province ereditarie di accoglierli, di fornire loro tutto quello di cui necessitavano, di aprire le loro città e le fortezze ogniqualvolta il generalissimo lo avesse giudicato opportuno. Come ricompensa regolare, chiedeva la concessione di una provincia degli stati ereditari dell'Austria e di un'altra, a sua scelta, fra quelle che avrebbe conquistato in Germania, senza pregiudizio per il ducato di Meclemburgo, il cui possesso gli doveva essere assicurato dal trattato di pace che si sarebbe concluso in seguito. Prevedendo sempre la possibilità di una seconda, brusca destituzione, imponeva all'imperatore l'obbligo di comunicarla in anticipo e di accordargli, in questo caso, la proroga che lui stesso stabiliva per lasciare il comando in capo, formalità senza la quale si riservava il diritto di considerare l'ordine in merito come non ricevuto[259].

Il principe d'Eggenberg cercò inutilmente di far modificare le condizioni che privavano l'imperatore di tutti i suoi diritti di sovranità sull'armata e lo rendevano schiavo coronato del suo generalissimo. Si era troppo lasciato capire a Wallenstein che i suoi servizi erano indispensabili per pensare di contrattare. Del resto, se un concorso di disgraziati avvenimenti costringeva Ferdinando a sottomettersi a simili condizioni, fu solo per soddisfare la sua ambizione e la sua vendetta che Wallenstein accettava come un dovere imporle.

Il piano della sua futura rivolta era irrevocabilmente fissato nella sua testa, non poteva privarsi di uno solo dei vantaggi che dovevano assicurargli la sua apparente riconciliazione con la corte imperiale e quel piano richiedeva che l'imperatore fosse privato di ogni autorità in Germania e messo nelle mani del suo generale e questo scopo sarebbe stato raggiunto nel momento in cui Ferdinando avesse sottoscritto le condizioni richieste. L'uso che si proponeva di fare dell'armata che aveva riorganizzato lo poneva nella necessità di essere il solo arbitro del destino di quest'armata e di dimenticarsi che l'autorità illimitata che esercitava su di essa non era di sua proprietà, ma una concessione che gli era stata fatta dal capo dell'impero.

Questa considerazione spiega sufficientemente l'ostinazione con la quale impediva all'imperatore e a tutti i principi del suo casato di permanere presso l'armata. Arrogandosi il privilegio esclusivo di disporre di tutti i beni confiscati o conquistati nell'impero, si assicurava in anticipo dei sostenitori numerosi e devoti, poiché diventava, se così si può dire, il dittatore della Germania, autorità che nessun imperatore aveva osato arrogarsi apertamente. La clausola che gli permetteva di cercare un rifugio in tutte le province austriache, lo metteva nella condizione di poter assediare l'imperatore nei suoi stessi stati e con la sua armata, di devastare i suoi possedimenti, di rovinare i suoi sudditi e di far tremare la monarchia nelle sue fondamenta.

Infine, la nuova posizione che era giunto a crearsi, gli assicurava in tutte le congiunture possibili dei vantaggi straordinari. Se lo sviluppo degli avvenimenti si fosse dimostrato favorevole ai suoi audaci progetti, il suo trattato con l'imperatore ne avrebbe facilitato l'esecuzione; se la situazione fosse stata contraria, avrebbe potuto godere tranquillamente del potere acquisito come compensazione per il fallimento del suo piano. Ma come poteva ritenere stabili e legittime le concessioni strappate a un capo ridotto alla disperazione? Come poteva sperare che Ferdinando II si ritenesse legato da un atto che rendeva colui che glielo aveva imposto colpevole del crimine di lesa maestà? Consumato maestro nell'arte della dissimulazione, Ferdinando finse di non accorgersene, poiché chi si era reso colpevole era, in quel momento, l'uomo più indispensabile alla monarchia.

L'armata imperiale aveva finalmente un capo degno di questo nome e davanti al quale tutte le altre autorità, anche quella dell'imperatore, parevano essere nulla. Dalle rive del Danubio fino a quelle del Weser e dell'Oder, tutto si rianimò al cospetto del brillante astro che compariva all'orizzonte. Iniziava una nuova fase per la guerra che ormai da lungo tempo affliggeva la Germania. L'entusiasmo regnava tra i soldati dell'imperatore, le speranze dei cattolici si risvegliarono e i protestanti attesero con inquietudine l'avverarsi delle speranze e dei timori che agitavano tutti i partiti.

Alla corte di Vienna si pensava di essere autorizzati a chiedere al nuovo generalissimo servizi proporzionati al prezzo che aveva imposto. Wallenstein, tuttavia, non sembrò per nulla desideroso di soddisfare queste richieste. Accampato sulle frontiere della Boemia, una sola avanzata di una certa portata sarebbe stata sufficiente a scacciare i sassoni, a conquistare questo regno e ad aprirsi la strada ad un brillante inizio della sua nuova carriera. Ma si limitò a delle scaramucce dei suoi croati e a scontri d'avamposti, lasciando gran parte di questo regno alle devastazioni e si mosse con passo lento per avanzare nei suoi progetti egoistici. Non voleva vincere i sassoni, ma portarli ad allearsi con lui. Concentrato esclusivamente su questo punto, rimase inattivo nella speranza di ottenere maggiori conquiste attraverso il negoziato. Non lasciò nulla di intentato per allontanare Giovanni Giorgio dall'alleanza svedese. Ferdinando, che desiderava sempre un riavvicinamento con l'elettore della Sassonia, assecondò, senza saperlo, i progetti segreti del suo generalissimo, approvando questi temporeggiamenti.

Il ricordo della positiva opera del re di Svezia era ancora troppo vivo perché si pensasse di tradirlo apertamente e anche chi avrebbe potuto concepire un simile pensiero, avrebbe avuto il timore di affidarsi alla politica del gabinetto di Vienna, la cui perfidia non era più un mistero per nessuno. Il carattere ambiguo di Wallenstein non ispirava maggiore fiducia. Conosciuto come statista intrigante, ci si rifiutava, di credere alla sincerità delle sue offerte, probabilmente nel solo caso in cui erano realmente in buona fede. La sua posizione non gli permetteva di darne prova, rivelando a Giovanni Giorgio i veri motivi che gli facevano cercare la sua alleanza.

Malvolentieri decise quindi di conquistare con le armi ciò che i negoziati non avevano portato. Wallenstein radunò velocemente le truppe e comparve all'improvviso davanti a Praga, prima che i sassoni potessero giungere a difenderla. Dopo una breve resistenza, le porte della città furono aperte grazie al tradimento di alcuni cappuccini, mentre la guarnigione che si era rifugiata nella cittadella si arrese alle più umilianti condizioni. Padrone della città, sperava di riprendere i negoziati con la corte sassone, dei quali il feldmaresciallo Arnim era sempre l'intermediario. Ma mentre questo generale stava negoziando per lui sferrò un attacco decisivo. Si impossessò dei passaggi tra

Aussig e Pirna, per tagliare la ritirata all'armata sassone e fu solo grazie all'abilità e alla velocità di cui Arnim diede prova in questa circostanza che quest'armata riuscì a scongiurare questo pericolo. Subito dopo, Eger e Lietmeritz, le due sole fortezze della Boemia ancora occupate dai sassoni, si sottomisero agli imperiali e il regno fu reso al suo legittimo sovrano con la stessa rapidità con cui gli era stato tolto. Molto meno preoccupato degli interessi del suo padrone che dei suoi, il duca di Friedland voleva trasportare il teatro di guerra in Sassonia e costringere in questo modo l'elettore a evitare la devastazione del suo paese firmando un trattato con l'Austria o, piuttosto, con il suo generale dittatore, ma le circostanze lo obbligarono ad abbandonare questo progetto per affrontare un'emergenza più importante.

Mentre Wallenstein aveva cacciato i sassoni dalla Boemia, gli svedesi avevano riportato sulle rive del Reno e del Danubio le brillanti vittorie di cui abbiamo precedentemente parlato. Vinto sulle rive del Lech e rimasto senza aiuto per la morte di Tilly, Massimiliano non cessava di chiedere all'imperatore di scacciare la tempesta che stava per scatenarsi sugli stati ereditari, venendo in soccorso della Baviera. Egli stesso non si fece scrupolo di rivolgersi a Wallenstein in persona, chiedendogli di raggiungerlo con la parte più importante dell'esercito e di inviargli nel frattempo alcuni reggimenti in aiuto. Ferdinando appoggiò queste pressanti richieste e ogni giorno un corriere partiva per la Boemia, carico di messaggi che, di volta in volta, chiedevano con urgenza al generalissimo di dirigersi sul Danubio.

Era giunto il momento in cui l'imperatore non poteva più nascondersi a quale spaventoso prezzo aveva accettato i servizi di Wallenstein poiché, disdegnando le preghiere di Massimiliano e gli ordini formali del suo padrone, questo generale rimaneva inattivo in Boemia, lasciando l'elettore al suo destino. Il ricordo del cattivo servizio che Massimiliano gli aveva reso nei confronti dell'imperatore alla Dieta di Ratisbona era profondamente scolpito nella mente implacabile del duca e i tentativi dell'elettore di evitare il suo reintegro non erano per lui un segreto. Il momento della vendetta era giunto e Massimiliano si rese conto di essersi fatto nemico il più vendicativo degli essere umani. La sua presenza in Boemia, diceva, era molto più necessaria e, senza dubbio, l'interesse della casa d'Austria, che si era fatto carico di difendere, gli faceva un dovere di lasciare che Gustavo Adolfo sacrificasse le sue truppe migliori e diminuisse tutte le sue

225

risorse per la conquista della Baviera e la presa delle fortezze di questo paese. Fu così, con le armi degli svedesi, che punì lo sfortunato elettore, e mentre un territorio dopo l'altro cadeva nelle loro mani, Wallenstein lasciò l'elettore ad aspettarlo a Ratisbona.

Presto, tuttavia, l'intera sottomissione della Boemia non lasciò più pretesti al duca di Friedland per giustificare la sua permanenza in questo regno, mentre i crescenti successi di Guastavo Adolfo minacciavano seriamente la sicurezza dell'Austria. Comprese, quindi, la necessità di congiungere la sua armata con quella dell'elettore Massimiliano, avvenimento che i cattolici attendevano con impazienza come decisivo per le sorti della guerra.

Già troppo debole per misurarsi con la sola armata di Wallenstein, Gustavo Adolfo doveva necessariamente temere di vederla ancor più accresciuta da quella della Baviera e, tuttavia, non fece nulla per impedirlo. L'odio, ben noto, che esisteva tra il duca di Friedland e l'elettore gli aveva fatto credere che mai avrebbe loro consentito di agire di concerto per ottenere lo stesso scopo e quando gli avvenimenti gli provarono che aveva commesso un errore era ormai troppo tardi per porvi riparo. Inutilmente si portò in fretta nell'alto Palatinato per sbarrare la strada all'elettore, il duca di Baviera lo aveva anticipato e le due armate si erano congiunte a Eger, città che Wallenstein aveva scelto per essere il teatro del suo trionfo e della sua vendetta.

Non contento di vederlo supplicante ai suoi piedi, sordo a tutte le sollecitazioni, a tutte le preghiere, gli impose la legge di abbandonare i suoi stati e di andare, con le sue truppe, a chiedere la protezione che l'avversità gli aveva reso indispensabile. L'orgoglioso Massimiliano aveva avuto il coraggio di sottomettersi a questa umiliazione. Era stato solo dopo penose lotte che si era deciso a ringraziare per la sua salvezza l'uomo che, se fossero state considerate le sue opinioni, non avrebbe mai potuto avere il potere di farlo, ma una volta presa questa decisione era pronto a subirne tutte le conseguenze e sufficientemente padrone di se stesso per sopportare dolori meno importanti, se si trattava di raggiungere un grande scopo. Se l'idea di una riconciliazione fu molto difficile da far accettare al duca di Baviera e al duca di Friedland, fu ancor più difficile stabilire le condizioni che dovevano renderla sincera e duratura. Il comando supremo poteva essere di uno solo e se lo scopo della riconciliazione era comune, da entrambe le parti c'era poca inclinazione a sottomettersi alla più alta autorità dell'altro. Massimiliano fece valere il lustro della sua nascita e del suo rango, il suo grado di elettore e soprattutto il suo potere nell'impero tedesco. Wallenstein si appigliò alla sua gloria militare e sul potere illimitato del quale il capo dell'impero lo aveva rivestito. Se l'idea di trovarsi agli ordini di un servitore dell'imperatore, umiliava a giusta ragione l'orgoglio del sovrano, l'ambizione di questo servitore privilegiato era compiaciuta dal dettare legge a un così illustre rivale.

Le dure discussioni, dopo alterne vicende, non tardarono a finire in favore di Wallenstein. Ottenne il comando delle due armate e l'elettore non conservò neanche il diritto di decidere, nei giorni di combattimento, la posizione e i movimenti dei propri soldati. Tutto quello che il duca di Friedland si degnò di accordargli fu di ricompensare e punire i suoi soldati e di averli a sua disposizione tutte le volte che non erano incorporate nell'armata imperiale. Dopo questi accordi, ciascuno dei due promise solennemente di dimenticare il passato e non restava che stabilire con cura il cerimoniale per la scena della riconciliazione.

Per conformarsi agli accordi precedentemente presi, si abbracciarono davanti alle loro truppe e si prodigarono in manifestazioni di amicizia, mentre i loro cuori battevano di odio e di collera. Massimiliano, esperto nell'arte del fingere, si trattenne al punto che fu impossibile leggere i suoi veri sentimenti sul suo viso, ma negli occhi di Wallenstein brillava una gioia satanica e la contrazione che prendevano i suoi movimenti tradiva i tremendi sforzi che faceva per non far scoppiare la violenza delle passioni che agitavano la sua anima altezzosa.

Le truppe riunite dell'Austria e della Baviera ammontavano a oltre sessantamila uomini[260], quasi tutti veterani. Il re di Svezia non poteva pensare di affrontare una simile armata in campo aperto e dopo aver visto fallire il tentativo di evitarne la riunificazione, si ritirò prudentemente in Franconia, deciso ad attendere i primi movimenti del nemico al fine di definire i suoi piani. Questo perché fino a quando il nuovo generalissimo restava accampato sulle frontiere della Sassonia e della Baviera era impossibile stabilire se avrebbe iniziato con l'invadere la Sassonia o con l'attaccare gli svedesi per allontanarli dal Danubio e cacciarli dalla Baviera.

La Sassonia era rimasta senza difesa da quando il generale Arnim si era rivolto alle conquiste in Slesia, non senza il segreto scopo, del quale fu accusato, di facilitare l'entrata del duca di Friedland in Sassonia, così da indurre l'elettore Giovanni Giorgio a ritornare al partito imperiale. Lo stesso Gustavo Adolfo era così convinto che Wallenstein avrebbe fatto il suo debutto con l'invasione delle province sassoni, che vi inviò considerevoli rinforzi con la promessa di recarvisi egli stesso, nel momento in cui ve ne fosse stata necessità. Ma il duca di Friedland, che pareva essersi preso il compito di far fallire tutte le manovre del re di Svezia, si diresse bruscamente verso l'alto Palatinato avvertendolo così che lui stesso era l'oggetto dell'attacco e che era giunto il momento in cui si doveva preoccupare della propria sicurezza. La posta in gioco non era più la sua supremazia, ma la sua stessa esistenza in Germania e la possibilità di trarre dalla fertilità del suo genio i mezzi per salvarsi.

Il nemico si avvicinava senza dargli il tempo di chiamare i suoi alleati e di riunire le truppe disperse in tutti i punti dell'impero. Troppo inferiore nel numero di uomini per poter fronteggiare il nemico, non gli restava altro che precipitarsi nella città di Norimberga, a rischio di esservi rinchiuso da Wallenstein e vinto dalla fame, o di abbandonare questa città al furore degli imperiali e di attendere, sotto la protezione dei cannoni di Donauwörth, l'arrivo dei rinforzi.

Le leggi dell'umanità e dell'onore erano sempre state poste da Gustavo Adolfo prima di ogni considerazione personale e di ogni pericolo, così prese senza esitare la decisione di morire con tutta la sua armata sotto le mura di Norimberga piuttosto che addebitare la sua salvezza alla rovina di questa città che aveva lealmente abbracciato la sua causa.

Vennero subito prese delle misure per circondare la città e la periferia di trincee e formare all'interno un campo protetto; una determinazione eroica di rischiare la propria vita e le proprie ricchezze per la causa comune animava gli abitanti di Norimberga. Un fossato di otto piedi di profondità e dodici di larghezza fu scavato attorno alle trincee e si costruirono delle ridotte, dei bastioni e postazioni a mezza luna per difendere le linee e le entrate di questi lavori. Il Pegnitz, che attraversa Norimberga, divideva il campo in due parti uguali, comunicanti tra loro con un gran numero di ponti, oltre trecento cannoni guarnivano i bastioni della città e le fortificazioni dei sobborghi. Animati dall'esempio dei borghesi, che assecondavano con mirabile zelo i lavori dei soldati svedesi, gli abitanti delle campagne vicine vennero a loro volta a prestare l'aiuto delle loro braccia. Il settimo giorno tutta l'armata era riunita nel campo e, al quattordicesimo, questa immensa opera fu completata.

Mentre questa grande impresa veniva eseguita all'esterno delle mura, i magistrati della città riempivano i magazzini di tutto ciò che era necessario per sostenere un lungo assedio e si stabilivano in anticipo tutte le misure sanitarie contro le epidemie, che potevano mettere in pericolo una popolazione numerosa rinchiusa in limiti troppo angusti. Fu accresciuta la milizia borghese, armarono un nuovo reggimento al quale diedero ventiquattro nomi, dei quali ognuno iniziava con una lettera del vecchio alfabeto, e organizzarono tutta la gioventù in battaglioni di riserva, per poter sostenere il re in caso di necessità.

Da parte sua, Gustavo Adolfo inviò a tutti i generali ai bordi del Reno, nella Turingia e nella bassa Sassonia, l'ordine di raggiungerlo a marce forzate a Norimberga. Nello stesso tempo avvertì il langravio dell'Assia Kassel e il duca Guglielmo di Weimar che aveva bisogno del loro aiuto, poiché la sua armata ammontava a soli sedicimila uomini, che non costituivano neanche un terzo di quella del nemico.

Nel frattempo, il duca di Friedland era lentamente avanzato fino alla Neumarck, dove si fermò per passare in rassegna le sue truppe. La visione di questa forza imponente lo rese così felice che si lasciò sfuggire una di quelle esclamazioni vanagloriose che si perdonano appena all'irruenza irriflessiva della prima giovinezza:

«Prima di quattro giorni – esclamò – si saprà chi tra il re di Svezia e me sarà il padrone del mondo!».

Nonostante la sua superiorità, non fece nulla per mantenere questa promessa. Quando gli svedesi uscirono dal loro campo per indurlo al combattimento e quando tutti i suoi lo incitavano all'assalto, disse loro:

«Fino ad ora si sono avute abbastanza battaglie, è tempo di provare con un altro metodo».

La sua condotta in questa circostanza dimostra quanto sia positivo per un'armata essere comandata da un capo celebre e con un merito così unanimemente riconosciuto perché possa, senza danno per il suo nome, respingere le imprese azzardate che gli altri sono obbligati con sollecitudine a intraprendere, essendo l'unico modo per farsi conoscere. Persuaso che il coraggio degli svedesi gli avrebbe fatto pagare caramente una vittoria che poteva anche non essere decisiva e che una sconfitta sarebbe stata una disgrazia irreparabile, Wallenstein aveva deciso di esaurire la pazienza e le risorse del suo nemico con un lungo assedio e di metterlo nell'impossibilità di dare sfogo a

229

quell'ardore bellicoso che aveva reso Gustavo Adolfo fino ad allora invincibile.

Senza attaccare, dunque, Wallenstein si stabilì al di là del Rednitz, davanti a Norimberga, in un campo che fortificò con accuratezza. Questa posizione era talmente felice da dominare tutta la città e i sobborghi e da permettergli di impedire ai convogli della Sassonia, della Franconia e della Turingia di raggiungere il nemico, che si compiaceva di domare più lentamente, ma in modo sicuro, con la fame e con le calamità che questa avrebbe generato. Ignorando le risorse segrete di Gustavo Adolfo, era lontano dal prevedere che i mali che voleva attirare sull'armata svedese avrebbero assillato prima la sua.

Gli abitanti dei dintorni di Norimberga erano quasi tutti fuggiti con il loro bestiame e le loro provviste. I pochi viveri rimasti venivano contesi dai procacciatori imperiali agli svedesi. Il re non voleva far ricorso, se non in casi estremi, ai magazzini della città per l'uso della sua armata e queste continue lotte davano luogo a una eterna guerra tra croati e svedesi, della quale i territori circostanti portarono le più tristi conseguenze. Con la spada alla mano si doveva lottare per sopravvivere e le parti non potevano avventurarsi per cercare provviste senza una scorta adeguata. Da quando era iniziata la carestia i magazzini della città si erano aperti per il re, mentre Wallenstein fu costretto ad andare ad approvvigionarsi in province lontane.

Un immenso convoglio di viveri, scortato da mille soldati scelti, doveva arrivare dalla Baviera al campo imperiale. Gli svedesi ne furono informati e un reggimento di cavalleria uscì subito da Norimberga e, protetto dall'oscurità della notte, si impossessò non solo del convoglio, ma anche della città dove si era fermato. Questa spedizione valse a Gustavo Adolfo oltre milleduecento bovini e mille carri pieni di pane, che non si potevano più trasportare, furono dati alle fiamme. I sette reggimenti che il duca di Friedland aveva inviato incontro al convoglio per metterlo al riparo da un colpo di mano giunsero solo per constatare la razzia e la perdita della scorta, che era stata fatta a pezzi. Il re di Svezia, da parte sua, aveva preso le stesse misure per proteggere il bottino che aveva strappato al nemico. I due corpi si incontrarono e, dopo un tenace combattimento, gli imperiali fuggirono lasciando sul terreno quattrocento morti.

Simili rovesci e tale inaspettata risolutezza del re fecero rimpiangere a Wallenstein di aver rifiutato la battaglia che Gustavo Adolfo gli aveva così audacemente proposto; il campo dove si era ritirato era così ben fortificato da ritenersi imprendibile. Inoltre la gioventù di Norimberga, che si era armata, era in grado di fornire al re tutti gli uomini necessari per rimpiazzare subito i vuoti che si aprivano nei suoi ranghi a causa delle perdite subite nei combattimenti. Se la mancanza di viveri incominciava a farsi sentire sia nel campo imperiale che in quello svedese, non si sapeva quale parte avrebbe costretto per prima l'altra all'attacco.

Ormai già da quindici giorni le due armate, ritirate nei loro campi, erano rimaste faccia a faccia l'un l'altra, limitandosi a scaramucce temerarie e insignificanti. Le privazioni e le malattie contagiose, naturali conseguenze della carenza di cibo e della costrizione di così tante persone in spazi limitati, avevano fatto da entrambe le parti più danni che il ferro e il fuoco e ogni giorno la somma di questi mali aumentava, fino a quando i rinforzi, impazientemente attesi dagli svedesi, arrivarono e il re poté disporre dei mezzi che gli consentivano di obbedire alla sua natura coraggiosa e così rompere le catene che lo avevano costretto fino a quel momento.

Alla prima richiesta di Gustavo Adolfo, il duca Guglielmo di Weimar si era sbrigato a formare un corpo d'armata con le guarnigioni della bassa Sassonia e della Turingia. Da un'altra parte, il cancelliere Oxenstierna si era fatto carico di condurre quattro reggimenti sassoni e le truppe che il langravio dell'Assia Kassel e il conte palatino di Birkenfeld avevano inviato dalle rive del Reno. Questi due corpi d'armata di riunirono a Schweinfurt, in Franconia, mentre a Windsheim si ricongiunsero quelli condotti dal duca Bernardo e dal generale svedese Banner per marciare insieme fino a Bruck e a Eltersdorf, dove passarono il Rednitz. Dopo aver superato quest'ultimo ostacolo, l'armata, composta da cinquantamila uomini, seguiti da sessanta cannoni e quattromila carri di munizioni e approvvigionamenti, entrò in trionfo nel campo svedese.

Da questo momento, l'eroe del nord si vide alla testa di oltre settantamila uomini, senza contare la milizia gioventù di Norimberga che potevano, in caso di necessità, fornire trentamila aguerriti combattenti. Forza imponente, ma che aveva davanti quella di un nemico pressoché altrettanto formidabile. Questa lunga e crudele guerra pareva volersi riassumere in un'unica battaglia e l'Europa intera, nonostante le diverse opinioni che la dividevano, fissava con la stessa inquietudine, il punto dove le due forze nemiche si erano concentrate come nel focolaio di uno specchio ardente.

La carestia, di cui si erano già sperimentati i funesti effetti prima dell'arrivo di questi rinforzi, non tardò a causare terribili devastazioni nei due campi, poiché anche Wallenstein aveva fatto venire delle truppe dalla Baviera. La ristretta area di qualche lega era sovraffollata da più centoventimila soldati e più di cinquantamila cavalli, senza contare la popolazione di Norimberga, più numerosa dell'armata svedese. Quindicimila donne e altrettanti carrettieri e servitori ingombravano il campo di Wallenstein, quello degli svedesi ne aveva un numero non inferiore.

In quest'epoca, l'usanza permetteva a ogni soldato di farsi seguire dalla propria famiglia, e se l'armata imperiale portava al suo seguito una moltitudine di prostitute, quasi ogni soldato svedese era circondato da una numerosa famiglia, poiché la severità con la quale Gustavo Adolfo vegliava sui buoni costumi della sua armata, gli faceva onere di proteggere le unioni legittime. I ragazzi non avevano altra patria se non il campo, dove la sollecitudine del re aveva creato per loro delle scuole militari, dirette da celebri maestri, che divennero per l'armata una risorsa preziosa che le permise di reclutare al suo interno gli effettivi, nel corso della sua lunga permanenza in Germania.

Ma una simile nazione ambulante aveva il grave inconveniente di affamare le province dove si fermava e a causa degli enormi consumi i prezzi salirono in maniera esorbitante. Il campo svedese di Norimberga ne è una prova incontestabile. Tutti i mulini circostanti non erano sufficienti a macinare abbastanza grano per il consumo dell'armata e le quindicimila libbre di pane che la città le forniva quotidianamente stimolavano la fame senza soddisfarla. Nonostante l'avvedutezza e l'impegno infaticabile dei magistrati, una parte dei cavalli morì d'inedia e il furore sempre crescente delle epidemie fece migliaia di vittime.

Dopo aver sopportato per venticinque giorni la vista di queste miserie, Gustavo Adolfo decise di mettervi termine. Uscendo dai suoi trinceramenti, si dispose per la battaglia di fronte al nemico e fece cannoneggiare il suo campo da tre batterie che aveva disposto sulle rive del Rednitz. Il duca di Friedland accolse questa provocazione con un fuoco dei moschettieri e un debole cannoneggiamento. Si era riproposto di annientare l'armata di Gustavo Adolfo per l'inedia, la fame e le malattie contagiose e né le preghiere di Massimiliano, né l'impazienza delle sue truppe, né la derisione degli svedesi furono capaci di farlo recedere da questa decisione.

Tradito nella sua speranza di indurre gli imperiali ad accettare battaglia e incapace di sopportare ulteriormente le sofferenze dei suoi, il re volle tentare l'impossibile e prendere d'assalto una posizione che i lavori e la natura avevano resa imprendibile. Il giorno di San Bartolomeo, il cinquantottesimo del suo soggiorno a Norimberga, affidò il suo campo alla guardia della milizia della città, schierò l'esercito, passò il Rednitz nei pressi di Furth, e occupò gli avamposti del nemico che, dopo una breve resistenza, prese la fuga.

Il centro dell'armata imperiale si era ritirato sulle alture situate tra il Biber e il Rednitz. L'artiglieria posta su queste alture, conosciute con il nome di Veste e Altenberg, dominava e proteggeva il campo, che si estendeva a perdita d'occhio nella pianura. Fossati profondi circondavano i trinceramenti, fascine di spine e palizzate di ferro irte di spuntoni ostruivano tutti i passaggi che conducevano sui monti scoscesi dove Wallenstein, tranquillo e calmo come un dio, lanciava attraverso dense nuvole di fumo i suoi fulmini. Dietro i parapetti l'infido fuoco dei moschettieri mieteva la sue vittime e le bocche spalancate di alcune centinaia di cannoni gettavano il ferro e la morte sui coraggiosi assalitori.

Fu in questo momento impressionante e terribile che l'eroe del nord diresse l'attacco. Cinquecento moschettieri a cavallo, con il supporto di un plotone di fanteria, essendo il terreno troppo stretto per un numero maggiore di combattenti, ricevettero l'ordine e l'onore, senza dubbio poco invidiabile, di gettarsi per primi nel baratro della morte.

Attacco e resistenza furono furiosi. Nulla proteggeva gli assedianti dal fuoco degli imperiali, protetti dai loro trinceramenti, nonostante ciò si lanciarono verso le alture, che nello stesso istante si trasformarono in un vulcano che lanciava da tutte le parti torrenti di fiamme e di ferro. Il grosso della cavalleria imperiale approfittò dei varchi che l'artiglieria aveva provocato nei ranghi serrati degli assalitori e li divise fino a quando il gruppo di eroi fu obbligato a lasciare il campo di battaglia, lasciando un centinaio di morti sul terreno.

I soldati ai quali Gustavo Adolfo aveva accordato il rischioso onore del primo attacco erano dei tedeschi. Indignato della loro ritirata, il re inviò i suoi amati finlandesi all'assalto al fine, diceva, di porre riparo alla vigliaccheria tedesca con il valore degli uomini del nord. Ma i finlandesi, accolti dalla stessa pioggia di fuoco, arretrarono anche loro.

Un altro reggimento non ebbe migliore fortuna, un quarto, un quinto e un sesto reggimento fecero lo stesso. Infine, tutti i reggimenti dell'armata svedese arrivarono in successione e lasciarono il luogo del combattimento coperti di sangue e di ferite. Brandelli di cadaveri mutilati ricoprivano il campo, ma egli non era vinto e continuava l'attacco. Wallenstein continuava la difesa.

In un altro punto, la cavalleria imperiale si era scontrata con l'ala sinistra degli svedesi, appostati sulle rive boscose del Rednitz. In questo combattimento, dove il vincitore perdeva quasi subito i frutti della sua vittoria per riprenderli e perderli nuovamente, i due contendenti furono ugualmente valorosi. Wallenstein, che comandava di persona, ebbe un cavallo ucciso sotto di lui. Quasi nello stesso momento, il duca Bernardo perdeva il suo nello stesso modo e una palla di cannone strappò la suola degli stivali del re. Ma la lotta continuava e solo la notte poté mettervi termine.

Gli svedesi, però, erano avanzati così lontano che il rientro al campo era pieno di pericoli. Gustavo Adolfo ne era consapevole e i suoi occhi cercavano attorno a lui un ufficiale sufficientemente esperto che potesse incaricare di questo importante compito, quando scorse il colonnello Hebron[261], valente scozzese che divideva come volontario i pericoli della giornata, avendo fatto lo sconsiderato giuramento di non prestare più la sua spada al servizio del re che l'aveva offeso sostituendolo con un giovane ufficiale per un'azione pericolosa che aveva richiesto per sé. Fu a lui, comunque, che Gustavo Adolfo si rivolse per dirigere la ritirata.

«Sire – rispose l'audace scozzese – vostra maestà ha fatto bene a chiedermi questo servizio, perché è il solo che non posso rifiutare, poiché si tratta di un incarico pericoloso». E subito partì per compiere una missione che gli era stata affidata.

Il duca Bernardo di Weimar si era impadronito di un'altura al di sopra della vecchia fortezza, da dove poteva fiancheggiare la montagna e l'intera estensione del campo nemico, ma un temporale, scoppiato durante la notte, aveva reso i pendii di questa montagna così scivolosi che gli fu impossibile trasportarvi i cannoni e fu costretto ad abbandonare questa importante postazione la cui conquista gli era costata cara. Quest'ultimo rovescio spinse Gustavo Adolfo a diffidare della fortuna che lo aveva tradito nel corso di questa tragica giornata e invece di riportare le sue truppe esauste in combattimento, sentendosi vinto in quanto non vincitore, l'indomani fece loro passare il Rednitz.

Duemila svedesi erano rimasti sul campo di battaglia a testimoniare la sua sconfitta, mentre il duca di Friedland non aveva perso un pollice di terreno.

Ancora per quindici giorni le due armate conservarono le loro rispettive posizioni, senza che nessuna delle due facesse cenno di decidersi a partire. In preda a privazioni intollerabili, i soldati cercavano di alleviarle devastando le vicine contee, poiché la disperazione e la fame avevano rotto i legami della disciplina anche nel campo svedese. Soprattutto le truppe tedesche rapinavano e maltrattavano con uguale furore amici e nemici. L'autorità del re non era più sufficiente per fermare le razzie incoraggiate dal silenzio e spesso dall'esempio degli stessi comandanti. Questa dimenticanza dell'umanità e della disciplina afflisse in modo ancor più vivo Gustavo Adolfo, che fino a quel momento aveva avuto il diritto di essere fiero della condotta della sua armata ed espresse il suo malcontento ai generali e agli ufficiali tedeschi con termini particolarmente crudi.

«Siete voi tedeschi – disse loro – che rapinate la vostra patria e spingete i vostri correligionari alla disperazione! Io vi odio, vi detesto! Ne sia testimone il cielo. Sì, al solo vostro cospetto il mio cuore sprofonda di disgusto! Voi trasgredite i miei ordini, voi violate le mie leggi, voi siete la causa per cui il mondo mi maledice, i poveri mi perseguitano con le loro lacrime e le loro grida di sconforto e per colpa vostra devo sentir dire: il re nostro amico ci fa più danni del più implacabile dei nostri nemici! È per voi che ho impoverito il mio regno e vuotato le mie casse. Vi ho dato oltre quaranta tonnellate d'oro e il vostro impero tedesco non mi ha neanche dato di che comprarmi una giubba scadente. Ho messo a vostra disposizione tutto ciò che Dio mi ha dato e avrei continuato a farlo se foste stati sottomessi e obbedienti ai miei ordini. Ma voi, me lo state dimostrando, siete persone malintenzionate, delle canaglie, e ve lo dico benché mi abbiate dato più di una volta dei buoni motivi per apprezzare il vostro valore».

Le due grandi armate che da undici settimane vivevano sul territorio di Norimberga, l'avevano così esaurito che divenne loro del tutto impossibile continuare a rimanervi ancora per più tempo. La città aveva perso più di diecimila abitanti e Gustavo Adolfo circa ventimila soldati, le campagne fino a poco tempo prima così fertili, parevano aride lande, i villaggi non erano che mozziconi di ceneri e i loro sfortunati abitanti morivano di fame e di disperazione sulle strade e un odore putrido impestava l'aria.

Le esalazioni dei due campi e la decomposizione dei cadaveri, accelerata dalla canicola, avevano riempito l'aria di miasmi pestilenziali, con i quali gli uomini e gli animali respiravano una morte tanto terribile quanto sicura. Queste orrende miserie e l'ostinazione del duca di Friedland a rimanere nei suoi trinceramenti, portarono, infine, il re di Svezia a decidersi a partire per primo. L'8 settembre 1632, levò il campo e lasciò Norimberga, dove pose una guarnigione sufficiente a mettere al riparo la città da un colpo di mano. Disposto in ordine di battaglia, passò lentamente davanti al campo di Wallenstein, che non fece alcuna manovra per disturbare la sua marcia, e si diresse a Neustadt, attraverso l'Aisch e Windsheim, dove si fermò per cinque giorni, non solo per dare alle truppe il tempo di riprendersi, ma anche per essere alla portata di Norimberga, se il nemico avesse osato attaccarla.

Da parte sua Wallenstein, che aveva atteso la ritirata degli svedesi per iniziare la sua, diede l'ordine di levare il campo da Zirndorf e appiccarvi il fuoco. Ovunque colonne di fiamme e di fumo si alzavano verso il cielo e questo orribile addio attraverso la contea era per la città di Norimberga la prova certa di quale sarebbe stata la sua sorte se fosse caduta nelle mani di colui che continuava a segnare ogni passo della sua ritirata con l'incendio, la morte e il saccheggio, ma era troppo avanti per essere sorpreso dal re. Quest'ultimo divise la sua armata, che la terra devastata non era più in grado di nutrire e decise quindi di mandarne una parte in Franconia per mantenervi la sua autorità e di condurre lui stesso l'altra in Baviera, per terminare la conquista di questo paese.

Wallenstein, che era giunto nel vescovado di Bamberga, vi passò la sua armata in rassegna. Dei sessantamila uomini di cui prima si componeva, i combattimenti e le malattie contagiose l'avevano ridotta a ventiquattromila, dei quali i bavaresi erano un quarto. Il campo di Norimberga aveva dunque esaurito le due armate più di quanto avessero potuto fare le battaglie e, cosa ancor più dolorosa, la guerra non aveva fatto un passo verso la sua soluzione. Le conquiste degli svedesi in Baviera e l'invasione che minacciava gli stati austriaci erano state sospese da questa diversione a Norimberga, ma Gustavo Adolfo aveva riacquistato la libertà di riprendere questa missione essendosi ritirato da questa città.

Poco interessato alla sorte della Baviera, e stanco dell'imbarazzo che gli imponeva la presenza di Massimiliano nell'armata, Wallenstein prese al volo il pretesto che gli offriva la situazione generale per sbarazzarsi del principe e operare nuovamente al compimento dei suoi progetti. Convinto che la presenza sua e delle sue truppe sarebbe stata il miglior argomento per dividere l'elettore dalla Svezia, scelse gli stati di questo principe per acquartierarsi per l'inverno, sperando di costringere l'elettore a un'alleanza con lui attraverso la sua dannosa presenza. Il momento era favorevole a questa impresa.

Appoggiata dagli svedesi e dalle truppe dell'elettore di Brandeburgo, l'armata sassone aveva riportato grandi risultati in Slesia. Il mezzo più sicuro per conservare questa provincia era una diversione contro l'elettore nei suoi territori, cosa ancor più facile poiché egli aveva lasciata sguarnita la Sassonia durante la guerra in Slesia. Il duca di Friedland non poteva pensare di essere biasimato per aver sacrificato gli interessi della Baviera alla necessità di conservare all'Austria una delle sue province ereditarie. Gli fu dunque facile nascondere le sue vere intenzioni sotto la maschera di una devozione a tutta prova alla casa d'Austria. Abbandonando al re di Svezia la Baviera, aveva il diritto di sperare che egli, a sua volta, lo lasciasse indisturbato nella sua impresa in Sassonia, per la quale, del resto, il monarca non aveva più quella viva amicizia che lo avrebbe spinto a liberarla.

Abbandonato dal suo perfido protettore, lo sfortunato Massimiliano si separò da lui a Bamberga e ritornò nel suo paese con gli esili avanzi delle sue truppe, mentre l'armata imperiale entrò nella foresta della Turingia, passando per Bayreuth e per Coburgo. Il generale Holk[262] era stato inviato nel Voigtland con seimila uomini e l'ordine di devastare ogni cosa sul suo passaggio. Subito dopo Gallas[263], altro generale di Wallenstein e uno dei più ardenti esecutori dei suoi ordini barbari, ricevette la stessa missione, come il generale Pappenheim, richiamato dalla bassa Sassonia, per portare al colmo le devastazioni negli stati di Giovanni Giorgio.

Chiese distrutte, villaggi incendiati, case saccheggiate, intere famiglie senza asilo e senza mezzi per sopravvivere e, ancora, abitanti uccisi, segnavano la strada che questi barbari avevano fatto attraverso la Turingia, il Voigtland e la marca di Meissen.

Tanti disastri, tuttavia, erano solo il preludio di calamità ancor più terribili dalle quali la Sassonia era minacciata dal grosso dell'armata che Wallenstein comandava personalmente. Dopo avere messo tutto a ferro e sangue, nel corso della sua marcia lenta e calcolata, lo spietato generalissimo si fermò sotto le mura di Lipsia, della quale si impadronì. Il suo scopo era di penetrare fino a Dresda e di riprendere i negoziati con l'elettore solo dopo aver conquistato il suo paese.

Si stava già preparando a passare il Mulda, per attaccare e disperdere l'armata sassone che gli stava venendo incontro fino a Torgau, quando la notizia dell'arrivo del re svedese a Erfurt lo costrinse ad abbandonare questo progetto di conquista e ad arretrare verso Merseburg, dove si riunì con il corpo d'armata di Pappenheim, il cui aiuto gli era indispensabile per resistere contemporaneamente ai sassoni e agli svedesi, in mezzo ai quali era posizionato e ai quali il duca Giorgio di Lüneburg non tardò a portare loro considerevoli rinforzi dalla bassa Sassonia.

Gustavo Adolfo seguiva da tempo le perfide macchinazioni della Spagna e dell'Austria per privarlo dei suoi alleati e l'elettore di Sassonia era certamente il più importante per lui, anche se più di un motivo lo autorizzava a dubitare della sua fedeltà. Non vi era mai stato un reale rapporto di amicizia tra lui e l'elettore. Questo principe, abituato a vedersi come il capo del suo partito, sopportava con fastidio l'intervento di uno straniero negli affari dell'impero e la sua ripugnanza a sostenere i successi di questo straniero era stata assopita, più che vinta, dal pericolo da cui l'aveva salvato.

L'autorità sempre crescente del re di Svezia, la sua predominante influenza sui principi protestanti e le sue brillanti vittorie erano certamente sufficienti per preoccupare i membri della dieta, ma soprattutto l'elettore di Sassonia si lasciò andare a dei dubbi che gli agenti austriaci non mancarono di sfruttare e far crescere. A ogni cambiamento di programma che il suo augusto alleato si permetteva senza averlo consultato, a ogni domanda o richiesta che inviava alla dieta, egli scoppiava in pianti amari che facevano presagire una rottura prossima. I generali dei due partiti, quando erano costretti ad agire insieme, facevano trasparire le incertezze e la gelosia che animava i loro capi.

Invero, Giovanni Giorgio aveva una repulsione innata per la guerra e nulla aveva potuto liberarlo interamente dalla sua soggezione rispettosa nei confronti della casa d'Austria, che l'abitudine, si può dire, aveva trasformata in culto. Queste premesse autorizzavano il generale Arnim a mantenere una fitta corrispondenza con Wallenstein nella speranza di concludere una pace separata tra il suo capo e l'imperatore. Se i suoi sforzi restarono per lungo tempo senza successo, il seguito proverà che non furono nemmeno interamente inutili. Gustavo Adolfo, preoccupato delle conseguenze che la defezione di un alleato così potente avrebbero prodotto sui suoi progetti in Germania, non risparmiò alcuno sforzo per evitare un evento per lui così dannoso e le sue rimostranze ebbero qualche effetto sull'elettore. Ma l'enorme potere con il quale l'imperatore assecondava le sue proposte seducenti e la miseria che minacciava di far cadere sulla Sassonia in caso l'elettore non si fosse deciso a questo passo, avrebbero potuto alla fine avere la meglio sull'elettore, se quest'ultimo fosse stato lasciato esposto alla vendetta del nemico e una possibile indifferenza verso le sue sorti sarebbe stata vista con diffidenza da tutti gli altri alleati della Svezia. Questa circostanza portò il re di Svezia a tralasciare vittorie certe per andare a liberare un alleato incerto. Aveva già deciso un secondo attacco a Ingolstadt, la debolezza dell'elettore di Baviera gli dava la speranza di riuscire a costringere questo nemico alla neutralità e la rivolta che era appena scoppiata nell'alta Austria gli apriva la strada per Vienna, della quale poteva impadronirsi prima che il duca di Friedland potesse giungere in suo aiuto. Tutte queste brillanti speranze andavano sacrificate per un alleato che non gli aveva offerto alcuna ricompensa, né benevolenza per questo sacrificio, che di fronte alle urgenti necessità della causa comune aveva cercato solo il proprio interesse con infimo egoismo, che non aveva alcuna considerazione per i servizi che ci si attendeva da lui, ma solo per i danni che arrecava. E chi tratterrebbe l'indignazione, sapendo che nella spedizione intrapresa per salvare questo principe il grande re avrebbe trovato la fine delle sue imprese? Dopo aver riunito le sue truppe in Franconia, seguì l'armata di Wallenstein attraverso la Turingia. Nei pressi di Arnstadt, il duca Bernardo di Weimar, che aveva mandato incontro a Pappenheim, si unì a lui. Con questo ricongiungimento, l'armata che conduceva in aiuto alla Sassonia ammontava a ventimila aguerriti uomini di truppa. La regina Eleonora era andata ad attenderlo a Erfurt e il loro addio ebbe qualcosa di straziante al punto da sembrare presagire una separazione eterna. Infatti, la sfortunata Eleonora doveva rivedere l'eroe che adorava solo nella bara reale che lo attendeva a Weissenfels.

Fu il 1° novembre 1632 che Gustavo Adolfo fece il suo ingresso a Naumburg, prima dell'arrivo del corpo d'armata che Wallenstein aveva inviato per occupare questa piazza. Gli abitanti di tutta la contea erano accorsi in folla per vedere l'eroe, il vendicatore, il grande re che un anno prima era apparso sullo stesso suolo, un salvatore. Grida di gioia precedevano il suo arrivo e, quando lo si scorgeva, ci si prostrava ai suoi piedi e ci si disputava l'onore di toccare il fodero della sua spada e i lembi dei suoi vestiti. Questo tributo di pubblica ammirazione, che gli tributava riconoscenza e ammirazione, irritò la sua modestia.

«Si direbbe - disse agli ufficiali del suo seguito – che questo popolo mi creda un dio! Le nostre imprese procedono bene, ma ho paura che il cielo mi faccia espiare queste deplorevoli adulazioni e che dimostri, ben presto, a tutti questi insensati la mia debole e mortale umanità».

Così, Gustavo Adolfo, pronto a lasciare il mondo per sempre, si mostra a esso più amabile e più coscienzioso che mai. Arrivato al sommo della gloria, teme ancora la giustizia divina, respinge riconoscimenti che non si addicono a un semplice mortale e moltiplica così le ragioni delle nostre lacrime nel momento stesso in cui si avvicina il momento di versarle.

Il duca di Friedland era avanzato fino a Weissenfels, deciso a stabilire il suo quartier generale per l'inverno in Sassonia e ad accettare battaglia se fosse stato costretto a rimanervi a questo prezzo. La sua condotta a Norimberga l'aveva esposto al sospetto che non osasse misurarsi in aperta campagna con l'eroe del nord e si vide, quindi, nella necessità di provare il contrario, se voleva conservare intatta la sua antica gloria.

La superiorità numerica delle sue truppe, sebbene minore di quella del campo di Norimberga, gli permetteva di contare sulla vittoria, soprattutto se riusciva a ingaggiare battaglia prima del ricongiungimento delle truppe sassoni con quelle della Svezia. La certezza con la quale contava sulla vittoria, tuttavia, era basata non tanto sulla superiorità numerica, quanto sulle predizioni di Seni, il suo astrologo, che pretendeva di aver visto negli astri che la stella che era stata fin qui favorevole al re di Svezia, si sarebbe eclissata nel mese di novembre.

La posizione dell'armata imperiale era protetta dalla catena di montagne tra Camburg e Weissenfels e dal Saale, che scorre attraverso queste montagne, i cui diversi passi sono così stretti che resero difficile agli svedesi entrarvi, poiché è sufficiente un modesto numero di uomini per difenderne le entrate. Al re di Svezia non restava che cercare di forzare queste gole o riportare gran parte della sua armata in Turingia, dove la carestia le avrebbe decimate. Ma la velocità con la quale Gustavo Adolfo aveva preso possesso di Naumburg annientò questo piano ed ora era Wallenstein stesso che aspettava l'attacco.

Il re di Svezia, tuttavia, non realizzò per niente questa aspettativa, poiché, in luogo di avanzare verso Weissenfels si trincerò nei dintorni di Naumburg, deciso ad attendere i rinforzi che il duca di Lüneburg doveva portargli. In questa critica situazione, Wallenstein convocò un consiglio di guerra con i suoi generali più esperti, per decidere se fosse il caso di passare le gole e dare battaglia agli svedesi o attendere di essere attaccati nel proprio campo. Il primo piano fu respinto all'unanimità. Però, l'accuratezza con la quale Gustavo Adolfo fortificava il suo campo, dimostrava l'intenzione di fermarvisi e l'avvicinarsi dell'inverno non consentiva di affaticare l'armata imperiale per degli accampamenti laboriosi e inutili. La maggioranza del consiglio decise dunque che la scelta più prudente era di terminare la campagna in questa contea e di portarsi in Westfalia e sulle rive del Reno per fermare lì i progressi degli svedesi e soccorrere Colonia, minacciata dagli olandesi.

Il duca di Friedland si arrese a queste importanti considerazioni e, persuaso che il re di Svezia fosse egualmente deciso a non riprendere la guerra fino alla successiva primavera, concesse alle sue truppe i quartieri invernali, così da riuscire a riunirle velocemente se il nemico avesse osato attaccare contro tutte le aspettative. Distaccò dalla sua armata un consistente contingente che, al comando di Pappenheim, doveva andare a liberare Colonia e impadronirsi sul tragitto della fortezza di Moritzburg, vicino ad Halle. Il resto delle sue truppe si acquartierò per l'inverno nelle vicine città per poter controllare i movimenti del nemico da tutte le parti. Il conte Colloredo[264] occupò il castello di Weissenfels, Wallenstein si stabilì non lontano da Merseburg, tra il Flotzgaben e il Saale, pronto a cogliere la prima occasione favorevole per avanzare verso Lipsia, al fine di tagliare tutte le comunicazioni tra i sassoni e gli svedesi.

Appena Gustavo Adolfo fu informato della partenza di Pappenheim, levò il campo a Naumburg e avanzò a marce forzate verso Weissenfels, per attaccare il nemico indebolito dalla mancanza di metà del suo esercito. La notizia di questo movimento si sparse nell'armata imperiale e stupì molto Wallenstein. Ma era necessaria una decisione rapida e il duca aveva già preso le sue misure. Sebbene il suo esercito si componesse di soli dodicimila uomini, mentre quello svedese ne contava più di ventimila, era persuaso che l'avrebbe sostenuta con onore fino al ritorno di Pappenheim, che non poteva essere più lontano di cinque miglia.

Mentre i corrieri incaricati di richiamarlo partivano velocemente, Wallenstein uscì allo scoperto nella pianura e si preparò alla battaglia tra il canale e la piccola città di Lützen, posizione che separava completamente gli svedesi da Lipsia e dai sassoni. Tre colpi di cannone che il conte Colloredo fece sparare dal forte di Weissenfels annunciarono l'avvicinarsi del nemico.

A questo segnale convenuto, gli avamposti degli imperiali, comandati dal generale croato Isolani[265], ripiegarono per attestarsi nei villaggi situati sul fiume Rippach. La loro debole resistenza non fu in grado di arrestare il nemico che passò le rive presso il villaggio omonimo e si preparò alla battaglia al di sopra di Lützen, di fronte agli imperiali.

Il canale che si estende da Zeitz fino a Merseburg e riunisce l'Elster al Saale, attraversa la strada principale che va da Weissenfels a Lipsia tra Lützen e Markranstädt. Fu su questo canale che Wallenstein appoggiò l'ala sinistra della sua armata e Gustavo Adolfo la destra della sua. La cavalleria imperiale e la cavalleria svedese si estendevano ben al di là di questo canale. Verso il nord, dietro Lützen, stazionava l'ala destra degli imperiali e a sud l'ala sinistra degli svedesi. Le due armate erano di fronte alla strada principale, che separava l'una dall'altra. Alla vigilia della battaglia, Wallenstein si era impossessato di questa strada e aveva fatto scavare nei due lati dei profondi fossati nei quali aveva appostato numerosi plotoni di moschettieri, così da rendere estremamente pericoloso il passaggio. Una batteria di sette cannoni di grosso calibro era stata posta per proteggere il fuoco di questi moschettieri. Più vicino a Lützen, su un'altura dove vi erano numerosi mulini a vento, un'altra batteria di quattordici pezzi da campagna dominava una parte della pianura. La fanteria, divisa in cinque brigate, troppo grosse per potersi muovere con facilità, era stata posta a circa trecento passi dalla strada. La cavalleria copriva i fianchi di queste brigate. Le casse di munizioni erano la terza linea, mentre i carri e i bagagli erano stati mandati a Lipsia per non essere d'ingombro alle manovre. Per far sembrare l'armata più numerosa i carrettieri e i servitori avevano ricevuto l'ordine di montare a cavallo e di mettersi in coda all'ala sinistra fino all'arrivo di Pappenheim. Tutte queste misure erano state prese con il buio della notte, e ai primi raggi del giorno l'armata di Wallenstein era pronta a sostenere l'attacco del nemico.

Anche Gustavo Adolfo aveva approfittato della notte per prendere le sue posizioni con lo schieramento che, un anno prima, gli aveva assicurato la celebre vittoria di Lipsia. Piccoli squadroni dividevano la fanteria e dentro alla cavalleria erano piazzati qua e là dei gruppi di moschettieri. L'intera armata era posta su due linee di fronte alla strada principale, dietro e alla sua destra scorreva il canale e davanti, alla sinistra, la strada e la piccola città di Lützen. La fanteria, comandata dal generale conte di Brahe, occupava il centro, la cavalleria formava le due ali e l'artiglieria era posta frontalmente. All'ala sinistra, un eroe tedesco, il duca Bernardo di Weimar, comandava la cavalleria tedesca, all'ala destra Gustavo Adolfo era personalmente alla testa dei cavalieri svedesi, posizione che non poteva mancare di incitare le due nazioni a rivaleggiare in valore ed eroismo. La seconda era disposta nello stesso ordine di battaglia della prima, e dietro questa c'era il corpo di riserva, comandato dal generale scozzese Henderson.

Fu in queste rispettive posizione che le due armate attesero l'aurora per iniziare un combattimento che la lunga attesa, piuttosto che la probabilità di conseguenze decisive, che la scelta, piuttosto che il numero dei combattenti, doveva rendere così terribile e importante. Le aspettative dell'Europa, disattese a Norimberga, dovevano essere gratificate sui campi di Lützen. Due comandanti uguali in stima, gloria e in capacità non avevano ancora misurato le proprie forze in una battaglia aperta dall'inizio di questa guerra, mai una battaglia aveva suscitato tanti timori e tante speranze e mai la vittoria aveva promesso dei risultati più importanti. Il giorno, di cui si attendevano le prime luci con tanta impazienza, doveva far conoscere alla Germania il suo più grande comandante e dare un vincitore a chi, fino a quel momento, era stato invincibile.

Questa giornata, inoltre, doveva anche provare se Gustavo Adolfo doveva alla superiorità del suo genio o all'incapacità dei suoi avversari le brillanti vittorie riportate nella pianura di Lipsia e sulle rive del Lech.

Per il duca di Friedland, questa stessa giornata, rappresentava l'unico modo per giustificare la scelta dell'imperatore e per dimostrarsi grande quanto il prezzo che questi aveva pagato per i suoi servigi. Ciascun soldato era geloso della gloria del suo capo, e sotto la giubba sentivano le stesse emozioni che infiammavano i cuori dei loro generali. Era impossibile sapere quale delle due armate avrebbe riportato la vittoria, ma tutti sentivano che sarebbe costata sangue e fatica tanto al vincitore quanto al vinto. Si conosceva il nemico che si aveva ora di fronte e l'inquietudine che accelerava il battito dei cuori più eroici, era una testimonianza involontaria resa al valore di questo nemico.

Alla fine il giorno temuto comparve. La spessa nebbia che avvolgeva il campo di battaglia non permise di iniziare l'attacco prima di mezzogiorno. Per prepararsi degnamente, il re di Svezia si inginocchiò e pregò alla testa della sua armata, immediatamente ogni soldato si inchinò e tutti intonarono in coro un canto religioso che la musica dei reggimenti accompagnò e rese ancor più solenne. Terminata la preghiera, il re si rialzò e montò a cavallo, una recente ferita, non ancora rimarginata, non gli aveva permesso di indossare l'armatura. Vestito con una semplice corazza di pelle di montone e, sopra a tutto, da un drappo, percorse tutti i ranghi per incoraggiare le truppe con una fiducia che, tuttavia, era contraddetta dagli oscuri presentimenti che opprimevano il suo petto. "Dio è con noi!" era l'esclamazione degli svedesi "Gesù! Maria!" quella degli imperiali. Verso le undici la nebbia incominciò a diradarsi, il nemico era visibile e con lui la città di Lützen, in preda alle fiamme appiccate per ordine di Wallenstein, che con questa misura barbara aveva messo gli svedesi nell'impossibilità di accerchiarlo in questo punto e di attaccarlo sul fianco.

Al grido di guerra la cavalleria si precipitò alla carica, la fanteria corse verso i fossati che difendevano il passaggio della strada. Nonostante il fuoco della moschetteria, nonostante le cannonate che li accolsero, gli intrepidi battaglioni svedesi scavalcarono i fossati, respinsero i moschettieri che li difendevano, si impadronirono della batteria e la rivolsero prontamente contro il nemico.

Nulla poteva arrestare il loro impeto. La prima delle cinque brigate della fanteria imperiale fu travolta, la seconda provò la stessa sorte e già la terza stava ripiegando quando il duca di Friedland accorse con la rapidità del lampo e si oppose alla sua fuga. La presenza di spirito, la parola potente e terribile del grande generale, ristabilirono l'ordine e fecero fermare i fuggitivi. Sostenute da tre reggimenti di cavalleria, fronteggiarono nuovamente il nemico e ben presto penetrarono nei suoi ranghi aperti dalla morte.

Iniziò una lotta feroce, ma lo spazio ristretto non permetteva di servirsi delle armi da fuoco. Gli archibugi e i moschetti, divenuti inservibili, furono sostituiti dalle spade e dalle picche. Il valore personale sostituì il mestiere e il campo di battaglia non era che un'arena di gladiatori.

Schiacciati dal numero e spossati dalla fatica, gli svedesi indietreggiarono al di là del fossato, la batteria conquistata ricadde in mano agli imperiali. Migliaia di cadaveri mutilati ricoprivano il suolo, ma nessuna delle due armate aveva ceduto un pollice di terreno all'altra.

L'ala destra, comandata da Gustavo Adolfo, era alle prese con l'ala sinistra del nemico. Al primo urto dei corazzieri finlandesi, la cavalleria croata e polacca, armata in modo più leggero, si disperse e la sua fuga gettò lo scompiglio in tutta questa parte dell'armata imperiale ma, nello stesso momento, il re venne informato che la sua fanteria recedeva e che l'ala sinistra, incapace di sostenere più a lungo il fuoco delle batterie piazzate sulle alture, vicino ai mulini a vento, iniziava a ripiegare.

Immediatamente affidò al generale Horn il compito di inseguire l'ala sinistra del nemico che aveva appena messo in fuga e volò in soccorso ai suoi, alla testa del reggimento di Stenbock, per ristabilire l'ordine nella sua armata sinistra. La sua coraggiosa corsa lo portò al di là del fossato con la rapidità del fulmine, mentre il passaggio del reggimento si effettuava più lentamente e qualche giovane cavaliere, tra i quali il duca Francesco Alberto[266], il figlio più giovane del duca di Lüneburg, fu tra i pochi in grado di seguirlo.

In mezzo alla sua corsa impetuosa, l'eroe del nord vide la fanteria pericolosamente minacciata, perciò cercò di individuare un punto vulnerabile nei ranghi dei nemico, contro il quale poteva portare i suoi battaglioni. La debolezza della sua vista lo condusse così vicino agli imperiali che uno dei sottufficiali che lo vide passare al galoppo, disse a uno dei moschettieri ai suoi ordini:

«Punta quello, deve essere un uomo importante».

Il moschettiere obbedì e il suo colpo fracassò il braccio sinistro del re. Il reggimento, che non aveva potuto seguirlo da vicino, finalmente lo raggiunse. Alla vista del suo sangue, il grido terribile e mille volte ripetuto: «Il re è ferito! Il re è stato ucciso!», portò la costernazione e il terrore in tutti i ranghi.

«Non è niente, seguitemi!» gridò il re raccogliendo tutte le sue forze, ma sopraffatto dal dolore e sul punto di perdere conoscenza chiese al duca di Lüneburg, ma in francese per essere compreso solo da lui, di condurlo discretamente fuori dalla mischia. Il duca obbedì e per risparmiare alla fanteria lo spettacolo doloroso del loro re ferito, prese la strada più lunga per portarlo verso l'ala destra e vittoriosa della sua armata. Nel corso di questo tragitto un secondo colpo gli trapassò la schiena, il resto delle sue forze l'abbandonò, si sentì venir meno e disse con voce morente: «Io ho finito, fratello, vattene, lasciami e salva la tua vita!».

Appena pronunciate queste parole cadde da cavallo e una scarica di colpi lo crivellò di nuove ferite e morì, abbandonato dai suoi e attorniato dai rapaci e sanguinari croati.

La vista del suo cavallo coperto di sangue, che fuggiva solo e a casaccio, ben presto rivelò alla cavalleria svedese il tremendo accadimento che l'aveva colpita. Chiese il corpo del suo re e per i suoi resti mutilati si ingaggiò un combattimento più furioso di tutti quelli precedenti, fino a quando i suoi resti non vennero seppelliti sotto un mucchio di morti. Non trascorse molto tempo e l'armata intera seppe che non aveva più comandante ma questa tremenda notizia, lontano dall'abbattere il suo coraggio, la esaltò sino alla furia. La vita perde di valore quando la più gloriosa, la più utile di tutte è giunta alla fine e l'uomo comune non teme più i colpi della morte, quando questa aveva colpito una testa coronata.

I reggimenti dell'Uppland, della Småland, i finlandesi, gli ostrogoti e i visigoti si gettarono con il furore dei leoni assetati di sangue sull'ala sinistra del nemico che il generale Horn conduceva con debole resistenza e la misero in rotta completa. Il duca Bernardo comparve alla loro testa dando agli svedesi indeboliti un capo riconosciuto.

Lo spirito di Gustavo Adolfo sembrava essere sopra la sua armata vittoriosa. L'ala sinistra si riunì, premendo sulla destra degli imperiali. L'artiglieria vicina ai mulini a vento, che aveva mantenuto un fuoco violento contro gli svedesi, venne catturata e rivolta contro il nemico. Il centro, costituito da fanteria svedese e comandato dal duca di Bernardo di Kniphausen[267], avanzò nuovamente contro le trincee, che superò con successo e riprese la batteria di sette cannoni. Si rinnovò l'attacco con un fuoco più forte verso i battaglioni del nemico, la loro resistenza si fece sempre più debole e la sorte si fece alleata degli svedesi a completarne la sconfitta. Presero fuoco le casse di munizioni degli imperiali i quali, alla vista delle bombe e delle granate che scoppiavano in mezzo a una spessa nuvola di fumo, credettero che il nemico fosse alle loro spalle, mentre le sue brigate gli stavano andando incontro. Il coraggio sfugge loro, vedono l'ala sinistra sconfitta, la destra che sta per cadere e l'artiglieria in mano al nemico.

Il combattimento sembrava arrivare alla fine: un solo istante ancora e la sconfitta degli imperiali sarebbe stata completa, quando Pappenheim arrivò sul campo di battaglia con i suoi dragoni e i suoi corazzieri. Tutti i vantaggi guadagnati furono perduti e la lotta ricomincia.

L'ordine che richiamava il generale a Lützen lo aveva raggiunto a Halle, quando le sue truppe stavano saccheggiando la città. Era impossibile raccogliere la fanteria dispersa con la rapidità che l'ordine e l'impazienza di Pappenheim richiedevano. Senza attendere, dunque, ordinò a otto reggimenti di cavalleria di mettersi a cavallo e alla loro testa galoppò verso Lützen. Arrivò in tempo per vedere la fuga dell'ala destra imperiale che Gustavo Horn stava facendo allontanare dal campo. La presenza di spirito di Pappenheim arrestò i fuggitivi, il suo valore li riportò al combattimento. Trascinato dal suo eroismo selvaggio e dal desiderio di incontrare Gustavo Adolfo, che cercava nel luogo più pericoloso, caricò la cavalleria svedese che, affaticata dalla vittoria, si ritrasse davanti a questo nuovo torrente di nemici. L'inatteso arrivo di Pappenheim aveva rianimato il coraggio della fanteria imperiale e il duca di Friedland subito approfittò di questo momento favorevole per riallinearla e formare un nuovo ordine di battaglia.

Al suo primo attacco i battaglioni svedesi furono respinti al di là del fossato e persero, per la seconda volta, la batteria la cui duplice conquista era loro costata così cara. Il reggimento giallo, il più valoroso di tutti quelli che in questa giornata avevano dato tante prove di coraggio, fu interamente steso al suolo, nello stesso mirabile ordine che l'aveva distinto nel corso del combattimento. Il reggimento blu, alla prese con il conte Piccolomini[268], ebbe la stessa sorte, dopo una resistenza che ebbe del prodigioso, poiché per sette volte il coraggioso e celebre generale austriaco era venuto alla carica, per sette volte aveva avuto un cavallo ucciso sotto di lui e sei colpi di moschetto lo avevano colpito, ma non lasciò il campo di battaglia se non quando si vide trascinato, malgrado lui, dalla fuga dell'intera armata.

Nel corso di questi terribili combattimenti, in mezzo a una grandine di proiettili e di palle di cannone, Wallenstein, calmo e impassibile sul suo cavallo da battaglia, aveva percorso tutti i ranghi con passo misurato. Qui il suo sguardo aveva eccitato il pauroso e gli aveva ridato il coraggio, là lo stesso sguardo aveva applaudito un gesto di valore e infuso ardore a tutti. Il suo mantello era perforato da una pioggia di proiettili, interi reggimenti caddero vicino a lui, ma gli dei della vendetta vegliavano in quel giorno su di lui, mentre già affilavano il ferro che dovrà dargli una morte meno gloriosa. Wallenstein non era degno di esalare la sua anima colpevole sul campo dell'onore santificato dal nobile sangue di Gustavo Adolfo.

In questa spaventosa giornata, Pappenheim, l'Aiace dell'armata imperiale, il difensore più formidabile della casa d'Austria e della Chiesa cattolica, fu meno fortunato del suo capo. Seguendo solo il desiderio di misurarsi personalmente con il re di Svezia, si era precipitato nel mezzo delle mischie più accanite. Vero è che Gustavo Adolfo aveva manifestato lo stesso desiderio e anch'egli aveva cercato sul campo di battaglia il generale nemico del quale ammirava il valore. Ma solo la morte si era riservata il privilegio di esaudire questo desiderio e ha riunito questi due eroi. Il petto attraversato da due proiettili, Pappenheim fu trasportato lontano dal campo di battaglia. Mentre lo conducevano dietro la trincea, sentì mormorare intorno a lui che l'avversario che aveva cercato con una foga così imprudente aveva cessato di vivere e quando gli fu confermata questa notizia il suo viso si illuminò e una scintilla di gioia rianimò i sui occhi spenti.

«Ora – esclamò – non vi trattengo più dall'andare a dire al duca di Friedland che sono ferito a morte! Aggiungete che muoio con gioia, poiché so che l'irriducibile nemico della mia religione è caduto nello stesso giorno».

Insieme a Pappenheim, la fortuna di Wallenstein sembrava aver lasciato il campo di battaglia. Appena la cavalleria dell'ala sinistra si accorse dell'assenza di Pappenheim, credette tutto perduto e cercò nella fuga la sua salvezza. Lo stesso terrore si impadronì dell'ala destra, a eccezione di quattro reggimenti che il valore dei colonnelli Gœtz, Terzky, Colloredo e Piccolomini obbligò a tenere le proprie posizioni. Approfittando dello scoraggiamento del nemico, la fanteria svedese riempì i vuoti che la morte aveva fatto nei suoi ranghi, riallineandosi su una sola fila che sferrò l'attacco decisivo. Per la terza volta si precipitò sui fossati che oltrepassò nuovamente e, per la terza volta, si impadronì della batteria.

Il sole stava calando all'orizzonte, quando entrambi gli schieramenti si scontrarono. La terribile lotta si fece più dura perché era sul finire, ma dalle due parti gli ultimi sforzi avevano tutto il furore di un primo attacco. Dall'una e dall'altra parte la disperazione, il valore e l'abilità si contendevano gli ultimi minuti che dovevano rendere decisiva questa giornata. Vana speranza! La disperazione dava una forza quasi sovrumana, nessuno voleva fuggire, ma nessuno sapeva neanche vincere! Il coraggio generò prodigi che si superavano incessantemente e quando la tattica sembrava aver esaurito ogni portento ne produceva altri ancor più sorprendenti. La nebbia e le tenebre portarono finalmente il risultato che l'uguale coraggio dei combattenti non aveva saputo ottenere. La carneficina cessò perché non era più possibile distinguere il proprio nemico. Suonarono le trombe, le due armate si divisero come per un tacito accordo e ciascuna di esse, proclamandosi imbattuta, scomparve dal campo di battaglia.

L'artiglieria da entrambe le parti, poiché i cavalli si erano allontanati, rimase tutta la notte sul campo, come evidenza e riconoscimento di vittoria a chi l'avrebbe ottenuta. Ma nella fretta di lasciare Lipsia e la Sassonia, Wallenstein dimenticò di togliere la sua dal campo di battaglia. Poco dopo il termine della battaglia la fanteria di Pappenheim, che non era riuscita a seguire i rapidi movimenti del suo generale, e che ammontava a sei reggimenti, marciò sul campo, ma ormai tutto era compiuto. Se la sua fanteria lo avesse raggiunto in tempo, può darsi che avrebbe mutato la sorte della giornata e, in ogni caso, avrebbe risparmiato a Wallenstein la perdita di tutta la sua artiglieria e gli avrebbe fatto conquistare quella svedese.

Ma non avevano ricevuto alcun ordine e, senza poter sapere quale era stato il risultato del combattimento, presero la strada per Lipsia, dove speravano di trovare il generalissimo e la sua armata. Era effettivamente in questa città che il duca di Friedland aveva cercato rifugio. L'indomani, i resti sparsi delle sue truppe lo raggiunsero senza armi, senza artiglieria e senza bandiere.

Da parte sua, il duca Bernardo di Weimar fece riposare l'armata svedese tra Weissenfels e Lützen, abbastanza vicino al campo di battaglia, al fine di poter respingere il nemico se si fosse sognato di impadronirsi del campo di battaglia, coperto da più di novemila morti per ciascuna parte. Il numero dei feriti era ancora maggiore e, soprattutto, nell'armata imperiale non un uomo era uscito interamente sano e salvo da questa battaglia feroce. L'intera pianura di Lützen fino ai fossati era coperta di feriti agonizzanti e di morti. Da entrambe gli schieramenti, una parte della alta nobiltà era morta.

Anche l'abate di Fulda[269] aveva voluto essere presente a un combattimento per lui così importante e la sua curiosità e il suo fanatismo gli costarono la vita. La storia non fa alcun cenno di prigionieri, ulteriore prova del furore dei combattenti che non volevano né accettare né dare grazia.

Pappenheim, che era stato trasportato agonizzante a Lipsia, morì il giorno seguente a causa delle ferite riportate. La sua morte fu una perdita irreparabile per l'armata imperiale, che aveva tante volte condotto alla vittoria. La battaglia di Praga, dove aveva combattuto al fianco di Wallenstein, in qualità di colonnello, era stata il suo debutto nella sua eroica carriera. Nonostante la grave ferita che ricevette in questa battaglia e il modesto numero di soldati rimasti in piedi intorno a lui, aveva messo in fuga un intero reggimento. Caduto a sua volta, era rimasto per più ore in mezzo ai morti e sotto il peso del suo cavallo fino a quando dei razziatori imperiali giunti per spogliare i morti, lo riconobbero e gli salvarono la vita.

Con poche truppe aveva sottomesso i ribelli dell'alta Austria in tre battaglie. Il suo valore ritardò la sconfitta di Tilly vicino a Lipsia e l'imperatore gli fu debitore dei più importanti successi sull'Elba e sul Weser. La sua tempra selvaggia, che non indietreggiava davanti ad alcun pericolo, e che lo costringeva quasi all'impossibile, lo faceva guardare come il più terribile strumento del generale comandante ma, allo stesso tempo, lo rendeva inadatto a ricoprire quest'incarico. Se bisogna credere alla testimonianza di Tilly, l'irruenza di Pappenheim nella battaglia di Lipsia, ne causò la sconfitta. Egli stesso ebbe una parte sanguinosa nel sacco di Magdeburgo, poiché la vita dei campi militari gli aveva fatto man mano perdere tutti i principi morali e tutti i sentimenti di umanità e di vero onore, che doveva a un'educazione distinta e ai suoi numerosi viaggi nei paesi più civilizzati d'Europa. Peraltro, dalla nascita la natura sembrava averlo destinato al mestiere delle armi, poiché aveva segnato la sua fronte con una macchia rossa dalla forma di due sciabole incrociate. L'età aveva sfumato questo segno, ma a ogni emozione che accelerava il flusso del suo sangue riappariva più visibile che mai. La superstizione vide in questo fenomeno la prova che il futuro di un uomo è già segnato sulla fronte di un bambino. Da fedele servitore della casa d'Austria, aveva diritto ai più grandi riconoscimenti da entrambi i rami, ma non ebbe il tempo di vedere il più importante. Il corriere che doveva consegnare al conte di Pappenheim la decorazione dell'ordine del Toson d'oro[270], partì da Madrid lo stesso giorno in cui il generale spirava a Lipsia.

In un certo senso, Wallenstein aveva dichiarato egli stesso la sua sconfitta abbandonando velocemente tutta la sua artiglieria sul campo di battaglia ed evacuando immediatamente la Sassonia, a dispetto della sua decisione di stabilirvi il suo quartiere invernale, ciò nondimeno, si cantarono *Te Deum* in tutte le città dell'Austria e della Spagna per celebrare il suo trionfo. Ciononostante, fece un debole tentativo per reclamare, anche se in fuga, l'onore della vittoria e inviò la mattina seguente i croati per prendere possesso del campo di battaglia. Ma la visione dell'esercito svedese in assetto da battaglia disperse questi gruppi e sulla vittoria, tuttavia, non poteva esserci dubbio[271]. Il duca Bernardo, rimanendo padrone della piana di Lützen, e successivamente conquistando Lipsia, mantenne senza alcuna disputa il diritto ad essere proclamato vincitore. Ma questa vittoria era costata cara agli svedesi, un triste trionfo! Non appena la furia della battaglia si fu placata, le grida di gioia e di trionfo lasciarono presto il posto a una cupa disperazione, poiché con loro non aveva fatto ritorno dal combattimento l'eroe che li aveva abituati a vincere. Era rimasto in mezzo ai cadaveri mutilati, sul suolo che aveva conquistato. Dopo lunghi vani tentativi il cadavere del re fu ritrovato vicino a una enorme pietra che da più di un secolo giaceva tra il canale e Lützen e alla quale questo funesto avvenimento ha fatto dare il nome di *pietra degli svedesi*.

Il corpo di Gustavo Adolfo, nascosto sotto una montagna di morti, era coperto di sangue e di ferite, mutilato dai piedi dei cavalli e spogliato dei gioielli e dei vestiti. Venne trasportato a Weissenfels, dove fu esposto ai lamenti dei soldati e agli ultimi abbracci della regina. Il primo tributo era stato pagato alla vendetta e il sangue dei nemici doveva scorrere per vendicare quello del re. Ma, quando la vendetta dovuta al monarca fu paga, i sentimenti amorevoli ripresero il sopravvento e si pianse l'uomo. Il dolore comune comprendeva il dolore di ogni singolo. Piombati in un muto cordoglio, i capi circondavano la bara e ancora non avevano coscienza dell'immensità della loro perdita.

Khevenhiller riferisce che quando si presentò a Ferdinando II la corazza di montone ancora coperta di sangue che a Gustavo Adolfo era stata strappata in battaglia e portata a Vienna, il monarca testimoniò un *decoroso* sentimento di tristezza che probabilmente veniva dal cuore.

«Volentieri – disse – gli avrei volentieri augurato una lunga esistenza e un felice ritorno nel suo regno, se solamente avesse voluto lasciare la Germania in pace».

Questo moto di ambigua umanità, che le buone creanze esigevano, che l'amor proprio strappa ai cuori più insensibili e che anche la ferocia fatica a rifiutare a un nemico gloriosamente caduto sul campo di battaglia, è stato elogiato con enfasi da un autore cattolico, il cui merito è generalmente riconosciuto. Nella sua esagerazione, questo scrittore arriva a paragonare la condotta dell'imperatore, in questa circostanza, a quella di Alessandro quando apprese la morte di Dario. Ma questo esagerato confronto fa nascere la nostra sfiducia nelle altre virtù dell'imperatore e, cosa ancora più grave, nelle sue idee di dignità morale. Ma elogi così dubbi sono ancora più gravi quando si indirizzano a un monarca al punto che si può pensare che ci si debba discolpare dall'accusa di regicidio.

Gli uomini hanno una tale inclinazione per lo straordinario che raramente ci si può aspettare che attribuiscano al corso naturale degli eventi la catastrofe che aveva bruscamente posto termine alla gloriosa carriera di Guastavo Adolfo. La sua morte era per Ferdinando II una fortuna così grande, da far sorgere nei suoi oppositori l'idea che l'avesse preparata egli stesso.

Per realizzare questo crimine avrebbe avuto bisogno di un complice e, ben presto, l'opinione pubblica designò come tale il duca Francesco Alberto di Lüneburg. Il suo rango, che avrebbe dovuto metterlo al riparo da un simile sospetto, lo rendeva più credibile poiché gli consentiva il libero accesso al re. Si deve ora dimostrare se questo principe sarebbe stato capace di un simile misfatto e se avesse motivi abbastanza importanti per commetterlo.

Come abbiamo detto, questo principe era il più giovane dei quattro figli di Francesco II, duca di Lüneburg. Unito da parte di madre al casato dei Wasa, nella sua giovinezza era stato accolto con cortesia alla corte di Svezia. Un giorno che si trovava con Gustavo Adolfo nell'appartamento della regina sua madre, si permise una scorrettezza verso di lui che il principe, ancora troppo giovane per reprimere la sua collera, punì subito con uno schiaffo. Gustavo Adolfo si pentì immediatamente del suo comportamento e si affrettò a scusarsi con lui, ma questo fatto fece nascere nel cuore vendicativo del duca un irreparabile odio. Francesco Alberto entrò successivamente al servizio della corte di Vienna, dove arrivò a comandare un reggimento, e si legò intimamente con il duca di Friedland, per il quale compì una missione segreta alla corte di Sassonia, indegna di un uomo del suo rango.

Improvvisamente e senza motivo apparente, lasciò la bandiera dell'imperatore e si presentò al campo di Norimberga, dove si offrì a Gustavo Adolfo in qualità di volontario. Il suo zelo, vero o simulato, per la causa protestante, i suoi modi amabili e da adulatore gli valsero le simpatie del re. Il cancelliere Oxenstierna, tuttavia, non smetteva di metterlo in guardia, invano, dal dare la sua amicizia e la sua fiducia a questo nuovo venuto, che i suoi precedenti rendevano sospetto.

Nella battaglia di Lützen, Francesco Alberto rimase sempre al fianco di Gustavo Adolfo, come un genio maligno, e non lo lasciò se non quando lo vide ferito. In mezzo al fuoco delle pallottole nemiche, non venne colpito perché portava una cintura verde, il colore imperiale. Fu ancora lui, pur in mezzo alla mischia, a informare il suo amico, il duca di Friedland, della morte di Guastavo Adolfo e, subito dopo la battaglia di Lützen, lasciò il servizio della Svezia per ritornare a quello della Sassonia.

Dopo la caduta di Wallenstein fu accusato di complicità con il generale e sfuggì alla spada del carnefice abiurando il protestantesimo. Qualche anno più tardi, fu nominato comandante in capo dell'armata imperiale in Slesia e morì nell'assedio di Schweidnitz, in conseguenza delle ferite riportate in battaglia.

Per difendere l'innocenza di un tale uomo, che ha fatto una carriera come questa, bisogna fare non pochi sforzi, ma se tutte le presunzioni morali e fisiche provano che Francesco Alberto era capace di uno spregevole assassinio, sarebbe ingiusto concludere che lo abbia affettivamente compiuto. Tutti sanno che Gustavo Adolfo si esponeva agli stessi pericoli del suo ultimo soldato e là dove sono cadute migliaia di vittime, poteva cadere anche lui. Come sia accaduto, rimane nascosto nel mistero e noi sentiamo più che mai la necessità di ricordare quell'assioma di morale universale che impedisce di disonorare la dignità dell'uomo presupponendo l'accadimento di un crimine in una catastrofe che si può spiegare con il normale corso degli eventi[272]. Qualunque sia, del resto, l'infida mano che ha ucciso Gustavo Adolfo, la sua morte deve essere vista come un atto straordinario della provvidenza. Lo storico si trova troppo spesso ridotto a descrivere le lotte meschine e monotone delle passioni interessi degli uomini ed è per lui una dolce consolazione quando il suo pensiero può soffermarsi su un avvenimento inaspettato che, simile a una invisibile mano che esce dalle nuvole per rendere vani i progetti umani, ci ricorda che esiste un potere al di sopra di ogni potere della terra.

La morte di Gustavo Adolfo è uno di questi avvenimenti, poiché sconvolse tutti gli ingranaggi della politica e andò contro ogni calcolo dell'intelligenza umana. Ancora ieri il suo genio dava la vita e l'azione all'ampio cerchio di attività di cui era il centro, appena un giorno è passato e un potere irresistibile ferma il volo dell'aquila del suo genio attraverso l'infinito dei suoi audaci progetti! Egli cade in mezzo alla ricca mietitura che la speranza aveva seminato per lui, che il tempo ha nutrito, ma che non doveva raccogliere. È scomparso dalla terra, il suo partito è solo un orfano abbandonato e con il suo ultimo afflato è svanito il superbo edificio della sua vana gloria!

Il partito protestante aveva identificato le sue speranze con il proprio comandante invincibile ed ora non riusciva a separarsi da lui. Con lui temeva che tutta la propria fortuna sarebbe terminata. Tuttavia, non fu il benefattore della Germania che cadde nella piana di Lützen. Gustavo Adolfo aveva terminato la più bella parte della sua vita e il più grande, l'ultimo servizio che poteva ancora rendere alla libertà civile e religiosa dell'impero tedesco, era morire!

La caratteristica del potere illimitato di uno solo è assorbire gli altri poteri. Affinché tutti possano provare le loro forze è necessario che sia eliminata la fonte che le assorbe. Sotto la protezione ambigua di un capo assoluto, i rappresentanti del popolo diventano strumenti passivi dei suoi progetti di grandezza. Abbandonati alle loro uniche risorse sono costretti a trovare da soli degli aiuti, che è sempre pericoloso ricevere da una mano straniera al paese del quale è chiamata a difendere gli interessi. Il potere svedese fu ridotto a riprendere il modesto ruolo di un semplice alleato, ruolo che il suo re era vicino dall'abbandonare per prendere quello di oppressore. Già non cercava più di nascondere l'ambizione a un'autorità poco compatibile con i privilegi di un membro della dieta, il suo scopo era quello di arrivare al trono imperiale. Rivestito di una simile dignità, si sarebbe certamente permesso atti più arbitrari di tutti quelli dei principi della casa d'Austria.

Dotato di un'intelligenza superiore e di un eroico coraggio, abituato a forme di governo assoluto, fervido protestante e, quindi, ardente nemico dei cattolici, estraneo alla Germania per nascita, era il meno adatto di tutti a preservare intatta l'eredità delle costituzioni dell'impero. I più che sospetti atti di vassallaggio che numerose città imperiali furono costrette a rendergli non permettevano di dubitare che cercasse di stabilirsi in Germania, non come protettore, ma come conquistatore. Già la città di Augusta si vantava di essere stata scelta come capitale della nuova monarchia e si mostrava più fiera del titolo di residenza imperiale che sperava di ottenere che non afflitta dalla perdita dei privilegi dei quali aveva goduto per così lungo tempo.

I progetti del re circa l'arcivescovado di Magonza, che aveva dato in dote a sua figlia e che successivamente aveva destinato al suo amico, il cancelliere Oxenstierna, erano un annuncio sgradevole delle violazioni che era capace di fare delle leggi fondamentali dell'impero. Dall'altra parte, i principi protestanti suoi alleati avanzavano pretese che avrebbe potuto soddisfare solo a discapito dei sovrani ecclesiastici e di tutto il partito cattolico in generale. È quindi lecito supporre che, sull'esempio delle orde barbariche che un tempo avevano sommerso l'impero romano, egli si proponesse di dividere le province conquistate della Germania tra i comandanti della sua armata.

Quanto al suo comportamento nei confronti dello sfortunato palatino Federico V, esso è indegno di un eroe e di un protettore. Il Palatinato era nelle sue mani, la giustizia e l'onore gli imponevano di renderlo al suo legittimo sovrano. Per evitarlo fece ricorso a delle sottigliezze non degne di un grande uomo e che danneggiano l'onorevole nome di un difensore degli oppressi. Poiché aveva strappato questo elettorato ai nemici che avevano scacciato Federico, fingeva di considerarlo una conquista e quindi di poterne disporre a suo piacimento. Se alla fine glielo rese, non fu come una dovuta restituzione, ma come una grazia speciale e con il titolo di feudo della corona svedese. Il che faceva di un membro indipendente della dieta tedesca un vassallo del re di Svezia.

Il palatino e tutti i principi tedeschi suoi alleati erano stati obbligati "a contribuire, anche dopo la conclusione della pace generale, al mantenimento di una parte dell'armata svedese". Questa condizione sola ci fa prevedere quale sarebbe stata la sorte della Germania se la fortuna avesse continuato a favorire Gustavo Adolfo.

La sua prematura morte, quindi, salvò le libertà tedesche e la memoria di questo eroe. È anche possibile che gli si risparmiò il dolore di vedere i suoi alleati armarsi contro di lui per costringerlo, con una pace disonorevole, a rinunciare a tutte le speranze che le sue vittorie gli avevano fatto concepire. Già prima della sua morte la Sassonia pensava di abbandonarlo, la Danimarca vedeva le sue conquiste con preoccupazione e invidia, mentre la Francia, il suo più importante alleato, spaventata dal continuo ingrandirsi del suo potere in Germania e offesa dal tono sprezzante che aveva assunto nei suoi confronti, cercava degli alleati per porre fine ai trionfi del *goto* e ristabilire l'equilibrio delle potenze europee.

Libro IV

Gustavo Adolfo era arrivato a stabilire un debole legame di unità tra i sovrani protestanti della Germania, ma la sua morte aveva spezzato questo legame e i principi si videro nella necessità o di riprendere le loro posizioni rispettive e isolate o di contrarre una nuova alleanza. La prima ipotesi doveva necessariamente far perdere loro i vantaggi acquisiti con tanti sacrifici, poiché da soli né la Svezia, né alcun principe dell'impero poteva sperare di resistere alla forze riunite della *Lega* e dell'imperatore. Chiedere la pace in una simile posizione avrebbe significato sottomettersi in anticipo alle più umilianti condizioni.

Una nuova alleanza era, pertanto, necessaria tanto per chiedere la pace quanto per continuare la guerra. Il momento, del resto, era poco propizio a pacifici negoziati. La morte del re di Svezia aveva rianimato tutte le speranze del partito imperiale[273] a dispetto della sconfitta di Lützen, della quale speravano di riprendersi presto una gloriosa rivincita, poiché l'eroe del nord era morto e, almeno per il momento, i protestanti erano senza capo e senza un'alleanza.

Sicuri di questi vantaggi, i cattolici non erano affatto disposti a sacrificarli all'amore per la pace, a meno che questa pace non procurasse loro la completa realizzazione di tutti i loro desideri e, in tal caso, i protestanti non potevano accettarla senza firmare la loro sconfitta. È quindi ovvio che da entrambe le parti ci si preparasse a continuare la guerra. Ma per il partito della Riforma questi preparativi erano difficili, pressoché impossibili.

Ma come avrebbe dovuto essere rinnovata questa unione? E dove avrebbe trovato i mezzi necessari per continuare la guerra? Gustavo Adolfo doveva unicamente alla sua influenza personale le immense risorse che era riuscito a procurarsi da tutte le parti e ciò che era stato possibile solo a lui, svanì con lui. La maggior parte dei membri della dieta, che la paura dell'imperatore aveva indotto a subire la legge di uno straniero, si affrettarono a scrollare il giogo che non poteva loro offrire gli stessi vantaggi. Altri cercarono di acquisire quell'autorità che non erano stati capaci di contestare a Gustavo Adolfo perché si sentivano troppo deboli per contestargliela, altri ancora cedettero alle promesse accattivanti dell'imperatore e abbracciarono la sua causa, tradendo la loro.

Il resto, schiacciato dal peso di una guerra che già si era prolungata per quattordici anni, sospirava per una pace, qualunque essa fosse. I generali dell'armata protestante, quasi tutti sovrani dell'impero, non avevano più un capo riconosciuto e nessuno di loro voleva rassegnarsi a prendere ordini da un inferiore e neanche da un pari. La stessa discordia regnava nel consiglio.

La Svezia non era in una situazione migliore. Una bambina di sei anni[274] era diventata erede del trono di Gustavo Adolfo e le inevitabili preoccupazioni di una lunga reggenza permettevano a mala pena di sperare che il senato usasse l'energia necessaria alla gravità delle circostanze. L'abilità del re aveva condotto la Svezia dal suo ruolo ristretto e opaco a un'importanza alla quale non poteva rinunciare senza confessare che di per sé non era mai stata nulla e che il suo lustro politico era unicamente dovuto al successo di un grande uomo che l'aveva governata per un breve periodo.

La guerra in Germania aveva esaurito le sue casse e diminuito la sua popolazione[275] e la nazione stava quasi soccombendo sotto un fardello di cui nulla la ricompensava, poiché non aveva alcuna parte del bottino che arricchiva la nobiltà e qualche soldato privilegiato; tuttavia, anche il contributo degli svedesi aveva prosciugato le loro finanze e la Svezia stessa era rimasta povera. Fino a quando Gustavo Adolfo era in vita, essa poteva guardare alle contribuzioni straordinarie che le venivano imposte come a un prestito fatto a questo monarca che la sua riconoscenza avrebbe reso con gli interessi, poiché si era certi di prosperare nelle sue abili mani. Questa speranza era svanita con la sua morte e il popolo, stanco di queste privazioni, si rifiutava di sopportarle ulteriormente. Tuttavia, lo spirito di Gustavo Adolfo sembrava animare gli uomini ai quali aveva affidato l'amministrazione del suo regno. La condotta del senato svedese, in questa grave circostanza, ricorda quella dei senatori dell'antica Roma, quando Brenno o Annibale minacciavano l'esistenza della patria. La gloria della Svezia era costata troppo cara al popolo perché questi nobili rappresentanti acconsentissero a rinunciarvi. Non volevano aver perso inutilmente il più grande il migliore dei re. Obbligati a scegliere tra i flagelli di una guerra incerta e i vantaggi di una pace umiliante, il senato votò coraggiosamente per i pericoli e per l'onore. Il popolo non poté che ammirare questa assemblea di anziani che per difendere la gloria nazionale ritrovarono tutta l'energia della gioventù, e si sentì intrepido e grande come i suoi senatori.

Circondato dai nemici all'interno e all'esterno, il senato si armò contro tutti con saggezza e coraggio e lavorò all'accrescimento di un regno la cui esistenza era minacciata da ogni parte.

La morte di Gustavo Adolfo e la minore età di sua figlia avevano risvegliato le pretese del re di Polonia al trono dei Wasa e Ladislao[276], figlio di Sigismondo[277], non tralasciò nulla per crearsi un appoggio all'interno della stessa Svezia. Questo portò il senato a decidere di proclamare regina la giovane Cristina e a prendere la reggenza, come aveva stabilito lo stesso re prima della sua partenza.

Tutti i funzionari del regno furono convocati a Stoccolma per prestare giuramento alla nuova regina. Severe misure resero impossibile ogni corrispondenza con la Polonia, una legge speciale rimise in vigore le sentenze di proscrizione che il re precedente aveva pronunciato contro gli eredi di Sigismondo e, per assicurarsi una forte alleanza contro la Polonia, si rinsaldarono i legami di amicizia che univano la Russia e la Svezia.

La gelosia della Danimarca era scomparsa con il grande re che l'aveva provocata e l'unione di questi due stati vicini divenne così stretta e sincera da favorire i segreti progetti di Cristiano IV, che voleva maritare la regina di Svezia con suo figlio Ulrico[278]. L'Inghilterra e l'Olanda rinnovarono al senato l'assicurazione della loro amicizia e lo invitarono a proseguire una guerra così gloriosamente iniziata.

Il gabinetto francese, il cui interesse faceva un dovere di mantenere l'autorità svedese in Germania, si mostrò più che mai disponibile e sostenerla, anche perché Gustavo Adolfo, che lo metteva in ombra e che gli avrebbe potuto impedire la realizzazione dei suoi segreti disegni, non esisteva più. D'altro canto, l'illuminata politica di Richelieu gli faceva comprendere che abbandonando la Svezia alle proprie forze si sarebbe trovata nella condizione di concludere la pace con la casa d'Austria, vanificando tutto ciò che era stato fatto per indebolire la pericolosa potenza di questo casato.

La necessità e la disperazione avrebbero portato gli eserciti ad estorcere all'Impero i mezzi di supporto e la Francia sarebbe stata considerata la traditrice di quegli stati che si erano posti sotto la sua protezione. La morte di Gustavo, lontana dall'interrompere l'alleanza tra Francia e Svezia, l'aveva anzi resa ancora più necessaria per entrambi e più profittevole per la Francia. Ora per la prima volta, essendo morto colui che aveva steso il proprio braccio protettivo sulla Germania e salvaguardate le sue frontiere contro i progetti della Francia, quest'ultima poteva tranquillamente seguire i propri progetti sull'Alsazia e offrire in cambio il proprio aiuto ai protestanti tedeschi. Così, rassicurato da potenti alleanze, il senato di Stoccolma persistette nella nobile determinazione di continuare, per quanto era in suo potere, una guerra nella quale gli svedesi avevano ben poco da perdere. Se infatti avessero vinto, avrebbero conquistato una o più province tedesche, anche solo come indennizzo. Sicura tra i suoi mari, anche se cacciata dalla Germania, sarebbe stata difficilmente esposta a un pericolo più grande di quello che avrebbe corso se si fosse volontariamente ritirata dal conflitto[279]. Ma nel primo caso la sconfitta sarebbe stata onorevole, mentre una ritirata sarebbe stata disonorevole. Più la reggenza si mostrava forte, più avrebbe ispirato la fiducia dei suoi confederati, il rispetto dei nemici, e avrebbe fatto ottenere condizioni più favorevoli nel caso di una pace. Se si trovarono ad essere troppo deboli per portare a termine i grandi progetti di Gustavo, dovevano almeno provare a rimanere fedeli a quel modello e non cedere alle necessità. Purtroppo le ragioni dell'interesse avevano una parte troppo importante in questa nobile decisione per suscitare la nostra assoluta ammirazione! Per coloro che non dovevano temere di soffrire le calamità della guerra, ma che più probabilmente ne avrebbero tratti dei vantaggi, era facile decidere di proseguire il conflitto, poiché alla fine era l'impero tedesco a sopportarne le spese, e le province sulle quali facevano conto sarebbero state comprate con le poche truppe che avrebbero sacrificato, con i generali che le avrebbero comandate, per la maggior parte tedeschi, e con la sovrintendenza onorevole di tutte le operazioni, sia politiche che militari. Ma questa sovrintendenza non si poteva conciliare con la distanza della reggenza svedese dalla scena dell'azione e con la lentezza che accompagnava ogni decisione di un Consiglio. A una mente comprensiva dovevano essere affidati la gestione degli interessi svedesi in Germania, i pieni poteri per decidere a propria discrezione tutti gli affari di guerra e di pace, le alleanze necessarie o le acquisizioni fatte. Questo importante personaggio doveva essere investito di un potere dittatoriale e dell'influenza della corona che doveva rappresentare, per mantenerne la dignità, per rafforzarne le operazioni, per dare efficacia ai propri ordini e per prendere il posto del monarca al quale era succeduto. Questa figura venne identificata nel cancelliere Oxenstierna, primo ministro e, cosa ancora più importante, amico del re defunto, il quale, conoscendo i più segreti pensieri di questo monarca e la natura e il grado delle sue relazioni con tutte le corti d'Europa, doveva necessariamente determinare la scelta del senato.

Il cancelliere Oxenstierna era ad Hanau, nell'alta Germania, quando apprese la morte del re. Questa notizia fu più funesta per lui che per tutti gli altri, poiché perdeva l'oggetto dei più importati affetti del suo cuore e il solo uomo capace di realizzare le promesse di gloria e di prosperità che aveva formulato per il suo paese. Tuttavia, ebbe la forza di dominare il suo dolore perché la sua coscienza gli diceva che solo lui poteva evitare almeno una parte dei mali che questa disgrazia stava attirando sulla Svezia. Il suo acume percepì gli ostacoli che gli opponevano lo scoraggiamento della dieta, gli intrighi di corte, le incertezze degli alleati di Guastavo Adolfo, la gelosia dei capi dell'armata svedese e la repulsione dei sovrani tedeschi a riconoscere l'autorità di una potenza straniera. Ma la stessa intelligenza che gli metteva in evidenza tutti i motivi di pericolo gli indicava il mezzo per evitarli.

Era fondamentale far rivivere il coraggio degli stati più deboli per fronteggiare gli intrighi del nemico, suscitare la gelosia degli alleati più potenti per convincere gli stati amici, in particolare la Francia, a un supporto attivo, ma soprattutto per restaurare l'edificio in rovina che era l'alleanza tedesca e per riunire la forza del partito attraverso un'unione forte e permanente. La costernazione che la morte del loro protettore aveva causato ai protestanti poteva spingerli sia a concludere una pace onerosa con l'imperatore sia a rinsaldare la loro alleanza con la Svezia. Per condurli a prendere quest'ultima decisione era necessario, prima di tutto, ostentare una grande fiducia in loro e spiegare quali fossero i loro reali interessi. Tutti i tentativi dell'Austria di staccare questi principi dall'alleanza svedese sarebbero diventati inutili nel momento i cui questi avessero aperto gli occhi e compreso i veri interessi che la animavano, pertanto i principi giunsero a una pubblica rottura formale con l'imperatore. Sfortunatamente, le formalità indispensabili per rivestire Oxenstierna dei poteri che il senato gli doveva conferire avevano fatto perdere tempo prezioso, che il partito imperiale sfruttò a suo vantaggio.

Se Ferdinando avesse dato ascolto ai saggi consigli che Wallenstein gli aveva dato in questa circostanza, avrebbe potuto annullare l'autorità svedese in Germania. Ma invano il generalissimo lo sollecitò a proclamare un'amnistia generale, al fine di riportare i principi protestanti alla sua causa, offrendo egli stesso a loro delle condizioni favorevoli[280]. Questa misura avrebbe certamente prodotto l'effetto che il duca di Friedland si aspettava. Sfortunatamente per l'imperatore, la morte di Gustavo Adolfo aveva così esaltato le sue speranze che respinse tutti i negoziati di rappacificazione e la Spagna incoraggiò il funesto progetto di ingrandirsi con le conquiste che il proseguimento della guerra sembrava promettergli[281].

Arricchito per le decime dei beni ecclesiastici che il papa gli aveva accordato[282], il gabinetto di Madrid anticipò a Ferdinando somme considerevoli, trattate per lui dall'elettore della Sassonia, e arruolò in Italia delle truppe destinate a rinforzare il partito cattolico in Germania. L'elettore della Baviera aveva anch'egli trovato il modo di riorganizzare un'armata, mentre il duca di Lorena, troppo avventuroso per non cercare di approfittare dei cambiamenti della situazione, si preparò a entrare in campagna. Ma mentre il nemico era troppo occupato ad approfittare del disastro degli svedesi, Oxenstierna fu abile nel comprenderne le fatali conseguenze.

Temendo molto meno le aperte ostilità del partito imperiale che le esitazioni e la slealtà dei suoi alleati, si affrettò a lasciare l'alta Germania, della quale si era assicurato la fedeltà con dei trattati e delle guarnigioni, per portarsi nella bassa Germania con lo scopo di interrompere con la sua presenza le perfide trame che si ordivano contro la Svezia. L'elettore della Sassonia, soprattutto, gli era sospetto.

In effetti, questo principe era stato talmente offeso dall'autorità che il senato aveva dato a Oxenstierna, che dava a un semplice gentiluomo il diritto di dargli degli ordini, che non aveva più bisogno di altro consiglio se non quello del suo amor proprio per considerare nullo il trattato concluso con Gustavo Adolfo. Tuttavia, era ancora indeciso su quale dei due partiti prendere tra quello di riconciliarsi con l'imperatore[283] o mettersi alla testa dei protestanti contro l'Austria e contro la Svezia. Il duca Ulrico di Brunswick nutriva progetti simili, che non si dava neanche la pena di nascondere. Da una parte rifiutò agli svedesi di arruolare truppe sul suo territorio, dall'altra convocò i rappresentanti protestanti degli stati della bassa Sassonia e Lüneburg, per concludere un'alleanza con loro. Solo l'elettore di Brandeburgo, geloso dell'influenza che la Sassonia sembrava ottenere nella Bassa Germania, mostrò ancora qualche preoccupazione per l'onore della corona svedese, poiché si compiaceva di vederla un giorno sulla testa di suo figlio.

Nonostante i malevoli atteggiamenti della corte di Sassonia, il cancelliere fu accolto con molto onore, ma non poté ottenere che vaghe promesse sulla durata della loro alleanza. A Brunswick, dove ebbe un linguaggio più duro, fu più fortunato. A quest'epoca, l'arcivescovado di Magdeburgo era ancora in mano agli svedesi e l'arcivescovo aveva solo il diritto di convocare gli stati della bassa Sassonia. Grazie a questa circostanza, che il cancelliere difese con abilità e fermezza, impedì all'assemblea convocata dal principe Ulrico di riunirsi, ma gli fu impossibile conseguire il principale scopo del suo viaggio, quello di formare una alleanza generale con tutti i principi protestanti dell'impero.

Obbligato a limitarsi all'aiuto di quattro zone dell'alta Germania, invitò i loro rappresentanti a una conferenza che doveva tenersi a Ulm, ma non sentendosi abbastanza forte in questa parte della Baviera, cambiò avviso e designò la città di Heilbronn per ospitare la riunione[284]. Dodici città imperiali, la Francia, l'Inghilterra e l'Olanda vi inviarono dei rappresentanti e un gran numero di principi, di conti dell'impero, di dottori di tutte le università vi assistettero come spettatori.

Oxenstierna apparve a questa assemblea con tutto lo sfarzo della corona di cui voleva far rispettare la maestà. Si era riservato il diritto esclusivo di fare mozioni e di dirigere le deliberazioni. Dopo aver ricevuto il giuramento di fedeltà di tutti i deputati presenti, domandò loro di dichiararsi pubblicamente e con un atto autenticato nemici dell'imperatore e della *Lega*. Tutti si rifiutarono a un passo che, togliendo loro la speranza di riconciliarsi, al bisogno, con il partito imperiale, legava per sempre il loro destino a quello della Svezia. Per alleviare questo rifiuto, assicurarono che un simile atto sarebbe stato una formale dichiarazione di guerra del tutto inutile, poiché i fatti parlavano abbastanza chiaramente per constatare lo stato di guerra.

Opposizione ancora più ferma si ebbe contro gli aiuti di uomini e denaro che il cancelliere domandava ai suoi alleati. Lo scopo di quest'uomo di stato era ottenere il massimo possibile, quello dei deputati di concedere il meno possibile. Così, Oxenstierna provò, in questo frangente, quello che trenta imperatori avevano sperimentato prima di lui, vale a dire che niente al mondo è più difficile che strappare del denaro ai rappresentanti degli stati della Germania. Per tutta risposta a queste richieste gli si fece il conto delle somme e delle truppe che gli erano già state fornite, ci si lamentò amaramente degli eccessi compiuti dai suoi soldati e, lungi dall'accollarsi altri oneri, domandarono all'unanimità la diminuzione dei vecchi.

Oxenstierna non aveva mai avuto occasione di familiarizzare con gli ostacoli che le costituzioni democratiche oppongono alla volontà di uno solo. Sempre pronto ad agire, irremovibile nelle sue decisioni, fondate sulla giustizia o sulle leggi imperiose della necessità, non comprendeva del tutto l'incongruenza di questi uomini che volevano ottenere un risultato e rifiutavano il solo mezzo possibile per conseguirlo[285]. Benché naturalmente irascibile e violento, sapeva contenersi, ma in questa circostanza lasciò scoppiare la sua collera. Convinto che un linguaggio moderato avrebbe fatto credere che la Svezia si sentiva debole, parlò come un vero capo.

Peraltro, trovandosi in mezzo a deputati e dottori tedeschi si sentiva in un ambito sconosciuto e la lentezza e le esitazioni che caratterizzavano tutte le pubbliche deliberazioni dell'impero non mancavano di esasperarlo. Disdegnando un uso consacrato dal tempo, al quale i più grandi imperatori sono stati costretti a sottomettersi, rifiutò tutte le istanze scritte, che erano assolutamente in linea con i consueti tempi di decisione degli Stati. Non riusciva a capire come si poteva aver bisogno di dieci giorni di tempo per deliberare su una richiesta che, secondo lui, doveva essere accettata ancor prima che l'avesse formulata.

La durezza del suo comportamento nei confronti dei deputati non impedì loro di dargli una eclatante testimonianza di fiducia quando fece loro presente la necessità di scegliere un capo e un protettore dell'alleanza protestante in Germania. Questo protettorato fu unanimemente accordato alla Svezia e lo pregarono umilmente di rappresentarlo per loro conto. Spinti dai consigli dell'agente del gabinetto francese[286], che voleva limitare il potere del cancelliere, i deputati aggiunsero all'offerta che gli avevano appena fatto la proposta di associargli un certo numero di commissari che, con il pretesto di aiutarlo a sopportare il fardello degli affari, sarebbero stati incaricati della cassa e di sorvegliare il reclutamento, le gestione e gli spostamenti delle truppe. Oxenstierna protestò con forza contro questa sorveglianza e finì con ottenere un'autorità illimitata in tutto ciò che concerneva le operazioni militari[287].

La questione dei risarcimenti che la Svezia, al termine della guerra, poteva aspettarsi dalla riconoscenza dei suoi alleati, non si risolse con la piena soddisfazione di Oxenstierna. Egli aveva richiesto la concessione formale della Pomerania, ma gli stati si limitarono a promettere di commisurare le ricompense e le indennità ai servizi che il suo governo avrebbe reso loro.

Questa prudenza aveva origine nel timore di rendere la Svezia troppo potente. Se fosse stata ispirata dal rispetto dovuto alle costituzioni dell'impero, che ne vietano lo smembramento, i deputati non sarebbero stati così prodighi verso il cancelliere, che riempirono di magnifici doni e se l'agente francese non si fosse adoperato per limitare lo slancio della loro generosità, tanto imprudente quanto poco patriottica, avrebbero dato al ministro svedese l'arcivescovado di Magonza, che del resto già occupava per diritto di conquista. Infine, se le decisioni di questo congresso non realizzarono pienamente tutte le speranze d'Oxenstierna, aveva nondimeno ottenuto per lui e per il suo governo la direzione della guerra, l'alleanza di quattro distretti della Germania e un sussidio annuale di due milioni e mezzo di *reichsthalers*. Nel corso di questa stessa riunione, il cancelliere trovò modo di ricompensare i deputati delle concessioni che gli avevano fatto.

L'elettore palatino Federico V, ridotto da lungo tempo a una vita errante e a marciare umilmente al seguito di Gustavo Adolfo, aveva così disperso il resto della sua fortuna personale e lo aveva seguito nella tomba. Questo sfortunato principe aveva guardato alla morte del re di Svezia come all'ultimo rovescio che lo lasciava nuovamente in balìa dell'odio dei suoi nemici, tuttavia questa morte diede ai suoi eredi una posizione ben al di sopra di tutte le loro speranze. Solo l'eroe del nord aveva potuto, un tempo, permettersi di rifiutare la restituzione del Palatinato e poi accordarla come un dono di un signore feudale al suo vassallo.

Oxenstierna che, prima di tutto, doveva conquistare presso i suoi amici, e anche presso i suoi nemici, un positivo giudizio sulla sua onestà politica, non poteva esimersi dall'essere giusto. Restituì, dunque, agli eredi di Federico l'elettorato del Palatinato, a eccezione di Mannheim, che si riservava di occupare sino al completo rimborso delle spese causate dalla conquista di questo paese di cui i nemici si erano impadroniti[288]. Egli continuò così a dare ai suoi alleati numerose altre prove della sua riconoscenza e della sua giustizia che, peraltro, non costavano nulla al suo governo.

L'imparzialità è il primo dovere dello storico e noi crediamo quindi di essere obbligati a fare qui una confessione poco onorevole per i sovrani protestanti della Germania. Sempre esaltando la giustezza della loro causa e la purezza del loro zelo, la maggior parte delle loro azioni era ispirata dall'interesse e dagli odi personali e il timore di vedersi privati dei loro stati e dei vantaggi aveva molta meno parte nelle loro azioni di guerra del desiderio di distruggere i privilegi e impossessarsi degli stati loro vicini. Gustavo Adolfo si era reso conto di questo atteggiamento poco patriottico e l'aveva utilizzato. Ciascuno dei suoi alleati tedeschi doveva ricevere una o più delle province tedesche già conquistate o da conquistare. La morte gli impedì di assolvere questa promessa.

Ciò che il re aveva fatto per politica, il cancelliere fece per necessità. Così, il langravio dell'Assia Kassel ottenne la promessa di avere, come feudo della corona di Svezia, le abbazie di Paderborn, di Corvey, di Münster e di Fulda. Il duca Bernardo di Weimar doveva ricevere, alle stesse condizioni, tutti gli arcivescovadi e i vescovadi della Franconia e il duca di Württemberg tutti beni ecclesiastici e le contee austriache incorporate nei suoi stati[289]. Dividendo in questo modo le spoglie dei sovrani tedeschi ad altri sovrani della stessa nazione, Oxenstierna non poté reprimere l'indignazione che gli provocava la spregevole avidità dei suoi alleati.

«Si depositino questi documenti nei nostri archivi – disse ai suoi – voglio che mostrino ai posteri, anche quelli più lontani, che i principi dell'impero non ebbero vergogna a chiedere simili cose a un gentiluomo svedese e che questo gentiluomo svedese era così potente da concedere queste cose, sul territorio tedesco a dei sovrani tedeschi».

Dopo aver ottenuto questi successi, era in condizioni di riprendere la guerra con nuovo vigore. Subito dopo la vittoria di Lützen, le truppe della Sassonia e del Lüneburg si erano ricongiunte agli svedesi e in brevissimo tempo gli imperiali erano stati cacciati da tutta la Sassonia da questa armata riunita. A seguito delle nuove volontà del partito protestante, gli fu indispensabile portare le sue forze in diversi punti. I Sassoni si diressero verso la Lusazia e la Slesia, dove il conte di Thurn doveva dirigere le operazioni contro l'Austria. Una parte delle truppe svedesi, comandate da duca Bernardo di Weimar ritornò in Franconia e il duca Giorgio di Brunswick[290] condusse l'altra parte nella bassa Sassonia e in Vestfalia. Quando Gustavo Adolfo era stato costretto a lasciare le rive del Danubio e del Lech per marciare in aiuto della Sassonia, aveva affidato la difesa di questi importanti luoghi al conte palatino di Birkenfeld[291] e al generale svedese Banner, ma questi due generali, attaccati ripetutamente dai bavaresi e, soprattutto dal generale imperiale Aldringer si erano ben presto visti costretti a chiedere rinforzi. Il generale Horn, benché occupato in Alsazia, si affrettò a venire in loro soccorso. Queste truppe riunite ammontavano a oltre sedicimila uomini e, tuttavia, non riuscirono a impedire al nemico di prendere piede sulle frontiere dello Schwaben e di impadronirsi della città di Kempten e di ricevere dalla Boemia un rinforzo di sette reggimenti.

Per mantenere, dopo questi rovesci, le conquiste fatte in Baviera, era necessario sguarnire l'Alsazia, che il generale Horn aveva sottomesso ed era riuscito a imporre guarnigioni svedesi alle città di Benfeld, Schlettstadt, Colmar e Haguenau. Dopo la sua partenza, il langravio Otto Ludwig, incaricato delle difesa di questa contea, che riusciva faticosamente a mantenere, ricevette l'ordine di marciare sul Danubio. Nonostante questo nuovo rinforzo, il generale Banner si vide nuovamente costretto a chiamare in suo soccorso il duca Bernardo di Weimar. Questo generale, che dall'inizio della campagna del 1633 occupava il territorio di Bamberg, si mise subito in marcia, sconfisse lungo il percorso un corpo bavarese comandato dal generale Johann von Werth[292] e si ricongiunse con Banner nei pressi di Donauwörth.

Questa armata, divenuta imponente per numero e, soprattutto, per l'abilità e il valore dei generali che la comandavano, minacciava di invadere completamente la Baviera. Si era già impadronita del vescovado d'Eichstädt, mentre Ingolstadt era sul punto di subire la stessa sorte. Il generale Aldringer, peraltro, poteva opporre a questi progressi una resistenza debole e indecisa, poiché gli ordini di Wallenstein gli vietavano espressamente ogni azione decisiva. Simili favorevoli circostanze autorizzavano l'armata svedese a contare su un vicino e clamoroso trionfo, sennonché si trovò improvvisamente bloccata da una rivolta del corpo ufficiali.

La Svezia doveva tutto ciò che era all'ottima disciplina, alla perseveranza e al valore della sua armata. Le sue fatiche aumentavano con la temerarietà delle imprese dei generali e le decisioni del gabinetto che, senza la sua azione, sarebbero state solo vani progetti. Tutti i grandi risultati di questa guerra erano stati ottenuti grazie al sacrificio della vita dei soldati durante le campagne invernali, le marce forzate, gli assalti e le battaglie che certo Gustavo Adolfo non aveva loro risparmiato, avendo come principio che non bisogna mai disperare di una vittoria quando questa *costa solo degli uomini*.

L'esperienza aveva insegnato ai soldati a riconoscere la loro importanza e si credettero autorizzati a richiedere la loro parte di conquiste così caramente acquisite a spese del loro sangue. Ma le necessità dello stato e, più ancora, la cupidigia dei comandanti, assorbivano tutto e l'armata, che non riceveva regolarmente il suo soldo, non aveva altra ricompensa che il saccheggio e la speranza di una promozione, che difficilmente riuscivano comunque ad ottenere. Il rispetto misto al timore che ispirava Gustavo Adolfo aveva ridotto al silenzio il loro giusto malcontento, ma dopo la sua morte, si ebbero delle lamentele da tutte le parti che scoppiarono in forti rivendicazioni proprio nel momento in cui lo stato aveva più che mai bisogno dell'entusiasmo e della devozione dell'armata. Pfuhl e Mitschefal, due ufficiali che da tempo si erano fatti notare per il loro spirito inquieto e sedizioso, sollevarono il campo svedese sulle rive del Danubio. Questi discorsi trascinarono la maggior parte degli ufficiali, tutti giurarono solennemente di non obbedire ad alcun ordine superiore prima che fosse pagato alle truppe il soldo arretrato e non fosse stata concessa a ciascuno di loro una ricompensa adeguata, sia in denaro, sia in terre conquistate.

«Tutti i giorni – dicevano ai loro compagni – si sono raccolte immense somme dai saccheggi compiuti e sono state dissipate dai nostri capi. Mentre ci si spinge tra le nevi e i ghiacci e neanche una voce si alza per compiangere le nostre fatiche e per celebrare il nostro coraggio, si reclama al congresso di Heilbornn contro gli eccessi dell'armata, ma nessuno ha mai parlato dei servizi resi. Gli studiosi scrivono in tutto il mondo delle conquiste e delle vittorie, è alla forza delle nostre braccia e al nostro coraggio che si devono questi successi».

Le sagge argomentazioni del duca Bernhard di Weimar non produssero alcun effetto e la severità dei generali svedesi servì solo ad accrescere l'irritazione degli ammutinati. Esigettero che a ciascun reggimento fosse assegnata una città tedesca che doveva avere l'onere di pagare gli arretrati entro un termine fissato e dichiararono che, se dopo un mese, il cancelliere non avesse reso piena e giusta soddisfazione alla loro richieste, avrebbero trovato il modo di pagarsi con le proprie mani e non avrebbero mai più messo la loro spada al servizio della Svezia.

Queste imperative richieste, fatte in un momento in cui tutte le casse erano vuote, preoccuparono seriamente Oxenstierna. Comprese che disdegnandole lo spirito di ribellione avrebbe potuto prendere l'intera armata e ridurla a trovarsi senza soldati all'improvviso in mezzo a un paese nemico, tuttavia egli si trovava nell'impossibilità materiale di soddisfare queste richieste. Il duca Bernhard di Weimar, che aveva conquistato la fiducia e l'affetto delle truppe per il suo coraggio, le sue capacità e la mitezza del suo carattere, era l'unico a poter esercitare su di loro una influenza tale da poter sedare questa rivolta. Il cancelliere lo sapeva e così lo incarico di questo compito ma, prima di accettare, il duca approfittò della momentanea importanza che gli era data per ottenere dei vantaggi che, in tutte le altre occasioni, non avrebbe osato chiedere.

Gustavo Adolfo gli aveva promesso il ducato di Franconia, che doveva essere formato dall'unione degli arcivescovadi di Bamberg e di Würtzburg. Egli chiese, non solo la realizzazione immediata di questa promessa, ma anche il titolo e l'autorità di generalissimo dell'armata svedese in Germania. L'abuso di questa posizione vantaggiosa indignò talmente Oxenstierna che, in un primo momento, la sua collera gli fece dire che la Svezia non aveva più bisogno dei suoi servizi. Ripresosi pressoché subito da questa decisione impolitica, si limitò a rifiutare al duca Bernhard, con un pretesto plausibile e solo per il momento, il comando in capo, ma gli diede, a titolo di feudo svedese, gli arcivescovadi promessi, che le sue truppe già occupavano. Nello stesso tempo si impegnò, a nome del governo, a lasciarlo nel possesso di questi stati, a condizione che le fortezze di Würtzburg e di Königshof fossero occupate dalle truppe svedesi.

Soddisfatto di questo compromesso, il duca Bernhard parlò agli ammutinati, fece delle brillanti promesse all'armata e riuscì a placare interamente la rivolta distribuendo egli stesso delle forti somme di denaro agli ufficiali, insieme a delle terre il cui valore ammontava a oltre cinque milioni di *reichsthalers*[293] e sulle quali la Svezia non aveva altro diritto se non quello di conquista.

Fu con questi sacrifici che si giunse a ristabilire la disciplina e a rianimare l'ardore dell'armata. Ma il momento di impiegarla utilmente in Baviera era passato e, quindi, l'armata si separò e ciascun generale condusse le sue truppe nelle province dove nuovi pericoli promettevano nuovi successi. Il generale Horn sorprese l'alto Palatinato, conquistò Neumark e avanzò sulle frontiere dello Schwaben, dove gli imperiali avevano radunato considerevoli forze con l'intenzione di invadere il Württemberg. All'avvicinarsi degli svedesi, si ritirarono subito fino alle rive del lago di Costanza, mostrando al nemico una strada che fino a quel momento era sconosciuta. Gustavo Horn si rese conto della necessità di possedere un piazzaforte all'entrata della Svizzera per poter stabilire delle relazioni con i diversi cantoni di questa repubblica. La città di Costanza gli sembrò adatta a questo scopo e si preparò ad assediarla. Non avendo con lui artiglieria per l'assedio, che aveva dovuto far giungere dal Württemberg, non poté sferrare un attacco forte, e questo diede il tempo agli imperiali di andare in soccorso a Costanza, che aveva anche il vantaggio di potersi approvvigionare facilmente dalla parte del lago. Dopo qualche inutile tentativo, il generale Horn abbandonò questa contea per portarsi sulle rive del Danubio, dove l'aspettava un pericolo inatteso.

Cedendo alle insistenti preghiere dell'imperatore, il cardinale infante[294] governatore di Milano, fratello di Filippo IV di Spagna[295], aveva arruolato un'armata di quattordicimila uomini, interamente indipendente da Wallenstein, e che doveva difendere gli interessi dell'Austria sulle rive del Reno e proteggere l'Alsazia. Questa armata, comandata dal duca di Feria, generale spagnolo, era appena entrata in Baviera. Volendo utilizzarla immediatamente contro gli svedesi, venne ordinato ad Aldringer di raggiungerla con i propri uomini[296]. Informato di queste disposizioni il generale Horn richiamò il conte palatino Birkenfeld dalle rive del Reno, dove stava stazionando. Le due armate si ricongiunsero a Stockach, e avanzarono con sicurezza davanti al nemico. Quest'ultimo, forte di oltre trentamila uomini, aveva già passato il Danubio e, attraversando lo Schwaben, era così vicino agli svedesi che le due armate erano separate solo da un mezzo miglio. Tuttavia, il duca di Feria proseguì la sua marcia, passò per Waldstädte ed entrò nel Brisgovia e nell'Alsazia, dove giunse abbastanza presto da far togliere l'assedio a Breisach e fermare il corso delle vittorie del ringravio Otto Ludwig che, aiutato dal conte palatino di Birkenfeld, aveva conquistato Waldstädte, sottomesso il basso Palatinato e vinto il duca di Lorena.

Obbligato a cedere alla superiorità numerica del nemico, che lo aveva colto di sorpresa, il ringravio non tardò a vendicarsi. Con i rinforzi che i generali Horn e Birkenfeld non tardarono a portargli, riconquistò l'Alsazia e riprese tutti i suoi vantaggi. Nel corso della loro ritirata gli italiani furono sorpresi dai primi freddi dell'inverno che causarono tra loro tali devastazioni che morirono quasi tutti. Il loro generale, il duca di Feria, fu così afflitto dall'insuccesso della sua spedizione che morì dall'umiliazione[297].

Da parte sua, il duca Bernardo di Weimar, alla testa di diciotto reggimenti[298] di fanteria e di centoquaranta cavalieri porta insegne, aveva preso sulle rive del Danubio una posizione da dove poteva proteggere la Franconia e osservare tutti i movimenti degli austriaci. In questo modo si era affrettato ad approfittare dell'errore commesso dal generale Aldringer, che aveva lasciato il suo campo per andare a precedere gli italiani. Non avendo più nulla da temere dal suo avversario, aveva passato il Danubio ed era avanzato fino sotto le mura di Ratisbona.

Il generale Tilly e Gustavo Adolfo avevano entrambi compreso l'importanza di questa città. Il primo, nel letto di morte, aveva raccomandato al suo sovrano di mantenerla a ogni costo e il secondo aveva sempre rimpianto di non essersene impadronito. Apprendendo che il duca Bernhard si stava preparando ad assediarla, Massimiliano fu preso dal terrore. Quindici compagnie da poco reclutate costituivano tutta la guarnigione di occupazione di questa città ed erano più che sufficienti a sfiancare anche il nemico più forte, avendo il supporto dei suoi abitanti. Proprio questi ultimi erano il nemico più pericoloso che la guarnigione bavarese si trovava ad affrontare. I protestanti di Ratisbona, gelosi della propria libertà religiosa e politica, si erano loro malgrado dovuti sottomettere al potere bavarese e avevano per lungo tempo atteso con impazienza l'arrivo di un possibile liberatore. La presenza del duca Bernhard sotto le loro mura era quindi motivo di gioia pronta a scoppiare in aperta rivolta che certo avrebbe facilitato a questo generale la resa della piazza.

In questo frangente, l'elettore chiese il rinforzo di quindicimila uomini, che l'imperatore gli accordò senza difficoltà. A questo scopo, la corte di Vienna inviò successivamente sette corrieri al duca di Friedland, che promise di inviare immediatamente le truppe richieste e scrisse all'elettore della Baviera per informarlo che il generale Gallas si stava mettendo in marcia con un corpo d'armata di dodicimila uomini. Nello stesso tempo Wallenstein spedì al generale un messaggio con il quale gli vietava di lasciare il suo posto, pena la morte.

Pieno di fiducia nei soccorsi promessi, il comandante di Ratisbona, fece i suoi preparativi per la difesa. A questo scopo, disarmò il borghesi protestanti, per metterli nella condizione di non ostacolare i movimenti della guarnigione, fece arrivare tutti i contadini cattolici dei dintorni e li incorporò nelle sue truppe. I rinforzi, tuttavia, non arrivarono del tutto e l'artiglieria svedese cannoneggiò così fortemente i bastioni già danneggiati in diversi punti, che la guarnigione fu costretta a chiedere una capitolazione onorevole. La ottenne senza problemi per sé, ma a condizione di lasciare i funzionari bavaresi e il clero cattolico alla discrezione dei vincitori.

La presa di Ratisbona²⁹⁹ diede un nuovo slancio allo spirito di attivismo del duca Bernhard e ben presto la Baviera gli parve uno spazio troppo ristretto per limitarvi i suoi audaci progetti. Deciso a penetrare fino al cuore dell'Austria, dove sperava di sollevare le popolazioni protestanti contro l'imperatore e restituire loro la libertà religiosa, aveva già conquistato Straubingen e affidò a un generale svedese il compito di acquisire la sottomissione delle rive settentrionali del Danubio e avanzò sulle frontiere dell'Austria. Sfidando i rigori dell'inverno con i suoi intrepidi svedesi, giunse alla foce dell'Isar quasi sotto gli occhi del generale bavarese von Werth. Prese dal terrore, Passau e Lintz si affrettarono ad aprire le loro porte alle prime intimidazioni del nemico, mentre l'imperatore raddoppiava le sue preghiere e i suoi ordini per decidere Wallenstein ad andare in soccorso della Baviera e dell'Austria.

Fortunatamente per Ferdinando, il duca Bernardo pose egli stesso termine alle sue conquiste. Nel punto in cui era avanzato, aveva davanti a lui la riviera dell'Inn, difesa da parecchie piazzeforti e dietro due armate nemiche, popolazioni ostili e le sponde dell'Isar, sul quale non possedeva alcun punto fortificato. Il suolo, gelato in profondità, non gli consentiva di scavare dei trinceramenti e l'armata di Wallenstein, che si era appena mossa verso il Danubio, poteva rendere la sua posizione alquanto pericolosa. Così decise una pronta ritirata.

Dopo aver passato l'Isar e il Danubio, si fermò nell'alto Palatinato, deciso a impedire a Wallenstein di penetrarvi, anche a costo di ingaggiare una battaglia impegnativa. Ma il generalissimo austriaco non aveva mai avuto intenzione di compiere grandi imprese sul Danubio e prima ancora che i bavaresi potessero gioire del suo arrivo, lasciò questo paese per tornare in Boemia. La sua partenza permise al duca Bernhard di portare a temine la fortunata campagna intrapresa e di lasciare riposare le sue truppe nei quartieri d'inverno che assegnò loro nelle diverse province conquistate.

Mentre il generale Horn, il conte palatino di Birkenfeld, il generale Baudissen³⁰⁰, il ringravio Otto Ludwig e il duca Bernardo di Weimar proseguivano la guerra con profitto sulle rive del Reno e del Danubio, la gloria delle armate svedesi era stata sostenuta con altrettanto

274

successo nella bassa Sassonia e in Vestfalia, dal duca Giorgio di Lüneburg e dal langravio d'Assia Kassel. Il duca Giorgio si era impadronito della fortezza di Hameln[301] e il generale imperiale Gronsfel, che comandava sulle rive del Weser, era stato costretto a una fuga disordinata, nei pressi di Oldendorf, dalle truppe riunite della Svezia e dell'Assia.

Il conte di Wasaburg, figlio naturale di Gustavo Adolfo, si era dimostrato degno della sua origine in questa battaglia che era costata agli imperiali più di tremila morti, quasi altrettanti prigionieri, sedici cannoni, tutti i carri e i materiali, oltre a seicentoquattordici bandiere e stendardi. Subito dopo, il colonnello svedese Kniphausen aveva preso Osnabrück e il langravio dell'Assia Kassel aveva portato alla capitolazione Paderbon. In mezzo a tutti questi trionfi, gli svedesi avevano perso solo Bückeburg, piazza abbastanza importante. Così, nel corso del primo anno dopo la morte di Gustavo Adolfo, la gloria svedese rimase intatta.

Ripercorrendo i più importanti avvenimenti della campagna del 1633, ci si meraviglia del ruolo insignificante che vi ha giocato l'uomo del quale tutta l'Europa seguiva con inquietudine ogni mossa. Nessun comandante dell'epoca era paragonabile a Wallenstein per esperienza, talento e fama, ed è proprio lui che si perde del tutto di vista dopo la battaglia di Lützen. La morte di Gustavo Adolfo si può dire che l'avesse reso l'unico padrone del vasto dominio della gloria e ci si sarebbe attesi di vederlo cancellare la sua sconfitta a Lützen con delle splendide vittorie. Ma, anziché giustificare queste speranze, restò inattivo in Boemia, spettatore della sconfitta delle truppe imperiali in Baviera, nella bassa Sassonia e sul Reno. Con questa condotta, era diventato un impenetrabile enigma per i suoi amici e per i suoi nemici e Ferdinando vedeva sempre in lui un oggetto di timore e, nello stesso tempo, il più potente e l'ultimo aiuto per il suo trono barcollante.

Dopo la battaglia di Lützen, si era ritirato in Boemia e aveva ordinato un'inchiesta sul comportamento degli ufficiali nel corso di questa battaglia. Il consiglio di guerra aveva condannato a morte tutti coloro i quali erano stati riconosciuti rei di vigliaccheria. Il duca di Friedland si era riservato il compito di ricompensare regalmente gli ufficiali e anche i soldati che avevano dato prova di capacità, di coraggio e di dedizione e aveva fatto erigere magnifici monumenti funebri alla memoria dei morti con onore. In luogo di scegliere per la sua armata dei quartieri invernali in paesi conquistati, si era stabilito nelle province austriache che sembrava voler spogliare, non solo imponendo loro questo fardello, ma caricandole anche di contributi straordinari. Infine, lontano dall'aprire per primo la campagna del 1633 con il suo esercito ben selezionato e di mostrarsi in tutto il lustro della sua grandezza, era stato uno degli ultimi a mettersi in movimento e aveva scelto come teatro di guerra il territorio austriaco.

Tra tutte le province ereditarie dell'imperatore, la Slesia era la più sfortunata. Assalita da tre armate, quella svedese comandata dal conte di Thurn, quella sassone comandata dal maresciallo Arnheim e dal duca di Lauenburg e quella del Brandeburgo agli ordini del generale Borgsdorf, la Slesia si era vista privata dai generali di queste armate di quasi tutte le piazzeforti e la stessa capitale aveva abbracciato la causa dei nemici. Ma fu proprio l'elevato numero di comandanti ed eserciti che permise all'imperatore di salvare questa provincia, poiché la gelosia dei generali e i dissidi tra Sassoni e svedesi impedirono un'azione comune. Ma Arnheim e il conte di Thurn perdevano il loro tempo a contendersi il comando in capo, mentre i sassoni e i brandeburghesi vedevano nelle truppe svedesi unicamente degli stranieri inopportuni e tentavano di ostacolarli per liberarsi di loro. I sassoni, soprattutto, davano aperte manifestazioni di preferire gli imperiali. Gli ufficiali di questi due campi nemici si scambiavano visite e si offrivano feste. Gli amici dell'imperatore erano sempre avvisati della ripresa delle ostilità, abbastanza presto per evitare il pericolo, e più di un ufficiale confessava che informazioni di questa natura gli erano state generosamente pagate dalla corte di Vienna. In mezzo ad alleati così inaffidabili, gli svedesi si sentirono venduti e traditi, e qualsiasi grande impresa era impensabile, dato il sentimento poco amichevole che dominava le truppe. Anche il generale Arnim era stato assente per la gran parte del tempo e ritornò in Slesia solo nel momento in cui Wallenstein passò la frontiera di questo paese alla testa di quarantamila uomini. Le forze riunite degli alleati ammontavano, al massimo, a ventiquattromila combattenti. Questa inferiorità non impedì loro di cercare di consolidare le conquiste con una battaglia e, con questo obiettivo, erano avanzati sino a Münsterberg, dove gli imperiali avevano stabilito il loro campo.

Wallenstein rimase per otto giorni immobile dietro i suoi trinceramenti, poi uscì improvvisamente, e sfilò con una boria insultante davanti agli alleati, che lo seguirono lungamente, ma invano, poiché era deciso a rifiutare lo scontro che si ostinavano a cercare. La loro vanità attribuì questa condotta alla paura, ma questa accusa crollò da sola.

Era facile accorgersi che in questa circostanza il duca di Friedland si prendeva gioco degli umori bellicosi degli alleati e che voleva risparmiare loro una sconfitta totale, poiché sarebbe stata inutile per il grande disegno di cui solo si preoccupava. Tuttavia, per dimostrare loro il suo grande potere e che la sua inattività non era certo dovuta alla paura, fece fucilare il comandante di una piazzaforte di cui si era impadronito, unicamente perché costui si era rifiutato di arrendersi alla sua prima intimazione.

Già da nove giorni l'armata imperiale e quella alleata erano ferme a portata di fucile una dall'altra, quando il conte Terzky[302] uscì dal campo di Wallenstein, preceduto da uno squillo di tromba, e chiese di parlare con il generale Arnheim, al quale propose una tregua di sei settimane a nome del duca di Friedland, il quale, essendo il più forte, non ne aveva alcun bisogno (nonostante la superiorità di quest'ultimo). «Lo scopo della missione – disse – non si limita a una tregua d'armi. Sono venuto per concludere una pace definitiva con gli svedesi e con tutti i principi dell'impero, per pagare gli arretrati delle vostre truppe e per rendere giustizia a tutti, poiché il duca di Friedland è in grado di mantenere le promesse che io vi sto facendo a suo nome. Se a Vienna ci si rifiuterà di ratificare il trattato che desidera concludere con voi, egli abbraccerà apertamente la vostra causa e manderà al diavolo l'imperatore». Pronunciando quest'ultima frase, abbassò però la voce in maniera da essere inteso solo da Arnheim. In un secondo incontro che ebbe con il conte di Thurn, si spiegò ancora più chiaramente:

«La Boemia non ha che da volerlo – gli disse – e la Boemia riavrà tutti i suoi vecchi privilegi e i suoi nobili difensori, oggi proscritti, rientreranno nella loro patria e nei loro possedimenti. Il duca sarà il primo a rendere loro la parte che l'imperatore gli ha dato nella divisione dei loro domini così ingiustamente confiscati. I gesuiti, responsabili di tutte le sofferenze passate e presenti, saranno cacciati dal regno. Gli svedesi riceveranno a tempi stabiliti delle indennità che li ripagheranno ampiamente di tutti i loro sacrifici e per occupare i soldati di tutte le parti che la pace renderà inutili, li si condurranno contro i turchi, "l'ultima parte spiega l'enigma", se Wallenstein diventa il re di Boemia, i condannati politici avranno modo di constatare la sua illimitata generosità. Il paese godrà di tutte le libertà

277

civili e religiose, la casa del Palatinato rientrerà in tutti i suoi diritti e il Meclemburgo sarà pacificato, poiché il duca rinuncerà a questo ducato se gli si darà in cambio la Moravia. Gli alleati firmino questo trattato ed egli si farà carico di farlo ratificare da Ferdinando II, se sarà necessario, con la minaccia delle armi».

Queste ultime asserzioni squarciarono infine il velo misterioso con il quale Wallenstein aveva da tanti anni avvolto i suoi progetti e lo stato dei fatti era tale che non poteva più tardare a realizzarli.

Solo una cieca fiducia nelle capacità del duca di Friedland aveva potuto dare all'imperatore la sicurezza necessaria ad affidare il comando delle sue armate a un generale che la Spagna e la Baviera rifiutavano seccamente e del quale era stato obbligato a comprare i servizi a spese della propria autorità. La lunga inattività di questo generale e, soprattutto, la sua sconfitta a Lützen, avevano scosso questa fiducia, e i suoi nemici colsero l'occasione per accusarlo nuovamente. Essi ricordarono abilmente a Ferdinando, così geloso di un potere di cui non sapeva fare un uso degno, che anche nelle più gravi circostanze, Wallenstein si era fatto gioco di opporre resistenza ai suoi ordini e, con tutte le apparenze di un patriottismo disinteressato, si appigliarono alle lamentele dei sudditi austriaci che il generalissimo riduceva, senza alcuna necessità, a sopportare una parte enorme delle spese della guerra. Queste insinuazioni ebbero ancor più effetto sull'animo dell'imperatore, visto che il comportamento del duca di Friedland sembrava giustificarle. Ma il potere senza limiti che aveva avuto l'imprudenza di dargli lo rendeva così potente che nulla si poteva contro di lui prima di aver ridotto, quindi diviso, questo potere.

Ma anche questo diritto sembrava impossibile da esercitare a causa del trattato con Wallenstein: la scrittura dell'Imperatore lo metteva al riparo dal pericolo di essere affiancato da un altro generale e impediva all'imperatore stesso di esercitare qualsiasi atto di autorità sulle truppe. Poiché questo contratto svantaggioso non poteva essere mantenuto e neanche risolto, decise di ricorrere a un artificio. Interpretando alla lettera e con qualche forzatura questo trattato, l'autorità del duca di Friedland era limitata alle armate tedesche e diveniva nulla nei confronti delle armate straniere. Venne dunque raccolta un'armata spagnola a Milano, che venne inviata in Germania al comando di un generale spagnolo. Wallenstein a questo punto non era più indispensabile, poiché aveva cessato di essere l'unico, e in caso di necessità esisteva un aiuto contro lui stesso. Il Duca comprese velocemente e fino in fondo da dove provenisse e a che cosa mirasse questo stratagemma. Si lamentò invano presso il cardinale infante di questa violazione degli accordi, l'armata italiana proseguì la sua marcia ed egli fu costretto a distaccare il generale Aldringer per raggiungerla e portarle rinforzi. Ma Wallenstein sapeva come limitare l'azione di quest'ultimo ed evitare che l'armata italiana conquistasse una grande reputazione in Alsazia e in Svevia. Ma questo passo compiuto dalla corte gli aveva tolto sicurezza e lo avvertiva di un imminente pericolo. Per non essere privato una seconda volta del suo potere e perdere il frutto di tutte le sue fatiche, decise di accelerare il compimento dei suoi progetti a lungo meditati. Contemporaneamente, allontanò dalla sua armata tutti gli ufficiali sospetti e ricompensò generosamente quelli la cui fedeltà era al riparo da ogni sospetto. Tale è l'incongruenza della natura umana, egli fondava l'edificio della sua grandezza sulla riconoscenza di uomini che gli dovevano la loro fortuna e questo nel momento in cui egli stesso era sul punto di dare all'autore della sua fortuna una prova della peggiore ingratitudine.

I comandanti dell'armata alleata che occupava la Slesia non avevano poteri così estesi per accettare o rifiutare offerte così importanti come quelle che il duca di Friedland aveva loro fatto e una tregua di quindici giorni fu tutto quello che si sentirono di concordare. Prima di svelare i suoi progetti agli svedesi e ai sassoni, aveva ritenuto opportuno assicurarsi la protezione della Francia. Per sfruttare questo tempo il conte Kinsky[303] fu inviato a negoziare segretamente con Feuquières[304], ambasciatore francese a Dresda, sebbene con tutta l'attenzione e la diffidenza possibili. La trattativa si concluse secondo i suoi desideri. Feuquières, aveva effettivamente ricevuto dal suo governo l'ordine di promettere a Wallenstein completo sostegno da parte della Francia e di assicurare al Duca un aiuto economico nel caso ne avesse avuto bisogno. Ma proprio questa eccessiva attenzione di garantirsi protezione da tutte le parti lo portò alla rovina. L'ambasciatore francese scoprì con grande sorpresa che un piano, che richiedeva assoluta segretezza, era stato svelato agli svedesi e ai sassoni. Era inoltre noto che il ministero sassone agiva nell'interesse dell'imperatore e, d'altra parte, le condizioni offerte agli svedesi erano ampiamente al di sotto delle loro aspettative per essere accettate. Feuquières rese partecipe delle sue perplessità sulla condotta di Wallenstein il cancelliere Oxenstierna. Quest'uomo di stato, che non aveva mai avuto nessuna fiducia nella lealtà del generalissimo imperiale, trovò le proposte che aveva fatto agli svedesi alquanto superiori a quanto avrebbe avuto il diritto di pretendere. Egli sapeva che in passato il duca di Friedland aveva iniziato negoziati simili con Gustavo Adolfo, ma la promessa di spingere l'intera armata imperiale a tradire il suo sovrano parve anche a lui impossibile a realizzarsi e dubitò che fosse stata fatta in buona fede. Confrontando il carattere circospetto e misterioso di Wallenstein con il mutamento della linea d'azione che era stato compiuto a suo nome in Slesia, finì col credere che aveva voluto tendere un tranello all'armata alleata, poiché aveva più ragione di dubitare della sua onestà che della sua prudenza. I dubbi di Oxenstierna vennero infine condivisi anche dallo stesso Arnheim il quale, confidando nella sincerità di Wallenstein, si era recato dal cancelliere Gelnhausen per convincerlo a fornire i suoi migliori reggimenti al duca e ad aiutarlo a portare a compimento il suo piano. Fu così, un poco alla volta che sconfessò la fiducia dei suoi più zelanti sostenitori, che finirono per vedere nella sua condotta unicamente una trama di perfidie per aumentare la sua armata a spese di quella degli alleati. Il carattere di Wallenstein non era in contrasto con questo tipo di sospetto e le contraddizioni nelle quali tesseva il suo disegno distrussero la fiducia nella sua sincerità. Cercando l'alleanza degli svedesi, diceva ai sassoni che bisognava al più presto cacciare questi audaci stranieri da tutti i luoghi dell'impero e, quasi nello stesso momento, approfittò della sicurezza che la tregua dava agli ufficiali sassoni per impadronirsi delle loro persone e trattenerli prigionieri nel suo palazzo, dove erano arrivati per rendergli visita. Egli stesso ruppe per primo la tregua che aveva chiesto e che non tardò a richiedere nuovamente. Tutta la fiducia in lui era stata abbandonata, il suo comportamento venne considerato una bassezza volta a indebolire gli alleati e rafforzare se stesso. Ed effettivamente questa manovra gli era riuscita: ogni giorno un gran numero di soldati lasciava la bandiera della Riforma per arruolarsi sotto la sua, ma questo vantaggio non lo sollecitava a realizzare le speranze della corte di Vienna. Nel momento in cui c'era modo di attendersi un passo decisivo, questa apprendeva che egli aveva ripreso i negoziati per la pace e quando una tregua proteggeva il nemico, riprendeva bruscamente le ostilità.

Queste apparenti contraddizioni, tuttavia, avevano uno scopo preciso, ma difficile da capire. Voleva far perdere contemporaneamente l'imperatore e gli svedesi e concludere con la Sassonia un'alleanza per il suo personale interesse. Stanco dell'andamento troppo lento degli avvenimenti e delle reiterate lamentele della corte imperiale, prese la decisione di realizzare apertamente con la forza i suoi progetti. Già prima dell'ultima tregua, aveva inviato il generale Holk nel Meissen con l'imperativo ordine di mettere tutto a ferro e fuoco, di condurre l'Elettore nella sua fortezza e di prendere la città di Lipsia. Questi orrori si fermarono per un momento per la morte del generale che perì per la sua dissolutezza, ma immediatamente dopo la fine della tregua, Wallenstein fece una nuova azione verso la Sassonia e sparse la voce che il generale Piccolomini lo precedeva per invadere e saccheggiare questo paese. Ingannato da queste voci, Arnheim lasciò subito la Slesia per andare in soccorso della Sassonia, senza pensare che abbandonava alla mercé del nemico il piccolo corpo d'armata svedese che stazionava sull'Oder, vicino a Steinau, agli ordini del conte di Thurn. Wallenstein, che si era aspettato questo errore, si affrettò ad approfittarne. Lasciando che i sassoni avanzassero di circa sedici miglia verso Meissen, si diresse improvvisamente verso l'Oder, dove sorprese l'armata svedese in completa sicurezza. La loro cavalleria venne sconfitta prima dal generale Schaffgotsch[305], che era stato inviato contro di loro, e successivamente la fanteria venne completamente circondata a Steinau dall'armata del duca che seguiva a circa trenta leghe, improvvisamente Wallenstein inviò il generale Schaffgotsch in avanti, con l'ordine di sorprendere la cavalleria svedese che, non preparata a essere attaccata, fu messa in fuga e la fanteria circondata dal grosso dell'armata imperiale. Dopo questa manovra, Wallenstein fece dire al conte di Thurn che gli accordava mezz'ora per decidere se con duemilacinquecento uomini voleva provare a resistere a un'armata di ventimila o se preferiva arrendersi senza condizioni. In un simile frangente, non vi era dubbio sulla scelta e gli svedesi deposero le armi senza spargimento di sangue. L'artiglieria, le armi, gli approvvigionamenti, gli stendardi e le bandiere rimasero in mano al nemico, gli ufficiali vennero presi in custodia e i soldati uniti all'esercito di Wallenstein. Ora finalmente, dopo quattordici anni, dopo innumerevoli alterne fortune, l'autore dell'insurrezione boema e la causa remota di questa guerra disastrosa, il famoso conte di Thurn, era caduto nelle mani del nemico. Assetata di sangue, la corte di Vienna attendeva con impazienza questo grande criminale e già pregustava il terribile trionfo di poter sacrificare una vittima così famosa alla giustizia. Ma il duca di Friedland odiava troppo i gesuiti per lasciarli godere di un simile trionfo e, peraltro, il conte di Thurn conosceva i suoi progetti segreti in modo più approfondito di quanto non si dovesse sapere a Vienna e sapeva che i nemici di Wallenstein erano anche i suoi[306]. Queste considerazioni lo portarono a restituirgli la libertà. Vienna avrebbe perdonato al duca di Friedland una battaglia persa, ma la vendetta frustrata era imperdonabile.

«Che cosa avrei dovuto fare di questo pazzo?» scrisse con tono sdegnoso ai ministri che lo accusavano per questa inopportuna magnanimità, «Volesse il cielo che il nemico avesse solo simili generali, e vi dico che sarà più utile alla testa di un'armata svedese che non in fondo a una segreta».

La presa di Liegnitz, di Gross-Glogau e di Francoforte sull'Oder seguirono da vicino la vittoria di Steinau, Il generale Schaffgotsch, che rimase in Slesia per completare l'occupazione di quella provincia, bloccò Brieg e circondò Breslau, ma senza successo poiché questa città libera e gelosa dei suoi privilegi era sinceramente attaccata agli svedesi. I colonnelli Illo e Götz vennero inviati da Wallenstein verso la Warthe per arrivare fino alla Pomerania e alle coste del Baltico e si impadronirono della città di Landsberg, che era considerata la "chiave" della Pomerania.

Mentre l'Elettore di Brandeburgo e il duca di Pomerania temevano per i propri domini, Wallenstein entrò con la sua armata in Lusazia, dove prese Görlitz d'assalto e obbligò alla resa Bautzen. Tuttavia, la sua intenzione non era quella di proseguire le sue conquiste, ma di spaventare l'Elettore di Sassonia e dunque, con la spada alla mano, continuò i suoi negoziati di pace con Brandeburgo e Sassonia. Ma non ebbe migliore successo, poiché l'incoerenza del suo comportamento aveva distrutto ogni fiducia nella sua sincerità. A questo punto avrebbe rivolto tutta la sua forza contro la sfortunata Sassonia e ottenuto lo scopo con la forza delle armi, ma le circostanze lo costrinsero a lasciare questi territori. Le conquiste del duca Bernhard sul Danubio, che minacciavano l'Austria con pericoli immediati, richiedevano urgentemente la sua presenza in Baviera, e l'allontanamento dei sassoni e degli svedesi dalla Slesia gli tolse ogni pretesto per resistere ancora a lungo agli ordini imperiali e lasciare l'Elettore di Baviera senza assistenza. Con il corpo principale dell'esercito si diresse verso l'Alto Palatinato e la sua ritirata liberò per sempre l'alta Sassonia da questo formidabile nemico. Aveva atteso il più a lungo possibile prima di muoversi per salvare la Baviera e aveva evitato con ogni possibile pretesto i comandi dell'imperatore. Aveva infatti, dopo reiterate rimostranze, inviato dalla Boemia alcuni reggimenti a rinforzo del conte di Aldringer, che difendeva il Lech e il Danubio contro Horn e Bernhard, ma a condizione di agire solo sulla difensiva. Ogni volta che l'imperatore e l'elettore si rivolgevano a lui per ottenere aiuto, li rimandava ad Aldringer che, come aveva pubblicamente annunciato, aveva ricevuto poteri illimitati. In segreto, tuttavia, lo aveva vincolato a ordini molto stretti e lo minacciava di morte se non li avesse seguiti. Quando il Duca Bernhard apparve a Ratisbona, e sia l'Elettore sia l'imperatore ripeterono con maggiore urgenza la loro richiesta di aiuto, Wallenstein finse di inviare il generale Gallas con un considerevole esercito verso il Danubio. Ma anche questa manovra fu ritardata e Ratisbona, Straubing e Cham, così come precedentemente il vescovato di Eichstaedt, caddero nelle mani degli svedesi. Quando non poté più ignorare gli ordini della corte, marciò lentamente verso la frontiera bavarese, dove attaccò la città di Cham che era stata presa dagli svedesi. Ma non appena apprese che gli svedesi intendevano inviare i Sassoni in Boemia, utilizzò questa informazione come scusa per ritirarsi immediatamente in quel territorio. Ogni considerazione, sosteneva, doveva essere seconda alla difesa e alla conservazione degli stati ereditari dell'Impero e con questa scusa rimase fermo in Boemia, come se fosse stato il suo regno. Quando l'imperatore gli impose di muoversi verso il Danubio, ed evitare che il duca di Weimar si stabilisse in una posizione così pericolosa ai confini con l'Austria, Wallenstein pensò che fosse giusto concludere la campagna per quell'anno e si stabilì con le sue truppe in questo regno devastato. La continua insolenza e lo spregio degli ordini imperiali, così come la noncuranza verso la causa comune, uniti al suo comportamento equivoco verso il nemico, portarono infine l'imperatore a credere alle voci malevole che circolavano in Germania sul duca di Friedland. Quest'ultimo era riuscito per lungo tempo a mantenere la sua corrispondenza criminale col nemico, persuadendo l'imperatore, che ancora lo teneva nel suo favore, che il solo scopo delle sue trattative segrete fosse quello di ottenere la pace in Germania. Ma per quanto ritenesse le sue trattative impenetrabili, dal suo comportamento trasparì abbastanza da giustificare le insinuazioni che i suoi rivali continuavano a far arrivare all'orecchio dell'imperatore.

Per assicurarsi fino a che punto tali voci potessero essere fondate,

Ferdinando inviò degli agenti segreti[307] al campo del generalissimo, ma la loro abilità cozzò contro la prudenza di Wallenstein e riportarono alla corte viennese solo informazioni vaghe e confuse. Tuttavia, i ministri che egli aveva avuto l'imprudenza di ferire sovraccaricando i loro domini di contribuzioni di guerra, si dichiararono apertamente contro di lui. L'elettore di Baviera minacciò di allearsi con la Svezia, mentre la Spagna dichiarò che non avrebbe più fornito uomini e denaro se Wallenstein fosse rimasto alla testa delle truppe imperiali.

Sommerso da tante pesanti considerazioni, l'imperatore promise di revocare una seconda volta il suo generalissimo e anticipò questo rischioso provvedimento prendendo la direzione dei movimenti dell'armata. Uno dei generali del duca di Friedland, al quale egli aveva proibito, pena la morte, di obbedire alla corona di Vienna, ricevette dall'imperatore in persona l'ordine di riunirsi con l'elettore della Baviera e un altro dispaccio imperiale intimò a Wallenstein di inviare al cardinal Infante dei rinforzi. Sufficientemente messo sull'avviso da questi provvedimenti che era stata decisa la sua rovina, si credette obbligato, per il più sacro dei diritti, quello della difesa personale, di realizzare i progetti che solo l'ambizione aveva prima ispirati e che, senza questa circostanza non sarebbero mai usciti dal mondo dei sogni. Ne aveva sempre rimandato l'esecuzione e quando i suoi amici gli domandarono la causa di questi rinvii, rispose che la costellazione favorevole a tale impresa non era ancora salita all'orizzonte o che *non era ancora giunto il tempo*.

Il tempo, in effetti, non era ancora venuto, ma la sua posizione non gli consentiva di attendere il favore delle stelle. Prima di tutto era necessario assicurarsi dell'aiuto dei capi dell'armata e della fedeltà dei soldati, due punti ancora dubbiosi, nonostante la sicurezza che mostrava a tale riguardo. I colonnelli Kinsky, Terzky e Illow[308] erano da tempo depositari dei suoi progetti ed egli poteva contare sulla loro devozione senza limiti. I primi due erano a lui legati da vincoli di parentela. La stessa selvaggia ambizione, lo stesso disprezzo per il governo e la speranza di enormi ricompense li legavano strettamente a Wallenstein che, per aumentare il numero dei suoi seguaci, non esitava a ricorrere ai mezzi più bassi. Per guadagnare il colonnello Illow non aveva avuto vergogna di ricorrere a un basso intrigo poiché dopo averlo istigato a chiedere il titolo di conte, scrisse segretamente al gabinetto imperiale di rifiutare questo favore perché nella sua armata vi erano molti ufficiali meritevoli quanto il colonnello e che si ritenevano autorizzati e reclamare la stessa ricompensa[309]. Al ritorno di Illow al campo, Wallenstein chiese immediatamente quale fosse stato il risultato della sua missione e quando seppe da Illow che la domanda era stata rifiutata, scoppiò in amare recriminazioni contro l'imperatore:

«Ecco, dunque, come Ferdinando ricompensa i vostri leali servizi – esclamò – mai avrei pensato che osasse rifiutare a una mia raccomandazione e al vostro merito una così modesta ricompensa. Chi vorrà d'ora in poi servire un simile padrone ingrato? Io da questo momento sono nemico irreconciliabile della casa d'Austria!».

Incoraggiato da questo discorso, Illow espresse a sua volta il suo malcontento e divenne così uno stretto alleato di Wallenstein.

Ma ciò che era noto ai tre confidenti del duca, era ancora un segreto impenetrabile per gli altri, e la sicurezza con la quale Wallenstein parlava della devozione dei suoi ufficiali era fondata più sui favori che aveva loro accordato e sul loro malcontento verso la corte. Ma questa vaga supposizione doveva essere convertita in certezza prima che si potesse avventurare a gettare la maschera o a prendere un'iniziativa contro l'imperatore. Il Conte Piccolomini, che si era distinto per il suo coraggio a Lützen, fu il primo del quale Wallenstein mise alla prova la fedeltà. Pensava di aver conquistato l'attaccamento di questo generale con grandi regali e lo preferiva a tutti gli altri perché era nato sotto il suo stesso segno zodiacale. Gli svelò che, in conseguenza dell'ingratitudine dell'Imperatore e l'avvicinarsi di un pericolo per lui, aveva irrevocabilmente deciso di abbandonare la causa austriaca e unirsi al suo nemico con la parte migliore del suo esercito per fare guerra alla Casa d'Austria in tutte le parti dei suoi domini fino a quando non l'avesse distrutta. Per poter mettere in atto questo piano contava sull'aiuto di Piccolomini, al quale aveva promesso i più grandi favori.

Preso dallo spavento di questa confidenza inattesa, Piccolomini balbettò qualche osservazione sulle difficoltà e i pericoli di un simile tentativo, ma Wallenstein si prese gioco della sua paura:

«Nelle imprese temerarie – gli disse – solo gli inizi sono difficili. Rassicuratevi, gli astri ci sono favorevoli. E poi non bisogna lasciare qualcosa al caso? Ma la decisione è presa e se sarà necessario io tenterò la fortuna con solo un migliaio di cavalieri».

Credendo di destare i sospetti del duca con una più lunga resistenza,

Piccolomini promise di assecondarlo con tutto il suo potere e seppe ispirargli una così cieca fiducia che, nonostante i reiterati avvertimenti del conte Terzky, non volle mai dubitare della fedeltà di questo generale che, appena divenuto suo confidente si era affrettato a informare la corte di Vienna di tutto ciò che aveva appena saputo[310].

L'imperatore aveva ordinato a Wallenstein di lasciare i suoi quartieri invernali negli stati ereditari dell'Austria, di riprendere Ratisbona, nonostante i rigori della stagione, e di inviare seimila cavalieri in soccorso della Baviera. Queste pretese erano sufficientemente ampie per essere sottoposte all'esame dei capi dell'armata, così il duca di Friedland prese il pretesto per riunirli tutti a Pilsen, in un'assemblea generale che indisse per il mese di gennaio del 1634. Contemporaneamente invitò la Sassonia e la Svezia a mandargli degli agenti segreti in questa città per fissare la clausole di un trattato di alleanza. A Pilsen giunsero venti generali, ma i più influenti di tutti, Gallas, Colloredo e Aldringer non fecero la loro comparsa. Wallenstein reiterò loro, con tono più imperioso, l'invito e cercò, in attesa del loro arrivo, di disporre gli animi alla rivelazione più temeraria e pericolosa che mai un capo d'armata ha fatto ai suoi subordinati. Si trattava di proporre un infimo tradimento a una nobiltà tanto fiera dei suoi privilegi quanto fedele al suo legittimo sovrano. Il capo nel quale, fino a quel momento, essi avevano rispettato il rappresentante della maestà imperiale, il guardiano delle leggi, il giudice delle azioni e degli avvenimenti più importanti, improvvisamente stava spogliandosi del suo stato inviolabile per divenire unicamente un ribelle che, abusando della sua autorità, cercava di trascinare nel suo crimine gli uomini che era incaricato di condurre sulla via dell'onore.

La potenza che il duca di Friedland voleva rovesciare, si era cementata nei secoli e si appoggiava sulla religione e sulle leggi. Attaccare questi prodigiosi guardiani che l'immaginazione e l'abitudine pongono ai piedi dei troni e voler strappare dal cuore dei sudditi il cieco rispetto che questi guardiani vi hanno scolpito era una delle imprese più pericolose che l'umana ambizione potesse tentare. Ma lo splendore di una corona aveva così affascinato Wallenstein che non vide per nulla l'abisso che scavava sotto i suoi passi e, come accade a tutti i caratteri impetuosi e audaci, la fiducia nella sua forza gli impedì di vedere gli ostacoli che avrebbe potuto incontrare.

Scambiando le grossolane ingiurie che una soldataglia brutale si permetteva contro l'imperatore e che erano giustificate dalla licenza dell'ambiente, per i veri sentimenti dell'armata, ne concluse che questa avrebbe tradito senza scrupoli il sovrano del quale biasimava la condotta e insolentiva il carattere. Abituato a essere ciecamente obbedito e bassamente adulato, non poteva concepire la possibilità di incontrare un ostacolo nella devozione delle truppe nei confronti di un altro se non lui. Tutti tremavano di fronte a lui nel momento in cui esercitava un'autorità legittima, nel momento in cui l'obbedienza a lui era un dovere e il suo comportamento era supportato dalla maestà del sovrano. La grandezza in se stessa può suscitare terrore e ammirazione, ma solo una grandezza legittimata può ispirare sottomissione, ed egli si era privato di questo vantaggio decisivo nell'istante in cui si era svelato come traditore.

Il generale Illow si era fatto carico di sondare le intenzioni dei colleghi e di portarli a decidere sul pericoloso passo che Wallenstein si attendeva dalla loro devozione. Prima di affrontare questo delicato punto, li informò sulle esigenze della corona di Vienna che, dal punto di vista esagerato con il quale le rappresentò, fecero infiammare di collera tutti gli ufficiali superiori. Dopo averli irritati in questo modo, si soffermò lungamente, con una eloquenza calorosa sui meriti delle truppe e dei loro comandanti e sull'ingratitudine dell'imperatore.

«Ma come potrebbe essere altrimenti ? – continuò – È la Spagna che comanda a Vienna, i ministri si sono venduti a essa e lo stesso Ferdinando teme la sua potenza. Solo Wallenstein ha osato resistere a questa vergognosa tirannia. Così si è attirato l'odio della corte che continuerà a perseguitarlo fino a quando non gli avrà tolto per la seconda volta il comando dell'armata la cui gloria e il cui valore provocano l'odio e il terrore di questo gabinetto. È per indebolire l'armata che si vogliono inviare seimila uomini in Baviera, è per annientarla che si esige che vada a riprendere Ratisbona, in mezzo alla neve e ai ghiacci dell'inverno. È per disonorarla che si vuole mettere alla sua testa il re di Ungheria[311], questo pupazzo dello straniero che la farà errare a caso per la Germania fino a quando gli spagnoli non vi saranno stabiliti con tutta la loro potenza. E aspettando questo, si lascia mancare tutto, i ministri e i gesuiti si spartiscono le somme destinate al suo mantenimento. Il generalissimo non può fare più nulla per voi e sarà obbligato ad abbandonarci come l'imperatore ha abbandonato lui. Come paga di ventidue anni di glorioso servizio, di fatiche e di pericoli e in cambio delle immense somme che ha sacrificato per lo stato, si sta preparando una sua vergognosa sostituzione. Ma non attenderà questo nuovo affronto, quel potere che gli si vuol togliere egli lo lascia per sua decisione. Ecco cosa mi ha incaricato di dirvi. Che ciascuno di noi si chieda ora che cosa diventerà senza un simile generale. Chi ci ridarà il denaro anticipato per l'interesse del servizio? Chi ci ricompenserà delle fatiche che abbiamo sopportato, dei pericoli che abbiamo sfidato, quando non ci sarà più lui che fu l'unico testimone ed estimatore della nostra condotta?».

Un grido unanime che non bisognava lasciare allontanare Wallenstein interruppe l'oratore e quattro generali ricevettero l'incarico di andare da lui per pregarlo umilmente di non abbandonare l'armata. Il duca resistette alle loro richieste e si arrese solo quando gli fu inviata una seconda delegazione. Sedotti dalla sua condiscendenza alle loro richieste, si credettero felici di potergli dare immediatamente una eclatante testimonianza della loro devozione. Promettendo di non abbandonarli mai senza il loro consenso, il duca esigette in cambio una dichiarazione scritta con la quale si impegnavano a essergli sempre fedeli, a non abbandonare la sua bandiera se non fosse stato egli stesso a congedarli e a versare fino all'ultima goccia di sangue in sua difesa.

In conseguenza di questa stessa dichiarazione, chi la violava si dichiarava colpevole di malvagità e tradimento e poteva essere giustiziato dai membri rimasti fedeli. La frase: «*Finché il generalissimo farà servire l'armata per il bene e l'onore dell'imperatore*», che chiudeva questa dichiarazione, allontanava tutti i motivi di sospetto, e neanche uno dei generali esitò ad accettare una richiesta apparentemente innocente e ragionevole.

La lettura di questo atto fu fatta alla fine di un sontuoso pasto che il generale Illow aveva fatto preparare per l'occasione e durante il quale non tralasciò nulla per ingannare la mente dei suoi convitati con bevande alcoliche. La maggior parte scarabocchiò la firma senza sapere cosa facesse, i più curiosi o i più diffidenti la scorsero con gli occhi e si accorsero che la sola frase che impediva a quest'atto di essere un'aperta ribellione contro l'imperatore, era stata soppressa. Infatti, Illow, con l'abilità di un prestigiatore, aveva sostituito il documento che conteneva questa frase con una copia dove era stata volontariamente omessa[312]. Il trucco era palese e molti si rifiutarono di firmare. Piccolomini, che assisteva a questa riunione per poter meglio relazionare la corte, obnubilato dai fumi del vino, dimenticò la prudenza e fece un brindisi all'imperatore. Nello stesso istante il conte Terzky si alzò indignato e dichiarò infame chiunque avesse osato ritrarsi. Queste minacce e, soprattutto, l'eloquenza di Illow, ebbero la meglio sugli scrupoli e le esitazioni e tutti i convitati firmarono l'atto che li legava a Wallenstein.

Il duca di Friedland aveva ottenuto il suo scopo, ma l'inattesa opposizione di qualche generale gli fece capire che si era fatto illusioni sull'obbedienza passiva dell'armata. Un'altra circostanza aumentava la sua preoccupazione: la maggior parte delle firme era così illeggibile che si potevano smentire senza pericolo. Tuttavia, questo contrattempo anziché fargli presagire tutto ciò che l'avvenire gli riservava, servì solo a irritare il suo orgoglio. Facendo richiamare tutti i generali, ripeté egli stesso ciò che Illow aveva detto il giorno precedente, li sopraffece di rimproveri e dichiarò che dopo la prova di ingratitudine, di diffidenza e di insubordinazione che gli avevano dato, riteneva nullo l'impegno che aveva preso con loro di mantenere il comando dell'armata e tutto ciò che era stato fatto a questo proposito doveva essere considerato come non avvenuto. I generali si ritirarono muti dal terrore ma, dopo una breve conciliabolo, ritornarono nell'appartamento del duca, si scusarono umilmente di ciò che era accaduto alla vigilia, l'attribuirono alle eccessive libagioni che avevano messo in confusione la loro mente e firmarono, con conoscenza di causa e in maniera molto leggibile, una nuova copia dell'atto che, nella collera, Wallenstein aveva stracciato.

Nel frattempo, i generali assenti avevano ricevuto l'ordine di arrivare senza indugio ed erano state prese tutte le misure per impadronirsi delle loro persone se si fossero rifiutati di avallare la condotta dei loro colleghi. Abituati a obbedire senza discutere, si erano messi in cammino, ma a qualche distanza da Pilsen appresero una parte di quanto stava accadendo in questa città. A questa notizia, che li riempì di inquietudine e di paura, Aldringer prese a pretesto una malattia e si fermò nella cittadella di Frauenberg, mentre Gallas, più intraprendente e determinato, raggiunse Wallenstein per rendersi conto delle accuse che pesavano su di lui, al fine di informare il governo. I dispacci che non tardò a inviare alla corte, in accordo con Piccolomini, chiarirono l'imperatore sull'imminenza del pericolo di cui era minacciato e lo decisero a porvi rimedio[313]. Tali rivelazioni, che venivano allo stesso tempo anche da altre parti, non lasciarono spazio ad altri dubbi e l'improvviso cambiamento dei comandanti in Austria e Slesia sembrava il preludio a qualche importante avvenimento. Il pericolo era incombente e il rimedio doveva essere rapido, ma la corte non voleva procedere immediatamente all'esecuzione della sentenza fino a quando non fosse stato dato corso alla giustizia. Ferdinando II ordinò segretamente ai denuncianti di arrestare Wallenstein e i suoi due principali complici, Illow e Terzky, e di mandarli a Vienna per esservi ascoltati prima di pronunciare la loro condanna. Aggiunse, comunque, che nell'interesse della sicurezza dello stato, bisognava prenderli vivi o morti, nel caso in cui fosse stato impossibile un arresto legale. Gallas ricevette, nello stesso tempo, un'autorizzazione esplicita per informare l'armata e i suoi capi dei provvedimenti che si stavano prendendo e per liberarli di tutti gli obblighi verso l'anziano generalissimo. Questa stessa autorizzazione lo investiva del potere fino alla nomina di un nuovo generalissimo e assicurava una completa amnistia e la totale cancellazione della loro colpa a tutti i militari, qualunque fosse il loro grado, da riscattarsi con un pronto ritorno al dovere e all'onore.

L'alta dignità e, soprattutto, il pericoloso compito che gli era stato affidato, misero il generale Gallas in una penosa difficoltà. Si trovava a Pilsen, messo di fronte a un uomo che era incaricato di distruggere e sul quale vegliavano amici devoti che i pericoli della loro posizione rendevano sospettosi, la più lieve indiscrezione poteva metterli sull'avviso e attirargli una terribile vendetta. Del resto, come poteva liberarsi ancor prima di una missione così pericolosa se era ancora avvolta nel mistero? I capi dell'armata erano andati troppo avanti sul cammino della ribellione per accettare, in cambio di una brillante sorte che assicurava loro il trionfo di Wallenstein, una *promessa* dell'imperatore. Anche nel caso in cui gli ufficiali generali avessero accettato questo perdono, quale tra loro avrebbe osato mettere la mano sull'uomo che fino a quel momento avevano guardato come inviolabile, circondato dal prestigio della potenza e dallo splendore del trono; sull'uomo, infine, il cui solo aspetto ispirava terrore e che da lungo tempo disponeva a suo piacere del destino di tutti! Afferrare un simile uomo in mezzo alle sue guardie e in una città che gli sembrava pienamente fedele, trattare improvvisamente come un criminale comune l'oggetto di una così lunga e giusta venerazione, era uno di quei tentativi capaci di far vacillare il coraggio più intrepido. La paura e la venerazione per il loro generale erano scolpite così profondamente nel cuore dei suoi soldati, che anche il crimine atroce di alto tradimento non poteva estirpare così facilmente questi sentimenti.

Gallas sentiva l'impossibilità di eseguire il suo mandato sotto gli occhi del duca e il suo desiderio più importante era quello, prima di intraprendere qualunque iniziativa, di avere un incontro con Aldringer. Fingendo di biasimare la poca premura di questo generale nel recarsi a Pilsen, propose a Wallenstein di andarlo a cercare a Frauenberg, e di portarlo qualunque fosse lo stato di salute. Lusingato da questa proposta, che scambiò per un eccesso di zelo, il duca di Friedland gli diede una delle sue carrozze, perché viaggiasse più comodo e con maggiore lusso.

Appena partito da Pilsen, dove lasciò a Piccolomini l'incarico di sorvegliare Wallenstein, Gallas informò i diversi corpi d'armata che incontrò dei poteri che aveva ricevuto da Vienna e che furono accettati con più acquiescenza di quanto avesse osato sperare. Invece di far tornare l'amico a Pilsen, lo inviò a Vienna per informare l'Imperatore del possibile attacco ed egli stesso si rifugiò nell'Austria superiore, la cui sicurezza era minacciata dall'avvicinarsi del duca Bernhard. Budweiss e Tabor, due importanti città della Boemia, accolsero delle guarnigioni fedeli all'imperatore e furono incaricate di opporre aperta resistenza agli ordini che Wallenstein avrebbe potuto loro impartire.

Dopo la partenza di Gallas, Piccolomini approfittò a sua volta della credulità del duca e, per mettersi al riparo dalla sua vendetta, gli propose di andare a cercare Gallas e Aldringer. Lo smisurato orgoglio di Wallenstein non gli permetteva di ritornare su una decisione una volta esternata e di ammettere che poteva sbagliarsi. Così non dubitò della buona fede di Piccolomini e lo fece partire con una delle sue carrozze che lo condusse a Lintz, da dove seguì l'esempio di Gallas e fece un ulteriore passo.

Piccolomini gli aveva promesso di ritornare e mantenne la sua promessa, ma lo fece alla testa di un'armata destinata a combatterlo. Mentre si dirigeva a Pilsen, un altro corpo d'armata, comandato dal generale Suys avanzava verso Praga per mantenervi l'ordine e per proteggerla contro un attacco dei ribelli. Da parte sua, Gallas informò l'armata della patente imperiale che lo nominava successore di Wallenstein e fece affiggere ovunque la disposizione che metteva fuori legge l'anziano generalissimo e i suoi quattro principali complici. Questi provvedimenti fecero scoppiare gli odi che il duca di Friedland si era attirato[314] e un concerto di maledizioni si levò contro di lui. Obbligato, infine, a prendere atto del tradimento di Piccolomini e dei due altri generali, si dovette risvegliare dal suo sogno. Ma la sua fede nell'astrologia e nella fedeltà del suo esercito non venne turbata.

Immediatamente fece emanare il divieto di obbedire a tutti gli ordini non firmati da lui o da Terzky e Illow. Si preparò dunque ad avanzare verso Praga, dove intendeva gettare la maschera e dichiararsi apertamente contro l'imperatore. Tutte le truppe dovevano riunirsi davanti a quella città e da lì entrare rapidamente in Austria.

Il duca Bernhard di Weimar, che era riuscito a portare dalla sua parte, doveva assecondare questa impresa con truppe svedesi, attraverso una diversione verso il Danubio. Terzky si era già messo in cammino verso Praga, dove l'avrebbe seguito se la mancanza di cavalli non avesse ritardato la sua partenza. Fu in questo momento che apprese che il partito imperiale si era impadronito della capitale e che, a eccezione delle truppe che gli erano vicine, l'armata intera l'aveva abbandonato e Piccolomini stava avanzando verso di lui con forze imponenti.

È nelle situazioni eccezionali che i grandi caratteri appaiono in tutta la loro forza. Deluso nelle sue speranze, tradito da coloro che aveva coperto di benefici, Wallenstein teneva più che mai alla realizzazione dei suoi progetti, ai suoi occhi nulla era ancora perso finché aveva vita. Invero, se la sentenza che lo dichiarava colpevole di alto tradimento lo poneva fuori dalla legge e gli toglieva una parte dei suoi sostenitori, allo stesso tempo non lasciava alla Svezia e alla Sassonia alcun dubbio sulla sincerità del suo odio contro l'imperatore e di tutto quello che poteva fare per annientare la potenza di questo monarca.

Arnheim e Oxenstierna compresero questa verità e si prepararono ad aiutare efficacemente l'uomo che ormai aveva lo stesso loro interesse a rovesciare la casa d'Austria. Il duca Francesco Alberto von Sachsen Lauenburg doveva condurgli quattromila sassoni e seimila svedesi stavano mettendosi in marcia con la stessa destinazione, sotto gli ordini del duca Bernardo e del conte palatino di Birkenfeld. Per anticipare la riunione di questi due rinforzi con le poche truppe che gli erano rimaste fedeli e, soprattutto, per mettersi al riparo dagli attacchi dei suoi nemici, lasciò Pilsen con il reggimento di Terzky per recarsi a Eger, fortezza situata sulla frontiera tra la Boemia e la Sassonia.

Non aveva ancora saputo di essere stato pubblicamente dichiarato un nemico e traditore e questo colpo lo attendeva a Eger. Contava ancora sull'esercito che Schaffgotsch gli stava preparando in Slesia e si lusingava con la speranza che molti di coloro che lo avevano abbandonato sarebbero ritornati al primo segnale di vittoria. L'immane progetto di detronizzare l'imperatore lo occupava costantemente anche durante la sua fuga a Eger (aveva imparato ben poca umiltà dall'esperienza della solitudine). In queste circostanze, accadde che un uomo del suo seguito chiedesse il permesso di dargli qualche consiglio. «Restando fedele all'imperatore – disse quest'uomo – vostra altezza è sicuro di essere un grande e potente signore, passando al nemico sarà solo un re discutibile, non è saggio lasciare il certo per incerto. Il nemico vi servirà in questo momento perché ne ha interesse, ma diffiderà sempre di voi poiché avrà timore che facciate a lui un giorno ciò che fate oggi a all'imperatore. Ritornate, dunque, sui vostri passi, perché ancora è possibile».

«E come potrei?». Lo interruppe il duca.

«Vostra altezza ha nelle sue casseforti quarantamila *armites*[315] *(armati?)*. Prendeteli, andate dritto alla corte imperiale e dite che l'affare di Pilsen era solo una prova che avete voluto far subire ai generali e agli ufficiali superiori dell'armata con lo scopo di poter distinguere i sudditi fedeli da quelli disposti a tradire il loro sovrano. Aggiungete che avendo riconosciuto che la maggior parte era propensa al tradimento, voi siete andato a dire a sua maestà di sbarazzarsi dei sospetti e di punire i colpevoli. In questo modo voi designerete come traditori tutti quelli che hanno voluto fare di voi un ribelle. I vostri quarantamila armiti faranno il resto e ben presto ridiventerete l'immortale, onnipotente friedlandese».

«Il consiglio è buono – rispose Wallenstein, dopo un attimo di riflessione – ma che il diavolo si fotta!».

Mentre il duca di Friedland, rifugiato a Eger, consultava gli astri e affrettava la conclusione dei suoi trattati con il nemico, si affilava, quasi sotto i suoi occhi, la spada destinata ad abbatterlo. La sentenza imperiale che lo metteva fuori legge aveva prodotto i suoi effetti e la giustizia eterna permise che il più ingrato dei sudditi cadesse sotto i colpi dell'ingratitudine.

Un irlandese di nome Leslie[316], che aveva particolarmente riempito dei suoi favori e che guardava come uno dei suoi più fedeli sostenitori, decise di diventare l'assassino del suo benefattore, poiché brillanti ricompense erano state promesse a chi avrebbe osato liberare l'imperatore di questo temibile nemico. Appena giunto a Eger, il perfido irlandese informò di tutti i segreti che Wallenstein gli aveva confidato durante la strada a Butler[317] e a Gordon,[318] colonnelli scozzesi protestanti che comandavano la piazza di Eger. In questi due uomini aveva trovato una grande determinazione. Dovevano ora scegliere tra il tradimento e il dovere, tra il loro legittimo sovrano e un ribelle fuggitivo abbandonato; e sebbene quest'ultimo fosse anche il loro benefattore, non vi era dubbio sulla scelta. Erano solennemente legati alla fedeltà all'imperatore e questo dovere richiedeva loro di prendere velocemente le misure contro il nemico pubblico. L'opportunità era favorevole e il genio del male sembrava averlo consegnato nelle mani della vendetta. Ma per non ostacolare il corso della giustizia, decisero di consegnare la loro vittima viva e partirono con la convinzione di far prigioniero il loro generale. Questo complotto era sepolto nel silenzio più profondo e Wallenstein non pensava neanche alla possibilità che avrebbe potuto aver qualcosa da temere dalla guarnigione di Eger e in tutte le possibili evenienze credeva di avere in essa dei difensori fedeli. Proprio in quei giorni Wallenstein venne a conoscenza del contenuto del proclama imperiale che conteneva la sua condanna e che era stato reso noto in tutti i campi. Si rese allora conto del pericolo che lo minacciava, dell'impossibilità di tornare sui suoi passi, della sua terribile situazione e dell'assoluta necessità di avere la totale fiducia dei nemici dell'imperatore. Fece partecipe Leslie di tutta l'angoscia del suo spirito ferito e l'incontrollabile agitazione gli fece svelare il suo ultimo segreto. Informò questo ufficiale della sua intenzione di lasciare Eger e Ellbogen, le chiavi del regno, al Palatino di Birkenfeld e allo stesso tempo lo informò dell'avvicinarsi del Duca Bernardo, del quale attendeva notizie dell'arrivo quella stessa notte. Queste rivelazioni, che Leslie comunicò immediatamente ai cospiratori, fecero modificare il piano originale. L'urgenza del pericolo non permetteva mezze misure. Eger sarebbe potuta finire in un attimo in mani nemiche e un'improvvisa ribellione avrebbe potuto rimettere il prigioniero in libertà. Per evitare questa sventura, decisero di uccidere Wallenstein e i suoi alleati la notte seguente.

Per agevolare l'esecuzione di questo progetto senza troppo rumore, si decise che l'assassinio sarebbe stato compiuto durante una festa che il colonnello Butler avrebbe organizzato nel castello di Eger. Tutti gli ospiti si presentarono, eccetto Wallenstein, che si scusò per non aver accettato l'invito, ma lo giustificò dicendo che il suo stato d'animo non glielo permetteva. Questa circostanza obbligò gli assassini a cambiare il piano che lo riguardava, mentre per le altre vittime i disegni restarono gli stessi. Prima del loro arrivo, erano stati introdotti segretamente nel castello tutti i soldati della guarnigione che era stato possibile unire al complotto, tutte le vie che vi giungevano erano controllate e sei dragoni del reggimento di Butler, stipati in uno spazio comunicante con la sala del festino, dovevano precipitarsi al segnale convenuto e colpire i traditori.

Gli amici di Wallenstein, senza alcun presentimento della trappola che era stata tesa, si abbandonarono ai piaceri della tavola e fecero brindisi esaltati al grande uomo che, dicevano, aveva finito di essere il servo dell'imperatore per diventare un sovrano indipendente. Il vino sciolse talmente la loro lingua che Illow esclamò con enfasi che prima di tre giorni, Wallenstein si sarebbe trovato alla testa di un'armata più formidabile di tutte quelle che aveva condotto alla vittoria fino a ora».

«E allora – aggiunse il capitano Neumann – spera di lavarsi le mani col sangue austriaco».

Fu servito infine il dessert, Leslie diede in segnale convenuto, i soldati all'interno della cittadella alzarono i ponti levatoi, chiusero tutte le uscite ed egli stesso ne ricevette le chiavi. I dragoni di Butler si precipitarono nella sala al grido inatteso di *"Viva Ferdinando II!"* e si misero, sciabole alla mano, dietro i convitati. Intuendo, infine, una parte della terribile verità, gli amici di Wallenstein si alzarono precipitosamente. Kinsky e Terzky caddero immersi nel loro sangue, Neumann, che in mezzo al tumulto era fuggito dalla sala, fu massacrato dai soldati nel cortile. Solo Illow aveva conservato sufficiente presenza di spirito per afferrare le sue armi e, rifugiatosi contro una finestra, rinfacciò amaramente a Gordon il suo vile tradimento e lo invitò a battersi con lealtà e onore.

Dopo una strenua resistenza, che gli permise di stendere ai suoi piedi due dei suoi assassini, cadde alla fine trafitto da dieci colpi di pugnale.

Non appena compiuto il fatto Leslie, che temeva una sommossa nella città, si affrettò a uscire verso la cittadella. Nel momento in cui oltrepassò la porta correndo con tutte le sue forze, una sentinella, scambiandolo per uno degli amici di Wallenstein, fece fuoco su di lui, ma senza colpirlo. Il rumore di un colpo di fuoco gettò l'allarme in tutte le postazioni e Leslie approfittò dello sgomento della guarnigione per informarla dettagliatamente delle circostanze della cospirazione di Wallenstein, delle misure che erano già state prese per ostacolarla, della fine dei quattro ribelli e di quella che attendeva il loro capo. Trovandoli ben disposti verso di lui, Leslie riuscì anche a far prestare ai soldati il giuramento di sostenerlo in tutto ciò che gli restava da fare per punire i ribelli e di vivere o morire per la difesa dell'imperatore. Cento dragoni di Butler vennero inviati dal castello in città per percorrere a cavallo le strade, tenere a bada gli alleati di Wallenstein ed evitare un possibile tumulto. Vennero presidiate tutte le porte della città e tutte le strade che portavano alla residenza di Wallenstein, vicina alla piazza del mercato, erano sorvegliate da numerose truppe, sufficienti ad evitare la fuga o un possibile aiuto dall'esterno. Ma prima di procedere all'esecuzione di Wallenstein, i congiurati esitavano ancora sulla sorte da destinarsi al duca di Wallenstein e si riunirono alla cittadella per decidere se bisognava rispettare o sacrificare la sua vita. Si erano macchiati di sangue e stavano deliberando davanti ai cadaveri dei traditori, ma nonostante questo, questi uomini violenti esitavano di fronte al fatto di porre fine a una vita così illustre. Ora lo vedevano come il loro comandante in battaglia nei giorni della buona sorte, circondato dal suo esercito vittorioso, nello splendore della sua grandezza militare, e il timore si impadronì dei loro cuori. Ma questa emozione passeggera svanì davanti all'idea del pericolo al quale si esponevano. Il ricordo degli imprudenti discorsi di Illow e di Neumann durante il banchetto mostrò loro i sassoni e gli svedesi padroni della città e capirono che solo la morte immediata di Wallenstein poteva salvarli e il capitano Deveroux, l'irlandese che aveva già accettato di compiere questo omicidio, ricevette l'ordine di guadagnarsi la ricompensa promessa.

Mentre alla cittadella di Eger si decideva la sua sorte, il duca di Friedland era occupato nel suo castello a leggere negli astri, guidato da Seni. «Il pericolo non è ancora passato» diceva l'astrologo con spirito profetico «E' passato» rispose il duca, che non voleva concedere neanche al cielo il diritto di contrariare i suoi disegni e, assumendo a sua volta un tono profetico, aggiunse: «Tra poco tu sarai gettato in prigione! Ecco, amico Seni, quello che ho appena letto negli astri».

L'astrologo si ritirò in silenzio e Wallenstein entrò nella sua stanza da letto. Quasi nello stesso momento Deveroux, accompagnato da sei alabardieri, si presentò alle porte del castello. Le guardie, abituate a vedere gli ufficiali della guarnigione a entrare e uscire a tutte le ore, lo lasciarono passare senza difficoltà. Un paggio che li incontrò sulla scalinata ebbe dei sospetti e diede l'allarme ma un colpo di picca lo stese subito senza vita. In una delle prime stanze gli assassini si trovarono di fronte a un maggiordomo che usciva dall'appartamento del suo padrone. Alla loro vista mise un dito sulla bocca per pregarli di fare silenzio perché il duca stava per addormentarsi.

«Amico, – gridò Deveroux – L'ora del frastuono è suonata».

Pronunciando queste parole si precipitò contro la porta che forzò con un colpo di piede, poiché era chiusa dall'interno. Wallenstein, risvegliato dal rumore di un colpo di fuoco sparato per imprudenza nel suo cortile, era saltato giù dal letto e si era avvicinato alla finestra per chiamare le sue guardie. Nello stesso momento aveva sentito, negli appartamenti di fronte ai suoi, le grida delle contesse Terzky e Kinsky che avevano appreso dell'assassinio dei loro mariti, ma prima di avere il tempo di capire la causa di queste grida, Deveroux e i suoi complici gli furono davanti. Vestito solo della sua camicia, era ancora vicino alla finestra, i gomiti appoggiati su una tavola.

Il feroce capitano gli gridò queste terribili parole:

«Sei tu lo scellerato che vuole consegnare al nemico l'armata imperiale e strappare la corona dalla sacra testa di sua maestà? In questo caso, è giunta la tua ora, tu morirai!».

Poi si zittì come se attendesse una risposta, ma l'indignazione e la collera incatenavano la lingua di Wallenstein. Stendendo le braccia con un movimento inspiegabile e senza dubbio involontario, ricevette nel petto un colpo di partigiana[319] e cadde nel suo sangue, senza aver proferito una parola.

All'indomani di questo sanguinoso giorno, un corriere del duca (Francesco Alberto) di Lauenburg arrivò a Eger per annunciare a Wallenstein l'imminente arrivo del suo principe. Ci si impadronì di lui, un uomo dei congiurati indossò la livrea del duca di Friedland e andò davanti a Francesco Alberto per sollecitarlo a venire subito a prendere possesso della città. L'ingannò riuscì e il principe, si può dire, si consegnò egli stesso. Simile sorte sembrava riservata al duca Bernardo di Weimar ma vi sfuggì perché aveva avuto la fortuna di apprendere della morte di Wallenstein abbastanza presto per poter condurre le sue truppe al di là delle frontiere della Boemia.

Ferdinando pianse la tragica morte del suo generalissimo e a Vienna fece celebrare tremila messe per la pace della sua anima ma, nello stesso tempo, elargì ai suoi assassini catene d'oro, le chiavi di ciambellano, titoli, alte cariche e possedimenti considerevoli.

Fu così che Wallenstein, all'età di cinquant'anni, terminò la sua dinamica e brillante carriera. L'ambizione l'aveva elevato al sommo della grandezza, la stessa ambizione fu causa della sua morte. Nonostante le macchie che fanno da contorno allo splendore della sua gloria, ispira ammirazione e mai un grande uomo sarebbe stato più degno di rispetto e di venerazione se avesse saputo moderare il suo orgoglio. Tra i principali tratti del suo carattere, la giustizia, la fermezza e il valore si profilano in dimensioni colossali, ma inutilmente vi si sarebbero cercate le delicate virtù che ingentiliscono l'eroe e fanno amare il capo.

La paura che ispirava era il talismano della sua potenza. Le sue punizioni e le sue ricompense eccitavano sempre lo zelo dei suoi subordinati e si faceva ubbidire come mai lo fu e mai lo sarà alcun generale. Ai suoi occhi la sottomissione alla sua volontà era preferibile al coraggio, poiché la prima qualità dava forza a lui, la seconda a quella del soldato che la possedeva. Così metteva continuamente alla prova la sottomissione delle sue truppe con gli ordini più bizzarri e ricompensava con generosità regale la solerzia nell'obbedirgli, anche nelle circostanze più insignificanti, poiché considerava più importante l'ubbidienza rispetto all'azione stessa.

Un giorno aveva fatto notificare a tutti gli ufficiali dell'armata di indossare solo cinture rosse. Appena informato di quest'ordine, uno dei suoi capitani staccò la sua cintura bordata d'oro e la gettò sotto i piedi. Wallenstein, al quale fu riportato il fatto, lo elevò subito al grado di colonnello. Il suo pensiero abbracciava sempre l'insieme delle cose e degli avvenimenti e tutte le sue disposizioni, le più capricciose in apparenza, non si allontanavano mai da questo punto di vista. Per mettere un freno allo spirito di rapina delle truppe, aveva fatto minacciare di impiccagione tutti coloro i quali si rendevano colpevoli di un furto. In una escursione attraverso la campagna, incontrò un soldato che sospettò di un furto e lo fece afferrare pronunciando queste terrificanti parole, senza appello: «*Che si appenda questa canaglia!*».

Il soldato protestò la sua innocenza, fece di più la provò.

«Ebbene – disse freddamente Wallenstein – che lo si appenda innocente. La sua morte perlomeno farà tremare ancora di più i colpevoli». Vedendosi perduto, il soldato prese la disperata decisione di non morire senza vendicarsi e si precipitò sul suo giudice disumano. Fu bloccato abbastanza presto per impedirgli di realizzare il suo progetto e fu trascinato al supplizio.

«Ora lasciatelo correre dove vorrà – disse il duca – la sua vista causerà più terrore della sua morte».

La sua immensa fortuna, che ammontava a oltre tre milioni di *reichsthalers* e che i contributi che imponeva a tutte le province conquistate aumentavano in continuazione, gli permetteva di spingere la liberalità e la magnificenza oltre a ogni sovrano della sua epoca. La sua grande intelligenza e il suo spirito illuminato lo mettevano al di sopra dei pregiudizi religiosi e i gesuiti non gli perdonarono mai di vedere nel papa unicamente il vescovo di Roma e, soprattutto, di aver arguito quale fosse il principio sul quale fondavano il loro sistema (la durata della loro potenza). Dopo il profeta Samuele, l'esperienza ci ha insegnato che tutti coloro i quali non vivono in pace con la Chiesa finiscono sempre, a causa di tragiche catastrofi. Come avrebbe potuto Wallenstein sfuggire a questo destino comune? Degli intrighi di monaci prepararono la sentenza di Ratisbona, fu a seguito di intrighi di monaci che fu assassinato a Eger. È anche probabile che intrighi di monaci gli fecero perdere la fiducia dei suoi contemporanei e la stima della posterità.

Il nostro rispetto per la giustizia ci obbliga di confessare che di tutti gli storici della sua epoca, che ci hanno lasciato ragguagli su quest'uomo straordinario, non vi era alcuno indipendente. Si può quindi dubitare della rigorosa esattezza dei loro racconti e della giustezza dei loro giudizi. Nulla prova definitivamente il suo tradimento e i suoi progetti sulla corona della Boemia[320]. Tutte le accuse in merito si appoggiano su clamorose presunzioni, apparenze e probabilità. Nessuno fino a oggi ha potuto trovare dei documenti che spiegano il motivo segreto della sua condotta con la chiarezza e l'autenticità che richiedono le verità storiche. Tra le sue carte private non ve n'è una che sia suscettibile d'essere interpretata in questo senso.

I suoi cambiamenti di politica più equivoci possono essere spiegati con il desiderio di porre fine a una guerra disastrosa, da una giustificata diffidenza sull'atteggiamento dell'imperatore, che l'aveva portato a temerlo, e con il desiderio assai comprensibile di conservare le sue alte funzioni e l'immensa influenza politica che gli era stata data. La sua condotta nei confronti dell'elettore della Baviera prova che era implacabile nel suo odio e insaziabile nella vendetta, ma nulla ci autorizza a guardarlo come se fosse stato legalmente riconosciuto colpevole di alto tradimento. Se, spinto dalla disperazione da una condanna non meritata, finì per diventare realmente colpevole, questa condanna non fu meno ingiusta quando fu pronunciata, e si può dire che Wallenstein non cadde perché era un ribelle, ma divenne ribelle perché era caduto. Del resto, se fu per lui una disgrazia attirarsi in vita l'inimicizia di un partito vittorioso, lo fu altrettanto dopo la sua morte, poiché questo partito gli sopravvisse e scrisse la sua storia[321].

Libro V

Dopo la morte di Wallenstein era divenuto indispensabile nominare un nuovo generalissimo e l'imperatore, seguendo il consiglio degli spagnoli affidò questo alto incarico a suo figlio Ferdinando, re d'Ungheria, ma il conte Gallas, incaricato del comando in seconda, esercitava realmente queste importanti funzioni, di cui il principe aveva solo il titolo. Importanti forze non tardarono a riunirsi sotto le bandiere dell'Austria. Il duca di Lorena condusse un'armata che comandava di persona e il cardinale infante arrivò dall'Italia con un corpo di diecimila uomini. Per cacciare il nemico dal Danubio, il nuovo generale iniziò le operazioni per l'assedio di Ratisbona, che tante volte si era chiesto a Wallenstein.

Per obbligare il nemico a togliere l'assedio, il duca Bernardo avanzò fino in fondo alla Baviera, il re d'Ungheria continuò nella sua impresa e, dopo una lunga e vigorosa resistenza, la città imperiale gli aprì, infine, le porte[322]. Ben presto Donauwörth subì la stessa sorte e Nördlingen, una delle principali fortezze dello Schwaben, si vide a sua volta condannata alle calamità di un assedio. La perdita di così tante città libere dell'impero era sentita in modo molto forte dagli svedesi, poiché il loro aiuto aveva fortemente contribuito al loro successo in Germania, pertanto l'indifferenza verso il loro destino sarebbe stata ingiustificabile. Ma il loro stesso interesse faceva del soccorrerli un dovere, ben oltre il timore di essere vergognosamente tacciati di abbandonare i loro alleati nel momento del pericolo e di esporsi alla vendetta di un vincitore irriducibile.

Queste considerazioni portarono il duca Bernardo a chiamare il generale Horn in suo soccorso e a marciare insieme a lui per liberare Nördlingen, risoluto ad affrontare anche una battaglia se fosse stato necessario. L'impresa era pericolosa, perché le forze imperiali erano molto superiori a quelle svedesi, ed era consigliabile non iniziare a combattere in queste condizioni, anche perché le forze nemiche erano sul punto di dividersi, essendo le truppe italiane destinate nei Paesi Bassi. La prudenza suggeriva agli svedesi di prendere, in attesa, tutte le posizioni atte a garantire Nördlingen da ogni serio tentativo da parte degli assedianti.

Il generale Horn fece valere tutti questi motivi nel consiglio di guerra riunito dal duca Bernardo di Weimar per deliberare sulle misure da prendere. Sfortunatamente la lunga e brillante serie di successi aveva abituato i generali svedesi a confondere i consigli della prudenza con i motivi della paura. Il duca Bernardo, soprattutto, era sotto l'influenza di questa pericolosa illusione e il generale Horn fu costretto a impegnarsi in una battaglia di cui presagiva il risultato funesto. Il successo del combattimento dipendeva dall'occupazione di un'altura che dominava il campo imperiale. Gli svedesi, quindi, cercarono di impadronirsene durante la notte, ma le difficoltà incontrate per far passare l'artiglieria in strade infossate e in foreste senza cammini tracciati, avevano ritardato la marcia dell'armata. Quando, verso mezzanotte, l'armata arrivò nei pressi di questo fondamentale punto, era già in possesso del nemico che si era fortemente trincerato e fu necessario decidere di prenderlo d'assalto.

Appena giunto il giorno fu dato il segnale dell'attacco, gli svedesi si aprirono con ardimento una strada tra gli ostacoli e i pericoli, ma attraversando contemporaneamente da due lati le mezze lune e le ridotte imperiali, le brigate svedesi si incontrarono e si confusero. L'inattesa esplosione di una botte di polvere portò la confusione al colmo. La cavalleria nemica ne approfittò per penetrare nei ranghi aperti degli svedesi che questa manovra mise in rotta. Per il generale fu impossibile convincere i fuggitivi a riprendere l'assalto; decise comunque, per difendere questa postazione, di portare all'attacco nuovi battaglioni, ma il loro valore cozzò contro l'eroismo dei reggimenti spagnoli che erano giunti in soccorso agli imperiali. Un reggimento del duca Bernardo andò sette volte alla carica e fu per sette volte respinto senza aver guadagnato un pollice di terreno.

Gli svedesi non tardarono a capire quanto era stato dannoso per loro non essersi impadroniti di questo luogo. Il fuoco dei cannoni che il nemico vi aveva posto obbligò l'ala sinistra, comandata dal generale Horn, a ripiegare e il duca Bernardo, che avrebbe potuto proteggere questa ritirata fermando il nemico, fu egli stesso respinto nella pianura, dove la sua cavalleria trascinò nella fuga le truppe del generale Horn e rese la disfatta generale. Quasi tutta la fanteria morì o venne fatta prigioniera e la sconfitta costò agli svedesi dodicimila morti, ottanta cannoni, quattromila carri e trecento bandiere e stendardi[323]. Horn e tre altri generali furono fatti prigionieri e il duca Bernardo salvò a malapena qualche avanzo della sua armata che riuscì a radunare solo a Francoforte.

La sconfitta di Nördlingen costò al cancelliere svedese la seconda notte insonne in Germania (*N.d.T. la prima era per la morte di Gustavo Adolfo*) e le conseguenze di questo disastro furono terribili, poiché fece loro perdere la fiducia dei loro alleati, fiducia che dovevano ai loro continui successi nelle battaglie. Una pericolosa divisione minacciava di portare alla rovina la confederazione protestante, un terror panico si impadronì del partito protestante e il partito cattolico si rialzò dalla sua profonda caduta più crudele e audace che mai. Lo Schwaben e le zone vicine risentirono i primi funesti effetti della battaglia di Nördlingen e il Württemberg in particolare venne sopraffatto dall'esercito conquistatore. Tutti i membri della lega di Heilbronn tremavano per il terrore della vendetta dell'imperatore e chi riusciva a fuggire domandava asilo alla città di Strasburgo, mentre le indifese città libere dell'impero attendevano con terrore la sorte che preparavano loro i vincitori.

Con un po' di moderazione e di clemenza sarebbe stato facile all'imperatore riportare tutti i principi protestanti alla sua causa, ma la durezza che dimostrò anche verso chi si arrendeva senza opporre resistenza, spinse il partito alla disperazione e rinvigorì la determinazione di combattere fino alla morte. In questo spaventoso frangente, i principi protestanti cercarono il consiglio e l'aiuto del cancelliere Oxenstierna e il cancelliere Oxenstierna chiese loro degli aiuti e dei nuovi sacrifici. L'armata era distrutta o dispersa e non c'erano fondi non solo per organizzarne una nuova, ma anche per pagare gli arretrati alla vecchia.

Il cancelliere si rivolse all'elettore di Sassonia, ma questo principe aveva abbandonato la causa svedese ed era sul punto di firmare un trattato di pace con l'imperatore a Pirna, chiese degli aiuti ai deputati della bassa Sassonia e questi, stanchi del fardello che portavano da così lungo tempo, rifiutarono ogni sostegno dicendo che da quel momento si sarebbero occupati solo degli interessi delle loro province[324]. Il duca Giorgio di Lüneburg, che era stato incaricato di marciare in soccorso dell'alta Germania, assediò Minden, con lo scopo di conquistare questa città per se stesso[325]. Abbandonato da tutti gli alleati in Germania, Oxenstierna chiese aiuti all'Inghilterra, all'Olanda, a Venezia e, spinto dall'urgenza delle sue necessità, si decise infine a gettarsi nella braccia della Francia, decisione estrema davanti alla quale, fino a quel momento, era arretrato. Da tempo Richelieu attendeva e sperava questo passo. Solo un bisogno imperativo poteva portare i membri protestanti della dieta tedesca ad assecondare i disegni del gabinetto francese sull'Alsazia. Questo bisogno si stava presentando, da questo momento la Francia assumeva una parte attiva nella guerra in

305

Germania ed era determinata a farlo a fronte di una grande ricompensa. Fece dunque la sua comparsa con fama e grandezza su questo nuovo scenario politico. Già Oxenstierna, che non era mai stato avaro dei possedimenti tedeschi, le aveva ceduto Philippsburg[326] e numerose altre fortezze importanti. I principi protestanti dell'alta Germania inviarono un ambasciatore incaricato di affidare l'Alsazia e tutte le piazze forti dell'alto Reno alla protezione francese[327].

E certamente nessun principe ha potuto sbagliarsi sul vero significato del termine *protezione francese*, poiché era sufficientemente spiegato dall'esempio dei vescovadi di Metz, di Toul e di Verdun che da oltre un secolo la Francia *proteggeva* anche contro i loro legittimi sovrani[328]. Il territorio di Treviri era già occupato dai francesi, la conquista della Lorena poteva essere vista come un fatto compiuto poiché si trattava solo di entrarvi per prenderne possesso. Con il nuovo corso degli eventi, la Francia sarebbe stata molto presto padrona dell'Alsazia e, poiché stava per concludere un trattato[329] con gli olandesi sulla spartizione dei possedimenti spagnoli nei Paesi Bassi, avrebbe potuto fare del Reno il confine naturale con la Germania. Questo vergognoso smembramento dell'impero tedesco fu opera dei suoi sovrani, che la paura spinse a trafficare vigliaccamente con un potenza che, sotto la maschera dell'amicizia, pensava solo ad ingrandire i suoi stati, e che utilizzando l'onorevole titolo di protettrice, era invece unicamente interessata ad allargare la propria rete e a trarre vantaggio dalla confusione generale.

In cambio dei sacrifici che gli erano stati fatti, Richelieu si impegnò a mantenere sulle rive del Reno un'armata di dodicimila uomini che, in caso di scontro aperto con l'imperatore, si sarebbe unita agli svedesi e ai tedeschi per marciare contro l'Austria. Per il momento promise di facilitare il successo delle armi protestanti occupando l'armata spagnola con un pretesto che si proponeva di far nascere e che il caso non tardò a offrirgli.

Gli spagnoli avevano sorpreso Treviri[330], dove avevano fatto passare a fil di spada la guarnigione francese e, contrariamente al diritto internazionale, avevano fatto prigioniero l'elettore che si era posto sotto la protezione della Francia e l'avevano condotto prigioniero nelle Fiandre. Dopo aver inutilmente chiesto soddisfazione al cardinale infante, governatore delle Fiandre spagnole, Richelieu gli fece, secondo l'uso dell'epoca, dichiarare solennemente guerra da un araldo armato che si recò a questo fine a Bruxelles[331]. Subito dopo, tre armate francesi confermarono questa dichiarazione, una nel milanese, l'altra nella Valtellina e la terza in Fiandra. La guerra contro l'imperatore, che offriva più pericoli che profitti, non sembrava particolarmente gradita al gabinetto francese e fu solo dopo lunghi conciliaboli che, infine, venne deciso di inviare una quarta armata comandata dal cardinale di La Valette[332] sulle rive del Reno, che si congiunse con quella del duca Bernardo per attaccare gli imperiali, ma senza una preventiva dichiarazione di guerra.

Un colpo tremendo quanto la sconfitta di Nördlingen fu per gli svedesi la riconciliazione tra l'elettore di Sassonia e l'imperatore[333]. Dopo diversi tentativi, sia di evitarla che di favorirla, ebbe luogo a Pirna nel 1634 e nel maggio dell'anno successivo venne ufficializzata a Praga con un trattato di pace[334]. L'elettore non aveva mai potuto sopportare le pretese degli svedesi in Germania e la sua avversione verso questa potenza straniera, che dettava legge all'interno dell'impero tedesco, era sempre più accresciuta dalle continue richieste di Oxenstierna agli stati tedeschi. Questo sentimento contro la Svezia era alimentato anche dalla corte spagnola, che desiderava si giungesse alla pace tra la Sassonia e l'Imperatore. Esaurito dalla calamità di una guerra così lunga, che aveva visto la Sassonia come principale teatro, addolorato dalla miseria che amici e nemici senza differenza avevano inflitto ai suoi sudditi, e sedotto dalle promesse della Casa d'Austria, l'elettore infine abbandonò la causa comune e, meno preoccupato del destino dei suoi confederati e delle libertà della Germania, decise di perseguire il proprio interesse, anche se a spese di quello comune. Del resto, la situazione della Germania era così disastrosa che ogni giorno migliaia di voci si levavano per chiedere la pace che, anche alle condizioni più dure e umilianti, sarebbe apparsa come una benedizione del cielo. Le contee dove fino a poco tempo prima operavano popolazioni industriose, dove la natura aveva elargito i suoi migliori frutti e dove avevano regnato abbondanza e prosperità erano solo aridi deserti. I campi abbandonati dai coltivatori rimanevano aridi e incolti, e laddove, si disegnava una verde prateria, una messe dorata, il passaggio di un esercito amico o nemico distruggeva in pochi istanti il frutto di un anno di lavoro e le ultime speranze di un popolo affamato. Ovunque l'occhio scorgeva, come altrettanta testimonianza delle pubbliche calamità, castelli in rovina e villaggi in cenere, i cui abitanti privati di tutte le risorse, erano andati a ingrossare i ranghi degli autori dei loro mali e facevano subire a loro volta ai loro concittadini, ancora abbastanza fortunati da aver conservato un tetto, il pessimo trattamento del quale erano rimasti vittime.

Non vi era altro modo possibile per sfuggire all'oppressione che quello di divenire oppressori. Le città soffrivano sotto il ferreo giogo delle guarnigioni, che si credevano in diritto di disporre delle proprietà, dell'onore e della vita dei cittadini. Se il passaggio delle armate, gli acquartieramenti invernali e i contributi di guerra devastavano e impoverivano le campagne, il lavoro e la fertilità del suolo potevano riparare a questi disastri, poiché il lavoro di un anno poteva far dimenticare le miserie di alcuni mesi. Ma non restava alcuna speranza agli abitanti delle città le cui mura servivano da rifugio a delle guarnigioni permanenti. Per loro una vittoria era funesta quanto una sconfitta, poiché il vincitore veniva a prendere il posto del vinto e gli amici sovente erano altrettanto feroci e sempre altrettanto esigenti dei nemici.

L'abbandono delle colture, la distruzione delle mietiture e i numerosi eserciti che passavano sulle terre avevano alzato in modo esorbitante i prezzi dei prodotti agricoli e provocato la mancanza di viveri; così l'affollamento di uomini da una parte e la miseria dall'altra avevano generato delle malattie contagiose che facevano più vittime che il ferro o il fuoco dei combattimenti. In mezzo alle disgrazie pubbliche e alle sofferenze individuali tutti i legami della vita sociale si erano allentati. L'obbedienza alla legge, la morale, la buona fede, l'umanità e la fiducia nella parola data o ricevuta avevano lasciato il posto al diritto del più forte. I vizi e i crimini crescevano all'ombra del male e si ingrandivano sotto l'egida dell'anarchia. In una parola, il popolo era divenuto incolto e selvaggio come il suo paese. Nessuna categoria di persone era considerata così degna di rispetto da essere esente da rapine, nessuna proprietà considerata abbastanza sacra da essere risparmiata.

Per dipingere in un tratto tutte le miserie di quest'epoca, è sufficiente dire che il soldato la faceva da padrone con un dispotismo che superava in brutalità e pretese ogni altro possibile dispotismo. Il comandante di un piccolo corpo d'armata si credeva ben al di sopra del sovrano di cui occupava il paese, tanto che quest'ultimo era spesso costretto a fuggire di fronte a lui e rifugiarsi nel suo castello per ripararsi. Tutta la Germania si trovava alla mercé di questi piccoli tiranni che spandevano il terrore nelle province che difendevano come in quelle che attaccavano. Ma quello che doveva necessariamente esasperare la sopportazione di tante disgrazie era che bisognava riconoscere che le si sopportava unicamente per soddisfare l'avidità delle corti straniere.

Era per consolidare la sua gloria ed estendere la sua potenza che la Svezia prolungava la guerra in Germania[335]. Era per ingrandire la Francia che Richelieu manteneva vivo il fuoco della discordia nell'impero tedesco. L'interesse personale spingeva questi due gabinetti e numerosi principi tedeschi a rifiutare la pace, ma potevano, almeno in apparenza, giustificare la loro condotta attribuendola a una politica prudente e saggia. Dopo la disfatta di Nördlingen era impossibile sperare in una pace equa. E si doveva, dopo diciassette anni di lutti e di sacrifici, rinunciare non solamente a tutti i vantaggi caramente acquisiti, ma anche a quelli di cui si godeva prima dell'inizio della guerra? Per che cosa si era sparso tanto sangue, se tutto rimaneva come prima, senza alcun miglioramento nell'ambito dei diritti e delle pretese, se tutto ciò che si era acquisito doveva essere perduto per avere la pace? Non era più ragionevole soffrire ancora per due o tre anni per non aver sofferto inutilmente per così tanti anni? Certamente, una pace vantaggiosa era possibile se i protestanti tedeschi e gli svedesi agivano lealmente e di comune accordo nel gabinetto come nel campo di battaglia. Solo le loro divisioni facevano la forza del nemico ed esse erano per loro il peggiore dei mali e queste disgrazie furono rese clamorose e autentiche dall'elettore della Sassonia quando trattò separatamente con l'Austria.

Egli aveva già cominciato i suoi negoziati con l'imperatore prima della battaglia di Nördlingen e lo sfortunato esito di quella battaglia ne accelerò la conclusione. La fiducia negli svedesi si era persa e non si sapeva se si sarebbero ripresi dalla sconfitta. Le divisioni tra i loro generali, l'insubordinazione dell'esercito e l'indebolimento del regno svedese non lasciavano sperare in alcun supporto effettivo da parte loro. L'elettore si affrettò dunque ad approfittare della magnanimità dell'imperatore che, anche dopo la battaglia di Nördlingen, non aveva ritirato la sua offerta. Oxenstierna, che aveva radunato gli stati a Francoforte, formulava nuove richieste, l'imperatore faceva concessioni, e per questo non fu necessaria una lunga riflessione per decidere a quale parte dare ascolto. Volendo evitare i rimproveri che il suo partito non avrebbe mancato di fargli per aver abbandonato la causa comune e seguito i propri interessi, questo principe invitò tutti gli stati tedeschi, e la stessa Svezia, a unirsi pubblicamente e partecipare a questa pace, sebbene la Sassonia e l'imperatore restassero le uniche forze che avevano il diritto di deliberare e di dettare legge in Germania. I diritti e le richieste degli stati protestanti vennero discussi in questo tribunale arbitrario, i loro diritti e privilegi vennero decisi, così come il destino delle religioni, senza la partecipazione di coloro che vi erano maggiormente interessati. Volendo fare di questa pace una legge dell'impero, fu proclamata come tale e un'armata imperiale era pronta a farla eseguire: chiunque vi si fosse opposto doveva essere considerato un nemico pubblico e pertanto, contro tutti i loro diritti, gli stati furono obbligati a obbedire a un atto alla cui redazione non avevano affatto contribuito. La pace di Praga fu dunque, nella forma e nella sostanza, un'opera dell'arbitrio e non un trattato legale.

L'*Editto di restituzione* era stato la causa della rottura tra la Sassonia e l'imperatore, per arrivare a una riconciliazione era necessario annullarlo o, perlomeno, modificarlo. Il trattato di pace regolava questo delicato punto stabilendo che tutti i beni diretti della Chiesa cattolica, e tra questi i beni indiretti dei quali i protestanti si erano impossessati prima del trattato di Passau, restavano ancora per quarant'anni nella condizione in cui si trovavano prima della promulgazione di questo editto, ma senza dare tuttavia ai loro possessori il diritto di votare alla dieta, diritto che era inerente a questi beni. Alla scadenza del termine fissato, una commissione, composta da un numero eguale di rappresentanti delle due chiese, doveva giudicare, secondo coscienza, i comuni interessi e nel caso in cui questa commissione non avesse potuto pronunciare una sentenza definitiva, ciascun partito rientrava nei diritti di cui godeva prima dell'*Editto di restituzione*[336].

Lontana dal soffocare le discordie civili e religiose, questa clausola pareva solo volerle sospendere per un certo numero di anni e questo articolo del trattato di Praga preparava la cause di un'altra guerra. Questo stesso trattato conservava al principe Augusto di Sassonia l'arcivescovado di Magdeburgo, da cui tuttavia furono staccati quattro territori a vantaggio dell'elettore. L'amministratore di questo arcivescovado, Christian Guillaume di Brandeburgo fu risarcito in altro modo[337] della perdita della sua dignità. L'arcivescovado di Halberstadt rimase all'arciduca Leopoldo Guglielmo, mentre i duchi di Meclemburgo dovevano, se accettavano questa pace, rientrare nei loro stati[338], che del resto Gustavo Adolfo aveva già reso loro da molto tempo. Donauwörth ritornava città imperiale con tutti i privilegi inerenti a questo titolo.

L'elettore di Sassonia non si preoccupò nemmeno dell'importante questione relativa agli eredi del palatino Federico V, sebbene per i protestanti fosse importante non perdere questo voto nella dieta, per la ragione che un principe luterano non è tenuto a essere giusto nei confronti di un principe calvinista. I sovrani protestanti, la *Lega* e l'imperatore si impegnavano a rendersi reciprocamente le province che si erano tolti nel corso della guerra e di agire di comune accordo per ottenere una simile restituzione dalla Svezia e dalla Francia. Le truppe dei partiti contraenti dovevano formare una sola armata che, mantenuta a spese dell'imperatore, sarebbe stata incaricata di sorvegliare sul mantenimento di questa pace e alla puntuale osservanza di tutte le clausole. Il trattato di Praga doveva essere considerato come una legge dell'impero e i punti che non riguardavano direttamente gli interessi di questo impero furono regolati da un trattato speciale, in base al quale la Lusazia veniva ceduta alla Sassonia, a titolo di feudo della Boemia e la libertà religiosa di questo stato e della Slesia veniva trattata in modo speciale.

Tutti gli stati evangelici vennero invitati ad accedere al trattato di Praga e a queste condizioni potevano beneficiare dell'amnistia. Solo i principi di Baden Württemberg, i cui stati erano ancora occupati e che non intendevano cederli, i sudditi dell'Austria che avevano preso le armi contro il loro sovrano e, i membri del consiglio dall'alta Germania, presieduto da Oxenstierna, erano esclusi dal trattato. Evidentemente, non vi era intenzione di continuare la guerra con loro, ma si voleva far accettare la pace e delle condizioni più dure di quelle imposte agli altri sovrani della Germania. I loro territori venivano considerati in pegno fino al compimento totale della pace, cioè fino a quando tutto non fosse restituito e tornato come in precedenza.

Se questa pace fosse stata basata su sentimenti di giustizia e di equità, avrebbe potuto ristabilire la fiducia e l'armonia tra i capi e i membri dell'impero, tra i cattolici e i protestanti, i luterani e i calvinisti, e gli svedesi, abbandonati da tutti i loro alleati, sarebbero stati costretti ad abbandonare le loro conquiste in Germania e a ritornare nel loro paese. Ma questa mancanza di equità rafforzò, tra coloro che furono trattati più severamente, lo spirito di sfiducia e opposizione e rese più semplice agli svedesi tenere acceso il fuoco della guerra e mantenere un appoggio in Germania. La pace di Praga, come era prevedibile, fu accolta in modi diversi in Germania e il tentativo di conciliare entrambe le parti l'aveva resa attaccabile da entrambe. I protestanti si lamentavano di essere stati sacrificati ai cattolici e i cattolici sostenevano che gli eretici erano stati favoriti a loro spese e che si erano traditi i veri interessi della Chiesa, accordando per quarant'anni ancora il godimento dei beni ecclesiastici a costoro che li avevano usurpati. La chiesa protestante si credeva egualmente tradita perché non era stata permessa la libertà di culto negli stati ereditari dell'Austria.

Quanto all'elettore della Sassonia, era divenuto oggetto di un particolare odio e negli scritti, come nei discorsi, veniva trattato come un disertore, un traditore e lo si accusava di avere vigliaccamente venduto all'imperatore la sua religione e le libertà dell'impero. Questo principe, tuttavia, si consolava nel trionfo di vedere gran parte degli stati protestanti costretti ad accettare la pace di cui era il principale fautore. L'elettore di Brandeburgo, Guglielmo di Weimar[339], i principi di Anhalt, i duchi di Meclemburgo, i duchi di Brunswick Lüneburg, le città anseatiche e gran parte delle città imperiali aderirono alla pace. Il langravio Guillaume d'Assia Kassel resisteva ancora, poiché non si sentiva per nulla disposto a rendere, senza alcuna compensazione, le belle province che aveva conquistato in Westfalia e cercava di guadagnare del tempo per avere indicazioni dagli avvenimenti.

Il duca Bernardo di Weimar, i cui stati esistevano ormai solo sulla carta, e che, conseguentemente, non poteva essere incluso nei sovrani interessati al proseguimento della guerra o alla pace, in quanto forza belligerante, ciò nondimeno era certamente una personalità importante come capo dell'armata del partito protestante. Senza altro patrimonio del suo valore e delle sue capacità militari, la sua spada era stata la sola chiave delle sue conquiste. Solo la guerra gli aveva dato importanza e grandezza e solo la guerra poteva realizzare le sue speranze, così rifiutò con sdegno tutte le clausole della pace di Praga. Ma di tutte le lamentele che si levarono per questa pace, quelle svedesi erano le più violente e, bisogna convenire, le più giustificate.

Chiamati sul territorio tedesco dagli appelli dei principi protestanti, avevano difeso la religione e i diritti di questi principi a spese del loro sangue e della sacra vita del loro re ed ora si vedevano vergognosamente delusi in tutte le loro speranze, senza ricompensa né gratitudine da parte dell'impero per il quale avevano sparso il loro sangue, ed esposti allo scherno del nemico da parte di quei principi che a loro dovevano tutto. Nessun risarcimento, nessuna ricompensa era stata prevista per loro nel trattato di Praga, dove ci si era limitati a licenziarli senza alcuna ricompensa per i loro buoni e leali servizi e se non sottostavano a questa sentenza, i principi che un tempo avevano teso verso di loro mani supplicanti per chiedere aiuto e protezione, dovevano armarsi per cacciarli vergognosamente dai paesi dove li avevano chiamati. Lo stesso principe di Sassonia parve sentire questa ingiustizia, poiché si era impegnato a far loro avere una indennità di due milioni e mezzo di fiorini[340]. Le somme anticipate dalla Svezia per sostenere questa lunga guerra erano ben al di sopra di questa cifra e il cancelliere Oxenstierna respinse con indignazione un'offerta che feriva gli interessi materiali e l'onore della sua nazione.

«La Baviera e la Sassonia – rispose – si sono fatte pagare con ricche province dei servigi che, come loro signore, l'imperatore aveva il diritto di chiedere loro, e noi svedesi, e che abbiamo sacrificato la vita del nostro re per la Germania, dobbiamo andarcene con una miserabile indennità di due milioni e mezzo di fiorini!».

La sua collera fu accresciuta dal fatto che la Pomerania, sulla quale aveva sempre contato per il suo governo, in quanto posseduta da un uomo vecchio e senza eredi, era stata assicurata, dal trattato di Praga, all'elettore del Brandeburgo[341], e tutti gli stati vicini si erano dichiarati contro l'ottenimento da parte svedese di un territorio nell'impero. Peraltro, la situazione degli svedesi in Germania non era mai stata così critica come nel 1635 dopo questo trattato. La maggior parte dei loro alleati li aveva abbandonati, vinti dal bisogno di pace e dalla paura che loro ispiravano le minacce dell'imperatore. Augusta, domata dalla fame, aveva accettato una capitolazione umiliante, Würzburg, Coburgo e quasi tutta l'alta Germania erano rientrate sotto il dominio dell'imperatore, la Lega di Heilbronn era formalmente sciolta, la Sassonia richiedeva l'evacuazione della Turingia, di Halberstadt e di Magdeburgo. Philippsburg, della quale i francesi avevano fatto una loro piazza d'armi, era caduta in possesso degli austriaci con tutte le munizioni che vi erano state ammassate e questa considerevole perdita aveva raffreddato l'ardore di Richelieu per la guerra in Germania.

A colmare le difficoltà del governo svedese, la tregua stipulata con la Polonia stava giungendo alla fine[342]. Combattere contemporaneamente contro la Polonia e la Germania era un'impresa così al di sopra delle

313

forze di questo governo che sarebbe stata una follia solo pensarlo. Bisognava quindi scegliere tra due nemici e l'orgoglio nazionale votò per la continuazione della guerra contro l'impero, anche a costo di sacrifici sul fronte polacco. Ma un esercito era comunque necessario per mantenere la presenza in Polonia e poter partecipare ad eventuali negoziazioni per una tregua o una pace.

La costanza e lo spirito inesauribile del celebre Oxenstierna, fecero fronte a tanti pericoli e a tante calamità che contemporaneamente si erano presentate alla Svezia e la sua acuta intelligenza gli insegnò come capovolgere la sfortuna a suo vantaggio: se gli alleati che l'avevano abbandonato diminuivano le sue truppe, lo esimevano nello stesso tempo di qualsivoglia riguardo nei loro confronti, e con il numero dei nemici aumentava quello delle province a spese delle quali poteva nutrire a pagare la sua armata. L'estrema ingratitudine degli stati e il disprezzo con cui l'imperatore lo trattava (non aveva nemmeno accettato di trattare la pace direttamente con lui) accesero in lui il coraggio della disperazione e una nobile determinazione di combattere fino all'ultimo. Continuare la guerra, anche se sconfitti, non avrebbe reso la situazione degli svedesi peggiore di quella presente e se bisognava assolutamente lasciare la Germania era meglio contenderla con la forza piuttosto che vigliaccamente rassegnarsi. In questo tragico frangente, nel quale gli svedesi erano stati abbandonati dai loro alleati, volse lo sguardo verso la Francia che lo anticipò con vantaggiose offerte. L'interesse dei due gabinetti era così strettamente legato che Richelieu non poteva lasciar cadere l'autorità della Svezia in Germania senza nuocere ai progetti di espansione del suo governo. La situazione disperata degli svedesi era un ulteriore motivo per la Francia per unirsi più strettamente a loro e prendere parte attiva alla guerra in Germania.

Dal trattato di Bärwalde, concluso nel 1632[343], il gabinetto francese si era servito delle armi di Gustavo Adolfo, senza aprire formalmente un conflitto, ma fornendo sussidi e aumentando il numero dei nemici, per indebolire la casa d'Austria, suo vecchio e irreconciliabile nemico. Impaurito dalla rapida fortuna dell'eroe del nord, aveva dimenticato per un momento l'obiettivo costante della sua politica, per guardare al mantenimento dell'equilibrio europeo. Preoccupato dall'eccessiva potenza degli svedesi, aveva cercato di proteggere i principi cattolici dell'impero contro il conquistatore svedese con trattati di neutralità, e quando questi piani erano falliti, aveva pensato di dichiarare guerra alla Svezia[344]. Ma la morte del re e, soprattutto, l'abbandono di una parte dei suoi alleati, avevano dissipato le gelosie e i timori di Richelieu e la Francia ritornò con rinnovato vigore ai suoi primi progetti, offrendo prontamente in questa situazione di disgrazia l'aiuto che aveva rifiutato nel momento del successo. Liberata dagli ostacoli che l'ambizione e la vigilanza di Gustavo Adolfo avevano posto sui suoi progetti di espansione, la Francia si avvalse dell'opportunità fornita dalla sconfitta di Nördlingen per ottenere il comando della guerra e promulgare leggi a coloro che richiedevano la sua protezione. Il momento sembrava sorridere ai suoi piani, e ciò che prima appariva come una chimera, ora era giustificato dalle circostanze. Volse dunque tutta la sua attenzione alla guerra in Germania e non appena si fu assicurata i propri interessi privati con un trattato con i tedeschi, fece la sua comparsa sulla scena politica come potenza dominante e parte attiva. Mentre gli altri stati belligeranti si erano esauriti in un estenuante conflitto, la Francia aveva conservato la propria forza [345] e partecipato alla guerra per dieci anni solo col denaro, ora che la situazione richiedeva una partecipazione più attiva prese la spada e stupì l'Europa con imprese grandiose. Fece incrociare due flotte contemporaneamente ed inviò sei armate in campo, fornendo sussidi a un regno straniero e a diversi principi tedeschi. Animati da questo potente aiuto, i tedeschi e gli svedesi si risollevarono dalla disperazione sperando, spada alla mano, di ottenere una pace più onorevole di quella di Praga. Abbandonati dai loro confederati, che si erano riconciliati con l'imperatore, si legarono ancor di più alla Francia, che aveva aumentato il suo aiuto secondo le necessità e allo stesso tempo aveva preso una parte attiva, sebbene ancora nascosta, alla guerra in Germania, fino a quando aveva gettato la maschera e dichiarato guerra all'imperatore.

Per lasciare agli svedesi la completa libertà di agire contro l'Austria, la Francia incominciò la sua attività liberandoli dalla guerra con la Polonia. Un agente francese, il conte d'Avaux[346], negoziò una nuova tregua tra la Svezia e la Polonia e riuscì a far firmare alle due parti una tregua d'armi della durata di ventisei anni. Questo trattato, che fu concluso a Stuhmsdorf[347], in Prussia, significò un notevole sacrificio per gli svedesi poiché tolse loro, con un sol tratto di penna, tutta la Polonia prussiana, la cui conquista era costata cara a Gustavo Adolfo. Il trattato di Bärwalde venne rinnovato, con alcune necessarie modifiche, a distanza di tempo a Compiègne[348] e successivamente a Wismar[349] e Amburgo[350]. La rottura con la Spagna, nel maggio 1635, e l'impetuoso attacco sferrato contro di essa aveva privato l'imperatore dei più valorosi ausiliari dei Paesi Bassi. In questa situazione, per consentire al partito svedese e protestante di estendere direttamente le loro conquiste sulle rive del Danubio e dell'Elba e impedire in questo modo all'imperatore di difendere le rive del Reno, furono inviate truppe francesi in aiuto al langravio dell'Assia Kassel e al duca Bernardo di Weimar.

La guerra proseguì in modo sempre più violento e la pace di Praga, il cui primo risultato fu di diminuire notevolmente il numero degli avversari dell'imperatore in Germania, rianimò gli odi e l'azione dei suoi nemici stranieri. Ferdinando aveva acquisito in Germania un potere pressoché illimitato e si era proclamato capo assoluto della Germania e delle sue risorse, potendo dunque agire come imperatore e sovrano. La prima azione che intraprese a seguito di questo potere fu quella di elevare il figlio Ferdinando III alla dignità imperiale e questa decisione, nonostante i voti contrari di Treviri e degli eredi dell'elettore palatino, venne presa con la maggioranza dei voti. Ma, d'altro canto, aveva esasperato gli svedesi e armato la Francia contro di lui e fatto sì che le truppe nemiche entrassero nel cuore del regno. Francia e Svezia formavano con gli alleati tedeschi una potenza solida e unita, così come lo erano l'imperatore e gli stati tedeschi a lui devoti.

Gli svedesi si sentivano più forti che mai. L'ingratitudine dei tedeschi li dispensava dal combattere per gli interessi della Germania e consentiva loro di occuparsi unicamente di quelli del loro paese. Liberi dalla faticosa necessità di consultare sempre i loro alleati, potevano adesso agire con audacia e prontezza, le battaglie divennero più sanguinose, ma meno decisive, si verificarono numerosi atti di eroismo e prove di talento. Ma tutte queste grandi e belle azioni si ridussero alle modeste dimensioni di virtù individuali, poiché non essendo parte di un progetto coerente, né guidate da un capo, ebbero ben poca influenza sul corso della guerra.

La Sassonia si era impegnata, nel trattato di Praga, a cacciare gli svedesi dalla Germania. Da questo momento la bandiera sassone e quella imperiale si unirono e due antichi alleati si trasformarono in due implacabili nemici.

L'arcivescovado di Magdeburgo, accordato a un principe sassone[351] dal trattato di Praga e che era ancora occupato dagli svedesi, divenne il pretesto per l'inizio della guerra. Giovanni Giorgio iniziò con il richiamo di tutti i soldati e ufficiali ancora al servizio della Svezia nel corpo d'armata del generale Banner, che stazionava sull'Elba. Gli ufficiali, irritati dall'accumulo di arretrati, ubbidirono e lasciarono i quartieri uno dopo l'altro. La marcia di numerosi reggimenti sassoni verso il Meclemburgo, dove assediarono Dömitz, la cui perdita doveva allontanare gli svedesi dalla Pomerania e dal Baltico, obbligò Banner a lasciare le sue posizioni sull'Elba per andare in aiuto di Dömitz.

Banner non solo salvò questa città, ma riportò una completa vittoria sul generale sassone Baudissen, il cui corpo d'armata ammontava a oltre settemila uomini, dei quali circa mille rimasero sul campo di battaglia e altrettanti furono fatti prigionieri. A partire dall'anno seguente, 1636, l'artiglieria e le truppe che erano occupate nella Polonia prussiana e che il trattato di Stuhmsdorf rendeva qui inutili, si congiunsero con il corpo d'armata di Banner. Questo brillante generale approfittò ben presto di questi rinforzi per invadere la Sassonia, dove diede sfogo al suo antico odio contro i sassoni con violenze sanguinarie. Irritato dalla memoria delle sofferenze che, durante le campagne in qualità di alleati, lui e gli svedesi avevano dovuto subire a causa dell'arroganza dei sassoni, ed esasperato ora dal tradimento dell'elettore, fece degli sfortunati abitanti le vittime del suo rancore. Contro l'Austria e la Baviera i soldati svedesi avevano combattuto per senso del dovere, ma contro i sassoni combattevano con tutta la forza dell'animosità e della vendetta personale, poiché li detestavano in quanto disertori e traditori e poiché l'odio verso un'amicizia distrutta è generalmente il più forte e irriducibile. Impegnati sulle rive del Reno e in Westfalia dal duca Bernardo e dal langravio Guglielmo d'Assia Kassel, gli imperiali non poterono soccorrere i loro alleati e la Sassonia fu esposta alla furia vendicatrice dell'armata di Banner.

Il generale austriaco Hatzfeld[352] si congiunse alla fine con l'elettore e le due armate riunite avanzarono fin sotto le mura di Magdeburgo, da cui Banner, che le seguiva da vicino, cercò inutilmente di far togliere l'assedio. Dopo questo successo i sassoni e gli imperiali invasero la marca di Brandeburgo, tolsero agli svedesi numerose importanti città e già erano quasi riusciti a respingerli sulle rive del Baltico, quando improvvisamente il generale Banner, che credevano sconfitto e senza risorse, li sorprese nei pressi di Wittstock, il 24 settembre 1636. Il nemico oppose una terribile resistenza e diresse tutte le sue forze con-tro l'ala destra degli svedesi, che Banner comandava personalmente.

La lotta, in questo punto, fu lunga e accanita. Già più di dieci volte gli squadroni svedesi erano andati alla carica e Banner fu costretto a proseguire la battaglia con l'ala sinistra della sua armata sino al calar della notte. Il corpo di riserva, che non era ancora stato impiegato, doveva rinnovare l'attacco all'indomani mattina, ma l'elettore non aveva alcun desiderio di aspettarlo. La prima giornata aveva spossate le sue truppe e i soldati dei traini, che avevano preso la fuga con i cavalli, l'avevano messo nell'impossibilità di usare la sua artiglieria. Questa circostanza lo decise, con il generale Hatzfeld, ad approfittare delle tenebre per ritirarsi.

Oltre cinquemila sassoni e austriaci erano caduti sul campo di battaglia, senza contare quelli che furono massacrati durante la fuga, sia dagli svedesi che li inseguivano, sia dai contadini dei quali erano divenuti acerrimi nemici a causa dei loro eccessi. Duemila prigionieri, centocinquanta bandiere e stendardi, ventitré cannoni, tutte le munizioni e i materiali dell'armata, senza contare gli effetti personali e il vasellame dell'elettore, caddero nelle mani degli svedesi. Questa brillante vittoria, riportata su di un nemico molto superiore in numero, ristabilì immediatamente la considerazione degli eroi del nord. I loro nemici tremarono, i loro amici ripresero coraggio e Banner, approfittando di questo repentino cambiamento della sorte, passò l'Elba e inseguì gli imperiali attraverso la Turingia e l'Assia, fino in Westfalia. Poi ritornò sui suoi passi e stabilì i suoi acquartieramenti invernali sul territorio sassone.

Pur rendendo giustizia al merito e al valore di Banner, bisogna dire che egli doveva una parte dei suoi brillanti successi alle fortunate operazioni dei francesi e, soprattutto, a quelle del duca Bernardo di Weimar sulle rive del Reno. Subito dopo la sconfitta di Nördlingen, Bernardo aveva raccolto i resti della sua armata nel Wetterau ma, abbandonato dalla lega di Heilbronn, che era stata sciolta dalla pace di Praga e ricevendo un supporto minimo dagli svedesi, si trovò nell'impossibilità di mantenere un esercito o compiere un'operazione rilevante. La sconfitta di Nördlingen gli aveva tolto il ducato della Franconia, di cui aveva solo goduto nella speranza, e l'impotenza degli svedesi ogni possibilità di conquista. Stanco delle imposizioni del cancelliere svedese, si rivolse alla Francia, che poteva facilmente fornirgli il denaro e l'assistenza di cui aveva bisogno, e che si fece trovare subito disponibile.

Da molto tempo Richelieu cercava di diminuire l'influenza della

Svezia nella guerra in Germania, che voleva dirigere egli stesso e per raggiungere questo scopo non poté trovare mezzo migliore che quello di distaccare dagli svedesi il loro miglior generale, avvicinarlo agli interessi francesi ed assicurarsi il suo servizio per l'esecuzione dei propri piani. Da un principe come Bernardo, che non poteva mantenersi senza un aiuto straniero, la Francia non aveva nulla da temere, poiché non avrebbe mai potuto sollevarsi abbastanza in alto per divenire indipendente. Bernardo stesso si recò in Francia, a Saint Germain en Laye, nel mese di ottobre del 1635, dove firmò, non in qualità di generale svedese, ma in proprio, un trattato per il quale la Francia si impegnava a pagargli una pensione di un milione e cinquecentomila lire per le sue personali necessità e quattro milioni di lire per il mantenimento dell'armata che doveva comandare sotto la direzione del gabinetto francese[353]. Per impegnarlo e affrettare la conquista dell'Alsazia, in un articolo segreto gli era stata promessa questa provincia a titolo di ricompensa, alla fine della guerra. Il duca Bernardo finse di credere a questa generosità, che era lontana dal pensiero di Richelieu, una promessa che Richelieu aveva ben poca intenzione di mantenere e che lo stesso duca considerava per il suo reale valore, ma sentiva la necessità di opporre la dissimulazione alla perfidia. Pieno di fiducia nella sua buona spada, sperava che se fosse riuscito a strappare questo paese al nemico che ne era padrone, sarebbe stato anche in grado di difenderlo contro gli amici che glielo avrebbero conteso. Mai, del resto, aveva avuto l'intenzione di rompere definitivamente con gli svedesi, così iniziò le sue operazioni conducendo l'armata, che aveva arruolato con il denaro della Francia, e che nominalmente comandava in suo nome, ma di cui in realtà poteva disporre con poteri illimitati, sulle rive del Reno, dove un'altra armata francese, al comando del cardinale La Valette, aveva iniziato le ostilità contro l'imperatore nel 1635. Contro questa forza il corpo principale dell'esercito austriaco, dopo la grande vittoria di Nördlingen e la sottomissione dello Schwaben e della Franconia, era avanzato sotto il comando di Gallas, li aveva respinti fino a Metz, aveva liberato il Reno e aveva preso dagli svedesi le città di Magonza e Frankenthal. Ma il piano principale di questo generale, cioè quello di stabilire il suo quartiere invernale in Francia, venne frustrato dalla resistenza dei francesi ed egli fu costretto a far acquartierare le sue truppe sfinite in Alsazia e nello Schwaben.

Con la successiva campagna Gallas attraversò il Reno, nei pressi di

Breisach, e cercò nuovamente di portare il teatro della guerra in Francia. Riuscì anche a impadronirsi della contea della Borgogna, mentre gli spagnoli invadevano la Piccardia dai Paesi Bassi e Giovanni von Werth, uno dei più celebri generali della *Lega* penetrava nello Champagne e minacciava Parigi di una prossima invasione[354]. Ma il valore francese arrestò l'audacia austriaca e una sconfitta subìta davanti a una insignificante fortezza della Franca Contea, li obbligò a rinunciare, per la seconda volta, ai loro progetti di conquista[355].

L'attività del duca Bernardo era stata limitata dalla sua dipendenza da un generale come La Valette, più adatto a portare fieramente il cappello da cardinale che a maneggiare con onore il bastone di maresciallo di Francia e se, a dispetto di questo, aveva conquistato con lui Zabern, in Alsazia, si trovò nell'impossibilità di restare sulle rive del Reno durante le campagne del 1636 e 1637. Gli insuccessi delle armate francesi nei paesi Bassi avevano limitato le operazioni in Alsazia e a Bresgau, ma nel 1638 la guerra in quelle regioni prese una piega più brillante. Sollevato dal vincolo che lo costringeva e avendo assunto poteri illimitati, il duca Bernardo, lasciò, già dai primi giorni del mese di febbraio, i suoi quartieri invernali, che aveva stabilito nel vescovado di Basilea, si accampò sulle rive del Reno, nonostante la neve e il ghiaccio che sembravano rendere impossibile una ripresa delle ostilità. Dopo essersi impadronito con la sorpresa di Waldstätte, Laufenburg, Waldshut e Seckingen, mise sotto assedio Rheinfelden. Ma il generale austriaco duca di Savelli giunse in soccorso di questa città con forze talmente superiori in numero che il duca Bernardo fu obbligato a ritirarsi, dopo aver subìto perdite considerevoli. Per porre riparo a questo scacco, approfittò della sicurezza che la sua ritirata aveva dato al nemico e, contro ogni umana previsione, attaccò tre giorni dopo (il 21 febbraio 1638), sbaragliandolo completamente.

Questa brillante vittoria costò agli imperiali non solo una parte della loro armata, artiglieria, rifornimenti e munizioni, ma i quattro generali che la comandavano: Savelli, Giovanni von Werth, Enkeford[356] e Speereuter[357], furono fatti prigionieri con duemila ufficiali e soldati. Richelieu fece portare von Werth e Enkeford in Francia, al fine di compiacere la vanità nazionale con la visione di questi due illustri prigionieri e per distrarre il popolo dai sacrifici che gli venivano imposti per sostenere la guerra in Germania, una solenne processione portò a Notre Dame di Parigi gli stendardi e le bandiere conquistati agli imperiali che fecero per tre volte il giro dall'altare maggiore inchinandosi davanti a lui e alla fine furono affidati alla guardia del santuario.

Immediatamente dopo queste vittorie, il duca Bernardo si impadronì di Rheinfelden, di Röteln e di Friburgo; gli arruolamenti volontari accrescevano la sua armata e i suoi progetti si ingrandivano in proporzione alla sua fortuna.

La fortezza di Breisach, nell'alto Reno, era ritenuta a giusto titolo la chiave dell'Alsazia, così gli austriaci la proteggevano con un impegno particolare. Era per garantirla da ogni sorpresa che, negli anni precedenti, vi era stata inviata l'armata italiana del duca di Feria. La solidità dei suoi bastioni e i vantaggi naturali della sua posizione le permettevano di sfidare gli attacchi reiterati di un intrepido nemico e, tuttavia, tutti i generali dell'impero, che stazionavano nella contea, avevano come missione principale proteggere questa piazza e abbandonare ogni altra cosa per salvarla se mai fosse stata minacciata.

La fortuna aveva visibilmente protetto il duca Bernardo, che si credette autorizzato a ritenere che per lui nulla fosse impossibile e, quindi, decise di prendere Breisach non con la forza ma per fame. Questo temerario progetto gli era stato suggerito dall'imprudenza del comandante della piazza il quale, persuaso che nessuno avrebbe osato attaccarlo, aveva venduto le immense provviste di viveri ammassate da lungo tempo nei magazzini.

Informato di questa circostanza e dei preparativi del duca Bernardo per assediare Breisach, il generale austriaco von Götz giunse velocemente alla testa di dodicimila uomini e tremila carri di viveri per approvvigionare la piazza, ma il duca lo attaccò con così grande forza nei pressi di Wittewier, che von Goetz perse tutti i suoi uomini, salvo tremila di loro, e tutti i carri. Il duca di Lorena, che a sua volta giunse, con seimila uomini, per far togliere l'assedio subì la stessa sorte a *Campo dei buoi* (Ochsenfeld), nei pressi di Thann. Il generale Götz, inoltre, appena ripresosi dalla sconfitta, provò nuovamente, ma invano, a portare aiuto alla città. Breisach si arrese, infine, il 7 dicembre 1638, dopo un assedio di quattro mesi che le aveva fatto provare tutti gli orrori della fame.

Il primo risultato di questo brillante successo fu quello di rianimare le sue vecchie speranze, poiché, da questo momento, cominciavano a lasciare il mondo delle illusioni per entrare in quello della realtà. Lontano dal voler cedere le sue conquiste alla Francia, decise di tenere

Breisach per sé e rivelò questa intenzione poiché non fu a nome della Francia, ma con il proprio, che ricevette gli atti di omaggio e il giuramento di fedeltà degli abitanti di Breisach. Del resto, in un'epoca dove tutto era dovuto al valore, dove le qualità personali elevavano chi le possedeva, dove i grandi capitani erano più potenti dei sovrani, dove le valorose armate avevano più importanza di vasti paesi, era consentito a un eroe come il duca Bernardo di Weimar credersi in grado di compiere le imprese più difficili e degno di arrivare alla più grande fortuna.

Presentando, tuttavia, il pericolo che si era creato, cercò intorno a lui un'alleanza che potesse assecondare i suoi progetti senza ferire il suo orgoglio e i suoi occhi si fermarono sulla principessa Amélie d'Assia Kassel[358], divenuta vedova per la morte recente del langravio Guillaume. Questa principessa, affascinante sia per le doti del suo spirito sia per la fermezza del suo carattere, poteva aggiungere al dono della sua mano una valente armata, il dominio dell'Assia Kassel e tutte le belle province che il marito aveva tolto al partito cattolico. Unendo questa armata alla sua e gli stati della principessa all'Alsazia, che aveva appena conquistata, il duca Bernardo diveniva in Germania una potenza che, ponendosi tra i due partiti, era in grado di decidere il destino della guerra. Disgraziatamente la morte giunse a fermarlo in mezzo a questo ampio e audace progetto.

La notizia della presa di Breisach fu una tale gioia per il cardinale Richelieu che, senza accorgersi che il povero cappuccino era in agonia, gli gridò nell'orecchio: «Coraggio, padre Giuseppe! Breisach è nostra».

In effetti, questa città assicurava alla Francia il possesso dell'Alsazia, dato che il ministro riteneva non valida la promessa che aveva fatto al duca Bernardo, ma la ferma determinazione di quest'ultimo a tenere Breisach per sé mise il cardinale in difficoltà e il cardinale si adoperò immediatamente per legarlo agli interessi della Francia. Gli fu spedito un invito di recarsi a corte e onorare con la sua presenza le feste con le quali si celebravano le sue vittorie, ma Bernardo intuì il tranello e seppe evitarlo. Ritenendosi non ancora battuto il cardinale gli offrì la mano di una delle sue nipoti. L'orgoglioso principe dell'impero la rifiutò, dichiarando che non voleva inquinare il suo nobile sangue sassone con un matrimonio male assortito.

Dopo quest'insulto, Richelieu vide in lui unicamente un pericoloso nemico e lo trattò di conseguenza. Per prima cosa gli tolse la sua pensione e i sussidi, poi iniziò dei negoziati segreti con il governatore di Breisach e i suoi principali ufficiali, che finirono per vendere la piazza alla Francia, ma solo nel caso in cui il duca Bernardo fosse morto. Il principe non tardò ad accorgersi degli intrighi che si ordivano contro di lui, ma non gli furono meno funesti, poiché lo misero nella necessità di dividere la sua armata e la mancanza degli aiuti ritardò le sue operazioni militari. La sua intenzione era di passare il Reno, al fine di favorire gli svedesi e attaccare l'imperatore e la Baviera sulle rive del Danubio.

Aveva già comunicato il suo piano a Banner, che stava per portare la guerra nei territori austriaci, e gli aveva promesso di andargli in aiuto, quando la morte colse il duca Bernardo, nel mese di luglio del 1639, a Neuburg sul Reno, prima che compisse il suo trentaseiesimo anno di età. La malattia pestilenziale che, in due giorni, portò oltre quattrocento vittime nel campo di Neuburg, giustifica senza dubbio la morte di questo principe. Le macchie nere sul suo corpo, le sue parole prima di morire e i vantaggi che la Francia traeva dalla sua morte fecero sorgere il sospetto che fosse stato avvelenato dai francesi, un sospetto che è stato tuttavia allontanato dai sintomi della sua malattia[359]. Con lui, gli alleati persero il loro più grande generale dopo Gustavo Adolfo, la Francia un formidabile rivale per il possesso dell'Alsazia e l'imperatore il suo nemico più pericoloso. Formatosi alla scuola di Gustavo Adolfo, aveva preso quest'eroe come modello e l'aveva seguito così da vicino che avrebbe potuto elevarsi alla stessa altezza se il destino gli avesse consentito un carriera più lunga. Il suo carattere offriva un felice insieme del valore del soldato e dell'acume profondo e calmo del comandante esperto, della prudenza dell'uomo maturo e della vivacità della gioventù, dell'ardore un po' selvaggio del guerriero e della dignità del sovrano, della calma moderazione del saggio e della scrupolosa equità dell'uomo d'onore. Dotato di una fermezza a tutta prova, si risollevava con nuovo vigore anche dalle peggiori sconfitte. Il suo animo, nobile e fiero, forse mirava a uno scopo impossibile, ma non dimentichiamo che gli uomini di questa tempra sono guidati da altre leggi di quelle che conducono le azioni e i giudizi delle masse, e che le qualità superiori che li spingono a imprese che nessuno oserebbe tentare, li autorizzano a sperare quello che nessuno si permetterebbe anche solo di desiderare.

In una parola, il duca Bernardo di Weimar ci appare nella storia moderna come una delle più belle figure di quei tempi d'azione, quando il merito personale contava ancora qualcosa nella bilancia

323

politica, quando il valore individuale conquistava i regni e quando le virtù eroiche elevavano un semplice cavaliere tedesco sul trono imperiale.

Il duca Bernardo aveva trasmesso a suo fratello Guglielmo, duca regnante di Weimar, le sue pretese sull'Alsazia e la sua armata, che costituiva la parte più importante della sua successione, ma la Francia e la Svezia gli contesero questa eredità. La Svezia pretendeva l'esercito perché era stato raccolto in nome della propria corona e ad essa avevano reso omaggio, la Francia perché l'esercito era stato mantenuto grazie al suo aiuto. Anche l'elettore palatino tentò di averlo al proprio servizio, dapprima attraverso negoziati con propri inviati, successivamente trattando personalmente, allo scopo di impiegarlo nella riconquista del proprio territorio. Anche l'imperatore tentò di assicurarsi questo esercito, cosa che non sorprende, se pensiamo che, a quell'epoca, gli uomini che facevano il mestiere della guerra non si occupavano della giustezza della causa che si trattava di difendere, ma del prezzo con cui venivano pagati i loro servizi e il valore era una merce che non si distingueva da tutte le altre se non per il suo costo elevato e per la facilità con la quale si poteva vendere. La Francia, più ricca e determinata nei suoi negoziati, l'ebbe vinta su suoi concorrenti, poiché acquistò a prezzi esorbitanti prima il generale Erlach[360], governatore di Breisach, poi tutti gli altri capi che le consegnarono questa fortezza e ben presto l'intera armata.

Il giovane conte palatino Karl Ludwig[361], che dall'anno precedente si era impegnato in una sfortunata guerra contro l'imperatore, diede in questa occasione un'altra prova della sua imprudenza. Sperando di impadronirsi con la forza dell'armata del duca Bernardo, alla quale credeva di avere diritto per eredità e di cui voleva servirsi per cercare di riconquistare i suoi stati, entrò in territorio francese. Il cardinale Richelieu, che temeva la legittimità della causa palatina, fu felice di cogliere l'occasione per frustrare le sue pretese. Lo fece dunque arrestare a Moulins, contro il diritto internazionale, fino a quando non ebbe la certezza di essersi assicurato l'esercito del duca Bernardo di Weimar.

Divenuta padrona di un'armata aguerrita e stanziata in Germania, la Francia si decise ad attaccare apertamente in nome proprio l'imperatore.

Tuttavia non era più contro Ferdinando II che iniziava la campagna. Dal mese di febbraio del 1637, questo monarca di cinquantanove anni aveva cessato di vivere, lasciando dietro di lui la terribile guerra che aveva acceso. Nel corso di tutto il suo regno non aveva deposto la spada per un solo momento e in diciotto anni di lutti e di combattimenti non aveva avuto un solo giorno di pace. Ciò nonostante egli possedeva parte delle qualità necessarie a un grande monarca e pressoché tutte le virtù che fanno la felicità dei popoli, ma le errate idee che si era fatto sui suoi reali doveri lo resero strumento e vittima delle passioni che si agitavano intorno a lui. Benché naturalmente umano e dolce, divenne l'oppressore della Germania, il nemico della pace e il flagello della sua epoca. Amabile nelle relazioni della vita privata, giusto e clemente per quanto riguardava l'amministrazione dei suoi stati, ma mal consigliato nelle questioni politiche, riunì sul suo capo le benedizioni dei suoi sudditi cattolici e le maledizioni del mondo protestante.

La storia ci dipinge despoti più odiosi di quanto non fu mai Ferdinando II, ma nessuno di loro accese una guerra di trent'anni. Per giungere a un simile risultato bisognava che la cecità e l'ambizione di un solo uomo si trovassero in contatto con gli antecedenti funesti e i germi della discordia che il passato gli aveva lasciato. In epoca di pace, questa scintilla non avrebbe trovato alcun alimento e la serenità dell'epoca avrebbe spento la voce dell'ambizione individuale, ma la scintilla, cadendo su un immenso ammasso di materia infiammabile, non poteva mancare di dar vita all'incendio che si impadronì dell'intera Europa.

Suo figlio, Ferdinando III, elevato alla dignità imperiale pochi mesi prima della morte del padre, divenne l'erede del suo trono, delle sue convinzioni e della sua guerra. Questo principe aveva visto da vicino le miserie dei popoli e le devastazioni del paese e sentiva più forte il desiderio di pace. Meno dipendente dai gesuiti e dalla Spagna di quanto lo era stato suo padre, più moderato nei confronti delle opinioni religiose diverse, era più incline di suo padre ad ascoltare la voce della ragione. La ascoltò, in effetti, e restituì all'Europa la benedizione della pace, ma solo dopo una battaglia durata undici anni con la spada e con la penna, solo dopo aver sperimentato l'impossibilità di resistere e quando l'imperiosa legge della necessità ve lo costrinse. La sua salita al trono imperiale era stata caratterizzata da numerosi successi a discapito degli svedesi che, sotto la guida di Banner, dopo la vittoria di Wittstock, avevano posto il loro quartiere invernale in Sassonia, per aprire la campagna del 1637 con l'assedio di

Lipsia. La valorosa difesa della guarnigione e l'avvicinarsi delle truppe imperiali e bavaresi, avevano costretto Banner a ritirarsi a Torgau per evitare di rimanere isolato dall'Elba. Ma la superiorità degli imperiali lo cacciò anche da lì ed egli, circondato dal nemico, intrappolato dai fiumi e perseguitato dalla fame, non poté che tentare una pericolosa ritirata in Pomerania, la cui audacia e i cui positivi risultati hanno del prodigioso.

L'intera armata attraversò l'Oder in un guado nei pressi di Fürstenberg e i soldati, marciando nell'acqua fino al collo, trascinavano i cannoni che i cavalli, ridotti a nuotare, non erano in grado di far avanzare. Il generale sperava di trovare il corpo d'armata di Wrangler[362] sull'altra riva dell'Oder e, unendosi a lui, di poter tenere testa al nemico. Ma, al posto di questo rinforzo, un'armata imperiale si era appostata a Landsberg per sbarrargli la strada. Banner capì che era caduto in un'imboscata dalla quale nessuna forza umana avrebbe potuto trarlo fuori. Effettivamente, aveva dietro lui il generale austriaco von Bucheim[363] e un paese affamato, a sinistra l'Oder, sorvegliato dagli imperiali, a destra la Polonia alla quale sarebbe stato imprudente affidarsi nonostante la tregua e davanti un'altra armata nemica e le fortezze di Landsberg, di Küstrin e di Warthe. In queste circostanze, Banner si vide perduto e gli imperiali già gioivano della sua inevitabile caduta. Con giusta indignazione, egli accusò i francesi di essere i responsabili della sua sfortuna. Non avevano fatto, come invece promesso, una diversione sul Reno, la loro inattività aveva permesso all'imperatore di utilizzare tutta la propria forza contro gli svedesi. «Se verrà il giorno – gridò il generale al commissario che la Francia aveva messo al suo fianco: in cui svedesi e tedeschi si uniranno contro la Francia – attraverseremo il Reno senza tante complicazioni!». Banner, però non era uomo da perdere il suo tempo in sterili recriminazioni, la situazione di emergenza richiedeva azione e determinazione: nella speranza di far allontanare con uno stratagemma il nemico dall'Oder finse di volersi gettare in Polonia e inviò in questa direzione una parte dei carri dell'armata e tutte le mogli degli ufficiali, senza fare eccezione per la sua. Ingannati da questa manovra, gli imperiali non pensarono ad altro che a tagliargli la strada che ritenevano avesse deciso di prendere. Buchheim abbandonò la sua posizione lasciando scoperto l'Oder e Banner approfittò dell'oscurità della notte per passarne le sponde senza ponti e senza barche, come aveva fatto qualche giorno prima nei pressi di

326

Fürstenberg, a circa un miglio a nord di Küstrin. Dopo questo passaggio, che non gli era costato neanche un sol uomo, gli fu facile penetrare in Pomerania, dove il generale Wrangler l'attendeva per difendere questa provincia poiché un'altra armata imperiale, comandata dal generale Gallas, era entrata in questo ducato a Tribsee e l'aveva occupata grazie alla sua superiorità. Gli imperiali si erano impadroniti di Usedom, di Wolgast e di Demmin e avevano respinto gli svedesi fino in fondo alla Pomerania. Era però per loro più che mai importante rimanere in questo paese e farvi valere i loro diritti al suo possesso, poiché il suo sovrano, Bogislao XIV, era deceduto. Per impedire all'elettore di Brandeburgo di far valere il proprio titolo su quel ducato, che il trattato di Praga gli aveva concesso, gli svedesi utilizzarono tutte le loro forze inviando in aiuto uomini e denaro ai generali Wrangler e Banner. Anche in altre regioni del regno la situazione per gli svedesi migliorava, ed essi cominciarono a riprendersi dall'umiliazione nella quale erano caduti a causa dell'inattività della Francia e della diserzione dei propri alleati. Infatti, dopo la ritirata in Pomerania avevano perso le più importanti piazze dell'alta Sassonia. I duchi di Meclemburgo, pressati dalle truppe imperiali, avevano incominciato a propendere dalla parte dell'Austria e perfino il duca Giorgio di Lüneburg si era dichiarato contro di loro. Ehrenbreitstein, domata dalla fame, aveva aperto le sue porte al generale bavarese von Werth e gli imperiali si erano impadroniti di tutte le fortificazioni erette dai loro nemici sulle rive del Reno. La Francia aveva perso contro la Spagna e i risultati non rispecchiavano certo le gloriose aspettative che avevano accompagnato l'inizio della campagna. In una parola, la Svezia aveva perso tutto quello che possedeva all'interno della Germania. Nella stessa Pomerania le restavano solo le principali piazze, fino a quando non fu tratta da questo avvilimento da una sola campagna e, soprattutto, dalla diversione che la vittoria del duca Bernardo sulle rive del Reno fece fare alle forze imperiali.

Nel frattempo, le incomprensioni tra Francia e Svezia si erano risolte ed esse avevano rinnovato ad Amburgo i loro precedenti trattati[364], con dei nuovi vantaggi per quest'ultima potenza. Da un'altra parte, la principessa Amélie, vedova del langravio dell'Assia Kassel, aveva preso, con il consenso dei rappresentanti degli stati, le redini del governo, dove si mantenne saldamente nonostante le aperte ostilità dell'imperatore e dei principi del casato di Darmstadt, che le contestavano i diritti ereditari di suo marito.

Già fermamente alleata del partito protestante svedese per motivi religiosi, con abili negoziati, questa principessa seppe resistere fino al momento in cui un'alleanza segreta con la Francia la mise al riparo da ogni pericolo. Ben presto le vittorie del duca Bernardo, così favorevoli alla causa protestante, che era anche la sua, le permisero di liberarsi da ogni imbarazzo e di dichiararsi apertamente in favore della Svezia. Il giovane principe palatino fu anch'egli incoraggiato dal successo di Bernardo a tentare la sorte contro il nemico comune e aveva arruolato un'armata con il denaro dell'Inghilterra, costituito un accampamento a Mappen e raggiunto gli svedesi in Westfalia. Il generale austriaco von Hatzfeld aveva messo in rotta quest'armata nei pressi di Vlotho[365], ma questa spedizione ebbe il vantaggio di tenere occupati gli imperiali e di facilitare così le operazioni degli svedesi in altri luoghi. Numerosi loro vecchi amici iniziavano a ritornare a essere in loro favore e il fatto che gli stati della bassa Sassonia avessero acconsentito a rimanere neutrali era un vantaggio considerevole.

Fu con questi buoni auspici, e rafforzato da quattordicimila uomini che gli erano stati mandati dalla Svezia e dalla Livonia, che Banner aveva aperto la campagna del 1638. Gli imperiali possedevano la Pomerania e il Meclemburgo, ma ogni giorno l'armata svedese era ingrossata dalle diserzioni degli imperiali che fuggivano dalla fame, la loro più crudele nemica, e si arruolavano sotto le bandiere svedesi. Tutte le province tra l'Elba e l'Oder erano talmente devastate che Banner non avrebbe potuto attraversarle con la sua armata senza esporsi a farla morire di fame. Pertanto, per tentare una spedizione contro la Sassonia e la Boemia, fece un lungo giro dalla Bassa Pomerania nella Bassa Sassonia per raggiungere l'elettorato attraverso Halberstadt. Tutta la Bassa Sassonia era stata presa da un tale terrore, che si era presa l'iniziativa di inviargli delle provviste di viveri per indurlo a restare nei pressi di Magdeburgo. L'invio di questi viveri era stato un sacrificio così spaventoso che già ci si era ridotti per la fame a vincere l'orrore che ispira il nutrirsi di carne umana. Ma Banner non aveva alcuna voglia di fermarsi in queste province affamate, la sua intenzione era quella di impadronirsi degli stati ereditari dell'imperatore. Le vittorie di Bernardo lo incoraggiavano, mentre la prosperità delle province austriache faceva aumentare le speranze di un ricco bottino. Dopo aver battuto il generale austriaco von Salis[366] davanti a Elsterberg, sconfitto l'armata sassone nei pressi di Chemnitz e preso possesso di Pirna, penetrò in Boemia, passò l'Elba, minacciò Praga, sottomise Brandeis e Leutmeritz, mise in fuga il generale Hofkirchen[367] con dieci reggimenti e sparse il terrore e lo sgomento in tutto questo regno indifeso. Tutto ciò che si poteva trasportare divenne la preda dei vincitori. Per fare provviste di grano, i soldati tagliavano le spighe nei campi, dove i cavalli andavano a mangiare e devastare il resto. Oltre mille castelli o villaggi furono ridotti in cenere e spesso se ne videro centinaia divorati dalle fiamme in una sola notte. Dalla Boemia, questi furenti vincitori, si portarono in Slesia da dove minacciavano di analoga sorte la Moravia e l'Austria, quando furono fermati nei loro sanguinosi successi dai generali Hatzfeld e Piccolomini, chiamati a portare aiuto dalla Westfalia e dai Paesi Bassi, sotto gli ordini dell'arciduca Leopoldo, che l'imperatore aveva incaricato di porre riparo alla sconfitta di Gallas.

Il risultato diede ragione a questo cambiamento e la campagna del 1640 prese una piega sfavorevole agli svedesi. Cacciati dai loro quartieri invernali in Boemia essi pensarono solo a salvare il loro bottino e si ritirarono precipitosamente tra le montagne della Meissen, dove, inseguiti dal nemico in Sassonia, furono sorpresi e sconfitti a Plauen e dovettero cercare rifugio in Turingia. Se una sola campagna era stata sufficiente per ristabilire la loro gloria, una sola fu egualmente sufficiente per fargliela perdere, ma una successiva li risolleverà nuovamente e così noi li vedremo passare in continuazione da un'estremità all'altra.

L'esercito di Banner, indebolito e sull'orlo della disfatta nel campo di Erfurt, all'improvviso si risollevò: i duchi di Lüneburg abbandonarono il trattato di Praga e portarono in soccorso a Banner le truppe con le quali, qualche anno prima, l'avevano combattuto. L'Assia gli inviò degli ausiliari e il duca di Longueville[368], comandante generale della vecchia armata del duca Bernardo, condusse le sue valorose truppe a ricongiungersi con lui. Ritornato abbastanza forte per sfidare gli imperiali, Banner si dispose per la battaglia nei pressi di Saalfeld, ma Piccolomini prudentemente evitò lo scontro e la forte posizione che aveva preso gli permise di farlo. Obbligato a cercare altrove delle conquiste da fare, volle attaccare i bavaresi, che si erano separati dagli imperiali e stavano dirigendo la loro marcia verso la Franconia. Ma la prudenza del generale bavarese von Mercy[369] e l'avvicinarsi di un'armata austriaca fecero arenare questo progetto. Le due armate della Baviera e dell'Austria entrarono nell'Assia, dove si stazionarono non lontane l'una dall'altra in campi fortificati da dove il freddo e la fame non tardarono a cacciarle. Piccolomini scelse per gli acquartieramenti invernali le ricche rive del Weser ma, preceduto da Banner, fu obbligato a cedergliele e ad andare ad esasperare con la sua disastrosa presenza i vescovadi della Franconia.

In mezzo a questi avvenimenti si era riunita a Ratisbona una dieta[370], con lo scopo di dare ascolto alle lamentele degli stati, lavorare alla sicurezza e alla tranquillità dell'impero e decidere in ultima istanza tra la pace e la guerra. L'imperatore Ferdinando III la presiedeva in persona, ma la maggior parte dei membri protestanti era assente e i cattolici, soprattutto i numerosi vescovi, diedero all'imperatore il totale potere di deliberare, così da rendere questa dieta poco rappresentativa delle opinioni degli stati tedeschi. Così, a giusta ragione, il partito della Riforma sostenne che in questa dieta vedevano solo una cospirazione dell'imperatore e dei suoi partigiani contro i loro interessi e i loro diritti[371] e sembrava loro che sarebbe stato vantaggioso tentare di interrompere le delibere e sciogliere la dieta stessa. Banner si propose di intraprendere questa impresa audace: la sua reputazione militare aveva sofferto dell'ultima ritirata in Boemia ed aveva la necessità di una grande impresa perché gli fosse restituita la gloria che aveva in precedenza.

Senza confidare ad alcuno il suo ambizioso progetto, lasciò improvvisamente, nel mezzo dell'inverno del 1641 i suoi acquartieramenti di Lüneburg, non appena le strade e i fiumi furono gelati. Portando con lui il maresciallo de Guébriant, uno dei comandanti dell'armata della Francia e di Weimar (nome con il quale si designava la vecchia armata del duca Bernardo), Banner attraversò con la rapidità del fulmine la Turingia e il Voigtland, e comparve davanti a Ratisbona prima che la città avesse avuto la notizia del suo avvicinamento.

Sarebbe impossibile descrivere lo sgomento della dieta. Tutti i delegati stranieri si prepararono a fuggire. Solo l'imperatore ebbe il coraggio di dichiarare che non avrebbe lasciato la città, e la sua fermezza diede coraggio ai più paurosi. Sfortunatamente per gli svedesi, un disgelo inatteso ruppe i ghiacci del Danubio e non fu più possibile passarlo a piedi, né attraversarlo con le imbarcazioni a causa della quantità di ghiaccio trasportata dalle correnti.

Banner che nondimeno voleva fare qualche cosa per umiliare l'imperatore e spaventare Ratisbona, non si ritirò prima di aver sparato cinquecento colpi di cannone sulle strade della città, dove fecero molto rumore ma pochi danni. Per ricompensarsi di questa impresa fallita e per dare alle truppe un buon quartiere invernale e un ricco bottino, decise di penetrare in Moravia attraverso la Baviera, ma il generale francese si rifiutò di seguirlo ancora, nel timore che cercasse così di allontanare l'armata di Weimar dal Reno e in questo modo di isolarla dalla Francia e di portarla completamente dalla sua parte e metterla quindi in condizione di poter agire autonomamente. Quindi, ritornò verso il Meno, lasciando Banner esposto agli attacchi di tutta l'armata imperiale, che si era velocemente riunita tra Ratisbona e Ingolstadt e marciava contro di lui.

Una ritirata attraverso una contea nemica, solcata da fiumi e coperta di foreste, con un nemico così superiore, appariva impossibile. La strada che, attraverso il *Wald*, conduce in Sassonia passando dalla Boemia era la sola che poteva prendere. Prima di avviarsi aveva bisogno di fermare il nemico almeno per qualche giorno e affidò questo importante compito a tre reggimenti svedesi che, senza altro riparo che le mura per metà crollate di Neuburg, tennero occupata, con il loro spartano valore, tutta l'armata imperiale per quattro giorni, di cui Banner approfittò per scappare attraverso Eger e Annaberg. Ma Piccolomini lo inseguì per una strada più breve nei pressi di Schlakenwald e Banner ebbe la fortuna di attraversare il varco di Priesnitz mezz'ora prima, salvando il proprio esercito dagli imperiali. A Zwickau, Banner si ricongiunse di nuovo con Guébriand e insieme si diressero verso Halberstadt, dopo aver vanamente tentato di impedire agli austriaci di passare il Saale.

Fu a Halberstadt, nel mese di maggio del 1641, che il generale Banner terminò la sua gloriosa carriera e, almeno questa volta, non si può attribuire la morte prematura di un grande uomo ad altro veleno che alla dissolutezza e alla frustrazione.

Se il generale Banner non aveva potuto sostenere la gloria delle armi svedesi con un successo costante, egli non smise mai di dimostrarsi degno dell'eroe sotto al quale si era formato nel mestiere delle armi. Tanto prudente quanto audace, non confidava ad alcuno i suoi segreti ed eseguiva con rapidità i vasti e temerari disegni della sua mente inesauribile di risorse. Inaccessibile alla paura, amava il pericolo, più grande nelle avversità che nella fortuna, i suoi nemici non lo temevano mai come quando appariva vicino alla sconfitta. Ma a queste spiccate qualità univa tutti i difetti e tutti i vizi che la vita militare spesso genera e che sempre giustifica.

Risoluto sia nel comando sia alla testa di un'armata, rude come il suo mestiere, orgoglioso come un conquistatore, fece disperare i principi tedeschi suoi alleati più per la sua arroganza che per i tributi di cui sovraccaricava i loro stati. Amante dei piaceri della tavola e di tutti i godimenti dei sensi, vi si abbandonava senza limiti, come il solo mezzo per ricompensarsi delle fatiche e delle privazioni della guerra ed ebbe così poca moderazione che la sua morte fu unanimemente attribuita alla sua sregolatezza.

Ma se fu sensuale, dissoluto e fastoso come Alessandro e Maometto II, sapeva come loro passare dall'ebbrezza delle voluttà e del lusso alle fatiche e ai pericoli della guerra, mettendosi a capo del suo esercito con tutta la sua autorità non appena i suoi soldati iniziavano a lamentarsi dei suoi eccessi voluttuosi. Le numerose battaglie che ingaggiò sul suolo tedesco costarono la vita a più di ottantamila uomini e le seicento bandiere e stendardi che inviò a Stoccolma immortalarono il suo nome, testimoniando le sue numerose vittorie.

La perdita di questo grande generale fu così grave per la Svezia che tutto faceva pensare fosse irreparabile. Solo l'energia di Banner aveva potuto contenere l'eccesso sfrenato e lo spirito di rivolta che da tempo serpeggiavano nell'armata. Fu così che, appena gli ufficiali vennero a conoscenza della sua morte, chiesero il soldo arretrato con tono arrogante e minaccioso e dei quattro generali che si erano diviso il comando dell'armata nessuno seppe farli rientrare nei ranghi.

Tutti i vincoli della disciplina si allentarono, la mancanza di viveri e i proclami dell'imperatore che chiamava sotto le sue bandiere i soldati di tutte le nazioni, provocarono numerose diserzioni. L'armata della Francia e di Weimar mostravano poco entusiasmo, quella del Lüneburg si separò dagli svedesi, il casato di Brunswick si riconciliò con l'imperatore dopo la morte del duca Giorgio e le truppe dell'Assia si dirigevano verso la Westfalia per riposarsi dalle loro fatiche. Il nemico, nonostante le due grandi battaglie che aveva perso, approfittò dello smarrimento causato dalla morte del generale Banner per prendere piede nella bassa Sassonia. Ma il generalissimo, Bernardo Torstensson[372], giunse improvvisamente dalla Svezia con truppe fresche e ogni risorsa necessaria per ricominciare la guerra.

Torstensson era un allievo di Guastavo Adolfo, che aveva un tempo servito in qualità di paggio e sotto i suoi ordini nel corso della prima campagna della Polonia. Disgraziatamente la gotta lo aveva paralizzato e strappato a una carriera alla quale sembrava predestinato, ma se tremende sofferenze impedivano i movimenti del suo corpo, le sue imprese avevano le ali. Sotto di lui, in poco tempo cambiò totalmente la situazione degli svedesi in Germania. Costretto a comandare l'armata da una portantina, superò tutti i suoi avversari per la rapidità delle manovre e li sconfisse sia per l'abilità sia per l'audacia delle sue operazioni. Se tremende sofferenze impedivano i movimenti del suo corpo, l'opera della sua intelligenza aveva le ali.

Tutte le regioni dove si era combattuto erano devastate, ma fino a quel momento gli stati austriaci erano stati esenti dalle razzie che da lungo tempo desolavano la Germania, Torstensson si era ripromesso di farle loro provare. Condusse la sua armata in questa parte privilegiata dell'Austria, dove regnavano ancora il lusso e l'abbondanza e gettò il tizzone della guerra fin sulle terre del trono imperiale.

Tutti i generali svedesi, in particolare il generale Stalhantsch, che dopo essere stato battuto in Slesia dagli imperiali, si era rifugiato nel Neumark, ricevettero l'ordine di portarsi con le loro truppe nel paese di Lüneburg, dove il nuovo generalissimo aveva posto il suo quartier generale.

Là i preparativi furono portati a termine velocemente e in segreto e nel 1642 l'armata svedese poté attraversare il Brandeburgo, nonostante la neutralità che il suo nuovo e celebre elettore aveva adottato[373], e comparvero in Slesia. La città di Glogau fu presa senza l'intervento dell'artiglieria: invece di aprire una breccia tra i bastioni, gli attaccanti li scalarono spada alla mano e senza una dichiarazione formale si impadronirono della piazza senza aver tirato né ricevuto un colpo di cannone. Il duca Franz Albert von Lauenburg, venne sconfitto e ucciso nei pressi di Schweidnitz, la città di Schweidnitz e tutte le province al di là dell'Oder furono conquistate. Dopo questi successi Torstensson invase la Moravia, dove nessun nemico dell'Austria era ancora penetrato, e si rese padrone di Olmütz. La notizia della perdita di questa fortezza, sparse il terrore fino alla città imperiale. L'arciduca Leopoldo e il generale Piccolomini riunirono subito le loro forze e obbligarono i conquistatori svedesi a lasciare la Moravia e, dopo un inutile tentativo a Brieg, la Slesia. Ma, richiamando immediatamente presso di sé il generale Wrangler, Torstensson riprese l'offensiva e nuovamente si impadronì di Grossglogau. Nonostante questi sforzi non riuscì a costringere gli imperiali a ingaggiare battaglia e cercò invano un'occasione per penetrare in Boemia.

Invase la Lusazia, si impadronì di Zittau, continuò la sua marcia attraverso la Meissen e passò l'Elba nei pressi di Torgau. Solo allora si fermò per mettere sotto assedio Lipsia, dove pensava di trovare viveri in abbondanza e grandi ricchezze, poiché da circa dieci anni questa città era stata pressoché sempre risparmiata dal flagello della guerra.

L'arciduca e Piccolomini corsero subito verso Dresda per andare in aiuto a questa città. Per evitare di trovarsi chiuso tra l'esercito imperiale e la città, Torstensson marciò incontro a loro in ordine di battaglia e, per una singolare coincidenza, si trovò davanti a loro sullo stesso terreno dove undici anni prima Gustavo Adolfo aveva conseguito una brillante vittoria.

Questo glorioso ricordo eccitò l'ardore dell'armata e dei suoi comandanti e tutti giurarono di mostrarsi degni del suolo sacro sul quale si trovavano. I generali Stalhantsk[374] e Wittenberg[375] si gettarono con tale furore sull'ala sinistra degli imperiali che la cavalleria che la proteggeva fu messa fuori combattimento da questo primo attacco. L'ala sinistra degli svedesi iniziava a dare segni di cedimento ma l'ala destra giunse prontamente in suo soccorso. Questi due corpi riuniti presero il nemico alle spalle, colpirono contemporaneamente i fianchi e gettarono il disordine nei ranghi. La fanteria dei due contendenti rimase sempre salda e quando tutta la polvere si disperse continuò a battersi con colpi dei calci dei fucili fino al momento in cui l'armata imperiale, circondata da tutte le parti, cedette il campo di battaglia, dopo una lotta sanguinosa di tre ore. Dalle due parti i comandanti avevano dato numerose prove di capacità e di valore. L'arciduca Leopoldo, soprattutto, era stato sempre il primo all'attacco e l'ultimo a cedere la piazza.

Questa vittoria costò agli svedesi tremila soldati e due dei loro migliori generali, Schlangen[376] e Lilienhoek[377]. Le perdite degli imperiali furono molto più pesanti, poiché lasciarono sul campo di battaglia cinquemila morti, altrettanti prigionieri, quarantasei cannoni, quasi tutti i materiali dell'armata, la cancelleria e tutto il vasellame d'argento dell'arciduca[378]. Troppo stanco per inseguire il nemico, Torstensson avanzò su Lipsia, l'armata imperiale fuggì in Boemia, dove riunì i suoi resti dispersi. L'arciduca Leopoldo fu così furioso della sconfitta in questa battaglia che pretendeva essere stata causata dalla fuga di un reggimento di cavalleria al quale fece provare i terribili effetti della sua collera. Lo riunì a Rakonitz, in Boemia, lo degradò in presenza dell'armata, gli tolse tutti i cavalli, le armi e le insegne, fece recidere i suoi stendardi, fucilare numerosi ufficiali e decimare i soldati.

La resa di Lipsia, che ebbe luogo tre settimane dopo la battaglia, fu per gli svedesi una delle più belle conseguenze del loro trionfo. Questa sfortunata città fu costretta a riscattarsi dal saccheggio con un riscatto di tre tonnellate d'oro e con una fornitura di tessuti, tele e di tutti gli oggetti necessari a equipaggiare a nuovo l'armata svedese, anche i mercanti stranieri che avevano dei depositi in città furono tassati.

Nel corso dello stesso inverno, Torstensson mise sotto assedio Friburgo dove, malgrado i rigori della stagione, perseverò con ardore infaticabile per diverse settimane, sperando di esaurire l'ostinazione degli assediati. Ma si accorse che stava soltanto sacrificando la vita dei suoi soldati e l'approssimarsi del generale imperiale Piccolomini l'obbligò a rinunciare a quest'impresa. Aveva comunque ottenuto il vantaggio di obbligare gli imperiali a lasciare i loro acquartieramenti invernali e di impegnarli in una spedizione che era costata loro più di tremila cavalli. Per non dare loro tregua, si diresse verso l'Oder, dove si rinforzò con le guarnigioni della Slesia e della Pomerania e con la rapidità di un fulmine riapparve sulle frontiere della Boemia, attraversò questo paese, entrò in Moravia e liberò Olmütz, pronta ad arrendersi agli imperiali. Dal suo campo a Dobitschau, a due miglia da Olmütz, comandava l'intera Moravia, alla quale chiese esorbitanti tributi e fece spingere le sue truppe leggere fino ai ponti di Vienna.

L'imperatore chiamò in suo soccorso la nobiltà ungherese, che però si rifiutò di rispondere a questo appello, con il pretesto che i suoi privilegi la dispensavano di battersi per gli interessi dell'imperatore su un territorio che non fosse quello dell'Ungheria. Nel corso di questi sterili negoziati, gli svedesi ebbero il tempo di impossessarsi di tutta la Moravia.

Mentre l'infaticabile attività e l'intrepido coraggio di Torstensson meravigliarono i suoi amici e i suoi nemici, le armate alleate non erano rimaste inattive in altre parti del regno. Le truppe dell'Assia, quelle della Francia e di Weimar, comandate dal generale Eberstein[379] e dal maresciallo Guébriant[380], erano entrate nell'arcivescovado di Colonia, dove stabilirono il loro quartiere invernale. Per sbarazzarsi della presenza di questi inopportuni ospiti, l'arcivescovo elettore[381] aveva chiamato il generale austriaco Hatzfeld e affidato il comando delle sue truppe al generale Lamboy[382]. Ma gli alleati attaccarono quest'ultimo nei pressi di Kempen, nel mese di gennaio del 1642, e la sua sconfitta fu così totale che perdette circa duemila uomini e più del doppio furono fatti prigionieri.

Eberstein e Guébriant, divenuti con questa vittoria padroni di tutto l'elettorato di Colonia, stabilirono i loro acquartieramenti in questa ricca contea, dove ricostruirono la loro cavalleria e arruolarono delle truppe.

Ben presto Guébriant affidò alle truppe dell'Assia il compito di difendere le conquiste del basso Reno contro il conte Hatzfeld e avanzò verso la Turingia, dove Torstensson stava per lanciare un impegnativo attacco contro la Sassonia. Ma, al posto di procedere per riunirsi con l'armata svedese, in fretta ritornò verso il Reno e il Meno, dai quali pensava di essersi allontanato troppo.

I bavaresi, che, sotto gli ordini di Mercy e di Giovanni von Werth, stazionavano sul territorio del Baden, sbarrarono la strada a Guébriant e lo ridussero a vagare e ad accamparsi sulla neve e sul ghiaccio con la sua armata priva di tutto. Fu solo dopo numerose settimane che riuscì a procurarsi nel Breisgau un rifugio un po' più tollerabile. L'estate successiva si riparò nello Schwaben e impedì all'armata bavarese di andare in soccorso di Thionville, assediata dal principe di Condé. Nondimeno, la superiorità del nemico lo costrinse a ritornare in Alsazia per attendervi i rinforzi.

Richelieu morì nel mese di novembre del 1642 e i cambiamenti legati alla successione al trono e ai ministri, conseguenti alla morte nel maggio dell'anno seguente di Luigi XIII, distrassero per qualche tempo l'attenzione della Francia dalla guerra in Germania e causarono l'inattività delle truppe in campo.

Divenuto erede della potenza, dei disegni e dei progetti di Richelieu, il cardinale Mazarino[383] operò con zelo al compimento dei piani che il suo illustre predecessore gli aveva lasciato, e i sudditi francesi erano destinati a pagare cara questa grandiosità politica della Francia. Richelieu aveva rivolto tutte le sue forze contro la Spagna, mentre Mazarino se ne servì contro l'imperatore, avallando così l'opinione che aveva annunciato sostenendo che l'armata francese il Germania era il braccio destro del re di Francia e il bastione dei suoi stati. Subito dopo la conquista di Thionville si affrettò a inviare al feldmaresciallo Guébriant considerevoli rinforzi in Alsazia e per eccitare l'entusiasmo di queste nuove truppe le mise agli ordini del duca d'Enghien, successivamente principe di Condé[384], che già aveva conquistato la stima e la fiducia dei suoi soldati con la vittoria di Rocroi. Questo nuovo corso permise a Guébriant di riprendere con successo la campagna. Malgrado il rigore della stagione, passò il Reno, entrò nello Schwaben, vi prese possesso di Rottweil[385], della quale i bavaresi avevano fatto il loro deposito di armi, di munizioni e di viveri. Ma questo luogo fu pagato più caro del suo valore e venne perso più velocemente di come era stato conquistato.

Guébriant ebbe, nel corso dell'assedio, una ferita a un braccio che l'imperizia di un chirurgo rese mortale e l'importanza della sua perdita fu evidente lo stesso giorno della sua morte.

Spossata dalle fatiche e considerevolmente diminuita da tutte le spedizioni invernali, l'armata francese, immediatamente dopo la presa di Rottweil, si era ritirata nei pressi di Tuttlingen, dove si lasciò andare al benefico riposo senza pensare alla possibilità di un attacco. Nel frattempo, il generale Hatzfeld riunì il suo corpo d'armata con quello della Baviera, comandato dal duca Mercy e subito dopo il duca di Lorena, che nel corso di questa guerra troviamo un po' ovunque tranne che nel suo ducato, si ricongiunse con le sue truppe a questi due generali, così il progetto di sorprendere i francesi nei loro accampamenti a Tuttlingen fu preparato di comune accordo.

Questo tipo di spedizioni erano all'epoca molto comuni e sovente costavano più sangue delle battaglie schierate, ma avevano quasi sempre dei risultati più decisivi. Simile spedizione poteva certamente avere effetti contro i francesi che non ne avevano l'esperienza e che, in ogni caso, si credevano al sicuro per i rigori della stagione. Giovanni von Werth, un grande esperto in questo tipo di guerra, che aveva spesso messo in pratica contro Gustavo Horn, fu investito del comando in capo di questo colpo di mano e contro tutte le aspettative lo portò a termine con successo. Deciso ad attaccarli sul fianco dove strette gole e folte foreste sembravano rendere inaccessibile il loro campo, si mise in marcia il 24 novembre 1643.

Protetta dalla neve, che quel giorno scendeva copiosa, l'avanguardia poté avanzare senza essere scorta sino all'ingresso di Tuttlingen, dove si fermò e si impadronì senza alcuna resistenza di tutta l'artiglieria piazzata intorno alla città e del castello di Homburg. Nel frattempo, il resto dell'armata nemica aveva preso posizione attorno al campo, in modo da circondarlo da tutte le parti e isolarlo dai villaggi vicini. I francesi furono sconfitti senza un solo colpo di cannone.

Grazie alla velocità dei suoi cavalli, e ai pochi minuti di vantaggio che avevano sul nemico, la cavalleria riuscì a scappare, ma tutta la fanteria fu massacrata o depose le armi. Questa sconfitta costò loro circa duemila morti e settemila prigionieri, in mezzo ai quali si contavano venticinque ufficiali superiori e novanta capitani.

Questa fu la sola battaglia nel corso di tutta la guerra che produsse lo stesso effetto su vincitori e vinti: entrambi erano composti da tedeschi e l'umiliazione della sconfitta ricadeva solo sui francesi. Le eroiche imprese di Turenne e di Condé non tardarono a lavare l'affronto di questa terribile giornata, il cui ricordo venne rinnovato cento anni dopo a Rossbach. Nondimeno bisogna concedere ai tedeschi di aver gioito di questo colpo inflitto al valore dei francesi per vendicarsi della loro perfida politica.

Per gli svedesi, questa disfatta avrebbe potuto essere molto grave, l'esercito imperiale poteva ora agire contro di loro e il numero dei loro nemici era aumentato in modo consistente.

Nel settembre 1643 Torstensson aveva improvvisamente lasciato la Moravia, avanzando verso la Slesia. Nessuno conosceva le ragioni di questa manovra e i suoi frequenti cambi di direzione contribuivano ad accrescere la perplessità. Dalla Slesia si avvicinò all'Elba, compiendo diversi giri, mentre gli imperiali lo seguirono fino in Lusazia. Giunto a Turgau, gettò un ponte sull'Elba e fece spargere la voce che voleva penetrare in Baviera, attraverso la Moravia e l'alto Palatinato. Nei pressi di Barby fece tutti i preparativi necessari per passare l'Elba, ma discese lungo il fiume fino a Harelberg, dove annunciò alla sua armata, per la quale era divenuto un enigma, che l'avrebbe condotta contro i danesi nell'Holstein.

La parzialità di Cristiano IV contro gli svedesi nel suo ruolo di mediatore, di cui si era fatto carico, tra la Svezia e la Germania e la gelosia segreta che provava per la gloria di cui gli svedesi continuavano a coprirsi, l'avevano spinto a ostacolare la loro navigazione nel Sund e a intralciare il loro commercio con tasse esorbitanti che da tempo avevano esaurito la pazienza del governo svedese. Sebbene sembrasse pericoloso gettarsi in una nuova guerra mentre la nazione già piangeva sotto il fardello della vecchia, a dispetto dei successi che avevano ottenuto, il desiderio di vendetta e l'astio che esisteva tra svedesi e danesi prevalsero su tutte le altre considerazioni e la reggenza autorizzò Torstensson a punirli dei loro insulti. Inoltre le stesse circostanze per le quali erano coinvolti in una guerra in Germania furono un motivo in più per tentare il successo contro i danesi[386]. Peraltro, in Germania ormai si guerreggiava pressoché unicamente per occupare e nutrire i soldati e sovente si rischiava una battaglia solo per assicurare loro dei buoni quartieri invernali, e questo risultato valeva più di una vittoria, ma le province tedesche mancavano anche del necessario, mentre l'abbondanza regnava ancora nell'Holstein. La speranza di arruolarvi delle truppe, di trovare cavalli e di farvi delle provviste di viveri e munizioni, era d'altronde un motivo abbastanza valido per suggerire a Torstensson di invadere questa provincia. Inoltre, era molto importante, alla vigilia dei negoziati di pace, diminuire l'ingiuriosa influenza che la Danimarca poteva esercitare in queste trattative, procrastinare il trattato stesso, che poteva essere pregiudizievole per gli svedesi, creando confusione tra le parti interessate e, in vista dell'ottenimento di un indennizzo, aumentare il numero delle sue conquiste per essere più sicuri di poter mantenere quelle a cui teneva di più. La cattiva amministrazione del governo danese autorizzava più vasti progetti se si fosse deciso di attaccarli prima che potessero pensare di difendersi. La questione fu discussa a Stoccolma con tanta discrezione che restò ignota all'ambasciatore della Danimarca e anche per quelli della Francia e dell'Olanda.

Le ostilità cominciarono con una dichiarazione di guerra e Torstensson era in Holstein anche prima che ci si attendesse un attacco[387]. Le sue truppe, non trovando alcuna resistenza, si sparsero ben presto in questo paese, dove si impadronirono di tutte le piazzeforti ad eccezione di Reusburg e Glückstadt. Un'altra armata svedese entrava contemporaneamente nella Scania, dove non incontrò quasi resistenza. L'estremo rigore fu il solo impedimento a passare il piccolo Baltico, a estendere le sue conquiste e impadronirsi delle isole di Seeland e di Fühnen. La flotta danese naufragò nei pressi di Femern e Cristiano IV, che la comandava personalmente, ebbe l'occhio destro squarciato da una scheggia.

Separato da una grande distanza dall'imperatore, suo unico alleato, lo sfortunato re di Danimarca si vide sul punto di vedere il proprio regno invaso dagli svedesi e realizzare così la profezia del celebre Tycho Brahe[388] che aveva previsto che nel 1644 sarebbe stato cacciato dal trono e ridotto a errare fuggitivo con un bastone bianco in mano.

La politica del gabinetto imperiale era troppo attenta per restare spettatrice inattiva della rovina del re di Danimarca a favore della

Svezia e fu deciso di inviargli dei soccorsi. A dispetto delle difficoltà
che si opponevano alla marcia di un'armata attraverso una lunga serie
di paesi sfiniti dalla guerra, dalla fame e dalle epidemie, il generale
Gallas, al quale l'imperatore aveva affidato il comando in capo, dopo
l'uscita di Piccolomini, penetrò nell'Holstein. Dopo essersi
impadronito della città di Kiel, operò il congiungimento con l'armata
danese e sperava di fermare gli svedesi nello Jutland. Da un'altra parte
il generale austriaco Hatzfeld e l'arcivescovo di Brema[389], figlio di
Cristiano IV, tenevano occupate le truppe dell'Assia e quelle svedesi
comandate da Königsmark[390]. Con un attacco nella Meissen, questo
generale si era portato in Sassonia. Ma Torstensson, che si era aperto
un passaggio tra Schleswig e Stapelholm, marciò davanti a Gallas e lo
obbligò a risalire l'Elba sino a Bernburg. Nei pressi di questa città gli
imperiali edificarono un campo fortificato, ma il generalissimo
svedese, passò il Saale e si arrestò alle spalle del nemico, così da
impedirgli ogni comunicazione con la Sassonia e la Boemia.

Questa manovra fece scoppiare la fame nel campo di Gallas, che per
sostentarsi ripiegò sul Magdeburgo. Ma questa ritirata non modificò la
sua spaventosa posizione. La cavalleria imperiale, che aveva cercato di
fuggire attraverso la Slesia, fu fatta a pezzi nei pressi di Jüterbock, il
resto dell'armata perì vicino a Magdeburgo, cercando inutilmente di
aprirsi un passaggio nelle linee svedesi armi alla mano. Gallas riuscì a
salvare solo poche migliaia di soldati non raccolse altro da questa
spedizione, intrapresa con forze considerevoli, che la gloria di passare
per *un maestro incomparabile nell'arte di perdere un'armata*.

Obbligato, infine, a chiedere la pace agli svedesi, il re di Danimarca
l'ottenne ma a condizioni alquanto dure e umilianti. Questa pace fu
firmata a Brömsebro nel 1645[391].

Inseguendo la vittoria, Torstensson invase nuovamente la Boemia
con sedicimila uomini e ottanta cannoni per portare la guerra negli
stati ereditari dell'Austria, mentre i suoi generali, Axel Lilienstern e
Königsmark, impaurivano uno l'elettorato della Sassonia e l'altro gli
stati di Brema.

Ricevuta questa notizia, l'imperatore si recò velocemente a Praga per
incoraggiare i suoi sudditi con la sua presenza e, da abile generale,
dare nuova energia e vigore ai suoi comandanti che troppo spesso
sacrificavano l'interesse comune alle loro personali gelosie.
Assumendo egli stesso il comando in capo, ordinò al generale Hatzfeld
di riunire tutto ciò che restava delle truppe dell'Austria e della Baviera

e di formare, malgrado il parere contrario del generale, l'ultimo esercito imperiale, l'ultimo baluardo di queste due potenze, e lo schierò a Jankowitz il 24 febbraio 1645 per dare battaglia al nemico che si stava avvicinando. Ferdinando III contava sulla superiorità numerica della sua cavalleria, che aveva tremila cavalli in più di quelli del nemico e, più ancora, sulla protezione della Vergine, che gli era apparsa in sogno e gli aveva promesso la vittoria.

La superiorità degli imperiali non intimidì Torstensson che non era abituato a contare i suoi nemici, ed egli iniziò l'attacco con tale impetuosità che l'ala sinistra degli imperiali, comandata dal generale Götz e imprudentemente piazzata tra delle foreste e degli stagni, ripiegò e perdette nella ritirata il suo comandante, una parte dei soldati e tutte le munizioni. Questo inizio decise le sorti della giornata. Dopo un furibondo combattimento di otto ore, un disperato attacco della cavalleria imperiale e una strenua resistenza da parte della fanteria svedese, gli svedesi rimasero padroni del campo di battaglia. Oltre duemila austriaci restarono sul terreno e il generale Haztfeld fu fatto prigioniero con tremila soldati. Fu così che l'imperatore perse in un solo fatto la sua ultima armata e l'ultimo dei suoi capaci generali. Dopo questa sconfitta, che apriva agli svedesi l'entrata negli stati ereditari, fuggì a Vienna, sia per occuparsi della difesa di questa città sia per portare al sicuro i suoi tesori e la sua famiglia. Da parte loro, gli svedesi, che sembravano un torrente in piena, attraversarono la Moravia, accerchiarono la città Brünn, si impadronirono di tutti i castelli e le piazzeforti sulle rive del Danubio, portarono i loro trinceramenti al "Ponte del lupo", non lontano da Vienna e si fermarono solo davanti alla città imperiale. Le guarnigioni che lasciarono nei luoghi conquistati e gli imponenti lavori che fecero al loro campo, provavano chiaramente che non avevano l'intenzione di fare all'Austria una visita di passaggio. Dopo un lungo giro attraverso tutti gli stati dell'impero, la guerra, infine, ritornò al punto da dove era partita e il rumore dell'artiglieria svedese ricordò agli abitanti di Vienna le palle che ventisette anni prima gli insorti della Boemia avevano gettato sulle loro mura.

Lo stesso teatro di guerra riportò in scena gli stessi strumenti di attacco. I boemi avevano chiamato Bethlen Gabor in loro soccorso, gli svedesi si rivolsero al suo successore Ragotzy, che si mise subito in marcia, attraversò l'Ungheria con una tale rapidità che ci si aspettava in ogni momento il suo congiungimento con Torstensson. Ridotto agli estremi dalle invasioni degli svedesi e abbandonato dall'imperatore che, dopo la sconfitta di Jankowitz, poteva solo occuparsi della difesa della capitale, l'elettore di Sassonia scelse l'unica possibilità di salvezza che ancora gli restava e chiese e ottenne dagli svedesi una tregua che doveva essere rinnovata di anno in anno fino alla pace generale[392]. Così l'imperatore perse un amico, mentre un nuovo nemico appariva alle sue porte, le sue armate erano disperse e i suoi alleati in Germania sconfitti. Da un'altra parte l'armata francese si era vendicata con una brillante campagna della sconfitta di Tuttlingen e aveva tenuto occupato l'esercito bavarese sul Reno e nello Schwaben. Il grande Turenne[393], che si era distinto per le sue vittorie in Italia, aveva portato al duca d'Enghien considerevoli rinforzi che erano stati impiegati nell'assedio di Friburgo, difesa dal generale Mercy, dove apparvero il 3 agosto 1644. La determinazione bavarese aveva avuto la meglio sull'impetuoso valore francese, e dopo l'inutile sacrificio di seimila uomini, il duca di Enghien fu costretto al ritiro. Questa grande perdita commosse il cardinale Mazarino che ne pianse, mentre Condé, refrattario a ogni altro sentimento se non l'amore per la gloria, disse freddamente: «una sola notte d'amore a Parigi dà la vita a più uomini di quanti la battaglia di Friburgo ne abbia fatti morire». D'altro canto, se questa battaglia obbligò i francesi a una momentanea ritirata, aveva talmente indebolito i bavaresi che non potevano né soccorrere l'Austria, né fermare i progressi del nemico sulle rive del Reno, dove in successione si impadronirono di Speyer, Worms, Manheim, la fortezza di Philippsburg fu costretta a cedere per fame e Magonza tentò, con una temporanea sottomissione, di disarmare i conquistatori.

Gli stessi accadimenti che, all'inizio della guerra, avevano impedito all'Austria di diventare preda degli insorti della Boemia, la salvarono anche dal destino che le preparava Torstensson. Ragotzy era arrivato vicino al campo svedese sul Danubio con venticinquemila uomini, ma quest'orda di barbari, abituata a vivere di rapine e di saccheggi, non servì che a devastare il paese e a esaurire in poco tempo le risorse dell'armata, invece di assecondare le operazioni di Torstensson. Bethlen Gabor, un tempo, era venuto in soccorso della Boemia unicamente con lo scopo di strappare all'imperatore un vergognoso riscatto e di saccheggiare impunemente i suoi stati. Ragotzy non volle nulla di più, così, come Bethlen Gabor, si affrettò a ritornare a casa quando non ebbe più nulla da razziare e Ferdinando III ebbe acconsentito a pagargli la somma che richiedeva per sbarazzarsi della sua disastrosa presenza[394]. Da quattro mesi il grosso dell'armata svedese assediava la città di Brünn, ma il comandante di questa fortezza, disertore svedese che, di conseguenza, non poteva sperare nulla dalla clemenza dei vincitori, si difendeva con coraggio e disperazione. Le devastazioni causate dalla pestilenza, che derivava dalla fame, dalla sporcizia e dal mangiare frutti acerbi durante questo lungo e malsano accampamento, unite all'improvvisa ritirata del principe di Transilvania, costrinsero Torstensson a rinunciare all'assedio di Brünn. Poiché tutti i passaggi sul Danubio erano occupati e il suo esercito fortemente indebolito dalla fame e dalle malattie, abbandonò il suo progetto contro Austria e Moravia, accontentandosi di assicurarsi una chiave di ingresso in queste due province, lasciando le guarnigioni svedesi nelle piazzeforti che aveva conquistato. Si diresse quindi in Boemia, dove venne seguito dagli imperiali, comandati dall'arciduca Leopoldo. I territori che non vennero riconquistati da quest'ultimo furono ripresi, dopo la sua partenza, dal generale austriaco Bucheim, così che, l'anno successivo, la frontiera austriaca era di nuovo libera dai nemici e Vienna aveva solo subito una grande paura. Anche in Boemia e Slesia gli svedesi avevano avuto una fortuna variabile, avevano attraversato entrambi i Paesi senza riuscire a stabilirsi in nessuno di essi.

Se le campagne di Torstensson non ebbero tutto il successo che ci si poteva attendere, esse portarono comunque parecchi risultati preziosi. La Danimarca era stata obbligata a chiedere la pace e la Sassonia a concludere una tregua, l'imperatore nel consiglio per la pace aveva moderato il suo orgoglio e le sue pretese, la Francia era più apertamente favorevole alla Svezia, e quest'ultima era diventata abbastanza forte per parlare nei negoziati di pace un linguaggio fermo e sicuro. Soddisfatto della posizione che aveva dato al suo paese, Torstensson ritornò in patria coperto di gloria e si ritirò a vita privata, nel tentativo di curare la sua malattia.

Il suo ritiro salvò l'Austria dalla paura dell'invasione cui era sempre esposta dalla parte della Boemia, ma quasi subito un altro pericolo la minacciò dalla parte dello Schwaben e della Baviera.

Nel corso della campagna del 1645, Turenne, che si era separato da Condé e si era diretto verso lo Schwaben, era stato sconfitto nei pressi di Mergentheim dal generale Mercy che, in seguito a questa vittoria, era entrato nell'Assia. Subito, il duca d'Enghien aveva lasciato l'Alsazia, il generale Königsmark la Moravia e le truppe dell'Assia le rive del Reno, tutti per ricongiungersi all'armata di Turenne. Con queste forze riunite, questo capace generale respinse i bavaresi sino all'estremità dello Schwaben. Nei pressi del villaggio di Allersheim, non lontano da Nördlingen, si riallinearono poiché si trattava di difendere l'entrata della Baviera, ma simili ostacoli non potevano fermare l'intrepido duca d'Enghien.

Questo giovane eroe condusse le sue truppe contro i trinceramenti del campo dei nemici che, per la resistenza ostinata ed eroica dei bavaresi fecero di questa battaglia una delle più sanguinose di questa lunga guerra. La morte di Mercy, la capacità superiore e la fermezza incrollabile di Turenne, il valore delle truppe dell'Assia, decisero infine la vittoria in favore dei francesi, ma questo ulteriore e barbaro sacrificio di vite umane, ebbe poca influenza sull'andamento della guerra e, soprattutto, sui negoziati di pace.

L'armata francese, stanca per un trionfo così caramente acquisito, indebolita dalla partenza delle truppe dell'Assia e spaventata dai rinforzi che l'arciduca Leopoldo portò a marce forzate in Baviera, ripiegò sul Reno. La ritirata francese permise nuovamente agli austriaci di riunire le loro forze contro gli svedesi che stazionavano in Boemia[395].

Nel 1646, Gustavo Wrangler, non indegno successore di Banner e Torstensson, era stato incaricato del comando in capo dell'armata svedese in Germania che, senza contare il corpo mobile di Königsmark e le guarnigioni delle città conquistate su tutto il territorio dell'impero, si componeva di ottomila cavalieri e quindicimila uomini di fanteria. L'armata che l'arciduca Leopoldo aveva appena fatto entrare in Baviera ammontava a oltre ventiquattromila uomini. Dopo averla accresciuta con dodici reggimenti di cavalleria e diciotto reggimenti di fanteria bavarese, il principe si dispose ad attaccare gli svedesi prima che Königsmark o i francesi potessero venire in loro aiuto.

Il coraggioso Wrangler, al posto di evitare o attendere questo nemico così superiore in numero, marciò verso di lui attraverso l'alta Sassonia verso il Weser, dove si impadronì di Höxter e di Paderborn, poi entrò in Assia, nella speranza di ricongiungersi con Turenne, e mise il suo campo a Wetzlar, dove lo raggiunse Königsmark con il suo corpo d'armata. Ma il prode Turenne, inchiodato dagli ordini di Mazarino, che voleva fermare la rinascente fortuna degli svedesi, fu obbligato a rimanere inattivo con il pretesto che la sicurezza delle frontiere francesi dalla parte dei Paesi Bassi non gli permetteva di lasciare il suo posto, poiché i fiamminghi non avevano mantenuto la promessa di fare una diversione. Le reiterate richieste del governo svedese e il timore di spingerlo, con più lunghe esitazioni, a concludere una pace separata con l'Austria, convinsero il cardinale a dare a Turenne il permesso di agire.

Il congiungimento di Wrangler e dell'armata francese avvenne nei pressi di Giessen, ed essi si sentirono ora abbastanza forti da incontrare il nemico. Gli imperiali avevano inseguito gli svedesi fino nell'Assia, sperando in questo modo di tagliare loro i viveri e di impedire loro di unirsi ai francesi, ma entrambi i progetti fallirono ed essi si ritrovarono tagliati fuori dal Meno e la perdita dei loro magazzini li espose a tutti gli orrori della fame.

Questa dolorosa situazione permetteva a Wrangler di tentare un'impresa che doveva cambiare repentinamente il corso degli eventi. Tutti i suoi predecessori avevano cercato di portare la guerra all'interno degli stati ereditari dell'Austria ed anch'egli aveva questo scopo ma, scoraggiato dall'insuccesso di Torstensson, si propose di attuare un piano di operazioni diverso: decise di seguire il corso del Danubio ed entrare nei territori austriaci attraverso la Baviera. Questo piano, del resto, era lo stesso di Gustavo Adolfo, che ne fu distolto dai pericoli insorgenti in Sassonia e dall'arrivo dell'armata di Wallenstein.

Già il duca Bernardo di Weimar, più fortunato sotto questo aspetto del grande re, aveva voluto entrare in Austria seguendo il corso del Danubio, ma appena riuscì a estendere le sue conquiste tra l'Inn e l'Isar, era stato obbligato a ritornare sui suoi passi. Wrangler credette di poter fare ciò che due grandi condottieri avevano inutilmente tentato prima di lui. La situazione del nemico, che si trovava lontano dietro di lui sul Lahn, che non poteva venire in aiuto della Baviera se non dopo aver attraversato la Franconia e l'Alto Palatinato, sembrava giustificare questa presuntuosa aspirazione. Dopo aver sconfitto un corpo d'armata bavarese nei pressi di Donauwörth, Wrangler passò il Danubio e il Lech senza alcuna difficoltà, ma al posto di continuare ad avanzare, assediò Augusta dando così all'imperatore il tempo, non solo di venire in aiuto di questa città, ma di respingerlo fino a Lauingen. Per cercare di allontanare la guerra dalla Baviera, gli imperiali tornarono verso lo Schwaben e Wrangler approfittò di questo errore per ripassare il Lech del quale, da questo momento, restò padrone assoluto. La Baviera, ora aperta al nemico che voleva invaderla, si trovò improvvisamente inondata di francesi e di svedesi che si ricompensarono delle privazioni della guerra con razzie, violenze ed estorsioni. Gli imperiali, che riuscirono a loro volta a passare il Lech nei pressi di Thierhaupten, portarono all'esasperazione le disgrazie di questo paese, poiché da questo momento fu devastato a gara dai nemici e dagli amici. Era venuto il momento, per la prima volta nel corso di questa lunga guerra, di vedere vacillare la fermezza di Massimiliano, che aveva resistito a ventotto anni di prove durissime. Ferdinando II, suo compagno al collegio di Ingolstadt, l'amico della sua giovinezza, non c'era più e la sua morte aveva rotto il legame più sacro di tutti quelli che univano la Baviera all'Austria. Unito al padre dall'amicizia, dall'inclinazione e dalla riconoscenza, Massimiliano vedeva nel figlio solo un monarca estraneo al suo cuore e solo l'interesse politico poteva fargli mantenere la sua fedeltà.

Furono questi interessi che la politica francese fece valere per far decidere l'elettore a deporre le armi e a rinunciare all'alleanza con l'Austria. Per ottenere questo risultato Mazarino aveva fatto tacere le sue segrete gelosie nei confronti degli svedesi e permesso ai francesi di accompagnarli in Baviera, poiché sapeva che, facendo di questo paese il teatro della guerra, avrebbe ridotto alla disperazione l'elettore e avrebbe tolto all'imperatore uno dei suoi più potenti e il suo ultimo alleato. In effetti, già il Brandeburgo, governato da un grande uomo[396], aveva dichiarato la sua neutralità[397], mentre la Sassonia era stata obbligata ad accettarla. La guerra con la Francia impediva alla Spagna di fare dei sacrifici per alimentare la guerra in Germania, la Danimarca se ne era ritirata con il trattato di pace con la Svezia e una lunga tregua costringeva la Polonia all'inazione. Per portare l'imperatore a un completo isolamento in mezzo al suo vasto impero e metterlo alla mercé dei poteri alleati, rimaneva solo di staccare Massimiliano dalla sua causa.

Ferdinando III, che conosceva il pericolo da cui era minacciato, cercò di sventarlo. Ma Massimiliano già si era convinto che solo la Spagna si opponeva alla conclusione di una pace generale, impedendo all'imperatore di accettare una tregua per facilitare i negoziati. Si può immaginare che Massimiliano, nemico della Spagna che si era opposta alle sue pretese sul Palatinato, fosse disposto a sacrificare a questo gabinetto il benessere del suo popolo, a vedere le sue terre devastate e la rovina di se stesso quando, se avesse posto fine alle ostilità, avrebbe potuto allontanare queste minacce, procurare al suo popolo la tranquillità necessaria e accelerare la pace generale? Tutti i dubbi

346

vennero fugati e persuadendosi che cedeva alle leggi imperative della necessità, credette di assolvere i suoi doveri verso l'imperatore dandogli modo di prendere parte ai benefici della tregua che era sul punto di firmare.

I plenipotenziari incaricati di stabilirne le clausole si erano riuniti a Ulm e il comportamento degli emissari dell'Austria dimostrò subito che Ferdinando III non intendeva concludere una tregua, ma cercava solo di ostacolarla. Il nodo più difficile era convincere gli svedesi ad acconsentire a una sospensione d'armi, poiché avevano solo da guadagnare da un proseguimento della guerra da cui avevano continuamente dei vantaggi. Erano tutti vincitori, ma l'imperatore, tuttavia, voleva loro imporre dei vincoli, pretesa che indignò talmente i loro rappresentanti che si disposero a lasciare bruscamente il congresso e quelli della Francia, per trattenerli, furono obbligati a ricorrere anche alle minacce. Le buone intenzioni dell'elettore di Baviera di includere l'imperatore nei benefici della tregua non erano andate a buon fine e pertanto Massimiliano si sentì giustificato ad occuparsi della sua sicurezza. Sebbene le condizioni per avere la tregua avessero un prezzo elevato, non esitò ad accettarle. Accettò di ampliare i quartieri svedesi nello Schwaben e in Franconia e di limitare i suoi alla Baviera e al Palatinato. Le conquiste fatte nello Schwaben vennero cedute agli alleati che, da parte loro, restituirono i territori conquistati in Baviera. Anche Colonia e Assia Kassel furono incluse nella tregua. Dopo la firma di questo trattato, il 14 marzo 1647[398], i francesi e gli svedesi lasciarono la Baviera e per non interferire l'uno con l'altro, scelsero quartieri diversi: i primi si stabilirono nel Württemberg, gli altri nello Schwaben vicino al Lago di Costanza.

All'estremità settentrionale di questo lago, che forma il limite più meridionale dello Schwaben, la città austriaca di Bregenz, circondata da alte montagne e da strette gole, appariva protetta da tutti i nemici. Per questo gli abitanti della contea vi si erano rifugiati con tutto quello che avevano di più prezioso. Il ricco bottino ammucchiato in questa fortezza naturale e il desiderio di impadronirsi dei passi che portavano in Svizzera, in Italia e nel Tirolo, portarono il generale svedese a cercare di conquistarla. Vi riuscì, a dispetto di seimila cittadini che difendevano la città e gli stretti passaggi. Nel frattempo, Turenne, secondo il trattato, marciò nel ducato del Württemberg, costrinse l'elettore di Magonza e il langravio del Darmstadt a seguire l'esempio della Baviera e a dichiarare la propria neutralità.

La Francia sembrava aver ottenuto lo scopo che perseguiva da lungo tempo, perché poteva dettare una pace umiliante all'imperatore, privato in un sol colpo di tutto il sostegno che aveva trovato nella *Lega* e anche in numerosi principi protestanti. Di tutte le sue formidabili armate gli restavano solo dodicimila uomini, il cui comando fu obbligato ad affidare al generale Melander[399], calvinista e disertore[400] dell'Assia, poiché la guerra gli aveva strappato tutti i suoi generali. Ma gli stessi capricci della fortuna che, durante questa guerra, avevano tante volte fatto fallire i progetti più saggi e stroncato le più fondate speranze, risollevarono, dopo una breve crisi, la casa d'Austria dall'avvilimento in cui era caduta.

La Francia, sempre gelosa dell'influenza svedese in Germania, non voleva la rovina totale né l'eccessiva potenza dell'imperatore, così come non poteva permettere una grande preponderanza degli svedesi in Germania, poiché avrebbe potuto essere distruttiva per la Francia stessa. Così, lontano dall'approfittare delle difficoltà di Ferdinando III, Mazarino, in un certo senso, venne in suo soccorso, ordinando a Turenne di separarsi dagli svedesi per andare a occupare i Paesi Bassi. Benché abbandonato alle sue sole forze, Wrangler, dopo essersi spostato dallo Schwaben alla Franconia, aver conquistato Schweinfurt ed aver unito la guarnigione imperiale lì presente alla sua armata, tentò di entrare in Boemia e mise sotto assedio Eger, la chiave del regno.

Lo stesso Ferdinando venne in soccorso di questa città, ma fece fare alla sua armata una deviazione per non passare sulle terre di von Schlick[401], presidente del consiglio di guerra. Quando arrivò a Eger, la fortezza era già in mano al nemico. Le due armate, comunque, si misero una di fronte all'altra a così poca distanza che le postazioni avanzate che guardavano i lavori dei due campi quasi si toccavano. Ci si attendeva una battaglia, ma gli imperiali, benché più numerosi, si limitavano a disturbare gli svedesi con scaramucce, con lunghe marce e con la fame, poiché l'imperatore non voleva intraprendere nulla di decisivo prima di aver concluso il nuovo negoziato che aveva iniziato con la Baviera.

La neutralità di questa potenza l'aveva così ferito che, dopo aver inutilmente cercato di evitarla, si credette autorizzato di approfittare, con tutti i mezzi possibili, dei vantaggi che poteva offrirle. Molti ufficiali dell'esercito bavaresi erano stati offesi da questo passo del loro capo, che li aveva portati all'inattività e che aveva imposto una pesante restrizione alle loro libertà, lo stesso valoroso Giovanni von Werth non solo si mise a capo dei dissidenti, ma cospirò con lo scopo di far passare l'intera armata bavarese al servizio dell'Austria. Ferdinando III non si vergognò assolutamente di proteggere questo tradimento verso il suo migliore amico, il più fedele degli alleati di suo padre e spinse l'impudenza sino a pubblicare un editto con il quale invitava l'armata bavarese a unirsi a lui, sostenendo che essa apparteneva all'impero e che Massimiliano non era mai stato il comandante di quest'armata se non sotto gli ordini e in nome dell'imperatore.

Per fortuna l'elettore scoprì queste trame in tempo per farle fallire.

Anche il giudice più severo non avrebbe potuto biasimarlo se si fosse vendicato, ma questo principe era troppo un buon politico per lasciarsi guidare da una qualunque passione. La tregua non gli aveva procurato i vantaggi attesi e, lungi dal favorire i negoziati di cui ci si occupava ancora a Münster e a Osnabrück, li aveva resi più difficili accrescendo le esigenze delle parti alleate[402].

L'elettore della Baviera aveva liberato i suoi stati dagli svedesi e dai francesi ma rinunciando al diritto di far accampare le sue truppe nello Schwaben si era posto nella necessità di mantenerle a casa sua o di congedarle. La prima ipotesi era al di sopra delle sue forze, la seconda l'avrebbe ridotto a rimanere solo, senza mezzi di difesa, quando il diritto del più forte regolava gli interessi di tutto. In questa alternativa, decise di tentare una terza soluzione, che almeno non avrebbe avuto un sicuro esito negativo, cioè rompere la tregua e di ricorrere alle armi. L'immediato aiuto che con questa decisione inviò agli imperiali in Boemia, obbligò il generale Wrangler a evacuare questo regno e a ripiegare per ricongiungersi con l'armata di Turenne. Con questo obiettivo, attraversò la Turingia, la Westfalia e il Lüneburg. Gli imperiali, comandati dai generali Melander e Grönsfeld, li seguirono fino al Weser. Se avessero potuto raggiungerli prima del ricongiungimento con Turenne la sconfitta degli svedesi sarebbe stata certa. Furono salvati dalle stesse cause che, qualche mese prima, avevano impedito la rovina dell'imperatore.

In mezzo al furore dei combattimenti, la freddezza politica dei gabinetti dirigeva gli affari e la loro attenzione sembrava aumentare nella misura in cui la pace si avvicinava. Non rientrava nei progetti di Massimiliano lasciar pendere improvvisamente la bilancia della fortuna in favore dell'imperatore, allontanando così le speranze di una pace generale. Ogni cambiamento di situazione diventava importante nel momento in cui tutti desideravano la pace e qualsiasi disturbo dell'equilibrio del potere tra le parti negozianti poteva all'improvviso cancellare il lavoro di anni, distruggere i frutti di lunghi e difficili negoziati e procrastinare l'ottenimento della tranquillità dell'Europa. La Francia si era fatta carico di moderare le pretese della Svezia, misurando perfidamente l'appoggio che aveva prestato, calcolando i successi e le sconfitte delle sue armate.

L'elettore della Baviera adottò in segreto la stessa tattica nei confronti dell'imperatore e decise, con una saggia valutazione, di tenere il destino della grandezza dell'Austria nelle sue mani. Ed ora che il potere dell'imperatore minacciava di raggiungere un'eccessiva superiorità, Massimiliano all'improvviso cessò di inseguire gli svedesi. Temeva anche le rappresaglie della Francia, che aveva già minacciato di dirigere l'intera forza di Turenne contro di lui se avesse permesso alle sue truppe di passare il Weser. Melander, al quale era stato impedito dai bavaresi di seguire Wrangler, tornò verso Iena ed Erfurt, da dove invase l'Assia, della quale in altre occasioni era stato difensore. Se è vero che fu portato a questa spedizione dal desiderio di punire la principessa Amélie, sua legittima sovrana, per i torti di cui questa lo accusava, ebbe presto modo di pentirsi di aver ascoltato i motivi della vendetta a spese dei consigli della ragione e dell'umanità. Gli eccessi e le crudeltà delle sue truppe, che autorizzava con il suo esempio, sfinirono talmente la disgraziata Assia[403], che fu assalito dalla fame e dalle epidemie, mentre gli svedesi, che stazionavano nel Lüneburg avevano viveri in abbondanza e potevano completare i loro reggimenti e ricostruire la cavalleria.

Nel mezzo dell'inverno del 1648, Wrangler si trovò in condizioni di riprendere la campagna. La sua prima preoccupazione fu liberare l'Assia e attaccò Melander che, al primo incontro, ebbe una completa disfatta che lo costrinse a fuggire sulle rive del Danubio.

Tuttavia, la Francia ancora una volta tradiva le aspettative degli svedesi, trattenendo sul Reno l'armata di Turenne, nonostante le rimostranze di Wrangler. Quest'ultimo si vendicò portando sotto le sue bandiere tutta la cavalleria della vecchia armata del duca Bernardo che aveva abbandonato il servizio francese. Questa ardita mossa urtò la suscettibilità del gabinetto francese e Turenne ricevette infine il permesso di unirsi agli svedesi e le due armate aprirono l'ultima campagna di questa lunga guerra. Spingendo Melander lungo il

Danubio, approvvigionarono Eger, che gli imperiali assediavano, passarono il Danubio e, nei pressi di Zusmarshausen, sconfissero le truppe imperiali e bavaresi che volevano impedire loro il passaggio. Melander ricevette in questa battaglia una ferita mortale e il generale bavarese Grösfeld si mise sull'altra riva del Lech con il resto dell'armata al fine di impedire al nemico di penetrare in Baviera.

Ma non fu più fortunato di quanto lo fosse stato il vecchio Tilly, che aveva sacrificato la vita in questo stesso luogo tentando di salvare la Baviera. Wrangler e Turenne scelsero la posizione resa immortale dal trionfo di Gustavo Adolfo per passare il fiume e portarono a compimento quest'impresa con l'aiuto degli stessi mezzi che avevano favorito il loro predecessore. La Baviera fu occupata una seconda volta e i vincitori fecero caramente espiare ai suoi abitanti il tradimento di cui Massimiliano si era reso colpevole verso di loro rompendo bruscamente la tregua. Mentre passavano l'Isar e avanzavano fino alle rive dell'Eno, l'elettore cercò riparo a Salisburgo. Una pioggia battente, che aveva trasformato l'Eno in un torrente impetuoso, salvò nuovamente gli stati austriaci dal pericolo che li minacciava. Dieci volte gettarono un ponte di battelli su questo fiume e per dieci volte fu trascinato dalla corrente.

Mai gli imperiali erano stati presi da un simile panico, poiché il nemico era in Baviera e non avevano più un solo generale capace di lottare con qualche possibilità di successo contro dei comandanti quali Königsmark, Wrangler e il grande Turenne. In questo terribile frangente, il valoroso Piccolomini lasciò i Paesi Bassi per andare a mettersi alla testa dei resti dell'armata imperiale, ma già la mancanza di viveri aveva obbligato i francesi e gli svedesi a lasciare la Baviera e a ritirarsi nell'alto Palatinato, dove la notizia della pace mise fine alla loro attività. Königsmark, però, aveva portato il suo corpo mobile in Boemia e il capitano Ernesto Odowalsky[404] che, dopo essere stato mutilato al servizio dell'Austria ne era stato licenziato senza alcuna ricompensa, gli propose un piano per prendere Praga dalla parte più piccola.

Questa spedizione, che costò agli svedesi solo un uomo, valse a Königsmark l'onore di aver concluso la guerra dei Trent'anni con un'ultima azione di successo che contribuì a mettere fine alle incertezze di Ferdinando III.

La parte di Praga[405] detta Città Vecchia, separata dalla Città Nuova dalla Moldava, logorò con la sua tenace resistenza il conte palatino

Carlo Gustavo[406], successore al trono della regina Cristina, giunto dalla Svezia con truppe fresche. Inutilmente questo giovane principe riunì sotto le mura di Praga tutte le forze di cui poteva disporre. Il rigore della stagione lo obbligò a togliere l'assedio e ad acquartierarsi per l'inverno. Fu là che apprese la notizia che la pace era stata firmata a Münster e a Osnabrück, il 24 ottobre del 1648. È a un'altra penna che è riservato dare una giusta idea degli sforzi giganteschi con i quali si giunse a concludere questa pace duratura, sacra e celebre con il nome di *pace di Westfalia*, degli ostacoli pressoché insormontabili che dovettero essere superati, degli opposti interessi che fu necessario riconciliare, della concatenazione di circostanze che devono aver contribuito a portare ad una conclusione favorevole questo pesante, ma prezioso lavoro politico, delle difficoltà che caratterizzarono l'apertura dei negoziati e la loro continuazione durante le diverse vicissitudini della guerra e, infine, dell'identificazione delle condizioni della pace e, ancor più, della loro messa in atto; di quali fossero le condizioni della pace e quale dei poteri ne trasse vantaggio o svantaggio e di quali cambiamenti positivi o negativi fu oggetto l'Europa dopo questa guerra lunga trent'anni.

La storia della pace di Westfalia è un tutto a sé, importante quanto la storia della guerra stessa. Un semplice riassunto sarebbe come ridurre ad uno scheletro uno dei più interessanti e caratteristici monumenti della saggezza e della passione umana e privarlo di tutto ciò che potrebbe attirare l'attenzione del pubblico, per il quale ho scritto, e dal quale ora prendo congedo.

NOTE

1 Il periodo abbraccia un intero secolo: dal 1530 al 1648. Dalla Dieta di Augusta, nella quale i principi tedeschi che avevano aderito alla Riforma manifestarono all'imperatore che non intendevano fare ritorno all'obbedienza romana, ai trattati di Münster e di Osnabrück che – unificati – decisero la fine della guerra dei trent'anni e che vengono ricordati come la pace di Westfalia.

2 Tre sono i Guisa direttamente coinvolti nelle guerre di religione. Francesco (1519-1563), grande condottiero, alla morte di Francesco II contrastò la politica di conciliazione e relativa tolleranza verso i calvinisti della reggente Caterina de' Medici. Fu proprio Francesco Guisa il protagonista dell'episodio (massacro di Vassy, 1° marzo 1562) che scatenò la guerra civile, forzando Caterina all'intervento contro gli ugonotti. Francesco morì assassinato da un sicario, che si sospettò essere un agente al servizio dell'ammiraglio Coligny. Carlo (1525-1574), fratello del duca Francesco, cardinale di Lorena, fu l'ispiratore e la mente politica del partito cattolico in Francia e tra i grandi protagonisti dell'ultima fase del Concilio di Trento. Enrico I (1550-1588), detto "lo sfregiato", a causa di una ferita al volto riportata in battaglia, figlio di Francesco, divenne il capo della casata ed assunse la guida del partito cattolico. Univa all'intransigenza religiosa l'ambizione di portare la sua famiglia (della quale aveva falsificato l'albero genealogico) sul trono dei Valois, che considerava inadeguati al governo dello stato. Più volte vincitore dei tedeschi venuti in soccorso degli ugonotti di Francia, amatissimo dal popolo di Parigi, diventò una minaccia troppo pericolosa per la corona. Attirato a Blois – dove erano convocati gli Stati Generali – il duca di Guisa fu assassinato, insieme al cardinale Luigi, suo fratello, dalla guardia di Enrico III, all'interno del palazzo reale. Questo delitto provocò, sei mesi dopo, l'assassinio del re di Francia per mano del monaco Giacomo Clement (1° agosto 1589).

3 Si riferisce a Luigi I (1530-1569) che, diventato calvinista, fu accusato di aver partecipato alla congiura di Amboise (febbraio-marzo 1560) diretta ad impadronirsi della persona del re Francesco II e, perciò, condannato a morte. Sfuggito al patibolo per la morte di Francesco II e per la clemenza della reggente Caterina de' Medici, si mise alla testa del partito ugonotto e morì assassinato per ordine del duca d'Angiò. E soprattutto, si riferisce al figlio di questi, Enrico I (1552-1588), che prese il posto del padre nella direzione del partito ugonotto. Catturato nella notte di San Bartolomeo (vedi *infra* nota 6), fu costretto all'abiura e a prendere le armi contro i suoi ex-correligionari, avendone in compenso il governo della Piccardia, che i Guisa avevano negato a suo padre. Tornato al calvinismo, partecipò alla congiura del duca di Alençon e passò il resto della sua vita a combattere i cattolici.

4 Si allude a Gaspard II Coligny (1519-1572), detto "l'ammiraglio", figura austera di calvinista, che condivise con il Condé la direzione del partito ugonotto. Fautore di una riconciliazione della monarchia con il calvinismo, considerata passo indispensabile per consentire alla Francia di contrastare la potenza spagnola, si scontrò duramente con il partito cattolico, capeggiato dalla famiglia Guisa. Morì nella notte di San Bartolomeo, per mano di sicari.

5 In realtà i rapporti tra Carlo V ed il Papato furono spesso difficili ed antagonistici: il "sacco di Roma" del 1527 ed il durissimo scontro sulla convocazione del Concilio ne sono il segno oleografico.

6 Con l'espressione "notte di San Bartolomeo" si intende il massacro degli ugonotti avvenuto a Parigi nella notte tra il 23 e il 24 agosto 1572. Il massacro – probabilmente ordinato dalla famiglia reale, di concerto con la casa di Guisa – era stato preceduto dal fallito attentato all'ammiraglio Coligny e aveva trovato un favorevole contesto nella celebrazione delle nozze tra la cattolica Margherita di Valois (la celebre regina Margot) e l'ugonotto Enrico di Navarra (poi Enrico IV di Francia) annunciate per il 18 agosto: matrimonio inviso ai parigini – in larghissima maggioranza cattolici – che in esso vedevano il mezzo per spalancare agli ugonotti quelle porte del governo che già erano state loro socchiuse con la pace di Saint Germain (8 agosto 1570). La voce del massacro di San Bartolomeo si diffuse rapidamente in tutto il Paese e la "caccia" all'ugonotto si estese a molte città della Francia. Questo episodio segnò l'inizio della quarta guerra di religione.

7 Guglielmo I, conte di Nassau (1533-1584), detto "il Taciturno". Molto apprezzato da Carlo V e da Filippo II, che lo vollero governatore dei Paesi Bassi e della Franca Contea; cattolico, poi luterano e, infine, calvinista, diede inizio alla "guerra degli ottant'anni" (1568-1648), che si sarebbe conclusa con l'indipendenza dei Paesi Bassi. Considerato dagli olandesi il padre della patria, morì assassinato per mano di un cattolico filo-spagnolo, Balthasar Gerard, il 10 luglio 1584.

8 Vedi *supra* nota 4.

9 Elisabetta I Tudor (1533-1603), figlia di Enrico VIII e di Anna Bolena, dichiarata illegittima nel 1536, poche settimane dopo la decapitazione della madre, accusata di adulterio. Questa degradazione non le impedì di salire al trono dopo la morte (1558) della sorellastra Maria, figlia di Enrico VIII e di Caterina d'Aragona. Elisabetta consolidò – con mano di ferro e in maniera definitiva – l'autonomia della Chiesa anglicana, avendo ragione di congiure e rivolte, ed avviò l'Inghilterra al suo destino di grande potenza.

10 Per effetto dell'Editto di Worms (25 maggio 1521), che ordinava il bando di Lutero e ne condannava le opere, si creò una profonda crisi tra l'imperatore e la Germania cattolica, da una parte, ed i principi che avevano aderito alle posizioni di Lutero dall'altra. La vicenda era destinata a complicarsi per le aspettative di un imminente concilio ecumenico che risolvesse le questioni dottrinali e per gli interessi particolaristici dei principi dell'impero, che non esitarono ad agitare la controversia religiosa in chiave anti-asburgica. La posizione di Carlo V – inizialmente ondivaga e conciliatrice - si radicalizzò nella Dieta di Spira (1529), dove i luterani, messi in minoranza, presentarono all'imperatore la *protestatio* alla quale devono il loro nome di "protestanti". L'anno successivo – nella Dieta di Augusta – i protestanti opposero all'imperatore la loro professione di fede, la Confessione augustana scritta da Melantone. Carlo V respinse il documento ed intimò ai protestanti di sottomettersi e di fare rientro all'obbedienza romana entro sette mesi, minacciando l'allontanamento dalla Dieta imperiale dei principi e delle città ribelli. Per tutta risposta, l'elettore Giovanni di Sassonia, il langravio Filippo d'Assia, il duca Ernesto di Lüneburg, Filippo di Gruben-Hagen, i conti di Mansfeld e Anhalt e le città di Strasburgo, Ulm, Costanza, Menningen, Reutlingen, Biberach, Lindau, Isny, Magdeburgo e Lubecca, il 27 febbraio 1531, diedero vita ad un'alleanza difensiva – prevista con una durata di sei anni – conosciuta come Lega di Smalcalda, dal nome della cittadina della Turingia in cui l'accordo fu sottoscritto. La Lega si allargò rapidamente ed altrettanto rapidamente perse la sua apparente connotazione di unione luterana (del resto, già resa dubbia dalla partecipazione all'atto costitutivo della città di Strasburgo, che ad Augusta non si era associata alla Confessione di Melantone). In breve tempo i principi leghisti strinsero alleanze con la cattolica Baviera (alleanza di Saalfeld, 24 ottobre 1531) e con la cattolica Francia (25 maggio 1532). Nel frattempo altre città libere aderirono alla Lega (fino dal giugno 1531), subito seguite dalla Danimarca (gennaio 1532). Nel dicembre 1535 il patto venne rinnovato per altri dieci anni e la Lega estese i suoi legami all'Inghilterra e alla Svezia. Si può dire che alla metà degli anni '30, intorno alla Lega di Smalcalda si formò un

formidabile blocco anti-imperiale alla cui completezza mancava solo il grande impero ottomano (e non perché fosse mancata la volontà di coinvolgerlo!).

11 La forza e la coesione della Lega di Smalcalda dipendevano, in larga misura, dalla forza e dal prestigio del re di Francia e dall'isolamento dell'imperatore. Ma lo scenario mutò rapidamente: Carlo V strinse un'alleanza anti-francese con Enrico VIII d'Inghilterra, ottenne la neutralità del Papa e di Venezia e concluse un armistizio con i Turchi. In questo diverso contesto internazionale Carlo V fu in grado di sferrare un attacco al cuore della Francia, costringendo Francesco I alla pace di Crepy (18 settembre 1544). La debolezza della Francia e, all'interno della Germania, il distacco dalla Lega di Maurizio di Sassonia e del duca di Baviera, ne indebolirono la compagine, tanto che, nel 1546, Carlo V si trovò nella condizione favorevole per intraprendere – con relativa sicurezza – una campagna militare contro gli smalcaldici e per distruggerne la forza militare nella battaglia di Mühlberg (24 aprile 1547).

12 Maurizio di Sassonia (1521-1553), primo figlio (sopravvissuto) del duca Enrico, fu educato nella religione cattolica fino all'età di sedici anni, presso il cardinale Alberto di Magonza e, poi, nella fede luterana presso l'elettore Giovanni Enrico. A quest'ultima si votò definitivamente. Ricchissimo grazie alla confisca dei beni ecclesiastici operata dal padre, si accorse che i suoi interessi e le sue aspirazioni politiche avrebbero trovato miglior soddisfazione mantenendo buoni rapporti con la casa d'Austria. Fu così che, quando scoppiò la guerra di Smalcalda, egli dapprima si impegnò con Ferdinando a non prestare alcun aiuto ai ribelli (trattato di Ratisbona, 19 giugno 1546), per poi offrirsi di occupare militarmente la Sassonia elettorale (sulla quale regnava il ramo ernestino della sua famiglia) in cambio dell'acquisizione territoriale e della dignità elettorale: ciò che effettivamente ottenne dopo la battaglia di Mühlberg. Considerato alla stregua di un traditore dai suoi sudditi protestanti, indignato per l'incarcerazione di Filippo d'Assia – di cui aveva sposato la figlia Agnese – terrorizzato dalla grande potenza raggiunta dalla casa d'Asburgo, nonché dal progetto di Carlo V di preparare la successione imperiale per il figlio Filippo, Maurizio comprese che gli conveniva cambiare bandiera. Si fece allora promotore di quella Lega dei "principi belligeranti" che, alleatasi con la Francia, sorprese l'imperatore, costringendolo alla pace di Passau (vedi *infra* nota 13). La vendetta di Carlo non si fece attendere: riannodati i rapporti con il ramo ernestino di casa Wettin, indusse il margravio Alberto Alcibiade a muovere guerra per la riconquista delle terre elettorali. La spedizione non ebbe successo, ma Maurizio perse la vita per le ferite riportate in battaglia.

13 La potenza raggiunta da Carlo V terrorizzò i principi tedeschi che vedevano seriamente minacciate le loro tradizionali libertà da un disegno imperiale che tendeva a ridurre la Germania ad una federazione di Stati dominata dalla casa d'Asburgo. Nella Dieta convocata ad Augusta (1° settembre 1547), rivendicando il diritto di intervento dell'autorità imperiale negli affari ecclesiastici, Carlo presentò un progetto di regolamento provvisorio (*Interim* di Augusta) delle questioni religiose, che venne respinto dai protestanti come dai cattolici. L'assassinio di Pier Luigi Farnese (10 settembre 1547), nipote prediletto del Papa, e l'occupazione di Piacenza da parte del governatore di Milano, Ferrante Gonzaga, incrinarono i rapporti dell'imperatore con Paolo III. Questo contesto indusse alcuni principi protestanti, capeggiati dall'ex alleato Maurizio di Sassonia, a dare vita – a Torgau, nel maggio 1551 – ad una lega in difesa delle libertà tedesche. I principi della lega (detti "principi belligeranti") strinsero un'alleanza con Enrico II (succeduto al padre Francesco I sul trono di Francia), che promise loro denaro ed aiuto militare in cambio della consegna delle città di Metz, Toul e Verdun, città imperiali ma non di lingua tedesca (patto di Chambord, 15 gennaio 1552). L'occupazione delle città da parte di Enrico colse di sorpresa l'imperatore che si trovava in Tirolo, quando questa provincia fu invasa da Maurizio di Sassonia. Il precipitare degli avvenimenti, insieme con le notizie di un'avanzata dei Turchi in Ungheria, consigliarono Carlo a concludere sollecitamente la pace con i principi belligeranti (pace di Passau, 2 agosto 1552). I capitoli principali della pace sancivano la restituzione del ducato di

Nassau al conte palatino Ottone Enrico, l'amnistia per coloro che avevano partecipato alla guerra smalcaldica, l'impegno alla convocazione di un concilio ecumenico o di un'assemblea generale dell'impero per risolvere le questioni religiose (il Concilio di Trento era sciolto, in seguito al decreto di sospensione del 28 aprile 1552), il riconoscimento della libertà di culto – in condizioni paritetiche – della religione cattolica e della confessione luterana.

14 Con la pace di Augusta (25 settembre 1555) si conferiva ad ogni stato dell'impero il potere di scegliere la sua confessione religiosa (*"cuius regio, eius religio"*) e si riconosceva ai sudditi di diversa confessione il diritto di lasciare lo stato. Si stabiliva, inoltre, che qualora il titolare di un vescovato, di una prelatura o di un altro beneficio abbandonasse l'antica religione, dovesse rinunciare al beneficio e a tutte le rendite e le tasse ad esso connesse, che sarebbero state consegnate – senza molestie e contestazioni – alla persona, professante l'antica religione, eletta dal capitolo o da chi ne avesse il potere legale (*reservatum ecclesiasticum*). Rimaneva il problema della sorte dei beni ecclesiastici che – durante la Riforma – si erano trasferiti da una confessione all'altra, per effetto degli spostamenti dei loro titolari. Problema risolto con il metodo dell'«anno normale» (fissato nel 1552): tutti i passaggi di benefici prima dell'anno normale si consolidavano in capo ai nuovi titolari e non potevano essere rivendicati dal precedente, mentre i beni e i benefici acquisiti dopo l'anno normale dovevano essere restituiti ai precedenti possessori. Il regolamento approvato ad Augusta riguardava, infine, solo gli aderenti alla religione cattolica ed alla confessione augustana, con espressa esclusione delle altre confessioni (calvinisti, zwingliani utraquisti, ecc.): esclusione che non mancherà di creare gravi problemi in futuro. (Un estratto del testo della pace di Augusta è consultabile in F. GAETA e P. VILLANI, *Documenti e testimonianze: antologia di documenti storici*, Principato, Milano, 1969, pp. 293-295).

15 Questo era il desiderio di Carlo V, che molto si spese per la convocazione di un concilio che Roma era restia a concedere. I principi luterani premevano per un "libero concilio cristiano in terra tedesca" che, sancendo le ragioni dogmatiche della Riforma, degradasse il Papa a vescovo di Roma e riconoscesse la piena autonomia della chiesa tedesca. La Curia romana voleva, invece, un concilio dominato dai suoi legati, che condannasse senza riserve le dottrine riformate e che promuovesse una riforma della Chiesa che – riaffermando la supremazia del papa, contestata da risorgenti correnti concili ariste – predisponesse gli strumenti più efficaci per la rinnovata confessionalizzazione della società. Per parte sua, Carlo V voleva un concilio che ristabilisse la pace religiosa nell'impero e ridimensionasse il peso politico del papato, non solo attraverso una radicale riforma della Chiesa e dei suoi costumi, ma anche mediante una incisiva emendazione dogmatica che mettesse fine alla supremazia del papa, pur senza eliminarne o annichilirne la figura. Questa posizione del partito imperiale – patrocinata dal cancelliere Mercurino della Gattinara ed alimentata da una potente aristocrazia italiana, ghibellina e «spirituale» - ha indotto recentemente uno storico a parlare di "terzaforzismo" imperiale (v. GUI, *Carlo V e la convocazione del Concilio agli inizi del pontificato farne siano*, in F. CANTU' – M.A. VISCEGLIA, *L'Italia di Carlo V. Guerra, religione e politica nel primo Cinquecento*, Viella, Roma, 2003, pp. 73-75).

16 In realtà un'apparizione al Concilio – per quanto improduttiva – i protestanti la fecero, come pedine di una partita politica che vale la pena ricordare. Il Concilio era stato trasferito da Trento (città considerata imperiale), con il pretesto di una inesistente epidemia di febbre tifoide, a Bologna (città papale), dove languiva in attesa che un nuovo accordo tra il papa e l'imperatore ne consentisse la ripresa. La morte di Paolo III e l'elezione – dopo un lungo e contrastato conclave – di Giulio III (8 febbraio 1550) favorì questa possibilità ed il nuovo papa consentì – nonostante la ferma opposizione di Enrico II di Francia, che minacciava uno scisma – a riportare la sede conciliare a Trento: in cambio di questa decisione, Giulio III ottenne dall'imperatore la promessa di sostenere le pretese della sua famiglia sul ducato di Parma e l'assicurazione che la Chiesa cattolica tedesca – che aveva disertato la prima fase del Concilio – sarebbe intervenuta in forze e

che anche i protestanti avrebbero inviato delegazioni in loro rappresentanza. Il Concilio si riaprì a Trento il 1° maggio 1551. Enrico II proibì ai vescovi francesi di partecipare, mentre Carlo V rivolse un pressante invito agli elettori ecclesiastici ed ai vescovi tedeschi di recarsi al Concilio. Lo stesso invito, rivolto ai principi protestanti, venne accolto da Maurizio di Sassonia, dal duca Cristoforo di Württenberg, da Gioacchino II di Brandeburgo e dalla città di Strasburgo. Dal punto di vista politico, ciascuno dei principi protestanti aveva accettato l'invito per motivi diversi e particolari. L'elettore di Sassonia, che già tramava con la Francia per rompere la sua alleanza con l'imperatore, perché aveva bisogno di tempo per affrontare Carlo V e sapeva bene che un rifiuto avrebbe significato guerra immediata. Il duca di Württenberg perché temeva di perdere il ducato, pendendo sul suo capo un processo per infedeltà feudale, promosso contro di lui da re Ferdinando. L'elettore di Brandeburgo – che, per altro, non aveva neppure aderito alla Lega di Smalcalda – perché aspirava ad ottenere per il figlio Federico i vescovadi di Magdeburgo e di Halbertstadt. Dal punto di vista religioso, Brandeburgo non aveva alcuna difficoltà a sottomettersi al Concilio: in fondo Gioacchino era un protestante *sui generis*, in quanto dissentiva dalla dottrina romana solo sulle questioni del calice ai laici e del celibato ecclesiastico. Sassonia, Württemberg e Strasburgo non avevano, invece, alcuna intenzione di riconoscere il Concilio e di sottomettersi alle sue decisioni. Nonostante queste premesse, gli Stati protestanti mandarono a Trento autorevoli delegazioni di oratori e teologi: in particolare, Strasburgo inviò il grande storico Giovanni Sleidano, che rappresentava anche le città di Lindau, Ravensburg, Biberach, Esslingen e Reutlingen. Nel novembre 1551 tutte le delegazioni protestanti si erano insediate a Trento, tranne quella della Sassonia, che si presentò solo il 7 gennaio dell'anno successivo, ma senza i teologi, tra i quali era annunciato anche Melantone. Il ritardo dell'arrivo di questi ultimi fu motivato con la pretesa di un nuovo e più ampio salvacondotto, accompagnata dalla richiesta che il concilio non assumesse alcuna decisione prima del loro arrivo. In realtà, i teologi sassoni (e men che meno Melantone) non ricevettero mai l'ordine di mettersi in viaggio per Trento, Eppure nessuno si accorse dell'inganno dell'elettore Maurizio. Non se ne accorse Sleidano, che lavorava per unificare le posizioni dei riformati in vista di una partecipazione di alto profilo. E nemmeno l'imperatore che, ancora il 18 gennaio, inviava ai suoi oratori al Concilio istruzioni perentorie perché i delegati protestanti fossero ammessi ai lavori dell'assemblea, perché le loro ragioni fossero ascoltate *"con toda blandura y dolçura"* e perché si differisse ogni decisione all'arrivo dei teologi, ai quali si doveva concedere un salvacondotto *"tal y tan bastante y satisfactorio qual se requiere"* . Il Concilio si adeguò ai desideri dell'imperatore, i delegati protestanti vennero ammessi nella Congregazione generale del 24 gennaio e la loro richiesta di rinvio fu sostanzialmente accolta. Ma, ormai, la trappola di Maurizio di Sassonia era scattata. Il 15 gennaio 1552, l'elettore di Sassonia aveva sottoscritto con il re di Francia il trattato di Chambord (vedi *supra* nota 13) ed era pronto a scatenare la guerra in Germania. Quando, alla metà di marzo, le truppe dei principi belligeranti si mossero verso Augusta e quelle francesi verso il Reno, la più parte dei padri conciliari aveva abbandonato Trento e all'imperatore non restò che incaricare i propri ambasciatori di sollecitare la sospensione del Concilio (29 marzo 1552). Il Concilio sarebbe tornato a riunirsi solo dieci anni più tardi, quando la questione della riconciliazione dei protestanti era definitivamente tramontata. Sull'elezione di Giulio III v. L. PASTOR, *Storia dei papi dalla fine del medio evo*, VI, Desclée & C., Roma, 1963, pp. 3-34. Sull'accordo tra il papa e l'imperatore per il Concilio e sulla questione della partecipazione dei protestanti v. H. JEDIN, *Storia del Concilio di Trento*, III, Morcelliana, Brescia, 1982, pp. 307-376, 427-441 e 507. L'ordine di Enrico II ai prelati francesi di disertare il Concilio è ricordato nell'istruzione per il legato Ascanio della Corgna del 25 aprile 1551, mentre la minaccia del re di Francia di *"torre l'obedienza et separare la chiesa gallicana et fare un Patriarcha"* è comunicata da Giulio III al nunzio Gerolamo Dandino il 5 ottobre 1551. Entrambi i documenti sono pubblicati da J. LESTOCQUOI, *Acta Nuntiaturae Gallicae. VI. Correspondence des nonces en France Dandino, della Torre et Trivultio (1546-1551)*, Université Gregorienne/ Boccard, Roma-Parigi, 1966, pp. 465-467 e 541. Le istruzioni di Carlo V agli oratori del 18 gennaio e del 29 marzo 1552 sono pubblicate da G. BUSCHBELL, *Concilium Tridentinum. Diariorum, Actorum,Epistularum,*

Tractatuum, XI. Epistularum. Pars Secunda complectens additamenta ad tomum priorem et epistulas a die 13 martii 1547 ad Concilii suspensionem anno 1552 factam conscriptas, Herder, Friburgi Brisgoviae, 1937, pp. 780-782 e 854-857. Il verbale della Congregazione generale del 24 gennaio con i *gravamina* presentati dai protestanti ed il decreto della loro ammissione è pubblicato da A. POSTINA-S. EHSES, *Concilium Tridentinum,* cit., VII/1, *Acta Concilii iterum Tridentum cogregati a Massarello conscripta (1551-1552),* Herder, Friburg Brisgoviae, 1961, pp. 465-469. Circa il complotto di Maurizio di Sassonia, esso fu ordito con tale accortezza che, ancora il 5 gennaio 1552, il nunzio Pietro Bertano si diceva convinto che l'elettore avrebbe positivamente risposto all'ordine dell'imperatore che lo convocava ad Innsbruck. La lettera di Bertano è pubblicata da G. KUPKE, *Nuntiaturberichte aus Deutschland nebst Ergänzenden Aktenstucken.* Erste Abteilung 1553-1559, 12. Band, *Nuntiaturen des Pietro Bertano und Pietro Camaiano,* Minerva, Frankfurt, 1968 (ristampa inalterata di Berlin, 1901), pp. 132-135. Di superficialità e superbia dell'imperatore , che avrebbe ignorato gli avvertimenti della sorella e di re Ferdinando, parla, invece, K. BRANDI, *Carlo V,* Einaudi, Torino, 1961, pp. 598-599.

17 Alla morte di Carlo il Temerario (1477), i Paesi Bassi divennero dominio della casa d'Asburgo e la loro ricchezza li fece diventare uno dei più preziosi gioielli della corona di Carlo V. Quando Carlo abdicò (1556) e l'impero venne diviso tra il fratello Ferdinando ed il figlio Filippo, i Paesi Bassi finirono sotto il dominio di quest'ultimo. La politica centralizzatrice di Filippo mortificò la tradizionale autonomia di quella regione quanto la sua intransigenza religiosa irritò l'inquieta coscienza dei sudditi, alimentando un malcontento che sfociò in episodi di aperta rivolta. Filippo reagì con grande durezza, inviando un armata al comando del duca d'Alba, il quale istituì un tribunale speciale (detto *Tribunale dei torbidi*) con il compito di punire chiunque manifestasse sentimenti religiosamente non ortodossi e politicamente anti-spagnoli. La corte operò in modo implacabile – tanto da meritare il nuovo nome di *Tribunale di sangue* – colpendo non solo ribelli e calvinisti ma anche sinceri cattolici, leali alla corona, come il duca di Egmont. Il rapido deteriorarsi della situazione convinse Guglielmo d'Orange, che aveva lasciato i Paesi Bassi dopo l'arrivo del duca d'Alba, ad arruolare un esercito di mercenari per assalire la regione. Nonostante un'effimera vittoria nella battaglia di Heiligerlee (23 maggio 1568), la spedizione fu un fallimento, ma da quella vittoria si suole collocare la data di inizio della guerra che oppose la Spagna ai Paesi Bassi fino al trattato di Münster (1648), che riconobbe l'indipendenza di questi ultimi. La guerra durò ottant'anni ed il solo periodo di interruzione – la "pace dei dodici anni", dal 1609 al 1621 – andò a tutto vantaggio degli olandesi. La guerra accompagnò – in larga misura contribuendo a determinarlo - il declino della potenza spagnola e segnò la nascita di quella olandese. Alla guerra di indipendenza olandese Schiller ha dedicato un lavoro *(Geschichte des Abfall der Vereinigten Niederlande von der Spanischer Regierung,* S.L. Crusius, Leipzig, 1788) che è la sola opera storica dello scrittore, oltre a quella qui presentata. Sul conflitto ispano-olandese si possono consultare J.I. ISRAEL, *The Dutch Republic. Its Rise, Greatness and Fall 1477-1806,* Clarendon Press, Oxford, 1995 e G. PARKER, *The Dutch Revolt,* Penguin, London, 1979).

18 Vedi *supra* nota 16 e *infra* nota 32.

19 Ferdinando I era stato eletto a Bratislava re d'Ungheria (1° gennaio 1527), sebbene un'altra assemblea avesse precedentemente eletto ad Albachiara (10 novembre 1526) il voivoda di Transilvania, Giovanni Zapolyai. Questi, cacciato dai sostenitori degli Asburgo, si ripresentò in Ungheria "scortato" dall'esercito di Solimano II che costrinse Ferdinando alla pace segreta di Varadino (24 febbraio 1538), con la quale riconosceva Zapolyai re d'Ungheria. Alla morte di quest'ultimo, Ferdinando tentò nuovamente di impossessarsi dell'Ungheria ma, nuovamente sconfitto dalla Porta, fu costretto a ritirarsi e ad acconsentire che l'Ungheria diventasse una provincia ottomana, con capitale a Buda (29 agosto 1541), obbligandosi a pagare un tributo annuo di 30.000 ducati. Gli intrighi di Ferdinando e del cardinale Martinuzzi riaccesero le ostilità per il possesso della Transilvania, anch'essa regno vassallo della Porta. Tre dure campagne

militari si susseguirono nel 1551, nel 1553-1554 e nel 1556-1558, al termine delle quali Ferdinando rinunciò ad ogni pretesa sulla Transilvania ed accettò nuovamente di pagare il tributo alla Porta.

20 Rodolfo II (1552-1612), figlio primogenito dell'imperatore Massimiliano II e di Maria di Spagna. Cattolico educato in Spagna, Re d'Ungheria nel 1572 e di Boemia nel 1575, l'anno successivo ereditò dal padre la corona imperiale. Affidò il governo degli stati ereditari austriaci al fratello Ernesto, al quale succedette nel 1593, l'altro fratello Massimiliano. Rodolfo trasferì la corte a Praga: il suo disinteresse per la politica indebolì il potere imperiale nei domini orientali, agitati da movimenti nazionalistici ed esposti agli attacchi degli Ottomani. La sua politica religiosa suscitò, in Germania e in Boemia, violenti contrasti che non fu in grado di dominare. Nel 1607, i fratelli Mattia e Massimiliano ed i nipoti Ferdinando e Massimiliano Ernesto decisero di riconoscere all'arciduca Mattia il rango di capo famiglia. Rodolfo tentò, allora, di escludere Mattia dalla successione, ma l'operazione fallì ed egli fu obbligato *manu militari* a rinunciare alla corona d'Ungheria (trattato di Lieben, 24 giugno 1608), che la Dieta assegnò a Mattia il 16 novembre dello stesso anno. Dopo essere stato costretto a promulgare la *Lettera di maestà* (9 giugno 1609), con la quale concedeva libertà di culto ai protestanti boemi, cedette a Mattia anche la corona di Boemia (1611) e, poco dopo, morì.

21 Massimiliano di figli ne ebbe ben 16, tra il 1549 e il 1568. Di questa numerosa prole, 6 erano femmine e 5 maschi erano già morti entro il 1578. Rimanevano 5 eredi diretti alla corona imperiale: di questi due regnarono (Rodolfo e Mattia) e gli altri tre non se la passarono poi così male. Ernesto (1553-1595) fu candidato al regno di Polonia, al quale l'assemblea preferì (1573) Enrico III di Valois. Dal 1576 fu governatore dell'Arcicuducato d'Austria e nel 1592 governatore dei Paesi Bassi. Massimiliano III (1558-1618), detto il "Maestro teutonico", nel 1595 succedette allo zio Ferdinando II nel governo dell'Austria Ulteriore, compreso il Tirolo. Alberto VII (1559-1621), scelse una carriera "spagnola". Nominato cardinale nel 1580, fu viceré del Portogallo dal 1585 al 1595. Nominato governatore delle dieci province cattoliche delle Fiandre nel 1596, rinunciò alla porpora per sposare l'infanta Isabella Clara Eugenia, figlia di Filippo II di Spagna ed assunse il rango di principe sovrano dei Paesi Bassi meridionali.

22 Figlia di Filippo II di Spagna e di Elisabetta di Valois.

23 Enrico IV (1553-1610), figlio di Antonio di Borbone e di Giovanna d'Albret, alla morte della madre (1572) divenne re di Navarra e – dopo la morte di Francesco d'Angiò (1584) – erede presuntivo della corona di Francia, designato alla successione da Enrico III sul letto di morte (1589). Enrico era ugonotto e ciò poneva seri problemi alla sua successione. Il 17 agosto 1572 sposò a Parigi Margherita di Valois, figlia della reggente Caterina de' Medici. Salvato dalla strage di San Bartolomeo, fu costretto all'abiura e ad assumere provvedimenti contro il culto protestante nelle terre di cui era sovrano. Fu nominato governatore della Guienna, ma controllato a vista dagli agenti di Caterina, finalmente (1576) fuggì da Parigi per riparare a La Rochelle, dove riprese il suo posto a capo degli ugonotti. Aiutato dai denari degli inglesi, dei principi tedeschi e dei veneziani, iniziò una lunga guerra che gli consentì di resistere fino alla morte di Enrico III ed alla designazione al trono. Re contestato, sottoscrisse un patto (1590) con la nobiltà cattolica che lo impegnava a conservare il cattolicesimo dove già si trovava. Colpito da scomunica (1591), preparò con grande abilità la sua nuova abiura – questa volta in forma solenne – ed alla fine ottenne l'assoluzione papale che la sua condizione formale di *relapso* richiedeva (1595). Diventato re, per così dire, a pieno titolo, Enrico – che non considerava l'unità religiosa indispensabile per l'unità nazionale – assicurò agli antichi compagni di fede libertà di coscienza e di culto (Editto di Nantes, 13 agosto 1598) e a se stesso una successione legittima, ottenendo dal papa l'annullamento del suo matrimonio sterile con Margherita di Valois, che gli consentì di sposare Maria de' Medici, nipote del Granduca di Toscana. Sistemate queste cose e

rimesse in ordine le finanze dello Stato, Enrico si sentì pronto per offrire ad inglesi, olandesi, veneziani e principi tedeschi un'alleanza politico-militare che avrebbe dovuto distruggere la potenza della casa d'Asburgo. Morì assassinato prima di riuscire a dare esecuzione al suo progetto.

24 Con questa espressione si intendono: 1. Austria Ulteriore, comprendente il Tirolo, il medio corso del Reno e parte dell'Alsazia, con capitale Innsbruck; 2. Austria Interiore, comprendente Stiria, Carinzia e Carniola, con capitale Graz; 3. Austria Superiore con capitale Linz; 4. Austria Inferiore con capitale Vienna; 5. Boemia, con le "province incorporate" di Moravia, Slesia, Alta Lusazia e Bassa Lusazia; 6. Ungheria nord-occidentale, mentre il resto del paese era sotto controllo ottomano diretto o indiretto del principe-vassallo di Transilvania.

25 Stefano Bocskay (1557-1606), calvinista, educato a Vienna e a Praga, nel 1576 tornò in Transilvania al seguito del nuovo re, il cugino Sigismondo Báthory, presso il quale promosse una politica filo-occidentale in funzione anti-turca. Quando Sigismondo abdicò a favore dell'imperatore, poi del cugino Andrea, poi ancora dell'imperatore, Bocskay rifiutò di prestare il giuramento e si ritirò nel comitato di Bihar. L'inizio di un nuovo lungo conflitto con i Turchi (1596-1606) aveva, intanto, portato gli eserciti imperiali in Transilvania, che venne spogliata da questi e malversata dalla politica del governatore di Rodolfo II. Ciò indusse Bocskay a mettersi a capo di una rivolta − presto dilagata in guerra nazionale − che scacciò gli imperiali dall'Alta Ungheria e che si concluse con il riconoscimento dell'indipendenza della Transilvania, di cui Bocskay fu eletto principe nel 1605.

26 Ungheria, Transilvania e Moravia furono permeabili non solo al protestantesimo ma anche alle dottrine religiose più radicali − come anabattismo e antitrinitarismo − che erano perseguitate con uguale durezza in ogni parte d'Europa da cattolici e riformati. (v. S. KOT, *L'influence de Servet sur le mouvement anti-trinitarien en Pologne et in Transylvanie*, in B. BECHER, *Autour de Michel Servet et de Sebastien Castellion*, H.D. Tjeenk Willink & Zoon, N.V. Haarlem, 1953, pp. 72-115; D. CACCAMO, *Eretici italiani in Moravia, Polonia, Transilvania (1558-1611)*, Sansoni, Firenze,1970; nonché il saggio introduttivo di M. FIRPO, *Antitinitari nell'Europa orientale del '500,* La Nuova Italia, Firenze, 1977, pp. 1-271).

27 Le difficoltà dell'avventura olandese furono sottovalutate da Mattia ed il suo tentativo si concluse con un umiliante insuccesso. Nel 1577 la situazione nei Paesi Bassi era in piena ebollizione. La missione del duca d'Alba era fallita e la Spagna aveva inviato in quella regione don Giovanni d'Austria − il vincitore di Lepanto - senza soldati e senza denaro. La rivolta era ripresa con l'attiva partecipazione dei nuclei calvinisti sfuggiti alla precedente repressione. La situazione politica era in continuo movimento: cattolici contro calvinisti, province del nord contro province del sud, fautori dell'indipendenza contro sostenitori dell'autonomia sotto la casa d'Asburgo. In questo contesto − difficilmente decifrabile − importanti esponenti della nobiltà cattolica, autonomista ma fedele agli Asburgo, invitarono Mattia a recarsi in Olanda, dove gli Stati generali − che avevano destituito don Giovanni d'Austria − lo nominarono governatore, con l'intento di isolare Guglielmo d'Orange. Mattia non riuscì a destreggiarsi in quel ginepraio e rimase alla mercé degli Stati generali mentre gli spagnoli inviavano una potente armata al comando di Alessandro Farnese e mentre Guglielmo d'Orange − abile mediatore tra le fazioni − si era accordato per affidare il governo al fratello del re di Francia, Francesco d'Alençon. Incapace di assumere un ruolo di rilievo e privo di qualsiasi strategia politica, Mattia si dimise e lasciò i Paesi Bassi, alla chetichella, come vi era arrivato (1581).

28 In realtà la pace di Szitvatorok (11 novembre 1606) non comportò alcun arretramento territoriale degli ottomani, ma si limitò a confermare le frontiere tracciate anteriormente al

conflitto. Il successo conseguito dagli Asburgo consisteva nella soppressione del tributo annuo che l'imperatore era tenuto a versare alla Porta dal 1529.

29 Giovanni Hus (circa 1369-1415), riformatore boemo, predicatore di grande efficacia, divenne rapidamente il simbolo dell'orgoglio della popolazione ceca, alla quale si rivolgeva nella lingua nazionale. La sua predicazione si appuntò contro l'indegnità morale del clero, per il quale pretendeva severe punizioni, ottenendo – da principio – il sostegno dell'arcivescovo di Praga, Sbingo Zajic da Hasenburg. Il timore per il diffondersi delle teorie di Wyclif – alle quali le idee di Hus parevano richiamarsi – provocò l'intervento di Innocenzo VII, che ordinò all'arcivescovo (1405) di intervenire risolutamente per estirpare l'eresia. Ad Hus – sospettato di aderire alle idee di Wyclif, soprattutto in materia di eucarestia – fu vietata anche la predicazione contro il clero. L'Università – di cui Hus era diventato rettore – si schierò con il vescovo, grazie al voto decisivo della "nazione tedesca". Ciò venne considerato un affronto alla nazionalità ceca ed il re Ladislao intervenne in favore di Hus e dei suoi seguaci sovvertendo il risultato della votazione, attraverso l'attribuzione alla nazionalità ceca della maggioranza dei voti (editto di Kutná Hora, 19 gennaio 1405). L'intervento reale provocò l'abbandono dell'università di Praga da parte della nazione tedesca (studenti ed insegnanti che fonderanno l'università di Lipsia) e la furia del vescovo Sbingo che lanciò l'anatema su Hus ed i seguaci di Wyclif e colpì con l'interdetto la città di Praga. I libri di Wyclif vennero bruciati e si ordinò la distruzione della Cappella di Betlemme, che era l'epicentro della predicazione di Hus ed il simbolo della religiosità boema. Quest'ultimo provvedimento non ebbe esecuzione per la decisa opposizione del popolo di Praga. Al centro della tempesta, Hus radicalizzò il suo pensiero, approdando alla concezione della chiesa come comunità di "predestinati" e scagliandosi con forza contro la promulgazione delle indulgenze da parte di Giovanni XXII, negandogli obbedienza ed esortando popoli e principi alla ribellione. Questa posizione costò ad Hus la protezione di Ladislao e lo costrinse a lasciare Praga. Hus – in ciò anticipando il primo Lutero – non era disposto ad ammettere di essere eretico e sostenne che tale si sarebbe considerato solo se la sua eresia gli fosse stata dimostrata sulla base delle sacre scritture. Forte di questa convinzione e nell'ingenua speranza di poter affrontare i suoi accusatori, Hus – senza alcuna coercizione – accettò la proposta dell'imperatore di presentarsi al Concilio di Costanza, con un salvacondotto, al fine di esporre le sue ragioni. L'invito si rivelò immediatamente una trappola: Hus arrivò a Costanza alla fine di ottobre del 1414 ed il 28 novembre venne rinchiuso nella fortezza di Gottlieben. Il 6 luglio 1415, il Concilio (sessione XV) lo condannò al rogo per trenta proposizioni giudicate ereticali. (sulle vicende di Hus al Concilio v. L. TOSTI, *Il concilio di Costanza*, Stab. Tip. del Pallorama, Napoli, 1853, *passim* ; A. MOLNAR, *Jan Hus*, Claudiana, Torino, 2004, pp. 39-46; la sentenza di condanna di Hus è pubblicata da G. ALBERIGO e altri, *Concilium œcumenicorum decreta*, Edizioni Dehoniane, Bologna, 1991, pp. 429-431).

30 La comunione *sub utraque specie* – da cui deriva il termine "utraquista" - presente ma secondaria nel pensiero di Hus - ha un carattere centrale nel pensiero di Jacobello Stribro, un professore praghese che, nel 1414, sostenne che la comunione eucaristica nella duplice forma del pane e del vino era la sola conforme al sesto capitolo del vangelo di Giovanni e che, pertanto, il rito doveva essere uguale sia per i sacerdoti sia per i laici non celebranti. Questa posizione assurse a simbolo della riforma religiosa boema, i cui aderenti furono detti "calixini" (o "calistini") proprio perché avevano adottato il calice come loro emblema.

31 Il Concilio di Basilea (1431-1437) invitò gli hussiti boemi, dotandoli di un salvacondotto (sessione IV, 20 giugno 1432). Nel 1433 i padri conciliari e i boemi raggiunsero un accordo (il *Compactata*) con il quale venivano riconosciute le deroghe dottrinali rivendicate nei "quattro articoli di Praga (vedi *infra* nota 34). Per parte loro, gli hussiti prestavano obbedienza alla chiesa di Roma per ogni altra questione e si riconciliavano con la fede cattolica, dando vita ad una chiesa nazionale boema. Come era ampiamente previsto i taboriti (vedi, *infra*, nota 34)

rifiutarono la loro approvazione ai *compactata*, ciò che diede inizio ad una guerra civile e religiosa tra la nobiltà e la borghesia praghesi (ora alleate con i cattolici) e i taboriti. Lo scontro si concluse con la sconfitta dei taboriti nella battaglia di Lipau (30 maggio 1434), nella quale rimase ucciso il loro condottiero, Procopio il Grande. Successivamente, nella Dieta di Iglau (5 luglio 1436), cattolici e hussiti calixini sottoscrivevano la pace che sanciva, per questi ultimi, l'abbandono di gran parte delle idee hussite, la riconciliazione con la chiesa cattolica e la formazione di una chiesa nazionale boema, retta dall'arcivescovo Jan Rokyzana. A completamento del nuovo scenario e, anzi, passaggio decisivo della complessa partita politica, i boemi riconoscevano come loro re l'imperatore Sigismondo II (il salvacondotto di Basilea è pubblicato da G. ALBERIGO ed altri, *Concilium œcumenicorum*, cit., pp. 460-462).

32 Il 6 maggio 1458 venne incoronato re di Boemia Giorgio Podiebrad. La sua elezione fu il frutto di un compromesso con la Santa Sede, che impose al nuovo re un giuramento che lo impegnava a ricondurre la Boemia alla piena obbedienza cattolica. Si trattava di una promessa difficile da mantenere. E, infatti, quando Podiebrad concordò con il Papa l'invio di un nunzio a Praga, al fine di trattare le modalità del ritorno della nazione boema alla piena obbedienza romana, gli hussiti insorsero (primavera 1461) ed impedirono il proseguimento della trattativa. La pressione su Podiebrad fu così forte e determinata che, quando la delegazione di obbedienza si presentò a Roma (marzo 1462), emerse che il re subordinava l'atto di sottomissione formale alla esplicita conferma dei *Compactata*. Questo atteggiamento provocò la dura reazione di Pio II che dichiarò nulli i *Compactata* nel pubblico concistoro del 31 marzo 1462. Il successore di papa Piccolomini, Paolo II, spinse l'offensiva contro Podiebrad fino alla condanna formale e all'evocazione della crociata contro di lui (1466). Queste iniziative non riuscirono a provocare la caduta di Podiebrad né a ridurre la Boemia all'obbedienza. L'impresa non riuscì neppure dopo la morte di Podiebrad (1471) e l'ascesa al trono di Ladislao Jagellone, il quale si impegnò a fondo nel tentativo di ricattolicizzare la nazione, con una politica apertamente persecutoria nei confronti degli hussiti. Rivolte di popolo (celebre quella di Praga del 1483) e conflitti sempre più duri lo costrinsero al trattato di Kutná Hora (1485), con il quale veniva ribadita l'eguaglianza tra utraquisti e cattolici e i *Compactata* diventavano legge dello stato. (sulle vicende di questo periodo e sul regno di Podiebrad v. O. ODLOŽILIK, *The Hussite King: Bohemia in European Affairs*, Rudgers University Press, New Brunswick – New Jersey, 1965; sul contenzioso tra Podiebrad e Pio II v. anche L. PASTOR, *Storia dei Papi dalla fine del Medio Evo*, Desclèe & C., Roma, 1961, II, pp. 156-174); su quello con Paolo II, v. il denso saggio introduttivo di Francesco Gui al volume di D. DE ANGELIS, *Boemia e Moravia nel cuore dell'Europa*, Bulzoni, Roma, 2009, pp. 35-62).

33 La questione della concessione del calice ai laici avrebbe turbato la Chiesa ed interferito nelle vicende politiche ancora per molto tempo. Carlo V, all'apice della sua potenza dopo la vittoria sulla Lega di Smalcalda, pensò fosse giunto il momento opportuno per realizzare il suo sogno di restituire la pace religiosa alla Germania. Egli obbligò i principi protestanti convocati alla Dieta di Augusta ad accettare un documento di 26 capitoli, valido fino alla convocazione di un Concilio (detto *Interim* di Augusta, 30 giugno 1548) con il quale la religione cattolica veniva reintrodotta in tutti gli Stati tedeschi, ma si concedeva esplicitamente ai protestanti la dispensa dal celibato ecclesiastico e la comunione nelle due specie e, implicitamente, il consolidamento nel possesso dei beni ecclesiastici secolarizzati. L' *Interim* fallì per una serie di ragioni ed un succedersi di eventi che non mette conto ricostruire in questa sede. Per quanto ora ci interessa, la mossa di Carlo V obbligò la Chiesa a prendere provvedimenti. Un breve di Paolo III del 31 agosto 1548 conferì ai nunzi in Germania (Pietro Bertano, Aloisio Lippomano e Sebastiano Pighino) la facoltà – delegabile agli ordinari diocesani – di assolvere dalle scomuniche i laici e gli ecclesiastici che usassero dell'eucarestia nella duplice forma del pane e del vino. La facoltà concessa ai nunzi venne "spezzata" in più documenti – diversi per ampiezza, da usare secondo le circostanze - e accompagnata da vibrate raccomandazioni di far uso della facoltà con massima *"circumspettione"* e " *"temperatamente"*, nonché " *ad haver occhio a vostri ministri, che non*

piglino danari né altra sorte di presenti per le dispense che havete da fare". L'anno successivo Prospero Santa Croce, nunzio a Praga, dopo aver ricordato che tale facoltà era stata data in precedenza al nunzio Morone, riferiva al papa la richiesta dell'imperatore di rinnovare la facoltà di riconciliare i boemi all'obbedienza romana, concedendo loro la comunione *sub utraque specie*. Per tutta risposta il nuovo pontefice, Giulio III, decise di istituire (27 febbraio 1550) – presso il Concilio che si era trasferito a Bologna – una commissione di cardinali con il compito di esaminare le richieste *circa sectam calestinarum* inoltrate dall'imperatore al nunzio Santa Croce. La sospensione del Concilio (22 aprile 1552) impedì di venire a capo della questione, che tornò a presentarsi quando questo si riunì nuovamente a Trento per la sua ultima fase, il 18 gennaio 1562. Già nel mese di marzo, il nunzio a Praga, Zaccaria Delfino, Informò ripetutamente il cardinale Borromeo che l'imperatore chiedeva *"con molte ragioni che paiono haver gran forza"* che si concedesse al vescovo di Praga la facoltà di ordinare preti calistini in Boemia *"obligandoli però tutti a servare la compactata che essi pretendono haver ottenuta dal concilio Basiliense"*. In risposta alle insistenze dell'imperatore, il card. Borromeo fece presente che il papa non poteva risolvere la questione a concilio aperto ma che aveva ordinato ai legati di assumere informazioni presso il vescovo di Praga: il rapporto del vescovo e la richiesta dell'imperatore sarebbero state trasmessi al Concilio per le determinazioni del caso. Così avvenne ed una commissione composta da quattro padri conciliari (Leonardo Marino, arcivescovo di Lanciano; Gerolamo Varallo, arcivescovo di Rossano; Egidio Foscarari, vescovo di Modena; Giovanni Battista Osio, vescovo di Rieti) esaminò la documentazione raccolta ed espresse parere favorevole all'accoglimento della richiesta imperiale (9 maggio 1562). Il 27 giugno furono ammessi alla Congregazione generale del Concilio gli oratori cesarei, i quali presentarono tre documenti a sostegno della concessione del calice ai laici della Boemia, dell'Austria, della Moravia e di altre regioni. Contrariamente alle aspettative, la Congregazione generale (sessione XXI, 8 luglio 1562) manifestò un orientamento dei padri conciliari sfavorevole alla concessione del calice. Imperiali e francesi se ne lamentarono con i Legati (*"mostrarono tanta poca contentezza che maggiore non si potrebbe dire"*), minacciarono che *"negandosi (...) questa loro domanda del calice, d'un concilio ch'è questo nascerebbero tanti concilij quante sono le nationi che desiderano et chiedono la communione sotto l'una et l'altra spetie et se la piglieranno da loro stessi con partirsi dalla ubidienza della sede apostolica"* , denunciarono *"ch'erano state fatte da alcuni molte pratiche perché (...) non si sodisfacesse al desiderio della Maestà Ces."* e chiesero, infine, una dilazione nella decisione. La posizione che assunse il cardinale Borromeo fu un capolavoro di diplomazia: il Papa è pieno di comprensione per i Boemi e *"quando si vedesse li padri disposti all'esclusione, saria forse bene cercar qualche via et modo di trattenere la cosa per qualche tempo sospesa (...) nella speranza che si ha di far qualche frutto di questi popoli"*. Il Concilio si allineò prontamente alla direttiva papale ed il 16 luglio approvò tre canoni – totalmente negativi sul piano dottrinale – che condannavano esplicitamente come eretica la comunione nelle due specie ma, dopo aver riesumato due canoni proposti nella seduta del 24 giugno, che contemplavano la possibilità di concedere l'uso del calice a *"qualche regno o nazione, per motivi giusti e conformi alla carità cristiana"*, deliberò di rinviarne l'esame ad altra sessione e ad altro tempo. Della decisione in materia dottrinale – che gli era evidentemente nota prima della sua pubblicazione (16 luglio) – l'imperatore già si era molto lamentato il 10 luglio con il nunzio Delfino, al quale non mancò di ricordare che il diniego della dispensa si rivolgeva ad un regno (la Boemia) dove l'uso del calice durava *"di più di 130 anni in qua"* e che la decisione vanificava tutti gli sforzi compiuti per riconciliare i boemi con la Chiesa romana. Neppure questo intervento di Ferdinando riuscì a smuovere la Chiesa dall'ambiguità temporeggiatrice nella quale aveva deciso di restare. La successiva sessione del Concilio (la XXII, del 17 settembre 1562), tornando ad affrontare la questione lasciata in sospeso decise ... di non decidere, delegandone la soluzione al papa, perché egli *"con la sua singolare prudenza, faccia quello che crederà utile alla cristianità e salutare per coloro che chiedono l'uso del calice"* . Ed il Papa si prese il suo tempo per decidere: la facoltà di permettere la comunione sotto le due specie sarà concessa agli ordinari diocesani da Giovanni Paolo II con la *Institutio generalis Missali romani* , approvata il 31 luglio 2001 e ribadita dalla

Congregazione per il Culto divino e la disciplina dei Sacramenti, con la *Istruzione Redemptionis Sacramentum* (cap. IV, par. 4). [Il testo del breve di Paolo III del 1548 e le istruzioni per il suo uso sono pubblicate da W. FRIEDENSBURG, *Nuntiaturberchte aus Deutschland*, cit., Erste Abteilung, 11. Band, *Nuntiatur des Bischofs Pietro Bertano von Fano 1548-1549*, Minerva, Frankfurt, 1968 (ristampa inalterata di Berlin, 1910), pp. 453-466. L'ammonizione a vigilare sulla corruzione è nell'istruzione del cardinale Farnese del 28 settembre 1548, *ibidem*, p. 465. Per la richiesta del nunzio Santa Croce a Farnese del 20 febbraio 1549, *ibidem*, pp. 418-421. La notizia del mandato conferito al nunzio Morone è in una lettera allo stesso del 17 maggio 1537 pubblicata da W. FRIEDENSBURG, *Nuntiaturberchte aus Deutschland*, cit., Erste Abteilung, 2. Band, *Nuntiatur des Morone 1536-1538*, Minerva, Frankfurt, 1968 (ristampa inalterata di Gotha, 1892), pp. 169-175. La menzione dell'istituzione di una commissione cardinalizia per esaminare la questione del calice è nel Diario del Segretario del Concilio, Angelo Massarelli, pubblicato a cura di S. MERKLE, *Concilium Tridentinum*, cit., II. *Diariorum. Pars Secunda. Massarelli Diaria V-VII, L. Pratani, H.Seripandi, L. Firmani, O. Panvinii, A. Guidi, P.G. De Mendoza, N. Psalmei commentarii*, Herder, Friburgi Brisgoviae, 1921, p. 157. La corrispondenza tra il nunzio Delfino ed il card. Borromeo, avente ad oggetto le richieste imperiali, si trova in S. STEINHERZ, *Nuntiaturberchte aus Deutschland*, cit., Zweite Abteilung 1560-1572, 3. Band, *Nuntius Delfino 1562-1563*, Carl Gerold's Sohn, Wien, 1903, pp. 26-27, 30-31, 42-43, 88-89. Il parere favorevole della commissione conciliare è pubblicato da S. EHSES, *Concilium Tridentinum*, cit., VIII, *Actorum Pars Quinta complectens acta ad præparandum concilium, et sessiones anni 1562 a prima (XVII) ad sextas (XXII)*, Herder, Friburgi Brisgoviae, 1919, pp. 630-633.La lettera del 9 luglio 1562 dei cardinali Legati a Borromeo e le istruzioni del cardinale, in data 8 luglio sono pubblicate da J. SUSTA, *Die Romische Kurie und das Konzil von Trient unter Pius IV. Aktenstucke zur Geschichte des Konzil von Trient*, Zweiter Band, Alfred Holder, Wien, 1909, pp. 221-225 a pagina 222 e, *ibidem*, pp. 236-241, a pagina 239. La proposta dei nuovi canoni nonché l'ammissione degli oratori cesarei e le loro petizioni sono consultabili in S. EHSES, *Concilium Tridentinum*, cit., VIII, *Actorum Pars Quinta*, cit., pp. 618-630. Per i lavori della sessione XXI sui canoni dell'eucarestia e le espressioni di voto, *ibidem*, pp. 656-677, 685-692. Per il rinvio della questione della dispensa ad altra sessione, *ibidem*, p. 700. Per i verbali dalla sessione XXII, le dichiarazioni di voto e la remissione al papa, *ibidem*, pp. 791-909, 943-954 e 968. L'Istruzione del 2004 è consultabile nel sito: www.vatican.va/roman_curia/congregatios/ccdds/index.htm.

34 I termini "hussiti" e "utraquisti" sono carichi di un'ambiguità – che Schiller scioglie solo parzialmente – che rende incompatibile l'indulto di Basilea con l'approdo calvinista del movimento. La spiegazione risiede in un ventennio di durissime lotte al termine del quale il movimento rivelò due "anime", delle quali quella utraquista sarebbe risultata minoritaria. La tragica morte di Hus e la condanna – da parte del Concilio di Costanza (sessione XIII, 19 giugno 1415) – della comunione nelle due specie, suscitò grande scontento in ogni strato della nazione boema. Malcontento che diventò aperta ribellione quando Ladislao IV tentò di escludere gli hussiti dalle cariche pubbliche e che si inasprì, alla morte di Ladislao, con il rifiuto di riconoscere la corona di Boemia a Sigismondo di Lussemburgo che – in quanto fratellastro di Ladislao – ne era il legittimo erede, ma era giudicato (non a torto) dai boemi uno degli artefici del concilio di Costanza. Il 30 luglio 1419 un gruppo di taboriti – così venivano chiamati i componenti dell'ala più radicale dell'hussitismo – che pretendeva il rilascio di alcuni correligionari detenuti fece irruzione nel palazzo dove si riuniva il consiglio della Città Nuova di Praga ed uccisero sette magistrati, gettandoli dalla finestra (prima defenestrazione di Praga). Questo episodio viene considerato l'inizio delle guerre hussite (1419-1436) che videro impegnata l'intera Boemia in una lotta durissima. I deliberati del concilio di Costanza, l'opposizione a Sigismondo, l'insofferenza per i privilegi del clero e di quella parte della nobiltà feudale che lo sosteneva, provocarono una miscela tonante che portò all'unione in armi di taboriti e praghesi (così erano chiamati gli aderenti all'ala moderata del movimento hussita), nazionalisti boemi, feudatari, borghesi e studenti. Questa grande alleanza trovò un capo militare di eccezionale valore nel taborita

Giovanni Zizka, il quale difese vittoriosamente la Boemia dagli attacchi di Sigismondo e dei "crociati" partiti per la guerra contro gli hussiti, dopo che Martino V – in perfetta sintonia con le deliberazioni del Concilio che lo aveva eletto – aveva solennemente ribadito (Bolla *Inter cunctas* del 22 febbraio 1418) la condanna congiunta di Wyclif, Hus e Girolamo da Praga (v. *Bullarum privilegiorum ac diplomatum romanorum Pontificum amplissima collectio*, t. III parte II, Typis, et sumptibus Hieonymi Mainardi, Romae, 1741, pp. 419-426) Rinvigoriti dalle vittorie militari, gli hussiti approvarono un documento – i "quattro articoli di Praga" - destinato a costituire il fondamento della chiesa nazionale boema. Il documento rivendicava (1) la libertà di predicare in lingua ceca (2) la comunione nelle due specie (3) l'espropriazione dei beni ecclesiastici (4) la vigilanza sulla moralità del clero. L'arcivescovo di Praga, Corrado da Vechta, aderiva (1421) al "credo" hussita e, nello stesso anno, la Dieta di Čáslav eleggeva – in odio alle pretese di Sigismondo – un governo rivoluzionario composto da venti rappresentanti dei tre stati superiori della nazione. Le truppe boeme penetrarono in Ungheria ed esportarono in Slovacchia le idee hussite. La morte di Zizka, nell'ottobre 1424, non impedì agli hussiti di trovare un nuovo grande condottiero in Procopio Holy (Procopio il grande), un prete taborita che sconfisse i crociati tedeschi nel 1426 e nel 1427, invadendo Lusazia, Slesia, Sassonia e Baviera. Il 14 agosto 1431, una nuova armata crociata, al comando del principe Federico di Brandeburgo, venne sconfitta a Taus, nella Boemia occidentale. Si diffuse, allora, la percezione che la propagazione dell'hussitismo – all'interno del quale la componente radicale era largamente prevalente – non costituiva solo un pericolo per la chiesa cattolica ma anche per l'impero, per l'istituzione monarchica e per l'ordine sociale dell'occidente. Si rendeva indispensabile dividere il fronte hussita, che unito era risultato invincibile, offrendo alla componente praghese – essa pure spaventata dai successi dei taboriti e per le probabili ripercussioni di quei successi sul piano politico ed economico – un'onorevole opportunità di pacificazione. L'opportunità fu l'indulto di Basilea: chi lo accettò tornò alla chiesa cattolica mentre chi lo respinse aderì all'evangelismo. (sulle guerre hussite v. H. KAMINSKY, *A History of the Hussite Revolution*, University of California Press, Berkeley, 1967 e J. MACEK, *The Hussite Movement in Bohemia*, Lawrence and Wishart, London, 1965, con la traduzione di documenti relativi al movimento hussita).

35 I taboriti sopravvissuti alla sconfitta del 1434 e quella parte di utraquisti che erano insoddisfatti per la riconciliazione con la sede apostolica, si riunirono intorno ad un laico, Giorgio di Praga – che di mestiere faceva il sarto – in una comunità che viveva secondo i sei "minimi comandamenti" del Discorso della montagna. Il gruppo si sviluppò e diede vita, nel 1467, alla Comunità dei fratelli (*Unitas fratrum*) che, avendo stretto intensi rapporti con i valdesi austriaci (i primi pastori dei Fratelli boemi furono ordinati da un vescovo valdese), finirono con il ritrovarsi a condividere quella posizione evangelica, sospesa tra luteranesimo e calvinismo, che ebbe il suo manifesto nella Confessio Bohemica del 1575. I fratelli boemi subirono persecuzioni durissime sia da parte di Giorgio Padiebrad – ambiguo sovrano utraquista, assai vigile nel reprimere ogni possibile resurrezione del taborismo – sia da parte dei sovrani jagellonidi. Sotto il dominio degli Asburgo la mutazione dei Fratelli boemi era completata: dal punto di vista religioso le loro posizioni erano assai vicine a quelle dei calvinisti e degli ugonotti francesi mentre sul piano sociale si richiamavano al tradizione del radicalismo taborita. Ormai completamente separati dai vecchi utraquisti, i Fratelli aspiravano all'affermazione di un ampio principio di tolleranza religiosa che li riconoscesse a pieno titolo. Questa speranza li indusse a tentare una prova di forza, aderendo nel 1567 alla pubblica denuncia dei *Compactata*, che costituivano un ostacolo oggettivo alla loro legittimazione. Errore fatale perché diede buoni argomenti ai cattolici (i Fratelli erano solo degli eretici e dei traditori, verso i quali il sovrano non era vincolato dagli antichi patti) per ottenere da Massimiliano II un editto (1568) che rinnovava i provvedimenti di Ladislao IV (editto di San Giacomo, 1508) e di Ferdinando I (1548) contro i violatori dei *Compactata*.

36 Si era venuta a creare una situazione per la quale luterani e calvinisti (ben radicati nelle città e nella nobiltà) e Fratelli boemi (che esercitavano grande influenza nelle università e tra i dotti) premevano per ottenere per gli stati e le città boeme lo statuto che la pace di Augusta aveva riconosciuto per gli stati e le città della Germania. Questo tentativo si tradusse in un documento – la Confessione Boemica – che Massimiliano II si rifiutò di sottoscrivere ma che approvò verbalmente, impegnando il figlio Rodolfo (al quale i boemi minacciavano di rifiutare la successione al trono) a promulgarla ufficialmente con una *Lettera di maestà*.

37 Si riferisce all'editto del 1602 con il quale Rodolfo rinnovò i provvedimenti di Ladislao IV e di Ferdinando contro i fratelli boemi e tutte le sette, con la sola eccezione dei calistini. Il provvedimento insidiava anche i luterani i quali, pur non essendo i destinatari diretti dell'editto, non si trovavano in condizioni di legittimità. Il provvedimento era molto grave – ed altri ne sarebbero seguiti, diretti a colpire le proprietà dei Fratelli – non solo perché riguardava la grande maggioranza degli acattolici cechi (che, a loro volta, erano la maggioranza della popolazione) ma perché seguiva di tre anni il cosiddetto "colpo di stato cattolico", con il quale il vice-cancelliere Zelinsky, calvinista, venne destituito e che consentì ai cattolici di riconquistare la maggioranza nella Camera boema, istituzione competente a decidere la sorte dei beni ecclesiastici.

38 Con la *Lettera di maestà* (9 luglio 1609), che Rodolfo si decise a promulgare solo quando la sua situazione si era fatta disperata, la libertà religiosa venne introdotta in Boemia ed estesa a tutte le confessioni acattoliche. La direzione del fronte politico anti-cattolico era ormai passata nelle mani della nobiltà luterana germanizzata: questo fatto rendeva scarsamente efficaci le proteste dei cattolici che – basandosi sulla formulazione oggettivamente e (forse) volutamente ambigua del documento – continuavano a sostenere l'esclusione di luterani e calvinisti dal regime di tolleranza concesso dall'editto (sulla posizione dei cattolici e sull'ambiguità dell'editto v. F. GUI, *I gesuiti e la rivoluzione boema. Alle origini della guerra dei trent'anni* , Franco Angeli, Milano, 1989, pp.181-198).

39 Vedi *infra* nota 60.

40 La disperazione di Rodolfo descritta da Schiller ricorda da vicino quella di Maometto XI, meglio noto come Boabdil, al momento di lasciare Granada dopo aver sottoscritto l'atto di capitolazione (2 gennaio 1492) a favore di Isabella di Castiglia. Si narra che la madre di Boabdil, Aixa, udendone i lamenti – che sarebbero stati letterariamente ricordati come "il sospiro del Moro" - lo ammonisse duramente di non piangere come una donna il regno che non aveva saputo difendere come un uomo.

41 Questa parola significa diritto di pugno e potrebbe essere tradotta, almeno fino a un certo momento, come diritto del più forte, poiché dopo il *faustrecht,* chi aveva avuto il polso più forte nel menare la spada in modo tale da vincere i suoi avversari, aveva sempre ragione, non solamente di fatto, ma anche di diritto. A quell'epoca la legge ammetteva il giudizio di Dio, e tutti ritenevano che lo *zweikampf* (combattimento a due o duello) fosse uno strumento di questo giudizio, in quanto si era convinti che Dio donasse la vittoria a chi la meritava. Il *faustrecht* fece nascere i *raubritter* (briganti cavalieri) e le guerre che i cavalieri facevano continuamente tra loro: in questo modo tutti i saccheggi a mano armata erano il *faustrecht* esercitato su larga scala. Non è questa la sede per esaminare il lungo e difficile processo che condusse alla sostituzione del *faustrecht,* che regolava anche gli affari politici in Germania, con una corte di giustizia dove sedessero gli stessi sovrani. La Camera imperiale, è un'evoluzione di questa corte sovrana, così come il Consiglio aulico finì per diventare un'evoluzione della Camera imperiale (sul duello giudiziario rimane insostituibile il classico lavoro si H.C. LEA, *Superstition and Force,*Collins, Philadelphia, 1870; trad. it., *Fede e superstizione* , Edizione Pontremolese, Piacenza, 1910, pp. 102-195).

42 Istituita da Massimiliano I, nell'ambito di una riforma costituzionale, che coniugava una mitigazione dei poteri imperiali con un programma di centralizzazione dell'amministrazione imperiale, nota come Ordinamento di Worms (1495).

43 Fu eretto da Ferdinando I a tribunale supremo e di ultima istanza dell'Austria, con la *Hofordnung* promulgata il giorno di capodanno del 1527. Le competenze del Consiglio aulico furono estese a tutto l'impero nel 1559.

44 L'esecuzione del bando di Aquisgrana (1597) fu affidata al duca di Jülich e la città venne riconsegnata ai cattolici nel 1600.

45 Gerardo Truchsess di Waldburg (1547-1601), dal 1567 canonico di Strasburgo, fu eletto vescovo dal capitolo di Colonia il 5 dicembre 1577, ottenne la nomina il 29 febbraio 1580 e fu dichiarato eretico e deposto il 1° aprile 1583. La diocesi di Colonia venne affidata ad Ernesto, duca di Baviera. (v. G. VAN GULIK – C. EUBEL, *Hierarchia catholica medii et recentioris aevis sive summorum pontificum, S.R.E. cardinalium, ecclesiarum antistum series*, sumptibus et typis Librariae Regensbergianae, Monansterium, 1933, III, p. 172 e nota 12). *"Cavò di Monasterio una monaca, et se la prese per moglie"*: nel ricordo dell'ambasciatore veneto Gerolamo Soranzo a questo si riduceva la storia d'amore tra il vescovo e la nobildonna (v. J. FIEDLER, *Die Relationen der Botschafter Venedigs uber Deutschland und Osterreich im Siebzehnten Jahrundert*, 1. Band, I, *Relazione di Germania dell'Ill.mo sig. Gerolamo Soranzo. A di XI settembre 1614*, aus der Kaiserlich-Koniglichen Hof-und Staatsdruckerei, Wien, 1866,, p. 8. Ristampa anastatica: *Relazioni di ambasciatori veneti al senato*, a cura di L. Firpo, Germania (1557-1654), III, Bottega d'Erasmo, Torino, 1968, p. 799).

46 Ernesto di Baviera (1554-1612) fu nominato arcivescovo di Colonia nel concistoro del 27 giugno 1573 (meno di tre mesi dopo la deposizione del predecessore). Era vescovo di Frisingen dal 1566, di Hildsheim dal 1573, di Liegi dal 1581 e sarebbe diventato vescovo di Münster nel 1585 (v. G. VAN GULIK-C. EUBEL, *Hierarchia catholica*, cit., III, pp. 172, 198, 210, 222, 247). Si mostrò zelante nell'introdurre nelle sue diocesi le decisioni del concilio di Trento ma condusse vita tanto scandalosa da dover rinunciare all'incarico ecclesiastico a favore del nipote Ferdinando (1595), per ritirarsi a vita privata con la sua amante Gertrude di Plettenberg.

47 Giovanni Casimiro (1543-1592), fratello minore dell'elettore Ludovico, educato nelle corti di Francia e di Lorena, calvinista, intervenne nelle guerre di religione in Francia in soccorso degli ugonotti (1567-1568 e 1575-1576) e nei Paesi Bassi (1578). Nel 1583 mosse, senza successo, in sostegno dell'arcivescovo Gerardo Truchsess, ma fu costretto a lasciare Colonia per la morte del fratello elettore. Divenuto tutore del nipote minorenne Federico IV, ne approfittò per abolire il luteranesimo e ricondurre il Palatinato al calvinismo. Nel 1585 e nel 1592 tornò a portare le sue armi in Francia, al fianco degli ugonotti e di Enrico IV.

48 Giovanni Giorgio (1577-1624), figlio minore di Gioacchino Federico di Brandeburgo, venne eletto dalla comunità evangelica amministratore della diocesi secolarizzata di Strasburgo (1592). La minoranza cattolica gli contrappose il duca Carlo di Lorena. La disputa per il titolo durò dodici anni e si concluse con la rinuncia di Giovanni Giorgio in cambio di un ricco indennizzo in denaro per sé e per la comunità evangelica (trattato di Hagenau, 22 novembre 1604). Nominato margravio di Jägerndorf nel 1607, si unì agli altri stati della Slesia nell'applicazione del regime di libertà di religione concesso dalla *Lettera di maestà*. Nella guerra boema del 1618 fu comandante militare dei ribelli e nel 1621 combatté al fianco di Gabor Bethlen, in favore dell'Ungheria contro gli Asburgo. Nel 1622 il ducato Brandeburgo-Jägerndorf venne confiscato da Ferdinando II.

49 Carlo di Lorena (1567-1607), vescovo di Metz dal 18 luglio 1578, vescovo di Strasburgo dal 1°
luglio 1592, fu nominato cardinale da Sisto V nel concistoro del 20 dicembre 1589, con il titolo di
S. Agata. (v. G. VAN GULIK-C. EUBEL, *Hierarchia catholica*, cit., III, pp. 53, 117, 242). Riuscì a
prendere possesso della sede di Strasburgo solo nel 1604, dopo l'abbandono di Giovanni Giorgio
di Brandeburgo.

50 Si omette di riferire un particolare. La città di Donauwörth era una delle otto città libere dove
cattolicesimo e protestantesimo erano entrambi praticati e tollerati. Questo stato di cose –
secondo i dettami della pace di Augusta – non poteva essere modificato e, pertanto, la pretesa
dei protestanti di trasformare la propria posizione (divenuta) dominante in esclusiva era
illegittima. Il "caso Donauwörth" si verifica nel 1605 e l'occupazione della città da parte di
Massimiliano di Baviera nel 1608.

51 La designazione di Massimiliano di Baviera quale esecutore del bando era illegittima.
Donauwörth faceva parte del distretto di Svevia e, quindi, l'incarico avrebbe dovuto essere
affidato al duca di Württemberg, che però ... era protestante.

52 Federico III il Pio (1515-1576), dopo la conversione al protestantesimo (1546), si volse al
calvinismo con la ferma determinazione di farne la religione dello stato e furono, infatti, i teologi
da lui riuniti a redigere il "catechismo di Heidelberg". In questo modo, Federico si metteva
oggettivamente al di fuori della protezione della pace di Augusta, che dispiegava i suoi effetti
esclusivamente nei confronti di cattolici e luterani. Il conseguente tentativo dell'imperatore
Massimiliano II di escluderlo formalmente dalla Dieta (1568) fallì solo per le incertezze dei
luterani. Federico prestò il suo aiuto ai calvinisti di mezza Europa, suo figlio Giovanni Casimiro
combatté in Francia con gli ugonotti ed il terzogenito Cristoforo perse la vita combattendo nei
Paesi Bassi contro gli spagnoli. Il figlio maggiore, Luigi, che ereditò l'elettorato alla sua morte,
invece, era luterano e nel suo breve regno (morì nel 1583) si adoperò per riportare lo stato al
protestantesimo.

53 E' la costituzione promulgata dall'imperatore Carlo IV in due successive Diete riunite a
Norimberga (il 10 gennaio e il 25 dicembre 1356) con la quale veniva dettagliatamente codificata
l'elezione dell'imperatore di Germania. Il numero degli elettori venne determinato in sette, tre
ecclesiastici (gli arcivescovi di Colonia, Magonza e Treviri) e quattro laici (il re di Boemia, il conte
del Palatinato, il duca di Sassonia e il marchese di Brandeburgo); si affermò il diritto di
primogenitura nelle successioni e si introdusse il metodo maggioritario nelle votazioni.

54 Federico IV (1574-1610), elettore palatino, succeduto minorenne al padre, Ludovico VI, fu
posto sotto la tutela dello zio Giovanni Casimiro. Educato al calvinismo riportò a quella fede il
suo stato, ma ciò non gli impedì di impegnarsi in una politica di alleanze con i principi protestanti
di Germania, che trovò il suo coronamento nella costituzione dell'Unione evangelica.

55 L'*Unione evangelica* (o Unione protestante) è l'accordo sottoscritto ad Anhausen il 14 maggio
1608 (dall'elettore palatino Federico IV, dal margravio di Brandeburgo-Kulmbach Cristiano, dal
margravio di Ansbach-Bayreuth Gioacchino Ernesto, dal duca di Neuburg Filippo Luigi, dal duca
di Württemberg Giovanni Federico e dal margravio del Baden-Durlach, Giorgio Federico) con il
quale i soci si obbligavano per dieci anni alla mutua assistenza in caso di attacco. L'appello rivolto
a tutti gli stati protestanti di entrare nell'Unione ottenne scarso successo, registrando soltanto
l'adesione dei conti di Oettingen e delle città di Strasburgo, Ulm e Norimberga. I soci dell'Unione
– certamente consapevoli della necessità di fare fronte comune contro la potenza militare della
Baviera cattolica – erano, però, tutt'altro che concordi sulla strategia politica da adottare. Mentre
Palatinato, Ansbach, Württemberg e Baden erano convinti – chi più, chi meno - della

ineluttabilità di una guerra di religione su scala europea, con il conseguente impegno dell'Unione su tutti i fronti (e non solo in Germania), gli altri associati non solo non condividevano il pronostico ma credevano fosse loro interesse adoperarsi per scongiurare una simile evenienza. La stessa incertezza tratteneva e divideva anche l'avverso blocco cattolico. Il decennio che corre tra la fondazione dell'Unione e la guerra di Boemia fu largamente condizionato da questo equivoco che – in fin dei conti – fu la causa principale della dissoluzione dell'Unione evangelica nel 1621 (il testo dell'accordo è pubblicato da A. TURCHINI, *La guerra dei trent'anni*, cit., pp. 22-29).

56 Dopo una lunga serie di accrescimenti, dovuti ad acquisti, matrimoni e alleanze, le terre contestate finirono nelle mani di due soli possessori: Jülich e Berg al Duca Guglielmo, Clèves e Mark al duca Giovanni II. Nel 1459 i due principi decisero di far sposare i loro due figli (Maria di Jülich e Giovanni III di Clèves), assegnando Guglielmo in dote alla figlia i ducati di Jülich e Berg con il contado di Ravensberg. I ducati così unificati avrebbero dovuto restare indivisi perpetuamente e la successione sarebbe stata assicurata dalla regola della primogenitura, anche in linea femminile, ove mancasse quella maschile. La morte senza figli del duca Giovanni Guglielmo, l'esistenza di quattro sorelle sposate con figli maschi, delle quali la primogenita premorta al fratello, nonché l'esistenza di alcuni accordi di successione determinarono una situazione nella quale ogni pretendente poteva vantare qualche fondamento di ragione. (la complicata questione è illustrata abbastanza chiaramente da G. GUALDO PRIORATO, *Trattato universale delle notizie dell'Imperio sue leggi, e costituzioni, successioni de principi, interessi di stato, leghe, paci, unioni, congressi, cessioni (...) con le relazioni di varie corti, e stati*, per Michele Thurnmayer, Vienna, 1674, pp. 139-144).

57 Questa pretesa risaliva al tempo in cui i ducati di Jülich e di Berg furono promessi da Federico III (nel 1483 e nel 1486) e da Massimiliano I (nel 1495) rispettivamente al ramo ernestino e a quello albertino della casa di Sassonia, qualora si fosse interrotta la linea di successione.

58 La dinastia della casa di Sassonia discende dai Wettin, famiglia principesca originaria della Turingia, i cui primi possedimenti risalgono all'XI secolo. Estinta la casa degli Ascani, duchi di Sassonia, l'imperatore Sigismondo investì, nel 1472, Federico Wettin detto "il litigioso" del ducato e della dignità elettorale di Sassonia, facendo di casa Wettin una delle maggiori potenze della Germania nord-orientale. Il grave conflitto sorto tra i discendenti di Federico, l'elettore Ernesto ed il duca Alberto, portò, nel 1485, alla spartizione dei domini: ad Ernesto la Turingia (Sassonia elettorale) e ad Alberto il Meissen (Sassonia ducale). Da allora la linea ernestina e la linea albertina seguirono vie diverse.

59 Con il trattato di Dortmund (1° giugno 1609) i pretendenti si accordarono per governare congiuntamente il ducato di Jülich-Clèves in via temporanea: la soluzione definitiva sarebbe stata rimessa al giudizio di un arbitro indipendente (anche dall'imperatore). Ma la questione della successione di Jülich-Clèves generò presto una nuova crisi che sembrava destinata a far scoppiare un conflitto di dimensioni europee. Una simile evoluzione fu impedita dal rifiuto di Giacomo I d'Inghilterra e di Maria de' Medici di impegnarsi in un conflitto su larga scala, dalle perplessità dell'Olanda a rompere la "tregua dei dodici anni" con la Spagna e dal momento di crisi che investiva l'unione evangelica quanto la *Lega cattolica*. L'insieme di queste incertezze, unite al timore di diventare ostaggi di una guerra europea convinse i duchi di Brandeburgo e di Neuburg – quando già truppe spagnole ed olandesi erano penetrate nel ducato – a sottoscrivere il trattato di Xanten (novembre 1614) che risolse definitivamente la questione con la divisione del ducato e l'assegnazione di Clèves-Mark al Brandeburgo e di Jülich-Berg al Neuburg.

60 Leopoldo V (1585-1633), arciduca d'Austria, figlio di Carlo di Stiria e fratello minore dell'imperatore Ferdinando II. A dieci anni coadiutore con diritto di successione della diocesi di

Passau e a quindici di quella di Strasburgo, ne assunse la carica episcopale rispettivamente nel 1604 e nel 1607. (v. P. GAUCHAT, *Hierarchia catholica medii et recentioris aevi sive summorum pontificum*, S.E.R. *cardinalium, ecclesiarum antistum series*, sumptibus et typis Librariae Regensbergianae, Monasterium, 1935, IV, p. 93 e nota 2; p. 275 e nota 2). Dopo aver vanamente tentato di impedire l'ascesa al trono di Boemia dell'arciduca Mattia, assunse nel 1609 la reggenza del Tirolo. Dispensato dai voti ecclesiastici da Urbano VIII nel 1625, sposò Claudia de' Medici, vedova di Federico Ubaldo della Rovere, duca di Urbino.

61 In realtà Jülich era prevalentemente cattolica, mentre Clèves e Mark erano prevalentemente luterane e calviniste.

62 Maximilien de Béthune, (1560-1641) duca di Sully, ugonotto scampato alla notte di San Bartolomeo, si mise al servizio di Enrico di Navarra, seguendone la sorte sul trono. Vero dominatore della politica francese ed artefice del risanamento delle finanze del regno, perse molta della sua influenza alla morte di Enrico IV, pur restando membro del governo con Maria de' Medici e, successivamente, con Richelieu.

63 François Ravaillac (1578-1610), era un frate converso cistercense che aveva condotto una vita disordinata ed era stato in carcere per debiti. Mentalmente instabile ed in preda ad esaltazione religiosa, si persuase che Enrico IV avesse intenzione di sterminare i cattolici di Jülich e di deporre il Papa. Nel pomeriggio del 14 maggio 1610, Ravaillac uccise il re mentre si recava in carrozza all'Arsenale. Catturato senza opporre resistenza, fu immediatamente processato e condannato a morte. La sentenza venne eseguita il 27 maggio 1610.

64 Julius Echter di Mespelbrunn (1545-1617), nato da famiglia di ferventi cattolici e destinato al sacerdozio, fu nominato vescovo di Würzburg il 4 giugno 1574.(v. G. VAN GULIK – C EUBEL, *Hierarchia catholica*, cit., III, p. 209 e nota 7). Uomo coraggioso e dispotico resse la diocesi resistendo ad ogni sorta di intimidazione e di violenza. Perseguì la sua opera di riaffermazione del cattolicesimo anche per mezzo di iniziative caritatevoli ed educative. Fondò l'ospedale Julius (1576), rifondò l'Università (1582) e fece restaurare o ricostruire circa 300 chiese.

65 La *Lega cattolica* si costituì (trattato di Monaco, 10 luglio 1610) tra Massimiliano di Baviera, l'arciduca Leopoldo, vescovo di Passau e Strasburgo, Giulio di Mespelbrunn, vescovo di Würzburg, Wolfango di Hausen, vescovo di Ratisbona, Giovanni Giacomo Mirgel, vescovo di Costanza, Enrico di Knoringen, vescovo di Augusta, Enrico di Ulm, abate di Kempten e Giovanni Cristoforo di Westerstetten, priore di Ellwangen, ai quali si aggiunsero – nell'autunno – Filippo Cristoforo di Sotern, vescovo di Spira, Guglielmo di Effern, vescovo di Worms e Giovanni Godofredo di Aschhausen, vescovo di Bamberga nonché i tre elettori ecclesiastici dell'impero. La Lega – le cui finalità erano speculari a quelle dell'Unione evangelica – diede a Massimiliano di Baviera la dotazione ed il controllo di una cassa comune, conferendogli il comando supremo delle truppe che sarebbe stato necessario reclutare (il testo dell'accordo è pubblicato da A. TURCHINI, *La guerra dei Trent'anni*, cit., pp. 31-37).

66 Melchior Klesl (1552-1630) fu nominato dall'imperatore amministratore della diocesi di Neustadt (1588) e successivamente di quella di Vienna (1595). In quanto figlio di eretici ed educato egli stesso nella fede riformata, dovette attendere fino al 1613 la dispensa per la nomina ad arcivescovo di Vienna. Fu nominato cardinale il 9 aprile 1616 (v. P. GAUCHAT, *Hierarchia catholica*, cit., IV, p. 13 e p. 368 e nota 3). Protagonista della controriforma ed autorevole consigliere di Mattia e di Ferdinando, quando all'insorgere della rivolta boema suggerì e tentò di percorrere la via della conciliazione, fu arrestato nel palazzo imperiale il 20 luglio 1618. Il cardinale subì una dura detenzione, prima nel castello di Ambras, in Titolo, poi ad

Innsbruck ed infine nel monastero di S. Georgenberg, presso Schwaz. Liberato nel 1622, per intercessione del Papa, ottenne il permesso di tornare in patria solo nel 1627.

67 Gabriele (Gabor) Bethlen (1580-1629), principe di Transilvania e re eletto d'Ungheria, aveva maturato – nella gioventù trascorsa al servizio di Sigismondo Báthory – un forte spirito nazionalistico ed era, quindi, di sentimenti anti-asburgici: alla lotta contro la casa d'Austria dedicò tutta la sua movimentata esistenza. Costretto dalle vicende politiche a lasciare la patria, fuggì a Belgrado dove si assicurò la protezione della Porta. Partigiano di Bocskay, alla morte di questi favorì l'ascesa al trono di Transilvania di Gabriele Báthory (1608), per il quale riuscì ad ottenere dal Sultano una sospensione triennale del pagamento del tributo. In seguito all'assassinio di Báthory (1613), Bethlen fu eletto principe di Transilvania. La sua nomina fu immediatamente riconosciuta dalla Porta ma contestata da Mattia, che si piegò al riconoscimento solo nel 1617 e solo in seguito a durissime lotte. Eletto re d'Ungheria rifiutò la corona. Partecipò alla guerra dei trent'anni con due campagne militari, nel 1624 e nel 1626. Fino alla morte continuò nelle sue trame anti-asburgiche, invano confidando prima nell'aiuto dei Turchi poi in quello di Gustavo Adolfo di Svezia.

68 Nel 1613 Guglielmo di Neuburg si fece cattolico per sposare Maddalena, figlia di Guglielmo V di Baviera e di Renata di Lorena.

69 Enrico Mattia Thurn (1567-1640), originario della Carinzia ma infeudato in Boemia, partecipò alla campagna militare condotta da Mattia contro i Turchi e che si concluse con la pace di Zvitvatorok (1606). Fu tra i nobili protestanti che indussero Rodolfo II a concedere la Lettera di maestà. Nominato da Mattia II burgravio di Karlstein, nel 1618 si mise alla testa dei nobili boemi autori della seconda defenestrazione di Praga e capeggiò l'esercito dei ribelli nel vano tentativo di conquistare Vienna. Costretto all'esilio dopo la battaglia della Montagna Bianca (1620) e la caduta di Federico V, non rimase inoperoso e fu valente capo militare nella guerra del Palatinato, poi al servizio della repubblica di Venezia e, infine, di Gustavo Adolfo di Svezia. Divenuto governatore dell'Ingermanland (1627), partecipò alla battaglia di Lützen (1632) e l'anno successivo fu messo a capo dell'esercito svedese sconfitto da Wallenstein nella battaglia di Steinau sull'Oder, dove venne fatto prigioniero e immediatamente rilasciato. Divenne conte svedese e morì a Pernau, in Livonia, quando questa era una provincia baltica svedese.

70 Wilhelm Slawata (1572-1652), conte di Chlum e Košumberk, educato nella fede dei Fratelli boemi, si convertì al cattolicesimo dopo un viaggio di quattro anni in Europa occidentale. Giunto ai vertici dell'amministrazione statale, era luogotenente imperiale quando sopravvisse alla defenestrazione. Fuggito a Vienna, divenne il principale consigliere di Ferdinando II (1620) e nel 1628 cancelliere del regno di Boemia. La sua lunga carriera ai vertici dell'amministrazione statale durò ininterrottamente fino alla morte.

71 Jaroslav Martinitz (1582-1649), nobile boemo e zelante cattolico,era luogotenente di Boemia quando i rivoltosi lo gettarono dalla finestra del Castello di Praga: come l'altro luogotenente Slawata uscì illeso dalla caduta e prese la via dell'esilio. Tornato in patria dopo la vittoria di Ferdinando II, riprese la carriera politica diventando burgravio di Boemia, conte dell'impero (1621) e conte Palatino (1633). Grazie alle confische fatte in Boemia durante la guerra dei trent'anni, incrementò considerevolmente il patrimonio familiare.

72 Qui Schiller si fa prendere la mano dal desiderio di enfatizzare i soprusi dei cattolici. E', infatti, assai improbabile che i vassalli protestanti sentissero come un'umiliazione la mancata somministrazione del sacramento del matrimonio ai loro figli, dal momento che il luteranesimo non riconosce la natura sacramentale del matrimonio.

73 Charles Bonaventure de Longueval (1571-1621) conte di Bucquoi, nato ad Arras, prestò servizio nell'esercito delle Fiandre dal 1596, fino a raggiungere il grado di generale d'artiglieria (1602). Chiamato da Mattia in Boemia e confermato da Ferdinando nel comando delle forze imperiali fu uno dei protagonisti della guerra di Boemia. Morì in battaglia nel 1621, nel vano assedio di Castel Nuovo (Neuhausel), difesa dagli uomini di Bethlen.

74 Heinrich Duval (1580-1620), conte di Dampierre, lorenese, partecipò, con le forze imperiali, alla guerra di Gradisca contro i veneziani e alla campagna d'Ungheria contro Bethlen e Bocskay. Richiamato per la guerra di Boemia, comandò le armate degli Asburgo (con Bucquoi e Marradas) e partecipò alla difesa di Vienna. Morì nella battaglia di Bratislava e il suo cadavere fu decapitato, ma le sue spoglie vennero rese da Bethlen alla corte di Vienna, che gli tributò onoranze funebri solenni. La casa d'Austria aveva mostrato di riporre grande fiducia nella lealtà del suo generale, tanto da affidargli il delicatissimo incarico di eseguire l'arresto del cardinale Klesl.

75 Pietro Ernesto Mansfeld (1580-1626) era figlio naturale ed omonimo di quel conte Mansfeld che, avendo combattuto al servizio della Spagna nella guerra contro l'Olanda, ne ottenne il principato di Lussemburgo. Il figlio Pietro Ernesto cercò fortuna nelle armi nella speranza – non insolita nei rampolli di rami cadetti di famiglie principesche – di conquistare un proprio principato. Combattendo per la casa d'Austria in Olanda e in Ungheria, ottenne da questa il riconoscimento del suo rango ma non l'assegnazione dei possedimenti olandesi del padre. Ciò lo indusse a cercare altrove possibilità di affermazione. Il duca di Savoia - impegnato nella guerra di Mantova in sostegno delle pretese successorie sul ducato del Monferrato della nipote Maria – lo ingaggiò, inviandolo in seguito in Boemia (1618) a dar man forte ai ribelli. Dopo la battaglia della Montagna Bianca si ritirò nel Palatinato dove arruolò nuove truppe, opponendosi validamente agli imperiali. Nel 1623 si mise al servizio dell'Olanda ma fu presto costretto a sciogliere l'esercito che ricostituì due anni dopo per sostenere, con l'aiuto economico inglese, la causa di Cristiano IV di Danimarca. Sconfitto da Wallenstein a Dessau, isolato e braccato, la morte lo fermò a Sarajevo, mentre tentava di raggiungere Venezia.

76 Maria di Baviera (1551-1608) nata dal matrimonio tra il duca Alberto di Baviera e Anna d'Asburgo, figlia dell'imperatore Ferdinando I.

77 Si tratta del padre di Massimiliano, il duca Guglielmo V di Baviera, detto Il Pio (1548-1626), che abdicò nel 1597 a favore del figlio e si ritirò in convento.

78 Si riferisce all'Editto di Bruck (1572) con il quale si riconobbe libertà di culto nei territori di Stiria,Carinzia e Carniola. Le concessioni di Carlo furono espressamente richiamate in una "doglianza a motivo della religione", presentata dai sudditi di quelle regioni nel 1610, il cui testo è pubblicato da A. TURCHINI, *La guerra dei trent'anni*, cit., pp. 43-47.

79 Ancora oggi il palazzo imperiale di Vienna è chiamato *Burg*, nome con il quale si designava la dimora dei cavalieri e che non ha equivalenti in altre lingue. Questo perché il *Burg* dei cavalieri tedeschi era, all'inizio, una specie di «nido d'aquila» costruito in luogo elevato, dove i cavalieri, che allora vivevano di rapine e di saccheggi, tenevano la loro inaccessibile dimora (qualcosa di simile al "castellaccio" dell'Innominato, descritto dal Manzoni nel XIX capitolo de *I promessi sposi*). Questi cavalieri/briganti scomparvero con il *Faustrecht*, ma i loro discendenti hanno continuato a dare il nome di Burg non solo ai castelli fortificati , ma anche a quelli costruiti dai sovrani nei loro domini e nelle loro capitali. Dopo il XIV° secolo questo nome cadde in disuso tranne che per le rovine delle antiche dimore e solo in Austria il castello imperiale viene ancora chiamato in questo modo.

80 Effetto non secondario della defenestrazione del 23 maggio fu quello di impedire la designazione di Ferdinando alla successione imperiale, prevista a Francoforte per il 28 maggio. Quando, nel marzo 1619, Mattia morì, l'impero non aveva un "re dei romani", cioè un imperatore designato. La situazione era pericolosissima per gli Asburgo e sembrò divenire esiziale quando, il 26 agosto, le province ceche e morave – costituitesi in confederazione – destituirono Ferdinando ed elessero re di Boemia Federico V. In questo modo i riformati si trovarono a disporre della maggioranza dei voti nella dieta imperiale, ciò che avrebbe potuto negare la corona agli Asburgo. Ma così non fu. Il 28 agosto, Ferdinando fu eletto imperatore dalla dieta di Francoforte, con il voto favorevole del Palatino. Grazie a questa elezione, Ferdinando ottenne la legittimazione per sferrare il suo attacco ai ribelli boemi e – grazie al suo voto – Federico si guadagnò una imputazione per lesa maestà (sugli aspetti di congiura internazionale di questa vicenda e sul paradosso del suo epilogo si sofferma D. DE ANGELIS, *Boemia e Moravia*, cit., pp. 216-226).

81 Federico V (1596-1632) elettore Palatino e re di Boemia. Figlio dell'elettore Federico IV, fu chiamato – non ancora quindicenne – a succedere al padre, sotto la tutela del conte palatino di Neuburg. Nel 1613 sposò Elisabetta, figlia del re d'Inghilterra e – su istigazione di questa e del duca di Anhalt – accettò la corona di Boemia che i ribelli avevano offerto all'Unione evangelica in cambio dell'aiuto militare contro l'imperatore. Trascinato in una guerra senza speranza e privo di qualsiasi appoggio internazionale, il suo regno finì il 3 novembre 1620, con la sconfitta della Montagna Bianca. Costretto alla fuga e privato dei suoi domini dal duca di Baviera, riparò con la famiglia in Olanda, cercando aiuti per riconquistare il Palatinato. L'occasione buona sembrò arrivare con la vittoriosa campagna militare di Gustavo Adolfo, ma la scarsa convinzione del re di Svezia ad operare la restituzione e, poi, la sua morte impedirono a Federico di riottenere le sue terre. La breve durata del suo regno valse a Federico il beffardo appellativo di *Winterkönig* ("re d'un inverno").

82 Federico venne eletto re di Boemia, prevalendo sugli altri due candidati Giovanni Giorgio di Sassonia e Carlo Emanuele di Savoia.

83 L'assemblea nazionale di Besztercebanya lo elesse re, ma Bethlen rifiutò l'incoronazione.

84 Bethlen non subì alcuna sconfitta in Ungheria. Egli fu indotto a lasciare l'assedio di Vienna dalla notizia – risultata poi falsa - che il pretendente alla sua corona appoggiato dagli Asburgo, Balint Homonnay, era penetrato in forze in Transilvania.

85 Si tratta della "garanzia" tra Ferdinando e Massimiliano, sottoscritta a Monaco l' 8 ottobre 1619 (il testo è pubblicato da A. TURCHINI, *La guerra dei trent'anni*, cit., pp. 90-92).

86 Franz Christoph Khevenhüller (1588-1650), diplomatico austriaco, consigliere e biografo di Ferdinando II. Nel 1640 pubblicò gli *Annales Ferdinandeorum*, cronaca molto consultata da tutta la storiografia successiva, nonché due volumi di aneddoti biografici dell'imperatore, pubblicati postumi a Lipsia nel 1721 -1722.

87 Oltre alla "garanzia di Mühlhausen" (20 marzo 1620), Ferdinando offrì a Giovanni Giorgio di Sassonia – che accettò senza esitazioni – il governo della Lusazia, se egli avesse armato un esercito per sottrarla al controllo dei ribelli (il testo è pubblicato da A. TURCHINI, *La guerra dei trent'anni*, cit., pp. 92-94).

88 Mathias Hoë von Hoënegg (1580-1645), nato a Vienna si trasferì in Sassonia come cappellano presso la Corte (1602) e qui si fermò come predicatore principale ed ascoltatissimo consigliere del duca. Uomo di indole bellicosa e focoso polemista, ha lasciato una discreta produzione

letteraria di impronta duramente anti-calvinista. La sua posizione mutò dopo l'*Editto di restituzione* ed egli divenne un deciso sostenitore dell'alleanza tra i principi protestanti. Partecipò come teologo al colloquio di Lipsia (aprile 1631), assumendo – con grande stupore dei calvinisti – una posizione dottrinalmente assai conciliante.

89 Gioacchino Ernesto di Hohenzollern (1583-1625), figlio dell'elettore Giovanni Giorgio di Brandeburgo e fratello di Cristiano di Brandeburgo-Kulmbach, fu tra i più solleciti ad aderire all'Unione evangelica, della quale comandò l'esercito dal 1609 al 1621.

90 Il trattato di Ulm (3 luglio 1620) fu molto favorito dalla mediazione dal duca d'Angoulême, inviato in missione diplomatica da Luigi XIII per favorire una soluzione che fermasse l'avanzata dei calvinisti senza rafforzare troppo l'imperatore. Ma gli effetti del trattato non furono quelli che la Francia desiderava. Esso, infatti, consentiva alla *Lega cattolica* di soccorrere l'imperatore in Boemia (che non era compresa nell'accordo di non belligeranza, limitato alla *Lega* e all'*Unione*), neutralizzava la Germania meridionale e non salvava il Palatinato dagli eserciti di Spinola (perché neppure la Spagna era parte nell'accordo), lasciando Federico completamente solo e destinato alla sconfitta. Proprio l'estrema debolezza di Federico fu la causa del fallimento della seconda parte della missione del duca d'Angoulême, che mirava a favorire un accordo anche tra Ferdinando II e Federico V (v. G. PARKER, *The Thirty Years' War*, Routledge, London-New York, 1997, pp. 54-55 e G. PAGES, *La guerra dei trent'anni*, ECIG, 1993, pp. 78-79).

91 Cristiano I di Anhalt (1568-1630), esordì brillantemente nella carriera militare combattendo in Francia, dove i protestanti erano andati in soccorso di Enrico di Navarra. Convertitosi dal protestantesimo al calvinismo, si mise al servizio dell'elettore Palatino, che gli affidò il governo dell'Alto Palatinato (1595). Tra i promotori dell'*Unione evangelica*, ne divenne il capo militare. La sua indole lo portava a concepire grandiosi piani politici, cercando con scarsa fortuna appoggi in ogni parte d'Europa. Scoppiata la guerra dei trent'anni, offrì a Carlo Emanuele di Savoia la corona imperiale in cambio del suo appoggio alla candidatura al regno di Boemia dell'elettore Palatino. In seguito al rifiuto del Savoia agitò l'idea di una crociata anti-asburgica con la partecipazione di Olanda, Francia, Inghilterra e Venezia. Massimo fautore dell'accettazione della corona di Boemia da parte di Federico V, vide tutti i suoi sogni infranti con la sconfitta della Montagna Bianca. Proscritto dall'impero si rifugiò in Svezia e in Olanda, per fare ritorno al feudo avito nel 1624, dopo aver ottenuto il perdono dell'imperatore.

92 Il conte di Mansfeld – che gode della evidente ammirazione di Schiller – non partecipò alla battaglia perché aveva prudentemente provveduto a sottoscrivere, poco prima, una tregua separata con gli imperiali. Mansfeld offrì all'imperatore di consegnargli Pilsen in cambio di 400.000 fiorini, del titolo di Conte dell'impero e della carica di governatore del Lussemburgo. Il generale Bucquoi gli offrì 100.000 fiorini ed altrettanti il duca di Baviera. Ciò non fu sufficiente ad ottenere Pilsen ma bastò per comprare l'impegno di Mansfeld a non partecipare ad azioni di guerra (v. G. WINTER, *Storia della guerra dei trent'anni*, Società Editrice Libraria, Milano, pp. 227-228).

93 In fuga da Praga, Federico riparò a Bratislava e, per qualche tempo, si persero le sue tracce. Si videro, allora, affissi nelle strade dei manifesti ("polizze") di ricerca del seguente tenore: «*Chi avesse ritrovato un Re che per d'altrui ambitioso infortunio alcuni dì sono si è smarrito, giovane di età, bruno di colore, e alquanto lusco, di mezzana statura, e di prima barba, per nome Federico, di religione calvinista, di sua natura non pessimo, ma a suggestione di regnare; si contenti per gratia di ricondurlo, e riconsegnarlo: che li sarà data buona mercede*», (v. L. AURELII, *Della ribellione de' Boemi contro Matthia e Ferdinando, imperatori*, per l'erede di Bartolomeo Zannetti, Roma, 1625, p. 121).

94 Il Tribunale speciale pronunciò 27 condanne capitali, di cui 5 furono condonate e 22 eseguite il 21 giugno 1621.

95 Nel 1620 fu istituito un Tribunale delle confische che agì seguendo un piano – ideato da Slawata e diretto dal governatore Lichtenstein – che individuava tre tipi di responsabilità, a ciascuna delle quali si applicava una diversa sanzione. Chi aveva reso omaggio ai ribelli perdeva parte dei beni; chi aveva aderito alla rivolta, pur avendo incarichi pubblici, impieghi o dignità, perdeva tutti i suoi beni; chi aveva partecipato attivamente all'insurrezione armata perdeva la vita e i beni. Inoltre, i beni sequestrati ma non confiscati (perché la colpa implicava una confisca solo parziale) non venivano restituiti al proprietario ma venivano venduti in base ad una stima. La stima veniva fatta in modo onesto, ma la moneta con la quale i beni venivano pagati non lo era affatto. Nel 1622, infatti, l'appalto di tutte le zecche di Boemia fu affidato ad un consorzio di "notabili", vicini all'imperatore, che invasero il Paese con 34 milioni di talleri, aumentati del 25% nel valore nominale ma impoveriti d'argento (detti "moneta lunga"), la cui circolazione provocò una svalutazione del 90% (il tallero che veniva scambiato con 90 *kreuzer*, nel 1623 si scambiava con 675 *kreuzer*). I beni sequestrati venivano naturalmente pagati con "moneta lunga", con la conseguente rovina dei vecchi proprietari e l'enorme arricchimento dei nuovi. Questa operazione procurò un trasferimento di ricchezza di circa 30-35 milioni di talleri. Ad operazione conclusa - nell'autunno del 1623 – il Tribunale e il consorzio cessarono la loro attività. (v. G. PARKER, *The Thirty Years' War*, cit., pp. 80-81).

96 Nel 1622 a Praga non era permesso altro culto che quello cattolico, fuorché nelle chiese appartenenti ai protestanti tedeschi, per riguardo verso l'Elettore di Sassonia. Del resto, proprio questo era il preciso incarico ricevuto dal nunzio a Praga, Carlo Carafa: di persuadere l'imperatore ad abolire *"interamente le lettere maiestatis"* e costringere i boemi *"con la forza a lasciare la loro empietà"*, (l'Istruzione del cardinale nipote Ludovico Ludovisi del 12 aprile 1621 è pubblicata da K. JAITNER, *Die Hauptinstruktionen Gregors XV für die Nuntien und Gesandten an den Europäischen Fürstenhöfen 1621-1623*, Band 2, Niemeyer, Tubingen, 1997, pp. 602-642, a pagina 620-621. Per un dettagliato esame delle complesse modalità della restaurazione cattolica in Boemia v. il documentatissimo studio di A. CATALANO, *La Boemia e la riconquista delle coscienze. Ernst Adalbert von Harrach e la controriforma in Europa centrale (1620-1667)*, Storia e Letteratura, Roma, 2005.

97 Giovanni Giorgio (1585-1656), elettore di Sassonia dalla morte del fratello maggiore Cristiano II (1611). Luterano senza incertezze, non permise al sentimento religioso di prevalere sulle ragioni politiche. Per tutta la prima fase della guerra dei trent'anni evitò accuratamente di scontrarsi con Ferdinando, alla cui elezione imperiale aveva dato un decisivo contributo. Non modificò questa posizione neppure dopo l'*Editto di restituzione* né in occasione dell'intervento svedese nella guerra. Fu indotto ad allearsi a Gustavo Adolfo solo in seguito al sacco di Magdeburgo ed all'invasione della Sassonia da parte di Tilly, che da quell'azione si riprometteva il fine opposto: dissuadere il margravio dalla tentazione di fare causa comune con gli svedesi. Nella sua nuova veste Giovanni Giorgio partecipò alla battaglia di Breitenfeld (17 settembre 1631), che segnò un'importante vittoria per la coalizione anti-asburgica ma nella quale l'esercito sassone fu sconfitto e subì perdite ingentissime. Grazie ad abili negoziati, favoriti dalla morte di Gustavo Adolfo, Giovanni Giorgio riuscì a sganciarsi dal fronte protestante, per tornare ad assumere la posizione che gli era più congeniale. Alla fine, i risultati premiarono la sua politica, sia dopo la pace di Praga, nella quale si vide riconoscere il possesso della Lusazia ed assegnare l'arcivescovato di Brandeburgo per il figlio Augusto, sia dopo la pace di Westfalia, che concluse la guerra dei trent'anni.

98 Giorgio Guglielmo di Brandeburgo (1595-1640), uomo fisicamente gracile ed intellettualmente poco dotato, quando divenne margravio ed elettore nel 1619, si trovò - suo malgrado – coinvolto nella guerra. Avrebbe desiderato restare neutrale, ma non seppe resistere alle pressioni del suo cancelliere cattolico, Adam von Schwarzenberg, e si legò all'imperatore. Per altro, sua sorella, Eleonora di Brandeburgo, era regina di Svezia e Giorgio Guglielmo fu costretto ad allearsi con i protestanti quando Gustavo Adolfo intervenne nella guerra. Alla morte del cognato rimase al fianco degli svedesi fino alla sconfitta di Nördlingen, dopo la quale passò nuovamente dalla parte dell'imperatore, ottenendo il risultato di assistere impotente alla devastazione delle sue terre, trasformate in un solo grande campo di battaglia. Morì a Königsberg, in Prussia, dove era stato praticamente confinato.

99 Alla morte di Filippo il Magnanimo (1567), il principato andò diviso tra i suoi quattro figli maschi: Assia-Kassel a Guglielmo IV, Assia-Darmstadt a Giorgio I, Assia-Marburg a Luigi IV, Assia-Rheinfels a Filippo II.

100 Giorgio II (1605-1661), langravio di Assia-Darmstadt, succeduto al padre Luigi V nel 1626, divenne uno dei protagonisti diplomatici della guerra dei trent'anni in Germania. Convintamente luterano, cercò sempre l'accordo con l'imperatore ed esercitò grande influenza sul cognato Giovanni Giorgio di Sassonia, la cui posizione, ostile all'unione dei protestanti, aprì una breccia fatale nel fronte riformato. Personalmente convinto che l'interesse dei principi tedeschi fosse quello di contrastare intromissioni straniere, assunse posizioni coerenti al suo pensiero. Anche quando fu praticamente costretto – al pari dell'elettore di Sassonia – a combattere al fianco degli svedesi, continuò a cercare il negoziato con gli imperiali: prima attraverso i "preliminari" di Pirna (1634) e l'anno successivo con la pace di Praga. Le esigenze della politica "alta" non fecero mai perdere di vista all'accorto Giorgio gli interessi della sua Casa che consistevano, prima di tutto, nel vigilare che il vicino ducato calvinista di Assia-Kassel (che era anche il più antico alleato della Svezia in Germania) non assumesse un ruolo preminente nella politica tedesca.

101 Guglielmo V (1602-1637), che non aderì alla pace di Praga, fu scacciato da gran parte del suo territorio da Giorgio di Assia-Darmstadt e prese la via dell'esilio, dove morì in completa rovina.

102 Giovanni Federico il Magnanimo (1503-1554), elettore di Sassonia. Spirito profondamente religioso, venne in conflitto con Filippo d'Assia, con il quale condivideva la direzione della Lega di Smalcalda e ciò lo portò ad avvicinarsi all'imperatore (armistizio di Francoforte, 1539), al quale rimase non ostile per lungo tempo. L'ascesa al trono della Sassonia ducale dell'ambizioso e dinamico Maurizio – discendente del ramo albertino della casata – acutizzò gli antichi rancori tra i due rami della famiglia, che si sarebbero trasformati in guerra aperta nel 1542 – in occasione del conflitto per i beni ecclesiastici di Wurzen – senza l'intervento mediatore di Filippo d'Assia. Quando scoppiò la guerra di Smalcalda, Giovanni Federico si portò nella Germania meridionale, dalla quale dovette rapidamente ritirarsi per proteggere la sua terra dalla duplice invasione del re Ferdinando e di Maurizio di Sassonia. Egli riuscì a fronteggiare entrambi gli invasori con tanta efficacia che lo stesso imperatore dovette portare loro soccorso (1547). Sconfitto nella battaglia di Mühlberg, Giovanni Federico fu catturato e condannato a morte come ribelle. Nella capitolazione di Wittenberg (19 maggio 1547) ottenne la commutazione della pena capitale in prigionia perpetua e dovette rinunciare ai suoi domini ed alla dignità elettorale a favore di Maurizio di Sassonia. Sopportò la prigionia fino al 1552, quando fu liberato per effetto dell'amnistia strappata all'imperatore dai "principi belligeranti" con la pace di Passau (vedi *supra* nota 13). Con la sua morte la linea albertina si trovò padrona dei tre quarti dell'intero dominio della famiglia Wettin.

103 Massimiliano I di Baviera (1573-1651), duca ed elettore di Baviera, educato dai gesuiti, impiegò il primo periodo del suo governo – che iniziò nel 1597 in seguito all'abdicazione del

padre Guglielmo V di Baviera - alla riforma delle finanze del regno, allo sviluppo della produzione e del commercio ed al potenziamento dell'esercito. Nel 1609 costituì la *Lega cattolica* e ne divenne il capo militare e la guida indiscussa. Ebbe parte determinante nella battaglia della Montagna Bianca che segnò la fine del breve regno di Federico V, dalla cui rovina Massimiliano guadagnò la dignità elettorale tolta al Palatinato ed i domini del Palatinato Superiore. Cattolico inflessibile, ebbe parte non secondaria nella promulgazione dell'Editto di restituzione. Ricco e potente, fu il vero braccio armato dell'imperatore fino a quando sorse la stella di Wallenstein. Legato ad una visione tradizionale dell'impero ostacolò risolutamente il disegno di Ferdinando II di trasformarlo nel dominio assoluto della casa d'Austria, accostandosi alla Francia ed ottenendo la deposizione di Wallenstein alla dieta di Ratisbona. Nell'ultima fase della guerra dei trent'anni la Baviera fu più volte devastata ma, con la pace di Westfalia, Massimiliano riuscì a conservare le conquiste ottenute vent'anni prima.

104 In realtà lo stato di Milano non era retto da viceré, ma da governatori nominati da Madrid.

105 Luigi XIII (1601-1643) era figlio di Enrico IV e di Maria de' Medici. Il re sedicenne, persuaso dai suoi cortigiani, ordinò l'assassinio dell'onnipotente favorito della regina madre, Concino Concini. In seguito a questo episodio, la potenza di Maria tramontò ed ella fu costretta a ritirarsi a Blois, da cui fuggì, tentando di promuovere – senza successo – trame e sollevazioni contro il figlio. Per vent'anni Luigi affidò il suo regno al cardinale Richelieu e morì poco dopo il suo grande ministro.

106 Si tratta di Giacomo I Stuart (1566-1625), figlio di Maria Stuart e di lord Enrico Darhley che salì al trono di Scozia (con il nome di Giacomo VI) quando aveva poco più di un anno (il 20 luglio 1567). Alla morte di Elisabetta I le succedette nel regno d'Inghilterra (1603), come Giacomo I.

107 Il genero è Federico V, elettore Palatino e re di Boemia, la figlia è Elisabetta, che andò sposa a Federico nel 1613, i nipoti sono i tredici figli nati da questa unione.

108 Si allude al progetto di dare in sposa al figlio secondogenito ed erede al trono Carlo (il primogenito Enrico era morto nel 1612) l'Infanta Maria, figlia di Filippo III. Le trattative matrimoniali nel 1618 erano già in uno stato abbastanza avanzato ma si interruppero l'anno successivo per riprendere nel 1620 e naufragare definitivamente nel 1624. E' probabile che dal 1620 l'intento spagnolo fosse puramente dilatorio, ma non si deve trascurare che l'opposizione al matrimonio, in Inghilterra, era fortissima. Per altro, il progetto matrimoniale non era affatto una burla, come dimostra l'impegno profuso da Urbano VIII con la concessione della dispensa papale richiesta dalla disparità di culto dei nubendi e come conferma l'istruzione inviata al nunzio a Parigi – ancora nel gennaio del 1624! - con la quale si raccomandava di *"interporre amorevolissimi officii"* presso il re di Francia, perché da quella corte non si levassero impedimenti o disturbi alle nozze (l'istruzione al nunzio Spada è pubblicata da A. LEMAN, *Recueil des instructions générales aux nonces ordinaires de France de 1624 a 1634*, René Giard-Edouard Champion, Lille-Paris, 1919, pp. 47-48). Tramontata questa prospettiva matrimoniale, Carlo sposò nel 1624 Enrichetta Maria di Francia, sorella di Luigi XIII. Le nozze avrebbero dovuto assicurare – secondo il pensiero di Richelieu, che ne fu l'artefice – la reciprocità di trattamento dei cattolici d'Inghilterra e dei riformati di Francia. (sulla complessa vicenda del tentativo di alleanza anglo-spagnola v. i due volumi di S.R. GARDINER, *Prince Charles and the Spanish Marriage 1617-1623*, Hurst and Blackett, London, 1869; nonché R. RODRIGUEZ-MONINO SORIANO,*Razon de Estado y dogmatismo religioso en la España del siglo XVII. Negociaciones hispano-inglesas de 1623*, Editorial Labor, Barcelona, 1976: e da ultimo, P. SANZ CAMANES, *Diplomacia hispano-inglesa en el Siglo XVII. Razon de Estado y Relaciones de Poder durante la Guerra de los Treinta años 1618-1648*, Universidad de Castilla-La Mancha, Cuenca, 2002, pp. 41-79).

109 Cristiano IV (1577-1648), re di Danimarca e di Norvegia. Incoronato minorenne (1588), da quando assunse la pienezza dei poteri (1596), trascorse tutta la sua vita a combattere: contro la Svezia per il controllo del Baltico e contro gli Asburgo nella guerra dei trent'anni.

110 Gustavo I (circa 1495-1560), re di Svezia. Rampollo di una nobile casata si impadronì del trono mettendosi a capo di una rivolta di contadini, alla quale seppe guadagnare l'appoggio di parte della nobiltà e del clero. Eletto re di Svezia (1523) si trovò in gravi difficoltà nel pagare gli enormi debiti che aveva contratto con la città di Lubecca per finanziare la sua conquista. Pensò allora di mettere mano al patrimonio della ricca Chiesa cattolica di Svezia ed ottenne dalla dieta di Västeras (1527) la confisca dei beni ecclesiastici, che – compiuta con gradualità – si concluse nel 1540. Per effetto di questi provvedimenti, di natura prevalentemente patrimoniale, la Chiesa svedese subì una trasformazione tanto profonda, nei culti come nella dottrina, da ritrovarsi allineata con le posizioni dei luterani.

111 Giovanni III (1537-1592), fratello minore del re Erik XIV (1533-1577), ottenne il trono di Svezia in seguito ad una cospirazione – ordita in accordo con il fratello Carlo – che portò alla deposizione, all'imprigionamento e all'assassinio di Erik.

112 Sigismondo III (1566-1632), figlio di Giovanni III e di Caterina Jagellone, fu eletto re di Polonia (1587) alla morte di Stefano Bathory. Alla morte del padre (1592) ereditò la corona di Svezia, che conservò per soli sette anni, perché nel 1599 venne detronizzato dallo zio Carlo di Südermanland.

113 Carlo IX (1550-1611), figlio minore di Gustavo I, ebbe in eredità il ducato di Südermanland. Insieme al fratello Giovanni organizzò e capeggiò la rivolta che portò Erik XIV (che dei due congiurati era il fratello maggiore) in prigione e Giovanni sul trono. Alla morte di Giovanni III il regno di Svezia era passato al figlio di questi, Sigismondo III di Polonia. Divenuto reggente di fatto del regno in luogo del nipote, Carlo ne contrastò il tentativo di riportare la Svezia al cattolicesimo e quando la dieta lo investì ufficialmente della reggenza (1595) si mosse in armi contro Sigismondo, vincendolo nella battaglia di Stångebro (1598). L'anno successivo la dieta depose Sigismondo ed incoronò Carlo re di Svezia. Il suo regno fu dominato dalla necessità di difendersi dalle rivendicazioni del re detronizzato, costringendolo ad intervenire in ogni fronte di guerra nel quale Sigismondo fosse impegnato (dalla Livonia alla Moscovia) al fine di impedire l'incremento della potenza polacca.

114 Gustavo II Adolfo (1594-1632) salì al trono nel 1611. La prima parte del suo regno fu condizionata dalla guerra che aveva opposto il padre a Sigismondo di Polonia e le cui complesse vicende lo portarono ad un passo dal divenire zar di Russia. Gustavo Adolfo – che a quel trono non aspirava – riuscì a chiudere la campagna di Russia fissando il confine tra i due stati al Lago Ladoga (pace di Stolbovo, 27 febbraio 1617). Più difficile da sistemare si rivelò il contenzioso con Sigismondo, la cui inflessibilità nel pretendere la corona di Svezia non poté essere piegata né dai brillanti successi militari di Gustavo Adolfo né da allettanti offerte di compensi territoriali (la città di Riga e la Livonia). La vicenda si chiuse soltanto nel 1629 con la tregua di Altmark, che assicurò alla Svezia il controllo delle rendite di tutte le dogane del Baltico orientale. Finalmente libero dagli impegni bellici (anche una grave crisi con la Danimarca si era risolta, nel 1624, con accordo molto vantaggioso per la Svezia, che avrebbe retto fino al 1643) Gustavo Adolfo – che aveva sposato Eleonora di Brandeburgo e era imparentato con le Case di molti principi protestanti – maturò la decisione di un intervento diretto nelle guerre di Germania. L'idea era quella di prendere il posto del vinto re di Danimarca e di mettersi a capo della lotta dei protestanti tedeschi, con il fine "alto" di assicurare un futuro all'Europa riformata e quello "particolare" di dare alla Svezia il controllo diretto della regione compresa tra la Pomerania e la foce dell'Elba.

Così, nel giugno del 1630, Gustavo Adolfo sbarcò con il suo esercito sull'isola di Rügen, dando inizio ad un'avventura che si sarebbe conclusa, due anni più tardi, sui campi di Lützen.

115 Massimiliano I e Federico V erano cugini: entrambi Wittelsbach, il primo discendente di Ludovico IV il Bavaro (che diede inizio alla c.d. linea bavarese) ed il secondo discendente del fratello di Ludovico, Rodolfo I (iniziatore della c.d. linea palatina).

116 Si riferisce agli accordi di Monaco dell'8 ottobre 1619.

117 Ferdinando era indebitato con Massimiliano per circa 10-12 milioni di talleri. Per sdebitarsi decise di cedere al creditore i redditi dell'Austria Superiore e il completo possesso dell'Alto Palatinato. Tuttavia, nessuno dubitava che il progetto di Ferdinando fosse quello di riscattare l'Austria Superiore con la cessione definitiva dell'intero Palatinato: cioè, quanto effettivamente accadde a Ratisbona il 26 febbraio 1623 (v. C.V. WEGDWOOD, *La guerra dei trent'anni*, dall'Oglio, Milano, 1964, pp. 162-163).

118 A seguito del trattato di Ulm – che impegnava i principi dell'Unione a "disinteressarsi" della questione boema – l'imperatore pubblicò un monitorio che assegnava ai principi un termine perentorio per interrompere qualunque attività militare a favore del Palatino. Alla scadenza del termine (gennaio 1621), l'imperatore decretò il bando nei confronti di coloro che non avevano adempiuto al monitorio. Furono, pertanto, privati degli stati patrimoniali e delle loro dignità l'Elettore Palatino, Cristiano di Anhalt, Giovanni Giorgio di Jägerndorf e Giorgio Federico di Hohenlhoe. L'esecuzione del bando fu affidata al duca di Baviera per il Palatinato Superiore, al vescovo di Würzburg e all'Elettore di Sassonia per gli stati di Anhalt, Jägerndorf e Hohenlhoe (v. M.C. LUNDORP, *Guerre di Germania dall'anno 1618 sino alla pace di Lubeca trasportate nella lingua italiana da Alessandro de Noris veronese*, appresso Gio. Pietro Pinelli, Venetia, 1633, pp. 131-132 e p. 170)

119 Jan T'serclaes (1559-1632) conte di Tilly, nato nel Brabante, si arruolò nell'esercito di Massimiliano II, combattendo nelle Fiandre e in Ungheria contro i Turchi. Comandò le forze imperiali nella battaglia della Montagna Bianca e scalò rapidamente tutti i gradi della carriera militare: Maggiore Generale nel 1601; Generale d'artiglieria nel 1604, Feldmaresciallo nel 1605, Luogotenente Generale della *Lega* nel 1610, Luogotenente Generale delle forze congiunte della *Lega* e dell'impero nel 1630. Protagonista della guerra dei trent'anni , fu comandante supremo delle forze della *Lega cattolica*. Morì per le ferite riportate nella battaglia di Rain am Lech.

120 Ambrogio Spinola (1569-1630), genovese di antica e potente famiglia, fu uno degli uomini d'armi più famosi del suo tempo. Essendo la repubblica di Genova protetta dagli spagnoli ed essendo i banchieri dalla famiglia Spinola banchieri del re di Spagna, era naturale che Ambrogio si mettesse al servizio di quel re. Nominato generale dell'esercito dei Paesi Bassi (1603), ottenne la capitolazione della città di Ostenda (1604), che seppe poi difendere vittoriosamente dalla controffensiva di Maurizio di Nassau: per questa impresa Filippo III lo elevò al grado di comandante supremo dei Paesi Bassi. In questa veste riportò numerosi successi che si interruppero nel 1609 con la firma della "tregua dei dodici anni", dallo Spinola stesso negoziata, ma non voluta. Ripresa la guerra nel 1621 i suoi nuovi successi gli valsero l'invidiosa inimicizia della Corte e del conte Olivares, onnipotente favorito ("valido") di Filippo IV. Inviato in Italia, al comando di un esercito spagnolo, per la guerra di Mantova (1627) e costretto a porre l'assedio a Casale, fallì la disperata impresa. Il fallimento gli costò l'allontanamento dalla vita pubblica ed il ritiro nel suo feudo di Castelnuovo Scrivia. Per circa sei mesi – tra il 1629 e il 1630 – fu governatore di Milano ed il comportamento da lui tenuto durante la peste gli valse una non lusinghiera menzione del Manzoni nel XXXII capitolo de *I promessi sposi*.

121 Gonzalo Fernandez de Cordoba (1585-1635), duca di Sessa, omonimo del di lui più famoso "Gran Capitano", fu comandante militare spagnolo, prima nelle Fiandre, poi nella guerra del Palatinato, dove ottenne una bella vittoria sul margravio del Baden a Wimpfen (6 maggio 1622) e quindi nei Paesi Bassi, dove fu, invece, sconfitto dal Mansfeld nella battaglia di Fleurus (26 agosto 1622). Inviato in Italia come governatore dello Stato e comandante militare della piazza di Milano (1626-1629) pose l'assedio alla fortezza di Casale. Il piano di Olivares era quello di prendere Casale mentre i francesi erano ancora impegnati a La Rochelle: ma, mentre Casale si rivelò inespugnabile, La Rochelle cadde nell'ottobre del 1628. Ciò permise all'esercito di Luigi XIII di varcare le Alpi, mettendo sotto scacco le forze spagnole. In seguito a questo insuccesso Gonzalo cadde in disgrazia ed ebbe fine la sua carriera militare. Come governatore di Milano, Gonzalo tentò di fronteggiare la carestia bloccando il prezzo del pane. Contrariamente alle sue buone intenzioni, la decisione provocò la chiusura dei forni e la rivolta di San Martino, descritta nel XII capitolo de *I promessi sposi*.

122 Giorgio Federico (1573-1638), margravio del Baden-Durlach, dopo aver aderito all'*Unione evangelica*, si impegnò nella guerra dei trent'anni contro l'imperatore. Sconfitto a Wimpfen dalle armi dalla *Lega cattolica* alla quale si erano unite le forze di Spinola e di Cordoba, per salvare la dinastia si affrettò ad abdicare in favore del figlio Federico. Arruolato – senza miglior fortuna – nell'esercito danese e poi, in quello svedese, si ritirò a vita privata dopo la battaglia di Nördlingen (6 settembre 1634).

123 L'allusione è alla nascita illegittima di Mansfeld.

124 È Giorgio Federico di Baden-Durlach.

125 Cristiano, duca di Brunswick-Wolfenbüttel (1599-1626), amministratore protestante della diocesi di Halberstadt, decise di legare la sua sorte all'avventura disperata di Federico V. Arruolate delle truppe, si unì a quelle di Mansfeld e ne condivise la sconfitta nella battaglia di Höchst (20 giugno 1622). Passato al servizio degli olandesi, combatté con valore a Fleurus, dove perse un braccio e la sua fanteria. Al comando di un nuovo esercito, fu isolato da Tilly e nuovamente battuto a Stadtlohn (6 agosto 1623), nella battaglia che segnò la fine della fase palatina della guerra dei trent'anni. Ingaggiato – con il solito Mansfeld – dai danesi nel 1625, non riuscì a portare le sue truppe in Renania e morì, poco dopo, a ventisei anni, a Wolfenbüttel. Per la temerarietà della sua condotta militare, per gli eccessi nei quali si distinguevano i suoi soldati e per la sregolatezza dei suoi costumi, Cristiano si guadagnò l'appellativo di "pazzo di Halberstadt".

126 La vittoriosa difesa di Berg-op-Zoom è del 4 ottobre 1622.

127 Il 25 febbraio 1623, la Deputazione – cioè una Dieta parziale e ristretta, i cui provvedimenti non avevano valore di legge imperiale - di Ratisbona privò Federico formalmente del titolo, assegnando l'elettorato del Palatinato a Massimiliano di Baviera. La decisione era stata presa due anni prima, ma il dispaccio con il quale Ferdinando II prometteva il Palatinato a Massimiliano in una prossima dieta, nella quale si sarebbe dovuto vincere l'opposizione di Sassonia e Brandeburgo, fu intercettato dagli uomini di Mansfeld. L'imbarazzante documento finì nelle mani di Ludovico Camerario, il principale consigliere di Federico, il quale lo fece pubblicare nel marzo del 1622. La divulgazione della notizia fece scandalo, suscitò molte proteste e grande diffidenza, per cui ci volle un intero anno di intensa attività diplomatica per mitigare l'ostilità della Spagna e rabbonire gli elettori (l'atto di investitura di Massimiliano è pubblicato da A. TURCHINI, *La guerra dei trent'anni*, cit., pp. 111-113). Nonostante la buona volontà dell'imperatore, il trepidante impegno di Massimiliano ed il convinto appoggio del nuovo papa Gregorio XV la Dieta non fu un pieno successo. La Spagna restava contraria alla devoluzione e così i principi protestanti. Tutto

ciò che Massimiliano riuscì ad ottenere fu l'assegnazione del Palatinato e della dignità elettorale alla sua persona, per la sola durata della sua vita e senza possibilità di trasmissione agli eredi. L'operazione riuscì grazie al voto favorevole di un solo principe protestante, Luigi V Assia-Darmstadt, il quale non lo diede disinteressatamente. Alla morte di Luigi Assia-Marburg (1601), i suoi possedimenti erano stati divisi tra i due rami di Kassel e di Darmastadt, in modo tale che Marburgo toccasse a Kassel. Luigi aveva, tuttavia, posto ad entrambi gli eredi la condizione del mantenimento della religione luterana. Poiché Maurizio Assia-Kassel aveva introdotto il calvinismo, il ramo Darmstadt aveva fatto ricorso al Consiglio Aulico per rivendicare l'intera eredità. La causa – che languiva da anni – si sbloccò improvvisamente ed il Consiglio si pronunciò a favore di Assia-Darmstadt, il quale ottenne l'intera eredità e, in più, il diritto alla restituzione degli introiti ricavati da quella parte di eredità, dal momento della soppressione della Confessione augustana a favore del calvinismo (v. G. WINTER, *Storia della guerra dei trent'anni*, cit., pp. 271-272).

128 Pensiero non dissimile da quello del Machiavelli, per il quale chi aspira al Principato deve attentamente programmare *"tutte quelle offese che l'è necessitato fare e tutte farle a un tratto per non avere a ritornarvi ogni dì"* (N. MACHIAVELLI, *Il principe*, Edizione nazionale delle Opere, Salerno, Roma, 1/1, 2006, cap. VIII, p. 161).

129 Agli inizi del XVI secolo alcuni principi tedeschi presero a coniare grosse monete d'argento denominate *Guldengroschen* perché il loro valore era equivalente a quello del ducato o del grosso d'oro. Intorno al 1520, una grande quantità di queste monete veniva coniata con l'argento proveniente dalle miniere di Sankt-Joachimsthal e furono perciò chiamate *joachimsthaler* e, quindi, semplicemente, talleri. Carlo V riuscì a regolare l'emissione di queste monete e ad introdurle nella monetazione imperiale. Da allora la diffusione del tallero imperiale (*Reichsthaler*) fu enorme e di estensione planetaria.

130 Tanto le spese quanto il valore della Lusazia sono sovrastimati. Una decina di anni più tardi, infatti, si aprì una trattativa con il duca di Sassonia che prevedeva la cessione della Lusazia a Wallenstein come (parziale) compenso della perdita del Meclemburgo. In quella sede, il duca di Sassonia avanzò la pretesa di un milione di fiorini (equivalenti a meno di 700.000 talleri), pari alla somma per la quale la Lusazia era stata ipotecata a suo favore (v. dispaccio del 23 luglio 1633 del residente veneto a Vienna, Antonio Antelmi, pubblicato da G. GLIUBICH, *Gli ultimi successi di Alberto di Waldstein narrati dagli ambasciatori veneti*, in Archiv fur Kunde osterreichischer Geschichts-Quellen, XXVIII, Zweite Halfte, Karl Gerold's Sohn, Wien, 1863, pp. 351-474. La notizia è a pagina 387).

131 Jean-Armand du Plessis (1585-1642), educato per la carriera militare, fu indotto dalle vicende familiari a rivendicare il vescovato di Luçon. Nel 1606 andò a Roma per chiedere la dispensa papale che la sua giovane età rendeva necessaria per ricoprire l'ufficio. Si fermò presso la Curia per sei mesi alla fine dei quali tornò con il vescovato, il favore di Paolo V ed una messe di rapporti personali che gli sarebbero tornati utilissimi. Alla morte di Enrico IV si schierò con Maria de' Medici e contro le grandi famiglie, diventando confidente e ministro della regina madre. Con la caduta di Maria (1617) fu costretto a lasciare la Corte e a ritirarsi ad Avignone. Presto richiamato a Parigi dal favorito di Luigi XIII per comporre il duro contrasto tra il re e la madre, si guadagnò nuovamente il favore della Corte, grazie al quale ottenne il cappello cardinalizio (1622), un posto nel Consiglio reale e,di lì a poco, la poltrona di primo ministro (1624). Da questo momento Richelieu scandì la politica della Francia, che guidò – attraverso la guerra dei trent'anni – al rango di potenza egemone.

132 Gomez Suarez de Figueroa y Cordoba (1587-1634), terzo duca di Feria, iniziò la sua carriera come ambasciatore speciale del re di Spagna in Corte di Roma (1606) e in Francia (1610) . Viceré

di Valencia nel 1615, resse lo Stato di Milano dal 1618 al 1626, dove fu chiamato a fronteggiare l'invasione francese della Valtellina. Viceré di Catalogna nel 1629-1630, nel 1631 venne nuovamente inviato a Milano come Governatore e vi rimase per due anni. Nel 1633 intervenne nella guerra di Germania a capo di un esercito, con il quale liberò dall'assedio la città di Costanza e conquistò la fortezza di Breisach. Morì a Monaco l'anno successivo.

133 Vedi *supra* nota 108.

134 Alla metà degli anni '20, la matassa in cui era avviluppato il fronte internazionale anti-asburgico era più ingarbugliata ed esile. La Francia – che aveva migliorato i suoi rapporti con l'Inghilterra per mezzo del matrimonio della sorella di Luigi XIII con Carlo Stuart e che aveva assicurato (trattato di Compiègne, 10 giugno 1624) aiuti economici ai Paesi Bassi per la ripresa della guerra contro la Spagna – non considerava ancora una priorità l'intervento nella guerra di Germania. L'interesse della Francia era, allora, tutto concentrato a ridurre all'obbedienza gli ugonotti, sul fronte interno, e, su quello esterno, a liberare la Valtellina, che nel 1620 era finita sotto il controllo spagnolo. A questo obiettivo erano finalizzate le alleanze con la Savoia e Venezia (Lega di Lione, 7 febbraio 1623). Il progetto di un intervento militare (con annesso piano finanziario) che Gustavo Adolfo era stato invitato a presentare al re d'Inghilterra fu giudicato troppo oneroso (esercito di 40.000 uomini pagato *pro quota* da Inghilterra, Germania e Svezia, comando unico svedese, esclusione della Francia) e, perciò, respinto. Gli elettori di Brandeburgo e Sassonia rifiutarono di schierarsi contro l'imperatore (convegno di Annaberg, 21 marzo 1623). Per effetto di queste defezioni, il progetto di una grande lega anti-asburgica si ridusse ad un accordo (trattato dell'Aja, 9 dicembre 1625) tra Inghilterra, Danimarca e Paesi Bassi, che prevedeva l'organizzazione di una campagna militare – che, per altro, il re di Danimarca aveva autonomamente iniziato nel mese di maggio – diretta a restaurare il deposto elettore palatino. In concreto Inghilterra ed Olanda si limitarono a promettere un contributo alle spese di guerra di 144.000 talleri (ciascuna) al mese e l'integrazione delle truppe di Mansfeld nell'esercito danese. Ma i versamenti iniziarono tardi, furono erogati con cadenza irregolare e presto si interruppero (l'Inghilterra versò in tutto solo 547.000 talleri).

135 Carlo I Stuart (1600-1649), figlio secondogenito di Giacomo I e di Anna di Danimarca, per la morte del fratello maggiore Enrico, fu incoronato re d'Inghilterra e di Scozia il 27 marzo 1625. La politica del suo primo ministro, il duca di Buckingham, lo mise in contrasto con il Parlamento, deciso a resistere alle continue richieste di denaro di un sovrano impegnato in una politica estera che appariva inutilmente dispendiosa (dall'alleanza militare con l'Olanda contro la Spagna, al sostegno alla Danimarca nelle guerre di Germania, all'intervento contro la Francia in aiuto degli ugonotti di La Rochelle): lo scontro con il Parlamento – ripetutamente convocato e disciolto – si trascinò per oltre un decennio. La politica di Carlo si dimostrò piena di incertezze e spesso contraddittoria, alternando atteggiamenti di grande durezza a cedimenti umilianti, fino ai tentativi di mettere la Scozia contro l'Inghilterra e di provocare l'intervento armato dell'Irlanda. Questa condotta portò i Paese in una guerra civile dalla quale il Parlamento uscì vittorioso. Carlo venne imprigionato, condannato a morte per tradimento e condotto al patibolo il 30 gennaio 1649.

136 Con la pace di Nikolsburg (6 gennaio 1622) Bethlen rinunciò al titolo di re d'Ungheria (che non aveva mai ufficialmente assunto) e si impegnava a restituire tutti i possedimenti ungheresi tolti ai partigiani di Ferdinando e al clero cattolico. In cambio ottenne sette Comitati ungheresi a vita, i principati di Oppeln e di Ratibor anche per i suoi eredi e un cospicuo risarcimento in denaro.

137 Cristiano era il settimo re di Danimarca della casa di Oldenburg, originaria della Bassa Sassonia. In seguito al matrimonio (1423) tra il duca Teodorico detto "il Fortunato" ed Edvige di

Schauenburg – sorella ed erede dell'ultimo duca di Schleswig e conte di Holstein – la casa di Oldenburg ereditò le terre ed il titolo ducale che erano di Edvige (morta nel 1436). Da questo matrimonio discendono tutti i rami della casa di Holstein, il primo dei quali è quello del re di Danimarca. Quindi Cristiano vantava diritti su parte della Bassa Sassonia e sulle città libere di Amburgo e Brema non in quanto re di Danimarca ma perché duca di Holstein.

138 Cristiano IV aveva – in quanto duca di Holstein – interessi nel circolo della Bassa Sassonia ed ambiva ad estendere la sua influenza alle diocesi secolarizzate di Brema, Verden e Osnabrück, situate a sud-est del ducato. Per questo, nella Conferenza di Segenberg (febbraio 1621), pur rifiutando di intervenire da solo contro l'imperatore, imprestò 300.000 talleri a Giacomo I per sostenere la campagna militare del Palatino del 1620-1621 ed un altro milione ne prestò – all'insaputa del Consiglio Reale ed attingendo dal suo patrimonio personale – all'Elettore di Brandeburgo e ai suoi nipoti, duchi di Brunswick. Perseverando nel suo disegno, Cristiano spese, nel 1623, 121.000 talleri per assicurare al figlio Federico – che già era coadiutore del vescovato di Brema – la sede vescovile di Verden. Quando nel 1624 vide che Gustavo Adolfo era stato invitato a guidare una coalizione anti-asburgica, le sue intenzioni aggressive furono alimentate da una ben fondata preoccupazione: un grande esercito sul suolo tedesco, capeggiato da Gustavo Adolfo, avrebbe trasformato il mar Baltico in un lago svedese. Così – nonostante l'opposizione del Consiglio Reale - nell'aprile del 1624 si fece eleggere *Kreisoberst* della Bassa Sassonia e, nella veste di duca di Holstein, assoldato un esercito di 20.000 uomini, iniziò la campagna militare. Solo e senza nessun appoggio politico né economico. La scelta del momento non poteva essere peggiore. Fino ad allora in campo c'era solo l'esercito di Tilly, ma il 7 aprile di quell'anno Wallenstein aveva ricevuto la patente per formare un secondo esercito, di cui i danesi ignoravano l'esistenza, che reclutato a tempo di *record*, si muoveva verso i territori del Magdeburgo e dell'Halberstadt. E' notevole osservare che Cristiano riuscì finanziare la sua politica tedesca e gran parte della campagna militare facendo ricorso solo al suo patrimonio personale e a quello della madre. Del resto, nel 1625, Cristiano era considerato la terza persona più ricca d'Europa, con un patrimonio personale stimato in 1.500.000 talleri. Più ricchi di lui erano solo sua madre con 2.000.000 e Massimiliano di Baviera con oltre 6.500.000 talleri (riguardo alle finanze del re e alla loro formazione nonché al conflitto che lo oppose al Consiglio Reale v. E.L. PETERSEN, *Defence, War and Finance: Christian IV and the Council of Realm 1596-1629*, in *Scandinavian Journal of History*, 7 (1982), pp. 277- 313. In particolare sui costi della guerra v. pp. 301 ss.

139 Occorre tenere ben presente che il reclutamento, la conduzione ed il mantenimento di una forza armata avvenivano nel XVII secolo con modalità assai differenti da quelle odierne. Per orientarsi in questa materia è indispensabile fare riferimento al fondamentale studio di Fritz Redlich (*The German Military Interpriser and His Work Force*, voll.2, Vierteljahrschrift für Sozial- und Wirtschaftsgeschichte, Beihefte 47-48, Steiner Verlag, Wiesbaden, 1964-1965) dal quale sono tratte la sommarie informazioni che seguono. Innanzitutto non esistevano né coscrizione obbligatoria né eserciti permanenti e dove esistevano (come in Svezia e Danimarca) la coscrizione procurava una forza armata di poche migliaia di uomini (12 reggimenti per un totale di 14.000 uomini in Svezia), appena sufficiente per un impegno locale in occasione di conflitti di breve durata. Quando la dimensione del conflitto richiedeva un largo impegno di uomini e di mezzi, i principi ("i signori della guerra") affidavano il compito di reclutare ed organizzare le truppe a "imprenditori militari", i quali si impegnavano ad arruolare, equipaggiare, portare in campo e mantenere per un periodo di tempo determinato, a proprie spese, un certo numero di reggimenti. Fino al 1625 gli imprenditori militari reclutavano pochi reggimenti ciascuno e ricevevano dal signore della guerra la patente di comando ed il grado di colonnello. Nel corso della guerra, tuttavia, si diffuse il fenomeno della concentrazione di più reggimenti sotto il comando di un solo *general contractor*, attraverso il sistema dei contratti cumulativi e la pratica della separazione tra la proprietà ed il comando del reggimento. In questo modo, soggetti che

avevano disponibilità economiche ma erano privi di capacità militari arruolavano un reggimento – del quale erano proprietari – per "affittarlo" ad un comandante imprenditore. Lo stesso facevano colonnelli proprietari di reggimento che si mettevano al servizio di un comandante imprenditore. La caratteristica dell'imprenditore militare era quella di assumere in proprio tutti gli oneri finanziari ed organizzativi necessari per la formazione di un esercito. Per eseguire il suo incarico egli doveva avere ingentissimi mezzi propri oppure doveva ottenere credito da finanziatori, per lo più banchieri. Si creava, in questo modo, una catena di rapporti economici per i quali il fallimento dell'imprenditore militare provocava quello dei suoi finanziatori (clamoroso il caso del banchiere olandese Hans de Witte, principale finanziatore di Wallenstein che, travolto dalla rovina del suo cliente, si suicidò) e riduceva sul lastrico i suoi soldati, che non ricevevano i salari. I profitti dell'imprenditore militare erano costituti da fonti assai eterogenee: **1.** la paga che il signore della guerra si impegnava a corrispondergli e che variava molto secondo le circostanze e secondo l'importanza e la capacità contrattuale dell'imprenditore militare (si passa dai 48.0000 talleri all'anno percepiti da Bernardo di Weimar come comandante della Lega di Heilbronn agli 80.000 talleri ricevuti dallo stesso Bernardo come comandante al servizio del re di Francia; Cristiano di Anhalt percepiva 100.000 talleri come capo dell'esercito dell'*Unione evangelica*, quasi il doppio – 180.000 talleri – prendeva Mansfeld dall'Elettore Palatino e 100.000 Il generalissimo Wallenstein) [v. pp. 306-315 e, in particolare, Tabella 6, pp. 311-314]; **2.** la differenza tra la somma pagata dal committente per il reclutamento del reggimento ed il costo reale del reggimento stesso [v. pp. 317-320]; **3.** la differenza tra il salario dovuto alla truppa in ragione dell'iscrizione all'ultimo ruolo e la minor somma effettivamente pagata a causa della morte o della scomparsa di soldati tra il penultimo e l'ultimo ruolo o tra l'ultimo ruolo e la data e pagamento (profitto non irrilevante se si pensa alle migliaia di morti in battaglia e a causa di epidemie) [v. pp. 320-321]; **4.** ricavi derivanti dagli acquisti degli armamenti e dall'approvvigionamento delle truppe. Questo cespite si ridusse, fino quasi a scomparire, a partire dalla metà degli anni '30, quando i signori della guerra cominciarono a provvedere direttamente all'acquisto degli armamenti [v. pp.321-323]; **5.** le pensioni che si facevano assegnare dai signori della guerra [v. pp. 327-330]. Accanto a queste fonti di reddito – che possiamo definire regolari – vi erano quelle irregolari, che erano anche le più cospicue; **6.** i "doni" - non proprio spontanei – che città e comunità offrivano per non subire molestie (non fare quartiere in un territorio) o per ridurne il danno (attraversare rapidamente il territori, garantire la disciplina delle truppe) [v. pp.331-343]; **7.** le donazioni che i signori della guerra elargivano in relazione al conseguimento di determinati risultati o che gli imprenditori militari "strappavano" loro. Il ducato di Meclemburgo fu assegnato a Wallenstein per lo più in pagamento di debiti pregressi (3.000.000 di talleri) ma in parte (700.000 talleri) a titolo di donazione. E addirittura gigantesca (6.000.000 di talleri) fu la donazione che l'imperatore fece ai generali e ai colonnelli che tradirono Wallenstein [v. pp.343-359 e, in particolare l'impressionante Tabella 9, pp.350-353]; **8.** i proventi dei saccheggi, che garantivano un profitto enorme per i comandanti imprenditori che, nella divisione del bottino facevano la parte del leone [v. pp. 359-364]; **9.** i riscatti derivanti dalla cattura di ufficiali in battaglia. I soldati non li riscattava nessuno e generalmente risolvevano la situazione arruolandosi nelle file del reggimento che li aveva fatti prigionieri [v. pp. 365-368]; **10.** frodi varie ed estorsioni [per un campionario v. pp. 368-371]. E' stato calcolato che, nel trentennio della guerra, abbiano operato – su piccola o su larga scala, con maggiore, minore o nessun successo - circa 1500 imprenditori militari. Con le fonti di guadagno sopra descritte, l'imprenditore militare - se non moriva in guerra o a causa della guerra, se non veniva fatto prigioniero, se godeva di linee di credito costanti e se il suo committente lo pagava - aveva buone probabilità di finire la carriera in condizioni di agiatezza. Se poi non dissipava i suoi guadagni e li investiva con abilità e fortuna lasciava ai suoi eredi patrimoni milionari, come accadde per Gallas e Piccolomini, per Banner e Kőnigsmarck.

140 Albrecht von Wallenstein (1583-1634), duca di Friedland, nato in ambiente protestante si convertì al cattolicesimo, verosimilmente per soli motivi di convenienza. Dopo un periodo di servizio presso il ramo tirolese della casa d'Asburgo, combatté come alfiere e poi come capitano in Ungheria contro i ribelli boemi e, in seguito, contro i turchi di Alì Pascià. Grazie ai buoni uffici del rettore del seminario dei gesuiti di Olmütz, sposò (1609) Lucrezia Nekeš von Landek, una ricca e stagionata vedova senza figli, signora di alcuni ricchi feudi con migliaia di sudditi e una rendita di oltre 400.000 fiorini, che morì quattro anni dopo, lasciandolo erede della sua fortuna. La nuova condizione permise ad Albrecht di arruolare – a sue spese – 300 cavalieri e di metterli a disposizione dell'arciduca Ferdinando nella guerra di Gradisca (1615-1617) contro i veneziani: l'impresa gli fruttò il grado di colonnello delle milizie di Moravia. Dal 1618 al 1621 partecipò con successo e con incarichi sempre più importanti alla guerra boema ed alla decisiva battaglia della Montagna Bianca, incrementando il suo già ricco feudo con nuove proprietà. Nel 1623 sposò Caterina von Harrach, figlia del barone Karl Leonhart, autorevole membro del Consiglio segreto dell'imperatore e suocero del principe Hans Ulrich von Eggenberg, che di quel Consiglio era il presidente. In questo modo Albrecht unì ad una grande ricchezza un notevole potere presso la Corte: miscela che - unitamente alla sua intraprendenza ad alle non comuni capacità organizzative e di comando – spiega la sua irresistibile ascesa. L'entrata in guerra della Danimarca e l'elezione del suo sovrano a *Kreisoberst* della Bassa Sassonia (1625) gli offrirono l'occasione per il grande salto di qualità. L'imperatore si trovava in difficoltà per almeno due motivi: l'entrata in guerra della Danimarca avveniva in un momento in cui la casa d'Austria non aveva denaro per sostenere la guerra e ciò metteva l'imperatore in una scomoda condizione di dipendenza dalla *Lega cattolica* e dal suo capo Massimiliano di Baviera. L'offerta di Albrecht di armare a sue spese un'armata imperiale prometteva di risolvere, in un sol colpo, entrambi i problemi di Ferdinando. Albrecht assolse egregiamente al suo compito e le sorti della guerra volsero decisamente a favore degli imperiali. Tuttavia, la dura dittatura militare che Albrecht imponeva alle regioni occupate dai suoi eserciti gli procurarono l'ostilità dei principi. Il suo enorme potere e le modalità del suo esercizio gli valsero l'inimicizia del duca di Baviera e le sue posizioni politiche la diffidenza (anche se non l'ostilità) della Spagna. Questi motivi convinsero l'imperatore a cedere alle pressioni e a destituire Wallenstein dal comando (dieta di Ratisbona, 3 luglio 1630). La morte di Tilly (1632) e i successi di Gustavo Adolfo in Germania obbligarono, però, l'imperatore ad umiliarsi e a richiamare il suo "generalissimo", restituendogli il grado e conferendogli poteri illimitati ed esclusivi. Il secondo comando di Albrecht non fu brillante come il primo. La sconfitta di Lützen (15-16 novembre 1632) – nella quale, tuttavia, perse la vita il re di Svezia – ed una strategia militare attesista al limite dell'ambiguità, oscurarono rapidamente la stella del condottiero boemo. Sospettandone (o fingendo di sospettarne) il tradimento, l'imperatore, dopo essersi assicurato la fedeltà degli alti gradi dell'esercito, decretò la deposizione di Wallenstein (24 gennaio 1634) e firmò l'ordine segreto che, in pratica, equivaleva alla sua condanna a morte. Il "generalissimo" venne assassinato, con i suoi più fedeli collaboratori, da un manipolo di mercenari britannici nella notte del 25 febbraio dello stesso anno. I feudi di Wallenstein - che vennero assegnati in "premio" ai generali e ai colonnelli che lo abbandonarono – avevano suscitato l'ammirazione e l'invidia dei contemporanei e sono ancora indicati dagli storici come esempio di moderna ed efficiente organizzazione (la biografia di riferimento di Wallenstein è quella di G. MANN, Wallenstein, Sansoni, Firenze, 1981. Il testo del conferimento del secondo generalato e quello del bando contro Wallenstein sono pubblicati da A. TURCHINI, *La guerra dei trent'anni*, cit., rispettivamente a pp.281-282 e a p. 288. Sull'amministrazione dei feudi v. J.V. POLIŠENSKÝ, La guerra dei trent'anni, Einaudi, Torino, 1982, pp. 224-226 e 242-246 e G. MANN, *Wallenstein*, cit., pp. 239-250).

141 L'esame dei ruoli dell'esercito di Wallenstein evidenzia – nel periodo 1625-1630 – la seguente progressione: 61.900 uomini nel 1625; 111.100 nel 1626; 112.700 nel 1627; 130.200 nel 1628; 128.900 nel 1629; 150.900 nel 1630 (v. G. PARKER, The Thirty Years' War, cit., Tabella 3, p. 90).

142 Con l'Ordinanza di Halbertstadt (10-11 novembre 1625) Wallenstein introdusse per la prima volta la regola della responsabilità delle popolazioni locali per il pagamento del salario dei soldati, che poteva essere eseguito parte in danaro e parte in natura: la paga di un fante fu fissata in 15 *kreuzer* e 1 libbra e mezzo di pane al giorno [90 *kreuzer* = 1 tallero]. Una successiva ordinanza portò il soldo di un fante a 1 tallero e ¼ a settimana (= 16 *kreuzer* al giorno) e quello di un cavaliere a 2 talleri alla settimana (=25,7 *kreuzer* al giorno). (v. F. REDLICH, *The German Military Enterpriser*, cit., I, pp. 487-489). Una Ordinanza imperiale per il mantenimento delle truppe del 1° gennaio 1630, dopo aver riaffermato la regola del mantenimento a carico delle comunità e del pagamento metà in contanti e metà in "provvigioni" (pane, carne, vino o birra) determinò la paga di un fante in 6 fiorini e 40 *kreuzer* al mese (=13,3 *kreuzer* al giorno) , quella di un cavaliere in 12 fiorini al mese (= 24 *kreuzer* al giorno) e quella di un corazziere in 15 fiorini al mese (= 30 *kreuzer* al giorno). (v. M.C. LUNDORP, *Continuazione delle guerre*, cit., pp. 100-102). La successiva ordinanza imperiale del 1° gennaio 1639 ridusse leggermente quella del fante (6 fiorini al mese) e parificò (a 15 fiorini) quella del cavaliere e del corazziere (v. G. WINTER, *Storia della guerra dei trent'anni*, cit., Tabella fuori testo, tra p. 544 e p. 545). Il costo dei soldati era pressoché identico per gli svedesi che, in Germania, retribuivano un fante con 6 fiorini al mese e un cavaliere/corazziere con 16 fiorini e 1/2 al mese. Anche Gustavo Adolfo adottò immediatamente il sistema contributivo introdotto da Wallenstein e, nel 1632, ordinò che alle truppe fosse corrisposto anche un contributo per le spese: 9 *kreuzer* al giorno per la razione di biada dei cavalli e, per i fanti, 5,6 *kreuzer* al giorno (v. F. REDLICH, *The German Military Enterpriser*, I, cit., pp. 490-491). In definitiva la paga media annuale di un fante oscillava tra i 44 e i 48 talleri e quella di un cavaliere/corazziere intorno ai 120 talleri. Dalle matricole risulta che somme di poco superiori pagava Bernardo di Weimar, quando passò al servizio dei francesi (v. F. REDLICH, *The German Military Enterpriser*, cit., I, p. 234). I soldati, quindi, erano pagati molto poco: essi accettavano di combattere per una paga appena superiore quella di un bracciante agricolo, affidando al bottino la speranza di tornare a casa con qualche cosa. Ma la probabilità di tornare era scarsa. Per avere un'idea dei rischi della guerra basteranno due esempi, diversi tra loro. Il distretto rurale di Bygdeå, nel nord della Svezia, fornì per il servizio militare in Polonia e in Germania – tra il 1621 e il 1639 – 230 giovani: 215 morirono, 5 tornarono mutilati e dei dieci ancora in servizio è improbabile che qualcuno sia sopravvissuto fino alla fine della guerra. Nel giugno 1628 si imbarcarono a Portsmouth 7.833 soldati per portare soccorso a La Rochelle. I registri dell'ufficiale pagatore ci informano che di essi solo 2.989 fecero ritorno al porto di partenza dopo tre mesi di campagna (nell'ottobre 1628), il 38% del contingente iniziale (v. G. PARKER, *La rivoluzione militare*, Il Mulino, Bologna, 1999, pp. 99-106, che riporta numerosi altri dati). Naturalmente, il "costo" di un soldato era sensibilmente più alto della sua "paga", perché comprendeva il suo equipaggiamento ed il suo mantenimento. Si calcola che il costo "in esercizio" di un fante svedese fosse di circa 90 talleri all'anno e quello di un cavaliere di circa 300. (v. M. ROBERTS, *Gustavus Adulphus and the Rise of Sweden*, The English Universities Press, London, 1973, p. 115).

143 La cifra appare inverosimile. Del resto, gli stessi principi riuniti a Ratisbona nel 1630, quando presentarono all'imperatore il conto dei costi della guerra – e, quindi, in una circostanza in cui avevano tutto l'interesse a "gonfiarne" l'importo – dichiararono di aver sborsato in sei anni la somma di 240 milioni di talleri oltre a interessi e "aggravi particolari" (v. la relazione al Senato veneziano di Sebastiano Venier in J. FIEDLER, *Die Relationen der Botschafter Venedigs*, cit., 1. Band, V, *Relatione di S. Sebastian Venier Cav., ambasciatore estraordinario in Germania. 1630*, pp. 129-178, a pagina 149).

144 L'assegnazione del Meclemburgo avvenne con una modalità complessa. Con un atto pubblico l'imperatore procedeva alla provvisoria espropriazione del ducato, costituendolo in

pegno a favore di Wallenstein, a garanzia del pagamento della spese di guerra da questi anticipate. All'atto pubblico erano allegati due documenti segreti: un atto di acquisto del ducato da parte di Wallenstein, il cui prezzo risultava pagato con regalie e rendite concesse dall'imperatore (per un valore di 700.000 talleri) ed una lettera di infeudazione con la quale si conferiva a Wallenstein il diritto di nominare i suoi successori. L'investitura pubblica e solenne sarebbe seguita solo un anno e mezzo dopo.

145 Lo stretto che mette in comunicazione il Mar Baltico con il Mare del Nord, attraverso il Kattegatt.

146 Per contrastare la progettata alleanza del Nord (Inghilterra, Svezia, Danimarca), la Spagna concepì di stipulare un accordo con la Lega anseatica che prevedeva l'armamento di una flotta a protezione dei rivali e la concessione di privilegi commerciali nelle Indie spagnole in cambio del consenso ad accettare la presenza di basi militari spagnole nelle città di Lubecca, Stralsund e Brema. In caso di riluttanza ad accettare l'accordo, il piano – che mirava anche a coinvolgere l'imperatore nella guerra dei Paesi Bassi – prevedeva il ricorso ad una prova di forza contro una città baltica e, in alternativa, un attacco dalla Bassa Sassonia. L'assedio di Stralsund era, quindi, parte di un piano che naufragò per la decisione di Ferdinando di fermare Wallenstein, revocando (1629) il permesso di impiegare parte delle sue forze contro gli olandesi in Frisia, per destinarle alla guerra di Mantova. (v. C.V. WEDGWOOD, *La guerra dei trent'anni*, cit., p. 202; G. PARKER, *The Thirty Years' War*, cit., p. 97. Per un dettagliato esame della condotta di Wallenstein nell'assedio di Stralsund v. G. MANN, *Wallenstein,* cit., pp. 441-448).

147 E' l'alleanza, principalmente commerciale, di sei città (Lubecca, Rostock, Stralsund, Wismar, Amburgo e Lüneburg) che costituirono – dalla fine del XIII secolo, il nucleo di una più vasta unione di città mercantili, interessato al commercio e alla pesca nel Mare del Nord. La Lega non esitò a impegnarsi in conflitti militari per tutelare l'interesse dei suoi associati nei traffici nel Mare del Nord e tra questo e il Mar Baltico, fino al Golfo di Finlandia, a protezione di una estesa rete di commerci che andava da Londra a Novgorod.

148 Il Grande e il Piccolo Belt sono i due stretti che circondano le isole maggiori della Danimarca, separandole dal continente.

149 Quella sottoscritta tra Svezia e Danimarca a Copenaghen il 4 gennaio del 1628, fu una breve tregua (tre anni) malgradita da entrambi i sovrani, ispirata a Gustavo Adolfo dall'urgenza di salvare Stralsund dall'attacco imperiale e dalla speranza di Cristiano IV di ottenere miti condizioni di pace dall'imperatore. Entrambi gli obiettivi furono conseguiti: Stralsund passò sotto il controllo svedese e la Danimarca spuntò a Lubecca condizioni di pace straordaria-mente favorevoli. (v. M. ROBERTS, *Gustavus Adolphus and the Rise of Sweden*, cit., 1973, p. 67).

150 Con la pace di Lubecca (7 giugno 1629) si concluse la "fase danese" della guerra dei trent'anni. Cristiano IV rinunciò ad ogni pretesa sui vescovati tedeschi, per i quali era entrato in guerra, ma conservò i domini ereditari (il testo della pace di Lubecca è pubblicato da A. TURCHINI, *La guerra dei trent'anni*, cit., pp. 191-193). La Danimarca, che aveva finanziato i suoi eserciti con "mezzi propri", senza ricorrere alle risorse dei territori occupati, uscì dalla guerra economicamente distrutta. La continuazione delle ostilità in Germania ne avrebbero, tuttavia, favorito in breve tempo la ripresa economica ed il ritorno alla prosperità (v. G. PARKER, *The Thirty Years' War*, cit., pp. 71-73).

151 La morte di Vincenzo II Gonzaga (1627) e la rivendicazione della successione da parte del duca Carlo di Nevers, portò ad uno scontro frontale della Spagna e della Francia in terra italiana. Nello scontro venne coinvolto anche Ferdinando II, che impegnò nella guerra uomini e risorse. La guerra si concluse nel 1631 con la pace di Cherasco. Un sintetico ma chiarissimo riassunto della questione della successione al ducato di Mantova è contenuto nella relazione dell'ambasciatore Contarini al Senato di Venezia (v. M. Barozzi- G. Berchet, *Relazioni degli stati europei lette al Senato dagli ambasciatori veneti nel secolo Decimosettimo*. Serie III. Italia. Relazioni di Roma, *Relazione di Angelo Contarini ambasciatore ordinario alla Corte di Roma 1627-1629*, Pietro Naratovich, Venezia, 1877, I, pp. 255-311. La questione della successione è pp. 290-291.

152 La Dieta di Mulhausen (4 ottobre 1627) si può considerare il prologo dell'*Editto di restituzione*. In questa occasione l'imperatore incaricò il suo rappresentante, Heinrich Peter Stralendorf, di rendere noto ai principi che *"non abbiamo mai pensato di lasciar passare qualsiasi occasione per assicurare la restituzione dei territori della Chiesa né intendiamo ora o in futuro avere la responsabilità di fronte ai posteri di aver trascurato o mancato di sfruttare persino la minima opportunità"* (v. R. BIRELEY, *Religion and Politics in the Age of the Counterreformation. Emperor Ferdinand II, William Lamormaini,S.J., and the Formation of Imperial Policy*, Chapel Hill, University of North Carolina, 1981, p. 54).

153 L'arciduca Leopoldo Guglielmo (1614-1662), figlio quindicenne dell'imperatore (v. P. GAUCHAT, *Hierarchia catholica*, cit., IV, p. 200 e nota 2). Leopoldo Guglielmo, oltre che vescovo, fu uomo d'armi, impegnato nella guerra dei trent'anni e, dal 1657, governatore dei Paesi Bassi spagnoli.

154 L'Editto, emanato il 6 marzo 1629, stabiliva che tutte le proprietà ecclesiastiche passate in mano ai protestanti dopo il 1552 (l' «anno normale» della pace di Augusta) dovessero essere restituite alla Chiesa cattolica. Le operazioni di restituzione dovevano essere compiute a cura di Commissari imperiali (contro i cui atti non era ammesso ricorso), i quali erano autorizzati a servirsi dell'esercito imperiale per l'esecuzione del mandato. Solo la confessione luterana otteneva riconoscimento legale. Eppure, questo provvedimento scontentò tutti e non solo – come è ovvio – i riformati. Scontentò la Chiesa, che avrebbe voluto che le operazioni di trasferimento fossero curate non da commissari imperiali ma da propri rappresentanti e scontentò i principi della *Lega cattolica* i quali avrebbero voluto che il provvedimento di restituzione fosse assunto dalla Dieta e non per mezzo di un editto dell'imperatore, nel quale scorgevano il risorgere di una vocazione assolutistica che non prometteva nulla di buono (il testo dell'*Editto di restituzione* è pubblicato da A. TURCHINI, *La guerra dei trent'anni*, cit., pp.179-183). L'opposizione "di principio" della Chiesa all'Editto era così radicale che, anche quando si rendeva indispensabile *"eccitar la pietà"* dell'imperatore par ottenerne la collaborazione nel recupero dei beni, la Curia raccomandava di aver cura *"di cautelarsi nel parlare di maniera che non paresse che Sua Santità approvasse l'Editto pubblicato per la restituzione de suddetti beni, ma solo insistere nel bisogno del suo brazzo medesimo secolare per la prosecuzione della loro restituzione"*. (v. lettera della Propaganda Fide a Pallotto del 16 febbraio 1630 in R. BECKER, *Nuntiaturberichte aus Deutschland.*, cit., Vierte Abteilung, 4. Band, *Nuntiaturen des Giovanni Battista Pallotto und des Ciriaco Rocci*, cit.,p. 87). E la pratica quotidiana pareva giustificare l'ostilità della Chiesa all'Editto, perché già nel 1630 il vescovo di Osnabrück denunciava che *"li ministri di Cesare pongono in possesso de' canonicati e delle dignità persone inabili e, quel che importa più, senza bolle ed instituzione apostolica, volendo che basti la nomina o ecezione dell'Imperatore solo"* (v. Carafa a Barberini, Liegi, 1 marzo 1630 in J. WIJNOVEN, *Nuntiaturberichte aus deutschland. Die Kolner Nuntiatur*, VII/2. Band, *Nuntius Pier Luigi Carafa (1627 September-1630 Dezember)*, Ferdinand Schoningh, Paderborn, 1989, p. 494).

155 Magdeburgo e Brema

156 Marburgo, Meissen, Minden, Halbertstadt,Lubecca, Verden, Ratzenburg, Neuburg, Brandeburgo, Havelberg, Kammin e Lebus.

157 Enrico di Knöringen (1570-1646), eletto dal capitolo di Augusta il 29 novembre 1598 e nominato vescovo il 13 giugno 1599 (v. P. GAUCHAT, *Hierarchia catholica*, cit., IV, p. 101). Si impegnò per l'applicazione dei principi del Concilio tridentino, fondò un'università e si prodigò in opere di educazione e carità. Fu un attivo sostenitore della *Lega cattolica* che finanziò senza risparmio. Costretto ad abbandonare la diocesi quando la città cadde in mano agli svedesi, vi fece ritorno nel 1634 e si mostrò inflessibile nel pretendere la restituzione di città e beni. Indebitato fino al collo si vide costretto a cedere di fatto la diocesi all'arciduca Sigismondo Francesco d'Austria – figlio di Leopoldo V – nominandolo suo coadiutore con diritto di successione (1641).

158 Richelieu – da sempre convinto che quella di Germania non era una guerra di religione ma un conflitto politico – pensava che l'interesse dei principi protestanti, senza distinzione di fede, fosse quello di ridimensionare il potere imperiale e che il problema fosse farli persuasi di ciò. Per questo – almeno dal 1625 – i suoi agenti battevano le corti tedesche offrendo loro l'amicizia e la protezione della Francia. L'offensiva diplomatica francese si intensificò con l'entrata in guerra della Svezia, quando la sua offerta diventò per i cattolici particolarmente appetibile. Il duca di Baviera, in ciò fortemente incoraggiato dalla Chiesa (che si fece addirittura mediatrice dell'accordo) concluse con la Francia un'alleanza di otto anni (trattato di Fontainebleau, 30 maggio 1631), che doveva restare assolutamente segreta.

159 Nonostante l'ostentata ostilità di Wallenstein verso la Spagna e a dispetto dei pessimi rapporti che intercorrevano tra il generalissimo ed i ministri del re cattolico, la Spagna non era affatto convinta che la destituzione di Wallenstein fosse una buona cosa e non si adoperò perché ciò accadesse. E, dopo che la decisione fu presa, il primo ministro spagnolo, duca Olivares, definì senza mezzi termini in Consiglio di Stato (seduta del 30 novembre 1630) quella di Ratisbona come "*la pace più vergognosa che ci sia mai capitata*". (citato da G. PARKER, *The Thirty Years' War*, cit. p. 98). Per parte sua l'ambasciatore spagnolo non aveva mancato di far sapere al nunzio che "*S.M. non poteva pigliare in Ratisbona peggior risoluzione che di levare Fridland dal carico di generale*" (v. Rocci a Barberini, Ratisbona 26 agosto 1630 e Vienna, 24 maggio 1631, in R. BECKER, *Nuntiaturberichte aus Deutschland*, cit., 4. Band, *Nuntiaturen des Giovanni Battista Pallotto und Ciriaco Rocci*, cit., p. 255 e p. 483). Del resto, proprio su Wallenstein e sul suo formidabile esercito contava, la Spagna, per risolvere la guerra d'Italia e piegare la Francia.

160 Correva anche la voce che Wallenstein avesse consegnato al cancelliere austriaco Giovanni Battista di Werdenberg l'enorme somma di 250.000 talleri per corrompere alcuni elettori presenti alla Dieta. La notizia è comunicata dal nunzio Pallotto in una lettera al card. Barberini del 30 marzo 1630 (v. R. BECKER, *Nuntiaturberichte aus Deutschland*, cit., 4 Band, *Nuntiaturen des Giovanni Battista Pallotto und Ciriaco Rocci*, cit., pp. 131-135, a pagina 134).

161 Le grandi manovre dei principi tedeschi per liberarsi di Wallenstein iniziarono molto prima della Dieta di Ratisbona. Nella Dieta di Muhlausen (4 ottobre 1627) essi manifestarono la volontà di chiedere all'imperatore il blocco del reclutamento delle truppe di Wallenstein, la riduzione del suo esercito e l'affidamento della riscossione di tasse e contributi ai principi territoriali (v. G. PARKER, *The Thirty Years' War*, cit., pp. 90-91). Tra il 29 giugno ed il 7 luglio 1628 si tenne – in gran segreto - a Bingen, presso Magonza, una dieta dei principi cattolici, rappresentati dai loro ambasciatori, il cui oggetto ufficiale era decidere la data della futura dieta imperiale. In realtà, ben altro era l'argomento all'ordine del giorno. Il nunzio Pier Luigi Carafa – che aveva un informatore fidato e attendibile nell'assemblea – fu in grado di fornire al cardinale Barberini un

dettagliato resoconto dei lavori, in una lettera da Liegi del 28 luglio 1628. L'impero è in pericolo – sostenevano i principi – per *"le smisurate forze"* di Wallenstein, il quale *"s'arroga tanta autorità che ne supera l'imperatore stesso"*. A prova di ciò, si adduce che mai l'imperatore osò mandare i suoi eserciti ad alloggiare negli Stati degli elettori senza chiederne il consenso: Wallenstein lo fa regolarmente e, quando qualcuno si è lamentato, *"vi ha spinto truppe più numerose"*, stremando a tal punto i sudditi – ecco il nocciolo della questione! - *"che non ponno pagare i diritti a' loro principi e le contribuzioni ordinarie per la Lega cattolica"*. Altre prove della "superiorità" del generalissimo vengono individuate in due episodi specifici: egli ha disobbedito all'imperatore che gli ordinava di togliere le truppe dai territori dell'elettore di Sassonia e si è rifiutato di ricevere gli ambasciatori della Svevia, le cui proteste Ferdinando gli aveva espressamente chiesto di ascoltare. Wallenstein – che è *"d'umor torbido"* e di *"cervello capricciosissimo"* - ha spinto la sua protervia fino al punto di dire all'ambasciatore spagnolo, conte di Ossuna, di non avere alcuna stima del re d'Ungheria (il futuro Ferdinando III) e che, per questo, se il re di Spagna ambiva alla corona imperiale, egli solo *"era bastante a fargliela ottenere, senza bisogno dell'assenso degli elettori"*. Oltre a ciò, nella Dieta viene mossa a Wallenstein un'altra accusa, che appare contraddittoria con quelle avanzate in precedenza ma che riguarda una questione vitale per i principi. Wallenstein è reo di aver *"posto in capo a Cesare due punti di gran conseguenza e di momento estremo"*. Il primo è quello *"di voler fare dell'imperatore padrone assoluto dell'impero e mutar la forma dell'elezione con levare affatto via gli elettori"*, riservando in via ereditaria agli Asburgo la corona imperiale. Il secondo è quello di *"cacciar dell'impero tutti gli heretici"*, ovunque reintroducendo la religione cattolica. La Dieta si concluse convenendo che *"per ogni modo e per ogni strada bisogna scemar l'autorità e l'esercito al Friedland"* e con l'intesa che i principi scriveranno al papa perché difenda l'elettività della corona imperiale (*"che è stata instituita da questa Santa Sede"*) e che le proteste contro Wallenstein formeranno oggetto di missioni diplomatiche speciali. Circa il ripristino dell'antica fede, la *Lega cattolica* dovrà promettere all'imperatore di cacciare *"con la forza o con la piacevolezza, secondo il bisogno"* tutti gli eretici e tutti i nemici della casa d'Austria. Si decise, infine, di informare delle decisioni della Dieta anche l'elettore di Sassonia, *"al quale si tacerà nondimeno il punto della religione per non renderlo diffidente"*. (v. Carafa a Barberini, Liegi, 28 luglio 1628 J. WIJNHOVEN, *Nuntiaturberichte aus Deutschland. Die Kolner Nuntiatur*. VII/2 Nuntius Pier Luigi Carafa 1627 September-1630 Dezember, cit, pp. 151-153). L'anno successivo – in un incontro della *Lega cattolica* tenutosi a Mergentheim (dicembre 1629) – il nuovo elettore di Magonza, Giorgio Federico di Greiffenklau, sostenne che non ci sarebbe stata pace in Europa fino a quando Wallenstein fosse stato a capo dell'esercito imperiale ed avesse tenuto il possesso del Meclemburgo ed il suo successore, Anselmo Casimiro di Wambold, convocò – nella sua qualità di arcicancelliere dell'impero – per il 3 giugno 1630 una Dieta a Ratisbona per risolvere la questione. (v. G. PARKER, *The Thirty Years' War,* cit., p. 91).

162 Oltre ad ottenere una conclusione vantaggiosa della guerra in Italia, Richelieu era interessato a favorire qualunque decisione che comportasse un indebolimento della casa d'Austria. Ottenne tutto quanto era possibile ottenere. Concluse per l'Italia una pace che non intendeva rispettare e le cui condizioni sfavorevoli non esitò a modificare (annessione di Pinerolo e occupazione dei passi dei Grigioni) in sede di esecuzione del trattato. Contestò la clausola del capitolato che inibiva alla Francia di stringere intese con potenze ostili all'impero e – nelle more della successiva trattativa – firmò il trattato di alleanza con Gustavo Adolfo. In compenso, la forza dell'imperatore uscì da Ratisbona gravemente ridimensionata. Giudica, invece, il trattato di Ratisbona rovinoso per la Francia C.V. WEDGWOOD, *La guerra dei trent'anni*, cit., p. 263.

163 Carlo I Gonzaga-Nevers (1580-1639), alla morte senza eredi di Vincenzo II Gonzaga, che era suo cugino, rivendicò la successione nei ducati di Mantova e del Monferrato. Poiché la sua pretesa era osteggiata dalla Spagna, che non gradiva un sovrano francese al confine con lo Stato di Milano, Carlo tentò il colpo di mano, recandosi personalmente a Mantova. Costretto alla fuga

dal deciso intervento militare della Spagna, dall'invasione del Monferrato da parte del duca di Savoia e dal sequestro imperiale dei domini contesi, Carlo riparò nello Stato pontificio, dove rimase fino a quando l'intervento francese e la pace di Cherasco gli consentirono di prendere possesso del ducato.

164 La Spagna vide frustrate tutte le sue aspettative. Voleva la pace in Germania (anche sacrificando l'*Editto di restituzione*), la tregua nelle Fiandre e la continuazione della guerra in Italia. Voleva la reintegrazione dell'elettore Palatino, da offrire all'Inghilterra in cambio di un'alleanza che avrebbe protetto le sue navi dagli olandesi. Voleva lo smantellamento dell'esercito della Lega, per rafforzare quello imperiale di cui voleva disporre. Non ottenne nulla.

165 Urbano VIII vide nella questione della successione del ducato di Mantova e nell'intervento militare dell'imperatore i prodromi di una situazione politica che avrebbe portato la casa d'Austria ad impadronirsi di tutta l'Italia. Da questo momento la politica della Santa Sede si indirizzò al fine di ottenere – ad ogni costo – la pace in Italia ed il declino della potenza degli Asburgo. Nonostante tutte le solenni professioni di neutralità e la costante rivendicazione del suo ruolo di "padre comune" di tutti i cattolici, ogni iniziativa di Urbano VIII fu ispirata dal fine di recare il maggior danno possibile all'imperatore: ciò che indusse uno storico protestante, ancora partecipe del clima degli eventi, ad affermare che *"per il Papa era preferibile che i protestanti si salvassero piuttosto che tutta l'Europa finisse sotto il dominio di un unico capo, che avesse la forza di ridurlo all'originale stato sacerdotale"* (v. S. PUFERDORFI, *Commentariorum de rebus suecicis ab expeditione Gustavi Adolphi regis in Germaniam ad abdicationem usque Christinae*, apud Johannem Ribbium, Ultraiecti, 1686, p. 24). Anche per la diplomazia Vaticana, l'esito della dieta di Ratisbona fu un successo. Per una esauriente ricostruzione del comportamento della diplomazia pontificia a Ratisbona, essenzialmente fondato sulla corrispondenza tra il nunzio Rocci ed il cardinale Barberini, allora inedita, v. R. RUSSO, *La politica vaticana nella dieta di Ratisbona del 1630*, in *Archivio storico italiano*, LXXXIV, 1926, I, pp. 25-88, II, pp. 233-285.

166 Oltre a liberarsi di Wallenstein, Massimiliano perseguiva a Ratisbona due importanti obiettivi: impedire lo smantellamento dell'esercito della *Lega cattolica* e consolidare la sua contestata signoria sul Palatinato, ottenendone l'estensione ai successori della sua casata. Conseguì il primo, grazie al concorde appoggio dei principi cattolici, che non intendevano privarsi di un potente strumento di pressione sulla politica imperiale. E grazie anche alla risoluta posizione assunta dal Papa che considerava le armi della Lega nelle mani di Massimiliano *"un esercito proprio del pontefice non solo contro li heretici, ma contro l'imperatore e le due Corone, quando alcuna di queste troppo prevalesse"* (v. la relazione al Senato di Alvise Contarini in N. BAROZZI-G. BERCHET, *Relazioni degli stati europei*, cit., Relazione di Alvise Contarini, cit., pp. 349-405 a pagina 381) e che, quindi, occorreva difendere con vigore da tutto ciò *"che la può indebolire o dissolvere"* (v. *Instruktion fur Pier Luigi Carafa*, Roma, 26 giugno 1624, in J. WIJNOVEN, *Nuntiaturberichte aus Deutschland, Die Kolner Nuntiatur*, cit., VII/1. Band, *Nuntius Pier Luigi Carafa (1624 Juni-1627 August)*, Ferdinand Schoningh, Paderborn,1979, pp. 1-32 a pagina 29). Conseguì, invece, solo parzialmente, il secondo obiettivo: la dieta di Ratisbona non revocò, infatti, la devoluzione del Palatinato a suo favore, ma neppure ne riconobbe la definitività con l'approvazione della trasmissibilità della signoria e della dignità per via ereditaria.

167 Francesco Leclerc du Tremblay (1577-1638), questo il nome secolare di padre Giuseppe, figlio del Presidente del Parlamento di Parigi, era Provinciale dei cappuccini quando conobbe Richelieu, che di lui era più giovane di otto anni, al tempo in cui era vescovo di Luçon. Padre Giuseppe restò al fianco del grande statista per tutta la sua vita, assistendolo con tortuosa intelligenza che valse a quest'uomo – che Richelieu stesso definiva *"tenebroso e cavernoso"* - la fama di eminenza grigia della Francia (sull'attività di padre Giuseppe alla dieta di Ratisbona v. C.J. BURCKARDT, *Richelieu*, Einaudi, Torino, 1942, pp. 457-464: un esame accurato della personalità

di padre Giuseppe e della sua influenza sulla politica francese si trova nei due volumi di G. FAGNIET, *Le père Joseph et Richelieu (1577-1638),* Hachette, Paris, 1894). L'ambasciatore veneziano Alvise Contarini – che ebbe modo di conoscere bene padre Giuseppe – diceva che il legame di costui con Richelieu era così forte da averlo più volte dissuaso dal lamentarsi del suo comportamento presso il cardinale, ancorché non ne fossero mancati buoni motivi, *"perché niente avrebbe giovato"* e sarebbe stato, anzi, controproducente *"sapendo egli molto ben vendicarsi di quelli che lo offendono e che sono stati poco suoi amici".* (v. N. BAROZZI-G. BERCHET, *Relazioni dagli stati europei lette al senato dagli ambasciatori veneti nel secolo diciassettesimo.* Serie II. Francia, vol. II, *Relazione di Francia di Alvise Contarini, ambasciatore ordinario a Luigi XIII dall'anno 1634 al 1637,* Pietro Naratovich, Venezia, 1859, pp. 297-310. Le osservazioni su padre Giuseppe sono a pagina 305).

168 L'inganno posto in essere dalla diplomazia francese è indubitabile. Basta ricordare che alla data del 20 maggio 1630 – cioè prima ancora che la dieta di Ratisbona avesse inizio – Richelieu aveva concordato con Gustavo Adolfo tutti i termini e le condizioni dell'alleanza che sarebbe stata sottoscritta a Barwälde il 23 gennaio 1631. La circostanza risulta chiaramente In un dispaccio (tutto in cifra) inviato da Grenoble il 21 maggio 1630, con il quale l'ambasciatore Alvise Contarini informava la Serenissima di un colloquio avuto con Richelieu. Il cardinale proponeva a Venezia di concorrere, per un terzo della somma promessa dai francesi, al finanziamento di Gustavo Adolfo e pretendeva una decisione immediata e, soprattutto, segreta *"per rispetto dei principi della Lega, i quali non sentirebbero bene che la Francia fomentasse i protestanti al turbare l'Impero, il che però stimo il migliore di tutti i beni che possono incontrarsi nelle congiunture presenti"* (M. Barozzi- G, Berchet, *Relazioni dagli stati europei,* cit., Francia, Serie III. *Compendio dei dispacci di Alvise Contarini,* II, Pietro Naratovich, Venezia, 1859, pp. 257-278. Il dispaccio citato è a p. 266).

169 Il gioco delle parti della diplomazia francese trova conferma nella corrispondenza da Ratisbona del nunzio Rocci, il quale informava di aver raccolto le lamentele dell'ambasciatore Charles Brûlart, il quale accusava padre Giuseppe di averlo indotto a trasgredire gli ordini del re *"perché diceva (...) che aveva l'intrinseco del medesimo e del card. Riccheliu"* (v. Rocci a Barberini, Roma 11 novembre 1630 in R. BECKER, *Nuntiaturberichte aus Deutschland,* cit., Vierte Abteilung, 4. Band, *Nuntiaturen des Giovanni Battista Pallotto und des Ciriaco Rocci (1630-1631),* cit., pp. 355-357, a pagina 356). Di lì a poco toccherà a Barberini avvertire il nunzio che il Re Cristianissimo rifiutava di approvare la capitolazione assumendo che *"mons. Leon* [l'ambasciatore Brûlart era priore di Lione. n.d.a.] *e'l P. Giuseppe habbino eccedute le lor commissioni e facoltà"* (v. Barberini a Rocci, Roma 19 novembre 1630, *ibidem,* pp. 360-363 a pagina 361). Anche l'ambasciatore veneziano Sebastiano Venier registrò la delusione di Brûlart, che attribuiva la firma del trattato alla volontà di padre Giuseppe, inviato di Richelieu *"e da lui dipendente, che affermava saper molto bene li suoi sensi, et che haverebbe sempre approvato quello, à che si havesse sempre assentito"* (v. J. FIEDLER, *Die Relationen der Botschafter Venedigs,* cit., 1. Band, *V. Relatione di S. Sebastian Venier,* cit., pp. 129-178 a pagina 135). Quando cinque anni dopo la Svezia rifiutò di ratificare il trattato firmato con la Francia, chiedendo di rinegoziarne alcune clausole, l'ambasciatore svedese, Ugo Grozio, non si lasciò sfuggire l'occasione per ricordare maliziosamente a padre Giuseppe la condotta tenuta dalla Francia a Ratisbona. (v. D.P. CONNELL, A cause célèbre *in the History of Treaty-Making: the Refusal to Ratify the Peace Treaty of Regensburg in 1630,* in *The British Year Book of International Law,* 42 (1967), pp. 71-90 che propone un dettagliato esame della questione . Il riferimento al "seguito" franco-svedese è a pp. 88-90. La questione delle "istruzioni" di Brûlart è ampiamente trattata da G. Fagniez, *Père Joseph et Richelieu,* cit., I, pp.448-494).

170 Ferdinando uscì a pezzi dalla Dieta. Insediò Carlo di Nevers a Mantova, mentre aveva iniziato una guerra proprio per privarlo di quel ducato; accettò di destituire Wallenstein, privandosi del

suo miglior generale ed indebolendo l'esercito, nel momento in cui il pericolo svedese era alle porte (sebbene possa apparire incredibile gli elettori presentarono la loro prima mozione contro Wallenstein il 16 luglio, quando già era giunta la notizia che le prime navi svedesi erano approdate a Rugen il 26 giugno!); intendeva compensare la perdita assorbendo l'esercito della Lega in quello imperiale e ponendolo sotto il comando del re d'Ungheria, in modo che i principi non potessero disporre di una forza armata, ma l'esercito della Lega non fu sciolto ed il comando di quello imperiale fu affidato al generale Tilly, che era uomo fedele a Massimiliano e comandante della Lega; si indusse alla pace con la Francia mentre questa tesseva alleanze ostili con la Svezia e la Baviera. Naturalmente l'imperatore era consapevole di essere *"burlato"*, ma accettò tutte le conseguenze negative della Dieta perché era convinto che – in cambio di tante concessioni – gli elettori si sarebbero risolti a dargli la cosa che più gli stava a cuore: l'elezione del figlio a Re dei Romani. Ma neppure questo ottenne. I principi – invitati a trattenersi a Ratisbona dopo la firma dei trattati – rifiutarono, accampando *"altri impegni"* o lamentando gli alti costi della trasferta e salutarono l'imperatore con la vaga promessa *"di radunarsi di nuovo a primavera per far l'elettione del Re dei Romani"*. *"Ma non mi assicuro* - commentava, con facile previsione, il nunzio Rocci - *che ciò sia per seguire"*. (v. R. BECKER, *Nuntiaturberichte aus Deutschland,* cit., Vierte Abteilung, 4. Band, *Nuntiaturen des Giovanni Battista Pallotto un des Ciriaco Rocci,* cit., p. 357). Circa il sabotaggio dell'elezione del re dei Romani, una parte di rilievo la recitò la Santa Sede, d'intesa con il duca Baviera. Un dispaccio del 20 gennaio 1629, inviato da Francesco Crivelli, agente del duca di Baviera in Corte di Roma, al Consiglio dell'elettore informa che l'ambasciatore cesareo aveva chiesto al Papa di intercedere presso Massimiliano e gli altri elettori *"perché quanto prima si venga all'elezione del Re de' Romani"*. Nel darne la comunicazione, il card. Barberini si affrettò a precisare al Crivelli di essere stato costretto *"per degni rispetti"* a dare all'ambasciatore ampie assicurazioni, ma che affatto diverso era il pensiero del Papa, il quale voleva, anzi, *"fare ufficio con Francia e Venezia per impedire detta elezione, dicendo che non era tempo ancora di trattare simile faccenda"*. Lo stesso Crivelli, il 6 aprile 1630, nell'imminenza della Dieta, informava il suo padrone che la prossima elezione *"né il Papa né il Barberino la possono inghiottire"*. Del fatto che il Papa avesse impiegato *"uffitj e grazie"* con il duca di Baviera *"per rompere li disegni dell'imperatore"*, parlava senza mezzi termini l'ambasciatore veneziano Giovanni Pesaro. (i dispacci di Crivelli sono pubblicati da F. GREGOROVIUS, *Un episodio della guerra dei trent'anni,* cit., pp. 27-29. L'informativa di Pesaro si trova in N. BAROZZI-G. BERCHET, *Relazioni degli stati europei lette al Senato dagli ambasciatori veneti nel secolo decimo settimo,* Serie III – Italia. Relazioni di Roma, I, *Relazione di Giovanni Pesaro ambasciatore ordinario alla Corte di Roma 1630-1632*, Pietro Naratovich, Venezia, 1877, pp. 317-348, a pagina 337). La medesima *"sceneggiata"* si ripeté puntualmente l'anno successivo a beneficio dell'ambasciatore spagnolo, anche lui recatosi dal Papa per sollecitarne l'intervento nella questione dell'elezione del re dei Romani. Il Papa lo rassicurò di avere già impartito al nunzio *"l'incarico di fare i passi necessari"* (mentre si era limitato, per mezzo del card. Barberini, ad ordinare a Rocci di consultarsi con il duca di Baviera e di seguire fedelmente i *"suoi pareri"*, assicurandolo che *"questa è la strada di meritare apresso la S.tà di N. S."*), e Barberini ordinò immediatamente al nunzio di confermare la circostanza (falsa) dell'incarico ricevuto, suggerendogli, inoltre, di accennare *"come da sé, quel che li parerà a proposito circa la prudenza con che bisogna caminare alli pontefici in simili materie elettorali"*. Rocci, che ha capito perfettamente il gioco, risponde con laconica eloquenza, che quando incontrerà il residente spagnolo a Vienna *"non mancher(à) attestarli gli ordini havuti da N. S., gli uffitii fatti da me in conformità, e mi valerò con ogni puntualità de gli avvertimenti datimi"*. (v. Barberini a Rocci, Roma 19 novembre 1630 in R. BECKER, *Nuntiaturberichte aus Deutschland,* cit., Vierte Abteilung, 4 Band, a *Nuntiaturen des Giovanni Battist Pallotto und des Ciriaco Rocci (1630-1631)*, cit., p. 366; Barberini a Rocci, Roma 1 febbraio 1631, *ibidem*, pp. 409-410 a pagina 410; Rocci a Barberini, Vienna 22 febbraio 1631, *ibidem*, pp. 420-423 a pagina 422).

171 Giovanni Battista Senno, matematico e alchimista senza particolare talento (ma non ha lasciato opere scritte sulle quali poterlo giudicare), giunse in Germania al seguito di Ottavio Piccolomini, che lo conobbe a Siena. Il giovane astrologo si fece apprezzare da Wallenstein che lo prese al suo servizio, coprendolo di denaro e di privilegi. Senno diventò l'astrologo di fiducia del generalissimo e il suo confidente e consigliere. È certo che egli ebbe – più di ogni altro – accesso alle confidenze di Wallenstein e che ebbe ampie possibilità di influenzarne le decisioni. Non possiamo sapere, invece, se e in quale misura Wallenstein si lasciasse effettivamente influenzare, né possiamo dire se fosse un traditore al servizio del Piccolomini. Certo è che Senno – durante il servizio presso Wallenstein – percepiva compensi periodici anche dal generale Gallas: difficile dire se i denari fossero un modo per gratificare un beniamino del condottiero o per ricompensare una spia. L'unico serio indizio a carico della disonestà dell'astrologo è costituito dal fatto che, nella notte in cui il duca di Friedland e i suoi fedelissimi furono assassinati dai sicari dell'imperatore, a lui non fu torto neppure un capello. Senno partecipò indisturbato ai funerali di Wallenstein e non risulta abbia subito, neppure in seguito, alcuna molestia (v. G. MANN, *Wallenstein*, cit., pp. 882-893).

172 Il titolo di "generalissimo" (*Oberster Feldgeneral*), quale vertice delle truppe imperiali, al di sopra della vera e propria generalità, venne attribuito a Wallenstein e, dopo di lui, solo al re d'Ungheria Ferdinando (1634-1637), poi imperatore Ferdinando III, e all'arciduca d'Austria Leopoldo Guglielmo (1639-1643; 1645-1646). A Tilly – e dopo di lui a Gallas (1633-1639; 1643-1645; 1645-1647) e a Piccolomini (1648-1656) – fu conferito il titolo di "luogotenente generale" (*Generalleuthans*), che designava il sostituto dell'imperatore nel comando supremo delle sue truppe permanenti. (v. M. HOCHEDLINGER, *I generali dell'imperatore. Note bibliografiche e archivistiche per la ricerca sulle elites militari nella Monarchia asburgica della prima età moderna*, in C. DONATI e B.R. KROENER, *Militari e società civile nell'età moderna*, Il Mulino, Bologna, 2007, pp. 467-468).

173 Hercule de Charnacé (1588-1637), incaricato da Richelieu di creare le condizioni per un intervento militare svedese nelle guerre di Germania, favorì le trattative che portarono alla tregua di Altmark tra Svezia e Polonia e fu l'artefice del trattato di Bärwalde (22 gennaio 1631) che sancì l'alleanza tra Francia e Svezia. Nel 1633 venne inviato a L'Aja, con la missione di persuadere i Paesi Bassi a proseguire la guerra contro gli spagnoli. Anche questa missione ebbe successo e si concluse con la sottoscrizione di un trattato (15 aprile 1634) con il quale gli olandesi si impegnavano a continuare la guerra in cambio di un sussidio annuale di 2.300.000 lire (equivalenti a circa 920.000 talleri).

174 La tregua di Altmark del 26 settembre1629. La diplomazia francese , che non era riuscita a provocare la rottura tra Massimiliano e l'imperatore né a persuadere la Danimarca a continuare la guerra, riuscì invece a convincere Gustavo Adolfo a firmare una tregua di sei anni con la Polonia. La tregua confermava il possesso svedese sulla Livonia ma implicava la restituzione dei territori conquistati durante la guerra, ad eccezione di alcuni porti prussiani. Il grave sacrificio territoriale fu accettato dalla Svezia in cambio della riscossione di tutti i dazi sulle navi che avrebbero utilizzato i porti della Prussia. Si trattava di un reddito ingente (pari ad un terzo di tutte le entrate del tesoro svedese), dal momento che tutti i circa 1.500 navigli che, ogni anno, solcavano il Baltico erano costretti a transitare dai porti di Danzica, Königsberg ed Elbing.

175 Si tratta della guerra mossa da Gustavo Adolfo a Sigismondo III, re di Polonia e pretendente detronizzato alla corona di Svezia. La finalità della guerra era quella di far recedere Sigismondo dalle sue pretese, anche mediante compensazioni territoriali. L'invasione della Livonia polacca e l'assedio di Riga (1618) facevano parte di un disegno che prevedeva la cessione della città a Sigismondo in cambio della sua rinuncia alle pretese dinastiche sul trono di Svezia (v. M.

ROBERTS, *The Swedish imperial Experience, 1560-1718*, Cambridge University Press, Cambridge, 1984, pp. 33-35). Si stima che la guerra col la Polonia sia costata alla Svezia 6-8.000.000 di talleri.

176 Riguardo alle innovazioni introdotte (o sviluppate) da Gustavo Adolfo in campo militare v. M. ROBERTS, *Gustav Adolf and the Art of War* in ID., *Essays in Swedish History*, Weidenfeld and Nicolson, London, 1967, pp. 56-81 nonché W.P. GUTHRIE, *The Later Thirty Years' War. From the Battles of Wittstock to the Treaty of Westfalia*, Greenwood Press, Wesport, Connecticut-London, 2003, capitolo 1 e, in particolare, pp. 21-27. Che le innovazioni nella tecnica militare siano state determinanti per i successi di Gustavo Adolfo è contestato da J. GLETE, War and State in Early Modern Europe. Spain, the Dutch Republic and Sweden as Fiscal-Military State, Routledge, London, 2002, pp. 208-210. Lo storico svedese osserva che tali innovazioni erano già state introdotte dagli Orange nel 1590 e che – dal 1618 al 1630 – principi protestanti, imprenditori militari e olandesi combatterono seguendo il nuovo modello, eppure furono quasi sempre sconfitti dagli imperiali che combattevano seguendo il tradizionale metodo spagnolo.

177 Axel Oxenstierna (1583-1654), conte di Sodermore, fu il più importante statista svedese dell'età moderna. Nel 1612 divenne cancelliere del regno, consigliere autorevole di Gustavo Adolfo, protagonista della politica svedese fino alla maggiore età della regina Cristina. Durante la "fase svedese" della guerra dei trent'anni si trasferì in Germania, ricoprendo anche incarichi militari. Alla morte di Gustavo Adolfo (1632) assunse la reggenza del regno, che diresse, per quattro anni, dalla Germania. In questo periodo tentò di impedire la dispersione dei principi protestanti, facendosi promotore della Lega di Heilbronn (1633), della quale divenne il capo militare insieme a Bernardo di Sassonia. Nel 1636 tornò in Svezia dove la sua politica lo portò in collisione con la regina Cristina, senza per ciò perdere la direzione del governo. Morì tre mesi dopo l'abdicazione della regina.

178 L'incontro si limitò a confermare la tregua di Copenaghen.

179 Giovanni Casimiro (1589-1652), conte del Palatinato-Zweibrücken, figlio minore del conte palatino Giovanni I, crebbe sotto la tutela di Federico IV e studiò all'Università di Heidelberg, divenendone rettore. Inviato nel 1613 alla corte svedese come delegato dell'Unione evangelica , due anni dopo sposò Caterina di Sodermanland, sorellastra di Gustavo Adolfo. Durante la guerra dei trent'anni divenne comandante di un'armata in Svezia e governò – di fatto – l'amministrazione finanziaria svedese. Il maggiore dei suoi figli, designato erede al trono di Svezia dalla regina Cristina, diede inizio alla dinastia dei Wittelsbach palatini sul trono svedese.

180 La posizione del duca Boghislao XIV (1560-1637) era resa particolarmente delicata dai problemi connessi alla sua successione. Nel 1529 la Pomerania aveva riconosciuto all'elettore del Brandeburgo ed ai suoi eredi il possesso del ducato qualora si fosse estinta la dinastia regnante. La condizione stava per verificarsi perché il duca era vecchio, malato e senza eredi. Tuttavia, il duca stesso aveva firmato un trattato (10 luglio 1630) con il quale si impegnava a concedere alla Svezia il pieno controllo del ducato per tutta la durata della guerra. Il deciso atteggiamento di Gustavo Adolfo fu in larga misura condizionato dal pensiero che se Boghislao fosse morto durante la guerra, ciò avrebbe reso incerto e contestabile il diritto svedese al dominio sulla Pomerania. Alla fine della guerra, la pace di Westfalia riconobbe agli svedesi tutta la Pomerania occidentale (compresa l'isola di Rügen) oltre alla città di Stettino e alla foce dell'Oder, mentre al Brandeburgo fu assegnata la Pomerania orientale (senza Stettino) ma con l'aggiunta compensativa della diocesi secolarizzata di Kamnin (le parti più importanti del trattato tra Svezia e Pomerania sono pubblicate da M. ROBERTS, *Sweden as a Great Power 1611-1697. Government : Society : Foreign Policy*, Edward Arnold, London, 1968, pp. 140-141).

181 Il testo della lunga lettera di Boghislao del 14 luglio 1630 è pubblicato da M.C. LUNDORP, *Continuazione delle guerre di Germania tradotte dal latino*, appresso Pietro Pinelli, Venetia, 1634, pp. 36-40).

182 Il testo integrale del *Manifesto* di Gustavo Adolfo è tradotto e pubblicato da A. TURCHINI, *La guerra dei trent'anni*, cit., pp.199-207.

183 Torquato Conti (1591-1636), originario di Poli, presso Roma, destinato alla carriera ecclesiastica, per sfuggirne rinunciò alla primogenitura a favore del fratellastro e si arruolò – non ancora ventenne – nelle armate imperiali. Quasi subito si trovò a combattere contro il duca di Savoia nella guerra da questi iniziata per il possesso del Monferrato (1613) ed ottenne il comando di una compagnia di lance al servizio di don Pedro di Toledo. Alla fine della guerra (pace di Madrid, 1617), partì per la Germania dove partecipò alla guerra boema e alla battaglia della Montagna Bianca. Le sue capacità militari furono apprezzate da Wallenstein che gli affidò la tenenza di un reggimento, che tenne fino al 1626, quando Ferdinando II lo nominò colonnello e consigliere di guerra. In occasione della crisi valtellinese (1627) Urbano VIII richiese i suoi servizi all'imperatore, conferendogli il generalato ed il titolo di duca di Guadagnolo. Ritornato in Germania, partecipò all'invasione della Danimarca, ricoprendo, fino alla pace di Lubecca (1629), la carica di sovrintendente imperiale delle truppe di occupazione in Danimarca e, nell'imminenza dello sbarco di Gustavo Adolfo, si vide affidare il generalato degli eserciti di stanza in Pomerania. Dopo tanti successi, la serie di sconfitte subite nella guerra svedese ne oscurarono la fama, tanto che l'imperatore non oppose alcuna difficoltà alla richiesta del Papa di prendere il Conti al suo servizio. Nel 1632 Urbano VIII gli affidò il compito di fortificare il confine con il regno di Napoli e successivamente lo inviò a Ferrara, in funzione anti-veneziana. E a Ferrara morì, di lì a poco, a causa della degenerazione di una ferita riportata in Germania.

184 Francesco Carlo (1594-1660), conte di Sassonia–Lüneburg, pensando di non avere un futuro in patria, offrì i suoi servigi a Venezia e al duca di Savoia che lo arruolò, ponendolo sotto il comando di Mansfeld. Ma andato a combattere in Boemia con l'Unione evangelica, si scontrò con due dei suoi fratelli, al soldo dell'imperatore. Nel 1620 entrò al servizio di Maurizio d'Assia-Kassel, ma poiché questi non era in grado di pagarlo, tornò con Mansfeld. Nel 1623 riuscì – grazie ai buoni uffici dei fratelli – a farsi assumere dall'imperatore, ottenendone il perdono, e si trovò a combattere contro i suoi ex-compagni d'armi: vinse addirittura un duello con Bernardo di Weimar, che rimase gravemente ferito. Nel 1625 cambiò nuovamente padrone e si schierò con Cristiano di Danimarca. Quando sulla scena comparve Gustavo Adolfo, Francesco Carlo si mise ai suoi ordini, attestandosi sull'Elba con i conti di Meclemburgo, ma, all'arrivo di Pappenheim, si diede alla fuga e venne fatto prigioniero. Ricomparve nel 1632 al servizio del duca di Sassonia, donde – convertitosi al cattolicesimo – riuscì a rientrare nelle grazie dell'imperatore, che lo assunse per incarichi diplomatici. Alla morte della moglie, sposò Agnese di Brandeburgo, vedova di Gabor Bethlen ed alla morte di questa (1649), si risposò con un'altra vedova di gran rango, la contessa Cristina Elisabetta di Meggau. Non riuscì ad avere figli da nessuna delle sue tre mogli, in compenso ebbe una figlia da una donna inglese e quattro maschi da una serva.

185 Gottfried Heinrich Pappenheim (1594-1632), generale imperiale di cavalleria, poco interessato alla carriera diplomatica alla quale era stato avviato, esordì come militare nell'esercito polacco per passare, successivamente, al servizio della *Lega cattolica*, partecipando alla battaglia della Montagna Bianca, dove rimase gravemente ferito. Nel 1623 venne nominato colonnello dall'imperatore e costituì un reparto di granatieri che divenne presto leggendario. Nel 1626 fu incaricato della repressione della rivolta contadina in Alta Austria, assolvendo al compito con grande durezza. Sedata la rivolta, Pappenheim fu richiamato da Tilly contro i danesi nel Brunswick-Wolfenbüttel, del quale, sperò, invano, di ottenere la signoria. Ebbe, invece, il titolo di conte dell'impero, con il quale partecipò – sempre agli ordini di Tilly – al sacco di Magdeburgo:

episodio che tinse la fama della sua durezza dei toni cupi della brutalità. Sconfitto nella battaglia di Breitenfeld, combatté con grande valore nella battaglia di Lützen, dove perse la vita. Le gesta dei suoi granatieri ispirarono un poema a Julius Wolff (1836-1910) ed una spada a lama larga, a due fili e punta, porta il suo nome.

186 Si tratta di Giorgio Federico, margravio del Baden-Durlach (v. *supra* nota 122).

187 Fernando Álvarez de Toledo (1507-1582), terzo Duca d'Alba, fu governatore dello Stato di Milano dal giugno 1555 alla fine di gennaio del 1556, Viceré del Regno di Napoli dal 1556 al giugno del 1558, Governatore dei Paesi Bassi spagnoli dal 1567 al 1573. Come Viceré di Napoli si trovò impegnato nella guerra promossa da Paolo IV (la cosiddetta "guerra del sale") che si concluse con la sconfitta pontificia e con l'umiliante capitolazione di Cave (13 settembre 1557). Nei Paesi Bassi si comportò come un governatore militare del suo tempo, alle prese con una situazione esplosiva che ancora si pensava si potesse risolvere rapidamente con le armi e che nessuno poteva immaginare si sarebbe protratta per quasi un secolo. Non c'è ombra di ferocia nel volto dell'austero uomo d'armi ritratto da Tiziano o in quello pensoso e quasi melanconico del gentiluomo dipinto dall'olandese Willem Key, ora esposto al Rijksmuseum di Amsterdam.

188 Annibal Schauenburg (1592-1634), al sevizio di Wallenstein nel 1627, venne catturato dai danesi e, durante la prigionia, negoziò le condizioni della pace di Lubecca per conto di Wallenstein. Dopo la sua liberazione, partecipò all'assedio di Magdeburgo ed alla difesa di Francoforte sull'Oder, dove cadde prigioniero degli svedesi. Nel 1632 fu nominato Feldmaresciallo dell'esercito imperiale. E' curioso osservare che mentre Schauenburg era suo prigioniero, Gustavo Adolfo non lo sapeva e lo credeva morto: e di quella morte si affrettò ad informare l'Elettore di Sassonia in una lettera del 4 aprile 1631 (il testo della lettera è pubblicato da M.C. LUNDORP, *Continuazione delle guerre*, cit., p. 171).

189 Federico Savelli (? - 1649), nato a Roma di nobile casato sempre al servizio della Chiesa, fu indirizzato dal padre Bernardo alla carriera militare. In Ungheria al tempo di Rodolfo II, venne poi nominato da Paolo V luogotenente delle truppe pontificie. Lasciò l'incarico nel 1627 per servire Ferdinando II, combattendo in Meclemburgo e in Pomerania, ma cedette la città di Demmin a Gustavo Adolfo, che gli suggerì di cambiare mestiere, mentre Tilly lo accusò di incompetenza: ciò che non gli impedì di essere nominato comandante dell'artiglieria imperiale (1635). Impegnato in Alsazia con il generale bavarese von Werth, venne sconfitto a Rheinfelden (1636), dove fu fatto prigioniero e riuscì a fuggire grazie ad un travestimento. Savelli condivise con il generale Goetz la responsabilità – che ciascuno dei due attribuiva all'altro – per l'insuccesso nella difesa di Breisach. Tornato al servizio del papa, fu luogotenente dello Stato pontificio a Perugia.

190 Si tratta di Giovanni Augusto (1614-1680), figlio secondogenito del duca di Sassonia.

191 Giovanni Giorgio von Arnim (1581-1641), grande condottiero del Brandeburgo, combatté sotto molte bandiere: con gli svedesi (1613), con il re di Polonia (1621) e anche con Mansfeld. Luterano, entrò nell'esercito imperiale con il grado di colonnello (1627) e venne nominato feldmaresciallo l'anno successivo. Dopo aver sconfitto i danesi e occupato Meclemburgo, fu al fianco di Wallenstein nello sfortunato assedio di Stralsund e sconfisse gli svedesi nella pianura di Sthum, in Prussia (27 giugno 1629), dove Gustavo Adolfo rischiò di perdere la vita. Nel maggio 1631 – anche per protesta per il sacco di Magdeburgo – lasciò gli imperiali e si mise al servizio dell'elettore di Sassonia, nella cui armata, a fianco degli svedesi, partecipò alla battaglia di Breitenfeld. Dopo alterne vicende militari – sconfitto dal suo "amico" Wallenstein in Boemia e vittorioso in Slesia – nel 1637 lasciò l'esercito per ritirarsi a vita semi-privata. Sospettato dagli svedesi di tramare ai loro danni fu catturato e condotto prigioniero a Stoccolma. Riuscì a fuggire nel 1638 e a tornare in Germania per riprendere le armi al servizio dell'imperatore, ma morì

prima di poter intraprendere alcuna azione di guerra. Arnim fu anche diplomatico (iniziò la sua carriera negoziando il matrimonio di Gustavo Adolfo con Eleonora di Brandeburgo) e ministro del duca di Sassonia.

192 Il generale Arnim.

193 Superando mille difficoltà ed indecisioni i principi protestanti decisero di riunirsi a Lipsia per deliberare una linea politica comune. Il risultato del convegno fu il *Manifesto* di Lipsia (12 aprile 1631) con il quale i principi davano vita ad una alleanza, dotata di una forza militare di 40.000 uomini, sotto il comando dell'elettore di Sassonia, che sarebbe stata impiegata esclusivamente per scopi difensivi. La finalità di questa associazione armata era quella di "conservare le leggi fondamentali, la costituzione imperiale e le libertà tedesche degli stati protestanti". La novità di questa alleanza risiedeva nel fatto che essa non violava la costituzione imperiale e non era esplicitamente diretta contro l'imperatore, ma contro tutti coloro che avessero attentato alle libertà tedesche. In sostanza, il *Manifesto* diceva all'imperatore e ai suoi alleati che i principi non erano disponibili a consentire il ripristino forzato del cattolicesimo e diceva a Gustavo Adolfo che gli elettori di Sassonia e Brandeburgo (con i loro associati) non intendevano diventare suoi alleati. A Lipsia si tentò, quindi, di dare vita ad una "terza forza" tra la *Lega cattolica* e gli stranieri.

194 Vedi *supra* nota 88.

195 Con il trattato la Francia versava alla Svezia 120.000 talleri e si impegnava a corrisponderne altri 2.000.000 in cinque anni a sostegno della guerra di Germania e per garantire la sicurezza dei commerci nel Mar Baltico. La Svezia prometteva, oltre al suo impegno militare, di consentire libertà religiosa ai cattolici nelle terre conquistate e di riconoscere la neutralità dei membri della *Lega cattolica* che si astenessero dal compiere atti ostili (il testo del trattato è consultabile in M. ROBERTS, *Sweden as a Great Power*, cit., pp. 136-137. Lo stesso documento offerto in traduzione italiana da A. TURCHINI, *La guerra dei trent'anni*, cit., pp. 207-209, contiene qualche errore).

196 Ciò che indusse la Svezia ad accettare l'aiuto francese fu la sua disperata condizione economica. Gustavo Adolfo doveva mantenere un esercito di circa 100.000 uomini ed il totale delle entrate del Tesoro svedese, incluso il cespite rappresentato dai dazi dei porti di Prussia e Pomerania, non copriva neppure un terzo della spesa. L'idea era quella di far pagare la guerra ai territori conquistati, ma, alla fine del 1630, essi erano troppo poco estesi e contribuivano per poco più di 50.000 talleri al mese. La situazione sarebbe radicalmente cambiata nel biennio successivo, tanto che nel 1633 le spese di guerra non gravavano sul bilancio svedese, che chiudeva l'anno con un *surplus* di 1.000.000 di talleri. Il sussidio francese non era gran cosa ma fu decisivo per superare il momento di crisi. (v. le tabelle di W.P. GUTHRIE, *Battles of the Thirty Years' War. From White Mountain to Nordlingen 1618-1635*, Greenwood Press, Wesport, Connecticut-London, 2002, pp. 183-184 e S.E. ÅSTRÖM, *The Swedish Economy and the Sweden Role as a Great Power* in M. ROBERTS (ed.), *Sweden's Age of Greatness 1632-1718*, pp. 58-101, alle pagine 82-83).

197 Cristiano Guglielmo di Brandeburgo (1587-1665), il più giovane dei fratelli dell'elettore Giovanni Sigismondo, alla morte del padre, Gioacchino Federico di Hohenzollern, divenne amministratore dell'arcivescovato di Magdeburgo (1608). All'arrivo di Wallenstein riparò nel Brunswick ed il Capitolo nominò coadiutore dell'amministratore assente Augusto di Sassonia. Dopo un fallito tentativo di riprendere Magdeburgo, peregrinò per mezza Europa ed approdò in Svezia nel 1629, per convincere Gustavo Adolfo ad aiutarlo. Rientrato avventurosamente a

Magdeburgo fu catturato e imprigionato durante il sacco della città, nel 1631. Durante la prigionia si convertì al cattolicesimo. Con la pace di Praga gli venne assegnato un appannaggio annuale di 12.000 talleri e con quella di Westfalia il possesso di Loburg e Zinna.

198 I protestanti prendevano d'assalto i capitoli e, se ottenevano la maggioranza, eleggevano uno di loro – quasi sempre il figlio cadetto di una famiglia principesca - come amministratore del vescovato: era un modo legittimo per eludere il *reservatum*. Si ebbero così vescovati cattolici con amministratori protestanti, i quali non ottenevano l'investitura episcopale e non avevano potere spirituale, ma amministravano il vescovato e disponevano delle sue rendite. I casi furono numerosi e riguardarono principalmente le case di Brandeburgo e di Sassonia. L'amministrazione protestante di un vescovato differiva dalla "secolarizzazione" in due aspetti rilevanti: il vescovato secolarizzato era completamente emancipato dalla Chiesa e diventava un principato ereditario, mentre un amministratore non aveva cura d'anime e non poteva trasmettere il vescovato alla sua famiglia, se non ottenendo dal capitolo la facoltà di tenere un figlio come coadiutore. La lotta tra cattolici e protestanti per impadronirsi di vescovati avveniva senza esclusione di colpi e si estendeva ai canonicati. Dove i protestanti erano in maggioranza, ad esempio, tenevano nascosta la morte del canonico perché se entro tre mesi la S. Sede non provvedeva alla nuova nomina, il diritto si devolveva - secondo i concordati di Germania – al capitolo, che eleggeva un eretico. La Chiesa si difendeva da queste pratiche facendo letteralmente "carte false": il nunzio procedeva alla nomina del canonico, pur non avendone i poteri, ed il Papa convalidava la nomina conferendo al nunzio i poteri con documenti retrodatati. Il meccanismo ora descritto emerge con chiarezza nei casi relativi alle cattedrali di Minden e di Lubecca (v. quanto a Minden, Carafa a Barberini, Liegi, 16 gennaio 1626 e Barberini a Carafa, Roma, 7 febbraio 1626 in J. WIJDOVEN, *Nuntiaturberichte aus Deutschland. Kolner Nuntiatur*, VII/1 Band, *Nuntius Pier Luigi Carafa*, cit., pp. 353-355 e pp. 370-371; quanto a Lubecca, Carafa a Barberini, Liegi, 18 dicembre 1626, *ibidem*, pp. 558-559).

199 Al fiorente vescovato di Magdeburgo il "rapace" Wallenstein aveva imposto un contributo di 20.000 talleri al mese. Il compassionevole "eroe del nord" ne pretese 52.000 dalla città distrutta e già devastata dal saccheggio! (v. W.P. GUTHRIE, *Battles of Thirty Years' War*, cit., p. 184).

200 Dietrich von Falkenberg (1580?-1631), inviato nel 1615 in Svezia dal Langravio Maurizio d'Assia, presso il quale prestava servizio, si arruolò nell'esercito svedese e non fece più ritorno in patria. Arrivato in Germania al seguito di Gustavo Adolfo, ricevette l'incarico di difendere la città di Magdeburgo, nella quale riuscì ad introdursi grazie ad un travestimento. Falkenberg organizzò al meglio la difesa e – quando fu chiaro che i soccorsi non sarebbero arrivati e gli assedianti penetrarono nella città – si diresse sul luogo dello scontro, cercando deliberatamente la morte.

201 Secondo un cronista del tempo l'incendio della città non fu un atto deliberato. Esso fu provocato dalla *"inavvertenza"* di un soldato che – intento a dare la scalata alla casa di un droghiere per svaligiarla – gettò il moschetto con la miccia accesa, che diede fuoco ad un barile di zolfo e questo ad altri materiali, fino a che il fuoco si estese all'intera città, le cui case erano di legno. Il cronista interpreta la casualità dell'incendio come una punizione divina per gli orrendi crimini commessi dai cattolici, i quali videro così andare in fumo la più parte delle ricchezze che intendevano predare (v. G. GUALDO PRIORATO, *Historia delle guerre di Ferdinando II e Ferdinando III imperatori e del Re Filippo IV di Spagna contro Gustavo Adolfo Re di Svezia, e Luigi XIII Re di Francia successe dall'anno 1630 fino all'anno 1640*, presso i Bertani, Venezia, 1640, p. 31).

202 Adam Schwanzenberg (1584-1641), esponente della linea olandese di un'antica famiglia originaria della Franconia, fu consigliere di Jülich (1609-1610), quindi consigliere privato del

Brandeburgo e, infine, primo ministro dell'elettore Giorgio Guglielmo dal 1620 al 1640. Schwarzenberg era cattolico e filo-imperiale, mentre il suo sovrano era calvinista e la maggioranza del consiglio da lui presieduto era luterana. Se Schwarzenberg fosse al soldo dell'imperatore non si può dire con certezza. Certo è, tuttavia, che l'imperatore chiese per lui – senza ottenerlo – il vescovado di Verden (v. lettera di Barberini al nunzio Carafa, 8 dicembre 1629) e che egli era un personaggio quantomeno ambiguo: *"quel conte ha sì cattivo nome per Germania* - scrive il Carafa – *che non vi è persona che possa dire di che religione sia"* (v. lettera di Carafa a Barberini, 11 gennaio 1630). Le due lettere sono pubblicate da J.J.T. WIJNHOVEN, *Nuntiaturberichte aus Deutschland. Die Kölner Nuntiatur*, cit.,VII/2, *Nuntius Pier Luigi Carafa*, cit., pp. 442-443 e 468. Per parte sua il nunzio a Vienna, Giovanni Battista Pallotto, avvertiva, pochi giorni dopo (19 gennaio 1630), il card. Barberini che l'imperatore chiedeva per Schwarzenberg il vescovado di Ratzenburg, che si attendeva di recuperare dagli eretici. Secondo il nunzio l'insistenza era motivata oltre che dal desiderio di ricompensare i meriti del padre di Schwarzenberg, dalla speranza che la sua promozione avrebbe favorito la conversione dell'elettore del Brandeburgo *"la cui volontà è regolata da' consig*li *del conte"* (la lettera è pubblicata da R. BECKER, *Nuntiaturberichte aus Deutschland*, Vierte Abteilung, 4. Band, *Nuntiaturen des Giovanni Battista Pallotto und des Ciriaco Rocci (1630-1631)*, Max Niemeyer, Tubingen, 2009, pp. 43-51).

203 Giovanni Federico di Holstein-Gottorp (1579-1634), fu arcivescovo protestante di Brema dal 1596 fino alla morte.

204 Ernest Egon VIII di Fürstenberg-Heilinghenberg (1588-1635), salito al trono comitale alla morte del padre Federico (1617), dedicò tutta la sua vita alla guerra. In Italia prese parte alla guerra di Mantova e del Monferrato e fu presente alla firma della pace di Cherasco. Maggiore Generale nel 1631, la sua più importante azione militare fu la partecipazione alla prima battaglia di Breitenfeld.

205 James Hamilton (1606-1649), educato ad Oxford, succedette al padre come marchese di Hamilton nel 1625, diventando un favorito di Carlo I Dal 1631 al 1633 fu posto al comando di una forza armata inviata a supporto delle truppe svedesi in Germania, mostrando scarse attitudini militari e di comando. Nel 1638 il re gli affidò l'incarico di persuadere i presbiteriani scozzesi ad accettare la liturgia inglese. L'anno successivo Hamilton si dimise dall'incarico dopo aver fallito nel tentativo di sciogliere l'assemblea scozzese dei presbiteriani. Tornato in Scozia nel 1641 cercò di venire a patti con i ribelli, guidati dal conte di Argyll, guadagnandosi l'inimicizia del realista conte di Montrose. L'alleanza con Argyll naufragò nel 1642, con lo scoppio della guerra civile. Nominato duca nel 1643 fu costretto dai presbiteriani a fuggire in Inghilterra, ma il re – che aveva dato mano libera a Montrose per debellare la sedizione e che non si fidava più di lui – lo fece imprigionare nel gennaio del 1644. Liberato dai parlamentaristi nel 1646, rimase fedele al re e si mise al comando di un esercito di 24.000 uomini che fu sconfitto dai 9.000 soldati di Cromwell nella battaglia di Preston (17-25 agosto 1648). Hamilton fu imprigionato e giustiziato nel marzo 1649, dopo un vano tentativo di fuga.

206 Se questo fu l'unico intervento diretto delle armi inglesi nella guerra dei trent'anni, la partecipazione di mercenari britannici alla guerra fu decisamente significativa. Dopo l'unificazione delle Corone di Inghilterra e Scozia e dopo la fine della "guerra dei nove anni" in Irlanda (1603), in quelle nazioni c'era grande abbondanza di militari disoccupati e sbandati, pericolosi per l'ordine pubblico e la stabilità interna, dei quali i governi avevano tutto l'interesse a sbarazzarsi, favorendone l'arruolamento presso eserciti stranieri. Si calcola che almeno 80.000 uomini – reclutati nelle isole britanniche – siano stati impegnati nel continente europeo nella guerra dei trent'anni, per lo più al servizio degli svedesi – che reclutarono 25.000 scozzesi (cioè a dire circa 1/10 della popolazione adulta di quel Paese) nel solo triennio 1629-1631 – e dei danesi

400

(almeno 12.000) Dopo il 1635 la Francia arruolò 25.000 irlandesi (v. R.B. MANNING An Apprenticeship in Army: the Origin of the Britain Army, 1585-1702, Oxford University Press, 2006, pp. 53-55 e 65-66). Senza contare che almeno 23.000 scozzesi furono impegnati nelle Fiandre, dopo la scadenza della "pace dei dodici anni", con l'esercito olandese, del quale costituirono il 28% degli effettivi, mentre almeno 4.000 combattevano con l'opposta armata spagnola (ibidem, p. 74).

207 E' il trattato di Stralsund dell'11 novembre 1630, una sintesi del quale si può consultare in M. ROBERTS, *Sweden as a Great Power*, cit., p. 141.

208 La lettera di "controassicurazione" data da Gustavo Adolfo all'elettore di Sassonia (Werben, 1° settembre 1631) è pubblicata da A. TURCHINI, *La guerra dei trent'anni*, cit., pp.212-213. La confederazione tra Svezia, Sassonia e Brandeburgo venne ratificata il 5 settembre. L'alleanza con la Svezia costò al Brandeburgo il pagamento di un tributo di 360.000 talleri all'anno e di 480.000 alla Sassonia (v. W.P. GUTHRIE, *Battles of the Thirty Years' War*, cit., p. 184)

209 Johan von Aldringen (1588-1634), uomo d'armi, lussemburghese di nascita, si arruolò nell'esercito imperiale all'inizio della guerra dei trent'anni. Colonnello nel 1622, partecipò, al servizio di Wallenstein, alla vittoria su Mansfeld a Dessau (1626). Reduce dalla presa di Mantova e dalla campagna d'Italia, divenne comandante dell'artiglieria di Tilly (1631) e – fatto conte – gli succedette nel comando dell'esercito della Lega. Dopo la morte di Wallenstein fu messo a capo dell'esercito opposto agli svedesi sul fronte danubiano e morì combattendo nella difesa di Landshut contro le forze della Lega di Heilbronn.

210 Rudolf von Tiefenbach (1582-1653), educato nella fede protestante, si mise al servizio della casa d'Austria. Nel 1620 fu nominato comandante delle truppe imperiali in Ungheria e, nel 1626 - dopo la conversione al cattolicesimo – comandante generale di un'armata agli ordini di Wallenstein. Nel 1631 sostituì nel comando Hannibal von Schauenburg dopo la cattura di questi nella difesa di Francoforte sull'Oder (aprile 1631) e fu nominato maresciallo di campo di Slesia. Vice-comandante di Tilly, si salvò dalla sconfitta di Breitenfeld appunto perché si trovava in Slesia al comando di ciò che restava dell'armata orientale. Non arrivò in tempo per soccorrere Praga assediata dai Sassoni (novembre 1631). Nel 1632 venne sollevato dagli incarichi operativi e sedette nel Consiglio di guerra a Vienna.

211 Gustav Karlsson Horn (1592-1657), conte di Björneborg, trascorse tutta la sua vita militare nell'esercito svedese. Comandante dell'esercito dal 1621, si trovò impegnato su tutti i fronti della campagna di Germania. Sconfitto a Nördlingen (1634) venne fatto prigioniero e rimase in carcere per otto anni, rifiutando la liberazione in cambio di un riscatto o di uno scambio di prigionieri. Liberato nel 1642, terminò la sua carriera al servizio dello Stato con incarichi non militari.

212 Dovrebbe trattarsi di un capitano detto "Federico il Lungo" (v. C. DENINA, Rivoluzioni della Germania, presso Guglielmo Piatti, Firenze, 1804, t. V, p. 60).

213 Tilly – che era ferito ad un braccio da un colpo di pistola e aveva "rotta la testa da una coltellata" - fu salvato da Rodolfo Massimiliano di Sassonia-Lüneburg (v. *infra* nota 246). Pappenheim, invece – egli pure gravemente ferito e lasciato per morto sul campo di battaglia – fu soccorso da un contadino ed il giorno successivo riuscì a raggiungere Halle e poi Fulda (v. G. GUALDO PRIORATO, *Historia delle guerre*, cit., p. 53).

214 Più frequentemente ricordata come battaglia di Breitenfeld, località a pochi chilometri da Lipsia.

215 Nel 1632 la Svezia aveva in campo un esercito di 175.000 uomini, la grande maggioranza dei quali erano mercenari (a Breitenfeld i combattenti svedesi erano il 20,2% del totale e a Lützen il 18%) ed il loro mantenimento costava moltissimo. Infatti, nel 1630, cioè all'inizio dell'invasione della Germania, la guerra costò ai contribuenti svedesi 2.800.000 talleri mentre nel 1633 il costo era praticamente azzerato. La guerra, quindi, si finanziò da sé, innanzitutto con gli enormi riscatti imposti alle città conquistate e con le ricchezze sottratte ai territori strappati al nemico, poi con i sussidi francesi. Naturalmente questo sistema poteva funzionare solo a condizione di continuare a vincere e di conquistare sempre nuovi territori. Dopo la sconfitta di Nördlingen e dopo la pace di Praga il sistema di finanziamento si inaridì inesorabilmente. (v. M. ROBERTS, *The Swedish Imperial Experience*, cit., p. 53). Si calcola che stati e città tedesche contribuirono alle spese di guerra svedesi per 1.800.000 talleri nel 1631, per 3.140.000 nel 1632 e per 7.700.000 nel 1633 (v. W.P GUTHRIE, *Battles of the Thirty Years' War*, cit., Tabella 6-3, p. 184).

216 Consegnarsi a Gustavo Adolfo (7-8 maggio 1632) costò alla città di Monaco 300.000 talleri per evitare il saccheggio e la sottoposizione ad un tributo annuale di 400.000 talleri (v. M.C. LUNDORP, *Continuazione delle guerre di Germania tradotte dal latino*, cit., p.329).

217 Treviri non fu acquisita dai francesi manu militari, ma per effetto di una brillante operazione diplomatica. Luigi XIII offrì la sua protezione ai principi cattolici che non intendevano schierarsi né con gli Asburgo né con gli svedesi. Filippo Cristoforo di Sotern, arcivescovo-elettore di Treviri - unico tra gli elettori ecclesiastici dell'impero – aderì alla proposta di protezione di re Luigi e quando, nell'aprile del 1632, Gustavo Adolfo riconobbe la neutralità dell'elettorato, Treviri venne occupata dalle truppe francesi (v. G. PARKER, *The Thirty Years' War*, cit., p. 131). La dichiarazione (Coblenza, 21 dicembre 1631) con cui l'arcivescovo di Treviri "implora" e riceve la protezione del re di Francia ed ordina di aprire le piazzeforti agli armati francesi è pubblicata da A. TURCHINI, *La guerra dei trent'anni*, cit., pp. 218-219. In realtà, il corteggiamento dei francesi al vescovo di Treviri era iniziato da molto tempo, perché già nel 1624 il nunzio Carafa informava il cardinale Barberini che l'elettore di Treviri gli aveva confidato di essere stato avvicinato dall'ambasciatore francese, il quale, espressa la sua solidarietà per la dignità elettorale "*depressa*" dagli spagnoli, aveva offerto la protezione della Francia per "*restituirgli nella pristina autorità*" (Carafa a Barberini, Colonia, 10 agosto 1624 in J.J.T. WIJNOVEN, *Nuntiaturberichte aus Deutschland. Die Kolner Nuntiatur* , VII/1. Band, Nuntius Pier Luigi Carafa , cit., p. 42).

218 Urbano VIII rifiutava di aiutare economicamente l'imperatore allegando la stremata situazione delle sue finanze e preferiva dare il poco che affermava di avere alla Lega – che, infatti, non cessò mai di finanziare – piuttosto che all'imperatore. A parte il diritto temporaneo di prelievo di qualche frazione delle rendite ecclesiastiche (un terzo per tre anni dopo la dieta di Ratisbona) ed il denaro che il duca di Baviera otteneva attraverso la fiscalità, durante il ventennio di pontificato di Urbano VIII (1623-1644) la Lega ricevette – sotto forma di sussidio diretto della Sede Apostolica – la somma complessiva di 240.000 talleri. Meno di quanto aveva elargito Gregorio XV negli ultimi sei mesi del suo pontificato (v. G. IMMER, *Rapporti finanziari tra Chiesa e Stato di Baviera durante la guerra dei trent'anni*, in H. KELLENBENZ-P. PRODI, *Fisco religione stato nell'età confessionale*, Il Mulino, Bologna, 1989, pp. 191-257, a pp. 196-197). Della preferenza accordata alla *Lega* molto si doleva l'imperatore e la diplomazia vaticana aveva il suo bel da fare ad imbastire giustificazioni (v. Barberini a Rocci, Roma, 12 aprile 1631 e Rocci a Barberini, Vienna, 24 maggio 1631 in R. BECKER, *Nuntiaturberichte aus Deutschland*, Vierte Abteilung, 4. Band, *Nuntiaturen des Giovanni Battista Pallotto und des Ciriaco Rocci*, cit., pp. 457-459 , a pagina 457, e pp. 481-484, a pagina 482).

219 Si allude a Wallenstein.

220 Francesco di Hatzfeld (1596-1642), figlio terzogenito di un alto ufficiale dell'impero, fu eletto vescovo di Würzburg – diocesi per la quale aveva già svolto importanti missioni diplomatiche e di cui era canonico del Duomo – il 7 agosto 1631, ottenendo l'investitura il 3 gennaio 1632. Il 31 ottobre dell'anno successivo fu nominato anche vescovo di Bamberga (v. P. GAUCHAT, *Hierarchia catholica*, cit., IV, p. 201 e note 3 e 4; p. 109 nota 6), senza poter prendere possesso della sua diocesi, essendo la città caduta in mano degli svedesi. Nel giugno 1633, infatti, il cancelliere Oxenstierna aveva secolarizzato le due diocesi di Würzburg e di Bamberga per affidarne l'amministrazione – dopo averle riunite nel Ducato di Franconia - a Bernardo di Sassonia-Weimar. Il vescovo fece ingresso nelle sue diocesi solo alla fine del 1634, in seguito alla sconfitta degli svedesi nella battaglia di Nördlingen.

221 Otto Heinrich Fugger (1592-1644) esordì nella carriera militare al servizio degli spagnoli. Arruolato nell'esercito di Wallenstein, ufficiale nel 1631 e generale di artiglieria nel 1632, partecipò alla vittoriosa battaglia di Nördlingen. Dal 1635 governatore imperiale di Augusta, cambiò il Consiglio della città da protestante a cattolico. Fu cavaliere dell'Ordine del Toson d'Oro.

222 Carlo IV (1604-1675), duca di Lorena, ambizioso avventuriero in perenne conflitto con il re di Francia, aderì alla congiura della duchessa di Chevreuse contro Luigi XIII (1627). Sconfitto e costretto all'obbedienza, continuò nelle sue trame contro il re e concesse più volte asilo al proscritto Gastone d'Orleans, al quale diede in sposa la sorella Margherita. Nel 1634 Luigi XIII occupò militarmente i territori del duca, ponendoli sotto l'amministrazione francese. Carlo abdicò in favore del fratello e andò in esilio – dove restò per 28 anni – mettendosi al servizio delle armate imperiali e di quelle spagnole. Trovò il modo di farsi imprigionare per qualche tempo dagli spagnoli (1634), ma riuscì anche a riottenere il suo ducato, se pur con qualche sacrificio territoriale e per un decennio soltanto (1661-1670). Nuovamente esiliato nel 1671, dopo aver tentato di vendere lo Stato a Luigi XIV, continuò fino alla morte a tramare contro la Francia.

223 Normalmente le uniformi dei soldati erano tutt'altro che splendenti e non erano neppure "uniformi". Ognuno vestiva come meglio poteva e sostitutiva i propri vestiti logori o stracciati con quello che trovava, compresi i panni dei nemici. Per potersi riconoscere tra loro e distinguersi dai nemici i soldati indossavano un contrassegno colorato, per lo più un nastro o una fascia: rosso per gli Asburgo (spagnoli o austriaci), giallo per gli svedesi, blu per i francesi e arancione per gli olandesi (v. G. PARKER, *La rivoluzione militare*, cit., p. 123).

224 Si tratta di Giovanni Giorgio Fuchs di Dornheim (1586-1633) nominato vescovo il 17 febbraio 1624, Preposto del capitolo di Würburg dal 1629 (v. P. GAUCHAT, *Hierarchia catholica*, cit., IV, p. 108 e nota 5). Lasciò Bamberga quando la città cadde in mano degli svedesi.

225 La presa di Bamberga (11 febbraio 1632) fu un'iniziativa personale del generale Horn, contraria alle direttive e ai piani di Gustavo Adolfo, che aveva bisogno di tempo per rinforzarsi e, per questo, aveva aperto false trattative con Massimiliano di Baviera. Meno di un mese dopo (il 9 marzo), Tilly riconquistò la città, scacciando gli svedesi. Gustavo Adolfo contestò ad Horn di essere due volte responsabile della sconfitta: una prima volta perché non avrebbe dovuto occupare Bamberga ed in secondo luogo perché meglio sarebbe stato abbandonare la città senza difenderla piuttosto che perderla per conseguenza di una sconfitta in battaglia. Gustavo Adolfo sapeva bene che la sbandierata superiorità morale svedese era solo un bluff e che un insuccesso militare avrebbe mostrato la sua debolezza.(v. W. P. GUTHRIE, *Battles of the Thirty Years' War. From White Mountain to Nördlingen, 1618-1635*, cit., pp. 164-165).

226 Al prezzo di 240.000 talleri all'anno. (v. W.P. GUTHRIE, *Battles of the Thirty Years' War*, cit., p.184).

227 Jacob Mac Dougall (1589-1634), che gli svedesi chiamavano *Duwall*, era uno scozzese emigrato nel Meclemburgo e poi in Svezia. Si arruolò nel 1607 come moschettiere, promosso capitano e poi luogotenente colonnello nel 1621. Colonnello dal 1625, comandò un reggimento svedese e poi due reggimenti tedeschi. Nel 1631 comandante della guarnigione svedese a Francoforte sull'Oder, fu fatto prigioniero nella battaglia di Steinau (1633) con il generale Thurn e, insieme a lui, rilasciato da Wallenstein.

228 Giovanni Alberto II (1590-1636), conte di Meclemburgo, tentò invano di dividere il ducato con il fratello Adolfo Federico: gli stati, infatti, nei quali si era largamente diffuso il calvinismo, rinnovarono la propria unione nel 1621. Il territorio rimase unito ed i due conti, all'inizio della guerra dei trent'anni, cercarono di rimanere neutrali. Quando Wallenstein occupò il Meclemburgo nel 1627 ed ottenne dall'imperatore che gli fosse assegnato, Giovanni Alberto (ed il fratello) dovettero lasciare il ducato. Vi fecero ritorno nel 1631, sotto la protezione dell'esercito svedese. In seguito alla pace di Praga (1635), ai fratelli fu restituito il titolo del quale erano stati privati.

229 Wolf(gang) von Mansfeld (1575-1638), figlio di Bruno II di Mansfeld e di Christina von Barby. Maggiore Generale nel 1605, Luogotenente Generale sassone nel 1620, nel 1622 si convertì al cattolicesimo e venne promosso Feldmaresciallo dell'esercito imperiale nel 1632 nonché membro del Consiglio Segreto. Il suo soprannome di *"lupo affamato"* è tutto un programma.

230 Johan Baner o Banner (1596-1641), benché figlio e nipote di partigiani di Sigismondo III, si arruolò nell'esercito svedese al seguito di Gustavo Adolfo, che seguì nelle campagne di Russia e di Polonia. Consigliere di Stato e generale della fanteria venne in Germania con l'esercito svedese, partecipando alla vittoriosa battaglia di Breitenfeld. Dopo la morte del sovrano assunse, con Gustav Horn, il comando supremo delle forze armate svedesi. Quando, dopo la pace di Praga, la fase svedese volse al termine, ottenne una brillante vittoria nella battaglia di Wittstock (4 ottobre 1636) ed organizzò sapientemente il definitivo ripiegamento verso la Pomerania, della quale diventò governatore.

231 Jost Maximilian (? -1662), conte di Bronckorst e Gronsfeld, al servizio della Baviera e della *Lega cattolica* dall'inizio della guerra dei trent'anni. Con l'esercito di Tilly in Bassa Sassonia, partecipò alla firma della pace di Lubecca (1629). Nel 1631 prese parte all'occupazione di Magdeburgo e alla battaglia di Breitenfeld. Incaricato di difendere la linea del Weser, fu richiamato a sostegno di Wallenstein nella battaglia di Lützen. Comandante dell'esercito bavarese nel 1635, lasciò il comando in seguito alle sconfitte subite. Richiamato in comando nel 1645, non ebbe miglior fortuna e venne destituito per aver abbandonato la difesa del Lech, che gli era stata affidata. Lasciata la Baviera, si trasferì a Vienna dove venne impiegato per incarichi diplomatici. Gronsfeld fu un attento studioso delle cose del suo tempo e scrisse delle *Osservazioni* al *Florus Germanicus* di Eberhard Wassenberg (Amburgo, apud Bernardum Balduinum, 1641), un commentario alla guerra dei trent'anni.

232 Giorgio (1582-1641), conte di Brunswick-Lüneburg, sesto figlio di Guglielmo di Lüneburg, si dedicò alla carriera militare, combattendo nei Paesi Bassi, prima con Maurizio d'Orange, poi contro di lui, sotto il comando di Ambrogio Spinola. Passato al servizio dei danesi tentò di convincere il duca suo fratello alla neutralità. Lasciati i danesi, combatté contro di loro con gli imperiali (1626). Poiché il generale Tilly aveva mire sul principato di Calenberg – feudo d'origine della sua famiglia – Giorgio ritenne opportuno passare al servizio di Gustavo Adolfo e, alla morte di questi, di Oxenstierna. Ancora questioni relative ai feudi di famiglia, indussero Giorgio ad aderire ad una pace separata con gli imperiali (Praga, 31 luglio 1635) e poi ad una nuova alleanza con svedesi e francesi (1640).

233 Anselmo Casimiro di Wambold-Umstadt (1583 -1647),allievo del Collegio germanico di Roma, fu eletto dal capitolo di Magonza il 6 agosto 1629 ed investito nella carica il 28 gennaio 1630 (P. GAUCHAT, *Hierarchia catholica*, cit., IV, p. 245 e nota 5). Fuggito dalla città nel 1631, quando questa si consegnò a Gustavo Adolfo, vi fece ritorno nel 1636, dopo la cessione del vescovato all'impero. Fuggì nuovamente dalla diocesi nel 1644 – questa volta definitivamente - quando Magonza venne conquistata dalle truppe di Turenne e di Enghien.

234 Felipe de Silva (1589-1645), generale dell'esercito spagnolo, viceré della Catalogna dal 1642 al 1647, fu protagonista della riconquista di Monzon e di Lerida (1643), occupate dai francesi.

235 Giorgio Antonio da Rodenstein (1582-1652), eletto dal capitolo di Worms il 20 agosto 1629 e confermato il 13 novembre 1630. Morì il 30 ottobre 1652 (v. P. GAUCHAT, *Hierarchia catholica*, cit., IV, p. 373 e nota 7).

236 Bernardo di Baviera-Weimar (1604-1639), undicesimo figlio del duca Giovanni, iniziò la carriera militare negli eserciti protestanti in Germania. Sconfitto da Tilly a Wimpfen (1622) e a Stadtlohn in Westfalia (1623), nel 1625 si unì all'esercito danese di Cristiano IV. Dopo lo sbarco di Gustavo Adolfo si mise al suo servizio con il grado di generale, assumendo il comando delle forze svedesi nella battaglia di Lützen, dopo la morte del re. Nel 1633 invase la Baviera (con il generale Horn) ed ottenne in premio da Oxenstierna il ducato di Franconia e l'assegnazione dell'amministrazione dei vescovati di Würzburg e Bamberga. Duramente sconfitto (con Horn) nella battaglia di Nördlingen, nel 1635 passò al servizio della Francia, dalla quale ottenne il possesso dell'Alsazia e di Hagenau. Morì di febbre pestilenziale a Neuenburg sul Reno a trentacinque anni.

237 Il generale Brache era al comando della "Brigata Gialla" - un corpo d'*élite* dell'esercito svedese – che si distinse nella battaglia di Lützen.

238 Otto Ludwig (1597-1634), conte di Wild e di Renania, si arruolò nell'esercito danese nel 1625, che fu costretto ad abbandonare a causa di uno scontro personale con il re, della cui moglie morganatica, Cristina Munk, era divenuto l'amante. Nel 1628 entrò al servizio di Gustavo Adolfo e comandò la cavalleria tedesca in Prussia. Di carattere impetuoso e insubordinato, si meritò un rimprovero ufficiale di Gustavo Adolfo, che gli attribuiva la responsabilità della sconfitta di Stum. Da allora combatté per il re con grande coraggio, sconfiggendo nel 1631 Wengersky, luogotenente di Wallenstein, in Meclemburgo ed impedendogli di unirsi alle forze di Tilly. Nominato generale, dopo la morte di Gustavo Adolfo, continuò ad operare sotto il comando di Horn, prima in Alsazia e poi in Svevia. Scontento degli incarichi che gli erano affidati, tardò volutamente ad arrivare sul campo di Nördlingen e fu ritenuto responsabile della sconfitta. Nel 1634 cedette le città dell'alta Alsazia ai francesi, giudicandole indifendibili. Richiamato a Worms da Oxenstierna, vi morì, di morte naturale, a 37 anni.

239 Bernardo si presentò di notte, con 500 cavalieri, alle porte della città e riuscì a convincere sentinelle, ufficiali e comandante della guarnigione che l'esercito imperiale era stato distrutto e che, pertanto, ogni difesa sarebbe stata vana. (G. GUALDO PRIORATO, *Historia delle guerre*, cit., p. 76) La resa di Mannheim è del 12 gennaio 1632.

240 Il governatore della piazza era un ufficiale spagnolo, il capitano Maraval, e con lui fu giustiziato anche il suo alfiere (v. M.C. LUNDORP, *Continuazione delle guerre di Germania*, cit., p. 285).

241 Verso la metà degli anni '20, Richelieu aveva cercato – tramite il suo agente Henri de Gournay, conte di Marcherville - di persuadere Massimiliano a riunire un gruppo di principi – senza distinzione di fede religiosa – disposti ad accettare la protezione della Francia per sganciarsi dagli Asburgo. Le trattative naufragarono nel 1627 perché Massimiliano pretendeva che l'accordo assicurasse il suo titolo elettorale ed i suoi possedimenti, mentre Richelieu si impegnava a riconoscerli solo per la durata della vita di Massimiliano, dopodiché essi sarebbero tornati al duca Palatino (o ai suoi discendenti), a condizione che i possedimenti tornassero alla fede cattolica (v. G. FAGNIER, *Le père Joseph et Richelieu*, cit., I, pp. 266-270). Nel 1629 la situazione era radicalmente cambiata: l'aspirazione assolutistica degli Asburgo si era incarnata nell'esercito di Wallenstein ed era noto che la Spagna aveva promesso a Carlo I d'Inghilterra la restituzione a Federico del Palatinato e dell'elettorato. Questa volta Massimiliano non poteva più dire di non avere nessuna preoccupazione per il Palatinato *"che si trova così ben difeso dall'arme della Lega cattolica"* (Carafa a Barberini, Colonia, 19 gennaio 1625, in J. WIJNOVEN, *Nuntiaturberichte aus Deutschland. Die Kölner Nuntiatur*, cit., VII/1. Band, *Nuntius Pier Luigi Carafa*, cit., p. 140), ma sentendosi direttamente minacciato, si decise all'alleanza, dopo una lunga trattativa - nella quale, oltre all'inviato francese, Charnacé, molto si impegnarono il confessore di Massimiliano, il gesuita Adam Cotzen, e la stessa Sede apostolica, tramite il nunzio Guidi di Bagno – alla cui conclusione risultò decisiva la sottoscrizione del trattato di Bärwalde tra Francia e Svezia. (v. G. PARKER, *The Thirty Years' War*, cit., 107-108). Quando l'alleanza franco-bavarese (trattato di Fontainebleau, 30 maggio 1631) divenne nota, Massimiliano mandò un agente a Vienna, Johann Kutner von Kunitz, il quale confessò l'esistenza dell'alleanza e la giustificò con l'argomento che il Duca vi era stato costretto *"per sua difesa, acciò non venisse spogliato del Palatinato Superiore e dell'elettorato, sì come se li minacciava di fare"*. Nella residenza parigina del cardinale Bagno – svaligiata da agenti spagnoli – si trovarono anche lettere che provavano il suo coinvolgimento diretto nell'operazione e, quindi, del Papa. Coinvolgimento diretto che troviamo confermato dallo stesso Massimiliano in una lettera al cardinale Barberini del 19 ottobre 1632, nella quale il duca ricorda che non si sarebbe deciso all'alleanza con i francesi *"se'l signor Card. de Bagni non fosse stato mezzano et n'havesse premuto tanto d'accettar la Confederazione assecurandomi non soltanto della sincerità dell'intentione delli Ministri Regii, ma che trattava questa alleanza con saputa et approbatione di S. Santità et di V.E."* (il testo della lettera è pubblicato integralmente da F. GREGOROVIUS, *Un episodio della guerra dei trent'anni*, G. Romagna e C., Roma, 1911, Appendice XII, pp. 154-159, a pagina 156) E, lo stesso cardinale Bagni, in una lettera al consigliere bavarese Jocher, ammoniva che *"la questione va tenuta nella massima segretezza, perché potrebbe compromettere gravemente i miei affari con la Spagna, qualora si venisse a sapere che sono impegnato a creare una stretta alleanza tra Francia e Baviera"* (la lettera è citata da G. PARKER, *The Thirty Years' War*, cit.,p. 106 e nota 11 pp. 231-232). Questo fatto – inutilmente smentito dal cardinale Barberini come *"trama de mal intentionati"* - provocò nell'imperatore una diffidenza verso la Sede Apostolica che non sarebbe più venuta meno. Né il Papa fece nulla di concreto per modificare questo giudizio, poiché mostrava, nella sostanza, di approvare l'alleanza e ne addossava l'intera responsabilità a coloro (gli spagnoli), che avevano dato a Massimiliano motivo per temere per la sua posizione. (v. Rocci a Barberini, Vienna 9 agosto 1631 in R. BECKER, *Nuntiaturberichte aus Deutschland*, cit., Vierte Abteilung, 4. Band, *Nuntiaturen des Giovanni Battista Pallotto und des Ciriaco Rocci*, cit., pp. 528-230 a pagina 529; Barberini a Rocci, Roma 30 agosto 1631, *ibidem*, pp. 548-551 a pagina 550).

242 Per vero, la pretesa di Massimiliano era tutt'altro che infondata. L'art. 1 del trattato di Fontainebleau prevedeva l'obbligo francese di intervenire in difesa dell'elettore di Baviera e delle sue terre con 9000 fanti, 2000 cavalieri e macchine da guerra adeguate *"nel caso che qualcuno vi entri con intenzioni ostili"* ed il primo punto dell'accordo segreto di Monaco (8 maggio 1631) – preparatorio del trattato – subordinava lo stesso obbligo di intervento all'invasione di *"nemici"* non meglio specificati. Nessuna menzione facevano i trattati dell'Austria, dell'imperatore o degli svedesi, mentre proprio il timore di Gustavo Adolfo e la precedente alleanza franco-svedese

avevano contribuito a convincere Massimiliano a proteggersi con il trattato (v. il testo dei trattati A. TURCHINI, *La guerra dei trent'anni*, cit., p. 210 e p. 211).

243 Urbain de Maillé (1597-1650), marchese di Brézé, maresciallo di Francia. Nel 1617 sposò Nicole du Plessis-Richelieu, sorella del Cardinale, del quale divenne uno dei più fidati collaboratori. Dopo aver partecipato alla guerra del Monferrato (1630), venne inviato in Svezia, in missione diplomatica. Alternando – come fece per tutta la vita – incarichi diplomatici ed operazioni militari, comandò l'armata di Germania con il maresciallo de la Force e partecipò alla presa di Heidelberg (1634) e di Spira (1635). Successivamente fu impiegato contro gli spagnoli nelle Fiandre ed in Piccardia. Nel 1641, quando parte della Catalogna passò sotto il controllo francese, Brézé fu nominato viceré: si dimise nel maggio 1642. Da questo momento, abbandonò progressivamente tutti i suoi incarichi, l'ultimo dei quali (nel 1649) il governo dell'Angiò, che deteneva dal 1626.

244 Filippo Cristoforo di Sotern (1567-1652), succeduto ad Eberardo di Dienheim (di cui era coadiutore dal 1609) nel vescovato di Spira (v. P. GAUCHAT, *Hierarchia catholica*, IV, cit., p. 320 e nota 2), il 25 settembre 1623 venne eletto dal capitolo e l'11 marzo 1624 nominato vescovo di Treviri, in successione di Lotario di Metternich (v. P. GAUCHAT, *Hierarchia catholica*, IV, p. 343 e nota 3). Responsabile dell'occupazione francese del vescovato nel 1632, venne imprigionato dagli spagnoli il 25 marzo 1635, quando riconquistarono Treviri. Consegnato all'imperatore, rimase suo prigioniero a Vienna fino al 25 aprile 1645, quando fu liberato durante i negoziati per la pace di Westfalia. Ritornato a Treviri litigò fino alla morte con il capitolo, continuando a tramare contro l'imperatore.

245 A scanso di sgradevoli sorprese, la città di Norimberga chiese ed ottenne da Gustavo Adolfo una lettera di "salvaguardia" (Würzburg, 20 ottobre 1631) che metteva al riparo la città dalle malversazioni dei "liberatori" e ne garantiva la regolarità dei commerci. (il testo della dichiarazione è pubblicato da A. TURCHINI, *La guerra dei trent'anni*, cit., pp. 217-218).

246 Rodolfo Massimiliano (1596-1647), duca di Sassonia-Lünenburg, figlio di Francesco II di Sassonia–Lüneburg e di Maria di Brunswick-Wolfenbüttel, Fu uno dei sessanta amministratori straordinari presso la corte di Vienna. Incaricato del reclutamento delle truppe nel territorio elettorale di Magonza, assolse il compito con brutale efficienza. Nella battaglia di Breitenfeld (1631) salvò il generale Tilly dalla prigionia, strappandolo dalle mani di un cavaliere svedese che lo aveva catturato. Sposò Anna Caterina von Dulcina e morì a Lubecca il 1° ottobre 1647.

247 Augusta si arrese a Gustavo Adolfo l'11 aprile 1632 è fu assoggettata ad un tributo annuale di 240.000 talleri.

248 Nell'assedio di Ingolstadt Gustavo Adolfo rischiò la vita e il principe Cristiano di Baden-Durlach morì "*mozzato della testa da una cannonata*" (v. M.C. LUNDORP, *Continuatione della guerra*, cit., p. 326).

249 Il trattato di alleanza tra Svezia e Sassonia – sottoscritto a Coswig l'11 settembre 1631 – comportò l'unione dell'esercito sassone, forte di 18.000 uomini, con quello svedese.

250 Balthasar Marradas o Maradas (1577-1655), nobile spagnolo, si trasferì giovanissimo alla corte di Vienna, dove servì sotto quattro imperatori. Nel 1616 fu impiegato in Friuli, contro la Serenissima, nella seconda guerra uscocca e, in seguito, capeggiò (con Bucquoi e Dampierre) le forze imperiali nella guerra boema. Tra i primi a mettersi al servizio di Wallenstein, non riuscì mai ad ottenerne la piena fiducia. La difesa di Praga fu la sua ultima impresa militare. Marradas ebbe

parte non secondaria nella congiura che portò all'assassinio di Wallenstein. Nominato governatore della Boemia da Ferdinando II, fu confermato nell'incarico dal successore.

251 La trattativa che avrebbe portato al conferimento del secondo generalato a Wallenstein fu lunga, delicata e si sviluppò attraverso fasi successive. Nel periodo di cui ora si tratta, Wallenstein aveva accettato un incarico temporaneo che prevedeva il suo impegno nel reclutamento degli uomini e nell'organizzazione dei mezzi necessari per la formazione di una nuova armata imperiale. Egli aveva, invece, esplicitamente rifiutato qualunque carica di comando: ciò che rende ineccepibile l'obiezione opposta a Marradas.

252 Un editto del 1622 aveva espropriato le proprietà fondiarie di coloro che avevano partecipato alla rivolta boema, in proporzione alle rispettive responsabilità. Gli effetti del provvedimento colpirono, in varia misura, 658 famiglie, 50 città e territori pari alla metà del regno. La feudalità protestante venne quasi interamente sostituta da un ceto proprietario di fede cattolica, che Ferdinando legò a sé con la vendita di titoli nobiliari, dando vita ad una nuova classe possidente e dirigente, di cui i Liechtenstein, gli Eggenberg e Wallenstein diventarono i massimi esponenti (v. C.V. WEDGWOOD, La guerra dei trent'anni, pp. 165-167; J.V. POLIŠENSKÝ, La guerra dei trent'anni, cit., pp. 162-180. il quale stima che – tra il 1621 ed il 1624 – sia passato di mano il 53% della proprietà fondiaria boema).

253 Johann Goetz (1599-1645), partecipò alla guerra boema dalla parte dei ribelli e in quella palatina con l'esercito di Mansfeld. Nel 1626 cambiò fronte, arruolandosi nell'esercito di Wallenstein, con il quale partecipò all'assedio di Stralsund. Nel 1633 assunse il comando dell'armata bavarese e con questa operò in Assia, sul Weser e nell'area baltica. Tornato al servizio degli imperiali, nel 1643 ottenne il comando dell'esercito di Slesia. Morì nella battaglia di Jankov il 6 marzo 1645.

254 Giorgio I Ráckóczi (1593-1648), principe di Transilvania, figlio di Sigismondo, che nel 1608 aveva abdicato a favore di Gabriele Bathory. Al fianco di Gabor Bethlen al tempo del suo attacco contro gli Asburgo, ne continuò la politica anche dopo l'elezione a principe di Transilvania (26 novembre 1630). Più cauto del suo vecchio compagno d'armi, stabilì buoni rapporti con Gustavo Adolfo ma evitò accuratamente di muovere guerra a Ferdinando fino al 1644: e non lo fece se non dopo aver ottenuto ampie assicurazioni dagli alleati francesi e svedesi. La sua campagna militare del 1644-1645 ebbe successo e, grazie ad essa, Giorgio ottenne rilevanti concessioni politiche e territoriali.

255 Questa storia dei 15.000 svedesi (12.000 secondo altre fonti) e della corona di Boemia offerta a Wallenstein è tutt'altro che certa. Fondata sul non disinteressato atto d'accusa del preteso tradimento del generalissimo e su una serie di testimonianze indirette, se pur ebbe qualcosa di vero, fu presa seriamente soltanto dal suo disinvolto mediatore e non dai diretti interessati (v. G. MANN, Wallenstein, cit., pp. 607-615).

256 Johann Baptist Verda (1582-1648), conte di Werdenberg, nato in Canton Ticino da una famiglia borghese, si addottorò in giurisprudenza e si trasferì a Graz, dove diventò procuratore presso la Camera austriaca. Uomo di fiducia di Eggenberg, nel 1619 fu promosso vice-cancelliere austriaco. Nel 1623 gli fu conferito il titolo di barone di Werdenberg e, nel 1630, quello di Conte. Cancelliere dell'impero, entrò nella ristretta cerchia degli informatori segreti dell'imperatore e svolse numerosi incarichi diplomatici, anche al servizio di Ferdinando III.

257 Gerhard von Questenberg (ca. 1586-1646). Iniziò la sua carriera al servizio di Mattia, come segretario delle spedizioni di guerra. Nel 1622 sposò Maria Unterholzer, figlia di un Consigliere della Camera imperiale, ed entrò nel Consiglio di guerra. In questa veste Questenberg si adoperò

in ogni modo perché le richieste di Wallenstein alla corte fossero esaudite: ciò che gli valse la fiducia - e forse anche l'amicizia - del generalissimo. Nel 1626, quando cominciarono a insorgere le prime contestazioni dell'operato di Wallenstein, riuscì – dando prova di grandi capacità diplomatiche- a sanare i dissapori. In virtù di questo successo, Questenberg venne costantemente delegato a mediare i sempre più difficili rapporti tra Wallenstein, la Corte e i principi cattolici, capeggiati dal duca di Baviera. In seguito alla prima deposizione di Wallenstein, fu ancora a Questenberg che venne affidato l'incarico di ricucire i rapporti con la corona e di creare le condizioni per l'affidamento del nuovo comando. Quando l'imperatore – in aperta violazione dei patti di Göllersdorf – chiese l'intervento in Germania dell'armata spagnola del duca di Feria, sottraendola al comando di Wallenstein, il ruolo di Questenberg finì e l'incarico di tenere i rapporti con il campo del generalissimo fu affidato al conte Heinrich Shlick. Le lettere di Questenberg all'imperatore da Pilsen dimostrano la sua incrollabile convinzione della fedeltà del generalissimo e – tornato a Vienna – non lesinò il suo impegno per impedire il tragico epilogo della crisi. Questenberg non partecipò in alcun modo alla spartizione del bottino, costituito dai beni di Wallenstein, ma riuscì a salvare la sua vita e la sua carriera. Nel 1636 fu nominato nel Consiglio d'Ungheria durante la reggenza di Leopoldo Guglielmo. Ferdinando III lo chiamò a far parte del Consiglio segreto e lo nominò vice-presidente del Consiglio di guerra.

258 Hans Ulrich Eggenberg (1568-1634), barone e poi principe di Natonel, educato nella fede protestante dal padre Sigfried, che ne era un importante rappresentante, iniziò la sua carriera nei Paesi Bassi, al servizio degli spagnoli: precoce testimonianza di quanto poco contasse per lui la fede religiosa. Nel 1597 decise di entrare al servizio dell'arciduca Ferdinando, ben presto diventandone l'uomo di fiducia. Quando questi - ottenuto il governo di Stiria, Carinzia e Carniola – si apprestò ad introdurvi la controriforma, Hans Ulrich, che lo aveva seguito, si affrettò a convertirsi al cattolicesimo, rimuovendo con questo gesto l'ultimo ostacolo ad una brillantissima carriera. Capitano della Carniola e incaricato di missioni diplomatiche in Spagna, nel 1615 divenne presidente del Consiglio segreto, governatore dell'Austria centrale e *factotum* dell'arciduca. Contribuì attivamente a procurare l'elezione imperiale a Ferdinando. Diventatone il più importante ed ascoltato consigliere, suggerì all'imperatore una politica di autonomia nei confronti della Spagna e di emancipazione nei confronti della *Lega* e della Baviera, dai cui aiuti si era reso dipendente. Con questo obiettivo patrocinò l'affidamento a Wallenstein – con il quale era, se pur solo indirettamente, imparentato (vedi *supra* nota 140) - del comando delle armate imperiali. Hans Ulrich sostenne il generalissimo fino alla fine e ne condivise, in qualche modo, la sorte. Il suo legame con Wallenstein gli costò gradatamente la fiducia dell'imperatore, che venne definitivamente meno nel 1634. Consapevole che il suo tempo era finito, Hans Ulrich si allontanò dalla corte e morì poco dopo.

259 Il testo delle "capitolazioni di Göllersdorf" (14 aprile 1632), con l'attribuzione a Wallenstein del secondo generalato, si possono consultare in A. TURCHINI, *La guerra dei trent'anni*, cit., pp. 281-283. I termini di queste condizioni erano ben noti ai contemporanei, tanto che il residente veneto Antelmi poteva inviarne una copia abbastanza fedele in allegato ad un dispaccio del 4 dicembre 1632 (v. G. GLIUBICH, *Gli ultimi successi*, cit., pp. 361-362).

260 Questi enormi numeri non devono trarre in inganno ed indurre ad immaginare eserciti compatti, in movimento gli uni contro gli altri, in attesa dello scontro frontale. Nella guerra dei trent'anni vi furono molte battaglie campali cruente, ma nessuna di esse fu decisiva. Ciò in quanto anche le grandi battaglie impegnavano solo una piccola parte delle forze armate. Nel novembre 1632, Gustavo Adolfo si trovava al comando di un esercito di 183.000 uomini ma, di questi, 6.000 erano di guarnigione nei vari presidi della Germania settentrionale, 34.000 erano di stanza in Svezia e nelle province baltiche e 66.000 operavano nell'impero come forze regionali indipendenti. Pertanto, Gustavo Adolfo affrontò la battaglia di Lützen con soli 20.000 uomini. La situazione degli imperiali era del tutto simile: a fronte dei 18.000 uomini schierati a Lützen,

40.000 erano impegnati in altre località e non meno di 43.000 erano di stanza in guarnigioni. (v. G. PARKER, *La rivoluzione militare*, cit., p. 65).

261 John Hepburn (1598-1636), mercenario scozzese, entrò al servizio di Gustavo Adolfo nel 1623 e nel 1625 fu nominato colonnello del reggimento scozzese che combatté in Polonia con l'esercito svedese. Nella battaglia di Breitenfeld, comandò la "Brigata verde", coprendosi di gloria. e meritandosi la stima del re. Hepburn era cattolico: ciò bloccò la sua carriera al grado di colonnello. E, pare siano state le maligne allusioni di Gustavo Adolfo contro i "papisti" e le sue pressioni per convertirlo al protestantesimo ad indurlo a lasciare il servizio del re svedese. Passato nei ranghi della Francia, nel 1633 radunò in Scozia una truppa di 2000 uomini, ai quali si aggregarono gli arcieri che formavano la storica guardia scozzese (la famosa *Garde Ecossaise*) del re di Francia e, successivamente, il reggimento che aveva comandato per gli svedesi. Questo corpo militare - noto come *Regiment d'Helbron* - diede origine al moderno *Royal Scots Regiment* dell'esercito britannico. Con i francesi partecipò alle campagne militari in Alsazia e in Lorena, sotto il comando di la Force e di Brézé. Morì nell'assedio di Zabern (Saverne) in Alsazia ed il suo corpo fu sepolto a Toul.

262 Henrik Holk (1599-1633), danese di nascita e di fede protestante, prestò servizio nell'esercito del suo Paese fino al 1627. Reclutato da Wallenstein al tempo del primo generalato, rimase al suo servizio anche nel secondo. Generale Maggiore nel febbraio del 1632 e promosso Feldmaresciallo dopo la battaglia di Lützen, diresse i processi istruiti nei confronti dei traditori e dei disertori e, l'anno seguente, gli fu affidata la difesa della Boemia settentrionale. Morì di peste in Sassonia.

263 Matthias Gallas o Matteo Gallasso (1584-1647), conte di Campo e duca di Lucera, trentino di nascita, iniziò la sua brillantissima carriera militare al servizio del duca di Baviera. Passò al servizio degli Asburgo d'Austria entrando nell'armata imperiale di Wallenstein con il grado di generale. Artefice (con Aldringen) della presa di Mantova, diventò luogotenente del generalissimo ed ottenne da questi il comando di una grande armata. Parte attiva nella congiura che portò all'assassinio del suo capo, ne ereditò – oltre ad alcuni ricchi feudi – il grado di comandante delle forze armate imperiali e, in questa veste, sconfisse gli svedesi a Nördlingen. Impegnato successivamente in Lorena (1636-1637), andò incontro a vari insuccessi che gli costarono il comando (1638). Richiamato a dirigere una campagna militare, fu duramente sconfitto a Jankov (1645). Ritiratosi a vita privata, morì – ricchissimo – a Vienna.

264 Rodolfo Colloredo (1585-1657), boemo di nascita ma appartenente ad una nobile famiglia friulana, spese l'intera vita al servizio degli Asburgo. Fedele a Rodolfo II nello scontro che lo vide soccombere a Mattia, Colloredo rifiutò ogni incarico da quest'ultimo e preferì passare agli ordini dell'arciduca Ferdinando. Dopo un periodo trascorso a Malta - dove divenne cavaliere dell'Ordine – e di impegno contro i turchi, ebbe un ruolo di rilievo nella guerra di Gradisca. Divenuto imperatore Ferdinando, fu tra i suoi più apprezzati colonnelli ed indicato da Wallenstein come uno degli "otto cavalieri di comando" che avrebbe voluto al suo fianco. Inviato in Italia, partecipò alla presa di Mantova (1630) e, ritornato in Germania, comandò la fanteria nella battaglia di Lützen (1632) dove si distinse per valore e venne gravemente ferito, meritando la promozione a generale e, nel 1634, a maresciallo di campo. Nello scontro tra Wallenstein e l'imperatore si schierò dalla parte del secondo, tramando con Piccolomini e Gallas per la rovina di Wallenstein. La sua indiscussa fedeltà fu premiata con l'assegnazione di larga parte dei beni del generalissimo. Colmato di onori e all'apice della fortuna, fu uno dei cinque marescialli di campo dell'impero, membro del Consiglio di guerra, Gran Priore dell'Ordine di Malta e governatore militare della Boemia. In seguito venne ripetutamente sconfitto dagli svedesi e dai francesi, che riuscirono anche a farlo prigioniero (1636). Nel 1648 un "commando" svedese riuscì ad impadronirsi della "Piccola città" e del Castello di Praga, facendo prigioniera l'intera famiglia

410

di Colloredo. In seguito a questo umiliante smacco ebbe inizio il lento ed inarrestabile declino della sua fortuna.

265 Giovanni Ludovico Isolani (1580-1640), friulano di origine cipriota, esordì nel mestiere delle armi combattendo contro i turchi. Nella guerra dei trent'anni si arruolò nell'armata di Wallenstein e tenne il comando di tutta la cavalleria croata. Egli pure presente alla battaglia di Lützen, ottenne in compenso per l'abbandono di Wallenstein molto denaro ed il titolo di conte dell'impero.

266 Francesco Alberto di Sassonia-Lauenburg (1598-1642), al servizio dell'esercito boemo venne fatto prigioniero da Bucquoi e passò al servizio dell'imperatore. Dal 1621 al 1625 comandò un reggimento di corazzieri e due reggimenti di cavalleria e di fanteria sotto il comando di Wallenstein. Nel 1631 venne nominato Generale Maggiore ma, l'anno successivo, lasciò l'esercito imperiale per passare al servizio di Gustavo Adolfo. Nell'esercito svedese venne utilizzato solo come osservatore e, dopo la morte del re, cambiò nuovamente padrone, arruolandosi al servizio dell'elettore di Sassonia. Nel 1634 venne fatto prigioniero dagli imperiali: questa circostanza non gli impedì di partecipare alla dieta di Ratisbona del 1640 come delegato dei suoi ex-carcerieri e di conquistare (1641-1642) quasi tutta la Slesia con il grado di Maresciallo di campo dell'impero. Poco dopo venne ferito gravemente in battaglia e fatto nuovamente prigioniero, questa volta dagli svedesi, condotto in carcere, dove morì poco dopo.

267 Dodo von Kniphausen (1583-1636), militare tedesco al servizio del re di Svezia. Partecipò alle battaglie di Höchst (1622) e di Stadtlohn (1623), nel 1626 fu fatto prigioniero a Dessau e liberato dietro pagamento di un riscatto. Nel 1628 si aggregò alla spedizione inglese nel fallito tentativo di soccorrere La Rochelle. Nel 1630 passò al servizio degli svedesi e fu terzo in comando nella battaglia di Lützen, dove si distinse per valore. Promosso feldmaresciallo e comandante supremo delle forze svedesi in Bassa Sassonia, perse la vita nella battaglia di Haselunne.

268 Ottavio Piccolomini (1600-1656), uomo d'armi italiano al servizio degli Asburgo. Dopo aver combattuto con Bucquoi alla Montagna Bianca, intervenne su tutti i fronti di guerra, dalla Boemia, all'Ungheria, dall'Italia ai Paesi Bassi. Nel 1629 si arruolò nell'armata di Wallenstein, partecipando alla presa di Mantova ed alla battaglia di Lützen, dove si fece particolarmente onore. Dalla cospirazione contro Wallenstein ricavò un'enorme somma di denaro, un feudo ed il grado di Maresciallo. Comandante della cavalleria imperiale a Nördlingen, poi comandante in capo delle forze militari nei Paesi Bassi, si oppose all'invasione dei francesi, che sconfisse a Thionville (1639). Chiamato dall'Alsazia in Boemia per contrastare l'invasione svedese dell'Austria, riuscì anche in questa impresa. Passò, quindi, al servizio degli Asburgo di Spagna come comandante in capo delle forze militari del Brabante ed ottenne il titolo di duca di Amalfi. Sconfitto dagli svedesi nella seconda battaglia di Breitenfeld (2 novembre 1642), dal 1648 fu comandante generale dell'esercito imperiale e plenipotenziario nelle trattative per la pace di Westfalia. Concluse la sua straordinaria carriera con il titolo di principe dell'impero.

269 Johann Bernhard Schenk von Schweinsberg (1584-1632), resse – in modo assai controverso – l'abbazia di Fulda dal 1623 fino alla morte.

270 Antico ordine cavalleresco - tra i più ambiti ed esclusivi – fondato nel 1429 da Filippo il Buono di Borgogna. Insegna dell'ordine era il collare d'oro con inciso il motto – definitivamente scelto da Carlo V - "non plus ultra". Grandi Maestri dell'ordine furono gli Asburgo, in quanto discendenti di Filippo di Borgogna. Dell'ordine del Toson d'Oro fu insignito Ottavio Piccolomini.

271 Nonostante la contraria certezza di Schiller, a Lützen non ci furono vincitori. Non gli imperiali, ai quali la vittoria dovrebbe essere attribuita secondo la regola tradizionale del numero

di bandiere e di stendardi strappati al nemico (più di trenta contro le cinque o sei prese dagli svedesi). Non gli svedesi, ai quali la vittoria dovrebbe essere assegnata per essere rimasti padroni del campo: circostanza, quanto meno improbabile perché – se vera – avrebbe consentito loro di accorgersi della partenza notturna di Wallenstein, che scoprirono, invece, solo il mattino del giorno successivo. La valutazione più realistica della battaglia sembra quella del generale Holk: "*Il bagno di sangue è durato sette ore e, dopo una perdita inaudita da entrambe le parti, l'una si è ritirata in una direzione, l'altra dall'altra*" (v. G. MANN, *Wallenstein*, cit., p. 715). Alle stesse conclusioni approda il più documentato studio di storia militare della guerra dei trent'anni (v. W. P. GUTHRIE, *Battles of the Thirty Years' War*, cit., pp. 218-219).

272 L'ipotesi che Gustavo Adolfo non sia caduto in un'azione di guerra ma assassinato da due colpi di pistola tirati da Francesco Alberto di Lauenburg, in veste di sicario dell'imperatore, non è originale. Essa era stata sostenuta – con i medesimi argomenti ma con minori dubbi - dal celebre giurista sassone, Samue Pufendorf (1632-1694), in un'opera scritta quando egli si trasferì a Stoccolma come consigliere di Stato e storiografo regio (v. S. PUFENDORFI, *Commentariorum de rebus suecicis. Libri XXVI* , cit., p. 83). Anche della fucilata che uccise Aldringen a Landshut si sospettò "*divenisse dalla parte de' suoi per vendetta d'alcune ingiurie fatte loro, essendo egli per la sua severità più temuto, che amato dalla militia*" (v. G. GUALDO PRIORATO, *Historia delle guerre*, cit., p.289).

273 Urbano VIII, invece, non era affatto contento per la morte di Gustavo Adolfo. Su ciò concordano tutti gli osservatori contemporanei. Fulvio Testi scriveva al suo signore che l'avviso della morte del re di Svezia "*è dispiaciuto intimamente al Papa e che ne sta travagliato, dubitando che gli spagnoli non si servano dell'occasione per portare delle turbolenze in Italia*" (v. Testi a Francesco I d'Este, Roma, 10 dicembre 1632 in F. TESTI, *Lettere*, Laterza, Bari, 1967, I, p. 336). All'agente estense faceva eco l'ambasciatore veneziano Alvise Contarini, che riferiva al Senato la diffusa e sempre viva opinione che al Papa "*sia dispiaciuta la morte del Re di Svezia, e che più goda, o per dir meglio, manco tema, i progressi dei protestanti che degli Austriaci*" (v. N. BAROZZI-G. BERCHET., *Relazioni degli stati europei lette al Senato dagli ambasciatori veneti nel secolo decimosettimo*, Serie III-Italia, Relazioni di Roma, volume I, *Relazione di Alvise Contarini, ambasciatore ordinario alla Corte di Roma 1632-1635*, Pietro Naratovich, Venezia, 1877, pp 349-405 a pagina 368).

274 Cristina di Svezia (1626-1689), figlia di Gustavo Adolfo e di Maria Eleonora di Brandeburgo, divenne regina a sei anni. La reggenza del Senato e di Oxenstierna le assicurarono un'educazione di prim'ordine. Divenuta maggiorenne diede prova di competenza negli affari di stato – e di intelligenza nel farsi ben guidare - ottenendo, con la pace di Bromsebro (1645), alcune importanti province danesi ed il dominio del commercio marittimo e, con la pace di Westfalia, adeguati compensi per l'impegno bellico profuso. Con il passare del tempo Cristina si liberò dei vecchi consiglieri per circondarsi di intellettuali e letterati di gran fama – tra i quali Cartesio – e maturò la conversione al cattolicesimo. Per conservare il regno tentò di ottenere dal Papa l'autorizzazione a mantenere segreta la conversione. Di fronte al fermo rifiuto di Innocenzo X, dopo essersi procurata ed aver messo al sicuro un ingente patrimonio personale, abdicò in favore del cugino Carlo Augusto (6 giugno 1654), lasciò la Svezia e pronunciò ad Innsbruck la solenne professione di fede tridentina (3 novembre 1655). La sua vita successiva fu inquieta e contraddittoria: radunò intorno a sé il cenacolo di letterati che avrebbe costituto l'Arcadia; tentò, cercando l'appoggio della Francia di Mazarino, di diventare regina di Napoli; intrigò, con il suo amante, cardinale Decio Azzolini, per favorire l'elezione di Clemente IX; promosse trame per salire al trono di Polonia. Raccolse una ricchissima biblioteca che, alla sua morte, andò ad incrementare il fondo della Vaticana.

275 Come si è detto in precedenza (v. *supra* nota 196) la Svezia non si impoverì affatto durante i primi tre anni di guerra: il bilancio del 1633 – anno successivo a quello della morte di Gustavo Adolfo – chiuse, anzi, con entrate superiori alle spese. Vero è, invece, che la guerra costituì per Svezia e Finlandia un serio problema demografico. E' stato stimato che la Svezia abbia perso tra il 1621 ed il 1632 tra i 50 e i 55.000 uomini e più del doppio tra il 1633 e la fine della guerra (v. G. PARKER, *The Thirty Years' War*, cit., p. 173, che indica come fonte uno studio di J. Lindegren).

276 Ladislao IV (1595-1648), re di Polonia, figlio di Sigismondo III e di Anna d'Austria: appena salito al trono fu costretto ad impegnarsi in una campagna militare (1632-1634) per il controllo della Moscovia. Piuttosto che muovere guerra alla Svezia per riconquistare il trono che spettava a suo padre, rinunciò a far valere la pretesa e concluse con la Svezia il vantaggioso trattato di Stuhnsdorf (settembre 1635). Nella guerra dei trent'anni tenne una posizione ambigua, sospesa tra l'imperatore e la Francia. Spese l'ultimo tratto della sua vita nell'organizzazione di una grande campagna militare contro i Turchi – patrocinata da Innocenzo X – che avrebbe dovuto estendere il dominio della Polonia fino alle sponde del Mar Nero.

277 Vedi *supra* nota 112.

278 Non destinato al trono. Per altro, neppure il predestinato salì al trono. Alla morte di Cristiano IV, infatti, il Consiglio elesse il figlio secondogenito, Federico III, preferendolo al principe ereditario, Cristiano.

279 La decisione del Consiglio reale svedese che approva questo ragionamento di Oxenstierna si può consultare in M. ROBERTS, *Sweden as a Great Power*, cit., pp. 149-150.

280 L'idea di Wallenstein era che per restituire la pace alla Germania occorresse rimuovere le cause della dieta di Lipsia (v. *supra* nota 193) e, cioè, revocare l'*Editto di restituzione*, assicurare la libertà di culto (tranne che negli Stati ereditari), concedere il perdono generale per i ribelli. Compiuti questi passi sarebbe stato possibile persuadere i principi a rimanere in armi, per volgerle contro tutti gli stranieri che insistessero nel rimanere in Germania. L'imperatore – consigliato dai gesuiti - pensava, invece, di non dover cedere nulla in materia di fede e di restituzioni. Wallenstein – per parte sua – riteneva che, separando la Svezia dai suoi alleati tedeschi non sarebbe stato difficile convincerla alla pace. Le forze unite di Germania si sarebbero, pertanto, potute volgere contro la Francia (v. la lettera inviata da Liegi l'8 gennaio 1634 da Carafa a Barberini, nella quale si comunica il contenuto di una lettera, intercettata, di Wallenstein al duca di Lorena in J. WIJNOVER, *Nuntiaturberichte aus Deutschland, Die Kolner Nuntiatur. VII/4. Band, Nuntius Pier Luigi Carafa, (1633 Januar-1634 November)*, Ferdinand Schöningh, Paderborn, 1995 pp. 207-208).

281 Anche questa volta la Spagna non tenne la posizione che Schiller le attribuisce. Il problema principale della Spagna era quello di liberare rapidamente l'imperatore – e soprattutto l'esercito di Wallenstein – dall'impegno rappresentato dalla guerra di Germania, al fine di rendere disponibili armi e risorse in funzione anti-francese. In coerenza con questi fini, padre Diego Quiroga fu inviato, nel febbraio 1633, al campo di Wallenstein per perorare la causa della pace con i protestanti "*a qualunque precio abraciabil (...) pur che si faci cavar da francesi il piede dai contorni de Trevveri, et d'altri confini di Germania*". Ed il mese successivo, la Spagna inviò in missione presso l'imperatore Il presidente del Consiglio d'Italia, Ottavio Villani, con l'incarico di premere per la revoca dell'Editto di restituzione a favore dell'Elettore di Sassonia, per conciliarlo alla pace. (v. dispacci del residente veneto Antelmi del 12 febbraio e del 5 marzo 1633 in G. GLIUBICH, *Gli ultimi successi*, cit., pp. 366-367 e 369-370). In coerenza con la politica spagnola la

missione di Villani presso Wallenstein aveva l'obiettivo di conseguire una pace generale con i protestanti, che avrebbe dovuto essere estesa all'Olanda. Per favorire questa condizione il generalissimo avrebbe dovuto portare in Frisia parte delle sue forze e preparare una "diversione" contro la Francia, già individuata come il vero grande nemico da affrontare su scala globale. Se il progetto fosse andato in porto ed il re di Spagna avesse ottenuto una *"paz general de su reputacion"*, Villani era autorizzato a promettere a Wallenstein il Palatinato. (v. Consulta del Consiglio di Stato, 4 ottobre 1632 e, in pari data, Villani a Olivares e la risposta del conte-duca in Q. ALDEA VAQUERO, *España y Europa en el siglo XVII. Correspondencia de Saavedra Fajardo.* Tomo II. La Tragedia del Imperio: *Wallenstein 1634*, Consejo Superior de Investigaciones Cientificas, Madrid, 1991, Appendice 2, rispettivamente, doc. n. 9 , pp196-197; doc. n. 10, pp. 197-204; doc. n. 11, pp. 204-209).

282 Dopo aver lungamente resistito alle pressioni, Urbano VIII fu, alla fine, costretto a cedere e – con Breve del 5 marzo 1633 - accordò l'imposizione, a favore della Spagna, di 19 milioni a valere su decime, gabelle e accise sul commercio di determinati prodotti (v. *Magnum bullarum romanum Augustae Taurinorum editum, sumptibus*, A. Vecco et Sociorum, Roma, t. XIV, 1868, pp. 324-327).

283 Nel corso del 1633, Wallenstein stesso si impegnò in una trattativa segreta – ma nota e approvata dall'imperatore e dalla Spagna – con il generale Arnim, diretta a concludere la pace con Sassonia e Brandeburgo. La trattativa si poteva considerare praticamente conclusa – almeno secondo le dichiarazioni del negoziatore Arnim – quando, il 27 ottobre 1633, dal campo cesareo partì un laconico e drammatico comunicato: *"l'unione, che era seguita tra quest'armata con gl'elettori è rotta in tutto e per tutto"* (il comunicato è trascritto nel dispaccio di Antelmi del 1° ottobre 1633 in G. GLIUBISH, *Gli ultimi successi*, cit., pp. 397-398 a pagina 397). La notizia del buon esito del negoziato tra Wallenstein e gli elettori di Brandeburgo e Sassonia era giunta anche al nunzio Carafa, che ne informò la Santa Sede, nel luglio 1633. La smentita del cardinale Barberini, il mese successivo, e l'effettiva prosecuzione delle trattative fino alla fine di ottobre provano la segretezza con cui l'operazione venne condotta e l'andamento "a singhiozzo" delle trattative. Wallenstein attribuì il fallimento del negoziato di pace al tradimento di Arnim e dell'elettore di Sassonia. Anche secondo Barberini l'episodio confermerebbe *"il concetto di molti che gl'heretici attendessero a questa pratica senza intentione di concluderla"*(Carafa a Barberini, Liegi 24 luglio 1633; Barberini a Carafa, Roma 27 agosto 1633 e Barberini a Carafa, Castelgandolfo 22 ottobre 1633 in J. WIJNOVEN, *Nuntiaturberichte aus Deutschland. Die Kolner Nuntiatur*, VII/4. Band, *Nuntius Pier Luigi Carafa,* cit.,, pp. 115-116 a pagina 116 ; p. 136 e p. 160).

284 Oxenstierna reagì senza esitazioni al clima di sbandamento e di sfiducia provocato nei principi tedeschi dalla morte di Gustavo Adolfo e riuscì a riunire i circoli di Franconia, di Svevia e delle due Renania nella Lega di Heilbronn (23 aprile 1633), intorno a tre obiettivi: il ristabilimento delle libertà tedesche secondo le antiche costituzioni dell'Impero; la restituzione ai protestanti delle proprietà ex-ecclesiastiche; adeguate "soddisfazioni" per la corona di Svezia (il testo del trattato è pubblicato da A. TURCHINI, *La guerra dei trent'anni*, cit., pp. 238-244). Sotto l'aspetto economico, il cancelliere svedese non riuscì a strappare agli alleati nulla più che una promessa di 2.400.000 talleri per il finanziamento dell'esercito: un quarto della somma da lui richiesta. Si trattava, comunque, di una contribuzione onerosissima, calcolata con il micidiale sistema del "mese romano": ogni contribuente veniva iscritto nella matricola per un certo importo ed esso andava pagato per 13 "mesi romani" al mese, di guisa che ogni anno contributivo risultava composto da 156 mensilità. Peraltro, la Lega di Heilbronn fu solo l'effimera e sbiadita copia della possente rete di alleanze tessuta da Gustavo Adolfo: l'imperatore non la riconobbe come interlocutore, perché dominata da una potenza straniera; i potenti ceti della Germania settentrionale e centrale non vi aderirono; l'elettore di Brandeburgo, preoccupato per

414

le sorti della Pomerania, che gli spettava per antico patto di successione e che gli svedesi pretendevano di conservare, perseguì, con l'elettore di Sassonia, la via della pace separata con gli imperiali (v. G. SCHMIDT. *La guerra dei Trent'anni*, Il Mulino, Bologna, 2008, p. 60).

285 Ma a volte il prezzo era davvero troppo alto. Nel 1634 la contribuzione annuale della straziata città di Magdeburgo venne elevata a 627.000 talleri (v. W.P. GUTHRIE, *Battles of the Thirty Years' War*, cit., Tabella 6-4 p. 184).

286 Si tratta del marchese di Feuquières.

287 In realtà, Oxenstierna ottenne il supremo comando militare della Lega, ma non riuscì ad impedire che gli venisse affiancato un Direttorio di dieci membri, sette dei quali nominati dai circoli tedeschi e tre dalla Svezia.

288 La questione del Palatinato venne definita solo con la pace di Westfalia, attraverso l'assorbimento dell'Alto Palatinato nell'elettorato bavarese e l'assegnazione del Basso Palatinato, con la dignità elettorale, al figlio di Federico V, Carlo Luigi di Wittensbach.

289 Mantenere un esercito adeguato agli scopi che la Lega si era assegnata comportava un costo enorme, esorbitante rispetto alle possibilità degli associati e rispetto ai finanziamenti provenienti dalla Francia e dai Paesi Bassi. Per porre qualche rimedio alla mancanza di denaro, che aveva già causato episodi di ammutinamento e di diserzione, Oxenstierna decise di concedere ai comandanti locali delle truppe il potere di riscuotere direttamente *in loco* i contributi necessari a pagare gli arretrati dovuti alle milizie. Fu per fronteggiare questi impegni che il cancelliere concesse a Bernardo di Sassonia-Weimer i vescovadi di Wurzburg e Bamberga e possessi territoriali ad altri principi (v. G. PARKER, *The Thirty Years' War*, cit., p. 122).

290 Giorgio di Brunswick-Lüneburg (1583-1641), dopo aver combattuto nei Paesi Bassi (1604-1609) e nell'esercito danese (1614-1626), passò dalla parte degli imperiali, dai quali si separò nel 1630 per non accedere alla richiesta di restituzione del vescovado secolarizzato di Hildesheim. Giorgio concluse, allora, un'alleanza con la Svezia che durò fino al 1635, quando un dissidio con Oxenstierna lo indusse ad aderire alla pace di Praga. L'insistenza dell'imperatore nel pretendere la restituzione del vescovado, tuttavia, lo spinse ad una nuova alleanza con Assia-Kassel e Svezia. Alla sua morte, gli eredi firmarono con l'imperatore la pace di Gozlar (16 gennaio 1642) con la quale rinunciavano al vescovado di Hildesheim – che l'anno successivo passò all'elettore di Colonia – ottenendo, in cambio, un regime di relativa tolleranza per i protestanti (che, nella città di Hildesheim conservarono sei chiese per il culto luterano) ed il riconoscimento della neutralità del ducato.

291 Si tratta di Cristiano di Birkenlfeld. Il Birkenfeld era una contea palatina sorta nel 1569 da una divisione del Palatinato- Zweibrüchen.

292 Johann von Werth (1591-1652), dopo aver combattuto nelle Fiandre, nel 1630 passò al servizio di Massimiliano di Baviera, prima come comandante nell'Alto Palatinato, poi come comandante in capo delle forze bavaresi. Nella campagna di Francia del 1636 la cavalleria, da lui comandata, si conquistò una grande reputazione. Nel 1638 sconfisse Bernardo di Weimar nella prima battaglia di Rheinfelden (28 febbraio), ma venne sconfitto nella seconda (3 marzo), fatto prigioniero, consegnato ai francesi e condotto a Parigi. Liberato nel 1642, tornò in campo come generale di cavalleria dell'esercito imperiale. Contribuì alla vittoria di Tuttlingen, agli ordini di von

Mercy, che sostituì nel comando – dopo la morte di questi – nella seconda battaglia di Nordlingen (1645).

293 Schiller largheggia sempre con i numeri. Neppure il Meclemburgo e la Lusazia – messi insieme – valevano quella somma.

294 Don Ferdinando (1609-1641), fratello minore del re di Spagna, fu nominato vescovo di Toledo all'età di dieci anni e cardinale nel concistoro del 29 luglio 1619 (v. P. GAUCHAT, Hierarchia catholica, cit., IV, p. 14 e p. 339 e nota 5). Governatore di Milano per poco più di un anno (dal maggio 1633 al luglio 1634), concluse la sua breve vita come governatore dei Paesi Bassi.

295 Filippo IV (1605-1665), figlio di Filippo III e di Margherita d'Austria, salì al trono giovanissimo (1621) ed affidò completamente i destini della Spagna al conte-duca Olivares, che era stato il suo precettore. Sotto il regno di Filippo IV – che coincise con la durata di tutta la guerra dei trent'anni e la superò – la potenza spagnola entrò in una crisi profonda dalla quale non si sarebbe più sollevata.

296 Questa doppia violazione delle "capitolazioni di Göllersdorf", e cioè, la chiamata in Germania di un esercito non sottoposto al comando di Wallenstein e l'ordine diretto impartito dall'imperatore ad un ufficiale del generalissimo (Aldringen), autorizza la congettura che Ferdinando avesse già deciso, nell'estate del 1633 – se non di liberarsi – quantomeno di ridimensionare il potere di Wallenstein.

297 E' probabile che la febbre tifoidea contratta a Monaco abbia avuto maggiori responsabilità nella morte del duca dello sconforto provocato dall'insuccesso della campagna militare.

298 Il "Reggimento" era un'unità amministrativa della fanteria e della cavalleria, era composto da tre o più compagnie ed era comandato da un colonnello. La "Compagnia" era l'unità di base dell'organizzazione militare, generalmente composta da 50-100 cavalieri o 100-200 fanti ed era comandata da un capitano. Il "Battaglione" era un'unità tattica della fanteria, composta da picchieri e tiratori nonché una suddivisione del reggimento di fanteria. Lo "Squadrone" era un'unità tattica della cavalleria e una suddivisione del reggimento di cavalleria. La "Brigata" era un raggruppamento tattico composto da più battaglioni o squadroni. Un appunto di Raimondo Montecuccoli del 1642 sull'"Esercizio militare svedese" ci informa che 1 compagnia di fanteria in formazione standard era composta da 140 uomini: 132 fanti (96 moschettieri e 36 picche) e 8 ufficiali. E 1 brigata era composta da 12 compagnie. Considerando complete le compagnie la forza di una brigata svedese sarebbe di 1680 uomini (1152 moschettieri, 432 picche e 96 ufficiali). Ma, poiché il rango completo delle compagnie era assai raro, Montecuccoli calcola in 125 uomini la consistenza media di una compagnia e, quindi, in 1500 uomini quella di una brigata (v. R. MONTECUCCOLI, Opere, III, Opere minori d'argomento militare e politico. Diari di viaggio e memorie, Stato Maggiore dell'Esercito-Ufficio Studi, Roma, 2000, pp. 71-72). Le stime di Montecuccoli – che si riferiscono al 1642 – concordano, grosso modo, con quelle del Lundorp, relative al 1630. Secondo il cronista – che dichiara di aver avuto l'informazione "per relatione d'huomini principalissimi co'l testimonio dell'intervento loro, e de gl'occhi proprij" - ognuna delle 118 compagnie di cavalleria e delle 344 "insegne" di fanteria portate in campo dalla Svezia erano mediamente composte da 100 uomini (v. M.C. LUNDORP, Continuazione delle guerre, cit., p. 103).

299 Il 16 novembre 1633.

416

300 Wolf Heinrich von Baudissin (1597-1646), discendente da una famiglia di antica nobiltà della Lusazia, Dal 1626 comandante della cavalleria danese, dal 1627 al 1633 al servizio degli svedesi. Venne nominato nel 1631 Luogotenente generale, nel 1632 comandante superiore in Bassa Sassonia e nel 1635 Luogotenente generale dell'elettorato di Sassonia. Passato al servizio del re di Polonia, gli furono affidati incarichi diplomatici.

301 La caduta di Hameln (18 giugno 1633), l'assegnazione dei vescovati di Würzburg e Bamberga al duca di Weimar, di quello di Magonza ad Oxenstierna e di Osnabruck e Minden al langravio d'Assia provocarono il più cupo sconforto in un attento osservatore cattolico di cose tedesche." *La religione cattolica è per terra* – scriveva il nunzio Carafa – *e, se li Francesi e gli altri potentati cattolici non risolvono ad unirsi per la conservazione di essa, si vedrà sbarbata affatto di Germania e gli eretici diverranno così forti e grandi che chi potrebbe ora frenarli, havrà occasione di temere e di pentirsi di non averlo fatto (...)"*. (v. Carafa a Barberini, Spa 6 agosto 1633 in J. WIJNOVEN, *Nuntiaturberichte aus Deutschland*, cit., *Die Kolner Nuntiatur*, VII/4. Band, *Nuntius Pier Luigi Carafa*, cit., pp. 125-126 a pagina 125). Ma il cardinale Richelieu la pensava molto diversamente.

302 Adam Erdmann Trčka o Terzky (1599-1634), conte di Lipa, rampollo di una ricca famiglia protestante che riuscì ad accreditarsi presso i vincitori come "vittima" della rivolta boema e di Federico V. Convertito per convenienza al cattolicesimo, Adam trovò il modo di legarsi a Wallenstein sposando la sorella della seconda moglie del generalissimo, quella Maximiliana von Harrach, che Schiller rappresenterà nella sua tragedia come fermamente determinata nella conquista del potere. Nominato nel 1630 colonnello di reggimento, divenne aiutante di campo di Wallenstein, da questi incaricato di numerose missioni diplomatiche, tanto oscure quanto incerte. Promosso feldmarescallo-luogotenente nel 1633 e generale di Cavalleria nel gennaio 1634 cadde per mano dei sicari dell'imperatore nella notte del 25 febbraio 1634.

303 Wilhem von Kinsky (1574-1634), fratello di uno degli esecutori materiali della defenestrazione di Praga, non si convertì ed andò, in esilio dorato, a Dresda, presso l'elettore di Sassonia. Uomo abile a destreggiarsi nella politica, salvò i suoi beni dalla confisca, ciò che gli assicurò una cospicua ricchezza Millantò una stretta amicizia con Wallenstein, del quale si disse – ed in qualche caso davvero fu – portavoce e fiduciario: attraverso Kinsky sarebbero passate le trattative segrete con l'ambasciatore francese (sulla missione di Kinsky v. G. MANN, *Wallenstein*, cit., pp. 750 ss. e *passim)*. Anche il conte Kinsky morì assassinato nel castello di Eger il 25 febbraio 1634.

304 Isaac Manasses de Pas, marchese di Feuquières (1590-1640), diplomatico francese, ambasciatore presso i principi protestanti tedeschi (1633-1634), diresse la diplomazia francese in Germania dal 1635 fino alla morte.

305 Hans Ulrich von Schaffgotsch (1595-1635), magnate slesiano e cognato dei duchi di Brigg e di Leignitz, iniziò la sua carriera come inviato della Slesia a Praga. Nella guerra dei trent'anni, partecipò alla guerra contro i danesi (1627) con il grado di colonnello, al servizio di Wallenstein. che lo nominò Maggiore generale nel 1632 e generale di cavalleria nel 1633. Schaffgotsch – che si trovava nel campo di Pilsen quando scoppiò la crisi definitiva con l'imperatore – pensò di poter tenere una posizione che coniugasse la fedeltà all'imperatore con quella dovuta al suo capo militare. Ebbe, in proposito un colloquio con Wallenstein, che riassunse in un memoriale di 19 capitoli e che divenne materia d'accusa contro di lui. Sottoscrisse con gli altri ufficiali la dichiarazione di fedeltà a Wallenstein (13 gennaio 1634), ma non lo tradì. convinto come era, che

la fedeltà al suo generale non comportasse alcuna slealtà verso l'imperatore. Processato con altri imputati come complice della congiura del generalissimo, sebbene nessuna prova diretta fosse stata trovata contro di lui, fu il solo ad essere condannato a morte e ad essere decapitato il 23 luglio 1635.

306 Più che per il piacere di fare un dispetto ai gesuiti o per il timore di consegnare a Vienna un testimone scomodo, la liberazione di Thurn si spiega con gli accordi che accompagnarono la sua resa. Thurn si consegnò a Wallenstein promettendo di procurare la resa delle piazzeforti della Slesia che si trovavano sotto il controllo dei suoi reggimenti. Quando le capitolazioni si verificarono, Thurn - che era trattenuto a garanzia dell'esecuzione dell'intesa – fu rilasciato. La stessa Sede Apostolica giudicò un grande successo questa operazione politico-militare (Barberini a Carafa, Roma 5 novembre 1633 e Barberini a Carafa, Roma 10 dicembre 1633 in J. WIJNOVEN, *Nuntiaturberichte aus Deutschland*, cit., VII/4 Band, *Nuntius Pier Luigi Carafa*, cit., p. 170 e p. 189).

307 In realtà, la missione del conte Schlick – presidente del Consiglio di guerra ed inviato dall'imperatore al campo di Pilsen – si concluse con una relazione favorevole alla lealtà di Wallenstein (v. il dispaccio del residente Antelmi del 3 settembre 1633 in G. GLIUBICH, *Gli ultimi successi*, cit., p. 392-393, a pagina 392). Si noti che la missione di Schlick si svolse quando erano in corso le trattative con l'Elettore di Sassonia - che erano ben note all'imperatore – e che il suo oggetto era quello di scoprire se Wallenstein stesse facendo il "doppio gioco".

308 Christian Illow (ca. 1585 – 1634), nato nel Brandeburgo, intraprese la carriera militare, nella quale gli giovarono le sue doti di resistenza, coraggio e intraprendenza. Si conquistò i primi gradi in Boemia, durante il regno di Mattia. Nel 1623 contribuì alla sconfitta di Cristiano di Brunswick ed un suo luogotenente catturò il duca Guglielmo di Sassonia. Illow riuscì a convincere (con una ricompensa in danaro) il suo ufficiale a cedergli il prigioniero, che condusse in trionfo a Vienna, prendendosi il merito dell'operazione. L'acquisto di un feudo in Boemia e il matrimonio con una Fürstenberg gli garantirono una buona promozione sociale. Al servizio di Wallenstein si distinse sia in operazioni militari sia nel disbrigo di incarichi diplomatici. Maggiore generale nel 1631, luogotenente feldmaresciallo nel 1632 e feldmaresciallo nel 1633. Nel campo di Pilsen fu il più convinto assertore della necessità che Wallenstein si staccasse definitivamente dall'imperatore. Fu Illow a presiedere il consiglio di guerra di Pilsen e l'artefice della "deliberazione" del 13 gennaio. Attaccato alle spalle ed ucciso mentre tentava di opporsi a Gordon, con l'arma in pugno, fu il solo a mantenere alla lettera la promessa , contenuta nella dichiarazione di Pilsen, di restare fedele al suo capo "fino all'ultima goccia di sangue".

309 Quella del "sabotaggio" di Wallenstein alla promozione di Illow è un'altra delle "favole" – care a Schiller – smentite dalla ricerca storica. Non è, forse, casuale che Schiller abbia riproposto la stessa vicenda in sede letteraria (*La morte di Wallenstein*, atto secondo, scena sesta), cambiando i personaggi: nella tragedia Piccolomini convince Butler al tradimento con la rivelazione che fu proprio Wallenstein ad impedire la sua nomina a conte, sebbene lo avesse, egli stesso, esortato a presentare la domanda. Cambiano le vittime (Butler al posto di Illow) e cambia l'ambita promozione (un grado di generale diventa un titolo di conte), ma il copione è identico. Diversa sarà invece la reale sorte dei due personaggi: Butler diventerà l'assassino di Wallenstein, Illow morirà per lui.

310 Piccolomini fu l'"anima nera" del complotto che portò alla rovina di Wallenstein, non solo perché fu lui a vincere le incertezze di Gallas e di Colloredo, ma perché i suoi distorti resoconti delle vicende di Pilsen furono decisivi per convincere l'imperatore del tradimento di Wallenstein (v. G. MANN, *Wallenstein*, cit.,853-877 nonché T. M. BARKER, *Ottavio Piccolomini (1599-1659): A*

fair Historical Judgment? In ID., *Army, Aristocracy, Monarchy: Essays on War Society and Government in Austria, 1618-1780*, Columbia University Press, N.Y., 1982, pp. 79-97, in particolare, pp. 83-91).

311 Ferdinando d'Austria (1608-1657), figlio dell'imperatore, che era stato incoronato re d'Ungheria nel 1626 e di Boemia nel 1627. Dopo la morte di Wallenstein ebbe il comando supremo degli eserciti imperiali. Alla morte del padre divenne imperatore con il nome di Ferdinando III (1637).

312 Era il 13 gennaio 1634. L'esistenza di due documenti - uno con la clausola di subordinazione all'autorità imperiale ed un altro che ne era privo – è decisamente contestata dagli storici come "pura leggenda" (v. G. MANN, *Wallenstein,* cit., p. 827).

313 Il 6 luglio 1632 partirono in gran pompa da Firenze i due giovani fratelli del Granduca di Toscana, Ferdinando II: Mattia, di 19 anni, e Francesco di 18. Andavano, con un nutrito seguito di consiglieri e di servitori e pieni di entusiasmo, a *"travagliare nella guerra d'Alemagna in servizio della religione cattolica e dell'imperatore"*. La spedizione non andò come i giovani speravano e come il Granduca auspicava. Le obiettive difficoltà di una guerra assai diversa da come i principini se l'erano immaginata, un episodio di insubordinazione, la mancata assegnazione di reggimenti adeguati al loro rango oltre ad altri motivi, oggettivi e caratteriali, indussero i due Medici a lasciare in malo modo il campo di Wallenstein, nel luglio 1633, per ritirarsi a Brno. Questa decisione mandò su tutte le furie il Granduca, che intimò loro di riprendere il servizio. Dopo vari tentennamenti, Mattia e Francesco raggiunsero, allora, il campo di Wallenstein a Pilsen, ma anche questa volta, rimasero insoddisfatti dei reggimenti affidati al loro comando. Desiderosi di andarsene, ma bisognosi di qualche onorevole pretesto, mentre facevano in gran fretta i bagagli, scrissero a Firenze di temere che Wallenstein volesse farli ammazzare (chissà perché!) ed inviarono il consigliere diplomatico, Lorenzo Guicciardini, a Vienna, per conferire con l'imperatore. Un dispaccio del 4 febbraio 1634, del solito intraprendente residente veneto a Vienna, Antonio Antelmi – che, insospettito per le *"lunghe udienze"* avute *"di notte tempo"* dal Guicciardini con l'imperatore, Eggenberg e l'ambasciatore spagnolo conte Oñate, decise di darsi da fare per saperne di più – ci fornisce un resoconto, attendibile e plausibile, del contenuto di quei colloqui. Guicciardini riferì ai suoi interlocutori che *"havendo li Signori Principi fondatamente scoperto, trattarsi in quel congresso de Capi* [la riunione di Pilsen del 13 febbraio 1634. n.d.a.] *dal Generale cose contrarie al servizio di S.M. Cesarea, non hanno creduto del lor decoro il fermarsi anch'essi quasi spettatori in quel luogo (...) senza derogar all'attinenza di sangue* [la madre dei rampolli , Maria Maddalena, era un'Asburgo. n.d.a.] *et al candor del servitio che professavano verso la Maestà Sua"* . Non solo. Wallenstein si era servito della lettera imperiale che chiedeva di sollevare gli Stati ereditari dai costi dell'alloggio delle truppe *"per essacertar gl'animi della soldatesca contro Sua Maestà"*; aveva sostenuto che le trame che miravano alla sua deposizione erano dettate dalla volontà di disattendere alle promesse fatte ed ai crediti dovuti agli ufficiali; aveva, infine, indotto i generali a *"sottoscriver alcuni capitoli di assai captiosa interpretatione per quello riguarda il servitio di Sua Maestà"*. Poche ore dopo l'incontro con il Guicciardini, giunsero nelle mani dell'imperatore lettere di *"alcun Capo dell'armata"* (successivamente identificato dallo stesso Antelmi in Ottavio Piccolomini *"subdito di Fiorenza, congiuntissimo col Guizzardini, et tutto dipendente dal Conte d'Ognate"*) che confermavano le rivelazioni del diplomatico toscano. Fino a questo momento – commenta l'ambasciatore Antelmi – l'imperatore aveva considerato il congresso di Pilsen come nulla più che un espediente di Wallenstein *"d'assicurarsi il comando nel tempo del maneggio dell'armi, et le pretese ricompense in quello della pace"*, ma dopo le notizie ricevute si è convinto a *"farvi grave riflesso, et a porger l'orechio ai rimedi"*. La situazione precipita e questo affare si presenta gravido *"delle maggiori conseguenze"*. (Per una dettagliata ricostruzione della spedizione tedesca dei principi di Toscana

v. C. SODINI, *L'Ercole tirreno. Guerra e dinastia medicea nella prima metà del '600,* Olshki, Firenze, 2001, pp. 136-167. L'importante dispaccio di Antelmi è pubblicato da G. GLIUBICH, *Gli ultimi successi,* cit., pp.417-418). Anche Vittorio Siri (1607-1685) – che, nella sua qualità di storiografo del re di Francia, ebbe accesso ad una vasta documentazione, proveniente da nunzi e diplomatici di diverse Corone – riferisce della missione del Guicciardini e le attribuisce grande importanza nella rovina di Wallenstein (v. V. SIRI, *Memorie recondite dall'anno 1601 sino all'anno 1640* , Libro VIII, appresso Anissone , e Posuel, Lione, 1679, pp. 49-50). Il ruolo dei Medici in questa faccenda è ricordato - senza fare menzione della missione del Guicciardini – anche da T.M. BARKER, *Ottavio Piccolomini,* cit., p. 85). Per quanto riguarda la Spagna - che a Ratisbona fu contraria alla destituzione di Wallenstein – non tramò contro di lui neppure questa volta, almeno fino alla metà di gennaio del 1634. Solo dopo che padre Diego Quiroga comunicò il fallimento del suo negoziato segreto con Wallenstein, diretto ad ottenere da questi truppe a protezione del passaggio del Cardinale Infante, la posizione di Madrid si fece sospettosa circa la possibilità di un tradimento di Wallenstein - dato per certo da alcuni *Avvisi,* ai quali il conte Oñate fece mostra di prestar fede – ed estremamente preoccupata per il pericolo che avrebbe corso la casa d'Austria se il generalissimo si fosse deciso *"a saltar el foso"* perché *"ni los que son fieles al Emperador en el eserjito serian bastantes para impedirselo, ni aquì hay forma de resistirle"* (v. Quiroga a Oñate, Vienna, 16 gennaio 1634 e Oñate al Cardinal Infante, Vienna, 22 gennaio 1634 in Q. ALDEA VAQUERO, *Espana y Europa en el siglo XVII* , t. II, cit., Appendice 2, doc. n. 117, pp. 478-480 e doc. n. 120, pp. 482-483).

314 Gli alti ufficiali di Wallenstein tenevano molto alla loro "carriera" e vivevano nel timore che altri li sopravanzassero o assumessero posizioni di rilievo nella catena di comando. Un dispaccio di Antelmi del 16 aprile 1633 informava la Serenissima che alcune promozioni fatte da Wallenstein – tra le quali quella di Ernesto Montecuccoli a generale dell'artiglieria e di Hatzfeld a luogotenente feldmaresciallo – avevano provocato il risentimento del Piccolomini e di altri, che, per anzianità di servizio o di cariche, pretendevano *"di non essere (...) a dietro lasciati ".* E, ancora, il 7 maggio dava notizia del malanimo di Aldringen e di Gallas per la paventata promozione di Holck *"nel carico di tenente General, preteso da cadaun d'essi per antianità di servicio"* (v. i due dispacci di Antelmi in G. GLIUBICH, *Gli ultimi successi,* cit., p. 376 e p. 377).

315 Con questo termine – che significa *armati* – venivano chiamati i *ducati* , a causa dell'uomo armato che (in un conio assai diffuso) era rappresentato in effige sul retro di quelle monete.

316 Walter Leslie (1606-1667), soldato di ventura scozzese, originario dell'Aberdeenshire, andò all'estero in cerca di fortuna. Sebbene calvinista, entrò al servizio dell'imperatore, prima nelle Fiandre, poi in Italia nella guerra di Mantova (1630). Trasferito in Germania fu nominato maggiore in uno dei reggimenti del conte Terzky, che era composto principalmente da scozzesi. Dopo la battaglia di Lützen si acquartierò con il suo reggimento nella fortezza di Eger, dove giunse Wallenstein, dopo essere stato deposto dall'imperatore. Leslie riunì gli ufficiali intenzionati a lasciare Wallenstein e decise di uccidere il traditore. Compiuta la carneficina si portò a Vienna dove riscosse il premio del suo zelo con la nomina a ciambellano imperiale, con il comando di due reggimenti, la Capitaneria delle Guardie del Corpo del regno d'Ungheria, un seggio nel Consiglio di guerra, la signoria di Neustadt, che era del conte Terzky, e – nel 1637 – con il titolo di conte. Dal 1638 al 1655 entrò nel Consiglio della Corona e svolse importanti incarichi. Nominato nel 1665 ambasciatore straordinario presso la Sublime Porta, morì ricchissimo nella fede cattolica, alla quale si era convertito dopo l'assassinio di Wallenstein.

317 Walter Butler (?-1635), sebbene di nobile famiglia irlandese, iniziò la sua carriera nell'esercito imperiale dal gradino più basso. Venne fatto prigioniero nel 1631, durante la presa di Francoforte, e liberato, dopo otto mesi di detenzione, a fronte del pagamento di una forte

420

riscatto da parte di Wallenstein. Inviato in Polonia, ottenne il comando di un reggimento di dragoni irlandesi, al soldo dell'imperatore. Nel 1632 partecipò ad alcune battaglie, ma non ci sono notizie di lui fino al 1634 quando – nelle speranza di ottenere qualche importante ricompensa – rimase al fianco di Wallenstein, nonostante un'ordinanza imperiale lo avesse deposto dal comando. Avendo raccolto qualche compromettente confidenza dal generalissimo, fece immediatamente avvisare Piccolomini e gli fece sapere di essere al completo servizio dell'imperatore. Quindi, concordò con Leslie e Gordon il piano per uccidere Wallenstein. La sua impresa venne premiata con la concessione del feudo di Friedberg, il più importante di quelli posseduti da Wallenstein, dopo Friedland. Il destino non gli permise di godere a lungo la sua ricompensa. Inviato nel Württemberg, vi contrasse una malattia che lo portò a morte il 25 dicembre 1635.

318 John Gordon (?-1649), scozzese di nascita e calvinista di fede, iniziò la sua carriera come soldato e divenne colonnello sotto il comando di Wallenstein. Comandante della piazza di Eger nel 1634, finse fedeltà al suo benefattore mentre tramava per la sua morte. Il suo compenso fu di 120.000 fiorini. Nulla si sa di lui oltre a questo episodio, al quale deve il ricordo del suo nome. Lo stesso si può dire degli altri sicari, Geraldine e Walter Deveroux.

319 Si tratta di una lancia, con asta lunga fino a tre metri e mezzo metro di punta, dal XV secolo componente dell'armamento individuale della fanteria.

320 Al di là delle dichiarazioni ufficiali – tutte dominate dall'orrore e dall'esecrazione per il tradimento di Wallenstein – i contemporanei non erano tanto convinti della versione dei fatti divulgata da Vienna. Fulvio Testi – che all'epoca si trovava a Roma, in veste di agente del duca Francesco I d'Este – nel riferire al suo signore le diverse opinioni che circolavano presso la corte pontificia e nell'ambiente diplomatico, lo informava, infatti, che "moltissimi però stanno fermi in credere che Fritland fosse fedele a Sua Maestà e che questa sia stata una mera persecuzione degli spagnoli e del duca di Baviera che, per mezzo dell'Aldringen e di Galasso, o disgustati da lui o pretendenti cose maggiori nella deposizione di lui, l'abbiano mandato a traverso". (Testi a Francesco I, 18 marzo 1634 in F. TESTI, Lettere, Laterza, Bari, 1967, II, pp.122-124 a pagina 123). Così la pensava – lontano da Roma – uno degli uomini più potenti e meglio informati della Terra. Richelieu riteneva che nella vicenda di Wallenstein il semplice sospetto del tradimento avesse prevalso sulle innumerevoli prove concrete ("les témoignages effectifs") della sua fedeltà: per questo un uomo che tante volte aveva dato la morte ai nemici del suo padrone "pour récompense reçoit la mort de la part de son maitre dans sa maison par la main de ses serviteurs" (RICHELIEU, Memoires, Paleo, Paris, 2006, t. XIV, pp. 92-93). E, forse, nessuno poteva comprendere Wallenstein meglio di Richelieu. Anche il cardinale francese doveva subordinare i suoi disegni alla volontà e ai capricci di un padrone che valeva infinitamente meno di lui ed era costretto a destreggiarsi ogni giorno tra le insidie e gli ostacoli che una folla di uomini senza qualità gli ponevano sul cammino, nella speranza di procurare la sua rovina.

321 Due secoli sono passati, ma le conclusioni di Schiller sono ancora valide: nessun documento si è potuto trovare - né allora né poi – che provasse il tradimento di Wallenstein.

322 Il 22 luglio 1634.

323 A Nördlingen (6 settembre 1634) i protestanti lasciarono 8.000 morti e 4.000 prigionieri (tra i quali i generali Horn, Cratz e Rostein e nove colonnelli), 457 tra insegne e stendardi, 68 cannoni e tutte le salmerie. L'esercito cattolico ebbe 1.500 morti (tra i quali sei colonnelli) e 2000 feriti (v.

W. P. GUTHRIE, *Battles of the Thirtry Years War, From White Mountain to Nördlingen*, cit., p. 275).

324 Persino Guglielmo di Assia Kassel, il più antico alleato della Svezia, non credeva più in questa alleanza e guardava alla Francia come ultima speranza per le sorti della causa protestante in Germania.

325 La città di Minden venne presa dal langravio d'Assia con uno stratagemma: soldati travestiti da contadini o rinchiusi dentro casse (il vecchio Ulisse è sempre di moda!) riuscirono ad introdursi nella città e ne aprirono la porta. Minden dovette pagare un forte riscatto per sottrarsi al saccheggio (v. G. GUALDO PRIORATO, *Historia delle guerre*, cit., pp. 402-403).

326 La piazzaforte si era arresa agli svedesi il 13 gennaio 1634 e venne consegnata ai francesi nell'agosto dello stesso anno. Le altre due piazzeforti di Coblenza e di Ehrenbreitstein erano in possesso dei francesi già dal 1632 (la prima dal mese di maggio, la seconda da quello di giugno), per effetto della "protezione" richiesta dall'elettore di Treviri (v. G. PARKER,*The Thirty Years' War*, cit., p.131). Nel gennaio 1635 cadde in mano francese anche la città di Heidelberg e si sospettò che essa fosse stata *"più tosto data che resa"* ai francesi. Questo perché nella città si trovavano 5000 uomini della *Lega* ed il Piccolomini – che non era distante più di quattro leghe con un grosso contingente – non fu chiamato in suo soccorso. *"Chi vuol malignare contro Baviera –* riferiva il nunzio Rocci – *aggiunge che S.A. non ha mai renuntiato alla lega fatta con Francia per mezzo del S. card. Bagno"* (v. Rocci a Barberini, Vienna 27 gennaio 1635 e P. Alessandro a Barberini, Vienna 13 gennaio 1635 in R. BECKER, *Nuntiaturberichte aus Deutschland*, Vierte Abteilung, 7. Band, *Nuntiaturen des Malatesta Baglioni, des Ciriaco Rocci und ses Mario Filonardi. Sendung des P. Alessandro D'Ales (1634-1635)*, Max Niemeyer, Tubingen, 2004, pp. 153-154 a pagina 153 e pp. 670-673 a pagina 672).

327 La missione inviata a Parigi nel novembre del 1634 non ottenne nulla più che una vaga promessa francese di dichiarare guerra all'imperatore. Questa missione era stata preceduta, nel febbraio del 1633, dai colloqui di Dresda tra Feuquières ed agenti di Sassonia e Brandeburgo con il medesimo oggetto.

328 Vedi *supra* nota 13.

329 Il trattato difensivo - che rinnovava il precedente del 17 giugno 1630 - fu firmato a L'Aja il 15 aprile 1634 e prevedeva l'erogazione di un sussidio francese di 2.300.000 lire (920.000 talleri) per sostenere la guerra olandese contro gli spagnoli. Il progetto di spartizione dei Paesi Bassi fu, invece, l'oggetto di una successiva missione (maggio 1634), con la quale lo *Statholder* Federico Enrico – preoccupato per la posizione favorevole alla pace dei reggenti di Amsterdam - intendeva coinvolgere direttamente la Francia nella guerra dei Paesi Bassi. Ma Richelieu non abboccò all'amo e non se ne fece nulla (v. G. PAGES, *La guerra dei trent'anni*, cit., pp. 201-202). Il trattato de L'Aja sarà rinnovato ancora una volta nel marzo 1641, con una riduzione del sussidio a 1.200.000 lire (400.000 talleri), esclusivamente destinati al mantenimento di gente in armi (il testo del trattato è pubblicato da V. SIRI, *Il Mercurio overo Historia de' correnti tempi*, per Christoforo della Casa, in Casale, 1694, p. 412).

330 Il 24 gennaio 1635 Gallas riconquistò la fortezza di Philippsburg. La notizia venne accolta a Roma con cinico compiacimento (il fatto può indurre la Francia a comprendere che *"non è invincibile e, moderando le forze di essa, facilitar la conclusione della pace in servitio de' principi cattolici e della nostra santa religione"*) e la sua portata fu sostanzialmente sottovalutata. Solo

quando due mesi dopo (26 marzo) il principe Tommaso di Savoia Carignano si impadronì della città di Treviri, fece strage della guarnigione francese ("di 1300 Franzesi ne son stati tagliati a pezzi circa 600 e tutti gli altri prigioni") e catturò il vescovo elettore, si comprese che la Francia avrebbe reagito e che le prospettive di pace si sarebbero ancora allontanate. E, infatti, il 28 aprile il nunzio Baglioni riferiva che il residente francese, Nicolas Charbonnières, gli aveva comunicato che il suo re non avrebbe sopportato la violenza fatta all'elettore di Treviri, che era sotto la sua protezione. (Il commento alla caduta di Philippsburg è contenuto nella lettera di Barberini a Baglioni gel 24 febbraio 1635 pubblicata da R. BECKER, *Nuntiaturberichte aus Deutschland*, cit., Vierte Abteilung, 7. Band, *Nuntiaturen des Malatesta Baglioni*, cit., pp. 200-201 a pagina 201. Le notizie della strage sono in un Avviso del 28 aprile 1635, *ibidem*, p. 292 nota 2. La lettera di Baglioni a Barberini del 28 aprile, *ibidem*, p. 296].

331 Il 19 maggio 1635. La dichiarazione di guerra riguardava la Spagna e non anche l'imperatore. Quando le forze francesi, nel 1635, si impegnarono in operazioni militari in Germania lo fecero formalmente "in nome" ("*sous le nom*") della Svezia.

332 Luigi Nogaret de la Valette (1593-1639), figlio del duca d'Espernon e di Margherita di Foix, arcivescovo di Tolosa, fu nominato cardinale da Paolo V il 20 novembre 1623 (v. P GAUCHAT, *Hierarchia catholica*, cit., IV, p. 14), non ricevette mai la consacrazione episcopale. Governatore di Metz nel 1634, gli fu affidato il comando delle forze francesi in Germania nel 1635, in Piccardia nel 1637 e, infine, in Italia nel 1638, dove morì. il 27 settembre 1639.

333 L'elettore di Sassonia non aveva mai smesso di cercare un intesa con l'imperatore. Le trattative ripresero, agli inizi del 1634, dal punto in cui quelle con Wallenstein si erano interrotte. Dopo varie tregue e ripensamenti – per lo più determinati dalla contingenza – si giunse alla sottoscrizione dei cosiddetti Preliminari di Pirna (24 novembre 1634), che costituirono la base della successiva pace di Praga.

334 Con la pace di Praga – pubblicata il 30 maggio 1635 – l'elettore di Sassonia ottenne il pieno dominio della Lusazia (che aveva ricevuto quindici anni prima in garanzia del risarcimento delle spese sostenute durante la rivolta boema) ed il riconoscimento dei suoi diritti sul territorio del Magdeburgo. Egli accettò di unire il suo esercito a quello imperiale, con l'impegno di proseguire la guerra contro tutti coloro che si rifiutavano di aderire alla pace. La questione delle proprietà ecclesiastiche venne risolta stabilendo che il possesso dei beni e delle terre conseguito entro il 1627 ("anno normale") si sarebbe cristallizzato in capo ai possessori per un periodo di quarant'anni e che le controversie insorte in questo periodo sarebbero state rimesse alla decisione di un tribunale paritetico, formato da cattolici e protestanti. Quanto al calvinismo, esso non venne riconosciuto come religione legale, ma neppure espressamente condannato. Dalle previsioni del trattato – compreso l'indulto per gli ex-nemici che aderissero alla pace in un momento successivo – restarono esclusi, per volontà dell'imperatore, i principi degli stati ereditari, la famiglia del duca Palatino ed il langravio di Assia Kassel. (il testo della pace si può consultare in A. TURCHINI, *La guerra dei trent'anni*, cit., pp. 271-279).

335 Dopo la sconfitta di Nördlingen e la pace di Praga il vero problema della Svezia era quello di creare le condizioni per una pace che le assicurasse un sostanzioso risarcimento, quantificato dal Consiglio Reale nella seduta del 1° agosto 1636 in almeno 6 milioni di talleri (il testo della "Risoluzione" del consiglio è pubblicato da M. ROBERTS, *Sweden as a Great Power*, cit., pp. 151-154).

336 Con la pace di Praga, l'*Editto di restituzione* venne sospeso per quarant'anni. La scelta del 1627 come "anno normale" permetteva ai cattolici di conservare le acquisizioni compiute nella Germania meridionale e sud-orientale ed ai protestanti di mantenere il controllo delle province settentrionali, per le quali l'imperatore non mostrò mai – sbagliando! - di avere grande interesse. Il significato politico più importante di questa decisione fu quello indebolire la componente religiosa della guerra. Come avevano sempre pensato Richelieu, Olivares e Wallenstein, quella che si combatteva in Germania non era una guerra di religione ma un conflitto diretto a ridisegnare la mappa del potere in Europa. La pace di Praga fu disapprovata dalla Sede Apostolica ancor prima che le fosse noto il capitolato (v. Barberini a Baglioni, Roma 23 giugno 1635 in R. BECKER, *Nuntiaturberichte aus Deutschland*, cit., Vierte Abteilung, 7. Band, *Nuntiaturen des Malatesta Baglioni*, cit., pp. 387-388).

337 Il duca Augusto si impegnava a corrispondergli un tributo di 12.000 talleri all'anno.

338 La sistemazione del Meclemburgo ebbe, probabilmente, sulle trattative che portarono agli accordi di pace un'influenza maggiore di quanto si creda. Se, infatti, il Meclemburgo andava reso ai suoi antichi possessori, occorreva risolvere il problema del "risarcimento" che spettava a Wallenstein per la perdita di quel ducato. Principalmente su questo punto si infransero le missioni del vescovo di Vienna (che pensava alla Lusazia e ad alcune province della Slesia) e di Ottavio Villani (che pensava alla Pomerania o al Palatinato) per il fermo rifiuto opposto dagli interessati (Sassonia, Brandeburgo e Baviera). Per parte sua Wallenstein – che vantava crediti enormi verso l'imperatore (almeno 10 milioni di talleri) e che stimava in 400.000 talleri all'anno la rendita del Meclemburgo – non faceva mistero dell'importanza del risarcimento che avrebbe preteso e non aveva intenzione di fare sconti a nessuno. Un problema non altrimenti risolvibile - a detta dell'attentissimo ambasciatore veneziano – se non costringendo l'imperatore a *"levar a se, et a suoi successori parte del proprio patrimonio per compensarne il Generale"* (v. il dispaccio del 7 maggio 1633 in G. GLIUBICH, *Gli ultimi successi*, cit., p 377). Ma un'altra soluzione c'era: eliminare il Generale e, con lui, in un sol colpo, tutti i suoi diritti e le sua pretese. La circostanza che il capitolato di Praga sia sostanzialmente conforme all'accordo negoziato da Wallenstein autorizza la congettura che la sistemazione del Meclemburgo abbia avuto un ruolo non secondario tanto nel raggiungimento della pace quanto nella decisione di far assassinare il generalissimo. Era, questo, anche il punto di vista dell'ambasciatore Oñate: la morte di Wallenstein e dei suoi fedeli avrebbe consentito di ricavare enormi ricchezze dalla vendita all'asta dei loro beni (un quarto della Boemia: proprio come era avvenuto dopo la Montagna Bianca), avrebbe cancellato il debito accumulato dalla casa d'Austria a partire dal 1632 ed avrebbe risolto, senza oneri, la "fastidiosa questione" del risarcimento per il Meclemburgo (la posizione del residente spagnolo è riferita da G. MANN, *Wallenstein*, cit., p. 868).

339 Guglielmo di Sassonia Weimar (1598-1652), nel 1620 assunse la reggenza del ducato in luogo del fratello maggiore Giovanni Ernesto (proscritto per aver rifiutato di sottomettersi all'imperatore dopo la Montagna Bianca) ed alla morte di questi (1626) anche il titolo. Prestò servizio in armi presso Mansfeld, il margravio del Baden-Durlach e Cristiano di Halberstadt. La sua carriera fu favorita da Gustavo Adolfo, che lo portò ai vertici del comando. Il cancelliere Oxenstierna – che di lui non aveva la stessa stima – dopo la morte del re, gli negò il comando generale. Nel 1635, Guglielmo si riconciliò con l'imperatore, aderendo alla pace di Praga.

340 Meno di 1.700.000 talleri. Una somma molto lontana da quella che gli svedesi intendevano ricavare dalla pace.

341 Del resto, furono proprio le pretese sulla Pomerania, contrastate dagli svedesi, la principale ragione che spinse l'elettore di Brandeburgo a cercare un'intesa con l'imperatore.

424

342 La tregua di Altmark del 26 settembre 1629 era stata negoziata per la durata di sei anni: sarebbe, quindi, scaduta alla fine di settembre del 1635.

343 Il trattato di Bärwalde era, in realtà, di un anno precedente (23 gennaio 1631).

344 Per Richelieu la Svezia non era un alleato naturale, ma solo un soggetto che andava aiutato se e nella misura in cui si dimostrava utile per la sua politica estera, che mirava a conseguire due risultati: bloccare l'ascesa della Spagna e impadronirsi di "basi d'accesso" nei territori di tutti gli stati confinanti. A parte i comuni e contingenti interessi la Francia non aveva con gli svedesi *"molta confidenza"* (v. N. BAROZZI-G. BERCHET, *Relazione degli stati europei*, cit., Serie II. Francia. Volume II,*Relazione di Francia di Alvise Contarini*, cit., p. 309). Per Richelieu l'alleanza con la Svezia era come un veleno del quale *"il poco serve come controveleno e il troppo uccide"* (l'efficace metafora - riportata da G. PAGES, *La guerra dei trent'anni*, cit., p.148 - è di padre Giuseppe).

345 Nel momento del massimo declino delle sorti della Svezia e della causa protestante la Francia mise in campo una tale quantità di denaro contro la quale né la Spagna né l'imperatore erano più in grado di competere. Nel primo anno di guerra la Francia fu in grado di spendere più di 41 milioni di lire (circa 16.500.000 talleri). Nei 14 anni della guerra spese complessivamente 514 milioni e mezzo di lire (oltre 200 milioni di talleri), che significa un esborso medio per anno di 36.754.000 di lire, equivalenti a 14.700.000 talleri. (v. R. BONNEY, The King's Debts. Politics and Finance in France 1589-1661, Clarendon Press, Oxford, 1982, Appendice 2, Tavola III, pp. 306-307). Nelle guerre in cui le battaglie campali sono risolutive *"vagliano assai l'ardire e la fierezza"* - diceva all'inizio del secolo Giovanni Botero – ma *"quando si tira la guerra in lungo, e si procura non di rompere ma di stancare; nè di sconfiggere ma di consumare il nemico"*, allora *"la forma di guerregiare dipende tutta dalla copia del denaro, con la quale si tengono i soldati contenti e il campo dovizioso delle cose necessarie"* (v. G. BOTERO, *Relatione della Republica venetiana*, appresso Giorgio Varisco, Venetia, 1608, Libro I, p. 19). E, infatti, il denaro francese fu decisivo per l'esito della guerra ma non riuscì ad impedire che il "logoramento" proseguisse per altri tredici anni.

346 Claude de Mesmes (1595-1650), conte d'Avaux, diplomatico e statista. ebbe come primo importante incarico (1627) quello di ambasciatore a Venezia, dove riuscì a convincere la Serenissima a prendere le armi per assicurare la successione di Carlo di Nevers nel ducato di Mantova e dove mediò con successo una contesa di confini tra il Papa e la Repubblica. Dal 1634 al 1636 fu inviato, come ambasciatore straordinario in Danimarca, in Svezia e in Polonia. Nel 1638 arrivò ad Amburgo dove firmò il rinnovo dell'alleanza franco-svedese. D'Avaux si fermò ad Amburgo fino al 1642, per il negoziato preliminare della pace generale, e firmò l'ulteriore rinnovo del trattato con gli svedesi (30 giugno 1641). Nominato plenipotenziario per il trattato generale di pace (1643), mentre si recava a Münster, fu inviato a L'Aja, dove concluse (1° marzo 1644) un nuovo trattato con le Province Unite dei Paesi Bassi. Da Münster venne richiamato a Parigi (1648), a causa dei dissidi sorti con l'altro ambasciatore Abel Servien, ed esiliato nelle sue terre. Nel 1649 venne chiamato al governo e nominato ministro delle Finanze.

347 Il Trattato, firmato il 12 settembre 1635, assicurò alla Svezia una tregua d'armi che durò più di ventisei anni, ma fu pagata un prezzo altissimo. Il trattato costò alla Svezia – oltre alla perdita della Prussia polacca – la definitiva rinuncia ai dazi sul commercio nel Mar Baltico attraverso Danzica ed i porti della Prussia. Il getto dei dazi - che aveva fruttato 800.000 talleri (cioè il doppio del sussidio francese) nel 1634 – si ridusse a 250.000 nel 1637. Se Polonia e Brandeburgo

avessero ridotto le tariffe nei loro porti, il sistema daziario svedese sarebbe stato completamente annientato e, con esso, la più importante fonte autonoma di finanziamento della guerra. Ma l'avidità ebbe la meglio sull'accortezza politica e la Svezia fu lasciata nella condizione di continuare la guerra con i propri mezzi, oltre che con gli aiuti francesi, e fu in grado di trasferire 10.000 uomini dalla Prussia alla Germania: ciò che rese possibile l'offensiva di Banner contro i sassoni e la vittoria di Wittstock (v. M. ROBERTS, *La Svezia e il Baltico , 1611-1654*, in *Storia del mondo moderno. IV, La decadenza della Spagna e la guerra dei trent'anni*, cit., pp. 450-480, a pp. 469-470).

348 28 aprile 1635.

349 20 marzo 1636. Il testo è pubblicato da A. TURCHINI, *La guerra dei trent'anni*, cit., pp. 309-310.

350 6 marzo 1638. Con il trattato di Amburgo la Svezia rinunciava ad avanzare diritti sul territorio renano ed otteneva un sussidio annuale di 1.000.000 di lire (pari a circa 350.000 talleri: dopo il 1635 l'inflazione in Francia causò un considerevole deprezzamento della lira), oltre all'impegno francese di non sottoscrivere alcuna pace separata con i nemici. I sussidi ricominciarono ad affluire con regolarità, permettendo alla Svezia di superare la crisi. Il trattato di Amburgo fu rinnovato nel giugno 1641 (questa volta fino alla fine della guerra) ed il sussidio francese venne aumentato - per adeguarlo alla svalutazione - a 1.200.000 lire (400.000 talleri) all'anno, cifra pari a circa un terzo di tutte le entrate interne svedesi (v. R. BONNEY, *The King's Debts*, cit., pp. 171-172).

351 Augusto di Sassonia (1614-1680), figlio dell'elettore Giovanni

352 Melchior von Gleichen und Hatzfeld (1593-1658), calvinista originario dell'Assia, ma di famiglia strettamente legata agli Asburgo (suo fratello Francesco fu vescovo cattolico di Würzburg. Vedi *supra* nota 220), ufficiale al servizio degli imperiali dal 1621 al 1632, prima in un reggimento di fanteria e poi di corazzieri in Alta Sassonia. Nel 1632 – durante il secondo generalato di Wallenstein - venne nominato colonnello dei corazzieri. Da questo momento la sua carriera fu rapida: luogotenente Feldmaresciallo nel 1633, generale di artiglieria nel 1634, Feldmaresciallo nel 1635, luogotenente generale di Sassonia nel 1636 e, infine, luogotenente generale dell'Impero nel 1645. Ufficiale sempre fedele alla casa d'Austria, dal 1634 al 1639, prestò servizio sotto il comando di Gallas. Nel 1657 guidò le truppe imperiali nella guerra di Polonia, ma, gravemente malato, dovette lasciare il comando a Montecuccoli e fare ritorno in Slesia, dove morì.

353 La Francia non era preparata per affrontare una guerra su larga scala. Aveva denaro ma non aveva uomini – e soprattutto comandanti militari – in grado di reggere il confronto con gli spagnoli e gli imperiali. L'impegno di Richelieu si volse nella direzione di organizzare il reclutamento di truppe ben addestrate e di curare la formazione e la promozione di capaci condottieri (Enghien, Turenne ed altri): un lavoro lungo, che darà i suoi frutti solo negli anni '40. Nel frattempo il Cardinale fu costretto ad una costosissima "campagna acquisti" di quanto offriva il mercato della guerra. Il finanziamento assicurato a Bernardo di Weimar (circa quattro volte la somma che veniva corrisposta come sussidio alla Svezia) ed il suo principesco ingaggio fu la più importante, ma non l'unica, di queste operazioni. Con il sussidio francese Bernardo si impegnava a mantenere "in campagna" un'armata di 12.000 fanti e 8.000 cavalieri. In realtà, dei 5.600.000 talleri che avrebbe dovuto ricevere tra il 27 ottobre 1635 ed il 9 luglio 1639, quando il trattato fu sciolto, Bernardo ne incassò solo 3.000.000 (v. F. REDLICH, *The German Military Interpriser*, cit., I,

p. 266. Il testo del trattato, siglato il 27 ottobre 1635, è pubblicato da G. SYMCOX (ed.), *War, Diplomacy, and Imperialism 1618-1763*, Macmillan, London, 1974, pp. 117- 121).

354 A conferma dell'impreparazione francese, la prima campagna militare fu un vero disastro. Un'intera armata andò perduta nei Paesi Bassi. La Borgogna e la Franca Contea furono invase. Nell'agosto 1636 cadde la piazzaforte di Combie, presso Amiens ed il generale von Werth arrivò fino a Compiégne. Parigi era direttamente minacciata e la stessa poltrona di Richelieu in pericolo.

355 Parigi fu salvata principalmente dal mancato arrivo degli approvvigionamenti indispensabili alle truppe imperiali per proseguire l'offensiva. Né ciò deve stupire. Approvvigionare un'armata in campagna era una faccenda molto complicata e comportava una formidabile organizzazione logistica. Per farsene un'idea basta pensare che la razione giornaliera di un soldato era generalmente costituita da 1 libbra e mezza di pane, 1 libbra di carne, pesce o formaggio e 6 pinte di birra (o 3 pinte di vino). Ciò significa che un esercito di 30.000 uomini richiedeva più derrate di quante ne occorressero per nutrire quasi tutte le città della Germania (solo quattro di esse – Amburgo, Augusta Norimberga e Colonia – superavano i 40.000 abitanti). Per produrre le 20 tonnellate di pane richieste ogni giorno per sfamare un simile esercito era necessario cuocere quotidianamente 45 tonnellate di farina, mentre per fornire 13,6 tonnellate di carne bisognava macellare 1500 pecore o 150 manzi al giorno. Il trasporto una scorta settimanale di farina, dei forni di cottura (formati da 500 mattoni ciascuno) e della legna da ardere, richiedeva circa 250 carriaggi ed altrettanti animali da tiro (V. G. PARKER, *La rivoluzione militare*, cit., pp. 128-129).

356 Il colonnello Enkefort (o Encheforth), fece la campagna militare del 1638 sotto il comando di von Werth e, come il suo generale, venne fatto prigioniero nella seconda battaglia di Rheinfelden. Partecipò alla battaglia di Wittstock e nel 1644 comandò la guarnigione imperiale-sassone lasciata da Gallas ad assediare Chermitz. Nell'ultima campagna della guerra si distinse per aver sventato un'incursione della cavalleria di Wrangler nei pressi di Monaco (1 ottobre 1648).

357 Klaus Dietrich Sperreuter (ca.1595-1665), nato nel Meclemburgo, colonnello di Gustavo Adolfo, fu nominato Generale nel 1632. Impegnato nella Germania meridionale nelle campagne del 1632-1634, fu sconfitto da von Werth e condivise la disfatta di Nördlingen. Per breve tempo al comando delle forze di stanza in Westfalia, quando il Meclemburgo aderì alla pace di Praga, passò al servizio degli imperiali. Dopo essere stato prigioniero dell'esercito di Weimar (1638-1640), entrò in quello bavarese e fu promosso Maggiore Generale nel 1646. Dopo il 1647 passò al servizio di Venezia.

358 Amalia de Solms (1602-1651), contessa di Hanau, nipote di Guglielmo d'Orange, nel 1619 aveva sposato Guglielmo V di Assia Kassel. Rimasta vedova nel 1637, tenne la reggenza del Ducato, in luogo del figlio minorenne, fino al 1650. Fu membro molto attivo dell'assemblea protestante (il cosiddetto *Corpus evangelii corum*), incaricato di preparare la pace di Westfalia.

359 Secondo il Denina, l'autopsia compiuta sul corpo del duca, rimosse ogni dubbio sulla causa della sua morte, confermando i sospetti di veneficio. A somministrargli il farmaco mortale sarebbe stato il suo medico personale, un ginevrino di nome Blandin. Incerta rimase, invece, l'identità del mandante. Sempre a giudizio dello storico piemontese alcune lettere giunte al duca, da Vienna, da Venezia e da Milano, in tempo non sospetto (cioè prima che la malattia si manifestasse) fecero pensare che il colpo venisse dal partito austriaco, mentre altri ne attribuirono la paternità a Richelieu, il quale non voleva che un principe potente, incontrollabile

ed amico della Svezia, si insediasse ai confini della Francia. (v. C. DENINA, *Rivoluzioni di Germania*, presso Guglielmo Piatti, Firenze, 1804, t. V, pp. 97-98).

360 Johann Ludwig von Erlach (1595-1650), svizzero bernese, iniziò la sua carriera attraverso il servizio di numerosi padroni: Cristiano di Anhalt, Maurizio d'Orange, Venezia (nella guerra di Gradisca), Carlo Emanuele di Savoia (contro la Spagna). Capitano di Anhalt, alla Montagna Bianca venne fatto prigioniero. Passando per diversi altri ingaggi, approdò al servizio di Guatavo Adolfo nella guerra di Polonia. Dopo una parentesi svizzera, tornò per breve tempo con gli svedesi, fino a quando andò al servizio di Bernardo di Weimar, che lo nominò governatore di Breisach. Alla morte di Bernardo, i francesi lo assoldarono assegnandogli numerosi incarichi. Erlach riuscì a tenere insieme l'"armata di Weimar" e ne ebbe il comando. Nominato Luogotenente Generale delle forze francesi in Germania nel 1647 vinse la battaglia di Lens e morì con il titolo di Maresciallo di Francia.

361.Carlo Luigi I (1617- 1680), figlio di Federico V e di Elisabetta Stuart. In seguito alla pace di Westfalia fu reintegrato nel possesso del Basso Palatinato e nella dignità elettorale, senza che questa fosse tolta Massimiliano di Baviera. Per effetto di questa decisione, I principi elettori - che la *Bolla d'oro* aveva determinato nel numero di sette – diventarono otto

362 Karl Gustav Wrangler (1613-1676), avviato giovanissimo alla carriera militare, arrivò in Germania con Gustavo Adolfo e vi rimase per tutta la durata della guerra. Maggiore generale di fanteria a ventiquattro anni, prese parte alle battaglie di Wolfenbüttel e di Breitenfeld (1642). Al comando di una flotta nel 1644, sconfisse i danesi a Fehnran. Nel 1646 tornò in Germania e sostituì Torstensson nel comando supremo delle forze svedesi. In questa veste partecipò alle ultime battaglie della guerra dei trent'anni, unendo le sue armi a quelle francesi, guidate dal Turenne. Quando scoppiò la seconda guerra del Nord (1655), vi partecipò al fianco del suo re e dell'elettore del Brandeburgo. Nella successiva guerra contro i danesi (1657) venne nominato Generalissimo. Nel 1664 fu nominato Conestabile del Consiglio Reale di Svezia e nel 1675 condusse la sua ultima campagna militare contro il Brandeburgo, nella quale uscì sconfitto.

363 Johann Christoph III von Pucheim (1605-1657), nato da nobile famiglia austriaca con antiche tradizioni militari, fece una rapida carriera, sebbene avesse prestato servizio solo su fronti secondari. La sua nomina a generale venne quella di Piccolomini fu uno dei tanti episodi della lotta del "partito tedesco" per contendere agli italiani i comandi militari. Nella seconda battaglia di Breitenfeld non diede buona prova di sé e solo l'influenza della sua famiglia lo sottrasse ad una punizione. Fu maggiore generale nel 1638, luogotenente feldmaresciallo nel 1644 e feldmaresciallo nel 1648.

364 Dopo la fine della Lega di Heilbronn, alla Svezia era indispensabile l'aiuto francese, tanto indispensabile da costringerla alla pratica umiliante di dover rinegoziare ogni tre anni le condizioni e l'ammontare del sussidio. Ciò avrebbe potuto essere evitato solo se la Svezia avesse accettato di impegnarsi in una vera e propria alleanza con la Francia, che – tuttavia – avrebbe precluso alla Svezia la possibilità di sganciarsi dalla guerra, concludendo una pace separata. La Svezia riuscì a tenere questa difficile posizione per dieci anni, poi, nel 1641, fu costretta a cedere e a legare definitivamente la sua sorte a quella della Francia.

365 Nel 1637 il governo inglese decise di finanziare un piano per reinsediare la famiglia palatina nel suo ducato. Carlo Luigi, il figlio delle spodestato Federico, avrebbe dovuto arruolare un'armata indipendente e conquistare il Palatinato. Il principe riuscì a mettere insieme poche migliaia di uomini tra mercenari inglesi, tedeschi senza alcun addestramento e disertori di altri

428

eserciti, ai quali si aggiunsero 1000 svedesi di Banner. Questa armata raccogliticcia venne sbaragliata da Hatzfeld il 17 ottobre 1638.

366 Hans Wolf von Salis (1597-1640), maggiore generale dell'esercito bavarese nel 1634 e di quello imperiale nel 1636. fu promosso Feldmaresciallo nel 1638.

367 Gallas aveva affidato ad Hofkirchen o Hoffkirch (il cui nome non compare nell'elenco dei generali imperiali compilato da Antonio Schmidt-Brentano, nell'ambito della monumentale ricerca sulla generalità asburgica, che sta conducendo in collaborazione con l'Archivio di Stato austriaco) 10.000 uomini con l'incarico di bloccare l'avanzata di Banner. Hofkirchen, sconfitto a Brandeis (29 marzo 1639) lasciò sul campo 1.000 uomini, mentre 400 furono fatti prigionieri, tra i quali egli stesso ed il colonnello Raimondo Montecuccoli, del quale aveva rifiutato i consigli. Solo un caso di omonimia, quindi, con il tenente colonnello Albrecht Hofkirchen, giustiziato nel dicembre 1632 sui bastioni della Città Vecchia, insieme agli altri ufficiali che demeritarono nelle battaglia di Lützen (v. G. MANN, *Wallenstein,* cit., p. 723).

368 Enrico II d'Orleans (1595-1663), duca di Longueville. Nominato Governatore della Piccardia da Enrico IV, entrò in lotta aperta con il favorito della Reggente, Concino Concini, e non gli fu possibile fare ritorno a Parigi fino al 1617, quando il Concini venne assassinato. Durante il ministero di Richelieu ottenne incarichi di comandi militari in Franca Contea (1637), in Germania (1639-1640) e in Italia (1642). Prima di questa campagna, sposò in seconde nozze Anna Genoveffa di Borbone, sorella del Gran Condé. Dopo l'ascesa al trono di Luigi XIV (14 maggio 1643), Longueville venne nominato membro del Consiglio di Reggenza (il re aveva cinque anni, quando fu incoronato) e, nel 1645, fu inviato a Münster come primo plenipotenziario francese alla conferenza di pace. Tornato a Parigi, si ritrovò coinvolto dalla moglie negli intrighi della prima (1648-1649) e della seconda Fronda (1650-1653): per questo, nel gennaio 1650 fu imprigionato e mandato in castello, prima a Vincennes e poi a Le Havre. Liberato da Mazarino nel 1651, Longueville si ritirò a vita privata in Normandia, fino alla morte.

369 Francesco von Mercy (1597-1645), nobile lorenese, la cui famiglia fu interamente coinvolta nella guerra (anche i suoi fratelli Gaspare, Enrico e Leopoldo furono militari di carriera), iniziò al servizio degli imperiali, si distinse nella battaglia di Breitenfeld (1631) e meritò il comando di un reggimento di fanteria in Renania. Nominato Maggiore generale (1635), nel biennio successivo, prese parte a varie campagne militari sul Reno e nel 1638 fu nominato generale d'artiglieria dell'esercito bavarese. Il 24 novembre 1643 sconfisse i francesi nella battaglia di Tuttlingen, facendo prigioniero il loro comandante, maresciallo Rantzau. Nominato Feldmaresciallo (1643), venne sconfitto nella battaglia di Friburgo (1644) dal Condé e da Turenne, contro i quali si prese la rivincita, l'anno successivo, nella battaglia di Marienthal (5 maggio 1645). Perse la vita nella seconda battaglia di Nördlingen ed il Condé fece stendere una lapide con l'iscrizione "*sta viator, heroem calcas*".

370 La dieta imperiale si aprì il 13 settembre 1640 e durò oltre un anno. Gli elettori vi celebrarono (per mezzo dei loro rappresentanti) 185 sessioni, 153 ne tennero i principi e si svolsero 26 sessioni congiunte. Il piano dell'imperatore era quello di fare accettare alla Dieta i dettati della pace di Praga come punto di partenza per giungere alla pace generale. La morte dell'elettore di Brandeburgo nel dicembre 1640, del cancelliere filo-imperiale Schwarzenberg nel 1641 e la successione al trono del ventenne Federico Guglielmo – destinato a diventare famoso (v. *infra* nota 373) - scompaginarono il piano sul quale Ferdinando III aveva raccolto un vasto consenso. Il giovane principe - che non aveva alcuna intenzione di lasciar martoriare le sue terre dagli svedesi per fedeltà ad un imperatore incapace di difenderlo – mentre inviava ambasciatori a Stoccolma per negoziare una pace separata con la Svezia, incaricò il suo rappresentante a

Ratisbona di dichiarare la pace di Praga una base insoddisfacente per un accordo generale. L'imperatore dovette cedere: le acquisizioni dei beni ecclesiastici avvenute prima del 1627 – che la pace di Praga garantiva per quarant'anni – furono riconosciute in via definitiva. Contro questa decisione la S. Sede presentò una vibrante protesta ufficiale, tramite il nunzio Gaspare Amalteo (il testo del documento è pubblicato da V. SIRI, *Il Mercurio*, cit., pp. 524-525) Questa situazione verrà modificata dalla pace di Westfalia, che fisserà l'*anno normale* nel 1624, assai meno favorevole ai cattolici del 1627.

371 Il 27 settembre 1641 fu pubblicato il testo dell'"amnistia generale" deliberata nella Dieta. E si vide che non era affatto "generale", perché escludeva i regni e i territori ereditari, gli Stati che erano stati al servizio dell'Elettore di Sassonia e gli Stati della Confessione augustana che furono suoi alleati fino alla pace di Praga (quindi: Assia, Lüneburg, Baden, la casa Palatina e molti altri). Non solo. L'amnistia sarebbe diventa operativa dopo che i principi si fossero ritirati dalle alleanze costituite tra loro e con gli stranieri, dopo la riunione delle loro forze con quelle imperiali e dopo il compimento di atti formali di sottomissione, la cui adeguatezza sarebbe stata valutata dal Consiglio segreto dell'imperatore (v. V. SIRI, *Il Mercurio*, cit., pp. 522-524 e p. 529). Per quanto riguarda la continuazione della guerra la Dieta impose due anni di contribuzione straordinaria (per il 1640 e il 1641), di 120 mesi per ogni Stato, per un totale di 30 milioni di fiorini (20 milioni di talleri) (*ibidem*, p. 533).

372 Lennart Torstensson (1603-1651), giunse dalla Svezia, ma aveva partecipato alla guerra di Germania dalla prima ora, essendovi arrivato al tempo dello sbarco di Gustavo Adolfo. Catturato durante l'assedio di Alte Veste (1632), rimase prigioniero per un anno, fino a quando fu "scambiato" con il tesoriere imperiale, conte di Harrach, che era prigioniero degli svedesi. Richiamato in Germania nel maggio 1641, assunse il comando supremo delle forze svedesi dando prova delle sue grandissimi capacità militari contro gli imperiali e risolvendo – a tutto favore degli svedesi – il conflitto locale che li oppose alla Danimarca (1643).

373 Federico Guglielmo I Hohenzollern (1620-1688), detto "il Grande Elettore", fu educato alla corte del principe Federico Enrico d'Orange, con il quale era imparentato. Calvinista convinto, quando salì sul trono del Brandeburgo (1° dicembre 1640), non aveva alcuna esperienza politica e, per questo, fu costretto a confermare in tutte le sua cariche il cattolico Adam Schwarzenberg, che del padre era il potente favorito. Alla morte di questi (1641) concluse una tregua con la Svezia che gli permise di diminuire il peso della guerra sui suoi territori ma gli impedì – nella pace di Westfalia – di ottenete il possesso dell'intera Pomerania. Dopo la pace riuscì, piegando la resistenza dei suoi feudatari, a formare un esercito permanente, completamente dipendente da lui, e a centralizzare – se pur solo parzialmente – il sistema fiscale. Coinvolto nella "seconda guerra del nord" (1655-1660), al fianco degli svedesi, ottenne con la pace di Oliva (30 maggio 1660) il ducato di Prussia, che prima apparteneva alla Polonia, entrando nel rango dei sovrani europei. Le mire sulla Pomerania occidentale – mai sopite - lo misero in collisione con il suo vecchio alleato e con la Francia. Nella guerra contro gli svedesi Federico Guglielmo riportò brillanti vittorie – con la conquista di Rügen e di Stralsund (1678) – ma nella pace di Saint Germain (1679), la Francia vittoriosa lo costrinse a restituire tutte le conquiste fatte, ad eccezione di una piccola striscia di terra sulla riva destra dell'Oder. La dura lezione subita lo persuase a legarsi strettamente alla Francia, potenza egemone europea. Quando comprese che neppure questa alleanza gli avrebbe dato la Pomerania occidentale e dopo che la Francia revocò l'Editto di Nantes (18-22 ottobre 1685), cacciando gli ugonotti, mutò politica e si alleò con l'imperatore (22 marzo 1686), imprimendo alla politica brandeburghese un indirizzo che sarebbe durato mezzo secolo.

374 Torsten Stalhansk (1594-1644), a causa delle sue umili origini non fu mai cooptato nel circolo ristretto dei colonnelli di Gustavo Adolfo, benché fosse il miglior comandante di cavalleria dell'esercito. Ebbe il comando di uno squadrone a Breitenfeld (1631), guidò una brigata a Lützen ed onorò – con lo stesso successo – il grado di Tenente Colonnello a Wittstock (1636) e nella seconda battaglia di Breitenfeld (1642).

375 Arvid Wittenberg (1606-1657), tenente colonnello nel corpo scelto di cavalleria di Stalhansk. Torstensson gli diede fiducia e ne favorì la carriera fino al grado di maggiore generale. Fu un ufficiale di grande competenza e coraggio, ma privo di particolare spirito d'iniziativa.

376 Erich Schlang o Slang (ca. 1600- 1642), militare della generazione successiva a quella di Gustavo Adolfo, fece la sua carriera con Banner, che lo portò fino al grado di maggiore generale. Ebbe il suo momento di gloria nella difesa di Neuburg (1641) dove – con il sacrificio della sua retroguardia – consentì a Banner di sfuggire all'inseguimento di Piccolomini. Questa impresa gli valse l'appellativo di Leonida svedese. Per altro, la sua carriera fu un alternarsi di successi (in Westfalia) e di sconfitte (Troppau, 25 luglio 1642). Morì nella seconda battaglia di Breitenfeld.

377 Johann Lillienhoeck (ca. 1595-1642), generale svedese, non faceva parte del circolo degli ufficiali di Gustavo Adolfo e non era tra i favoriti di Banner, ma il cancelliere Oxenstierna lo nominò secondo in comando di Torstensson. Restò sempre un capace subordinato, apprezzato soprattutto per il suo grande coraggio. Morì nella seconda battaglia di Breitenfeld.

378 La seconda battaglia di Breitenfeld (2 novembre 1642) fu tra le più sanguinose di tutta la guerra. Oltre al gran numero di morti, caddero nelle mani degli svedesi 116 insegne di fanteria e 60 stendardi di cavalleria e vennero fatti prigionieri circa 5.000 uomini, tra cui molti ufficiali e 15 comandanti di reggimento. I vincitori lasciarono sul campo quasi 2.000 morti ed ebbero altrettanti feriti gravi. Lo stesso figlio del generale Banner fu fatto prigioniero. (v. W.P. GUTHRIE, *The Latest Thirty Years' War*, cit., p. 121).

379 Kaspar Eberstein (?-1644), passato dall'esercito svedese a quello del langravio di Assia Kassel condusse un corpo ausiliario alla battaglia di Lützen, dove venne ferito e riuscì a portare in salvo solo pochi dei suoi soldati. Dopo un lungo periodo di inattività – nel quale si occupò dei suoi possedimenti di Neugarten e Massow – nel 1640 fu assunto dalla langravia Amalia, che gli affidò un comando accanto a Melander. Nella campagna del 1641 fu impegnato in scontri secondari, ma l'anno successivo sconfisse Lamboy a Huls. Nel 1643 assolse con successo l'incarico di presidiare i territori conquistati con Guébriant dopo la morte di questi e di impedire il ricongiungimento tra le truppe imperiali e spagnole. Morì di febbre in Westfalia.

380 Jean Baptiste Budes (1602-1643), conte di Guébriant, comandò le truppe ausiliarie francesi, poste sotto il comando di Bernardo di Sassonia Weimar e, alla sua morte (1639) lo sostituì nel comando. Insieme agli svedesi sconfisse gli imperiali a Wolfenbüttel (1641). Nominato Maresciallo di Francia nel 1642, morì l'anno successivo sotto le mura di Rottweil.

381 Ferdinando di Wittelsbach (1577-1650), fratello minore di Massimiliano di Baviera, coadiutore dello zio Ernesto nella diocesi di Colonia dal 1596, fu nominato arcivescovo, dopo la morte di questi, nel 1612. Nello stesso anno venne nominato vescovo di Hildesheim, Liegi, Münster e Paderborn, cioè di tutte le sedi vescovili detenute dallo zio (v. P. GAUCHAT, *Hierarchia catholica*, cit., IV, pp. 156, 203, 219, 246 e 270). Nel 1642 nominò coadiutore di Colonia il nipote Massimiliano Enrico, affidandogli la cura degli affari di Stato. Per tutta la sua vita Ferdinando non ricevette mai né l'ordinazione sacerdotale né la consacrazione episcopale.

431

382 Guglielmo di Lamboy (ca.1590-1659), fiammingo di nascita, fu ufficiale al servizio di Wallenstein e tra quelli che tradirono il loro capo. Successivamente si vide affidare il comando di una unità armata nella Germania meridionale e nella Lorena. Maggiore generale nel 1634 e generale d'artiglieria nel 1641, cadde prigioniero dai francesi (1642). Dopo la liberazione comandò le forze imperiali in Westfalia e finì la sua carriera con il grado di Feldmaresciallo (1645).

383 Giulio Raimondo Mazarino (1602-1661), nato in Abruzzo da famiglia di origine palermitana, trascorse la sua giovinezza a Roma, presso la famiglia Colonna. Dal 1623 al 1626 fu inviato in Valtellina, a capo di un reggimento del piccolo esercito pontificio, incaricato di presidiare il territorio, a garanzia dell'imminente trattato di pace. Dopo la pace di Monzon (1636) ed una breve permanenza romana, Urbano VIII lo mandò a Milano per seguire da vicino la preoccupante evoluzione della crisi di Mantova. Quando scoppiò la guerra per la successione di Mantova, Mazarino molto si spese per cercare soluzioni di pace, guadagnandosi la stima di Richelieu, che ebbe più volte occasione di incontrare. Inviato dal papa a Parigi (1632), entrò al servizio del cardinale Antonio Barberini (nipote del papa), che lo nominò vice-legato di Avignone (1634). La delusione provocata dalla mancata promozione cardinalizia, convinse Mazarino a mettersi al servizio della Francia – della quale ottenne la cittadinanza – diventando il più importante collaboratore di Richelieu, dopo la morte di padre Giuseppe (1638), Nominato cardinale il 26 dicembre 1641 con gli auspici del re di Francia, venne da questi nominato Primo ministro il giorno successivo a quello della morte di Richelieu. Alla morte di Luigi XIII (14 maggio 1642), sostenne incondizionatamente la Reggente e divenne l'artefice dalla politica francese, portando con successo a compimento l'opera iniziata dal suo predecessore.

384 Luigi II di Borbone-Condé (1621-1686), duca d'Enghien, detto "il Gran Condé", sposò Clara Clemenza Maillè , nipote tredicenne di Richelieu ed iniziò la sua carriera militare partecipando all'assedio di Arras (1640). Posto al comando dell'esercito delle Fiandre, sconfisse gli spagnoli nella celebre battaglia di Rocroi, il 18 maggio 1643. Nella guerra dei trent'anni, sconfisse gli imperiali a Friburgo (3-10 agosto 1644), occupò Philippsburg, Magonza, Worms e Spira, per tornare a vincere gli imperiali nella seconda battaglia di Nördlingen. Inviato in Catalogna nel 1647, diede invano l'assedio alla città di Lerida. Ritornato a Parigi venne accusato di cospirazione nella seconda Fronda ed imprigionato (gennaio 1650). Liberato da Mazarino nel 1651, strinse accordi segreti con la Spagna che lo nominò Generalissimo nei Paesi Bassi. Condannato a morte in contumacia (1654) tentò di invadere il suo Paese, ma venne sempre respinto da Turenne. Dopo la pace dei Pirenei (1659), le condanne contro di lui furono revocate e tornò in Francia, per la quale combatté ancora contro l'Olanda (1672) e nella difesa dell'Alsazia, minacciata dagli eserciti di Montecuccoli (1675).

385 La fortezza di Rottweil – presa dai francesi il 19 novembre 1643 – fu abbandonata dopo soli cinque giorni (il 24 novembre) in seguito alla sconfitta di Tuttlingen.

386 I motivi di frizione tra Svezia e Danimarca erano numerosi e di varia natura. Si passava da quelli di natura politica (i ripetuti tentativi di Cristiano IV di farsi mediatore di una pace tedesca a scapito degli interessi svedesi) a quelli di rilevanza commerciale (le continue variazioni dei dazi dell'Öresund e la pretesa danese di escludere le merci provenienti dai porti continentali occupati dagli svedesi dall'esenzione dei dazi di cui godeva la Svezia) fino a quelli di principio (l'appoggio fornito da Cristiano alla vedova di Gustavo Adolfo, fuggita clandestinamente dalla Svezia) (un riassunto di questi motivi si può leggere nella "Risoluzione" del Consiglio reale svedese del maggio 1643, con la quale venne decisa la guerra alla Danimarca, pubblicata da M. ROBERTS,

Sweden as a Great Power, cit., pp. 154-160). Per difendere i comuni interessi nelle acque del Baltico, Olandesi e Svedesi avevano concluso nel 1640 un'alleanza politico commerciale.

387 Alla fine del 1643 Oxenstierna ordinò a Torstensson di invadere lo Jutland, senza alcuna preventiva dichiarazione di guerra.

388 Tycho Brahe (1546-1601), patrizio danese, fu il più famoso ed importante astronomo del suo tempo. Nel 1572 – grazie all'impiego strumenti idonei e a precisi calcoli – riuscì a determinare la posizione in cielo della Stella nova apparsa improvvisamente nella costellazione di Cassiopea e a fornire la prova che non si trattava di una cometa. Avuta notizia che Tycho intendeva lasciare la Danimarca, il re Federico II gli fece dono dell'isola di Hveen, nel Sund, e gli assicurò una pensione annua di 500 talleri d'oro. Con questi mezzi, Tycho costruì due osservatori e compì un'opera di rilevazione che gli permise di avere a disposizione la più imponente e sistematica "banca dati" della sfera celeste. Il figlio di Federico non fu altrettanto generoso verso il grande astronomo che, nel 1597, fu costretto a lasciare la Danimarca per approdare, dopo una breve permanenza nei pressi di Amburgo, alla corte praghese di Rodolfo II, che gli mise a disposizione un castello. L'oroscopo di Tycho non deve sorprendere, perché i confini tra astronomia ed astrologia non erano ancora così ben definiti e perché era costume degli astronomi "arrotondare" le proprie entrate vendendo oroscopi – anche Galileo e Keplero ne facevano – a coloro che ci credevano.

389 Federico (1609-1670), figlio secondogenito di Cristiano IV e di Anna Caterina di Brandeburgo. Vescovo protestante di Brema dal 1634 e di Verden dal 1635. Salì al trono di Danimarca, con il nome di Federico III, nel 1648.

390 Hans Christoph Königsmarck (1600-1663), al servizio dell'imperatore nella guerra di Boemia, passò con Gustavo Adolfo dopo la battaglia di Breitenfeld. Dal 1637, colonnello nel reggimento di Speerreuter, nel 1639 si aggregò agli eserciti di Banner e, poi, di Torstensson in Sassonia e Slesia. Occupò il territorio di Querfurt, di cui mantenne il possesso fino alla pace di Westfalia. Comandò l'ala destra svedese nella seconda battaglia di Breitenfeld (1642), scacciò gli imperiali dalla Pomerania e sconfisse i croati di Radowitz. Nel 1644 occupò il vescovato di Verden, togliendolo a Federico di Danimarca, al quale, l'anno successivo, tolse anche quello di Brema (tranne la città), insediandovi un governo svedese, del quale egli stesso rimase governatore fino alla pace di Westfalia. Con una di quelle operazioni "lampo", per le quali era famoso, Königsmarck occupò la "piccola città" di Praga. Feldmaresciallo dell'esercito svedese, venne fatto conte dalla regina Cristina e fu ammesso nel Consiglio reale. Nel 1656, durante la guerra di Polonia, venne catturato e tenuto prigioniero per quattro anni. Liberato dopo la pace di Oliva (3 maggio 1660) tornò a Stoccolma dove morì per una setticemia.

391 La pace di Brömsebro (23 agosto 1645) impose alla Danimarca condizioni pesantissime. Sul piano territoriale, Cristiano IV dovette cedere le province norvegesi di Jämtland e di Härjedalen (entrambe situate sul versante svedese) oltre alle isole di Gotland e Ösel, mentre i vescovadi secolarizzati di Verden e di Brema – già in possesso del secondo figlio di Cristiano – passarono in mano svedese. Sul piano commerciale la Danimarca rinunciò ad esigere i dazi sulle merci in transito per l'Öresund con navi provenienti da qualsiasi porto sotto controllo svedese. A garanzia di tale esenzione la Danimarca cedeva, per trent'anni, alla Svezia il possesso di Hallard, cioè dell'altra sponde degli stretti dell'Öresund. La pace di Brömsebro sconvolse a tal segno l'equilibrio geografico e politico del Baltico che la fine della guerra dei trent'anni non riuscì a pacificare quelle regioni. (v. M. ROBERTS, *La Svezia e il Baltico*, 1611-1654, cit., p. 472).

392 La tregua firmata a Kötzschenbroda, presso Dresda, il 6 settembre 1645, prevedeva la sospensione delle ostilità per sei mesi, ma – nell'aprile del 1646 ad Eilenburg – la tregua venne prolungata fino alla fine della guerra. La Sassonia uscì definitivamente dal conflitto, impegnandosi a pagare contributi per il mantenimento dell'esercito svedese e permettendo l'insediamento di guarnigioni svedesi a Lipsia e Torgau.

393 Henri de la Tour d'Auvergne (1611-1675), visconte di Turenne, dopo aver esordito al servizio dei Nassau, venne mandato da Richelieu in Italia, dove prese parte – al comando di un reggimento di fanteria – all'assedio di Casale. Feldmaresciallo (1635), poi Luogotenente generale (1642) e, infine, Maresciallo di Francia (1645) si coprì di gloria su tutti i campi di battaglia e fu artefice o compartecipe di tutte le grandi vittorie francesi, fino a quella di Zusmarhausen, che segnò la fine della guerra dei trent'anni. Parimenti decisive furono le sue vittorie per piegare gli spagnoli alla pace dei Pirenei. Posto al comando di un'armata in Olanda, perse la vita in battaglia, presso Sassbach, fronteggiando l'esercito imperiale, agli ordini di Raimondo Montecuccoli. Turenne era di fede calvinista e si convertì soltanto nel 1668.

394 Rákóczy si era deciso all'alleanza con la Svezia perché poteva contare sui finanziamenti francesi e sull'appoggio ottomano. Nella primavera del 1645 il Sultano decise di muovere guerra a Venezia per il possesso di Creta, e quando la campagna militare ebbe inizio – nel mese di giugno – tutti gli sforzi della Porta si concentrarono su quel fronte, rendendo impossibile continuare ad assicurare gli aiuti a Rákóczy. Il principe, privato del suo potente alleato ed in difficoltà finanziarie, trovò conveniente aderire alla pace che l'imperatore gli offriva. Con la pace di Vienna (16 dicembre 1645) la Transilvania - che non era certamente preparata per sostenere un conflitto di lunga durata – ottenne insperati accrescimenti territoriali.

395 Nel 1645 (il triennio 1643-1645 fu quello del massimo impegno finanziario della Francia: 141 milioni di lire = 56.400.000 talleri) Svezia, Francia e Assia avevano in campo in tutto l'impero circa 140.000 uomini. Gli imperiali e i loro alleati non più di 70.000.

396 Federico Guglielmo I (v. *supra* nota 373).

397 Il 24 luglio 1641, con gli accordi di Stoccolma.

398 Il trattato di Ulm sancì la tregua tra gli elettori di Baviera e di Colonia con Svezia, Francia e Assia Kassel.

399 Peter Melander (1585-1648), conte di Holzappel, in realtà si chiamava Eppelmann, ma volle convertire il suo nome nella forma greca di Melander. Dopo un esordio nei Paesi Bassi ed un periodo al servizio di Venezia (1615), ottenne il comando di un reggimento svizzero a Basilea (1620). Nel 1625, tornò al servizio della Serenissima, combattendo in Valtellina (1628) e nella guerra di Mantova (1629). Nel 1633 fu nominato luogotenente generale dal langravio di Assia Kassel, alleato degli svedesi, che gli diede anche un posto nel Consiglio di guerra. Nella campagna del 1634 prese parte a numerose battaglie e partecipò all'assedio di Münster, ottenendo ricchi compensi sia dal langravio che dagli svedesi. Nel 1635 tentò di indurre il langravio ad aderire alla pace di Praga e, successivamente, entrò in rotta con la Reggente principalmente a causa dell'alleanza con la Francia. Dopo un periodo di inattività – durante il quale rifiutò molte proposte di ingaggio – nel 1642 passò al servizio dell'imperatore con il grado di Feldmaresciallo. Comandante del circolo della Bassa Sassonia (1645) e comandante in Westfalia, nel 1647 – dopo la difesa di Vienna – venne promosso al comando generale, succedendo a Gallas. Nella battaglia

di Zusmarshausen fu gravemente ferito e morì poco dopo. Lasciò un patrimonio di 1.500.000 talleri, una delle più cospicue fortune private dell'impero.

400 Considerare "disertori" o "traditori" i militari che si facevano ingaggiare da signori diversi e spesso rivali tra loro significa non aver compreso il ruolo dell'imprenditore militare ed attribuire ai militari uno spirito di appartenenza nazionale, che si sarebbe affermato solo più tardi, con la formazione di eserciti permanenti su base statale. Nel secolo XVII valeva la massima che sir John Turner diceva di aver appreso in Germania: "se serviamo fedelmente il nostro signore, non importa quale signore serviamo" (la massima, contenuta nelle *Mémoirs* di Turner è riferita da G. PARKER, *The Thirty Years' War*, cit., p.175).

401 Heinrich IV Schlick zu Bassano (1580-1650), dopo aver prestato servizio per gli spagnoli in Olanda e Jülich e per il governatore di Milano (1616), passò nell'esercito di Wallenstein e partecipò attivamente alla sconfitta di Mansfeld (1626),che gli valse il grado Generale d'artiglieria (1626) e, nel 1627, la promozione a Feldmaresciallo. Dopo aver combattuto contro i danesi e gli svedesi, venne richiamato Vienna, dove fu inserito nel Consiglio segreto e nominato Presidente del Consiglio di guerra (1632). Riconfermato nelle cariche dal nuovo imperatore (1637), venne insignito del Toson d'Oro (1643) e nominato governatore civile e militare della Boemia (1648).

402 Nel 1633 e nel 1638 Urbano VIII tentò di proporsi come mediatore della pace in Europa. I tentativi non ebbero successo perché la Spagna e l'imperatore non si fidavano di lui e perché i protestanti rifiutarono recisamente la proposta. Dal 1635, tuttavia, si tenevano ad Amburgo incontri, riunioni e conciliaboli – se pur sporadicamente e senza un preciso indirizzo – tra gli agenti delle varie Corone per verificare le possibilità di pace. Circa sette anni di lavorio diplomatico portarono alla sigla di un accordo preliminare – sottoscritto il 25 dicembre 1641 – in base al quale si dovevano aprire contemporaneamente due conferenze di pace: una a Münster, dove – con la mediazione del papa e di Venezia – si sarebbero svolti i negoziati tra la Francia (e i suoi alleati) e l'imperatore e l'altra ad Osnabrück, dove questi avrebbe trattato con la Svezia, con la mediazione danese. Il papa e Venezia designarono come mediatori, rispettivamente, il nunzio Fabio Chigi (in luogo del cardinale Rossetti, ricusato dai francesi) e l'ambasciatore Alvise Contarini. La Danimarca designò l'ambasciatore Lorenzo Lagerman. Le conferenze, però, si aprirono solo il 10 aprile 1644 ed i lavori si bloccarono immediatamente, a causa della guerra scoppiata tra Svezia e Danimarca, che rendeva improponibile la mediazione danese, e per una serie di questioni relative alle plenipotenze e ai passaporti. Senza contare che il plenipotenziario francese Abel Servien – in totale disaccordo con il collega d'Avaux – aveva spedito lettere ai principi protestanti, riuniti in Dieta nella vicina Francoforte, invitandoli ad intervenire in massa al congresso di pace: ciò che provocò il risentimento dell'imperatore che ambiva a rappresentare l'intera nazione tedesca. Fu così che solo alla fine di giugno del 1645 si presentarono le proposte formali di pace, sulle quali si negoziò ancora per più di tre anni. A proposito dell'esasperante lentezza dei lavori, bisogna dire che essa fu principalmente determinata dall'alterno andamento delle campagne militari. La maggior parte delle battaglie menzionate in questo Libro V si svolsero mentre i negoziati di pace erano in corso ed ognuna di esse provocò un tentativo di accelerazione dei lavori da parte dei vincitori, desiderosi di "incassare" il vantaggio acquisito, al quale corrispondeva un'azione dilatoria dei vinti, speranzosi della possibilità di una rivincita. Questo modo di procedere, per il quale "*qualumque accidente nelle armi distrugeva in momenti i proietti e le fattiche di molti mesi*" privava di certezza l'andamento dei lavori e – come diceva l'ambasciatore veneto - "*ben spesso hà fatto perdere la pacienza à Mediatori*". Un minuzioso resoconto dei negoziati di pace e degli impedimenti che furono sollevati e superati è contenuto nelle lettere da Münster e nel diario del nunzio Chigi, pubblicati a cura di V. KYBAL e G. INCISA DELLA ROCCHETTA, *La Nunziatura di Fabio Chigi (1640-1651)*, Miscellanea della R. Deputazione

romana di storia patria, vol. I, parte 1° e 2°, Roma, 1943-1946 (la pubblicazione dei documenti si ferma al giugno 1645 ed è rimasta senza seguito) nonché, per parte veneziana, nella lunga relazione al Senato del Contarini, pubblicata da J. FIEDLER, *Die Relationen der Botschafter Venedigs,* cit., I. Band, IX, *Relazione de S. Alvise Contarini, ritornato dall'ambasceria di Münster. 1650 à 26 settembre,* pp. 293-366. la citazione che precede è a pagina 311) e nello studio di S. ANDRETTA, La diplomazia veneziana e la pace di Vestfalia, in Annuario dell'Istituto storico italiano per l'età moderna e contemporanea, XXVII-XXVIII (1975-1976), Roma, 1978, pp. 1-128.

403 Nel 1648 l'esercito dell'Assia presidiava 43 "punti chiave", quasi quanto la Francia. Sebbene l'Assia fosse stata occupata negli anni '30 da eserciti nemici ed in seguito ampiamente devastata, Amalia – una sovrana praticamente senza terra e priva di mezzi – era ancora in grado (dopo 25 anni di lotta permanente con l'impero) di mantenere in campagna un esercito di 10.000 uomini. Il caso dell'Assia è forse la prova più convincente dell'efficienza del sistema degli imprenditori militari e dell'applicazione del principio *"bellum se ipse alet".*

404 Ernesto Odowalsky (1592-1672), dopo molti anni al servizio degli imperiali, nel 1639 si arruolò nell'esercito svedese e nel 1648 prese parte all'impresa di Praga. Nel 1652 venne accolto nei ranghi della nobiltà svedese con il nome di von Steitberg.

405 Praga era formata dall'unione di tre città: la Città Vecchia (Starè Mesto), la Città Nuova (Novè Mesto) e la Parte Piccola (Mala Strana), che, fino al 1618, si erano amministrate in piena autonomia.

406 Carlo Gustavo (1622-1660), duca del Palatinato Zweibrücken-Kleeburg, figlio del conte palatino Giovanni Casimiro e di Caterina di Svezia, sorella di Gustavo Adolfo. Nel 1642 si unì alle armate svedesi in Germania al comando di Torstensson e vi restò per quattro anni. Nel 1646 tornò in Svezia per coltivare un progetto che lo voleva sposo della regina Cristina. Fallito il progetto, tornò in Germania (1648) al comando delle forze svedesi, condusse le ultime manovre della guerra e sorvegliò l'andamento dei negoziati di pace. Dopo l'abdicazione di Cristina, nel 1654 salì al trono di Svezia con il nome di Carlo X. Tentò, invano, di sottomettere la Polonia e di impadronirsi della Danimarca, che, per altro, sconfisse, piegandola alle gravose condizioni del trattato di Roskilde (26 febbraio 1658). Non riuscì nell'intento di fare del Baltico un mare svedese ma assicurò alla Svezia il duraturo possesso dei suoi confini naturali.

www.ingramcontent.com/pod-product-compliance
Lightning Source LLC
Chambersburg PA
CBHW060449090426
42735CB00011B/1951